众行致远

上海市格致教育集团名师工作室成果集（第一期）

张志敏/主编

上海教育出版社

编委会

序　一

《众行致远》一书是上海市格致教育集团的教育同仁三年来开展工作室团队研修的缩影。把说理与叙事结合起来是本书的一大特点。说实在的，相较于充满教条的所谓教育理论专著，我更愿意翻阅由不同学科背景、不同学段的教师撰写的教学实践案例构成的教学成果集。读罢本书初稿，我仿佛置身于格致教育集团各成员校教师的课堂，感受教师在点滴教化中润泽生命，品味琅琅书声中蕴含的阵阵馨香。

在英语中，“历史”对应的词语是“history”，由“his”和“story”两个单词组合而成，即“他的”与“故事”的结合。说到底，历史就是讲“人的故事”。在任职教育部中学校长培训中心主任期间，为了能更好地引领国内高中发展，我曾对多所世界知名中学做过研究，对这些学校的发展历史、办学理念和人才培养方式有所了解。尽管每所知名中学都有自己鲜明的办学特色，但也能提炼出一些共通的办学主张，如顺应国家和社会的改革方向和对人才的需求，满足学生的个性化发展。此外，在全球知名学校中，总能找到一支孜孜以求完善课程与教学品质、优化学校教育教学管理的骨干队伍。

世界名校的这些经验在上海市格致中学的办学和发展历程中均得到了印证。从格致书院到上海市格致中学，近一个半世纪以来，格致培养大批优秀人才的背后是格致文化的传承，也是教师“为人师表，爱岗敬业，治学严谨，甘为人梯”的育人精神的代代相传。

教师是灵魂的“燃灯者”，是学校教育理念的践行者，是学生成长的引路人。在一所学校，饱含对教育事业无限热爱的资深教师往往最受人尊敬和爱戴，他们不仅身体力行传承学校的优良传统，更乐于用宽广的学识、丰富的经验，引领后辈，携手前行。在集团内成立名师工作室，以各学科资深教师为旗，带动具有相同学科背景的教师明确教书育人使命、开展团队研修、提升专业素养，是格致教育集团率先实践的集团化教师专业发展模式，体现了上海市教育功臣张志敏理事长超前的教育理念。而挖掘集团名师工作室的实践智慧，汇编集团名师工作室成果集，为中青年教师搭建展现教学研究成果的平台，则更彰显了张志敏理事长过人的教育管理智慧。

在教育部首届全国优秀校长高级研修班上，我曾说过：“教育事关国家的发展、民族的振兴、家庭的兴衰，事关国计民生，因而，教育无小事。但从另一方面来说，教育也没有什么大事,学校教育无非就是教师的一堂堂课,学校组织的一次次活动,学校的一草一木,教师的一举一动、一言一行。”“做好每件小事,学校就能培养大师”。如何做好这些小事呢?相信本书会给我们教育同仁很多启示。

华东师范大学考试与评价研究院院长、终身教授 陈玉琨

2020 年 10 月

序　二

19 世纪末，中国历史上开始出现一批“中学为体，西学为用”的新式学堂。上海市格致中学的前身格致书院就是那个时代的产物，它是中国近代最先系统传授西方自然科学新知、培养民族科技人才的新型学堂之一。近一个半世纪以来，几代格致人秉持“格物致知，求实求是”的办学理念，传承“爱国，科学”的优良传统并不断赋予其新的时代意义和教育内涵，“和谐发展，理科见长”的办学特色日益彰显。

“一流城市孕育一流教育，一流教育成就一流城市。”黄浦作为历史底蕴深厚、教育资源丰富的国际化大都市中心城区，是上海的心脏和窗口。黄浦教育的改革与发展亦备受瞩目。近年来，黄浦积极创新区域教育治理，放大优质名校的示范辐射效应，在原有的教育协作链、教育联合体的基础上，探索集团化、学区化办学和管理新模式。

2014 年，由百年名校上海市格致中学领衔的格致教育集团正式成立，集团成员校涵盖普通高中、完中、九年一贯制学校、初中、小学等，凸显跨学段纵向衔接的鲜明特点，为进一步发挥格致中学的人才和资源优势，带动区域内各学段学校的多样化、特色化发展搭建了新的平台。

2018 年，格致教育集团在黄浦区内率先成立集团名师工作室，由各学科资深教师示范引领，凝聚团队力量，帮助每一位教师找到适合自己的专业成长目标和专业发展路径，提高集团校教师的综合育人水平。《众行致远》一书，收录了上海市格致教育集团 20 个名师工作室修炼教师专业发展“内功”取得的代表性研究成果，汇集了格致教育集团内中小学各学段、各学科教师在教改第一线生动而丰富的实践案例。

一所成功的学校往往是教师个体快速成长、教师群体迅速成熟的舞台。当教师专业发展提上日程，教学现场越来越成为教师认知生长与发展的实践基地，越来越成为教师生成教学智慧、试炼教学策略的实验田，越来越成为教师实践共同体形成的自然场域，学校就会凝聚越来越强的学术生命力和综合竞争力。

我期盼格致教育集团各工作室的实践经验能为更多教育同仁带来启示和借鉴，让更多学校成为生成教师教学智慧的沃土和教师专业发展的舞台。

中国教育学会副会长、上海市教育学会会长　尹后庆

2020 年 10 月

自　序

2014年教师节前夕，习近平总书记在北京师范大学看望教师时语重心长地指出：国家繁荣、民族振兴、教育发展，需要我们大力培养造就一支师德高尚、业务精湛、结构合理、充满活力的高素质专业化教师队伍，需要涌现一大批好老师。全国广大教师要做有理想信念、有道德情操、有扎实知识、有仁爱之心的好老师，为发展具有中国特色、世界水平的现代教育，培养社会主义事业建设者和接班人作出更大贡献。

当前，我国的基础教育进入高质量均衡发展的新阶段。为了满足人民群众对教育的多样化需求，从学校管理视角，激发广大教师的专业发展动力，提高教师的专业发展水平是办好人民满意的教育的根本保障。从教师职业的专业属性而论，教师应当具有高度的专业自觉，通过终身学习促进专业成长，以应对时代发展带来的新挑战。从教师专业发展的规律来看，同伴互助、专家引领是优秀教师持续发展的必由之路。

2018年，格致教育集团启动第一期名师工作室工作，以集团的名义组建了20个名师工作室。集团在各成员校中聘请了一批资深的特级教师、学科带头人担任工作室主持人。三年来，各工作室通过听课评课、专家报告、集中研讨、读书活动等方式，围绕课堂教育改革、落实学科核心素养、有效校本研修、教师专业成长等专题，开展了大量卓有成效的工作，对集团内各学校、各学段、各学科的课程与教学改革创新起到了积极的推动作用，也极大地促进了教师的专业成长。为集中展示集团各名师工作室的工作经验和研究成果，我们集结汇编《众行致远》一书。本书名意在表现各名师工作室主持人带领团队成员凝心聚力、砥砺前行的精神风貌和工作成效。

随着国家新一轮中小学课程、教材的全面实施，新的教改课题又放在我们的面前。我们期待通过第一轮名师工作室的成果总结，为新一轮的名师工作室提供经验，比第一轮办得更加成功。愿我们不负时代使命，在为党育人、为国育才的修炼之路上行稳致远。

中国教育学会副会长、上海市格致教育集团理事长　张志敏

2020年10月

目 录

前　　言

上海市格致中学前身为格致书院，始建于 1874 年，由晚清重臣李鸿章倡议，又由近代著名化学家徐寿和时任英国驻沪总领事麦华佗联合创办，是我国近代最先系统传授西方自然科学新知、培养民族科技人才的新型学堂之一。近一个半世纪以来，学校传承“爱国，科学”的优良传统，弘扬“格物致知，求实求是”的办学理念，彰显“和谐发展，理科见长”的办学特色，为国家培养了大批优秀人才，以高质量的办学品质享誉海内外。1958 年，学校被评为上海市重点中学。2005 年，学校被上海市教委命名为首批上海市实验性示范性高中。2020 年，学校被评为普通高中新课程新教材实施国家级示范校。

为进一步放大优质学校的示范辐射效应，推动区域内学校之间的办学交流与资源共享，2001 年，上海市格致中学先后与东格致中学、民办明珠中学建立教育联合体，与上海市应昌期围棋学校、上海市井冈中学、上海市第六中学建立教育协作体。2003 年，上海市第六中学更名为上海市格致初级中学，上海市格致中学从学校管理、课程教学、特色接轨、教师培养等方面作深入指导，将高中的优秀办学传统、办学特色及管理经验向初中渗透。2006 年，华东师范大学教育科学学院和上海市格致中学合作建立“上海资优教育(联合)研究中心”，上海市格致初级中学和上海市黄浦区曹光彪小学共同作为实验基地学校。以资优生一体化培养为目标，贯通小学、初中、高中三个学段的“格致教育链”由此形成。

在“格致教育链”多年运作并取得显著发展成效的实践基础上，为贯彻和落实上海市教育委员会《关于促进优质均衡发展、推进学区化集团化办学的实施意见》、黄浦区《关于推进集团化学区化办学实施意见(试行稿)》，探索区域教育集团化办学和管理新模式，2014 年 11 月，在上海市格致中学建校 140 周年校友大会上，由上海市格致中学牵头成立的上海市格致教育团在新老校友和各界人士的共同见证下应运而生。

格致教育集团承担推进基础教育优质均衡发展、先行探索区域教育集团化办学的光荣使命。作为黄浦区推进基础教育学区化、集团化发展的重要举措，格致教育集团自成立以来始终受到上级主管部门的大力关怀和社会各界的高度关注。集团以建章立制为发展根基，以三年规划为发展框架，坚持项目引领、创新驱动，着力探索“小学—初中—高中”创新人才一体化培养的育人模式创新。《新民晚报》《新闻晨报》《中国教育报》《黄浦报》等平面媒体先后对集团凸显“价值共识、文化共创、课程共建、师资共享、资源共用”的办学特色作专题报道。

六年来，格致教育集团的规模从成立之初的上海市格致中学、上海市格致初级中学、上海市黄浦区曹光彪小学、上海市浦光中学(现上海市同济黄浦设计创意中学)、上海市应昌期围棋学校五所成员单位逐步发展壮大。随着上海市储能中学(现上海理工大学附属储能中学)、上海市民办明珠中学、上海市黄浦区卢湾一中心小学、上海市黄浦区北京东路小学、上海市实验小学、上海市黄浦区第一中心小学等学校的先后加盟以及上海市应昌期围棋学校“强校工程”转型发展(现转型为上海市格致初级中学应昌期围棋校区)，集团现已发展成为由上海市格致中学领衔、十校携手的紧密型区域教育共同体。格致教育集团坚持并完善党员联合学习、定期会商、导师视导、校际研修“四项制度”，深化集团校纵横合作、课程衔接与资源共享、教师联合培养“三大机制”。集团学术节、集团新年音乐会、集团学术刊物《格致学刊》等已成为集团成员校广大师生翘首以盼的常态特色项目。

为进一步培养符合时代发展需要、堪当民族复兴重任的大国良师，2017 年末，格致教育集团实施了面向集团各成员校全体教师的卓越教师培养计划，组建涵盖各学科、各领域的 20 个集团名师工作室，遴选集团内具有学科影响力的资深教师担任工作室主持人，聘请校外导师共同聚力，引领教师在实践中深化专业发展内涵。本书汇集了上海市格致教育集团(第一期)名师工作室三年来开展集体研修形成的代表性研究成果，记录了 20 个团队在教育综合改革道路上学而不倦、不懈求索的深刻足迹。

回首过往，格致教育集团作为黄浦区探索区域教育集团化发展成立的首个教育集团，始终凝聚各成员校的集体力量和共同智慧，形成了区域教育集团化发展的诸多创新举措。展望未来，格致教育集团将进一步聚焦高水平师资队伍建设，积极探索教育信息化创新应用，为深度整合区域教育资源、推动基础教育优质均衡发展、办好人民满意的学校、助力黄浦铸造海派精品教育谱写时代新篇。

王淑英语文工作室

工作室主持人寄语

修心开智，知行合一。
大道无恒，行者无疆。

工作室代表性研究成果

小学中高年级阅读教学目标细化及实施策略

初中语文实施诚信教育的课堂教学设计研究

丰富古文语言实践，提升学生语言能力

工作室概况

格致教育集团王淑英语文工作室共有成员 13 人，工作室主持人由上海市格致中学王淑英老师担任，副主持人由格致初级中学梁颖老师担任；学员包括：上海市格致中学张华中、胡雨婷、闫文治、王亚婷、施磊 5 位老师，格致初级中学缪婷婷、黄明晶 2 位老师，原应昌期围棋学校应佳敏老师，黄浦区卢湾一中心小学陈芸、王岚、任新梅 3 位老师。

为了认真贯彻"格致教育集团卓越教师培养方案"，使工作室真正成为教师成长的孵化器、教学思想的集散地、教学改革的试验田，本工作室借鉴"自主、合作、探究"的研修模式，以"主题课题"研究为抓手，采取"联合、兼修、分组、自主"的方式，扎实开展专业研修，提高教育理论修养。同时，工作室立足课堂教学研究，提升课程执行能力。以新课程背景下的中学语文课堂教学为研究基点，从教学设计、教学的组织与实施、作业布置与批改、学生学习诊断、学业辅导、过程性评价、考试命题研究、教师品德及教学基本功等方面优化工作室学员的课堂教学理念和行为，提升实施新课程的执行力，有效提高课堂教学质量。工作室定期开展"学术讲坛""课题研究""现场会""观摩课"等活动，通过专家引领、课例精读、同伴互助、自我反思等实践活动，充实教学经验内涵，初步形成自己的教育理念和教学风格。另外，工作室发挥示范辐射作用，推动集团教学改革。通过工作室微信公众号，及时发布工作简报、成员论文、研究课例、教学设计、典型案例及评析、教育故事、教学反思、活动图片等过程性资料，为学员间的互动交流搭建平台；通过工作室的协作研究，进行初高中学科整合，提升工作室学员对教学工作的管理、策划、实施的能力，并积极发展工作室的外围成员，传播工作室学员的成功经验和教育创新成果，引领带动外围成员所在学校语文教师整体素质的提高，从而推动格致教育集团的语文教学改革。

工作室主持人介绍

王淑英，上海市格致教育集团王淑英语文工作室主持人，上海市格致中学语文高级教师，兼任全国语文学习科学委员会学术委员。2011年被评为黄浦区教育系统第三轮区级骨干教师。荣获2012年“上海市园丁奖”。

梁颖，上海市格致教育集团王淑英语文工作室副主持人，格致初级中学语文高级教师，第四期上海市普教系统名师名校长培养工程“种子计划”(黄浦)领衔人，黄浦区教育系统学科带头人。先后获得“黄浦区园丁奖”、上海市见习教师规范化培训优秀指导教师等荣誉称号。

面对全体，关注差异；立足课堂，以研促教

——王淑英语文工作室工作回顾

自2018年1月工作室成立以来，在全体学员的共同努力下，工作室在理论学习、教学实践、教育科研等方面，都取得了丰硕的成果。现总结如下：

一、丰富活动内容，确保优质高效

本工作室学员分别来自小学、初中和高中三个学段，为了确保每次活动的优质高效，我们认真制订与落实研修计划。比如，建立健全每月例会制度，围绕工作室确立的研究主题，要求学员每学年认真研读2～3本教育教学理论专著；承担一次专题讲座，或一次公开教学，或指导青年教师开设区级及以上公开课；至少参加一项课题研究；至少有一篇论文在区级及以上刊物发表或参加研讨会交流。通过“联合、兼修、分组、自主”等活动方式，将个人研修、分组研修与集体研修有机结合，切实提高了活动的针对性和有效性。

据不完全统计，自工作室成立以来，工作室学员参编出版物4本，发表区级及以上论文18篇，以工作室名义外请专家作报告或指导工作室活动9次，外出学习、参观、考察约20次，1人担任了“双名工程”“种子计划”领衔人，1人获评高级职称，1人获市级综合奖项。

二、加强理论学习，拓宽教育视野

理论学习、学术交流是名师工作室重要的内在价值。其一，邀请知名专家学者作专题报告，如范飚、郑桂华、詹丹、周宏、曹刚、蒋远桥、李强、李琳等。其二，组织学员参加“长三角语文教育论坛语言运用与思维提升主题研讨会”、华东师范大学“语文教育论坛”、市教委“古诗词教学研讨”，观摩高翀骅老师执教的《梳理古诗》等。其三，推荐自我研修读本，以“读书会”的形式开展研讨交流。其四，充分利用互联网线上平台，通过工作室微信群，随时推送学习资料。特别是疫情期间，大家隔空送课，群里讨论，真正做到了“停课不停研”。

三、重视实践探索，积极切磋交流

培养学生创新思维及创新能力应是现代教育的出发点和立足点。而只有教师敢于尝试新的教学方法，善于运用教学策略，积极培养学生思维，才能促进学生的全面发展，培养学生的创新能力。

高中组王淑英老师在“中国陶行知研究会·新疆优质课大赛”活动中担任评委，并示范执教《套中人》；张华中老师在全国“聚焦课堂”教育教学研讨会上执教《项链》，获一等奖；胡雨婷老师的区公开课《提出论点的路径》，闫文治老师的《文言文行文思路的理解与分析》《拿来主义》，王亚婷老师的《窦娥冤（节选）》等集团工作室研究课，是对语文各类课型创新型教学的有益尝试。

初中组黄明晶老师的《台阶》教学设计，获评 2018 年市级德育优课；梁颖和缪婷婷老师完成了市教研室赴区开展“课程与教学调研”的推荐课《他们那时候多有趣啊》和《借助提纲修改作文》；缪婷婷老师的《温故字，逆向复习》、应佳敏老师的《敬业与乐业》、黄明晶老师的《螳螂捕蝉》集团工作室研究课，均受到听课老师一致好评。

小学组陈芸老师担纲部编教材的多项研究与实践，还参与了上海市“空中课堂”二年级第二学期视频课的拍摄；王岚老师在上海市小学语文作文教学联盟活动中，执教《怎样写句子》、展示《ang eng ing ong》《一根扁担》等，任新梅老师的《第一个发明麻醉剂的人》《律师林肯》《圆明园的毁灭》等，在专家调研、区教研和跨区教学展示中获得肯定。

四、潜心教育科研，涵养教学品质

名师工作室的任务是培养名师，名师之所以成“名”，不仅仅在于教学技术，更在于教学思想。

高中组以“18 个任务群”为突破口，闫文治老师主持区级课题“基于高中语文新课标‘学习任务群’的学生活动设计与实践研究”，胡雨婷老师的课题“新课标下中国革命传统作品教学研究”在区青年教师课题评比中获得三等奖，王亚婷老师的课题“高中语文‘科学与文化论著研习’学习任务群的建构与实践研究”被推荐申报市青年教师课题，施磊老师在“聚焦新课标，整本书阅读”集团工作室研讨会上做经验交流。张华中老师近两年参编书籍 3 部，发表论文 10 余篇，其中《跋涉与超越》发表于《语文教学通讯》，《新民百年思与行》收录于《诚直论——上海市语文学科德育基地的思考与实践》一书。

初中组梁颖老师担任了“双名工程”“种子计划”（黄浦）初中语文的领衔人，区级课题“深度阅读视域下初中语文红色经典文学作品教学的实践研究”成功立项。应佳敏与学校的数学、英语教研组长一起完成了区级课题“促进初中‘学困生’语数英学科联动提高的教学方法研究”。

小学组陈芸老师获评中学高级教师,课题“小学中高年级阅读教学目标细化及实施策略”研究成果发表于《现代教学》;王岚老师参与学校的市级课题“‘云课堂’的研究与实践”,案例《二年级组语文学科的评价改进》收录于《坐看云起时——“云课堂”的研究与实践》一书;任新梅老师参加区级课题“三年级随堂练笔600秒的设计与实践研究”的应用研究,获黄浦区第十三届教育科研一等奖。

五、凝聚集体智慧,创新工作特色

1. 面向全体,关注差异。
2. 立足课堂,以研促教。
3. 引领辐射,提携后辈。
4. 利用网络,共享资源。

小学中高年级阅读教学目标细化及实施策略[①]

◎ 上海市黄浦区卢湾一中心小学　陈　芸

摘　要　本文通过梳理小学中高年级语文教材，结合中高年级学生阅读能力现状，细化中高年级阅读教学目标，形成系统化的训练序列，同时在实践中积累典型的教学案例，修正细化的阅读目标，使其更适切、明确，且具有可操作性，切实提高阅读教学的有效性。

关键词　语文阅读；教学目标细化；实施策略

制订阅读教学目标前，教师应充分分析学生的整体水平以及差异程度。针对三至五年级的学生，教师分析学情时应了解他们在阅读态度、习惯、能力等方面所达到的程度。从我校学生阅读能力的测试结果来看，主要存在以下问题：第一，理解词语方面，学生能够用找近义词和反义词、词素扩展、联系上下文等方法理解词语，这是低年级词句理解教学的成果，但对于文中一些有特殊含义的词语，学生理解上存在困难，或者是理解却较难表达出来。第二，文章内部的关系方面，学生能做到读短文后提取相关的信息，但不少学生会忽略这些信息之间存在的联系，或较难建立起信息间的联系，也较难通过文中的信息进行归纳整合及逻辑推断。第三，归纳内容方面，如果文中有关键语句，如总起句、总结句或过渡句，学生能利用这些语句完成任务，但如果文中没有这些语句，学生就会出现归纳要点不完整或语句啰唆等情况。第四，理解文章主旨方面，如果文中出现点明中心思想的词句，学生能比较准确地找到；但如果文中没有出现这样的词句，需要概括提炼，学生就比较难把握，即使读出来了也表述不清。

一、拟定分年级阅读教学目标的细化内容

根据我校学生的阅读现状，结合课程标准，我们确定将“朗读课文”“理解词句”“理解课文主要意思”“初步归纳课文内容的要点”“复述课文的主要内容”等作为目标细化

① 本文发表于《现代教学》2018 年第 5 期。

的主要内容。[①]

二、细化阅读教学目标，提炼教学方法与策略

我们列出了各年级阅读教学的目标，并根据单元目标及文本特点，从三至五年级教材中选择相关篇目进行专题研究。在专题研究后，我们提炼出具有普遍性的教学策略，特别是同一教学策略在不同年段落实目标过程中的科学运用。

（一）朗读课文的教学策略与方法

三年级教学策略：以读代悟。对于三年级学生来说，读懂一段话是重要的学习目标。受生活阅历和认知水平的限制，文本中表达的深刻含义、丰富情感以及作者精心的遣词造句等，学生很难清晰地表述，但是可以通过有感情地朗读、教师引读等方式帮助学生有所感悟。

四年级教学策略：以读促悟。四年级学生在初读课文时，能非常浅显地体会文本的中心思想或作者的表达特点。教师应引导学生阅读关键段落，通过朗读帮助学生深刻领会文章内容、结构与文章主旨之间的关系。

五年级教学策略：以读表悟。五年级学生已经能够独立领会一篇课文的主旨，随着年龄的增长，学生对主旨的理解也呈现多样的趋势。教师应引导学生用朗读来表现自己对主旨的理解。[②]

（二）理解词句的教学策略与方法

三年级教学策略：联系上下文，正确理解。语段中，不能孤立地理解一些语句。在理解词语的本意和句子的大意之后，学生需要联系课文的相关内容，才能更好地体会词句的含义。

四年级教学策略：第一，结合课文内容，想象理解。四年级学生对于抽象的词语还难以理解，教学时教师可以引导学生结合生活实际，进行适当的想象，通过想象填补，让学生对词句的理解从表面走向深入，从片面走向全面。第二，通过对比理解词句。当课文中出现意思相近或表达相近的语句时，学生可以通过比较的方法，理解作者表达的意图。

五年级教学策略：第一，运用语言，在说话练习中感悟。语言训练不仅能发展学生的语言表达，培养学生的表达能力，而且对发展学生思维，提高学生的认识能力都有很大的作用。第二，从文章主旨出发，理解词句的含义。文章的主旨就是作者写作的目

---

① 上海中小学课程教材改革委员会办公室.上海市中小学语文课程标准（征求意见稿）[M].上海：上海教育出版社，2004.

② 于漪.语文教学谈艺录（修订本）[M].上海：上海教育出版社，2012.

的,可以让学生根据主旨揣摩作者遣词造句的目的,思考这些词句对于表达文章主旨有什么帮助。

(三) 理解课文意思的教学策略与方法

三年级教学策略:第一,关注课题,理解课文意思。标题是透视文章内容的窗口,通过它可以感知文章的主旨。教师应关注课题,读懂课题,帮助学生理解文章要表达的意思。第二,关注课文开头,理解课文意思。文章的开头和文章的主旨有密切的关系。记叙文的开篇或议论阐述,或写景铺垫,或直抒胸臆,无不与主旨密切相关。

四年级教学策略:第一,读懂重点词句,理解课文意思。课文中往往会出现和文章主旨密切相关的词句,教师在教学中应引导学生关注这些内容,正确把握文章的主旨。第二,理出感情线索,理解课文意思。对于没有直接表现主旨的文章,可以尝试从字里行间体会作者的情感,理出感情线索,以此读懂文章的意思。

五年级教学策略:第一,关注文体特点,读懂课文意思。把握记叙文的主旨可以从人物形象、情节或事件的发展、景与情的关系等方面入手;概括说明文的主旨应抓住哪些最能说明事物、阐明事理的本质内容;议论文在概括主旨时要紧扣最能表现作者见解和主张的文字。第二,关注文章结构,读懂课文意思。文章的结构也能表现文章主旨,从详略中,从变序中,读懂作者的写作意图,读懂课文的意思。[①]

(四) 归纳内容的教学策略与方法

四年级教学策略:第一,认识“主要”,选取归纳要素。归纳主要内容之前,教师必须引导学生认识哪些是课文的主要内容,而不能无论主次一概归入。第二,选取典型语段,教会基本的归纳方法。归纳的方法很多,如摘句法、抓六要素法、段意合并法等。在研读文本时,应有意识地从中选择典型的语段,指导学生学习并巩固归纳方法。第三,从归纳段意到归纳全文过渡。教师应在学生熟练掌握归纳段意的基础上,再训练归纳整篇课文的内容。

五年级教学策略:结合文章的不同题材,综合运用各种方法归纳课文主要内容。不同题材的文章,文章的结构、主旨、叙述特点都不同。在掌握不同归纳方法的基础上,教师应指导学生根据题材选择合适的归纳方法。

(五) 复述的教学策略与方法

三年级教学策略(详细复述):第一,从复述段落到复述全文。复述,对三年级学生来说是有难度的。如果一上来就让学生复述全文,学生难免望而却步。如果让学生从段落开始,掌握方法后,逐步过渡到全文,更有利于复述目标的达成。第二,列出提纲,帮助学生复述。在读懂文本的基础上,学生才能完成复述。但复述过程中,学生难免

---

① 刘仁增.课文细读——指向文本秘妙[M].福州:福建教育出版社,2014.

会遗忘其中的部分内容。教师可以在学生学习过程中，列出相关提纲或写作线索，在学习后让学生根据提纲或写作线索等详细复述，尽量用课文中的词句，也可以用自己的语言。

四年级教学策略(简要复述)：第一，抓住关键句，简要复述。关键句是指课文中出现的总起句、过渡句、小结句等，这些句子概括了文章部分的内容。教师引导学生利用这些句子来复述，能表达得更完整、更正确。第二，理解文章主旨，复述中加以突出。简要复述不完全等同于概括主要内容，需要加入和表现与文章主旨相关的内容。因此，在说话练习前，教师应在教学中引导学生真正读懂文章。

五年级教学策略(创造性复述)：第一，理解文章，不改变文章主旨。创造性复述时，无论是改变人称，改变顺序，还是改变体裁，都不能脱离原文的主旨。因此，在教学中，教师应引导学生读懂文章，在理解文章主旨的基础上进行复述。第二，根据复述需要，或删或增。在创造性复述时，由于叙述的角度发生了改变，要修改复述的内容，教师应引导学生思考哪些内容需要删改，使复述的表达更恰当。①

目标细化后的实施策略，多是教学实践中总结产生的，而且选择的是教材中的部分课文。在今后的研究中，我们将在策略的制订上，更多地寻求理论依据。教学实践有了理论的支撑，就更有利于目标细化的适切。同时，我们还计划将中高年级的所有教材都根据训练目标进行梳理。

① 上海市教育委员会教学研究室.上海市小学语文学科教学基本要求(试验本)[M].北京：人民教育出版社，2017.

初中语文实施诚信教育的课堂教学设计研究

◎ 上海市格致初级中学　梁　颖

摘　要　诚信自古以来就是中华民族的传统美德，而在价值多元背景下的当下，中学生的诚信缺失现象越来越突出。在初中语文学科中渗透诚信教育是初中语文学科德育的基本主张。因此，文章论述了如何更好地实施诚信教育：在课程方面，整合诚信教育因素形成育德系列；在教学内容方面，整合诚信要素突出重点；在教学过程方面，巧用技巧凸显诚信价值。希望通过实际教学为初中语文实施诚信教育的课堂教学做出积极、有益的思考，从而提升学生诚信品质。

关键词　初中语文；诚信教育；教学设计

一、在语文课程方面，整合诚信教育因素形成育德系列

语文学科蕴含着丰富的德育资源，作为语文课程重要载体的语文教材蕴藏着丰富的宝藏。针对现阶段初中生在诚信方面的现状，课题组从人际交往、日常学习和日常生活三方面切入，将诚信教育分为亲情、友情与诚信，求知、求真与诚信，爱国、忠诚与诚信三大板块，从语文教材中选取能成为语文学科诚信教育的重要内容来有效改善初中生诚信的现状。

二、在教学内容方面，整合诚信要素突出重点

（一）在语言的发幽中探微，使诚信见微知著

于漪老师说，对语言要善于敲打下去，并使之溅出火花。这溅出的火花，不仅是对言语形式的关注，也是对情感价值的关注。语文学科诚信教育的实现，需要落实到具体的语言教学中，落实到语言的表情达意中，发幽探微，“发现”并“还原”语言的价值。如余映潮老师在教授《陈太丘与友期》一文时有这样一个片段：

师：出示话题，“从文章中的一个字读出了……”“从文章中的一个词读出了……”“从文章中的一句话读出了……”。

师：我先做一个示范，“我从这个‘久’字读出了元方的爸爸是个很讲信用的人，朋友发脾气是没有道理的。”

（学生思考，教师巡视）

生：我从“尊君在否”的“尊”字读出这位朋友还是有很高的修养的，用语文雅。

生：“入门不顾”的“顾”用动作表达自己发脾气，写出了小元方是一个有脾气的人。

生：“日中不至，则是无信；对子骂父，则是无礼”一句，是元方在给爸爸的朋友讲道理，他很有礼貌，也说明他受到的家教很好。

生：“下车引之”的“引”还是用动作表达内心的感情，知道自己做错了事，用一个动作向孩子示好，求得原谅，朋友是一个知错能改的人。

生：还有一个“怒”字，“友人便怒”，“怒”字比用“骂”字好，一是写出友人的性格，是一个很率性的人；二是让我们想出了此时的外貌形态和心理活动。

师：“尊”“怒”“惭”“引”，写出了一位知书达礼的客人，写出了一位很率性的客人，写出了一位知错就改的客人，客人的多个层面的性格都表现出来了。

品析环节，原来是几个字词的零碎赏析，余老师最后小结整合，出人意料地生成了对“客人”这一人物形象的全面感知，让人不得不赞叹余老师对文本的细腻研读。遵循“文道统一”的原则，在这里，我们通过陈太丘的言而有信，读出了“客人”这一人物在认识到自己失信于人之后的羞愧和知错就改。深入语言的“肌理”，学生体悟到的远比教师直接言明的深刻，同时能获得发现语言价值本真的惊喜感和阅读的满足感，其中蕴含的诚信教育内涵也更易走进学生的心里。

（二）在情感的辨析中澄清，使诚信润物无声

不管是教师还是学生，解读文本往往会潜意识地投射自己的情感体验，这其实就是文本解读理论中的读者再创造，解读文本是师生一次又一次的生命体验历程。所以解读文本不能忽略人的主体意识，不能忽视人性，需要站在人文关怀的角度，重视个人的情感和意志。如小说《孔乙己》，孔乙己的悲剧究竟是谁造成的？很多学生的第一反应就是当时麻木、冷漠的社会风气，那些和孔乙己一样处于社会底层的老百姓总是无情地嘲笑他。这时，不妨问一个问题，为什么人们总是要嘲笑孔乙己？其一是因为他虽然身份低微却穿长衫，似乎觉得自己高人一等；其二是因为他总是说些“之乎者也”，那些人们听不明白的话；其三是因为他偶尔会做些偷鸡摸狗的事，脸上也会出现新的伤痕，而他还要为自己的偷窃行为狡辩。如果说前两点是因为孔乙己受封建科举制度的毒害，那最后一点又是什么原因造成的呢？文中当孔乙己和“我”讨论“茴”字的几种

写法之时有这样的一处细节描写:“孔乙己显出极高兴的样子,将两个指头的长指甲敲着柜台”,“长指甲”这三个字可以看出他平时很少做事,与前文“好吃懒做”相照应。“好吃懒做”又要假装清高,于是乎他就“免不了偶然做些偷窃的事”。从这些语句中体现出鲁迅先生“哀其不幸,怒其不争”的态度。正是因为他自己这种不诚信的行为,才使得他将原本可以有一份养活自己工作的机会化为了泡影;正是因为他的不诚信才使得周围的人喜欢看他的笑话而轻视他。至此,为人诚信是人安身立命的一大要素。但这篇小说并不仅仅要让学生懂得诚信的意义。此时,不妨再追问一个问题,面对有不诚信行为之人的时候,我们该如何对待他? 这个问题是为了引导学生仔细阅读小说的结尾部分,孔乙己最后一次出现在我们面前的时候是“坐着用这手慢慢走去了”。当孔乙己消逝在大家眼前的时候,周围的人都在“说笑”,对于孔乙己的生死,这些人毫不在意,极端冷漠。而作者在此处却用了一个“走”字。试想一下用两只手在地上行走的时候,这个动作用“爬”字更为贴切,而作者为何在此处却用了个“走”字呢? 正是这一个“走”字,体现了作者对这个人物的同情与尊重,在其走投无路之时还要给予他人最基本的“尊严”,让他像一个人那样走着离开大家的视线。至此,无论面对怎样的人,我们都应该真诚相待,文本中另一层更深的诚信内涵得以体现。

(三) 在道德价值的判断中选择,使诚信因势利导

道德价值就是个人行为对于他人和社会所具有的道德上的意义,在当下价值观多元的社会转型期,各种形形色色的价值观无孔不入,不断冲击着价值观还未完全定型的中学生的心灵,使中学生心理处于摇摆不定的动荡期。所以及时了解学生的心理感受,寻找学生问题的症结,这是实现价值认同的前提。在《“诺曼底号”遇难记》一文中,哈尔威船长为了确保船上乘客的生命安全,对奥克勒大副下达了这样一条命令:“哪个男人胆敢抢在女人前面,你就开枪打死他。”你是不是觉得船长缺乏人性? 也许对于六年级的学生来说,当他们初读课文之时会觉得船长的这条命令有悖于他的初衷,他的本意是想尽可能地让船上所有的人都得救,而他现在这样做却有可能会使人失去性命。可是,通过文本细读,我们知道了当灾难发生的时候,最可怕的就是无序。在这个看似有违道德价值的命令背后,绝不是绝情,而是极致的深情;不是冲动,而是无悔的选择。于是,乱成一锅粥的场面变得井然有序了,几乎没有发生什么争执或殴斗,“没有一个人违抗他的意志”,可见人们对他的信任。而这正是船长忠于职守的具体体现。当船长在有限的时间内将船上所有的乘客和船员都救出去之后,“哈尔威船长,他屹立在舰桥上,一个手势也没有做,一句话也没有说,犹如铁铸,纹丝不动,随着轮船一起沉入了深渊。”时间还有剩余,船长本可以和其他六十人一起离开“诺曼底号”,而他为什么选择和他的船一起沉入海底呢? 虽然当时的“船工法”有规定,如果船只发生意外而船长依然活着的话,他将失去成为船长的资格,但至少可以保住自己宝贵的生命,而哈

尔威船长为什么还要如此选择呢？为了避免学生在回答时不能抓住文本的核心价值，课题组在集体备课时设计了以下问题：

灾难猝然而临，老船长还来不及和相濡以沫的妻子携手游览名山大川，还没来得及亲吻刚出生的孙子的额头，还没来得及与儿子继续探讨生命意义的哲学话题；还没来得及为“诺曼底号”的航行谱写华丽的篇章，还没来得及为自己的航海生涯画上圆满的句号……

这时，我们似乎听到声声呼唤：回来吧，船长；回来吧，这不是你的错；回来吧——

可是，他要说——

通过这一系列问题的探讨，学生一次次拷问灵魂、沉思人生，从悬空的抽象道德落到现实生活的土壤上，回归真实，而学生真实的情感状态是进行诚信价值判断的基点与起点。学生就现象和行为之间生成的东西通过角色转移置身其中，进行体验感悟，而现象和行为之间生成的东西恰恰是道德的选择。

三、在教学过程方面，巧用技巧凸显诚信价值

（一）两难法中凸显诚信

价值观认知对中学生来说相当容易，但基于价值观认知的判断与选择就不容易了，基于此，可以创设情境设置价值冲突并提出价值观问题，让学生在反应中“投射”内心的观念，达到“无痕”育德的目的。如张国生老师《羚羊木雕》的教学片段：

师：根据检查，课下同学们已经做了很好的准备，据说有的还请教了家长，现在谁第一个发言？

生1：我认为羚羊木雕不应该要回，原因有以下几点，一是父母说过木雕已经送给我了，我就有权做主；二是万芳是我的好朋友，真诚帮助过我；三是既然送出去了，再要回来，会伤我的心，也会伤朋友的心；四是作者的思想倾向是批评父母的重财轻义伤害了孩子之间的感情；五是君子一言，驷马难追……

师：她说了五点，比较全面，而且条理性很强。谁能像她一样继续说？不必举手，直接站起来说。

生2：（主动站出来）我赞成要回羚羊木雕，一是这木雕是当年支援亚非拉，父亲把他的青春和热血洒在非洲的纪念，太珍贵了；二是父母送给了你，并没有让你送给别人；三是如果不要回来，不是伤害父母的感情吗？

生3:我认为不应要回,因为万芳为“我”作出了很大的牺牲,是“我”的好朋友,送木雕,送的更是友情,友情是无价的,父母是重财轻义,可以说是对孩子的“精神虐杀”。

生4:不能这么说,父亲送给孩子的不仅是物质上的木雕,更包含着父母对孩子的爱心和期望,你把父亲送给你的珍贵礼物送给别人,难道不是对父母的“精神虐杀”吗?

生5:可是父母毕竟送给我啦,我就有权处置。

生6:根据法律,十八岁以下未成年人的行为是无效的,所以你不能自作主张。

生7:爸爸说过是给我的,我就有权支配,有权送人,不能说我自作主张,既说给,又说没有允许我拿去送人,这是自相矛盾的。

生8:那你也应该经过父母的同意。

生9:我觉得父母没有尊重孩子的友情,把自己的感受强加给孩子,就是不尊重孩子的感情。

生10:那你尊重了父母的感情吗?他们可是生了你,养了你啊!

……

(课堂辩论很激烈)

师:大家想不想听老师的观点?

生:想。

师:究竟哪一方更有道理?下面这篇文章可做裁判——《一碗馄饨》,它选自《读者》2004年第8期。

(投影,指名读)

师:阅读这篇文章,请大家理解两个问题,第一,本文的主题句是哪一句?

生:有时候,我们会对别人给予的小恩小惠“感激不尽”,却对亲人一辈子的恩情“视而不见”。

师:第二,女孩匆匆吃完了馄饨,开始往家走去。当她走到家附近时,一下就看到疲惫不堪的母亲正在路口四处张望……母亲为什么“疲惫不堪”?

生:找女儿找得疲惫不堪。

师:我认为不尊重父母,不理解父母,把父母送给自己的珍贵礼物转赠他人,才是“轻义”。……问题不是该不该要回,而是根本就不该送人。父母一把屎一把尿地把自己抚养大,操了多少心,费了多少力,熬过多少不眠之夜,又受过多少委屈!朋友为自己付出的只不过是一条裤子和她父母的责罚,而父母为自己付出的,则是十几年的辛劳,十几年的青春!要重义,首先得重这个大义,再重朋友之小义!——有一句话值得大家记一辈子,(投影)“世界上最大的是海洋,比海洋更大的是天空,比天空更大的,是父母对儿女的恩情!”请大家高声读一遍。

在张老师的教学过程中该不该向好朋友要回羚羊木雕成了一个两难的选择,究竟该选择友情还是选择亲情？学生各有各的主张，张老师却巧妙地运用两难法在学生心中种下了“孝”的种子，引导学生明白了如何正确对待“为人与处事的真诚”的方法。两难法比教师单向的道德灌输更能产生持久影响，因为诚信内涵被学生心悦诚服地接受，诚信教育就不仅仅停留在认知层面，而且是再经由学生的情感感染，潜移默化为学生的行为。

（二）融情通理凸显诚信

语文学科中富有意趣、情趣、理趣的或明或暗的诚信内涵俯拾即是，语文教材更是如此。“登山则情满于山，观海则意溢于海”，教师要有二度创作的能力，还原和传递教材文本的情感。教师传情达意的方式不拘一格，可以是披文入情，也可以是移情入境，但一定要有意挖掘教材中潜藏的诚信内涵。比如，教学《向中国人脱帽致敬》一文时，不应停留在教授带有挑衅意味的提问和“我”的不卑不亢、自尊自爱、理直气壮地维护自己的人格和国格，为国争光的精神，而应让学生联系生活实际，我们曾在各种新闻中听到国人因自己的行为失当而受到其他国家的轻视和嘲笑。为了这种情况不再发生，每个人都应当明白自己在其他国家的一言一行都不再是个人行为，我们应该用自己的行为来维护国家的尊严，而这也正是做人、爱国与忠诚、诚信的体现。再如，在教学《风筝》时，让学生反思平时与人相处时，自己做错后是怎么做的。再联系课文，“弟弟”都已经把曾经的往事全然忘记，作者却还要写下这篇文章，他的那种善于解剖自己、反思自省的精神跃然纸上，对于全文中心主旨的把握就更清晰了。此时，学生学到的“慎独”的人文精神并不是贴标签得来的，而是将自己的行为与作者的行为对比之后得出的，这份收获远比灌输更有效。还如，在《巢谷传》教学中，即便现今社会为了利益而不念亲情的事件层出不穷，巢谷却为了一个与自己没有血缘关系的人全身心地付出，在苏轼兄弟遭贬谪期间，他们的亲朋好友都不再与他们联系，唯独巢谷全然不顾自己七十多岁的年纪徒步去看望他们，更是在途中丢掉了自己的性命。两相比较，与人相处时是利益更重要还是真诚更重要，相信每一个学生心中的天平都会作出抉择。此时学生的诚信不再是简单的道德认知，而是熔铸了个人情感的道德判断，从而为个人的道德选择“无痕”奠基。

（三）写作调控凸显诚信

如果说学生的阅读是一个价值观输入的过程，那么写作就是一个价值观输出的过程。写作的过程是学生的价值观反刍的过程，是学生自我认识、自我发现和自我教育的过程，也是情感价值判断并作出选择的过程。换言之，写作教学可以“无痕”地强化诚信教育的效果。践行读写结合的育德原则，语文教材里的一些选文大有可为。比如，《在那颗星子下》一文中“林老师”用自己的言传身教教育了“我”，也让“我”明白了对待自己的成绩要诚实、努力，更懂得了人与人相处的真诚；又如，在《我的叔叔于勒》

一文中，“我”和“我”的父母亲在对待“我”的亲叔叔于勒的态度上截然不同，由此感受亲情与真诚的宝贵，戒除贪婪。联系当下：大学生助学贷款还款失信率逐年提升和大学论文造假现象居高不下等现实，折射出社会和校园诚信教育缺位。《新华日报》发表评论员文章《比黄金更宝贵的是诚信》，文中讲道：“就个人而言，诚信是高尚的人格力量；就企业而言，诚信是宝贵的无形资产；就社会而言，诚信是正常的生活秩序；就国家而言，诚信是良好的政府形象。”基于以上思考，指导学生训练记叙文《诚信在心》，第一步搜集写作素材，同时完成选材任务；第二步构思架构作文，列出作文提纲；第三步落笔成文；第四步修改作文。搜集素材时，教材中的《顶碗少年》《芦花荡》《藏羚羊跪拜》《小巷深处》《受宠的象》《花的话》《七根火柴》等篇目进入学生的视野，选材、组材完毕，学生提炼出立意：诚信既是中华民族优秀的传统美德，也是传统文化的重要组成部分，做到“言必行，行必果”；诚信不仅是一种社会美德，更是一种社会责任和精神价值。从理性认识到感性素材，再到理性感悟，教师此时的写作指导就显得尤为必要。在此基础上学生修改作文，在修改作文的过程中疏通思维认识上的盲区，在叙事描写中展现诚信的价值，在内心审视的省察中做到“无痕”育德。

丰富古文语言实践，提升学生语言能力

◎ 上海市格致中学　张华中

摘　要　文言文教学长期存在重言轻文、游离文本恣意生发诸现象，这非常不利于学生学习体悟文本独特的语言魅力、美学韵味、思想价值。笔者认为既可以立足于文本，品鉴古文韵味、体悟古文情思、描摹古文风神，又可以开展古文诵读、课本剧表演等综合实践，在多元而立体的语言实践中切实提升学生语言能力。

关键词　古文；语言实践；语言能力

长期以来，“字字落实，句句清楚”，可谓古文教学的“八字宪法”。这种僵化的教学模式，使文言文教学陷入“繁”“偏”“死”的死胡同（钱梦龙语）。经此之手，经典古文就被肢解为词句解释、语法分析的断壁残垣，原有的生气丧失了，连贯的文脉斩断了，独特的美感绝迹了。如果说这种教学方式还抓住了文言特点的话，那么另一种古文教学方式就更值得警惕了。它以古文的某个方面作为切入点，古今中外，都成为它勾连贯通的对象，内容显得很宏富，气氛似乎很活跃，却脱离古文原有的核心教学价值，仅在外围逗留盘桓，热闹之后最终只落得一地鸡毛。应该说，这两种古文教学方式都还没走进古文纵深之处，当然也无法提升学生的语言能力。有一种观点认为，学习古文的有效方法就是多读，多读，语文能力（包含语言能力）自然就提高了。这实在似是而非。如果没有得当的方法引导，没有明晰的阅读目标，没有鲜活的主体意识，单靠量的积累，只会误入歧途。

基于目前古文教与学的现状，笔者认为古文教学固然离不开对文言字词句的积累梳理（这些积累梳理只有与活泼灵动的语言实践相结合才更高效，对此本文不予展开探讨），但更应进行形式丰富、切实有效的语言实践，开发利用古文的宝贵资源，以切实提高学生的语言建构能力。教材中的古文大都是经典篇目，它们是学生学习古文的基础，无论是学生基础知识的夯实、古文兴趣的培养，还是语言能力的提高、传统文化的传承，都应建基于对古文语言的深入学习。下面笔者将从三个方面阐发对于古文的开掘利用，以期提高学生语言能力。

一、品鉴古文韵味

我们倡导的品味语言，是通过对古文典型语言的涵泳咀嚼，分析赏鉴，领悟其承载的文化信息，凝聚的思想情感，蕴含的艺术魅力。古文有丰富的文体形式，即使同一文体也往往语言风格迥异。引导学生品读古文语言，就应抓住每篇古文的独特个性，而抓每篇古文的独特个性，就应紧抓典型词句。依托典型词句，由点带面，将有助于掌握文章内在机理，把似乎松散的语句，甚至段落串联起来，编织成细密而有序的网络，推动学生学习。如《谏太宗十思疏》第一段：

臣闻求木之长者，必固其根本；欲流之远者，必浚其泉源；思国之安者，必积其德义。源不深而望流之远，根不固而求木之长。德不厚而思国之理，臣虽下愚，知其不可，而况于明哲乎！

第一句话中的三个“必”字，斩钉截铁地指出前后两者的逻辑关系，要想达到前者的目标，就一定需要切实做好后者。紧跟着第二句中三个表转折的“而”字，配合“臣虽下愚，知其不可”，从反面证明如果做不到源深、根固、德厚，就一定无法实现美好的愿景。由此，就自然引出作者要表达的核心观点：思国之安，必积德义。抓住这两个虚词，就能把本段的行文脉络、逻辑关系，以及作者表达的重心顺利地理出来。不仅如此，通过品读，还会发现正是由这两个虚词架构起来的句子运用了排比手法，朗读起来富有气势，具有不可辩驳的效果。通过这种点拨品读，学生就易于把握本节的行文脉络、写作技法、表达效果。

然而，我们在教学古文的时候，往往以跳跃式的方法来对待语言，似乎极力要捕捉语言背后的东西。针对这种弊病，叶圣陶等前辈有殷切的叮嘱：“读的方面，往往只注重思想的获得而忽略语汇的扩展，字句的修饰，篇章的组织，声调的变化等。……只注重思想而忽略训练，所获得的思想必是浮光掠影。因为思想也就存在于语汇、字句、篇章、声调里；中学生读书而只取其思想，那便是将书里的话用他们自己原有的语汇等重记下来，一定是相去很远的变形。这种变形必失去原来思想的精彩而只存其轮廓，没有什么用处。”①这些倡导是对撇开文本信马由缰式语文教学的矫正，也是古文有效教学的前行方向。只有引导学生反复而持久地咀嚼语汇、字句、篇章、声调，才能真正品出古文特有的味道，进而把握古文的神髓精义，也才能磨砺自己敏锐的语言感知能力，最终切实提高自己的语文阅读能力。

---

① 夏丏尊，叶圣陶．文心[M]．北京：生活·读书·新知三联书店，1999．

二、体悟古文情思

语言不仅是思维的基础，还是情感得以表达的载体。作家的情思蕴含在文字之中，只有细加体会领略，才能感悟抽绎出来。如果失诸草率空疏，就难以把握作者深沉含蓄的情感和深刻幽邃的思想。相较现代文而言，古文与学生之间确实多了几重屏障，如语言、文化、时空等诸方面。这些屏障的存在，使得作品中的情感思想更不易准确地领悟把握。尽管有诸多障碍，"披文入情"，仍然是我们引导学生走进文本、走进作者的唯一选择。

优秀的语文教师，正是以语言为抓手，让学生细加体悟其背后容易溜过的情感思想。下面是钱梦龙老师《左忠毅公逸事》课例的一个片段：

生：在生命垂危的时候，为了看一看史可法，他"奋臂，以指拨眦"，用了一个"奋"字，既表现他的激动，又表明他举起手臂要用很大的力气。

师：那他为什么要"以指拨眦"呢？

生：因为他"被炮烙，面额焦烂"，眼睛已经睁不开了。

师：对，即使目不可睁，也要以指拨眦，可见他当时内心受到的震撼是多么强烈！他的目光是——

生：目光如炬。

师：这是一种怎样的眼光呢？

生：目光中有火，急切的怒火。

师：对，是急切的怒火，说明他对史可法不识大体贸然前来探监是十分恼怒的。当然，其中也许还包含着对魏忠贤奸党的满腔仇恨。你看他，奋臂拨眦，目光灼灼，怒火喷射，写得多么传神！本文两次写到左光斗的眼睛，都很有特色。第一次是——（生：瞿然注视。）——一个"瞿然"，把左光斗发现人才时惊喜莫名的心情刻画得多么准确！两次写眼，一喜一怒，的确是"形神兼备"。所谓"传神写照全在阿堵中"（板书"阿堵"，并简要解释），眼睛是心灵的窗户，画龙要点睛，写人要写眼，看来方苞是很懂得其中奥妙的。①

在这一个小环节中，钱梦龙老师结合学生课前提出的问题，让其他学生分析探讨，当有学生明确指出前后不矛盾，狱中的怒骂，"晓以大义"，仍然是对他的爱护，钱梦龙老师进一步让学生联系文中具体的词句，进一步体会左光斗的性格。在对这些词句的品读感悟中，左光斗爱国爱才、刚毅坚韧、坚贞不屈的形象就屹然挺立起来了。这就使

---

① 顾德希.高中语文优秀教案课堂实录选评[M].广州：广东教育出版社，1985.

情思的体悟落到了实处，而不至失于凌空高蹈。而这些典型性的描绘所塑造的左光斗的经典形象，也将在学生内心更好地扎根。

三、描摹古文风神

课本中的文言文篇目，大都历经岁月淘洗，仍闪耀着夺目光辉。其思想性、艺术性都堪称典范。我们在引导学生吸纳其蕴藏的丰饶文学养料的同时，也应有意识地让学生临摹借鉴这些经典文本的写作技法，以丰富自己的语言表达能力。模仿中势必将对古文的独特性，如其文章结构、写作手法、语言形式、表达主旨等，有更深刻的认识和理解。

而要临摹得形神兼备，就需要对所模仿的古文有深入理解，需要对若干细节精准把握。《劝学》一文中，比喻论证和对比论证是最为突出的两种论证方法，比喻论证使用的喻体往往又是生活中常见的，这就使抽象的道理更通俗易懂，而从正反两方面对比论证也使作者论述的观点更突出显豁，易为人接受。基于对文章这两种论证方法的深入理解，学生的仿写能力也就更强了。

学习如爬山，刚开始是在山脚，直望见高耸入云的峰峦，一条通向天国的山路，因仰望而生畏，因害怕而放弃，就是懦夫的体现。爬到半山腰时，前路尽是林荫，上不见天日，下不见大地。因迷茫而停顿，因不甘而放弃，这是弱者的象征。爬到山顶时，俯瞰脚下芸芸众生，自认天高而不可一世，因自傲而放松，因征服而止步，这是败者的行为。青松之所以在风暴中傲立，因为它在风暴中生长；刀剑之所以锋利，只因捶打之坚，磨砺之锐。不能在锤炼中纯净内心，就不会造就光辉的成就。粮食之所以丰收，因为它集大地的护佑，雨水的滋润，更重要的是自身不懈的生长。纵然外界提供了再大的帮助，自己不努力也就一事无成。

这位平时作文并不算出彩的学生，通过学习借鉴《劝学》的写作技法，使得语言表达形象鲜活，内容也饱满有力，并且两种论证方法也很好地支持观点阐发论证。“学习科学已经令人信服地证明：当儿童积极参与自我知识建构时，他们对知识的理解会更深、更概括，动机更强。”①当学生能把已学的知识和能力予以整合，不断结构化，并通过自己的实践操练，使之更纯熟，那么学生对于这种知识和能力的掌握运用也就越娴熟。经典古文，为学生自我表达提供了范本，可以丰富学生的词汇、句式、手法，而通过对其临摹，很大程度上把这些收获与先前的知识与能力相整合，使认知版图不断拓展，

---

① R.基思・索耶.剑桥学习科学手册[M].北京：教育科学出版社，2010.

不断的语言操练也势必使学生的表达愈加娴熟精到。

除了上述充分开掘课内经典古文，我们还可以适当地开展综合性的语言实践，为学生创设更好的情境，使他们能更好打破与古文的隔阂，沉浸到文本的世界中，与作者、古文做深入的“沟通和交流”。“‘情境性’是指知识并非是学习者头脑中静态的智力结构，而是一个包括人、工具、环境中的其他人以及运用知识的活动在内的认知过程。情境性的观点认为学习不仅仅是传递与获得概念。”①借助具体情境，利用特定的工具、周围环境，我们可以引导学生以古文为媒介，进行立体而多元的语言实践。无疑，这将能够深化学生对古文的认知，是获得较为全面、综合能力的有效途径。开展古文语言综合实践的两种有效方式是情境朗诵与课本剧表演。

（一）情境朗诵——沉寂的古文在歌唱

情境朗诵，既指学生在课堂上设身处地以作者或人物的视角进行朗读，也指借助外在道具，如音乐、服装、灯光、舞台等，进行朗诵。那些抒情色彩、哲思品质更浓的作品，如《前赤壁赋》《阿房宫赋》《劝学》《师说》等，相比默读，情境朗诵更能让沉寂的文字通过学生发出声音，其间或骈散结合的句式，或铺陈排比的手法，或强烈的情绪流露，真可谓非朗诵不足以体会传达。情境朗诵中，学生将更有代入感，思古人所思，悲喜古人所悲喜，在与古人同频共振中，将对古人、古文有更多的同情和理解。置身情境中的学生，将接受外在环境更多的刺激，其潜能也将获得较多开发，由此锻炼习得的语言能力也将以更持久的方式对学生产生影响。

（二）课本剧编演——远去的古人在舞蹈

对于故事情节更曲折丰富、人物更立体鲜明突的古文，如《廉颇蔺相如列传》《鸿门宴》《左忠毅公逸事》等，课本剧的改编和演出是走进经典古文篇目的有效途径。成功的课本剧必然要忠于原著，忠于历史，这就势必要读透文本，从字里行间去体会、去捕捉，掌握古文中的精髓要义，同时设身处地地还原故事发生的历史现场，按照当时的历史语境来塑造人物，如此才能消除古今隔膜，欣赏经典篇章的艺术魅力，更好地领悟古人的情感和逻辑，从而避免“戏说”式、“大话”式、“演义”式的课本剧。脚本构思、台词设计、舞台说明、舞台表演等，涉及更为综合的语言实践活动，该活动将充分调动学生的语言潜质，使其语言能力在特定的环境中得到更好的锤炼和提升，而这将对他们未来的语言实践发挥深远的作用。

总之，通过开展课内课外的语言实践，充分开掘古文的语言资源，开展丰富的综合性语言实践活动，才能更好地促使古文蕴含的宝贵资源转化为学生的语言能力，最终助推学生语文核心素养的长远提升。

---

① R.基思·索耶.剑桥学习科学手册[M].北京：教育科学出版社，2010.

高翀骅语文工作室

工作室主持人寄语

格物，致知，诚意，正心。

工作室代表性研究成果

在辩驳中体会学习之道

《我有一个梦想》课文误译订正

初中语文“唐诗精华”“宋词集粹”单元的教学尝试

工作室概况

格致集团高翀骅语文工作室的主持人为上海市格致中学语文教研组副组长高翀骅，副主持人为上海市同济黄浦设计创意中学语文教研组组长颜培颖。工作室的学员有上海市格致中学校骨干教师张帆、青年教师徐前坤，上海市民办明珠中学教师王婷、刘洁、马颖、杨宇辰、钟亚妮和孙兆春。

工作室的目标是在新课标的引领下，建立核心素养与课程教学的内在联系，充分挖掘语文学科课程教学对全面贯彻党的教育方针、落实立德树人根本任务、发展素质教育的独特育人价值。面对新的更为结构化的课程内容，以主题为引领，使课程内容情境化，促进学科核心素养的落实。这些有志于语文教学事业的同仁将共同研究课标，改革教学，积极实践新教材。我们已经认识到语文课程应引导学生在真实的语言运用情境中，通过自主的语言实践活动，积累言语经验，把握祖国语言文字的特点和运用规律，加深对祖国语言文字的理解与热爱，培养运用祖国语言文字的能力；发展思辨能力，提升思维品质，培育社会主义核心价值观，培养高尚的审美情趣，积累丰厚的文化底蕴，理解文化多样性。我们不仅要完成义务教育，而且要进一步提升学生的语文素养，形成良好的思想道德修养和科学人文修养，为终身学习和全面而有个性的发展奠定基础，为传承和发展中华文化、增强民族凝聚力和创造力发挥应有的作用。

工作室主持人介绍

高耞骅，上海市格致教育集团高耞骅语文工作室主持人，上海市格致中学语文教研组副组长，黄浦区教育系统骨干教师。先后获得黄浦区第四届中小学、幼儿园教学评比活动中学组一等奖，上海市中小学中青年教师教学评选活动一等奖，第五届“圣陶杯”中青年教师课堂教学大赛一等奖。参与 2020 年“空中课堂”拍摄。多次承担市、区级公开课，多篇论文发表于国家级期刊。

颜培颖，上海市格致教育集团高耞骅语文工作室副主持人，同济黄浦设计创意中学语文教研组组长，黄浦区教育系统骨干教师。

培育适应新课程改革的语文骨干教师团队

——高翀骅语文工作室工作回顾

高翀骅语文工作室成立三年来注重理论学习，工作室的每一位教师在新课标、新课程的引领下，深入探究学理层面，在研习过程中发展自己的特长。在集团的支持下，我们以《剑桥学习科学手册》为出发点，理解学习的过程，跟进前沿的教学探究，然后从王荣生教授的《语文课程与教学内容》开始，重新梳理自己对学科的认识。我们的理论学习有三条主线：一是对名师课堂教学案例的学习，如余映潮老师的《中学语文精品阅读课教学实录》、黄厚江老师的《你也可以这样教阅读》；二是与课堂教学密切相关的理论成果，如成龙老师的《语文科观课评教体系初探》、陈隆升老师的《语文课堂"学情视角"重构》；三是国外一些有效的经验，如上海教育出版社引进出版的《阅读项目的管理与监督》、北京科学技术出版社引进的《美国学生阅读技能训练》等。此外，教师也根据自己的特长，选择相应的学习材料来厚植个人的学养，如陈望道老师的《修辞学发凡》、叶嘉莹老师对古诗词的解读、金岳霖老师的《逻辑》等。在大量的阅读中，我们更新自己对工作的理解，以便适应新课程带来的变化，明确国家对我们的期待。除了阅读以外，我们也请来上海师范大学教授、新课标课标组成员郑桂华老师，上海市教委语文教研室的范飚、曹刚老师等多位专家与工作室学员面对面交流，就阅读、写作、课标理解、活动设计等专题进行研讨。

在教学实践中，工作室主持人高翀骅老师承担了一次教育部基础教育课程教材发展中心在沪的展示课，多次市、区级展示课，并在2020年疫情期间两次参与"空中课堂"的录制，为抗击疫情贡献自己的微薄之力。张帆老师承担了市级写作公开课，参加黄浦区中青年教学比赛并获得一等奖。刘洁老师参加黄浦区中青年教学比赛并获二等奖。徐前坤老师承担了区级阅读教学的公开课，获得了教研员和兄弟学校教师的好评。除了这些广受关注的展示课，工作室内部也组织听课，颜培颖老师作为工作室的副主持人，不辞辛劳，多次到格致中学、明珠中学，连续听课、评课，引领青年教师前行。除了互相听课，工作室还经常外出听课，我们曾赴江苏省苏州第一中学参加长三角语文论坛，聆听专家授课；我们也参与语文大讲堂，特别是新教材的各种研讨会，不管授课地点是在宝山、金山还是松江，我们都欣然前往，并在课后积极讨论，不断增强自己的教学实践能力。

在教育科研方面，高中的几位教师走得更前面一些。张帆老师参与了综合阅读教材的编选、承担了区级青年教师课题，高翀骅老师承担了区级重点课题、区级科研成果推广课题。我们还积极参与各级别的征文活动，在2017—2019年，高翀骅老师连续三年获得长三角语文论坛征文大赛一等奖。高翀骅老师和张帆老师有多篇论文发表于学术期刊。

综上所述，高翀骅语文工作室的特点就是扎扎实实做好基本的教学工作，从日常教学中提炼经验，与先进的教学理念比对，在反思中推进教学，并在教学科研上力求突破。

在辩驳中体会学习之道①

◎ 上海市格致中学　高翀骅

摘　要　针对单元教学存在的目标不明、内容先行，任务群教学中出现的情境宽泛、游离文本等问题，以统编高中语文教材必修上册第六单元“学习之道”的单元设计为例，罗列单元目标设计的要素，建议细化单元目标，并与学习内容紧密结合；在任务设计上，提出三点要求，即任务的完成当立足教材，任务的推进需要语文学习活动支撑及在完成任务的关键点提供合适的支架；在评价设计中当以学生为主体，注重过程，可根据不同的活动设定评价项。

关键词　统编高中语文教材；思辨性；单元；目标；任务；支架

统编高中语文教材必修上册第六单元对应的学习任务群是“思辨性阅读与交流”，其人文主题为“学习之道”，课文包括：荀子《劝学》、韩愈《师说》、毛泽东《反对党八股》(节选)、鲁迅《拿来主义》、黑塞《读书：目的和前提》、王佐良《上图书馆》等。统编教材由单元导语、课文及注释、学习提示、单元学习任务组成的新的组织架构本身给予了单元设计以指引，比如，导语中“学习本单元，以‘学习之道’为核心，通过梳理、探究和反思，形成正确的学习观，改进学习方法，提高学习能力”就是单元的核心目标；又如，教材“单元学习任务”从“梳理作者所提倡的学习态度或主张，摘录其中的名言警句并说说自己的心得体会”到“针对当下学习中的某些问题，以《“劝学”新说》为题，写一篇不少于800字的文章”，在人文价值取向、学习资源、学习活动及支架材料等方面也考虑周详。

这是不是意味着只要手持教材，以往教学中单元目标不明，内容先行，导致教学浅表化、碎片化、练习化的问题②就得以解决？是不是说任务群教学的课堂上所出现的情境宽泛、活动虚化、缺乏精读、游离文本、课堂虚设等问题③就会消失？

恐怕并非如此。借助单元导语或教参形成的单元目标，首先还需要被列置于课程标准的体系中去考虑它们在学科核心素养的形成中、任务群的实践中、学业质量水平的

---

① 本文发表于《中学语文教学》2019年第11期。

② 上海市教育委员会教学研究室.高中语文单元教学设计指南[M].北京：人民教育出版社，2018.

③ 赵福楼.聚焦于“情境”与“活动”——谈高中语文学习任务群教学的问题与对策[J].语文教学通讯，高中(A)，2019(4)：31－34.

衡量中具体的位置。而单元目标也需要进一步分解细化。可以剖析关键词的内涵进行层次上的分解,《语文必修上册教师教学用书》第六单元单元目标四要求“以恰当的方式阐述自己的观点”,抓住“恰当的方式”一词思考:阐述自己的观点有哪些方式?何为“恰当的方式”?除语言形式外,“恰当的方式”还与哪些要素相关。也可以根据思维的推进逐步细化,单元目标三提出“感受思辨的力量”,教师不妨追问:何为思辨的力量?思辨为何有力量?思辨的力量如何在文本中体现?怎样引导学生感受思辨的力量?分解细化后的单元目标更易与知识技能相融合,如“学习文本论述方法”这一要求可分解为“1.关注作者思考问题的角度,理解文章的针对性”“2.梳理和把握论证的脉络层次,把握观点之间、材料之间以及观点与材料之间的逻辑关系”“3.梳理作者的论证方法,辨析各种论证方法在不同语境中的作用和效果”“4.从文体、手法、遣词造句、语言风格等角度把握作者的语言特点,深化对文章观点的理解”,这在相当程度上避免了目标泛化空置的问题。

单元目标还需要与学习内容充分结合。统编教材课文的呈现是以主题聚合、打破文体、以单篇加多篇的方式组合成单元教学资源,带有明显的整合性质。这种呈现方式不仅是向真实的阅读生活靠拢,也是对单元设计要体现群文阅读特点的提醒。而设置单元目标时融入学习内容,要求教师对单元课文的共性、各篇目的个性以及篇与篇之间其他关联作深入思考,这既有利于落实单元目标,也有利于我们思考这些阅读材料与单元任务之间的关系,从而设计出富有逻辑联系、指向深度阅读和深度写作的系列学习任务。在细化后的目标“4.从文体、手法、遣词造句、语言风格等角度把握作者的语言特点,深化对文章观点的理解”后补充更为具体切实的内容:如从整散结合的句式角度品读《师说》《劝学》,感受论证的力度;从深入浅出、生动活泼的语言风格感受毛泽东所倡导的文风的样貌,从随笔灵活、自由的笔触感受黑塞和王佐良求学读书的感悟,等等,能帮助我们回归教材,立足文本设计语文学习活动。

从单元学习任务设计的角度看,尽管教材已经提供了任务,但根据所执教的学生当下的语文知识、能力、思维品质、审美素养,以及已有的学习经验和生活体验,教师可以对单元学习任务进行分解、重组甚至替代。如笔者将第六单元学习主任务设为:班级在单元学习的基础上组织一次辩论赛,正方辩题为“在当今社会,学习应首先了解外界”,反方辩题为“在当今社会,学习应首先认识自我”。

拟定学习任务框架如下:

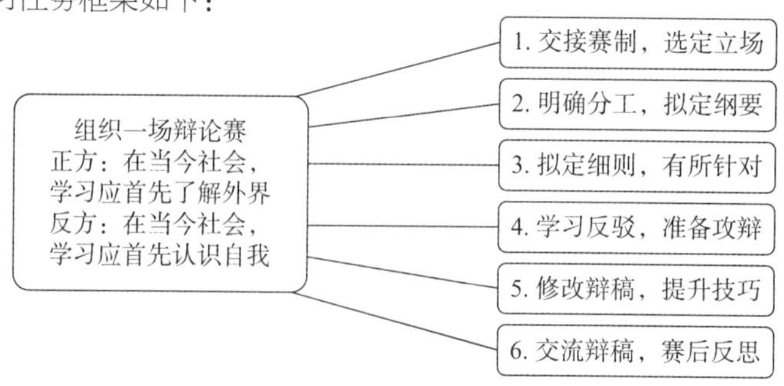

这一主任务的设计力图满足以下三点要求：

1. 任务的完成当立足教材，根植课文

我们经历了将课文直接等同于语文教学论中的“定篇”，盲目迷信，过度挖掘的阶段，也逐步意识到随意改动，盲目拓展，脱离文本教学方式的弊端。在统编教材的使用上，倘若谨慎地不使用“定篇”的说法，把课文至少视为“例文”，重视其“共同的法则”和“共通的样式”，使之成为语文学习添补经验性感知的依据是必要的。

以子任务一为例，“了解辩论赛赛制，选定个人立场，明确观点”似乎不需要借助教材，但笔者设置该任务的分项活动为：(1)查阅资料，了解辩论赛的规则和流程；(2)阅读六篇课文，摘录课文中的名言警句，梳理作者的观点，加深对学习本质的理解；(3)从学习的本质出发，就学习与外界、学习与自我的关联进行思考，在正反辩题中挑选一个，明确自己的立场和观点。也就是说，选定立场的前提是对学习的本质有较为深入的理解，这深入的理解不是来自学生个人的学习体验，而是来自对单元课文观点的解读。当然也包含了如何联系作者的思想主张(如荀子的“性恶论”)和写作背景(如韩愈所处时代士大夫“耻学于师”的风气)来理解文章的观点的具体途径。课文的观点并非辩论赛的观点，但是在对每一个观点的理解中，教师可引导学生从学习首先指向外界还是指向内心的角度加深对学习本质的思考，在对作者的观点从理解到认同，或者从理解到质疑的过程中，形成自己对于学习之道的认识。当然，后续的四个子任务，也都是建立在充分利用教材资源的基础上，而不是脱离教材，泛泛而谈。

2. 任务的推进由语文学习活动支撑

课标中多次提及语文学习活动指的是阅读与鉴赏，表达与交流，梳理与探究。而当下不少任务的推进并非依靠语文学习活动，或者说并没有很好地转化为语文学习活动，看似精彩纷呈，但未必对学科核心素养的形成产生影响。因此，紧扣单元对应的学习任务群的特点，以语文学习活动推进任务是必要的。

以子任务二为例，该任务包括四个步骤的活动：

(1) 理解辩论赛赛队成员设置及各辩手职能。

(2) 梳理六篇课文的层次，把握作者论证的脉络层次。

(3) 以辩论稿的要求对《师说》《反对党八股》《拿来主义》三篇课文的层次进行重组，进一步理解辩论赛中不同辩位对辩手的要求。

(4) 结合表格，拟定辩论纲要。

层次	侧重	纲要
一辩	起：立场、观点、基本逻辑、基本思路	逻辑
二辩	承：特定角度深化理论基础	理论

（续表）

层次	侧重	纲要
三辩	转：在确凿材料基础上反攻对手，发挥我方立场	事实
四辩	合：站在新的高度概括总结	价值分析

可以看到，把握文章脉络是通过语文学习活动的“阅读”“梳理”达成的；以明确辩论赛中辩位与论证过程的关系，了解各辩手的职能，并为拟定纲要铺垫，这是将非学科性质的活动转化为语文学习活动；以辩论稿的要求重组课文，不仅涉及阅读与表达，也是让学生在梳理和比较中形成新的问题、新的认知，而这就是一种探究。

3. 在完成任务的关键点提供合适的支架

完成任务的关键点既是决定任务完成品质的要点，也是大部分学生未能具备的能力、品格、价值观的难点所在。面对关键点，教师不能仅仅布置任务，让学生自行摸索，而是需要提供支架。

比如，子任务四是“了解逻辑知识，磨炼反驳技巧，做好攻辩准备”，我们设计了以下三个学生活动：

（1）再次阅读课文，学习作者如何批判错误，层层辩驳剖析，然后有针对性地提出自己的主张。

（2）揣测对方观点的理论基础和现实意义，确定己方辩驳的针对性。

（3）理解“偷换命题”“强加因果”“类比不当”“循环论证”等逻辑知识，借助工具表格发现论证上的问题，磨炼辩驳技巧，做好攻辩准备。

其中，在辩论中需要的逻辑知识就是教师要提供的支架。褚树荣老师在《思辨何为：“思辨性阅读与表达”解读》中建议，在这一学习任务群的教学中补习逻辑知识，诸如“概念和判断”“事实和原理”“前提条件”“图尔敏论证的要素”等①，这些逻辑知识和技能要根据学习的具体情境逐步落实。在高一学生初次辩论中，引导学生关注论述的理由，比如，引入“假设前提”的概念，让学生思考对方在提出论断时，该论断建立在什么未明言而确信的想法上，而该想法是否存在漏洞；再如，快速记录对方递交的理由，衡量理由之间是否矛盾，是否交叉，是否重复，来判断能否形成合力支撑观点。这些都能帮助学生在任务关键点上有所突破，引导他们从感性的意识到论述的偏差，转向理性地捕捉、分析论证漏洞，激励他们更好地完成任务。

此外，也建议教师在评价设计时关注任务完成的质量是否体现语文学科特点，评价是否以学生为主体，是否关注过程。

第六单元设计的主任务是辩论赛，在子任务三拟定评分细则时，最重要的一项评

① 褚树荣.思辨何为：“思辨性阅读与表达”解读[J].语文学习，2018(8)：61.

价标准已经产生，该项评价标准由学生讨论得出，加上辩论赛现场的气氛、辩论赛的结果，本身都是对学生任务完成程度的反馈，可以说符合王云峰老师提出的“学生是最重要的评价主体”①这一要求。

王云峰老师也强调：“学习任务群的评价要综合运用多种方法，关注过程，综合评价学生的学习表现。”如果说辩论赛的评分项更多体现的是对“表达与交流”这一学习活动结果的评价，那么，建议对另两类学习活动也给出适当的评价方式，形成多角度的评价要素。

如阅读与鉴赏活动，以子任务五学生活动二“体会作者各有特色的论证语言，通过诵读、品味，感受其在不同语境中的论证效果”为例，可设置以下评价项：

(1) 能否把握论证语言的基本特点。

(2) 能否概括不同作者特有的语言风格。

(3) 能否在遣词、造句、修辞三方面找到对应其语言风格的表达特色。

(4) 举例是否正确，效果分析是否得当。

(5) 能否找到其他凸显语言特色的鉴赏点，并加以分析。

梳理与探究活动，以子任务六学生活动三“赛后梳理辩论赛中正、反方表达的观点和理由，找出一组较为完善的逻辑论证结构，再找出一组你认为存在漏洞的论证，借助逻辑知识工具加以辨析，在这一过程中，进一步探究当下的学习问题”为例，可设置以下评价项：

(1) 能否找出一组较为完善的逻辑论证结构。

(2) 是否将该论证结构清晰呈现。

(3) 能否找出一组存在漏洞的论证。

(4) 能否借助逻辑知识工具找出其漏洞。

(5) 在上述过程中是否发现新的对学习问题理解的冲突。

(6) 能否简单规划解决新问题的思路。

黄伟老师认为“学习任务群”要突出“群”的特征，强调综合性、关联性、情境性，既注重在语文学科内部形成听、说、读、写的联动，也注重将言语实践引向生活实践，在生活实践中学习语文。②

将辩论赛作为统编教材必修上册第六单元的学习情境，很大一部分原因是对应“思辨类阅读与表达”学习任务群的要求，但其实学生始终沉浸在该单元的人文话题——学习之道这一个更大的情境中。可以说，这个单元本身就向学生展示了语文是如何与生活联系在一起的。设计“辩驳”的任务，其目的也不在于“说服”，而是让“认真、谨慎、开放、宽容、客观、公允、理性”这些“思辨”的关键词渗入学生的思维方式，促进他们对生活情境的感知与反思，从个体的语言体系走入公共的语言体系。

---

① 王云峰.高中语文学习任务群的评价问题[J].中学语文教学，2017(3)：12－15.

② 黄伟，梅培军.语文学习任务群设计与教学三维度[J].语文建设，2018(9)：4－8.

《我有一个梦想》课文误译订正[①]

◎ 上海市格致中学　张　帆

摘　要　华东师大版高中语文教材中的《我有一个梦想》有部分翻译存在失当之处，不仅曲解了原文，且影响表达效果，有碍于学生的理解和赏析。本文通过校勘英语原文，指出该版本《我有一个梦想》的译文之失，并做订正，以期还原马丁·路德·金演讲的真实内涵及表达效果。

关键词　《我有一个梦想》；翻译；订正

马丁·路德·金的《我有一个梦想》是演讲史上的名篇。该篇演讲大气磅礴，激情昂扬，学生很容易感受到演讲中比喻之精妙，以及排比、反复等手法带来的强大气势。而马丁·路德·金在演讲中所提出的种族平权的主张，以及他作为牧师在现场传播的上帝"福音"等内容也不难理解。学习这篇演讲，学生固然要读懂其内容，但仅读懂马丁·路德·金讲了什么，恐怕不是这篇演讲的学习重点。一篇好的演讲，需要以理性和逻辑作为基础，这样才能让听众信服；听众信服了，才有可能追随演讲者的脚步；于是，演讲者的煽情乃至煽动性才有了必要而坚固的前提。但是，教材的一些翻译问题却使得这篇演讲的逻辑性打了折扣，学生也隐约感觉到问题，但无法说清。因此，我们有必要回到英语原文，订正课文的误译之处，这样才能使这篇演讲稿的表述更加清晰，逻辑更为顺畅。学生也能更好地理解该篇演讲的宣传鼓动之本。

一、"可耻的"还是"骇人听闻的"

教材第二节，马丁·路德·金回顾了林肯签署《解放黑奴宣言》后的百年，黑人仍然遭受的不公待遇的现实。作为小结，他说道："今天我们在这里聚会，就是要把这种

① 本文引用的《我有一个梦想》教材原文依据华东师范大学出版社 2007 年 1 月出版的《高级中学课本语文　一年级第二学期》第 43—45 页；本文引用的《我有一个梦想》英文原文依据以下网址：https://kr.usembassy.gov/education－culture/infopedia－usa/living－documents－american－history－democracy/martin－luther－king－jr－dream－speech－1963/。

骇人听闻的情况公之于众。”这句话的英语原文是“And so we've come here today to dramatize a shameful condition.”。这里的“shameful”,对应到课文就是“骇人听闻”;而“shameful”的意思是 “可耻的,丢脸的”。其实若把句子译成“就是要把这种可耻的情况公之于众”,意思很清楚:美国政府一百年前签署的法令至今没有兑现,这种行为非常可耻。这样的翻译,一方面抨击了美国政府,另一方面也让在场的听众感受到他们今天在这里游行集会的正当性,给他们以道义上的优越感。

而何谓“骇人听闻”呢? 它的意思是:(坏的事情)让人听了非常吃惊。马丁·路德·金所讲的黑人没有自由、备受歧视、生活贫困,以及被边缘化等事实,固然都是坏事,但这些事早已是与会者所亲身经历的,有切肤之痛的。这些事,黑人并非初次了解,故不至于“骇人听闻”。如果译成“可耻的”则足以凸显这些事让美国政府蒙羞的程度。所以,课文将有着清晰指向的“shameful”译为“骇人听闻”,消解了原词富有针对性的批判,是不恰当的。

当然,课文译者没有将“shameful”译为“可耻的”,或有其原因:如果把整句话连起来,我们就会发现“可耻的情况”有歧义——“今天我们在这里聚会,就是要把这种可耻的情况公之于众。”——到底是谁的“可耻的情况”?

不过这个问题也不难解决,我们只需要在“可耻的情况”前加上一个定语——“他们的”,就可以了:“今天我们在这里聚会,就是要把他们的这种可耻的情况公之于众。”——虽然这里添加了一个代词,但“可耻的情况”针对性明显,有强烈的现场煽动的效果。这一效果是“骇人听闻”一词所不及的。

二、谁给予美国人承诺

第三节的译文中,有一个隐蔽的错误我们可能很容易等闲视之,那就是该段最后一句:“他们承诺给予所有的人以生存、自由和追求幸福的不可剥夺的权利。”

查原文,马丁·路德·金说:“This note was a promise that all men, yes, black men as well as white men, would be guaranteed the inalienable rights of life, liberty and the pursuit of happiness.”

我们把这句话化繁为简,即“This note was a promise.”。它承诺什么呢? 所有的黑人和白人都享有不可剥夺的生存权、自由权以及追求幸福的权利。可见,是“this note”,而不是那些“共和国的缔造者”给出了这项保证。而我们再追问这个“note”的所指的时候,就会发现,这里马丁·路德·金又用了一个绝妙的比喻,但遗憾的是,译者没有将其译出。

这句的前一句说:“When the architects of our republic wrote the magnificent words of the Constitution and the Declaration of Independence, they were signing a promissory note to which every American was to fall heir."。可见，这个"note"就是"promissory note"，即"期票"或"银行本票"。而所谓"银行本票"，就是一项书面的无条件的支付承诺，由出票人签发，并自负支付义务。马丁·路德·金这里的比喻意思很清楚：共和国的缔造者书写了《独立宣言》，制定了"宪法"，就等于是签发了一张银行本票，是可以让每一个美国人去继承并适时兑现的。该本票的"签发者"固然是"共和国的缔造者"，但这份承诺的载体却是这本银行本票，即"this note"，而不是那些"缔造者"，即"architects"。因此，课文将这句话的主语译为"他们"，即"共和国的缔造者"，是不合适的，这个译法将承诺的主体从文件转移到了人，于是也就遮蔽了一项绝妙的比喻。

从另一个角度来说，第三段"生存、自由和追求幸福的不可剥夺的权利"对应到原文是有引号的。引号有什么作用？经查，这句话就是对《独立宣言》的引用。于是，这话一用，在场听众更觉得自己的行为无比正当，因为有《独立宣言》作为他们的行动依据。而译文将引号隐去，让人觉得这些权利是某位开国领袖说的。若真的如此，那么这个说法的法律效力将大打折扣。

综上所述，是开国时的法律文件，而不是领袖个人给予每一个美国人以承诺。这个意思一定要翻译出来。这是有煽动性的，一来让听众感受到他们的主张是有法律效力的，二来让听众感受到自身行为的正当性。孔子云"当仁不让于师"，而马丁·路德·金的这几句话，就是要让在听众觉得自己是"当法不让于师"。

三、现在是怎样的时刻

译文第五段，"绝非"错成"决非"，可能是校对失误，在此点到即止。关于本段出现的一组的排比，有学生问："现在是向上帝所有的儿女开放机会之门的时候"一句和上下文有什么逻辑关系？我细读下来，好像还真没什么逻辑。一查原文，便又发现了一个重大的翻译错误。请允许我在这里引用一下原文：

"We have also come to this hallowed spot to remind America of the fierce urgency of Now. This is no time to engage in the luxury of cooling off or to take the tranquilizing drug of gradualism. Now is the time to make real the promises of democracy. Now is the time to rise from the dark and desolate valley of segregation to the sunlit path of racial justice. Now is the time to lift our nation from the quicksands of racial injustice to the solid rock of brotherhood. Now is the time to make justice a reality for all of God's children."

首先，所谓的"现在是向上帝所有的儿女开放机会之门的时候"一句在整段的最后，而不是课文中的倒数第二句。其次，原文中的"make justice a reality"的意思是"实现公正”。于是，整句话应译为“现在是向上帝的所有儿女实现公正的时候！”——这是一处明显的错译。

其次，推敲一下这句话位于本段最后的作用。这一段，马丁·路德·金先强调现在是最紧急的时刻(fierce urgency of Now)，然后以一个“现在不要做什么”(This is no time to)，带出四个“现在要做什么”(Now is the time to)。这个结构呼应了开篇的以一个“一百年前”(five score years ago)带出四个“一百年后的今天”(one hundred years later)的结构；这四个“Now is the time to”所引出的内容之间不会随意叠加，而是必有关系。

那么让我们根据原文，来推敲这四个“Now is the time to”之间的关系。

首先，实现民主诺言。其次，希望国家实现从种族隔离(segregation)到种族平等(racial justice)的提升。再次，希望国家从种族不平等的流沙(quicksands of racial injustice)中走出，到充满兄弟情义的磐石(solid rock of brotherhood)上。最后，要求国家向所有的上帝儿女实现公正(make justice a reality for all of God's children)。——前两句谈现实主张，后两句抒理想情怀。而所谓的理想情怀，则包含了传播福音的因素——for all of God's children。这样，在场的所有人，只要他信上帝，都会被这样一种充满宗教氛围的愿景所笼罩。而在场的黑人，由于他们身处贫困，孤立无援，大都信仰上帝。马丁·路德·金这样地层层铺垫，由实入虚，听众很容易入戏，仿佛他们都是被召唤而聚集在一起的，现在简直就是一起在接受上帝灵光的普照。这样，演讲才有效果。而译文将“兄弟情义”放在了最后，不论怎么说，感染力都差了一大截。

四、“物质力量”是什么力量，“蜕变”又是怎么变

第七段的末尾，译文如是说：“我们要不断地升华到以精神力量对付物质力量的崇高境界中去。”很多学生问：“什么是物质力量？”“物质力量指什么？”经查，又是一处误译。

原文：“We must not allow our creative protest to degenerate into physical violence. Again and again, we must rise to the majestic heights of meeting physical force with soul force.”

显然，课文里的“物质力量”对应的就是“physical force”的说法。而“physical”确实有“物质的”的意思，但这里把它译为“物质力量”又何所指呢？上下文中并没有对应的说法。倒是前面一句有“physical violence”的说法，就是“肢体暴力”。那么所谓“meeting physical force with soul force”的意思就很清楚：要用精神力量对抗肢体暴力。这就是马丁·路德·金继承自圣雄甘地那里的“非暴力”的运动方法。这种方法，马丁·路德·金称为“宏伟的高度”(majestic heights)；这个方法，是他所期待的斗争

的新内容与新境界。而这个境界,是要所有在场的听众都要尽全力来提升(rise to)的,也是千万不能降格或退化(degenerate)的。

可是,译文将“degenerate”译成了“蜕变”,这就是差之毫厘,谬以千里了。“蜕变”本义是指蝉脱壳而变,多指经历痛苦而后收获成长的变化过程,往往有比较积极的意义。但这里显然是指不能把具有全新内涵的抗议(creative protest)变成肢体暴力,这里的“degenerate”译为“沦为”似乎更精准些。

因此,这两句话更好的译法应该是:“我们不能容许我们的具有崭新内涵的抗议沦为暴力行动。我们要不断地升华到以精神力量抵抗肢体暴力的崇高境界中去。”

这样,便能将马丁·路德·金的“非暴力”的斗争主张表达得更为清楚,也能清晰地阐释马丁·路德·金对非暴力斗争的定位。而原文的“物质力量”的译法是张冠李戴的。

五、小结

《普通高中语文课程标准(2017版)》提出要培育学生的学科核心素养。第一条就是“语言的建构与语言应用”。这里的“语言”指的是“祖国语言文字”。而“祖国语言文字”首先是汉语言,也包括由汉语翻译而成的他国语言。从这个意义上说,学习外国文学,也是在学习祖国语言文字。因此,对教材来说,译文的选择不能不慎重;对教师来说,对翻译文本的教学最好还是要校勘原文,以期正确掌握文本内容,这样才能更好地开展教学。

当然,任何一套教材都不可能是完美的,但语文教师要有“拿来主义”的精神,对翻译文本“先占有,后挑选”。选择最好的译文给学生。如无现成,就“自己动手,丰衣足食”。这也应该是语文教师所追求的。

初中语文“唐诗精华”“宋词集粹”单元的教学尝试

◎ 上海市民办明珠中学　孙兆春

摘　要　唐诗宋词是我国古代文学史上的两朵奇葩。唐诗的雍容、宋词的典雅，既体现了我国古代文学作品之精华，也闪耀着中华传统文化的光辉灿烂。唐诗宋词作品的教学一直是语文课程中的重要内容，为广大语文教师所重视。本文从单元组合教学、诵读探究学习和资源整合三个角度提供了“唐诗精华”“宋词集粹”单元教学的策略。

关键词　唐诗；宋词；单元教学

唐诗宋词是我国古代文学史上的两朵奇葩。唐诗的雍容、宋词的典雅，既体现了我国古代文学作品之精华，也闪耀着中华传统文化的光辉灿烂。唐诗宋词作品的教学一直是语文课程中的重要内容，为广大语文教师所重视。

一、单元组合教学，“敲响”唐诗宋词大门

单元组合教学是指把一个单元作为教学的整体，以相近体裁或主题为依据对单元内课文进行组元，开展有计划、连续性教学的一种教学模式。单元组合教学不同于一般的单篇教学，它摒弃了以单篇为基本单位的教学形式，而是以课程单元来思考教学、设计教学活动。这样形成的单元课程，有利于在整体上把握教材内容，实施系统教学，拓宽了课堂教学的空间。

现行教材中有“唐诗精华”“宋词集粹”四个单元的教学内容，分别安排在四个学期。因此，我就以单元组合方式对唐诗宋词展开教学，引导学生“敲响”唐诗宋词的大门。

在进行教学设计时，教师首先要熟悉教材，做到整体把握。比如，“唐诗精华(上)”单元，选录的是初唐和盛唐时期有代表性的诗歌作品。其中有对唐诗发展有开创之功的陈子昂，有山水田园诗派的代表人物孟浩然和王维，有边塞诗派的代表人物岑参，有诗名与黄鹤楼同在的崔颢，更有伟大的浪漫主义诗人李白。“唐诗精华(下)”单元，选录的是盛唐诗人杜甫及中晚唐诗人的诗作。有以沉郁顿挫、雄浑厚重的诗歌创作为后

人所称道的杜甫的《登岳阳楼》《登高》《石壕吏》三首诗，有白居易的叙事诗《卖炭翁》、常建的代表作《题破山寺后禅院》及李商隐的无题诗。然后教师要对教材内容进行分析，与编者进行“对话”，体会编排思想。通过梳理，我们不难发现这些作品选编时是根据文学史的线索，基本按诗人创作的先后顺序排列的，因此，我们可以在单元导读或单元小结的时候，结合教材内容按时间顺序对唐诗的发展史作一个概述，为唐诗的流变勾画一个轮廓，让学生较完整地了解唐诗的发展过程，走近唐诗。

单元教学表现在每个单元的教学都是一个相对独立的训练过程。因此，进行单元教学设计时，一定要认真制订单元教学的整体方案，规划具体的实施步骤，力求实现单元教学的全程控制。以“宋词集粹（上）”单元教学为例，该单元选取了北宋六位著名词人的代表词作，其中苏轼词两首，李清照词两首，柳永、晏殊、欧阳修、李之仪的词各一首。首先，确定单元教学目标：学生学习后，能够分清词与诗的区别，了解词的相关知识。在感受、品悟作品的基础上熟读成诵，增加积累，初步体会宋词的语言美和意境美。其次，确定单元教学重点：以苏轼词两首作为本单元的重点，让学生在走近大家的时候，充分感受其作品和人格的魅力。

此外，进行单元教学时，要弄清本单元与前后单元的承接联系，单元在教材中的地位。教学中要注意训练单元系统中的纵横联系，比如，教学“宋词集粹（上）”单元时，就要联系“唐诗精华”单元的学习，因为从宋词的产生来说，其本身就是唐诗发展到高峰后的产物，诗词的教学方法（如诵读、品味意境等方面）也有相同之处。另外，还要弄清“宋词集粹（下）”单元的内容安排，这样在教学时对宋词的教学内容就会有一个比较完整的了解，这两个单元的教学目标就会有一个梯度设计。

二、诵读探究学习，“打开”唐诗宋词大门

《上海市中小学语文课程标准（试行稿）》在课程内容中提出要适度强化文言诗文的学习，目的是促使学生加深对中华民族优秀传统文化的了解，充实文化底蕴，提升文化品位，形成正确的价值观，并在学习文言诗文的过程中吸收语言精华，提高书面语表达能力。上海“二期课改”教材除了每周一诗外，还安排了四个单元的唐诗宋词作品，就很好地体现了课程标准的这一精神。

“只可意会，不可言传”，是我们对诗歌语言的评价。在唐诗宋词的学习中，如何感受这份“不可言传”的美丽，理解体会其语言的凝练呢？我想这就要求我们教师做到课程标准中提出的：改善学生的学习方式，使学生由单一的接受性学习方式，转变为接受性、体验性、研究性相结合的学习方式。

在“唐诗精华”“宋词集粹”单元教学中，我把诵读作为最重要的教学方法，提出要做到这样三步：读得清楚，读出感情，读出神韵。读得清楚，就是要注意字音、节奏、停

顿，学生做到这一步并不难；读出感情，就是要先理解句意、内容；读出神韵，即走进作者所营造的意境，走进作者的内心世界，做到这一步就不太容易了。试想，不懂李白的豪情，能读出“长风破浪会有时，直挂云帆济沧海”的积极入世的愿望、毅力和决心吗？不懂孟浩然的闲情逸致，能读出“开轩面场圃，把酒话桑麻”的田家之乐吗？不懂苏轼的豪放，能读出“大江东去，浪淘尽，千古风流人物”的俯视古今的气势吗？这就要求教师在教学唐诗宋词时，培养学生阅读古诗词的能力，引导学生走近诗人、词人。

教师应引导学生在阅读作品时努力做到知人论世，通过查阅有关资料，了解与作品相关的作家经历、时代背景、创作动机以及作品的社会影响等，加深对作家作品的理解。如通过对李白、杜甫所处的时代背景、生活经历的分析，学生就比较容易理解造成他们诗作风格不同的主客观原因；通过对李清照所处时代、生活经历的分析，不难理解词人为何前后期词作风格有这样大的变化。

教师要引导学生捕捉并理解诗歌中的意象，反复揣摩，体味意象，体会作者的思想感情，从而顺利进入诗歌意境。那么怎样才能领略到古诗词的意境美呢？我认为指导学生领会古诗词的意境可从“景”与“情”两方面入手。如教授辛弃疾的《破阵子》时，引导学生由浅入深，由表及里，了解词的“景”与“情”如何交融。学生经过思考回答后，教师再作归纳：这首词全篇仅十句，却一层层地描写了抗金战斗生活的情景，展开了一幅幅形象的、逐级放大的画面：宝剑的寒光闪耀在醉后的灯下，军营的号角吹响在梦中；绵延的兵营中响起了号角声、军乐声，战旗飘飘，兵士饱餐；到了秋高马肥时节，沙场上正检阅军队，准备长驱出征。接着，“马作的卢飞快，弓如霹雳弦惊”两句既摹写了战争的惊险场面，也表达了诗人驰骋沙场、冲锋陷阵的愿望。至此，场面的热烈、情绪的振奋已达到了高潮，所以，很自然地就转入直接抒写壮怀落空、理想破灭的悲愤，勾勒出一个爱国志士驰骋沙场、壮志难酬的全过程。通过这样环环相扣的教学过程，学生很快就领会了词的意境。

对古典诗词的阅读，教师应指导学生学会使用有关工具书，自行解决阅读中的障碍。教师应鼓励学生对诗词进行个性化解读，充分调动自己的生活经验和知识积累，在积极探究的思维和情感中，获得独特的感受和体验。

“温柔敦厚，诗教也。”诵读能唤起学生的审美意向，是审美教育的起点，在唐诗宋词教学中教师应激发学生诵读的兴趣，培养学生诵读的习惯。在诵读涵泳中了解作品的内容和形象，感受作品的意境，领略诗词的韵律和美感，体会作者的情感韵味和精神实质。

三、整合教材资源，“走进”唐诗宋词大门

王荣生教授在《从教学内容角度观课评课》一文中说：“在目前的情况下，对语文教学来说，我们以为教学内容更为重要，更为关键。”这句话如果延伸到“唐诗精华”“宋词

集粹”单元的教学，就是指我们要高度重视唐诗宋词的教学内容。

一个作家不同时期的作品，其风格往往也是有差异的，可就同一作家不同时期的作品作比较，将文学史的知识贯穿其中，使学生从作品的时代背景中欣赏作品的魅力。例如，“宋词集粹(上)”单元中只引用了李清照《如梦令》(昨夜雨疏风骤)、《一剪梅》(红藕香残玉簟秋)两首词，这两首词都是她前期的作品，不能让学生比较完整地了解李清照词作的风格。因此，在教学李清照的《如梦令》时，我向学生介绍她后期的作品《醉花阴》。学生理解了这两首词截然相反的意境后，结合课前收集的李清照生活时代、个人经历的资料，不难理解这与李清照所处的时代背景有关。

讲唐诗，必然要提到李白、杜甫。讲宋词，肯定要重点分析一开宋词豪放派先河的词人苏轼和南宋爱国词人辛弃疾。在教学唐诗宋词时，我把这四个人物的作品作为单元重点，让学生通过走近大家，体会唐诗宋词作品的魅力，从而走进他们的内心世界。以诗人杜甫为例，教材中选取了杜甫的《登岳阳楼》《登高》《石壕吏》三首唐诗。在教学中，我把学生学过的《望岳》《春望》整合进来，将这五首诗整合为一个教学单元——杜甫专题教学。因为《望岳》是杜诗年代最早的一首，字里行间洋溢着青年杜甫蓬勃的朝气和远大的抱负；《春望》《石壕吏》都是中年杜甫作于安史之乱时期的代表作品，是社会现实和个人生活、思想内容与艺术形式完美统一的典范；《登岳阳楼》《登高》是杜甫的晚年之作。课前先让学生按照年代为杜甫编写一张生平简历表格，让学生初步了解杜甫的一生。

同样的题材，在不同作家的笔下，往往会演绎出不同的风貌。此时，教师可由某一点出发，指导学生搜集相同或相似题材的作品，比较分析、讨论思考，学生会更容易领会每一部作品的特色。如学习了《送友人》，让学生寻找有关友情的古诗句；学习了柳永的《蝶恋花》、辛弃疾的《丑奴儿——书博山道中壁》，让学生搜集有关“愁”的古诗词句，引导学生在更广泛的范围中阅读，背诵积累。

在教学中，我鼓励学生进行“诗词新写意”，以读引写，收到很好的教学效果。教学中，可以利用联想进行局部扩写，如在教授杜甫的《石壕吏》一文时，结合文中的“吏呼一何怒，妇啼一何苦”一句，让学生发挥想象，根据老妪的“致词”，设计差役的问话；也可以在原文的基础上进行再创作。例如，在教叙事诗《卖炭翁》后，让学生根据故事情节，对人物的肖像、动作、心理等进行描写，写作记叙文《卖炭翁的故事》。这样的扩写练习既是对文本内容的理解，也是提高学生思维训练的有效方式。

教学有法，教无定法，贵在得法。在教学中，还可以采取各种课外活动，综合学习唐诗宋词，如为诗词配乐、画配诗活动、赛诗会等，都可以激发学生学习兴趣，强化单元教学。

朱玮语文工作室

工作室主持人寄语

做爱读书、善思考、乐研究、勤笔耕的学者型教师。

工作室代表性研究成果

实现小学语文有效教学的策略研究

游戏在小学低年级语文识字教学中的运用

合作“悦”读　徜徉书海
——低年级语文课外阅读活动指导策略初探

工作室概况

格致教育集团朱玮语文工作室主持人为上海市黄浦区曹光彪小学语文学科中心组组长朱玮。工作室学员有上海市黄浦区曹光彪小学大队辅导员顾若楠、青年教师林俊,上海市黄浦区卢湾一中心小学骨干教师施佳乐、青年教师孟佳慧,上海市黄浦区北京东路小学陈媛媛。

培养目标:

1. 工作室以主持人专业引领为基础,以工作室群体成员的智慧为依托,开展学科教研。

2. 工作室以现代教育教学理论为指导,充分发挥工作室学员的专长,通过理论学习、听课磨课、案例研究、学员论坛、论文撰写、课题研究等形式开展积极有效的学术研究,努力探索新形势下语文学科发展的有效途径。

研修模式:

充分利用工作室的有利资源,以项目研究为载体,通过"专家引领—自主研修—同伴互助—观摩辐射—实践反思"等研修途径,采用习、训、研一体化的培养模式,在认真完成每一项培训任务的同时,提高主持人与学员的教育理论水平、师德修养、人文素养,以及实践研究能力和破解教育教学难题的能力,促进主持人与学员的专业成长和持续发展。

工作思路:

1. 制订成长规划,发展自我价值——量身定制的发展规划,助力学员的专业发展。

2. 加强理论学习,提高关键能力——多方位的学习与讨论,提升学员的专业素养。

3. 开展教学研讨,研究前沿问题——投身教学实践第一线,磨炼学员的专业能力。

4. 链接各方资源,开掘活水源头——开放教学研修的时空,拓展学员的专业思维。

5. 组织各类学习,丰富前沿资讯——定期进行反思与总结,积累学员的专业绩效。

工作室主持人介绍

朱玮，上海市格致教育集团朱玮语文名师工作室主持人，高级教师，上海市黄浦区曹光彪小学语文学科中心组组长，黄浦区教育系统语文学科带头人，兼任上海市教育学会小学语文教学专业委员会委员，“希望工程”全国教师培训义务讲师团特邀讲师。

专业引领　同伴互助　且学且行

——朱玮语文工作室工作回顾

上海市格致教育集团朱玮语文工作室成立于2018年3月,团队共7人,平均年龄40岁,是一支有梯度、有潜力、有活力、热爱教育的小学语文教师队伍。

三年来,本工作室以课堂教学为阵地,以协同教研为抓手,以课题研究为载体,以团队学习、同伴互助、独立实践为方略,以学术交流、教艺切磋、互动提高为宗旨,以实现教师专业发展为目标,在黄浦区教育局、格致教育集团的领导下,创建了研究平台,聚成了研修团队,实施了课程改革,促进了教师发展。

新时代对教育人才有着新的需求,教师的思考力是核心能力。此项能力必须通过学习与研究、实践与创新、交流与写作以及信息技术应用,才能得以发展。因此,三年来,本工作室坚持以传统文化熏染师德师风;以经典阅读丰厚知识;以师德教育浸润情怀。我们通过专业培训开阔眼界;通过“专题论坛”提升境界,通过教科研实践与研究促进专业发展。

一、理论学习,寻得源头活水

三年来,本工作室坚持理论学习,积极开展专题研究性阅读和任务驱动性阅读,激励学员多读书,读好书。每学期,我们定期举行一次“阅读沙龙”,畅谈教师的《修炼》,以百名特级教师专业成长的故事自我激励。我们在《大师的教书生活》中跟随顾撷刚、沈从文、鲁迅、钱穆、陈寅恪、朱自清学做教师,体会大师古旧馨香、历久弥新的教育生活。我们在杜威的《学校与社会:明日之学校》中进行中国当今教育状态和美国当时教育状态的类比,开阔视野,启发心智。我们在范梅南的《教学机智》中理解“保留孩子的空间”“尊重孩子的主体性”“将破碎的东西变成整体”等教育新理念。

在读书学习中,我们转变教育观念,改变教育行为,我们深信:教育者当以学为本,并终身学习,不断追逐与超越。

二、不离实际,积累教学经验

三年来,本工作室坚持以课堂为主阵地,通过互听课、示范课、研究课等多渠道的教学研究方式，走入新课改前沿。我们发现教学问题，研究教学案例，打磨课堂，架构模式，形成策略，从而分享经验。

原应昌期围棋学校的陈媛媛老师在执教《月光曲》一课时，打破常规，以课文第一自然段为例，指导学生用最简单的语言介绍名人的基本信息；又以概括节意的方法，引导学生了解事情的起因，随即领悟贝多芬创作乐曲的整个情感进程，一波三折，层层递进。整堂课的教学环节设计环环相扣，重表达、重体验，充分关注了学生的学习经历。

曹光彪小学朱玮老师执教五年级第一学期习作指导课《介绍一种事物》时，充分聚合了习作单元的写作资源，并将写作资源对应单元目标，进行写作知识的教授。教学中，朱老师设计了三个层次的训练：1.铺垫性训练。仿照精读课文《松鼠》第一自然段，用“捕捉独特”的白描方法将事物的样子描写清楚。2.靶向性训练。针对学生完成本次习作任务可能遇到的困境，结合任务情境，为学生搭建写作支架。3.补偿性训练。在单元习作之后，针对习作中出现的典型而集中的问题，采取进一步策略，细化训练，确保单元语文要素落地。这样的教学实践，既为同行提供了范例，又启发了同伴对习作教学的深入研究。

在统编教材全面推行的教学新形势下，我们将“板块式”和“主问题式”的教学方法落实到课堂教学中，主张语文教学重体验、重积累、重实践、重素养，鼓励青年教师在团队教研中取长补短，形成自己的教学风格。

三、扎实教研，个人团队共成长

每一个教育工作者都应该是热心教科研的研究者。在日常的教研中，我们以教学问题为抓手，以教研促科研。

2020 年初，一场突如其来的“新冠”疫情，打乱了我们原有的工作节奏和计划安排。疫情之下，本着“停课不停教，停课不停研”的指导思想，我们勇敢面对，化危为机，于是非常时期的非常教研——“云”教研应运而生。

我们搭建了“一群一会”的“云”教研平台：微信群和腾讯会议。我们利用腾讯会议App，于每周五下午固定时段，进行在线教学研讨，开展了通识教育、技术培训、集体备课等主题式教研。通过疑难问题“会诊”，成功经验分享，促进方法与策略的优化；通过教育资源的共建共享，为在线教学提供技术支持与专业保障。

三年来，本工作室充分发挥格致教育集团资源共享优势，立足于培育适应新课程改革的语文骨干教师团队，为推进区域教育发展尽了努力。

实现小学语文有效教学的策略研究

◎ 上海市黄浦区曹光彪小学　朱　玮

摘　要　课堂教学是学校教育的基本形式，也是推进课程改革的一项重要的实践活动。提高课堂教学有效性则是提高课堂教学质量的关键。语文是培养语言能力的课程。就小学语文而言，就是指导学生识字、写字，进行听、说、读、写，以培养语文能力的过程，并在这一过程中，提高学生的道德修养、思维品质、审美情趣，掌握一些学习方法，养成良好的学习习惯。小学语文教学的核心任务是"培养学生正确地理解和运用祖国语言文字的能力"，既要正确地理解语言文字蕴含的思想感情，更要准确地理解语言文字的表达形式及其内在规律。

关键词　小学语文；有效教学；策略研究

课堂教学是学校教育的基本形式，也是推进课程改革的一项重要的实践活动。当前，社会对优质教育资源需求极其迫切，《国家中长期教育改革和发展规划纲要(2010—2020年)》明确把提高教育质量摆在突出位置，而提高课堂教学有效性则是提高课堂教学质量的关键。教学活动的"高耗"与"低效"是新课程改革必须解决的一个问题，而教师教学观念陈旧、课堂教学模式僵化等都是造成这一问题的主要原因。此项研究旨在使小学语文教师拥有有效教学的理念，掌握有效教学的策略，解决小学语文课改中遇到的实际问题，提高教学有效性。

一、有效教学的定义及意义

有效教学的理念源于20世纪上半叶西方的教学科学化运动，特别是在受美国实用主义哲学和行为主义心理学影响的教学效能核定运动之后，这一概念频繁地出现在英语教育文献之中，引起了世界各国教育界同仁的广泛关注。[①] 所谓"有效"，主要是指通过教师单位时间内的教学，使学生所获得的具体进步或发展。具体表现在：学生在认知上，从不解到理解，从少知到多知，从不会到学会；在情感上，从不喜欢到喜欢，

① 崔允漷.有效教学[M].上海：华东师范大学出版社，2009.

从不感兴趣到感兴趣。学生有无进步或发展是教学有效性的唯一指标。

新课程背景下小学语文课堂教学的有效性是指,以学生的发展为本,在高质量完成小学语文知识传承和语文基本技能训练任务的同时,实现学生道德品质、审美情趣、创新精神、实践能力等语文综合素质的全面提高,激发学生的学习兴趣,培养学生自主学习意识,为学生的可持续发展打下坚实的基础。实现小学语文有效教学的意义主要体现在:1.合理配置小学语文教学活动中原有的与现有的教育资源,提高教学的整体效益。2.激活小学语文教学活动主体的自主性、能动性以及创新意识,实现真正意义上的以学生发展为本的课堂教学。

二、小学语文课堂教学现状与存在问题的分析

自2003年上海市全面启动课程改革至今,小学语文教学发展可谓突飞猛进,但不可否认的是,当前的小学语文教学仍存在“老、大、难”的问题,“费时多,收效微,负担重”的状况至今未得到根本改变。很多小学语文课堂依然呈现出单调、枯燥、烦琐与压抑的教学状态,教师教得累,且教得烦;学生学得苦,却学不好的现象较为普遍。那么,造成小学语文教学效率不高的主要原因究竟是什么呢?笔者以为,归因就在于对语文课程定位不十分明确,没有具体的课程内容目标,教学又不甚得法。很大一部分的小学语文阅读课,目标偏离,重点落在指导学生理解课文的思想内容上,试图通过对课文内容的理解带动语文能力的培养,走的是“以教师的分析代替学生阅读,以教师的讲解代替学生表达”的老路子,以至于小学语文教学偏离“语文”本位,语文课堂丧失“语文味”,学生语文能力的发展也因此受到了限制。具体问题如下:

(一)教学目标模糊

课堂教学的时间是一个常数,因而教学目标的定位就显得至关重要。如果一堂课的教学目标贪多求全,样样都要实现,其结果就会是蜻蜓点水、走马观花,样样都没有达成。课程改革所提出的“三维目标”,是我们进行课堂教学的理论参照,但落实到具体每一篇课文或每一课时的教学时,如简单套用“三维目标”,必然会使教学目标模糊,最终必定难以达成。

(二)教学内容不当

有的语文课,只是按照课文内容顺序,从头至尾通读串讲一遍;有的则上课时东抓一把、西摸一下,看似什么都教了,实际上却什么都没教好;还有的语文课,教师抓住一两点,试图挖深讲透,把简单明了的教学内容讲得复杂烦琐,学生听得如坠入云雾,不得要领,其教学效果可想而知。

（三）教学活动随意

从小学语文学科特点来看，课堂教学活动可谓非常丰富：听、说、读、写、议、画、演……但是，该如何组织这些教学活动？组织这些教学活动能实现什么样的教学目标？能否让每个学生在这些教学活动中有所收获，学有长进？这就是“教学效益”问题。这一问题尤为重要，却常被教师所疏忽。常常，在一系列眼花缭乱的语文活动过后，竟没有留下属于“语文”的东西，这样的语文教学只能说是“种了别人的田，荒了自己的地”，事倍功半。

（四）语文训练缺失

一时之间，“训练”一词似乎与“僵化、机械、应试”等联系在一起，几乎被一些小学语文教师遗弃了，取而代之的是“感悟”。但是，如果语文教学不进行适切的言语训练的话，那么就难以真正提高学生的语文能力与语文素养，提高教学有效性也就成了一句空话。

三、实现小学语文教学有效性的具体策略

（一）转变教学观念，提高“语文教学”的认识性

语文是培养语言能力的课程。就小学语文而言，就是指导学生识字、写字，进行听、说、读、写，以培养语文能力的过程，并在这一过程中，提高学生的道德修养、思维品质、审美情趣，掌握一些学习方法，养成良好的学习习惯。教学生掌握语言这一工具，进行有效的阅读、沟通与表达，是语文课程“独当其任”的“任”，这一点应当十分明确。因而，小学语文教学的核心任务是“培养学生正确地理解和运用祖国语言文字的能力”，既要正确地理解语言文字蕴含的思想感情，也要准确地理解语言文字的表达形式及其内在规律。

上海市小学语文名师基地导师，特级教师徐根荣曾针对提高小学语文教学效率的问题提出四条建议：1.对小学语文教材的理解要从理解内容转到理解和运用语言文字上来；2.小学语文教学方法应从教师分析讲解转到加强学生语言实践活动上来；3.小学语文教学的根本任务要以理解语言为主转变为运用语言文字表达为主；4.小学语文教学应引导学生从教材阅读扩大到课外阅读。① 因而，笔者以为要推进小学语文课改，提高教学效率，教师必须树立科学的教学观念，实现对小学语文认识上的根本转变。

（二）制订适切目标，提高“语文教学”的针对性

《全日制义务教育语文课程标准（实验稿）》（以下简称《语文课程标准》）比较明确

---

① 栾兆祥，张涵诚.关于提高小学语文教学效率的四条建议：访上海市小学语文特级教师徐根荣[J].现代教学，2008(9)：26－28.

地提出了语文学习的总目标和各年段(或各年级)的学习目标。这两个层级的学习目标体现了语文学习的总要求以及教学要求的阶段性和连续性。认真参照《语文课程标准》有助于准确理解、把握和逐步实现语文教学目标。笔者以为,教师只有从课程目标、内容目标这些核心问题上,明晰小学语文的教学要求,才能防止和克服在教学目标、教学内容上的盲目性和随意性,使语文教学逐步走上科学化的轨道。

(三) 改变阅读教学思路,增强"语文课程"的意识性

改革语文教学要从变革阅读教学入手,变革阅读教学首先要改变阅读教学的思路:由侧重考虑"怎样教"变为侧重考虑"怎样学";由侧重分析课文内容以"得意",变为"文意"兼得、注重语言的运用;由课上只教教科书、不管课外阅读,变为在教好教科书的前提下,把课外阅读引入课内,以使阅读教学增量、增效。

(四) 改进阅读教学方法,提高"语言训练"的实效性

1. 变"讲课文"为"学语言"

小学语文教学要摆脱跟着课文内容讲课文的怪圈,真正将重心转移到语言文字上来。"聚焦语言形式,揣摩语言的音、形、义,品味语言的色、香、味,乃至掂量语言的轻与重,估摸语言的刚与柔。"①例如,教学小学五年级的阅读教材《慈母情深》。课文记叙了少年梁晓声感悟母爱的故事:孩子想要一元五角钱买本《青年近卫军》,去母亲工作的车间要钱,在十分艰苦的工作环境中,孩子第一次看到了母亲疲惫的眼睛和因劳累而弯曲变形的身子,第一次感到一元五角钱的分量之沉重,第一次感受到母爱的坚强与伟大,第一次产生"我要长大"的强烈愿望与信念。课文篇幅虽长,但作者多用短句表达,通俗易懂,其文字表达的思想内容也近乎直白,显而易见。笔者认为这样一篇课文,如果教师还要在故事情节和思想内容上花时间去解剖分析,课堂教学无疑是低效甚至是无效的。比较好的做法是:从增强"语文意识"的角度制订教学目标,把教学重点落在语言训练上,变"讲课文"为"学语言"。教学中,教师要紧紧抓住描写母亲工作环境的语句和人物对话,让学生通过圈画批注、品读议论、想象写话等一系列口头与书面的语言实践活动,想到作者所想,读出文本意味,表达自己的理解,再跳出文本,依据合理想象,动笔写出自己的阅读体会。如此,学生便能在与文本语言的深层接触和直接"对话"中,理解内容,感悟文本的思想内核,体会作者精到的文字表达方式,积累并运用语言。这样便是学有所获了。

2. 变"读课文"为"学阅读"

小学语文教学要彻底改变从头读到尾的低水平重复讲读状态,真正将精力集中于教会学生阅读。教师可根据不同的文本特点(文体特点),教给学生阅读该类文体的策

---

① 郑逸农."非指示性"语文教育初探[M].杭州:浙江教育出版社,2006.

略。如小学五年级第二学期的教材中有篇列夫·托尔斯泰的小说《穷人》，教学时，就要教学生了解小说的三个要素：人物、情节和环境。读小说，就是要把握人物及相互之间的关系，就是要把握人物之间发生的故事情节，就是要关注环境的变化，这仅仅是一般的小说阅读。《穷人》这篇小说在写作上有一大特点：渔夫和妻子桑娜的生活极为贫困，但全文无一处出现“穷”字，随着大师铺展开来的笔墨，我们读到了“补一张破帆”“吃的是全是黑面包”“暴风骤雨夜出海打鱼”“一年四季光着脚”等环境描写，读到了“他会说什么呢？这是闹着玩的吗？自己的五个孩子已经够他受的了……是他来啦？……不，还没来……为什么把他们抱过来啊？……他会揍我的，那也活该，我自作自受……嗯，揍我一顿也好。”等心理活动描写，渔夫一家贫穷困顿的生活便历历在目了，“穷”字也就如同印记，刻入我们的脑海。教学这篇小说，教师就要牢牢抓住“穷”这条线索，从环境描写、人物心理活动描写等细节处入手加以点拨，以“四两拨千斤”之手法引导学生走近文学大师，品读经典小说，以达到激发学生阅读小说的兴趣，巧妙渗透小说文体知识的教学目的与效果。有人认为在小学阶段讲诸如“人物、情节、环境、意外、巧合、暗示、衬托”等名词术语，是否过于偏重阅读知识，与《语文课程标准》中淡化语文知识的指导思想背道而驰。而笔者以为，《语文课程标准》倡导的小学语文教学不过于追求语文教学的知识体系，这并不是说完全不教语文知识。设想一下，假如数学教学中没有了诸如“圆心、半径、直径、周长、面积、体积”等名词术语，学生如何认识圆，如何测量圆？同理，不讲小说的这些基本入门概念和名词术语，学生怎么能了解小说，进而学会阅读小说？只要是适合学生阅读需要的，且为学生所理解与运用的，我们当讲则讲，讲必讲好。在感性阅读中适当穿插些理性知识，既可以使感性认识更加清晰与透彻，又可增加学生的知识储备和文化积淀，也可提升学生的认识水平。

3. 变“悟课文”为“学表达”

语文教学不能止于理解，要从理解为主转变为运用、表达为主。好的文章往往蕴含表达的方法与艺术，阅读教学并不仅仅要学生“悟”思想、“悟”意境，而要更好地“悟”写法，“悟”如何表达得更加贴切、更加具有表现力。如此，阅读教学就是在为作文教学作极好的铺垫了。笔者以为，阅读教学要始终坚持读写结合的原则，教师要细读文本，发现与挖掘文本语言训练点，寻找并创设读写结合点，让学生适时仿说、仿写、复述、扩写、想象说、拓展写，通过动脑、动口、动笔，积累与运用语言，发展语文思维，形成语言能力，提升语文综合素养。《爱之链》中的环境描写具有衬托人物心情、凸显主题的作用。而恰恰在结尾处留下了一个环境描写的空白，教学中，教师引导学生借鉴前文的写法，根据结尾处的情感基调，选择恰当的景物，作适当的描写，既锻炼表达能力，又加深对小说主题的领悟，可谓一举多得，效果显著！

（五）关注课外延伸，增加“语文教学”的延展性

由于小学语文教材中的课文容量有限，对学生而言是远远不够的。无数的实例告诉我们,大凡语文学得比较好的学生,几乎无一不是得益于大量的课外阅读。书籍是人类最好的朋友,笔者认为要显著提高语文教学效率,除了做到上述几点以外,教师还应从教材阅读扩大到广泛的课外阅读,这样才能丰富学生的语言积累。课内教学课外延伸,扩展学生的课外阅读:1.以开展丰富多彩的语文活动,激发学生阅读兴趣为主;2.通过多种渠道培养学生良好的阅读习惯;3.将读书活动列入课程表,有计划地指导学生进行课外阅读。

课内语文学习是有限的,学习语文必定是“课内悟方法,课外求发展”。吕叔湘先生认为,课内得之于教师的占三成,得之于课外阅读的占七成。课外阅读、练笔等,绝不是可有可无的。笔者认为,教师要把指导学生开展课外阅读,进行课外语文学习,当作自己分内的责任,以促使学生在阅读中学会学习、学会思考、学会做人。如此,语文教学才会因空间无限拓展而达到有效,甚至高效。

游戏在小学低年级语文识字教学中的运用

◎ 上海市黄浦区曹光彪小学　顾若楠

摘　要　识字是小学低年级语文教学的重要任务。本文试图阐释将游戏运用于识字教学的实践,并对其进行分析,论述其优势以及在实践过程中需要注意的问题。

关键词　识字教学;游戏

识字是小学低年级语文教学的重要任务。《义务教育语文课程标准(2011 年版)》明确提出:第一学段(1—2 年级)要求"认识常用汉字 1600 个"。因此,如何使得识字教学更为有效,是值得深思的问题。本文试图阐释将游戏运用于识字教学的实践,并对其进行分析,论述其优势以及在实践过程中需要注意的问题。

一、游戏运用于小学语文识字教学中的实践

(一) 生字新授阶段

这是一堂一年级语文课的片段,教师正在教授"船"这个生字。

师:下面我们学着刚才同学的样子,"开火车"来读一读这个字宝宝好吗?

生:好!

师:我们来开一列"小火车"。

生 1～生 5:船,ch-u-an-chuán。

(教师将生字卡片举在面前,学生一个个精神抖擞地站起来看着生字卡片大声朗读。)

师:我们再来开一列"S 形火车"好吗?

生:好!

(学生非常兴奋,跃跃欲试。)

生 6～生 10:船,ch-u-an-chuán。

（学生按着S形的顺序逐个站起来大声朗读，将要轮到的学生则充满期待，待旁边的同学一坐下便马上站起来，生怕轮到自己时出错，影响了“小火车”的运行似的。）

在生字的新授阶段，运用各种形式让大部分学生参与识字的过程是关键。在参与的过程中，他们得到了锻炼的机会，享受到了在同伴中表现的乐趣，也获得了识字的体验。“小火车”游戏，是深受教师和学生喜爱的一种游戏，适用于生字的新授阶段。正如在上述的片段中所描述的那样，学生在一个个张嘴拼读生字的过程中，得到了训练的机会，加深了对生字“船”的印象。相比较教师教一遍、学生读一遍，或者教师指定学生读的做法，要有趣得多，既体现了学生的自主性，又扩大了参与的学生数目。而且，为了防止学生感觉单一枯燥，在开传统单列“小火车”的基础上，开发了“S形火车”“倒火车”“双轨火车”等多种形式。各种不同的变化着的形式，激发了学生的积极性，吸引了他们的注意力。

（二）生字复习阶段

这是一堂新课的片段，教师正在复习本堂新授的生字和词语。

离下课还有5分钟左右的时间，教师正在组织学生复习本堂课中学生需要识记的生字和词语。只见教师的手指在鼠标上轻快地跳动着，屏幕上便跳出一朵朵雪白的棉花，和本课《棉花姑娘》的主题倒也相互呼应，棉花的图案里是课堂上出现过的生字组成的词语，如棉花、碧绿、稻田，等等。再看学生，全神贯注地盯着屏幕，屏幕上的词语一闪现，便咻地一下站起来大声读出词语，等到下一个词语出现，又咻地一下坐下并大声读出词语。他们的每一个动作都是那么迅速，生怕自己反应比别人慢一拍。5分钟很快就过去了，学生和教师在轻松愉快的氛围中结束了这堂课。

在生字的复习阶段，运用各种游戏，既增加了趣味，又加深了记忆。石井勋研究证明：“人类透过五官吸取知识，其中吸取最多的就是眼睛。”①低龄段儿童表现更是如此，他们的记忆主要以视觉加工材料为主。因此，巧妙运用多媒体，形象化地呈现生字，通过反复出现，刺激学生的视觉神经，让学生在看看读读中自然而然地加深印象。同时，卡通画配上色彩绚丽的背景和动画效果，也为原本机械式的重复带来无限乐趣与美感。类似的游戏制作和实施起来也很方便，每堂课教师都可以根据课文内容的需要，通过文本框将词语置入所需的形象中，再通过添加动画效果得以实施。当然，除此之外，还有很多其他的游戏，如“我点你读”，让学生跟着教师教棒划过的轨迹来按顺序读出词语；“叫号游戏”，让学生在富有节奏感的拍手与一问一答中加深对生字的记忆。

① 线桂英.幼儿识字小游戏“三法”[J].现代教育科学(小学教师)，2013(2)：77.

二、游戏运用于小学语文识字教学中的优势

游戏是早期儿童的重要活动方式。福禄贝尔就曾称赞道："游戏是儿童发展的最高阶段，是这一时期人类发展的最高阶段，因为游戏是内部存在的自我活动的表现……同时，它是人的整个生活中所特有的。是人和一切事物内部隐藏着的自然生活中所特有的，所以，游戏给人欢乐、自由、满足，内部与外部的平静和整个世界的安宁。它具有一切善的来源。一个能够痛快地，有着自动的决心，坚持地游戏，直到身体疲劳为止的儿童，必然会成为一个完全的人，有决心的人，能够为了增进自己和别人的幸福而自我牺牲的人。"①从这段话中不难看出，福禄贝尔对于游戏有着很高的赞誉。将游戏运用于识字教学，优势显而易见，其价值和意义都是不容忽视的。

（一）符合儿童身心发展规律

尽管关于低年段儿童身心发展规律的研究有很多，但是得出的结论基本一致，即这个阶段的儿童好动，好奇心强。他们对新奇的事物充满着兴趣，容易被感兴趣的事物吸引；感知觉的情绪性和无意性也很明显，注意力不稳定。因此，丰富多变的游戏是儿童喜爱的，他们会不知不觉地沉浸在其中，正如蒙台梭利所说的，游戏就是儿童的工作。

识字即对汉字字形、字音、字义的识记，具有一定的学理性和枯燥性。将游戏运用到识字教学中，一方面，其变化多样的形式增加了趣味性，在一定程度上减少了识字过程中的单调和乏味。另一方面，游戏为儿童营造了一个轻松愉悦的氛围，而这样的氛围又十分有利于学生识记生字。

（二）帮助学生幼小衔接过渡

儿童在婴幼儿和幼儿园阶段的识字只是其生活和游戏的一部分，没有识字数量和质量的具体要求。而且在幼儿园中，活动多以游戏为主，并没有系统性的识字教育。而小学阶段，就开始了系统学习，这个阶段对识字有具体的、统一的要求，如进度、掌握程度等。

刚刚进入小学一年级的学生，一下子面对不同的教学环境、不同的教学风格，可能会出现不适应。在识字教学中引入游戏，可以减少他们的焦虑和压力，帮助他们更好地实现幼小衔接过渡。

（三）基于小学语文课程标准

"基于课程标准的教学"，即根据课程标准提出的课程理念、课程目标、课程内容和

---

① 黄人颂.学前教育学参考资料 上册[M].北京：人民教育出版社，1991.

要求、课程实施和课程评价开展教学活动。它的提出既是为了提醒教师在教学的过程中不随意拔高难度,也是为了呵护学生的求知欲望。

而将游戏引入识字教学,正是基于课程标准的表现。《义务教育语文课程标准(2011年版)》中明确指出:“要运用多种识字教学方法和形象直观的教学手段,创设丰富多彩的教学情境,提高识字教学效率。”游戏的开展,有利于增强学生的学习兴趣,有效地呵护学生的求知欲望。

三、游戏运用于小学语文识字教学中需要注意的问题

(一)抓住阶段性和关键点

不同的阶段有不同的特点,游戏在识字教学中的运用也要把握不同阶段的特点和关键,只有这样才能做到有的放矢,事半功倍。例如:在生字的新授阶段,以识记和掌握字音、字形为主,在这个时候,个别的认读可以让教师及时发现学生的误读和错读并进行纠正,单独的书空也可以加深学生对字形的记忆。因此,在生字的新授阶段,尽量选择训练面广、参与人数多的游戏。在生字的复习阶段,主要是通过各种重复和刺激,让学生对生字加深印象,在这个时候,生字以各种不同形式出现可以给学生带来丰富的视觉刺激,而各种动作的配合则可以让学生爱动的天性得到释放。因此,在这个阶段,要选择能够让生字频繁出现在学生的面前和耳边的游戏。

(二)平衡趣味性和知识性

正是因为游戏本身的趣味性,所以我们将其运用到识字教学中,希望学生的识字过程也变得有趣。但是在运用的过程中,如果运用不当往往会出现趣味性偏重、知识性缺乏的现象,游戏的组织与开展只是为了调动课堂的氛围,成为华而不实的形式与过场,课堂是热闹了,气氛也活跃了,但是学生在闹腾之后并没有获得知识的增长。因此,在游戏的运用过程中,我们也要平衡游戏的趣味性和知识性,防止为了游戏而游戏,真正让学生在游戏中学到知识,获得成长。

合作“悦”读　徜徉书海

——低年级语文课外阅读活动指导策略初探

◎ 上海市黄浦区卢湾一中心小学　施佳乐

摘　要　课外阅读是提高学生人文素养的重要途径。小学阶段是养成阅读习惯的重要阶段。面对低年级学生语文学习基础的差异，如何有效地激发低年级学生阅读兴趣并培养良好的阅读习惯，是小学语文教学中值得探索研究的问题。基于此，本文从低年级语文课外阅读活动指导策略出发，根据低年级学生的心理特点，通过开展小组合作的“悦读”活动，在实践中引导学生形成主动求知、合作、开放的学习方式。

关键词　课外阅读；分组合作；学习兴趣

“长成须读五车书”，古人告诫我们博览群书，阅读是伴随我们一生的好习惯。课外阅读是语文教学的有机组成部分，是提升学生人文素养的重要途径，开展课外阅读活动，能使学生巩固所学的语文知识，促进语文学习，受到情感熏陶，获得思想启迪，享受审美乐趣。

小学是养成阅读习惯的重要阶段，调查发现，大约只有四分之一的小学生能坚持每天课外阅读，即便如此，其中约有三分之一的学生只是一目十行地浏览，甚至是随手翻翻，应付教师或家长的要求，阅读成果可想而知。教师是学生课外阅读的点灯人，如果教师能通过一种有效的途径来激发学生的阅读热情，扩大阅读面，提高阅读品位的话，那么，课外阅读就会变得有意义、有实效。

小学低年级语文教学以识字学习为主要任务，学习基本句式，尝试表达所见所闻，积累语言文字。无论是巩固积累，还是拓展延伸，阅读无疑都是非常有效的途径和手段。

小学低年级，特别是一年级刚进校的学生，语文学习的基础存在较大差异，有的识字量达到几百甚至上千，有的几乎目不识丁；有的能够拼读注音读物，有的连插图也未必看得懂，这就给教师的指导带来了难题，尤其是激发学生阅读的兴趣。教师可将小组合作引入低年级的课外阅读。合作学习是以学生为主体，在相当程度上表现出学生学习的自主性、独立性和创造性，学生之间相互合作、相互影响、相互促进，显示出充分的互动作用。这种同伴之间的相互影响能让学生体会到阅读的乐趣。

心理学家马斯洛在《成长心理学》中指出：学生生而具有内发的成长潜力，不需要教师刻意教导。教师的主要任务是为学生设置良好的学习环境，让学生小组合作起来，自由选择、自行决定，他们就会学到他们所需要的一切。

我尝试着将学生分成小组，采用分组合作课外阅读的形式，开展课外阅读活动。

一、形成有效的合作小组

根据学生的理解能力、知识面及兴趣爱好，同时考虑性格、性别诸因素，将全班分成六个小组，配合相应的注音读物，布置一定的阅读任务。分组方式主要有两种：

（一）同质小组

将兴趣相投或能力相仿的学生分为一组，这种小组所读书籍，题材、内容相仿，深浅相近，利于学生之间相互讨论，交流阅读心得。如成语故事阅读小组、古诗文研究小组、天文知识探索小组。

（二）异质小组

将智力类型、认知风格、个性差异较大的几名学生分为一组。这种小组成员理解能力、读书兴趣有较大差异。分组时应充分考虑学生个人的愿望和实际的需要，以利于学生发展为宗旨。

类别 小组	人数	能力分组	同质组	异质组	爱好分组
一	6	√		√	百科知识系列
二	5	√			童话故事系列
三	6		√	√	古诗儿歌系列
四	5		√	√	英语短句系列
五	6	√		√	成语故事系列
六	5	√	√		古代名著系列

小组阅读的书籍采用教师推荐、学生自主选择、小组相对统一的原则。除来自学校、班级图书馆内的书籍外，每人每月至少从自己家中带来一本书与同组伙伴交流共享。

根据不同的分组依据，每位学生都至少参加两个阅读小组，并且在每个小组中承担不同的角色，完成不同的阅读任务，始终保持参与的新鲜感和积极性。

初始阶段，课外阅读基本在学校完成，利用阅读课、午会课以及班会课等时间，以便于教师的指导。

二、开展丰富的阅读活动

开展多种形式的小组合作读书活动，充分发挥合作小组对课外阅读的促进作用。

小组人数不多，活动时间、地点灵活多变，活动形式更是不拘一格。

（一）小组合作共读一本书，形成竞争，激发兴趣

由于“小组合作学习模式”在分组形式上采用的是“组间同质、组内异质”的方式，每一个小组既有爱看书的学生，也有不爱看书的学生，他们的阅读能力和水平也存在着较大的差别。但是，组与组之间的整体实力是相当的。因此，我根据学生的年龄特点和学段阅读的需求，结合学校彩云图书馆提供的班级套书资源，为小组推荐一本书籍，要求组内成员共同读一本书。组员之间每天要互相评比，谁读的页数最多，并且能复述出故事大致情节，就是当天的“阅读之星”，该生就能得到一个小印章，集满 10 个小印章就能获得一枚书签。有的学生为了能把看过的内容记得牢些，以便第二天能更流利地复述出来，还小声地练习背诵。以前看完一本书，就像过眼云烟般早已抛之脑后，但是现在，因为要复述，所以看得特别认真，记得也特别牢。

小组之间也要相互评比，哪个小组的全部成员最先看完一本书，就是“阅读明星组”，该小组就有优先挑选班级“彩虹阅读吧”中 100 本课外书目的权利，这是一项无上的荣耀，这种方式会大大激发学生课外阅读的兴趣，兴趣一旦被激发，他们就会努力寻求一切可利用的时间进行课外阅读。而且这项规定采用的是“小组捆绑式”阅读评价的方式，所以即使有的学生拖拖拉拉，一天没看几页，组内成员也会不断督促，有的组长甚至规定组内成员一天至少看多少页，因为他们都想成为“阅读明星组”。

小组共读一本书。学生带着目的去阅读，阅读就有了目标和方向。同时，学生又是带着比赛的心态去阅读的，赢得比赛成为他们阅读的动力。小组共同阅读，组内成员就有了共同的话题，他们可以利用课余时间交流、讨论书中的人物或是故事情节，为课余生活增添了一份乐趣。这样，一学期下来，不仅阅读量大幅增加，而且阅读品质也明显提升，学生不再盲目四顾，迷恋于漫画等低水平、少内涵、没营养的快餐文化，而是对经典名著等津津乐道。

（二）小组合作共出一套题，形成合力，提高质量

《义务教育语文课程标准（2011 年版）》提出：“学生是学习的主体，教师是学习活动的组织者和引导者。”而课外阅读也要凸显学生的主体地位，这样才能真正调动学生阅读的积极性。

开学初笔者宣布：班级要有一套课外阅读考级题库，由于老师对少儿读物的阅读量有限，希望同学们能当好主考官。当自己阅读完一本书后，必须最少出一道考题放入“阅读考级题库”，出题质量要高，组内成员之间商量好，不能出现雷同现象。当然，出题形式要多样，同一小组内的题型必须有填空、选择（包括单选和多选）、判断、问答等形式。如果哪一小组出的题目质量最高，那么该小组就能获得“智多星团队”称号，颁发证书和奖品，并且在阅读竞赛中组员分别有一次免答权。

得知自己也能出试卷、当考官,学生的阅读兴趣一下子被调动了起来,主动性与积极性也空前高涨。有的学生为了出好一道题,甚至把看过的书前前后后翻了三四遍,反复斟酌、推敲,而且组员之间也在悄悄地讨论书里的内容。有的学生还兴致勃勃地跑来问我,每个人能否多出几道题目。看着他们兴趣如此浓厚,我欣慰地笑了。在此期间,小组长发挥了相当大的作用,他们负责将各种题型指派给每个组员,然后不断询问、协调,组织成员讨论,争取在题型的变化和问题的质量上都能有所突破。

其实,出题并不是真正的目的,只是帮助学生深入阅读的手段。“读书百遍,其义自见。”正确的阅读方式是逐字逐句地阅读,精彩的地方应该反复推敲。就是在出题的过程中,不少学生养成了良好的阅读习惯,学会了在自己的书上边阅读边圈画、点评;借阅的书籍,边阅读边摘抄,写写三言两语,有时可能只有一句话的读书笔记,做到了不动笔墨不读书。

(三) 小组合作共赢一场赛,展示成果,保持热情

阅读的目的是让学生品尝收获知识的喜悦和甜蜜,促进学生健康快乐地成长。小组合作学习倡导“面向全体学生”,教师要努力为每一个学生的成功搭建舞台。为此,笔者每个月都要组织学生进行一次课外阅读知识竞赛,既有团体赛,也有个人赛。让每一个学生在赛场上展现自己的才能,收获成功的喜悦。

小组成员在“阅读展示台”中展现小组阅读的成果。例如:找出小组成员喜爱的句篇,齐声诵读;将自己在课外书中看到的最美的或对自己最有启迪的语句背给同学听,古诗文兴趣小组的同学常采用这种活动形式背古诗;成语阅读小组的成员将自己看到的成语故事讲给同学听,让其他组员猜猜是什么成语;将读过的名篇佳作作为范文,小组成员各自仿写;将看到的童话故事排成课本剧,加以排演;将自己的读书心得、读后作过批注的书,在班级中组与组之间加以展示、交流……

多种形式的阅读活动,让学生在小组中自由地、饶有兴趣地查阅资料,集体讨论,通过自己的活动实践获得知识,得到提高。在各小组中,学生有根据自己的理解发表看法与意见的机会,创新精神、实践能力得到发展。应用小组合作的方法开展课外阅读活动,调动了学生的阅读兴趣,充实了学生的知识储备,让学生逐步养成好的读书习惯,为学生的终身发展打好基础。

小组合作的“悦读”活动,充分激发了学生的阅读兴趣,极大地扩大了学生的阅读领域,形成了一种学生主动求知的、合作的、开放的学习方式。在课外阅读活动中,学生完全成为学习的主体。他们不再是被动、消极地掌握知识,而是在主动地与同伴的探讨交流中消化每一个知识点。每个参与的学生合作意识、交往能力、团队精神也得到了发展。

朱兆和数学工作室

工作室主持人寄语

数学教师要“善辨”与“善变”。

善辨即要让学生有清晰的概念；善变则是教学方法要多样化。

工作室代表性研究成果

“函数的基本性质”单元整体规划之“函数的奇偶性”（第一课时）教学设计

画龙需点睛
——谈初中数学课堂小结

小学数学计算教学中基于数据分析的练习课再设计

工作室概况

格致教育集团朱兆和数学工作室成立于 2018 年 1 月，由上海市格致中学数学教研组组长朱兆和老师担任工作室主持人，格致初级中学金奕老师和黄浦区卢湾一中心小学袁秉老师担任副主持人。学员包括：上海市格致中学教师余光辉、胡波、马丽娜；同济黄浦设计创意中学教师林信弓、薛春卉；原应昌期围棋学校教师陈骋；民办明珠中学教师王海莲；上海理工大学附属储能中学教师刘燕；黄浦区卢湾一中心小学教师聂晓、赵佳琳、石吉；曹光彪小学教师崔萍。

基于学员的组成情况与各学段数学课程内容的差异，工作室分成三个小组：高中组、初中组与小学组，分别由朱兆和老师、金奕老师和袁秉老师负责各小组的工作。

高中组结合高考新政与新课程标准的实施和新教材的使用，探索教学新路，从单元入手，优化教学设计，突破单元教学难点，制订切实可行的单元教学目标，完善评价体系。

初中组以课堂教学研究为抓手，探讨合适的教学手段与方法，培养学生对数学的学习兴趣与感悟能力，总结成功经验并加以推广。

小学组以课题研究为龙头，立足学生学习实际，更新教学观念、盘整练习内容、优化教学形式、改进评价方式。总结“云课堂”实践经验，以实现计算练习课的效益升级。

工作室主持人介绍

朱兆和，上海市格致教育集团朱兆和数学工作室主持人，中学高级教师，黄浦区教育系统数学学科带头人。在《数学通报》《数学通讯》《中学数学教学》《中学生数学》《数学教学通讯》等期刊上发表教研论文三十余篇，参编多部教学参考资料与书籍。课题“活用高中数学教材提高课堂教学有效性研究”获黄浦区第十一届教科研成果二等奖，“‘激活课堂’方略浅谈”获黄浦区第九届教育科研成果奖三等奖；论文《课堂教学设计的几点思考》获江苏省重点中学教育科研论文二等奖。

金奕，上海市格致教育集团朱兆和数学工作室副主持人，中学高级教师，黄浦区教育系统数学学科带头人。曾获“黄浦区园丁奖”，区“教育科研工作先进个人”荣誉称号，上海基础教育青年教师爱岗敬业教学技能竞赛二等奖，长三角城市群“新观念，好实践”征文评选一等奖，上海市中青年教师评比一等奖。

袁秉，上海市格致教育集团朱兆和数学工作室副主持人，高级教师，现任上海市黄浦区卢湾一中心小学教导主任，黄浦区教育系统数学学科带头人。从事数学教学二十余年，兼任黄浦区小学数学专业委员会委员，上海市数学新教材培训中心组成员。曾获上海市数学教学评比一、二等奖，小学“二期课改”数学新教材课堂教学评比一等奖，区“百花奖”教学评比数学组一等奖。教育科研成果获国家教育部二等奖、上海市教委教育科研特等奖、黄浦区第十三届教育科研成果奖二等奖、上海市教育科学研究院学校教育科研成果一等奖、中国创造学会创造教育研究成果一等奖。

立足课程标准　深化课堂改革　造就教学名师

——朱兆和数学工作室工作回顾

自2018年1月工作室成立以来，三位主持人和十二位学员共同努力，进行教学研究与理论学习，制订切实可行的活动计划，安排丰富的教研活动。格致教育集团成立名师工作室的目的是借助集团内资优教师的教学经验，加快成员校的师资队伍建设，让青年教师能快速适应教学。三年来，我们工作室坚持集团宗旨，立足课程标准，深化课堂改革，坚持理论学习与实践相结合，打造优质课堂，提高教学效果。

基于学员的组成情况与各学段课程内容的差异，工作室分成三个小组：高中组、初中组与小学组，分别由朱兆和老师、金奕老师和袁秉老师负责各小组的工作。

高中组结合高考新政与新课程标准的实施和新教材的使用，探索教学新路，从单元入手，优化教学设计，突破单元教学难点，制订切实可行的单元教学目标，完善评价体系，编写的校本教程《上海卷考试手册(数学)解读》，通过三年的实施获得了集团校内教师的肯定，将于近期正式出版。高中组还与浙江师范大学“浙派名师名校长培养工程”的高中数学名师班学员、成都市第二十中学校高中数学教师、河南信阳地区高中数学教师代表团等联动，探讨高中数学教学热点与难点，余光辉老师的示范课《递推数列与递推方法》、朱兆和老师的讲座《小处慎重“随便(变)”——例说对教材中概念、例题的处理》得到了同行的一致好评。胡波老师领衔的区级课题“提升高中生数学抽象与数学建模核心素养的实践研究”顺利结题。

初中组则以课堂教学研究为抓手，探讨合适的教学手段与方法，培养学生对数学的学习兴趣与感悟能力，总结成功经验并加以推广。“关注课堂对话，促进数学理解”，以学生为主体，研究课堂问题链的设计。回溯再研究“三维目标”中的“过程与方法”，倡导用“过程加方法”作为能力培养的正确路径来指导教学实践；关注学生的“数学表达”“学习进程”，鼓励学生用数学的眼光看世界，用数学的思维思考世界，用数学的语言表达世界。在“上海课改30年”初中数学专场展示活动中，金奕老师的示范课《反比例函数的图像和性质》，用40分钟的现场教学演绎了三年来的所思、所想、所得，交出了一份完美的答卷。

小学组则以课题研究为龙头，以“发掘学生潜质，激发学生兴趣，指导学生学习，成就学生价值”为基本目标，立足学生学习实际，更新教学观念、盘整练习内容、优化教学形式、改进评价方式。利用新技术的辅助，注重教学研究的“靶向性”，落实减负增效；

打开教与学过程中的“黑盒”，发现以往难以观察的教与学的行为，帮助教师改进教学，帮助学生精准提高；为每个师生描绘专属的“数字画像”。在此基础上，总结“云课堂”实践经验，以实现计算练习课的效益升级。聂晓老师的课题“小学数学计算教学中基于数据分析的练习课再设计研究”获黄浦区第十三届教育科研成果奖二等奖，赵佳琳老师《生活中的负数》课堂教学荣获上海圣陶教育发展与创新研究院“第十六届全国部分知名学校‘激活课堂’教学活动”一等奖，袁秉老师的《坐看云起时——卢湾一中心小学云课堂实践研究报告》获上海市教育科学研究院第六届学校教育科研成果一等奖。

在疫情期间，小学组教师利用现有的资源，运用交流平台，开展了主题为“云上数学真好玩”的云端数学教研论坛，分享了一线教师在这段特殊时期的实践、探索、困惑、思考，介绍了在“空中课堂”教学中的心得和案例，得到了市教研员章敏，区教研员俞靖、董红平老师的充分肯定。她们指出，数学的“好玩”要由外而内地激发学生学习的动力，培养积极的情感，再由内而外地发挥学生的主动性，提升思辨能力，促进思维品质的提高，解决问题的灵活变通能力。

“函数的基本性质”单元整体规划之“函数的奇偶性”(第一课时)教学设计

◎ 上海市格致中学　马丽娜

一、教学内容分析

沪教版高中数学高一第一学期第 3 章“函数的基本性质”是在初中函数“变量说”的基础上,用集合与对应的关系刻画函数,从直观到解析、从具体到抽象,研究函数的性质。教材在没有引入幂函数、指数函数、对数函数、三角函数、反三角函数的情况下,以正比例函数、反比例函数、一次函数、二次函数以及它们的线性组合为载体,研究函数的奇偶性、单调性、最值、零点等基本性质和图像特征,体现了函数研究的基本思路和基本方法。“函数的基本性质”主要包括:奇偶性、单调性、最值、零点。研究函数的基本性质,为后续学习幂函数、指数函数、对数函数、三角函数、反三角函数奠定基础。

根据“函数的基本性质”单元的内容分析,本章节的教学设计应遵循“数形结合”,引导学生整体把握函数研究的基本方法。既要根据函数的基本性质准确掌握函数图像的特征,又要借助函数图像的特征直观地揭示函数的基本性质。引导学生自然地探索函数的性质,整体把握研究函数性质的基本思路。函数是刻画事物变化规律的数学模型,是变量与变量之间依赖关系的反映。因此,函数性质的教学应以“关系”“规律”为关键词,把自变量“增大”看成一种“规律”,把自变量“取相反数”看成一种“关系”,然后考察相应的函数值的变化规律(单调性)或相应的关系(奇偶性)。

二、学情分析

初中阶段已经结合具体函数定性地学习了函数的单调性、最大值、最小值等性质。因此,在高中阶段研究函数的性质,一方面是“从定性到定量”,另一方面是丰富内容,用精确量化的符号语言进行刻画,并用于研究各类基本初等函数及解决问题。

三、教学目标

1. 理解函数奇偶性的定义,能用定义判断函数的奇偶性;

2. 掌握偶函数与奇函数的图像特征,会利用函数的奇偶性作一些简单函数的图像;

3. 掌握奇偶函数的判别方法。

四、教学重点与难点

教学重点:函数奇偶性的定义,函数奇偶性的判别方法。

教学难点:奇偶函数的图像特征,函数奇偶性的判别方法。

五、教学过程

(一) 创设情境,引出课题

图 1

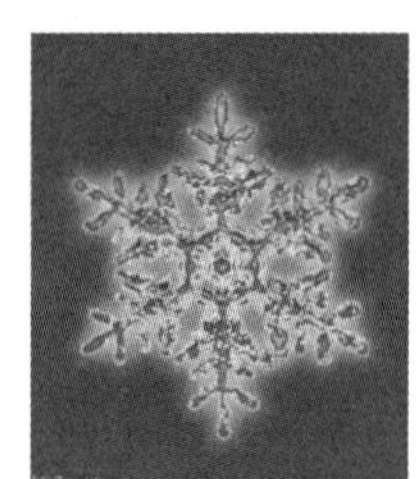

图 2

图 3

展示图 1、图 2、图 3,通过观察,发现这些图片所具有的共同特征——对称。对称是大自然的一种美,数学中也有对称美,启发学生发现这种对称美。

提问:在初中阶段学习过哪几种对称?——轴对称、中心对称。

提问:能不能列举一些图像具有对称性的具体函数?——$y=\frac{1}{x}$,$y=x^2$,$y=x$。

类似的,通过几何画板给出一些函数图像:$y=x^{-2}$,$y=x^3$,$y=x^4$。

【设计意图】

通过创设情境,让学生体会到数学来源于生活,与自然和社会生活密切相关。通过联系实际生活,注重从学生知识背景中寻找关联点来激发学生学习兴趣,体会数学的美。

观察下列这些函数的图像，根据它们的特点对这些函数进行分类，并说说分类的依据。

通过观察可以得到 $y=x^2$，$y=x^{-2}$，$y=x^4$ 的图像关于 y 轴对称；$y=\frac{1}{x}$，$y=x$，$y=x^3$ 的图像关于原点中心对称。

引导学生得出：指数是偶数，图像关于 y 轴对称——偶函数；指数是奇数，图像关于原点中心对称——奇函数。

渗透数学史：1727 年，瑞士数学家欧拉首次提出了偶函数与奇函数的概念，其实这个概念就是通过其指数的奇偶特点来定义的。但这一定义有一定的局限性，后来的数学家们对这个概念进行了推广，得到了今天奇函数和偶函数的定义。

引出课题——函数的奇偶性。

【设计意图】

数学家由指数的奇偶性来定义概念的过程自然，而且具有其合理性，穿插数学史的知识，能够让学生了解函数奇偶性的发展历程，认识到人类认识数学概念具有渐进性，增强学生学习数学的兴趣。

（二）探究发现，概念构建

提问：通过观察函数图像的对称性，我们将函数进行了分类。当我们遇到陌生函数时，因为不清楚函数图像的特征，例如：$f(x)=x^3+\frac{1}{x}$，我们如何迅速判断其是否具有一些对称性？有没有办法从代数的角度来研究？我们应该用怎样的数量关系来刻画函数图像的对称性？

举例：以函数 $y=x^2$ 为例，图像关于 y 轴对称，怎样用数量关系来进行描述？

（演示）利用几何画板进行演示：图像上任意一点在运动，其关于 y 轴的对称点也随之运动。

通过动画演示，启发学生得到：

1. 当自变量互为相反数时，其函数值是相等的。（文字语言）

2. $f(-1)=f(1)$，$f(-2)=f(2)$。（特殊值）

3. $f(-x)=f(x)$。（数学语言）

推广：图像关于 y 轴对称的一般函数 $f(x)$。对于函数 $y=f(x)$ 的定义域 D 内的任意实数 x，都有 $f(-x)=f(x)$。

提问：若对于函数 $y=f(x)$ 的定义域 D 内的任意实数 x，都有 $f(-x)=f(x)$，其图像是否一定关于 y 轴对称？

启发：如何说明一个函数的图像关于 y 轴对称？——函数图像上的任意一点关于 y 轴对称的点也在这个函数图像上。

对函数 $f(x)$ 定义域内的任意实数 x，对应函数图像上的一点 $P(x,f(x))$，点 $P(x,f(x))$ 关于 y 轴对称的点为 $P_1(-x,f(x))$。

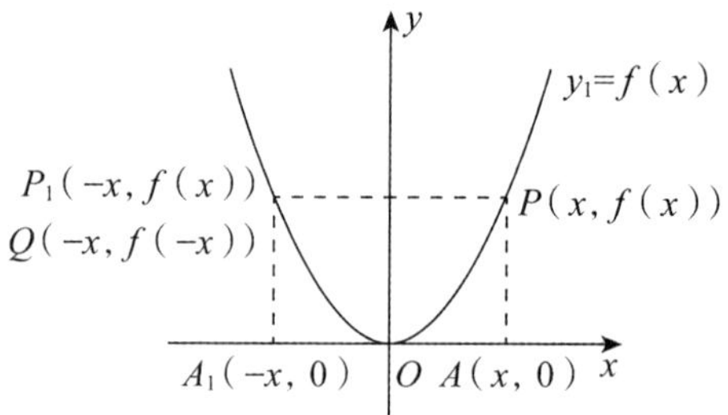

函数 $f(x)$ 的图像横坐标为 $Q(-x,f(-x))$，由于 $f(-x)=f(x)$，所以 P_1 与 Q 两点重合，也就是说图像上任意一点 $P(x,f(x))$ 关于 y 轴对称的点也在这个函数图像上。

【设计意图】

让学生主动思考探究，抓住问题的数学本质，引导学生用准确、简约、规范的数学语言表述研究对象的特征。经历概念的建构过程，促使学生在理解数学的同时，能在思维品质、表达能力等方面得到发展，提升学生的数学抽象素养。

偶函数的定义：如果对于函数 $y=f(x)$ 的定义域 D 内的任意实数 x，都有 $f(-x)=f(x)$，那么就把函数 $y=f(x)$ 叫做偶函数。

根据偶函数的定义可知：偶函数的图像关于 y 轴对称，反之也成立。

由函数的奇偶性的定义可以看出：若 $x\in D$，则 $-x\in D$。所以奇(偶)函数的定义域关于原点对称。因此，定义域关于原点对称是函数为奇(偶)函数的必要非充分条件。

通过类比偶函数，师生共同得到奇函数的定义和性质：如果对于函数 $y=f(x)$ 的定义域 D 内的任意实数 x，都有 $f(-x)=-f(x)$，那么就把函数 $y=f(x)$ 叫做奇函数。

根据奇函数的定义可知：奇函数的图像关于坐标原点对称，反之也成立。

关注概念：定义中要求，对定义域内的"任意实数 x"，说明了函数的奇偶性是函数的整体性质。

函数刻画的是两个变量之间的关系，研究函数，我们就要关注自变量在变化的过程中，函数值的变化特点。当自变量变号(成为相反数)时，相应的函数值如何变化？——函数的奇偶性。

【设计意图】

通过函数的奇偶性的探究，从整体上把握函数性质。初步掌握函数值与自变量之间的变化规律，为将来学习函数的其他性质等奠定基础。

练习：

对于定义在 **R** 上的函数 $f(x)$，下列判断正确的是：

1. 若 $f(x)$ 是偶函数，则 $f(-2)=f(2)$；

2. 若 $f(2)=f(-2)$，则函数 $f(x)$ 是偶函数；

3. 若 $f(-2) \neq f(2)$，则函数 $f(x)$ 不是偶函数；

4. 若 $f(-2)=f(2)$，则函数 $f(x)$ 不是奇函数。

【设计意图】

通过概念辨析巩固学生对新学概念内涵与外延的理解，培养学生的思辨能力，这是学生终身学习、可持续发展的重要因素。充分体会函数奇偶性中"任意"的内涵，并给出如何判断函数不具备奇偶性的方法——举反例。

（三）应用概念，深化理解

例 1：

求证：函数 $f(x)=2x^4-3x^2$ 是偶函数。

总结函数奇偶性的证明过程：

1. 求出函数的定义域；

2. 对于定义域内的任意变量 x，比较 $f(x)$ 与 $f(-x)$；

3. 给出结论。

【设计意图】

函数奇偶性定义的应用，总结证明函数奇偶性的方法，便于学生理解记忆，提高学生学习兴趣。

例 2：

判断下列函数的奇偶性：

1. $f(x)=2x^4-3x^2$　　2. $f(x)=x^3+x$

3. $f(x)=\dfrac{(1-x)\sqrt{1+x}}{\sqrt{1-x}}$　　4. $f(x)=\sqrt{1-x^2}+\sqrt{x^2-1}$

总结函数奇偶性的判断步骤：

1. 先求出函数的定义域：若定义域不关于原点对称，则此函数是非奇非偶函数，若定义域关于原点对称，则进入第二步；

2. 对于定义域内的任意变量 x，比较 $f(x)$ 与 $f(-x)$；

3. 给出结论。

【设计意图】

运用函数奇偶性定义判断函数奇偶性。

例 3：

已知函数 $f(x)$ 是定义在 $\mathbf{R}$ 上的奇函数，且当 $x>0$ 时，$f(x)=x^2-x$，作出函数的图像，并写出函数 $f(x)$ 的解析式。

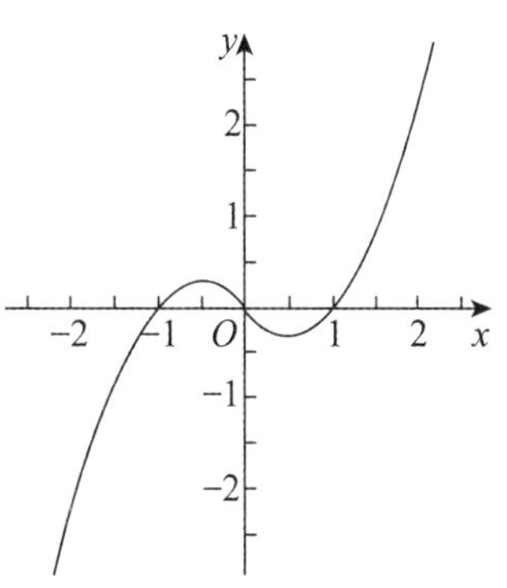

总结：

作奇(偶)函数的图像可以根据奇(偶)函数的对称性来完成。求函数表达式问题,在求解过程中要将要求的变量问题转化到已知区间问题求解。特别地,对于奇函数当 $x=0$ 有意义时,必有 $f(0)=0$,在求解过程中不能遗漏。

【设计意图】

利用函数的奇偶性作一些简单函数的图像,从“形”的角度巩固对函数奇偶性概念的理解。

例 4:

已知函数 $f(x)=x^2+\frac{a}{x}$($a\in\mathbf{R}$ 是常数),试讨论函数 $f(x)$ 的奇偶性。

【设计意图】

对于含参函数的奇偶性的讨论,通过运算 $f(x)+f(-x)$,$f(x)-f(-x)$,探究函数的奇偶性,深化函数奇偶性的概念理解。

(四) 回顾反思,提升素养

反思通过本节课学习的收获,梳理知识点。

六、作业研究

1. 已知函数 $f(x)$ 的定义域是 $\mathbf{R}$,则 $f(0)=0$ 是函数 $f(x)$ 为奇函数的(　　)。

A. 充分不必要条件　　　　B. 必要不充分条件

C. 充分必要条件　　　　D. 既不充分又不必要条件

2. 判断下列函数的奇偶性(填奇函数、偶函数、非奇非偶函数、既奇又偶函数):

(1) $f(x)=\sqrt[3]{x^2}+1$ 是________;

(2) $f(x)=x^3+x^{-3}$ 是________;

(3) $f(x)=g(x)+g(-x)$ $(-a<x<a, a>0)$ 是________;

(4) $f(x)=\sqrt{x^2-1}+\sqrt{2-x^2}$ 是________。

3. 若函数 $f(x)$ 是偶函数,则 $f(2+\sqrt{3})-f\left(\frac{1}{\sqrt{3}-2}\right)=$________。

4. 已知函数 $f(x)=ax^3+bx$,若 $f(3)=1$,则 $f(-3)=$________。

【设计意图】

这几个问题是函数奇偶性的简单应用,与课堂上的例 1 与例 2 相呼应。通过作业研究了解学生学习情况,帮助学生掌握函数奇偶性的概念。

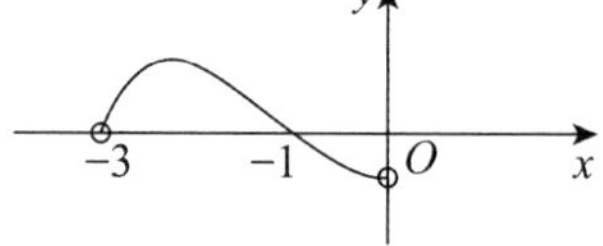

5. 如图:$f(x)$ 是定义在 $(-3,3)$ 上的奇函数,当 $x\in(-3,0)$ 时,$f(x)$ 的图像如图,则不等式

$f(x)\cdot(16-x^2)<0$ 的解集为________。

【设计意图】

与课堂例 3 相呼应，强调奇偶函数的图像特征，加强从“形”的角度巩固对函数奇偶性概念的理解。

6. 已知函数 $f(x)=ax^2+\dfrac{b}{x}$($a\in\mathbf{R}$ 是常数)，试讨论函数 $f(x)$的奇偶性。

【设计意图】

与课堂例 4 相呼应，对于含参函数的奇偶性的讨论，是课堂例 4 的引申，即对课堂内容的巩固，给学有余力的学生更多的思考空间，深化对函数奇偶性的概念理解。

七、教学反思

本节课根据函数奇偶性的发展史，跟随着数学家研究概念的过程，从特殊到一般，利用数形结合、类比等研究函数性质的方法，在过程中渗透善于抓住本质、学会表征，思辨能力及严谨求真的科学精神，这些对于学生的终身发展有益，也从多个角度阐述了函数奇偶性的本质和形式。本节课通过具体实例归纳函数奇偶性的概念，如何使用数学语言来表示函数的奇偶性，体现了数学核心素养(数学抽象)，这也是本节课所需要重点培养的。由于本节课需要实例和多层级的归纳，所以需要较多的师生交流。对此，教师应有效引导，提高学生数学语言应用的合理性、规范性、准确性。函数性质的教学应以“关系”“规律”为关键词，把自变量“增大”看成一种“规律”，把自变量“取相反数”看成一种“关系”，然后考察相应的函数值的变化规律(单调性)或相应的关系(奇偶性)。通过这节课的讲授，为后续学习函数的其他性质奠定基础。

画龙需点睛

——谈初中数学课堂小结

◎ 上海市格致初级中学　金　奕

摘　要　本文运用案例研究的方法研究市(区)级优质课的课堂小结,分析这些课所采用的小结做法;在课题组成员的教学中进行实践,自我锤炼教学内功,探寻小结的优化;通过研究、实践、反思,提出初中数学教学设计有效小结的四个原则。

关键词　初中数学课堂小结;案例研究;课堂小结设计原则

一、问题的提出

在日常教学中,教师对课堂教学的导入很重视,因为设计得巧妙,能先声夺人,引人入胜;对新知的学习很重视,因为它们是课堂教学的重点;对课堂练习的设计很重视,因为它们是知识的反馈。而通过教师访谈、学生问卷,我们了解到大部分教师对于课堂小结的重视程度不够。一节课结束,往往都是由教师简单总结课堂的主要学习内容,学生没有自主总结的机会和习惯;课堂小结缺乏目标性和针对性,很多课堂小结只是就事论事,不能很好地引导学生进行认知提升与思维升华;课堂小结的格式化情况严重,教师不能做到因教学内容和学生的不同而进行调整……

对照自己的教学实践,笔者认为课堂小结是教学中的共性问题。何时小结?用多少时间小结?小结哪些内容?小结的意义何在?值得每位教师重视和探索。

二、画龙点睛——时

课堂小结一定要在最后的 5 分钟吗?当然不是的。有效的课堂小结应该也是螺旋上升的,正确的时机、良好的切入点能使得整个课堂更连贯、更有效、更顺畅。

(一)新授知识后,有效细化吸收新知,为有效运用做准备

课堂教学中,每一节课都有其重点和难点。在讲课的过程中,为了使学生掌握这

些知识，还要讲授大量与此相关的内容。一节课下来，学生头脑里涌进了大量的零碎信息，这些知识往往是不稳定、不牢固的，特别是新旧知识之间容易混淆、理不顺。因此，教师有必要采取措施帮助学生对此进行简单的梳理，理清知识的内在联系，形成系统的知识网络。

【案例】

向量加法的三角形法则。学生通过画图小结法则："如果一个有向线段的终点和另一个有向线段的起点相连，那么它们相加的结果是以前一个有向线段的起点为起点，后一个有向线段的终点为终点的有向线段。"教师可以用简短的八个字概括："尾首相接，首尾相连。"

【意义】

根据艾宾浩斯遗忘曲线可知，遗忘的进程是不均衡的。识记后短时间内遗忘较快，随后逐渐减慢。在新授之后立即对主要教学内容进行辨析、归纳，对概念和基础知识进行重新理解，使学生在小结过程中牢固掌握基础知识、理解概念的本质特征。

新授后的简短小结就能指导学生把新旧知识联系起来，形成知识结构，促进学生知识内化，引领学生透过现象看本质，找到知识的精华所在，这有利于学生进一步巩固所学知识，深化理解的作用，为后续教学的有效开展奠定基础。

（二）开放讨论后，集思广益、不同观点碰撞交流，形成共识、互为补充

在数学课上不同的学生对同一个问题的观点是不一样的，这些不同观点的碰撞交流正是教师开展教学的源泉。教师要珍惜每个观点，尊重学生的差异，运用正确的评价方法，肯定学生的积极思维，指出思维的漏洞，层层揭示，让学生的思维逐渐全面、有质量。此时在学生发散性思维之后的小结就显得尤为关键和重要了。

【案例】

分数的大小比较。要求学生比较分数$\frac{5}{6}$和$\frac{7}{8}$的大小。学生在动脑思考和动笔计算后纷纷给出了自己的意见。方案1：化为同分子比较$\frac{5}{6}=\frac{35}{48}$，$\frac{7}{8}=\frac{35}{40}$。方案2：化为同分母比较$\frac{5}{6}=\frac{20}{24}$，$\frac{7}{8}=\frac{21}{24}$。方案3：交叉相乘，比较40与42的大小，从而获得答案。方案4：化成小数比较。方案5：比较$\frac{1}{6}$和$\frac{1}{8}$的大小。方案6：画图比较……教师适时小结，不仅要求学生交流方法，而且要求学生交流自己是怎样思考的，为什么这么做，根据是什么。学生通过小结及时沉淀自己的想法，学习他人的做法，深层次地感受一个简单题目背后的深刻含义。两个分数比较大小，可以将其化为分子或分母相同，然后套用之前的方法"分母相同看分子，分子大就大；分子相同看分母，分母大的反而小”;也可以根据分数的意义,将其转化为小数或数形结合再来比较。在小结时,引导学生概括这种化未知为已知的转化思想,有了这种转化思想,就有了思维的方向,也就有了行动的方向。

【意义】

多渠道、多侧面地了解学生的学习情况,尽可能把问题解决在萌芽状态,可以提高课堂教学效率。学生对概念、定理、公式等基础知识记得住,上课也听得懂,但到自己动手解决问题时又总是不易成功,这一现象普遍存在。究其原因,笔者认为主要是学生认知结构不够完善、结构模式过于书本化,灵活运用知识的能力差。课堂讨论后的小结有利于加大信息反馈力度,及时解难纠错。在教师引导下让学生自己进行课堂学习小结并适当地“借题发挥”,可以比较好地解决上述问题。同时可培养学生的归纳整理能力,养成良好的学习习惯。

(三)题组训练后,交流解题思路,探寻策略方法,升华数学思想

不少学生不注重数学思想的掌握,对解题缺少分析,对例题解题过程和方法没有进行概括和提炼,对所学知识知其然不知所以然。因此,在解题中造成质量不高、效率低。过程混乱、方法不当。为此教师在教学小结中不仅要引导学生回顾本节课的知识点,更要总结解题思路和解题思想,从而提高学生的解题能力。

【案例】

直角三角形的性质。教师讲评例题:“已知:如图在$\triangle ABC$中,$AD\perp BC$,E、F分别是AB、AC的中点,且$DE=DF$。求证:$AB=AC$。”要求学生尝试探索:1.如图1、图2,在$\mathrm{Rt}\triangle ABC$与$\mathrm{Rt}\triangle ACE$中,$\angle ABC=\angle AEC=90^\circ$,点$M$是$AC$的中点,联结$BM$、$EM$、$BE$,点$N$是$BE$的中点。求证:$MN\perp BE$。2.如图3,在$\triangle ABC$中,$BD$、$CE$分别是边$AC$、$AB$上的高,点$M$、$N$分别是$BC$、$DE$的中点。求证:$MN\perp ED$。

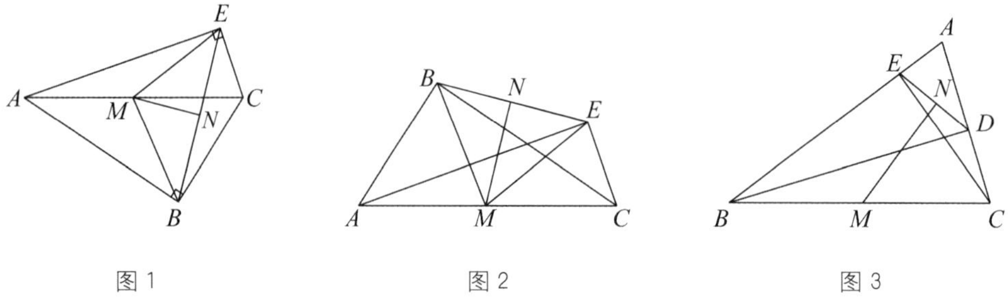

图1　　图2　　图3

在小结中提示学生要关注两个“中点”:等腰三角形底边上的中点,直角三角形斜边上的中点,灵活地运用相关的知识解决问题。同时通过题组的展现帮助学生感受图形虽然略有变化,但解题的思路方法没有变化,体会化归的数学思想和分解的基本策略。通过小结升华帮助学生对问题理解得更加深刻,提高学习的效率。

【意义】

在数学课上，教师常常通过典型例题的讲解，使学生掌握一些必要的解题方法和模式，也要防止学生形成思维定式，僵化地理解这些方法和模式。通过改变原题的条件、结论或解题方法，对题目进行横向或纵向的延伸，可以加深学生对知识和方法的理解，培养思维的灵活性。

题组训练之后的小结就能帮助学生进一步明确数学思想，深化学生思维。对学生的发展而言，学习的价值不只是记住几个数学结论、解决几个习题而已，而是让学生在解决问题的过程中体会到解决问题是可以有不同策略的，这些解决问题的策略，渗透着数学的思想方法。学生对所学知识有无深刻的理解和认识，就要看他对整节课的知识发生、发展过程中所体现的数学思想方法的认识程度。当学生能用自己的语言表达对问题的理解、对常见的数学思想方法有一定认识的时候，学生的思维才能真正得到升华。

（四）课堂结束前，提炼思想、承前启后，激发学生求知欲

数学知识具有一定的系统性和连贯性，旧知识是新知识的基础，而新知识又为后续学习做铺垫。但实际学习中，由于时间关系，往往只能就所学内容进行讲解，对本课与其他知识之间的联系讲解得较少。学生不能很好地理解所学内容，往往死记硬背，或者虽然暂时记住了，却难以长时间记忆。因此，每节课结束前用一点时间适当地进行小结，把本节课所学内容与前后的知识进行联系，可以帮助学生更灵活、更深刻地理解和掌握所学的知识，丰富自己的知识体系，并通过归纳小结，把相关知识融会贯通，为新课做铺垫。

【案例】

勾股定理。在用该定理计算时学生往往机械套用表达式“$a^2+b^2=c^2$”而忽略了该表达式中的隐含条件：1.三角形是直角三角形；2.a、b 分别表示两直角边；c 表示斜边。为了让学生牢固确立勾股定理的存在条件，在课的尾声，设计了如下问题：

问题1：“在$\triangle ABC$中，已知：$a=3$，$b=4$，求 c 的值。”此时，许多学生会不假思索地回答“$c=5$”，一些学生看出问题所在并且说：“$\triangle ABC$ 没有说明是否为直角三角形，不能用勾股定理。”

问题2：“在 Rt$\triangle ABC$ 中，已知：$a=3$，$b=4$，求 c 的值。”此时，学生几乎异口同声地回答“$c=5$。”(对此答案许多学生表示深信不疑)这时教师问：“c 是斜边吗?”(只有 c 为斜边 $c=5$ 才为正确)通过分析归纳，学生最后得出正确的答案：$c=5$ 或$\sqrt{7}$。

问题3：“在$\triangle ABC$中，已知：$a=3$，$b=4$，$\angle C=30°$，求 c 的值。”学生纷纷表示无法计算，教师微笑着说，这个问题下一节课继续探究。

【意义】

一堂数学课的结束，并不意味着教学内容和学生思维的终结。“学贵存疑”，有疑是对知识学而不厌的前提。初中生年龄小,对新事物容易产生好奇心,喜欢追根问底。在课堂小结环节充分利用教材的新、奇、特之处设置悬念,可以培养学生独立探究新知的精神。在一堂课结束时根据知识的系统,承上启下地提出新的问题,这样既可以使新旧知识有机联系起来,也可以激发学生新的求知欲望,为下一节课的教学做充分的心理准备。

三、画龙点睛——效

数学课堂的小结能使基础知识条理化、基本技能熟练化、基本方法系统化,有助于学生在获得基础知识与基本技能的过程中进行反思,学会学习,形成正确的价值观,打好终身发展的基础。

(一) 精讲

数学课的主要目的是让学生获得数学基本知识和技能,并发展数学思维能力。有效的课堂小结可以帮助学生再次经历核心内容,掌握一些数学思想方法,并有可能为进行下一阶段学习提供思路、目标和内容等。比如,在小结“用因式分解法解一元二次方程”的方法时,教师可以用“右为零,左分解,各为零,求得解”来帮助学生梳理方法,总结规律。

好的课堂小结不是教材的简单重复,而是在教材的基础上,经过精心提炼和科学概括的再创造。如果小结过于宽泛,面面俱到,学生不易整理出一节课的重点和要点,而且会造成课堂教学时间的不足,导致课堂效率低下。

(二) 自主

“不可言传,只可意会”给教学的启示是:学习中,诸多的知识不可能全部由教师传授。建构主义认为,学习不是知识由教师向学生的传递,而是学生建构自己的知识的过程,学习者不是被动的信息吸收者,相反,他要主动地建构信息的意义,这种建构不可能由其他人代替。

《多边形》这节课在课堂小结时设置了这样一个环节:

师:大家说说看,“这节课我的收获是……我最感兴趣的地方……我想进一步研究的问题是……”

生:这节课我的收获是,我终于知道四边形内角和等于360°是怎么计算得来的,我最感兴趣的是四边形内角和等于360°的证明方法,我想进一步研究的问题是更多的四边形内角和等于360°的证明方法。

像这样在课堂教学即将结束时，教师抛出问题，引导学生自由讨论、各抒己见，在轻松或热烈的氛围中，加深对本节课内容的理解，实现认识的升华。在学生讨论的过程中，虽不一定苛求统一的答案，但教师的引导与归纳还是十分必要的。

（三）激发

《义务教育数学课程标准(2011 版)》提出："从学生实际出发，创设有助于学生自主学习的问题情境，引导学生通过实践、思考、探索、交流等，获得数学的基础知识、基本技能、基本思想、基本活动经验，促使学生主动地、富有个性地学习，不断提高发现问题和提出问题的能力、分析问题和解决问题的能力。"

《长方体的再认识》这节课中，学生先自主小结了长方体的特点，接着教师请学生认识新的几何体。引导学生继续从"面、棱、顶点"三方面认识新的几何体。学会一般方法，抓住事物本质。

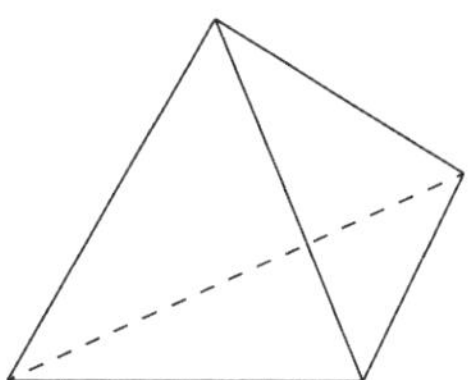

教师通过数学课堂教学的小结，激发学生学习新知的兴趣，引导学生小结，在小结中提出新的问题，在解决问题中进行下一轮的小结，由课堂小结引发出一种内在的、持久的、强大的教学吸引力，正是教师教学的魅力所在。追求课堂小结的艺术，深化课堂教学的育人功效，使数学课堂教学充满活力，是每一个教师教学的一种理想的追求。

四、结束语

数学是一门系统性很强的学科，常常需要将前后教学内容通过课堂小结串联起来，使整个课程前后连贯，并通过知识结构体现数学知识简练的系统美、互相联系的内在美。因此，那些具有承上启下作用的课堂小结更显重要——它既是教学的收束，又是对教学内容的总括，还体现着数学整体的美感。

课堂小结的方式、方法很多，有待于教师在教学实践中去探讨、运用。好的课堂小结，能激发学生探究数学问题的兴趣，激活学生的思维，引领学生在数学王国里遨游；好的课堂小结，需要教师做有心人，不仅能引领学生小结本节课的数学思想方法和内容，并且能展望下节课乃至后续数学学习所要掌握的思维方式和知识内容……教师只有讲究课堂小结的艺术，画龙点睛，学生才会有"一番觉悟，一番长进"。

小学数学计算教学中基于数据分析的练习课再设计

◎ 黄浦区卢湾一中心小学　聂　晓

摘　要　在研究伊始对学生进行基础口算、课堂笔算两个层面的多次计算练习测试，通过相应软件对其历次计算结果进行统计，获取学生的整体正确率及分项正确率以分析学生在计算中存在的普遍问题和个性问题分布情况，借此展开问题诊断，制订改进措施。基于数据分析，提取学生在计算中存在的普遍问题、个体问题、思维层次问题，立足学生学习实际，对原有练习课进行通盘思考，借由盘整练习内容、优化教学形式、改进评价方式，以实现计算练习课的效益升级。

关键词　数据分析；计算教学；练习课

无论是加法减法，还是乘法除法，每一种计算都是解决各类问题的工具，或者是问题所抽象出的数学模型。因此，学习计算的意义就是经历一个建模的过程，是一次数学化的过程。计算的意义就更凸显了它既是学习具体计算的基础，也是解决相关实际问题的依据。

很多年来，在平时教学中计算新授课结束，计算练习课的存在与否，由数学教师随意决定，并不列在教学进度之内。练习课有时安排，有时没有安排，因此，学生在课堂的计算练习时间并无保证。

其实，问题在新授课中就已经显现，新授课在情境引入、算法多样化等方面花费了过多的时间，往往是前松后紧，匆忙收场，新授课的课堂练习时间严重不足，挤占了学生做题的练习时间。有时甚至临到快下课，教师才布置练习，导致练习不到位。课堂教学不能实现当堂训练，成为“夹生饭”，再加上没有后续跟进的练习课巩固，没有一定的练习量，肯定影响学生基本计算技能的形成。如果连补缺补差的时间都没有，计算教学效果更是雪上加霜。

就算有练习课，教师教学时没有基本练习、针对练习、变式练习及拓展练习等层次，往往停留在简单布置一些单项练习训练，机械重复做题。教师不能精心设计计算教学环节，也不能激发学生对口算、计算的参与热情，更不会引导学生明白计算练习在实际生活中的作用,这样的练习课实属无效,浪费了宝贵的时间。

随着时间的推移,一旦错过最佳计算学习时段,以后让学生找寻计算出错的症结是不可能的。只会被错误冠以“粗心”的帽子,提高计算正确率得不到保证,形成一定的计算技能更不大可能。

经过课题立项后两年的实践研究,课题组教师根据计算教学具体情况需要,选定三年级全体学生作为研究对象。通过对学生计算能力现状的分析,基于数据建立问题诊断的常态机制。基于各类、各项数据给出的结果进行综合评定,在计算教学单元后作出对练习课再设计的整体架构。根据每轮每份数据的呈现情况,分析得出学生计算中的具体错误原因。在实践研究过程中进行数据分析,实时调整,提炼计算练习课再设计的实施策略。

一、“眼中的屏”,学生学习效益的提升

从 2011 年开始,为推进中小学教育质量综合评价的改革,上海市组织开展了中小学生学业质量绿色指标综合评价工作。我校也一直参与绿色指标工作。在几届数学绿标的分析中,我们发现我校学生的高阶思维是占很大优势的,而我校学生的弱项在计算这一块。静下心来,我们对计算教学进行重新定位,分析研究《上海市小学数学学科教学基本要求(试验本)》(以下简称《教学基本要求》)。

《教学基本要求》指出:“义务教育阶段应突出体现数学的基础性和发展性。”新课程对计算教学的要求不再是单纯地为了计算而计算,而是重视数的概念教学,重视口算,加强估算,提倡算法多样化。作为口算能力来说,它是学习数学的基础,而且口算能力的高低对于学生基本的运算能力有着极其重要的影响。口算能力的训练,有助于培养学生敏锐的观察力;有助于培养学生综合的思维能力;有助于培养学生的快速反应能力;有助于培养学生的创新意识。

实施新课程以来,我们重视了学生的动手实践、相互合作,关注了学生学习方式的改变,鼓励学生算法多样化,却在一定程度上忽略了学生良好计算习惯的养成以及实际计算能力的提高,或者说在计算教学这一块花的力气小了,导致学生在计算过程中,经常会出现这样那样的错误。

口算在数学教学中占有重要地位,它是一切计算的基础,口算能力反馈可以直接用于分析学生的计算情况,能促进学生笔算能力的提高,促进学生注意力、记忆力和创造思维能力的发展,是提高学生计算水平的重要途径。因此,提高口算速度和准确率是提高计算能力的关键。回过头来重新出发,从此处脚踏实地实践。

我们的课题研究是从三年级学生入手的,我们在学期之初对全年级的学生进行了口算摸底测试,测试结果如表 1 所示。

表 1　三年级学生 100 以内加减法口算摸底测试准确率统计表

	(1)班	(2)班	(3)班	(4)班	(5)班	(6)班	(7)班
平均准确率	54%	42%	47%	46%	49%	54%	42%
女生平均准确率	57%	40%	43%	50%	43%	55%	43%
女生平均准确率排名	1	7	6	3	4	2	5
男生平均准确率	52%	43%	50%	43%	53%	53%	41%
男生平均准确率排名	3	5	4	6	1	2	7
未完成人数	38	35	37	32	37	33	0

数据显示,我们之前的口算训练存在两大不足:第一,口算训练不系统、不连贯,不能激发学生挑战口算的兴趣。第二,没有体现学生自主学习、主动练习口算的主体地位,从而影响了学生思维能力与思维品质的培养。

小学数学计算的课程内容:一年级教学 20 以内、100 以内的加减法;二年级教学表内乘除法;三年级是基于 100 以内加减法与表内乘除法,完成多位数乘除法的计算学习,为四、五年级学习小数计算打基础。所以,根据测试出的数据分析,在开展三年级正常计算教学时,我们依然进行每日口算训练。

我们的口算训练改变了常规的方式,改为使用一款计算 App。三年级第一学期,教师除了按照正常的计算教学任务、进度进行,每天额外增加一、二年级的 100 以内加减法和表内乘除法的训练。三年级第一学期利用计算 App 进行每日口算训练:

10 月 18 日—10 月 27 日,共 10 天,内容:两位数加两位数

11 月 17 日,内容:连加比赛

11 月 18 日—11 月 27 日,共 10 天,内容:连减

11 月 28 日—12 月 7 日,共 10 天,内容:加减混合

11 月 8 日—12 月 17 日,共 10 天,内容:综合小练习

12 月 18 日—12 月 27 日,共 10 天,内容:一位数乘两位数(不进位)

12 月 28 日—1 月 6 日,共 10 天,内容:高频高错的专题练习

每位学生利用手机软件进行 3 分钟操作,完成每天的口算训练。这样的口算训练节奏快,最容易使学生集中注意力。计算 App 的使用,对教师选题布置作业做了灵活设定。教师可自选年级、自选教材、自选题目难度,充分自由,实现个性化教学。教师可以在教师端看到整个班级的平均准确率,按准确率和使用的时间长短,把每位学生的计算情况罗列出来,查看整体的问题。教师还可以点击查看学生的具体答题情况,

错在哪里，有没有完成订正。第二天，教师进行点评，表扬态度积极认真、计算准确率高的学生；鼓励计算上有差距，还需多做题、多努力的学生。

通过一学期的口算训练，根据期末的口算跟进测试数据（表 2），每个班级的口算准确率都有了整体的提高，男生与女生的口算差距也不明显了，学生对这样的训练兴趣浓厚。

表 2　三年级学生 100 以内加减法口算跟进测试准确率统计表

	(1)班	(2)班	(3)班	(4)班	(5)班	(6)班	(7)班
平均准确率	87.19%	82.46%	83.23%	83.92%	90.43%	91.26%	86.43%
女生平均准确率	88.23%	83.17%	82.19%	83.15%	89.21%	91.38%	87.12%
男生平均准确率	86.52%	81.78%	84.13%	82.12%	90.86%	90.73%	86.34%
未完成人数	3	4	5	2	5	3	5

第二学期，我们的口算训练就与三年级第二学期计算教学配套。每日口算训练安排如下：

2 月 16 日—2 月 25 日，共 10 天，内容：一位数乘两位数（不进位）
2 月 26 日—3 月 7 日，共 10 天，内容：一位数乘两位数（不连续进位）
3 月 8 日—3 月 17 日，共 10 天，内容：一位数乘两位数（连续进位）
3 月 28 日—4 月 6 日，共 10 天，内容：一位数乘三位数（1）
4 月 7 日—4 月 16 日，共 10 天，内容：一位数乘三位数（2）
4 月 17 日—4 月 27 日，共 11 天，内容：两位数除以一位数
4 月 28 日—5 月 6 日，共 10 天，内容：三位数除以一位数
5 月 7 日—5 月 16 日，共 10 天，内容：商中间或末尾有 0 的除法
5 月 17 日—5 月 26 日，共 10 天，内容：商是两位数的除法
5 月 27 日—6 月 5 日，共 10 天，内容：综合小练习

在计算训练的过程中，学生需要在极短的时间内完成了解题意、分析算法、计算得分等一系列的思考过程，这就要求学生精细观察，迅速将有关数分解交换结合，找到计算的小窍门，提高计算速度。学生做错了题，如果不复习，那么错题就会永远错下去。因此，从三年级第二学期开始，每次口算训练后，利用计算 App 搜罗整理学生做错的题（图 1），学生只要点击自己的错题复习，自主观察，温故知新，发展自主观察能力。学生自主学习、主动练习口算的氛围浓郁。

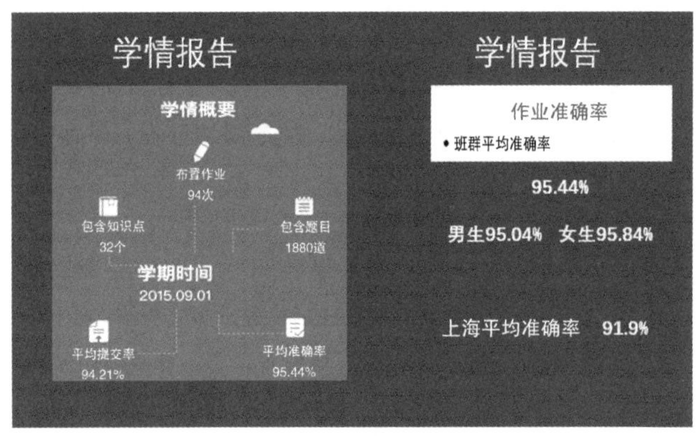

图 1　学生作业准确率

计算 App 的口算训练还有强大的“学情报告”功能，不但能展现学生作业准确率、作业提交率等，还能把学生知识点掌握情况、知识点布置情况，谁算得最快、最准，谁最勤奋等各种信息一网打尽，全面展示学生的口算学情。教师在每 10 天的训练后，创建并发起一次线下比赛，在同一时间、不同地点，全体学生把口算训练当成益智类游戏实时进行比赛并展示比赛情况，结果公平公开，寓教于乐。教师培养学生坚强斗志的意识感浓郁。

二、“心中的屏”，整体课堂教学的进越

两年来，课题组为了做好研究竭尽所能，努力前行。夜深人静的时候，我们在电脑前伏案学习，潜心研究；假期节日的时候，我们放弃访亲会友、游山玩水，在家中统计数据、分析数据，根据数据设计新的练习课。筋疲力尽的时候，我们不厌其烦，一次次修改教学设计，追求完美。所有的努力都是值得的，我们自己也在不断的研究中更新了理念、提高了能力。在我们的带领下，全校数学教师都参与进来，计算练习方面都有了整体的提高。

（一）教育观念的更新

“基于数据分析的练习课再设计”研究，给课题组教师带来了全新的教育思想理论，教师通过学习和操作以及平时的相互交流等，引发自我和相互之间的思想撞击，促使教学观念吐故纳新，加速了教学改革进程，贯彻了《教学基本要求》的精神，推进了素质教育的深入，对教师的教育教学产生了积极影响。课题研究与实施的基础是对理论的学习，最终目的是教师整体教育教学理念的综合提升。

（二）教学业务能力的提高

实验期的几个学期都围绕如何提高学生计算能力的主题进行研讨，在实验中不断

总结，完善方案，每个学期，大家都更关注计算教学，然后跟进练习课再设计后的教学，使每次教研活动有了共同话题，提高了课堂教学质量。在实施课题研究过程中，课题组教师积极参加各类评课选优活动，多次承担校内、区内各类公开课任务，受到了听课者的一致好评，真正体现科研促教研。课题组教师都认识到以激发学生内在的动机为核心的学习习惯培养，有利于学生终生学习。素质教育的主渠道在课堂教学。把提高学生计算能力作为教学核心，就能有效结合学生良好的思维品质和学习行为素质，有利于学生良好行为习惯的养成。

徐光伟数学工作室

工作室主持人寄语

以教促研、以研促学，以主题鲜明的工作室活动激励学员深入研究数学课堂教学的热情。年轻人应努力钻研、及时总结、提升教育教学格调，在实践中提升自身的教、学、研能力，充实自我，为立德树人做好学识与人格魅力的储备。

工作室代表性研究成果

人工智能背景下高中数学课堂教学的实践研究

体验知识内化的过程　感受数学学习的乐趣

以微课形式将数学文化融入高中数学课堂的实践研究

工作室概况

格致教育集团徐光伟数学工作室由上海市格致中学徐光伟老师主持，上海市格致初级中学黄岳平老师、上海市黄浦区曹光彪小学杨琛敏老师任副主持人，学员包括：格致中学教师顾伟军、沈继平、林佳乐、李玲，格致初级中学教师邱思明，明珠中学教师王伟，原应昌期围棋学校教师何惠芳、徐友琰、徐诗韵、阮行，上海理工大学附属储能中学教师商小蓉、周榅，曹光彪小学教师陈文静、陈懿懿等。

工作室的培养目标：

通过导师的理论指导，引领学员教学实践，对新课标进行深度学习，对数学核心素养的内涵、特征与培养进行讨论与实践。充分利用格致教育集团的资源优势，以外联内化的模式"引进来、走出去"，积极整合工作室内部资源，努力开拓外部渠道，为学员的成长创造环境。充分发掘不同学段的教师在知识本体、教学模式、评价方式上的优势，积极探索有效教研的活动场景与活动模式。

具体来说，主要希望通过以下活动内容达到上述目标：

1. 通过发掘工作室内部学员在教育教学上的优势特征，并积极开辟外部教育教学资源，通过主题讲座、微型教学共同体的创设等方式帮助工作室学员在教育教学中快速成长。

2. 围绕课堂教学、核心素养、新课标解读等内容积极申报课题，以项目化学习的方式激励工作室学员积极参与课题研究，主动整理教学心得，指导学员撰写发表高质量学术论文、研究报告等。

3. 通过各级各类的公开课或主题交流的形式，将工作室所取得的研究成果进行外部辐射，努力提升工作室学员及格致教育集团的知名度。

4. 探索有效的课堂教学模式与教研模式，提升工作室学员个体的教育教学能力的同时形成有益的教研组织模式与管理经验。

总的来说，工作室的目标设定为：一切为了提升学员的素养，更好地为国家立德树人大业培养教育教学英才。

工作室主持人介绍

徐光伟，上海市格致教育集团徐光伟数学工作室主持人，中学高级教师，现任上海市格致中学奉贤校区教导主任。

黄岳平，上海市格致教育集团徐光伟数学工作室副主持人，中学高级教师，上海市格致初级中学副校长，曾获“上海市园丁奖”。

杨琛敏，上海市格致教育集团徐光伟数学工作室副主持人，高级教师，上海市黄浦区曹光彪小学教导主任，黄浦区骨干教师，曾获上海市“优秀园丁”称号。

培养教科研全面发展的数学骨干教师团队

——徐光伟数学工作室工作回顾

工作室成立三年以来，共组织工作室学员开展集体活动5次、与格致教育集团朱兆和数学名师工作室联合开展活动1次。活动形式从主题讲座到专家报告，从区级公开课展示到市、区级课题研讨，形式多样且主题丰富。

从理论学习角度来说，工作室邀请华东师范大学基础教育学员汪晓勤、华东师范大学第二附属中学副校长施洪亮、格致初级中学副校长黄岳平等多位沪上数学名师，就数学教学研究与论文写作、数学建模核心素养以及数学课堂教学模式等内容组织了专题学习；从工作室内部邀请了格致中学顾伟军、林佳乐，格致初级中学邱思明等学员就拓展课的设计原则、论文的写作实践、提升课堂教学有效性等方面进行了较为深入的理论探讨。另外，工作室也为各位学员购买了大量数学教育教学专著，鼓励大家通过课后自学、“云端讨论”等方式对数学教育教学理论、数学知识本体等内容展开学习。

从教学实践角度来说，工作室鼓励学员积极参与各级各类教学展示活动，本工作的学员在近三年来已成为格致中学教学展示的主力军。在格致中学建校145周年的两类课程展示活动中，在全国部分知名高中激活课堂的教学展示活动中，在全国“一师一优课”的评选活动中，在区级公开课、校级展示周等各类教学展示活动中，顾伟军、林佳乐、邱思明、李玲等多位学员屡获殊荣和好评。

从教育科研角度来说，工作室主持人一直鼓励学员及时总结心得、撰写论文、申报课题。工作室学员也在活动中开阔了视野，确立了研究方向。三年中，工作室共成功申报上海市教育教学科研课题1项、区级重点课题1项、区级青年课题1项，成功结题1项。另外，在核心期刊发表论文1篇，省部级期刊发表论文多篇。这表明在三年的工作室学习活动中，工作室学员的教科研能力得到了较大的提升。

本工作室的特色在于目标指向明确、活动形式多样。工作室一直以培养教学能力过关、创新意识创新能力卓越的数学教师为目标，以数学发展历史为鉴、以数学知识本体为纲、以智能时代数学课堂教学转型为目的，建构立体化培养模式，激励年轻教师努力投身教育教学研究，以“四有”教师作为发展目标，以立德树人作为职业生涯的终极目标。

人工智能背景下高中数学课堂教学的实践研究

◎ 上海市格致中学 顾伟军 李 勤 靳建颖 徐光伟 林佳乐 李 玲 李 浩 何 博

摘 要 本文从教育智能化的现状出发，从知识、学习、评价三个角度，阐述了人工智能技术促进数学课堂教学的积极因素，描述了其驱动数学教学的机制。据此，本文从理论上揭示人工智能技术与高中数学教学的关联与融合方式；在实践中为优化传统课堂教学模式，激励学生形成自主学习的意识与能力提供方法。

关键词 人工智能；高中数学；课堂教学

一、国内外相关研究现状述评及研究意义

（一）国内外研究现状述评

中学课堂教学的定义形式较多，通常指在课堂这一特定情境中教师与学生构成的双边活动。课堂教学的要素通常包括：目标、情景、素材、实践、过程、评价等，各环节的实施和效果与课堂教学的组织形式以及师生在课堂中的角色定位直接相关。教学活动的有效组织是保证课堂教学有序进行的基本条件，目标明确、计划有序、框架清晰、步骤明确则是组织课堂教学的基本目标。

传统的数学课堂教学一般为“接受式学习”，是长期以来学校主导的学习方式，传统的课堂教学模式以教师为中心。正如戴维·约翰逊描述的传统课堂教学模式：教学只是把教师的知识转移给学生，教师的工作就是输出知识，而学生只是一味地接收知识；教师在课堂中传授信息，而学生则要记住并在考试时回忆这些信息；教学就是把知识装到被动的、空洞的容器中去，学生是知识的被动接受者，而教师拥有提供给学生记忆的那些知识。以凯洛夫的五段教学模式（激发动机—复习旧课—讲授新课—运用巩固—检查效果）为代表的传统课堂教学模式，长期以来一直统治着我们各级各类学校。

为了改变传统的课堂教学模式，近年来也涌现了一批以学生自主探究为特征的新型课堂教学模式，基于任务式、项目式、分享式、反转式的课堂组织形式层出不穷，而以环节优化、多层次深度挖掘为特征的有效学习、深度学习等教学模式的出现使得高中

课堂教学的转变呈现出多学科交叉与融合的新趋势。此外,线上线下、信息技术的不断渗透也为课堂教学中师生关系的重新定位、课堂教学评价方式的转变起到了推进作用。

随着国家对高中生核心素养的重新定义与新课标的落地,对高中课堂教学的研究与变革获得了理论基础与实践标准。而随着近年来人工智能技术的不断兴起,高中数学课堂教学的发展获得了新契机,迎来了新变化。2017 年,国务院印发了《新一代人工智能发展规划》,明确将"智能教育"列入人工智能国家战略的重要组成部分,提出"利用智能技术建立以学习者为中心的教育环境,提供精准推动的教育服务,推动人工智能在教学中的全流程应用"。"智能+"的概念首次被写入 2019 年的政府工作报告之中,而教育则被确定为"智能+"的一个重要创生领域。在这样的时代背景下,如何汲取脑学科、认知学科的最新研究成果,将人工智能与学科教学深度融合,创生智能课程,重塑师生角色,变革教学流程,重构学习生态,促进智能化、网络化、个性化和终身化的教育体系构建,已成为教育中人工智能探索的热点和难点。

人工智能与数学的关联密切,一方面表现在人工智能本身多以数学作为其发展的驱动力,另一方面也体现于人工智能的学习机制与高中数学课堂的教学、学习模式间存在的类似之处。由此,早期人工智能在知识表达以及问题求解方面都充分借鉴了一些经典数学理论与学习方式。而随着科技的快速发展,人工智能的自主学习能力得到了极大提升,其所拥有的增强型学习能力反过来对人类的学习,尤其对数学课堂教学的优化与转变有着积极的借鉴作用,课程内容、教与学的模式、评价体系等都会因人工智能技术的渗透而产生变化。

当前高中数学课堂教学模式众多,其组织形式虽存在一定差异,但从人工智能的角度来看,其教与学的行为基本遵循以下逻辑,即以教师监督为主,通过优选学习素材,创设合适的学习场景,围绕预设的目标群,引导学习者以一定的学习方式掌握知识与方法,并对学习效果进行评价。整个教学模式与人工智能中"有师监督"的学习模式基本类似。

而在人工智能"有师监督"的学习模式中,学习机也是以输入样本为基础,在分析对象特性及上下文场景的前提下调整学习机的相关参数,围绕预设的目标函数,按照一定的学习规则,展开学习与训练,并依据输出结果与目标函数的差异调整学习行为,以此不断增强学习机的技能与智能。两者的对比与关联可参见图 1。

然而,这类"有师监督"的学习模式在人工智能领域被划归为早期的人工智能范畴,目前"强人工智能"的核心优势在于在经历大量的"有师监督"学习之后,其自身可发展出强大的自主学习能力,可自主发现学习对象的规律,并通过实践评价后发展出不依赖于大量输入样本的增强学习能力。人工智能强大的增强式的自主学习能力为目前高中数学教与学模式的改进与发展带来了新启示,由此也带动了相关领域的理论

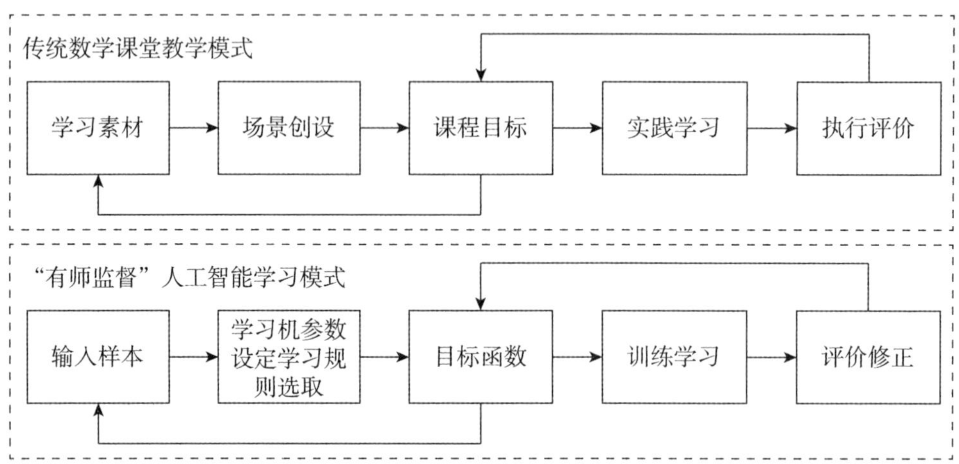

图 1　高中数学教学模式与人工智能“有师监督”学习模式逻辑对比

与实践研究,催生了一批与智能教育相关的产业。

然而,由于目前对于人工智能在中学课堂教学中的融合与展现形式,还没有成熟的模式可以借鉴,因此教育智能化的生态结构还未成型。据 2017 年 10 月我国乌镇智库发布的《乌镇指数:全球人工智能发展报告(2016)》,目前人工智能应用于教育领域的主要形式有:智能评测、个性化辅导、儿童陪伴等,这表明教育人工智能目前还处于教师功能局部替代的状态,这距离现代人工智能发展塑造智能个体、发展主体自主学习能力的目标相去甚远。另外,通过数据库的全网检索,与教育人工智能相关的文章迄今仅约有 500 篇,这其中还有一部分仅是探讨信息技术在课堂教学中的应用,这些都表明该领域的研究还处于早期阶段,其研究成果也还无法体现人工智能与教育教学的深度融合。

面对人工智能的大潮,我们无法回避、更不能无视,这也是教育行业实现自我转型进入新一轮发展的契机。新技术的倒逼,必将促使高中数学教与学的模式发生变化,师生的课堂定位、教学模式、学习模式、学习评价如何优化,如何提升,都是这一时代背景下亟待解答的问题。

(二)研究意义

本项目从教育智能化的现状出发,从知识、学习、评价三个角度,研究人工智能技术促进数学课堂教学的积极因素,量化描述其驱动机制,并将其引入数学教学之中,以此优化改进传统课堂教学的模式,激励学生形成自主学习的意识与能力,进而从理论上揭示人工智能技术与高中数学教学的关联与融合方式。通过本项目的研究,可为人工智能背景下高中数学教学的转变积累经验,提供可借鉴的模式与案例。

二、研究的主要内容

本项目的研究重点不在于在数学课堂教学中展示人工智能的相关技术手段，而是从人工智能的工作原理出发，阐述人工智能拥有强大学习能力的数学内涵，并通过与高中数学教学的比对，遴选反映人工智能内涵的数学基础；通过研究人工智能对人脑学习功能、激励机制的模拟，探索借鉴人工智能学习机制的高中数学教与学的新模式，并在教学实践中优化对学习效益的评价方式。

具体来说，本项目将围绕揭示知识本体的关联性、增强学习行为的自主性、提升评价方式的合理性这三个目标展开研究。具体如下：

1. 探索高中数学教学的新模式与新形态——“教”与“学”双向激励下的自主学习模式。

2. 研发实施新模式的课程、教材、学习规则，初步建立新模式的数学模型。

3. 优化设计可激发学生自主学习潜能的评价体系。

为了达到以上研究目标，本项目研究内容的设定如下所述：

（一）数学教学内容的选择

本项目首先将解析人工智能主流方法的工作原理，提炼功能实现背后的数学内涵，并将其与高中数学的教学内容进行映射与关联，以此探索人工智能背景下高中数学的内涵与外延。

（二）课堂教学模式的探索

本项目希望借鉴人工智能的学习机制，对人工智能高性能、高效率的关键原因进行归纳，解析人工智能自主学习行为的驱动机制，并予以量化描述。通过比较机器学习与课堂学习行为的特征，对数学课堂教学中教、学主体的行为进行优化与改进。研究新模式下师生的角色定位，研究教师如何成为课程的创新者，学生如何成为自主学习者。

（三）评价方式的优化研究

人工智能中的学习机一般都是围绕某一目标函数的最优化来进行设计的，这反映出评价标准对于学习行为的重要影响。随着新课标的落地以及高中数学核心素养的出炉，数学课堂教学的目标也出现了一些变化，若能汲取人工智能在评价函数设定上的科学性，特别是如何设计多目标耦合的，且能提升学生自主学习能力的评价标准，将对高中数学教学及学生个体发展带来重要意义。如何创设情境，激发学生积极主动地参与学习评估，成为评估过程中具有自我导向意识的参与者和建构者，也是本项目的主要研究内容。

三、研究的基本思路和研究方法

（一）基本思路

为了完成项目的研究内容，本项目将按图 2 所示的思路图展开研究工作。

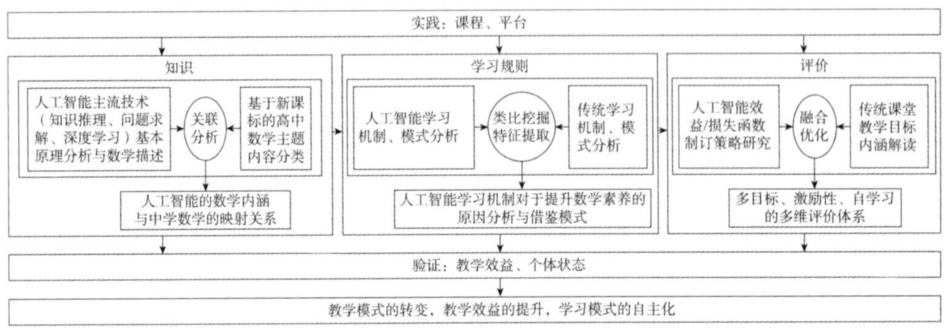

图 2　项目研究思路图

1. 人工智能与高中数学融合方式的研究

数学知识的内涵有三个层次，即表征、逻辑、意义。传统教学模式下，高中生可能在定义学习阶段就会遇到场景解读、语义解析的困难。而人工智能在知识表达上则采用了谓词逻辑等结构，严谨且不易产生二义性；在求解规划、学习机制表达方面同样具备完整、严谨的逻辑规则，这在一定程度上与高中生数学核心素养中所强调的数学抽象、逻辑推理等也互为呼应。

由此，此本项目首先将对人工智能技术在知识推理、问题求解、强化学习等方面进行数字化解读，归纳现代人工智能技术的数学内涵；与新课程标准进行对比研究，提炼人工智能技术图谱与高中数学知识的映射关系。

2. 渗透人工智能技术的高中数学教学模型研究

高中数学教学模式有很多，如分层教学、互动教学、合作探究、自主探究、情景教学、目标教学、计算机辅助教学等，这些新模式在组织形式、成果表达、学习效果等方面都已取得了丰硕成果。而现代人工智能技术，如“强化学习”，更是为学习主体在学习场景不明确、先验知识缺乏的环境下，如何通过行动探索学习效益、增强自我学习能力提供了技术支撑。

由此，本项目将依托教育学、认知学、心理学中的相关原理，结合课堂实践，研究并提取目前高中数学各类课堂教学、学生学习模式的特征；对人工智能技术在学习样本的选取、学习规则的制订、学习过程中的自主适应调整行为进行量化分析与对比研究。在此基础上，通过教学实践，将人工智能在学习机制上的优势引入传统教学，更好地提升高中生的数学核心素养。

3. 提升高中生数学自主学习、增强学习能力的评价体系研究

高中数学的教学目标目前主要分为三个维度,即知识与技能、过程与方法、情感态度与价值观,目标的设定、达成与所采用的教学模式之间互为关联、互为因果。当然,目前人工智能还无法量化表达情感与态度,但其评价系统也有其独到之处,如评价函数的容错机制、行动反馈下目标与策略的自主适应调节功能等。

由此,本项目将充分汲取现有高中数学教学目标设定方法中的优势与合理性,同时分析人工智能技术中典型效益/损失函数以及其他修正因子的数学内涵,并研究不同评价目标对学习行为的影响模式。以此为基础,对目前高中数学教学目标进行扩展,建立具备激励学生自主优化其学习行为的,融合知识、能力、情感、综合素养的多维度评价体系。

4. 创建项目实施平台与实践课程的研究

研发相关数学课程与教材,作为项目研究与验证的载体。项目组依据优化后的学习机制,整合课程目标,改进课程呈现形式,提升学生自主学习的意愿及实施能力。同时,初步探索教育智能化学习平台的构建方案。

(二) 研究方法

本项目将采用对比研究、行动研究、调查研究等多种教育教学研究方法。

1. 对比研究

依据统计学、最优化等数学方法,对人工智能的关键技术、学习规则、目标函数进行数学解析,并借助数据挖掘中的关联分析、相干分析、主元分析等方法,对比得出人工智能与高中数学在知识内涵上的关联性。

2. 行动研究

参照人工智能主流学习机的学习规则,在项目规定年限内对不同类型的学生进行新模式下的教学实践。全程跟踪不同类型学生在新旧学习模式下的学习状态,并予以量化分析;及时反思并不断改进新模式的实施方法。

3. 调查研究

基于调查、访谈、统计等方法,结合认知学、心理学中的相关理论,以学生自主学习能力的提高为依据,对比传统学习模式与新模式的学习效益,优化渗透人工智能技术的课堂教学评价体系。

考虑到人工智能的数学本质,本项目还需要一些数学方法作为研究补充,比如,以模型的形式,对人工智能背景下高中数学教学新模式进行数学描述。另外,由于课本题的研究需要较强的算法与实现基础,信息技术的支撑必不可少。

四、研究的重难点、主要观点及创新之处

（一）研究的重难点

1. 构建人工智能技术图谱与高中数学之间的映射关系。

2. 提取人工智能在学习规则、评价方法方面有益于提高数学教学课堂效益，激发学生自学习能力的特征模式。

3. 探索渗透人工智能内涵的课堂教学实践。

（二）研究的主要观点及创新之处

高中数学课堂教学研究既要以史为鉴，也要面向未来；既要在课堂呈现上不断创新，也要挖掘不同教学模式背后的理论内涵。人工智能技术改变我们生活模式的同时，也影响着我们的思维模式，国内外著名高校与研究机构已着手进行教育智能化的专项研究，也催生了一批如“智能数学”“人工智能学院”等新兴专业与院系。在人工智能的时代背景下，基础教育也应直面巨变，探索利用人工智能技术提高课堂教学效率的有效途径，从理论上回答人工智能与高中数学课堂教学的融合方式，转变当前课堂教与学的模式，达成学生自我学习的意愿与能力的目标，这正是本项目的立项来源与主要观点。

本项目的创新之处：借鉴人工智能的技术优势，探索提升高中生数学学习效益与自主学习能力的途径。为人工智能趋势下数学课堂教学模式的转变进行有益探索。

体验知识内化的过程　感受数学学习的乐趣

◎ 上海市格致初级中学　黄岳平

摘　要　学生作为数学学习的主体，在教师的指导下，通过动手实践、独立思考、合作探究等学习活动，体验对于所学知识从具体到抽象、从了解到理解、从掌握到运用、从知识点到知识网络的内化过程，培养从会解题到能解决问题、从会回答问题到能发现问题的数学能力，逐步从对数学感兴趣到享受数学带来的乐趣，从而提高自主学习数学的能力和学习效率。

关键词　体验式教学；思考；发现；能力

数学教学由于“数学就是多做习题”的观念影响，使“解题文化”成为数学学习的基本特征，学生也把“多看书、多模仿、多练习”当成“金钥匙”，在此情况下，学生数感不强，积极性不高，运用数学知识解决生活问题意识弱化。这就迫使我开始思考如何改变学生的学习方式和学习角色，我发现体验式学习是一种比较有效的课堂教学方法。但讲到体验式学习往往想到让学生分组讨论、组织动手实践活动、营造热闹的课堂氛围等，实际上体验式学习会因为教学内容的差异，其表现形式也不相同。

一、在聆听中体验数学的科学和严谨

在定义、公理运算公式的课堂教学中，学生的体验一般以聆听教师的讲解为主，虽然从表面上看没有直接参与教学，但学生此时体验学习的过程是知识输入的过程。例如，在定义、几何公理的学习过程中，“两组对边分别平行的四边形是平行四边形”“两边相等的三角形是等腰三角形”“两条平行线被第三条直线所截，同位角相等”等公理，代数中正比例函数、反比例函数、一次函数、二次函数的定义，这些公理和定义是人们在长期实践中总结出来的真命题，并且可以作为判断其他命题真假的原始依据，而学生没有相关的基础知识和经验积累，只有教师讲解科学、表达精练，学生才能通过聆听、思考，构建准确的基本知识体系，为以后的运用打下扎实的基础。在教几何证明举例　章内容时，教师首先要有规范严谨的板书，给学生留下几何证明过程逻辑性要强、推理过程要严密的规矩。所以，一般在数学显性知识的教学过程中，学生主要通过聆听，体验数学的科学性、严谨性和推理的严密性。

二、在尝试中归纳数学的规律和方法

当学生有了一定的显性知识积累后，学习的主要目的是利用已有知识解决问题。课堂教学中教师不要追求知识的"一步到位"，应力求体现知识发展的阶段性，根据教学的实际，设计不同的问题情境，让学生经历一番曲折的道路，即尝试、假设、操作、探究和分析等一系列活动，最终找到解决问题的途径。

【案例 1】解分式方程

[引例]解方程：$\frac{1}{x-3}=1$

[变式 1]解方程：$\frac{1}{x^2-9}-1=0$

[变式 2]解方程：$\frac{x}{x^2-9}-\frac{1}{8}=0$

[变式 3]解方程：$\frac{1}{x^2-9}-1=\frac{1}{x-3}$

[变式 4]解方程：$\frac{15}{x^2-2x-3}=\frac{x}{x-3}+\frac{1}{x+2}$

[小结]1.解分式方程的基本思路是什么？

2. 是不是每个根都是原方程的根？

3. 为什么会产生增根？

4. 解题步骤是什么？

学生通过解题、讨论、总结得到：

1. 解分式方程的基本思路是"化归"，把分式方程转化为整式方程解题。

2. 产生增根的原因：根据等式性质 2，方程两边同乘的最简公分母可能等于零，所以最后的验根很重要。

3. 解题步骤，分母分解因式→找到最简公分母→方程两边同乘最简公分母→解整式方程→验根。

学生从最初根据倒数的概念解题，随题目要求的变化，开始考虑去分母，后来又发现变式 3 直接去分母，出现三次方程，解题比较困难，通过小组讨论，发现同乘最简公分母可使运算简化，但直到变式 4 前学生尚没有考虑增根的问题。做完变式 4

教师提问:“是不是每个根都是原方程的根?”学生通过思考产生增根的原因,认识到验根的必要性,同时总结出解分式方程的一般步骤。在不断的认知冲突中,学生体验了数学解题方法的形成。教师在学生探索、发现的关键时刻,要舍得花时间,让学生有足够的时间去探索和思考,让学生体验数学知识的产生和形成过程,用心灵去感悟缄默知识。

三、在建构中形成数学的框架和网络

子曰:“学而不思则罔,思而不学则殆”,其意为:只学习却不思考,就会感到迷茫而无所适从;只是思考而不学习,就会疑惑而无所得。只有把学习和思考结合起来,才能学到有用的真知。学生在学习数学的过程中,必须有个知识内化的思考过程,教师应该在教学过程中设计一些教学环节,给学生思考的时间和空间。一般在复习课中更多的是教师梳理有关的内容和知识点,学生依葫芦画瓢。这个过程学生只是学习了,但没有一个思考内化的过程;只是知识的积累,不利于学生形成知识网络和知识框架。我在教学平行四边形判定复习课时,让学生做一期有关“平行四边形判定定理”的小报,要求有数学性、艺术性、文学性,并且与语文教师一起评出等第。学生积极性很高,制作出图文并茂的数学小报(图1),在这个过程中学生以自己容易记忆和理解的方式将所有的定理进行整理归类,把数学知识可视化,建构符合自己心智的数学知识框架和网络。

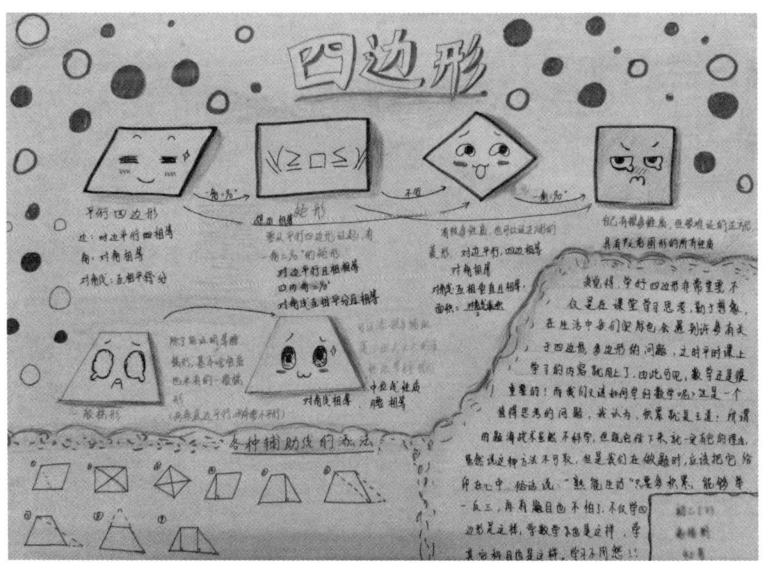

图1　数学小报展示

四、在操作中体验数学的猜想和证明

几何学是一门逻辑性很强的学科，首先反映在系统严密、前后连贯上，每个知识都不是孤立的，它既是旧知识的发展，又是新知识的基础。遵循学生的认知规律，引导学生运用已有知识推导新的结论，才能发展学生的学习能力。倘若在上课时，代替学生思考，学生吃的是现成饭，则学得快，忘得也快，更谈不上灵活运用这种方法去解决问题。要改变这种状况，只有让学生亲身体验解题方法的探索与运用过程。在教学过程中，我常根据教材的内在联系，利用学生已有的基础知识，引导学生主动参与探索新知识，体验定理、公式、性质的发现过程。这对学生加深理解旧知识、掌握新知识、培养学习能力是十分有效的。

【案例 2】平行四边形的判定

教师讲解平行四边形的定义，要求学生在练习本上画平行四边形，并证明所画的四边形是平行四边形。

生 1：分别画两条边相等而且平行的四边形就是平行四边形。

师：根据作图过程写出已知和求证并证明。

生 1：已知 $AB=CD$，$AB/\!/CD$，求证四边形 $ABCD$ 是平行四边形。

（联结 AC，利用三角形全等和平行四边形定义得证）

生 2：画两条互相平分的线段，顺次联结四个端点，所得的四边形是平行四边形。

师：根据作图过程写出已知和求证并证明。

生 2：已知 $AO=OC$，$BO=DO$，求证四边形 $ABCD$ 是平行四边形。

（利用三角形全等和平行四边形定义得证）

……

教师肯定学生的猜想和证明，鼓励学生积极学习，提高课堂的有效性。

通过教学实践，我发现经常教学中，设计各种学习活动让学生进行体验式学习，他们的思维活跃，会提出各种问题，解决问题的策略更趋多样性，对知识的理解和应用的能力有明显提高，解题错误率也较低。所以，体验式学习不仅能使学生体验到“发现”的乐趣，而且能使他们较好地发展在体验学习过程中的质疑猜想能力、综合思维能力、解决问题的能力，以及相互间的合作精神等诸方面的素质。

以微课形式将数学文化融入高中数学课堂的实践研究

◎ 上海市格致中学　林佳乐

摘　要　本文将与高中数学内容相关联的部分数学史料、数学文化素材以微视频在课堂中展示给学生，采用行动研究方法探究学生的学和教师的教，探讨以微视频形式的数学文化融入数学课堂是否对学生的认知以及情感态度方面有所影响，从而探索数学文化融入数学课堂的价值。同时，为中学数学课堂提供数学文化素材，体现现代技术与数学教学相结合的优势和价值，进一步探索以微课形式将数学文化融入数学课堂的意义。

关键词　数学文化；微课；数学课堂

一、研究背景与研究问题

（一）研究背景

目前，数学文化的教育价值在我国已经广为人知，很多数学教师也越来越关注数学文化，数学文化融入数学课堂教学已成为数学教育研究中的热门课题。①

本文希望探索数学文化融入数学课堂的价值，将与高中数学部分内容相关联的数学史料、数学文化素材以微视频形式在课堂中展示给学生，采用行动研究方法，在两个学期内从学生的学和教师的教两方面进行探究。一方面，探讨以微视频形式将数学文化融入数学课堂是否对学生的认知以及情感态度方面有所影响，对教师的职业发展是否有影响；另一方面，为中学数学课堂提供数学文化方面的素材，也可以体现现代技术与数学教学相结合的优势及价值，进一步探索以微课形式将数学文化融入数学课堂的意义。

（二）研究问题

1. 以微视频形式将数学文化融入数学课堂对学生的影响如何？

---

① 李保臻，孙名符.新课改背景下高中数学教师数学史与数学文化知识的现状调查[J].数学教育学报，2013，22(2)：49－53.

2. 以微视频形式将数学文化融入数学课堂对教师的影响如何？

本研究将以上问题作为研究重点，采用行动研究方法，经过两个学期之后初步形成部分数学文化微视频作为素材，同时探索对学生以及教师的影响，得出初步结论及教学启示。

二、研究设计与实施

（一）研究目标和内容

希望通过对研究问题的回答，实现以下研究目标：第一，探索高中数学文化的价值，包括对学生以及教师的影响。第二，为中学数学课堂提供微课形式的较合理的、丰富的、新颖的数学文化素材，合理地运用这些素材，为数学课堂提供参考和建议。第三，探索微课融入高中数学课堂的策略与方法，通过实践反思继续改进，并为后续的教师的教以及学生的学提供参考。

笔者根据研究问题设计研究工具，将上海某高中高一某班 34 名学生作为研究对象，在高二年级进行实证研究。利用前后测调查问卷，首先，要了解学生现有的数学文化程度，了解学生对数学的情感与信念，了解学生在学习数学文化前后对于数学及数学学习的信念、情感、态度的变化。其次，通过几个有关数学文化的微课，在研究结果中呈现与数学文化相关的微课内容，将其作为素材供高中数学课堂借鉴，发挥数学文化的价值，推广数学文化。再次，总结以微课形式将数学文化融入数学课堂对学生和教师的影响、对数学课堂的作用等，为后续研究数学文化奠定基础，并结合结果分析与教学反思得到教学启示。

（二）研究方法与工具

本文主要采用行动研究方法。行动研究的基本过程有多种多样的形式，其中计划、实施、反思三个环节是必不可少的。具体研究流程如图 1 所示：

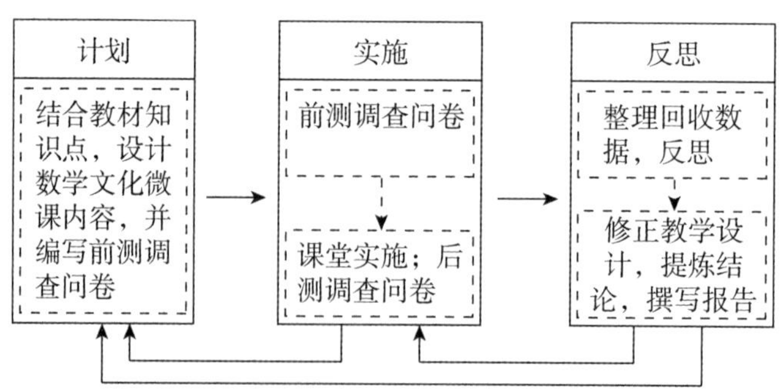

图 1　研究流程示意图

研究工具分为前测调查问卷、后测调查问卷。前测调查问卷分两部分内容,第一部分是对客观题目的测试,第二部分为主观题,关于学生情感与信念的调查。后测调查问卷为主题题目,基于前测调查问卷深入了解学生的情感态度等。

(三) 研究过程

笔者根据研究问题设计研究工具,在上海某中学对高二年级的 34 名学生进行预研究,希望对前测调查问卷进行更加合理的修订。经过预研究,笔者调整前测调查问卷的题目数量以及难度,形成正式前测调查问卷,针对高二课程的不同需要,设计数学文化的微视频,录制微视频,并在课堂中实施,撰写反思总结。

而相关主题的确定一方面是基于学校数学教学进度的考虑,另一方面是基于学情分析,即部分学生在以往学习某一部分知识时存在相应的困难。笔者分析,可能学生并不了解某些定理或者公式的来龙去脉而导致理解困难,或者学生在某一主题的学习中存在学习动机不足等问题。据此,笔者设计了以下 7 个主题,相关情况如表 1 所示。

表 1　微课实施情况

主题	上课时间	上课年级	微课总时长	备注
数列的概念	2017 年 10 月	高二	1 分 59 秒	本节课拓展内容
无穷等比数列各项的和	2017 年 10 月	高二	1 分 21 秒	本节课拓展内容
正弦定理	2017 年 11 月	高二	2 分 45 秒	课后拓展内容
i 的叙述	2017 年 11 月	高二	2 分 31 秒	课前内容
三角比的概念	2017 年 12 月	高一	1 分 50 秒	本节课拓展内容
棱柱的定义	2018 年 3 月	高二	1 分 15 秒	教学过程中辨析内容
祖暅原理	2018 年 4 月	高二	1 分 36 秒	课前内容

通过以上几个主题的微课制作,在对应主题的教学中以微课形式融入数学文化,旨在使学生了解一些重要的公式、定理的起源,数学定理、重要公式在实际生活中的价值,以及历史上的发展过程,进而辅助突破教学重点或难点,提高学生学习数学的动机以及兴趣。笔者刚好在高一开设了有关“三角比”一课,其中“三角比的概念”为课堂中融入的数学文化,其余主题均在任教班级实施微课。

三、研究的主要成果

（一）数学文化微课实施(部分主题)

1. 主题一：数列的概念

（1）教学设计背景

数列是高中数学中的重要板块，数列是一种特殊的函数，既可以用函数的思想研究，也具有特有的性质。这一章节对于学生提升核心素养具有重要作用。学生在学习数列这一章时首先应该知道为什么学习数列，也就是学习动机。实际上在数学史上数列的产生和发展均离不开实际应用，更多是在天文学上的应用。因此，笔者尝试在本节课最后两分钟播放微视频，介绍数列在谷神星发现中发挥的巨大作用。从而使学生进一步了解学习数列的实用价值，提高学习动机与兴趣，进而突破教学重点和难点。

（2）微课实施

微课类型：概念应用。

微课设计软件：Camtasia Studio(PPT 录屏式)。

微课录制方式：教师讲解。

（3）微课文字转化

观看视频《数列与小行星的发现》。视频文字转录：

同学们，大家好，今天我们来了解一下数列和小行星的故事。

观察这样一列数：4，7，10，16，28，52，100，196，388，768，…。从第二项开始，该数列的通项公式为：

$$a_n=3\times 2^{n-2}+4$$

然而，18 世纪德国数学家提丢斯却将这个数列与小行星和太阳之间的相对距离对应起来，得到了一个惊人的法则。这个法则后来引起天文学家波德的注意，今称提丢斯—波德律。

表 2　行星与太阳之间的相对距离

行星	水星	金星	地球	火星	——	木星	土星	天王星	海王星	冥王星
距离比	4	7	10	16	28	52	100	196	388	772

波德律说的是，若以第三项 10 作为日地距离，则水星、金星、火星、木星与太阳之间的距离相应为 4、7、16、52。

问题摆在天文学家的面前：

该数列第五项 28 是否对应着一颗人类尚未发现的，位于火星和木星轨道之间的小行星？①

图 2　火星与木星之间的行星

就在 1801 年元旦，意大利天文学家皮亚齐率先发现了火星和木星轨道之间的第一颗、也是最大的一颗小行星——谷神星，这是皮亚齐送给世界天文学界最好的新年礼物！

24 岁的德国数学家高斯设计了一种新的轨道计算方法，根据皮亚齐的观测数据，在数周内计算出谷神星的公转周期为 4.6 年，成功地预测了谷神星的轨道。

这就是数列在天文学上的应用的一个例子，谢谢大家！

(4) 微课实施反思

数学来源于生活，本次微课的实施，使得数学概念联系具体情境，学生感受到了数列在天文学上的应用，感受到了数学的实用价值，对于本章的教学有辅助作用。微课中涵盖了等比数列，也为即将学习的等比数列做铺垫，是学生课外阅读的较好材料，体现以人为本的理念。对于教师来说，准备数学文化方面的素材需要查找和阅读大量资料，开拓了教师的视野，丰富了教师的教学资源，促进了课堂的活跃度，调动了学生的积极性。而微课的形式是将信息技术融入数学教学的一种尝试，发挥了其简洁、高效的特征。在内容上可以更加丰富一些，如可以介绍历史上经典的毕达哥拉斯数列、斐波那契数列等，使学生对数列有更加全面的认识，促进数列的学习。

2. 主题五：三角比的概念

(1) 教学设计背景

我们可以从历史上的天文学素材中寻找锐角三角比的引例，其中之一是古代文明所使用的计时工具——日晷；其二是古希腊天文学家阿里斯塔克斯的日月地模型。利用日晷更能突出三角函数的重要性，为三角函数这一章做铺垫，同时阿里斯塔克斯的天文学问题则易于激发学生的学习动机。所以此微课在课前播放，用以引出锐角三角

① 汪晓勤. HPM：数学史与数学教育[M]. 北京：科学出版社，2017.

比，进而引出任意角的三角比的概念。同时，让学生从现实生活中了解三角学的发展，感受数学文化和数学之美。本次微课在高一年级实施，借班上课，提高了课堂效率和学生的学习兴趣。

(2) 微课实施

微课类型：概念应用＋背景介绍。

微课设计软件：Camtasia Studio。

微课录制方式：教师讲解。

(3) 微课文字转化

早在公元前2000多年前，埃及人在建造金字塔时就用到了简单的三角学。[1] 早期希腊人熟悉的日晷（一个通过测量竖直杆子投影的长度来计时的简单装置）是巴比人流传下来的。日晷本质上是用来计算余切函数的一个类似装置：如果用 h 表示杆子的高度，S 表示当太阳与地平线成 α 度角时它的影子长度，则 $\tan\alpha=\frac{h}{S}$。事实上，通过测量每天正午影子长度的变化，日晷还可以告诉我们一年中的每一天。

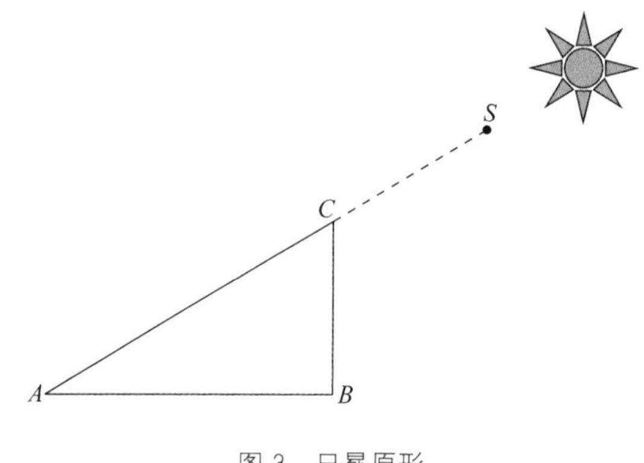

图3 日晷原形

这种"投影计算"被古代学者良好应用，可以称之为"三角学比例的先驱"。后来，这种简单的方法被成功地运用于测量地球的大小以及行星之间的距离。希腊人怀着建立定量的天文学的愿望，创立了一门知识来预报天体的运行路线和位置，以帮助报时、计算日历、航海和研究地理。因此，希腊人主要研究球面三角学知识，其中也包括平面三角学的基本内容。雕塑《东方之光》以原始日晷为原形，采用不锈钢管网架结构，日晷上小下大，椭圆的晷盘象征地球，晷针穿过的中点代表中国。

① 汪晓勤.数学文化透视[M].上海：上海科学技术出版社，2013.

图 4　雕塑《东方之光》

测量地球、太阳、月球两两之间的距离是古代天文学家孜孜以求的问题。公元前 3 世纪，阿里斯塔克斯在月亮半圆的时刻，测得日、地、月的中心恰为一个直角三角形的三个顶点，且$\angle EMF=3^\circ$，如图 5。问题是：地球到太阳的距离是地球到月球的距离的几倍？由于阿里斯塔克斯当时还不会计算角的正弦，他只得到这个倍数在 18 和 20 之间，如果能算出 $\sin3^\circ$的值也就能知道更准确的倍数了！

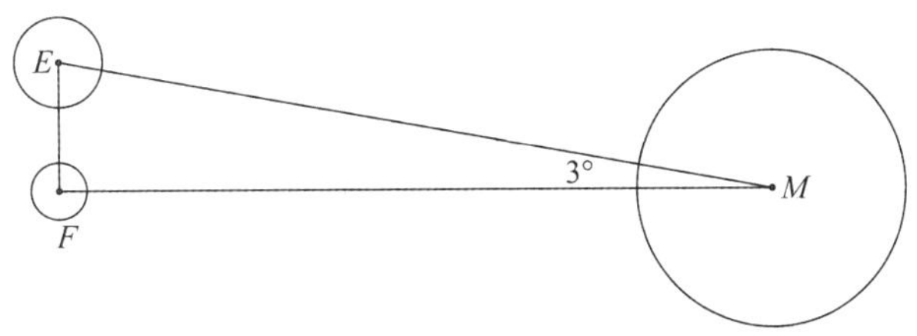

图 5　测量地球、太阳、月球两两之间的距离

(4) 微课实施反思

历史上三角函数的定义也是经历了直角三角形中的边长之比、坐标系下的坐标之比以及单位圆中的坐标比值定义，所以如今学生对三角函数的理解依然具有历史相似性。本节课的难点在于如何将初中学生熟悉的锐角三角比推广到任意角的三角比，实际上由锐角到任意角并不具有推广性，因为定义的方式已经发生了改变。微课中呈现的锐角三角比在古代的实际应用的例子，让学生理解实际上三角来源于古人对天文学的研究，而日晷的例子让学生在具体情境中理解三角函数的一一对应关系，体会函数的思想方法，对于三角函数的学习起到铺垫作用。同时，微课中三角学数学史方面的介绍，让学生整体了解三角学在人类发展史上的作用，同时联系雕塑《东方之光》，体现出生活中到处有数学，鼓励学生用数学的眼光看世界。

四、研究结论与启示

（一）研究结论

1. 对学生的影响

(1) 从前测调查问卷的测试中可初步分析学生对数学文化知识的了解程度，希望经过一学年数学文化知识的渗透，通过前后测调查问卷，进一步了解其对数学文化了解程度的变化以及对数学的情感信念的变化。

（2）从每次的课堂反馈中，了解学生对数学知识的理解是否产生积极、正向的作用，知识的来源及背景的了解是否有助于学生全面地理解数学知识。

2. 对教师的影响

（1）数学文化融入数学课堂对于教师来说，首先是自己的数学文化知识有所增加，另外，以微课形式将这些内容呈现给学生，提高现代技术运用水平。

（2）数学文化知识有利于教师对于数学知识的理解。由于数学文化的主题基本围绕中学数学的知识点进行设计，是对数学知识的再挖掘，因此，教师可以通过数学文化知识的学习增加对知识的理解，从多元视角开展数学教学。

（3）数学文化知识有利于教师了解学生对数学的态度及兴趣点。以微课形式将数学文化融入课堂，对于学生来说是一种全新的体验，而学生往往对于故事、历史等文化内容表现出极大的热情和兴趣，教师可以从中了解学生的兴趣点，哪些内容是学生比较喜欢的，哪些方式是学生比较容易接受的，哪些方面是学生可以进一步加强的。

（二）研究启示

根据研究结论，得到以下启示及教学建议：

1. 学生对数学文化素材的喜好

实践中，学生喜欢实际生活中较好应用数学文化的例子，这些例子有助于他们理解数学的概念、定理等。因此，教师应该多积累这一类的数学文化素材，在课堂中融入这样的例子，提高学生学习数学的积极性。

2. 微课形式融入数学课堂的效果较好

微课的优点为“知识内容微小化”“知识获得便捷化”“满足个性化”。在课堂中将微课形式融入数学教学，这种信息技术的良好运用，有助于提高学生学习的动机与兴趣，也使得很多定理、公式的引入更符合历史相似性，辅助教学，突破教学难点。

3. 数学文化需要长期实践

学生对数学的情感、信念的改变并不是因为一两次数学文化的熏陶，而是需要长期感受数学文化、感受学习数学的乐趣以及价值。学生的情感、信念及态度是慢慢转变的，要经历一个过程。笔者相信，若中学教师可以长期地关注、融入数学文化知识，即使是在整个教学中只是起到点缀作用，让学生在短短几分钟的微课中感受数学文化，也是一种突破与尝试。因此，教师平时应该注意积累数学文化材料，在课堂中有意识地、合理地渗透数学文化，使学生不再厌烦数学，增强对数学的兴趣，慢慢喜欢数学、热爱数学。

查传明英语工作室

工作室主持人寄语

在格致教育集团的领导下认真开展英语教学活动，研讨各个学段的英语学习方法，学习教育理念，研究学习课改精神，教活英语，提高课堂教学效益，为格致教育集团各个学校作出贡献。

工作室代表性研究成果

基于单元整体的初中英语听说作业设计有效性研究
——以听说观摩课作业为例

技术助力　挖掘潜力　成就价值
——小学英语学科阅读实践活动启示

《六年级英语口语发展手册》的校本研发

工作室概况

格致教育集团查传明英语工作室，由上海市格致中学查传明老师任主持人、格致初级中学毛彬彬老师任副主持人，工作室共有学员 20 名，分别来自集团内小学、初中和高中，有一级教师、高级教师、区学科带头人和上海市“双名工程”“种子计划”(黄浦)英语基地学员和领衔人。

工作室以务实、创新的工作方针和团队协作的团队精神，积极实践有效的课堂教学模式，培养具有良好师德修养、先进教育理念、扎实专业素养的教师队伍。工作室搭建各种平台，为小学、初中、高中教师提供更多机会学习和实践，努力探索一线教学中碰到的具体问题，并为小升初、初升高衔接夯实基础，实现共实践、共成长。

工作室主持人介绍

查传明，上海市格致教育集团查传明英语工作室主持人，上海市格致中学外语教研组组长，中学高级教师。2011年被评为黄浦区教育系统第三轮（2011—2014）区级骨干教师；2015年被评为黄浦区教育系统第一轮（2015—2018）区级骨干教师。

毛彬彬，上海市格致教育集团查传明英语工作室副主持人，文学硕士，格致初级中学英语教研组组长，中学高级教师。2018年被评为黄浦区教育系统第二轮区学科带头人。

务实、创新的英语骨干教师团队

——查传明英语工作室工作回顾

工作室自成立以来，在查传明老师的带领下，分别学习了听说和阅读教学理论，阅读了相关的专业书籍和论文；通过外教培训，学习了语音语调以及口语教学方法。通过聆听讲座，学习了阅读策略和方法。

工作室的活动围绕理论学习、教学实践、科研分享展开。每月至少活动一次。疫情期间，线下线上结合，共同讨论线上教学问题。

三年中，工作室分别到集团内8所学校学习和讨论20余次，在听说读写等方面开展实践。2018年3月，工作室学员赵宁老师公开展示报刊阅读课，学生在教师的指导下自行编报、自主介绍新科技，开展了生动、积极的讨论和交流。同年5月，工作室学员尤文婷老师就非连续性文本阅读公开教学，引导学生寻找、整合信息，循序渐进地感悟非连续性文本特点。10月，工作室学员在格致初级中学聆听了原版小说赏析课，并和英国校长代表团交流。11月，工作室学员在储能中学聆听了姚雯老师执教的《the Red Cross》，教师带领学生自上而下地阅读，层层解剖，并引导学生阅读后小结。2019年12月，民办明珠中学金雨萌老师展示了阅读技能的专题复习课《如何在语境中猜词》。金老师精选语料，引导学生寻找语境，总结方法。每次活动工作室都开展讨论，开课教师介绍各学段阅读的教学方法和特色，查传明老师归纳总结初中、高中阅读教学，提出新目标。

工作室还重点实践了听说教学，多次赴上海市格致中学参加人机对话的实战演练，研究新中考听说教学。曹光彪小学王琳老师、黄浦区卢湾一中心小学徐梦碧老师、原应昌期围棋学校刘玮老师、格致中学缪英老师分别展示了听说课。开课教师在课中进行听说微技能的辅导，为学生搭建脚手架，由浅入深，不断输入、输出，教学效果显著。课后多次联合各校教研组教师、区骨干教师和福建省泉州市骨干教师开展研讨，提炼小学、初中、高中的听说教学方法，并意识到教学要跳出题海战，激活学生思维，努力提高学生的交际能力。

2019年11月，工作室副主持人毛彬彬老师公开执教写作课。通过学情分析，毛老师发现学生表达时论据和论点不符，思维混乱，为更有效地教学，这节写作课就设定了一个教学目标，所有课堂活动围绕教学目标层层递进。课后集团成员校教师和格致初级中学英语教研组就写作教学进行互动讨论。

除了实践听说读写，工作室还实践了项目型课程。2018 年 10 月，同济黄浦设计创意中学丁健骅老师和黄焰老师共同执教，将英语与 PBL 项目整合在一起，学生通过学习目标词汇和句型，利用思维导图，制作介绍上海特色的海报。这种将语言教学和实际生活融合并创造的方式给每个听课教师带来了思考和震撼，并为提高学生的语言应用能力提供了很好的案例。

工作室在导师的引领下，结合学情，开展了多项教育科学研究，原应昌期围棋学校刘玮老师主持的课题“促进初中‘学困生’语数英学科联动提高的教学方法研究”已结题，格致初级中学毛彬彬老师参与的课题“中学英语写作教学现状及策略研究”获区科研成果评比三等奖。黄浦区卢湾一中心小学徐继红老师申报的课题“小学低年段英语单元学习活动的整体设计与实施研究”被列为 2019 年黄浦区教育科学研究重点课题项目。黄浦区卢湾一中心小学施莉虹主持的课题“单元整体设计背景下小学五年级英语课后作业设计与实施研究”已立项。格致初级中学赵宁老师参与编写《活用语法学写作：初中英语语法易懂会用》并出版。

工作室学员在各级比赛中多次获奖，并将成果辐射区、市。格致初级中学毛彬彬、赵宁、尤文婷老师获得上海市英语作业设计比赛市三等奖；20 多人次在区级及以上的研讨会上发言；3 人次的课例上传至“一师一优课、一课一名师”网。疫情期间，工作室学员共参与录制“空中课堂”27 节，为打赢疫情防控阻击战作出贡献。

工作室成立以来的所有研究都围绕着课堂展开，着力帮助一线教师解决教学中的实际问题，为各类学校提供资源和有效的教学方法。工作室将研究成果辐射各校，努力夯实基础，提升教学质量。教师的眼界开阔了，思维活跃了，部分学员成为区骨干教师、学科带头人。

工作室汇集了小学、初中、完中、高中各类学校，搭建了不同平台，为小初衔接、初高衔接提供相互交流和学习的机会，为整合区内教学资源，提升教师专业素养作出一份贡献。

基于单元整体的初中英语听说作业设计有效性研究

——以听说观摩课作业为例

◎ 上海市格致初级中学　毛彬彬

摘　要　越来越多的教师重视听说教学，但对听说作业设计的研究较少。作为教学活动的组成部分，教师有必要提高听说作业设计的有效性。笔者通过分析市级听说优质课案例，从单元目标、课时目标、课堂活动、作业文本等维度分析提高听说作业有效性的方法，并指出有效的听说作业要基于单元整体设计，作业要求要明确，易于评价。

关键词　听说作业；有效性；单元整体

一、引言

近些年来，越来越多的初中英语教师实践听说教学。根据《上海市初中英语学科教学基本要求(试验本)》，在听说实践活动中，学生能够使用正确的语音和恰当的语调表情达意，根据语音语调的变化理解说话人的意图和态度，区分交际场合，做出恰当的应对，完成交际任务。这些要求只靠课堂教学难以完全达到，需要课后作业补充。

《中国教育百科全书》指出，课外作业是教学活动的组成部分，学生在完成作业的同时，巩固和消化所学知识，并将知识转化为能力。① 这就要求教师在实践听说教学的同时，设计听说作业并提高其有效性，使课内课后有机结合，不断提高学生的听说能力。

二、听说课后作业有效性界定

有效的听说作业设计不仅能巩固课堂教学效果，拓展学生思维空间，而且能帮助学生形成良好的朗读和交际习惯，从而增强对中外文化差异的敏感性和语言表达的适切性。教师要依据单元整体目标和听说课的教学内容，设计适量、适度、类型多样、易

---

① 张念宏.中国教育百科全书[M].北京：海洋出版社，1991.

评价的学习活动，并在规定时间内由学生独立或合作完成。

三、案例分析

笔者以听说观摩课为例。共选取两个案例，从单元目标、课时目标、课堂活动、作业文本等维度分析提高听说作业有效性的方法。

（一）作业案例

【案例 1】

教师执教内容是《牛津英语》（上海版）6B U4 Staying healthy，本单元的目标和学习水平如表 1 所示：

表 1 《牛津英语》（上海版）6B U4 Staying healthy 单元目标和学习水平

目标描述	目标维度和学习水平
1. 掌握核心词汇的“headache, stomachache, toothache, cold, fever, a sore throat”等的读音、词性、词义及其语法性质，并在语境中正确运用	C 应用
2. 理解“I'm afraid”的升降调的含义和短语连读	B 理解
3. 知道情态动词“should”的用法	A 知道
4. 掌握表述原因和提建议的句型在语境中的运用	C 应用
5. 写出喜爱和不喜爱的室内外运动	C 应用

本单元共分 4 个课时，阅读课 2 课时，听说课 1 课时，写作课 1 课时。根据单元目标，教师把这节听说课的教学目标设定为：

Be able to understand and use the new words to talk about health problems (problem, headache, stomachache, toothache, fever, sore, throat); give causes by using “it's because ..., I'm afraid and give advice by using You should ...”.

整个教学过程中，教师通过输入听力文本，教授了生词和句型。通过听录音，引导学生学习“have a cold” “I'm afraid” “What should I do”等词组或句型的连读。在之后的产出阶段，教师设计了小组活动——角色扮演去医院看病，这部分活动和输入呼应，产出质量较高。作业文本如下：

Assignment:

1. Read the dialogues three times on Page 24 after the recording.

2. Revise and act out the dialogue about “Visiting a doctor”.

【案例 2】

教师执教内容是《牛津英语》（上海版）8B M1U2 The use of water，本单元的目标和学习水平如表 2 所示：

表 2 《牛津英语》(上海版)8B M1U2 The use of water 单元目标和学习水平

目标描述	目标维度和学习水平
1. 根据读音规则判断单词、词组和句子中的连读和不完全爆破，能根据连读和不完全爆破规则将其朗读出来	B 理解
2. 掌握单元核心词汇“float，freeze，relax，ordinary，increase，manufacture，equipment”等的读音、词性、词义及其语法性质，并在语境中正确运用	C 应用
3. 识别和了解可数名词和不可数名词数量的表达方式	A 知道
4. 掌握 if 条件状语从句、“We need water for ...”“We can save water by ...”的用法，并在语境中正确运用	C 应用
5. 熟悉科普类文章的基本结构，把握文章主旨和大意	B 理解
6. 掌握流程图的基本特征并能在实际生活中运用流程图就某一事物进行解释说明	C 应用

本单元一共分为 6 课时，阅读课 2 课时，听说课 1 课时，语法课 1 课时，写作课 1 课时。教师把这节听说课的教学目标设定为：

Be able to talk about the use of water from different perspectives through listening and speaking by using “We need water for ...; we can save water by ...; if we do not have water, ... will ...”.

教师通过引导学生泛听和精听理解水的使用及如何节水。在输出阶段，分角色讨论水在四种不同场所的用途，最后每组代表利用“We need water for ...; we can save water by ...; if we do not have water, ... will ...”等句型提出供水请求，其他组员倾听后给出合理分配方案。教师布置了以下作业：

Assignment:

Step 1: (Oral work) Make a report about the use of water in your parent's working place on WeChat (before 8 pm).

Step 2: Listen to another student's report and complete Worksheet 2.

Homework (worksheet 2)

The name of your classmate: ______________

The job of your classmate's parent: ________

The use of water in the working place of your classmate's parent.	
The advice of saving water in that working place.	

（二）评析

1. 整体设计

《初中英语单元教学设计指南》指出，单元作业目标要基于单元教学目标来设计，逐条分析单元教学目标，确定哪些目标需要通过作业来巩固，整体设计作业水平，确定作业形式、时间等。①

这两个案例的作业都紧扣课时目标和单元目标，分别对应单元目标的1、2、3、4条，起到承上启下的作用。案例2的作业在检测课堂教学效果的同时，要求学生运用前一课时阅读课所学的词汇和句型。

传统的听说作业设计往往引导学生课后朗读单词和课文，很少关注到单元整体目标，特别是功能目标，并把听说课和其他课型割裂，这类作业效果较差，对学生的综合能力发展作用甚微。教师在设计听说作业时，有必要先确定单元目标，再确定课时目标、作业目标，整体设计题量和用时，最后形成课后作业。

2. 内容延伸

课后作业是课堂教学的延伸，旨在帮助学生巩固所学的知识，反馈学习情况，这就要求作业内容和课堂教学内容高度相关并延伸。

案例1这两项说的作业分别检测第一条教学目标和第二条教学目标。第二项作业在课堂教学的基础上，略微提高要求，对角色扮演进行修改。学生在课堂上已观看并点评了其中2组的角色扮演，对课本句型"it's because ..., I'm afraid, you should ..."掌握良好，但还有部分学生发音不准确。通过第一条作业，学生听读纠正语音和语调。通过第二条作业，学生在课后有充足时间根据课内讨论修改文本并表演，进一步提高语言的准确性和流利性。案例2的第二条作业不仅是课堂的延伸，而且是第一条作业的延伸，在完成口头作业的同时，倾听并评价同伴的作业。在课堂活动中教师设计了倾听后评价，课后作业也设计了此项活动，课上只检测了少数学生的倾听效果，课后作业可以检测所有学生的倾听效果，并反思教学。

3. 语境真实

听说教学中机械操练必不可少，为语言的运用奠定了基础，但往往忽略语言的意义和交际功能。如果一味地设计简单的重复朗诵与背诵，学生的听说能力得不到提高。有效的听说作业要创设真实的语言环境，激发学生兴趣，将课上所学的内容迁移到现实生活中，体验和理解真实语言。这类作业的布置比朗读句型或文本要求更高。初高中学生已有一定的思辨能力和观察能力，已不满足于简单的文本复述或对话，这类口头作业可鼓励学生表达真实情感，提高其语言应用能力。

这两个案例除了朗读和完成听后练习，都创设了较为真实的情境，引导学生将课

---

① 上海市教育委员会教学研究室.初中英语单元教学设计指南[M].北京：人民教育出版社，2018.

上学到的内容进行迁移和运用。案例1要求学生在课上对话的基础上再次改编，扮演医生和病人，运用“it's because ..., you should ...”等句型进行再创造。案例2将场景迁移到父母工作的场所，不同于课上创设的工厂、餐厅、医院和消防局场景，作业中的情境更真实、熟悉，便于学生运用所学句型进行采访。

根据《上海市初中英语学科教学基本要求(试验本)》，要求学生通过角色扮演、情景会话等实践活动，意识到功能意念的文化性和交际性，增强对中外文化差异的敏感性和语言表达的适切性，逐步形成主动交流的意识和跨文化交际能力。教师在设计听说作业时，不能忽视听说的功能性，尝试创设真实语境，引导学生体验、感知并应用。

4. 要求清晰

教师在设计作业时往往忽略作业要求的设计，包括作业形式、上交时间、作业方式等，造成学生看不懂作业要求，胡乱完成，教师无法评价。和书面作业相比，听说作业的量相对少，作业要求若模糊不清，学生完成的质量就无法保证了。有必要设计简洁明了、易理解、易评价的听说作业。

案例1的第一条作业约定了作业内容和方式，如果能借助网络或App上传朗读，作业的质量会更高。案例2的作业不仅包含了步骤，还有作业单，规定了作业的步骤、格式、完成时间，这比让学生“comment your deskmate's homework”清晰多了。作业单的设计也便于教师评价检测，为之后写作做铺垫。如果能坚持设计听说作业的作业单，学生成长的历程将清晰可见，语言应用的综合能力也能不断提高。

设计听说作业时，要避免作业要求过于笼统，如“Share opinions with classmates. Do you agree with the statement? Prepare to share your view. To know more about your parents' daily habits and do a report.”这些作业都缺乏具体要求，学生不知如何完成，作业质量自然不高。

四、小结

听说作业不同于书面作业，具有更强的交际功能与语言应用特征。随着学生听说能力越来越受重视，听说作业设计也越来越重要。简单、机械的重复或教辅书上的作业远远不能满足学生需求。在设计此类作业时，教师要分析单元整体目标，从学情出发，基于课本内容，设计可选择的、语境真实的、便于评价的作业。听说作业可以尝试实践类的，鼓励学生由课本学习向课外学习延伸，通过角色扮演、情景会话等实践活动，逐步感悟语言表达的适切性以及东西文化的差异。听说作业的有效性提高了，听说课的目标达成度才会越来越高。

技术助力　挖掘潜力　成就价值

——小学英语学科阅读实践活动启示

◎ 上海市黄浦区卢湾一中心小学　张　帆

摘　要　信息技术的蓬勃发展推动着社会各行各业的信息化进程，教育信息化早已成为人们耳熟能详的名词。随着信息化进程的不断深入，慕课、微课、翻转课堂等教育信息化的产物，也已成为人们生活与学习不可或缺的重要组成部分。

上海作为国际化大都市，英语早就成为全社会关注的课程。在教育信息化的背景下，作为一名一线小学英语教师，如何使用信息技术助力学生的英语语言能力发展，成为值得思考和研究的问题之一。

《上海市中小学英语课程标准(征求意见稿)》中明确提出，小学阶段学生要能读懂难度高于课文的语段，课外阅读量累计不少于 10 万词。为了弥补英语课外阅读的空缺，在了解学生英语学习水平的基础上，笔者结合信息技术帮助学生开展英语课外阅读实践活动。

在开展阅读实践活动的过程中，通过对学生阅读数据的采集、整理、分析，了解学生个体的学习兴趣。从兴趣出发，调整教学策略，帮助学生弥补弱项，全面提高英语学习成效。以数据为导向，尝试开展跨学科合作，成就学生个体的全面发展。

关键词　信息技术；挖掘潜力；阅读实践活动；跨学科合作

科学技术的迅猛发展推动着各行各业的信息化进程。教育行业，作为培育祖国接班人的主阵地，早已开启了它的信息化之旅。如果说多媒体教学的运用改善了课堂教学的效益，那么慕课、微课、翻转课堂等，改变的则是教学模式。从改善到改变，象征着教育理念和教学方式的转变，这种转变是教育信息化进程中的必然。

一、信息技术助力下阅读实践活动的开展背景

技术在教学中的普遍使用能给学生带来很多益处[①]，包括提高学生的学习动机、

① 张文兰.信息技术环境下的小学英语教学设计研究[M].北京：科学出版社，2005.

提高学生自我概念和基本技能的掌握等。何克抗教授曾提出:0—12 岁是语言获得的最佳时期。因此,抓住学生语言学习的年龄优势,有效地将信息技术与英语教学进行融合势在必行。

(一) 教育信息化的不断深入

随着信息化进程的不断深入,互联网的应用已普及至千家万户,互联网＋教育,作为互联网科技与教育领域相结合的一种新的教育形式,正对人们的学习生活产生较大的影响。与此同时,各种教育类 App 如雨后春笋般涌现,只需登录网络,寻找合适的应用软件,就可以实现随时、随地、随需的学习体验。

(二) 英语学习的切实要求

英语,作为现代信息的重要载体、通向世界的桥梁,早已成为全社会关注的课程。《上海市中小学英语课程标准(征求意见稿)》(以下简称《中小学英语课程标准》)中提到,要大力推进信息技术在课程实施中的有效应用。在教育信息化的背景下,对于一名一线小学英语教师而言,如何使用信息技术助力学生的英语语言能力发展,是值得思考和研究的问题之一。

根据《中小学英语课程标准》,英语语言技能分为:听、说、读、写四个技能,其中听与读是语言的输入渠道,说与写是语言的输出方式。因此,想要拥有一口流利的英语,多听多读是不可或缺的前提条件。上海多数公立小学使用的是《牛津英语》(上海版)教材,教材涵盖多个常用主题以及一些基本句型和词汇,但仅用这一本教材是远远不够的[①]。英语《中小学英语课程标准》中规定,小学阶段学生要能读懂难度高于课文的语段,课外阅读量累计不少于 10 万词[②]。英语课外阅读不仅可以使学生接触大量的词汇、巩固语法知识、丰富英语语言文化知识,而且可以提高学生的英语综合素质[③]。为了弥补空缺,在了解学生英语学习水平的基础上,笔者结合信息技术帮助学生开展英语课外阅读实践活动。

二、信息技术助力下阅读实践活动的开展要求

为了使英语课外阅读实践活动取得更好的效果,除了根据学生学习水平,对市场上的阅读软件进行有目的的精挑细选外,还需要在具体操作时对学习者提出一定要求。

(一) 阅读篇目的选择要求

根据执教班级学生整体的英语学习水平,笔者对市场上众多的英语学习类软件进

---

① 居洁.小学英语课外阅读教学中教材“补白”的科学运用[J].课程教育研究,2019(42):133－134.

② 上海市中小学课程教材改革委员会办公室.上海市中小学英语课程标准(征求意见稿)[M].上海:上海教育出版社,2004.

③ 罗盈盈.英语教师需要把课外阅读材料选择“关”[J].中国教育学刊,2020(7).

行筛选，最终选定了A款英语分级阅读学习应用软件。软件中的阅读篇目从易到难以英语字母a—z排列分成26个级别，小学阶段对应的是a—i级别，学习者可以根据相应的就读年段快速寻找并选择适合自己学习水平的阅读篇目，也可以按分类主题选择自己感兴趣的内容进行阅读。图文并茂、动态的内容呈现，不仅在一定程度上激发了学习者的学习兴趣，而且能帮助他们更好地理解阅读篇目中语言文字所表达的含义。

（二）阅读篇目的听读要求

《上海市小学英语学科教学基本要求》中将内容单元主要划分为：语音、词汇、词法、句法、语篇五个部分①。除了词汇的学习和篇章的阅读理解外，对于年龄较小的英语学习者而言，及时的正音是很有必要的，标准的发音能提升他们对英语学习的热情和信心，为顺畅的口语输出打下坚实的基础，因此，语音学习相当重要。所以，除了鼓励学生阅读后完成相关的阅读理解题外，笔者还要求学生进行逐句听读模仿，软件能根据学生的朗读水平以等第制的方式给出相应的评价，以帮助学生拥有良好的英语发音。

（三）阅读篇目的完成时长要求

学生可以在手机、平板电脑、笔记本或台式电脑等移动终端进行课外阅读，笔者对学生每次阅读的完成时长是有要求的。一方面，小学阶段的学生还处在视力的发育期，过长时间接触电子产品，不利于学生视力的健康发育；另一方面，良好阅读习惯的形成不是一蹴而就的，是一个日积月累的过程。因此，根据学生的英语学习水平，笔者每周向所执教班级学生推送1篇阅读篇目，每次阅读时间控制在15分钟以内，这样的尝试获得了家长和学生的配合与支持。

三、信息技术助力下阅读实践活动的反馈与成效

根据上述要求，笔者在执教班级开展了一个学期的英语课外阅读实践活动，在此过程中，通过采集数据、整理数据、分析数据，结合教师的经验判断，更科学、更精准、更公正地了解每个教学对象，从而及时调整教学策略，并取得一定成效。

（一）让数据“说话”

通过一个学期的实践，班中大多数学生已累计阅读20余篇阅读篇目，这个班的学生不仅朗读语音语调较以前更标准，而且大多数学生初步养成了定期进行英语阅读的习惯。笔者查看了学生阅读的后台数据，小L同学的阅读数据引起了笔者的重点关注。与班级其他同学相比，小L同学一学期的累计阅读总数达到547篇，平均每周阅读27篇。在关注阅读数量的同时，笔者更关注她的阅读质量。如图1所示，她的跟读

---

① 上海市教育委员会教学研究室.上海市小学英语学科教学基本要求[M].上海：上海教育出版社，2017.

均值为 88,处于班级平均水平,她的阅读理解正确率为 94%。根据平日的了解,小 L 同学虽然理解力强,但词汇储备并不属于十分出众的。

图 1　小 L 同学英语阅读数据

Quiz对应微技能分类	题目对应微技能		绘本级别	错题题数
理解文章主旨大意	Main Idea and Detail 文章主旨大意、中心思想	13	A	1
			C	2
			D	8
			F	2
理解文章细节	Story Elements 故事元素	2	A	1
			D	1
	Analyze Character 分析人物	1	A	1
	Analyze Plot 分析情节	8	D	8
	Vocabulary 词汇	38	A	2
			B	3
			C	3
			D	24
			E	2
			F	2
			G	2
逻辑推理能力	Make Inferences and Draw Conclusions 做出推论，得出结论	11	C	1
			D	6
			F	3
			G	1
	Cause and Effect 因果关系	4	A	2
			C	1
			F	1
	Compare and Contrast 比较	3	C	1
			D	2
语篇特征与语篇逻辑	Sequence Events 事件顺序	4	A	1
			C	1
			D	2
总计				84

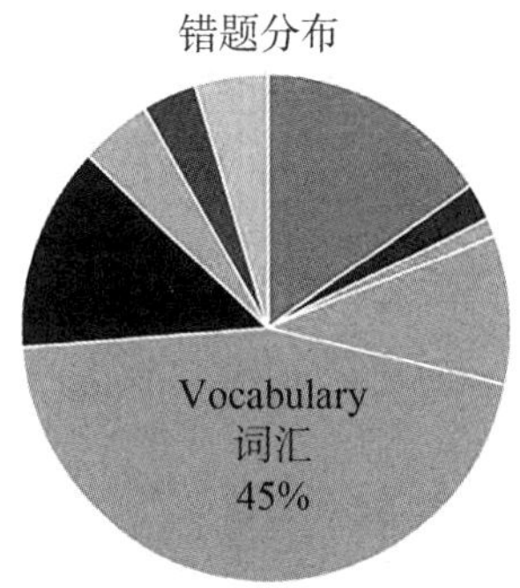

图 2　小 L 同学英语阅读错题分布

如图 2 所示,笔者对后台阅读数据进行分析后,发现小 L 所有在线完成的阅读理解题中共错 84 题,将小 L 的 84 道错题进行汇总后,发现其单词的英译解释题错误率最高,确实用英语来解释英语需要很大的词汇储备量。除此之外,笔者借助技术手段,对她完成的所有阅读材料的话题进行了整理,发现了该生的英语阅读喜好,如图 3 所示,她对自然、日常生活等方面很感兴趣。

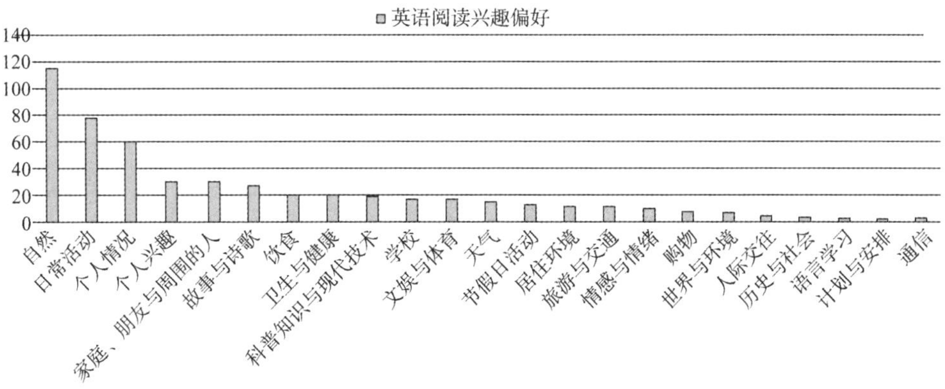

图 3　小 L 同学英语阅读主题分布

（二）教学策略的调整

了解小 L 同学的阅读喜好后，结合课外阅读中她所呈现出的薄弱点，笔者调整了教学策略。在课堂提问中、推送给她的阅读材料中，融入单词的英英解释和自然主题元素，试图从她感兴趣的内容出发，加强其英译的思维和意识。除此之外，考虑到小 L 同学性格比较内向，在进行口语表达时并不十分主动，因此，如图 4 所示，笔者设计了融合阅读理解、语法练习和口语练习的综合性个性化作业。通过读一读、写一写、复述故事等形式，帮助小 L 同学在文本语境中提升多种语言技能。

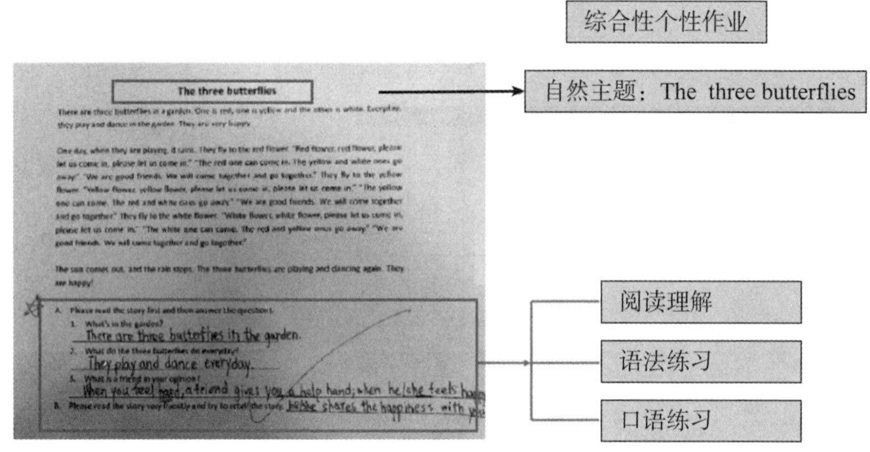

图 4　个性化作业

（三）阅读成效的显现

经过一段时间的阅读训练，小 L 同学已初步养成了定期进行英语课外阅读的习惯，个别单词的发音也得到了有效矫正，她的英语学习热情高涨。除此之外，在遇到不理解的生词时，她会借助英英词典，查看词条的英文解释，有时还会尝试自己用英语来解释某个英语单词或词组。在英语口语活动中，原先比较羞涩、不愿主动开口的她，主动承担了口语活动小组长的角色，不仅能够大胆开口，而且将这种不怕说错的精神传递给了其他小组成员。

四、信息技术助力下阅读实践活动的启示

在信息技术的助力下，教师的经验判断与学生的相关数据分析相结合，能帮助教师更全面地了解每个教学对象。这样的全面了解，不仅使得跨学科合作成为可能，更有利于教师因材施教。

（一）让跨学科合作成为可能

小 L 同学的英语课外阅读量大，那她的中文阅读情况如何？笔者查阅了小 L 的图书馆中文书籍借阅数据，2017、2018、2019 年，她的中文书籍阅读量超越班级平均阅

读量16%,这说明她是个非常热爱阅读的学生,但是小L在平时语文练习中的阅读理解成绩并不十分理想。与语文老师沟通后发现,小L同学在阅读时,时常关注书本中的配图。将注意力过多地集中在配图上,不利于文字理解力的发展。同样,根据小L同学的阅读喜好,笔者向她推荐了自然、日常活动等方面且有一定文字量的中文书籍,试图帮助她提高文字理解力。

作文名称	有朋友的感觉真好	引人入胜的书	玩得真高兴	妈妈真辛苦
总字数	387	568	582	580
段数	4	6	5	6
每段字数占比	2∶4∶3∶2	2∶2∶1∶1∶3∶1	1∶1∶5∶1∶2	2∶1∶3∶1∶3∶1
成语数量	2	2	3	4
情感	6	5	12	7
修辞方法	比喻/排比	排比	引用/排比	设问
描写方法	语言描写	语言/动作/神态/心理/环境	语言/动作/心理	语言/动作/外貌/心理

图5　小L同学语文写作数据

图5是小L同学四篇作文的数据分析,她的习作在文字量、段落层次、详略安排及词汇运用方面是逐步提升的。尤其是情感词的使用,平日内向、不愿主动口头表达情感的她,在作文中却有着充分的情感流露。从小L的学习兴趣出发,挖掘她对美、对情的感知能力,挖掘学习潜能,教学效果在习作中有所呈现。

英语和语文实现了跨学科合作,合作中发现小L同学对图形、图画、自然感兴趣,这样的发现或许能帮助她用画图的方式思考数学问题,将抽象的内容具象化;或许能帮助她在某次体育课跑步比赛中取得更好的成绩,将春天里鸟语花香的操场看作大自然的馈赠。

(二)让信息技术助力因材施教

小L只是一个群体的缩影,他们默默无闻、不善口头表达,他们有思想却十分内秀,他们有潜力等待教师去挖掘。教育家陶行知先生曾说:培养教育人和种花木一样,首先要认识花木的特点,区别不同情况给予施肥、浇水和培养教育,这叫因材施教。每个学生都是独立的个体,只有花工夫去全面了解和研究教育对象的身心发展特征,掌握学生的个性特点和兴趣爱好,才能更有效地为他们提供高质量的、有针对性的辅导。因此,了解教学对象是开展有效教学的必要前提,也是营造和谐师生关系的重要手段。

与以往教师通过传统的方式,如观察、接触、访谈等,了解自己的教学对象相比,运用现代信息技术,能对教学对象实现无痕数据采集。对数据进行筛选、整理、分析后,将有价值的数据和信息与教师对学生个体的主观经验判断进行整合,帮助教师更科学、更全面、更透彻地了解自己的教学对象,从而有的放矢地顺利开展各项教育教学活动。当然,这对教师的专业能力和信息化素养提出更高的要求,作为新时代教育工作者,不断尝试新事物和迎接挑战应当成为我们的工作态度。相信现代信息技术不仅能帮助教师挖掘学生的学习潜力,也能帮助教师认识自己的教学潜力,成就学生,也成就自己。

《六年级英语口语发展手册》的校本研发

◎ 上海市格致初级中学　赵　宁

摘　要　口语能力是语言运用能力中重要的交际能力之一，作为初中学段的英语教学，正是帮助学生养成正确的发音方法、培养良好的英语口语表达习惯的黄金时期，在这个阶段打牢学生的英语口语基础，将为其今后的口语发展奠定坚实的基石。此外，为配合中考口语听说测试，在研发本手册的过程中，研发小组的教师前瞻性地就口语考试准备进行了引导。

关键词　口语；初中英语；口语听说；口语基础

一、前期调研与目标分析

从对我校六年级英语教师的访谈调研中，我们发现，目前六年级新生的口语水平存在明显差异，口语发展不均衡，而学校教师对英语口语教学的目标设定缺乏系统性和全面性，对衡量及评价学生的英语口语能力缺乏明确的考核手段和标准。① 因此，从校本研究②中总结并归纳出一套适用于学生英语口语成长的、系统全面的、有效评价学生英语口语能力的发展手册是非常重要及必要的。此外，参与访谈的教师认为：六年级的学生年龄在12岁左右，刚刚从小学进入初中，他们对英语口语表达有强烈的欲望，但是缺乏系统的、规范的训练，因此，六年级既是塑造个人英语口语表达能力的"黄金时期"，又是养成口语学习习惯的关键期。

此外，手册研发小组的教师发现，就目前来说，国内对英语口语的研究主要集中在口语教学和口语测试上，口语教学主要着重于课堂教学方法以及口语课堂，而对口语教材及校本教材的研究较少。③ 对英语口语测试的研究主要针对大中院校的专业测

---

① 本研究参考的标准包括：《义务教育英语课程标准（2011年版）》，北京师范大学出版社；《上海市中小学英语课程标准（征求意见稿）》，上海教育出版社；《上海市初级中学英语学科基本要求（实验本）》，上海教育出版社。

② 校本研究参考：《学生口语读本》（上海市格致初级中学校本教程）、《上海市格致初级中学学生发展手册》。

③ 梁国杰.儿童英语口语习得的规律及教学启示[J].基础英语教育，2014(4)：52-56.

试，如大学四级、六级口语测试，专业四级、专业八级口语测试等，针对初中低年级的口语测试研究非常鲜见。而对于将英语作为第二语言开展教学的地区，如中国香港、中国台湾等地，对于低年级学生的英语口语发展非常重视，但由于相关的口语教材引入较少，教师能参考的资料并不十分充裕。因此，手册研发小组的教师决定开发研制一本能切实有效地提高我校六年级学生的英语口语表达能力的六年级英语口语发展手册。

二、手册研究主体分析

参与本次研究的学生目标群体为格致初级中学六年级，年龄在12岁左右的学生，问卷调查结果(表1)显示，大部分学生在小学学段已学习过音标，部分学生并未完全掌握发音规则，几乎所有学生都上过外教口语课程，也参与过外教口试，有个别学生参与过社会机构的口语考级。从问卷显示来看，大部分学生对自己的口语水平有一个模糊的概念，但并不十分确切地了解自己在口语发展中的真实问题，也没有对自己的口语发展有明确的方向和目标，更不清楚通过初中的口语学习，自己的口语学习的目标是什么、未来要达到怎样的水平。

表1　格致初级中学六年级学生调查结果统计表

开始学习英语口语的年龄	4—6岁	66%
主要学习英语的地点	学校课堂	88%
每天学习口语占英语学习的比例	20%—40%	58%
自我锻炼英语口语的主要方式	朗读	51%
对国际音标的掌握程度	系统学过，但有时会困惑	52%
对自己英语口语发展最有帮助的途径	与外教交流	54%
能帮助自己纠正及提高英语表达能力的途径	日常课堂纠正	47%
认为自己英语口语最急需解决的问题	单词发音和语音语调	60%
口语交流中遇到的最大问题	无法正确表达自己的意思	45%
近阶段(六年级)口语学习的目标	能和外国人交流	68%

参与本次研究的教师主体为格致初级中学六年级英语一线教师，调查结果(表2)显示，教龄都在5年以上。在英语口语教学方面，六年级教师会根据英语课本，帮助学生在入学初期全面、系统地温习英语国际音标；在外教的口语课堂上，教师也会全力配合外教展开口语教学工作。但对于学生的发音和口语交流能力的考核，没有统一的标准和指标；对于口语课堂的目的性，也没有统一的规范。这两点一直以来都是我校六年级英语教师的困惑。

表 2　格致初级中学六年级英语教师调查结果统计表

你的教龄	5—10 年	66%
你认为你所教的六年级学生的音标能力如何	学过，但不系统	54%
你是否在课堂内教授音标	额外安排时间系统复习音标	80%
你认为你所教的六年级学生的英语口语表达能力如何	一般，语音语调有时有问题	71%
你认为在口语教学过程中学生遇到的最大的困难	句子读不清	46%
你在学生口语能力检测过程中遇到的问题	口语检测规范不充分	75%
你认为外教的口语测试需要改进的方面	需建立统一的测试标准并指导训练	75%

三、手册的开发和研究过程

（一）手册的形式由诊断性测试和专项训练组成

1. 诊断性测试的设计由来——解决“两大难题”①

在研发手册的初期，研发小组的成员也考虑过，是否有必要编制一本让六年级学生从头至尾学习或复习音标的校本音标教程。对本校六年级学生的调研显示，大部分学生已经在小学期间进行了音标的学习，有相当一部分的学生已接受过十分系统的音标学习，如果让这部分学生在六年级阶段再跟着老师从零开始学习音标，这将有悖于我们设计这本校本手册因“才”施教的初衷。然而，对于另一部分六年级学生，他们的音标认知仍欠缺系统性，音标的教学仍有必要。如何有效地利用教师的资源及学生的学习时间，合理地解决这个问题，成了手册研发小组成员面对的第一道难题。

此外，在口语交流这方面，外教的口语课程也是我校六年级学生提高口语表达能力的一个重要途径。然而，因客观条件，外教的流动性相对较大，外教课程对中国学生的口语检测标准不统一，使得学生无法十分准确地了解自己的口语交流水平。对于手册研发小组成员来说，研制出一套符合我校六年级学生口语表达水平，能较准确衡量其口语表达能力的口语测试题成了研发阶段的第二道难题。

2. 诊断性测试＋专项训练——一份“诊断书”＋一贴“良药”

经过讨论和调研，我们决定编制一套符合我校六年级学生能力水平的诊断性测试题。首先，这套诊断性测试题将能准确地发现学生在发音上的问题，让学生有的放矢地进行下一阶段的发音训练，正所谓“缺什么补什么”。测试之后，学生得到的不仅仅是一个总成绩，更将得到一份教师为他们度身定制的发音“解决方案”——发音专项训练。

① 彭龙.初中毕业考试英语口语势在必行[J].中小学英语教学与研究，2004(10)：47－50.

专项训练将有针对性地帮助学生解决其具体的发音问题,从而极大地提高学生的学习效率。此外,这套诊断性测试题也为学生的口语表达提供了较为规范的检测,使得所有的口语教师有了统一的测试标准、测试方式、测试范围和测试题型,为口语教师较全面地衡量六年级学生口语交流能力提供有效的检测方式。当学生在口语测试中未得到较理想的成绩时,可通过手册后的专项口语表达能力训练,切实提高自己的口语表达能力。

(二) 手册的具体内容主要分为"发音篇"和"交流篇"

1. "发音篇"

"发音篇"主要通过检测学生的英语单词发音、英语句子朗读和英语段落朗读的准确性,及时发现学生英语发音的问题,纠正学生的错误发音,补充学生的音标知识,培养学生正确朗读的能力。比如,当教师发现学生无法正确朗读诊断性测试中的"vest-west"部分后,可要求学生进行辅音/v/和/w/的专项训练,既可要求学生单独朗读纵向的音标和单词,也可要求学生以最小配对的方式朗读/v/和/w/,若学生熟练地掌握了/v/和/w/的发音,可要求学生横向朗读整张表格(表3),以巩固之前的专项训练成果。

表3 发音专项训练示例①②

	/f/	/v/	/w/	/j/	/h/	/θ/	/ð/
1	fee	V	we	ye	he	thesis	thee
2	found	vow	Wow!	yowl	how	thousand	thou
3	foe	vote	woe	yoga	hoe	thole	though
4	fie	vie	why	—	high	thigh	thy
5	fist	viscose	whisper	—	history	thistle	this
☺	fan	van	window	yellow	hat	thin	that

再如,当学生在朗读诊断性测试的句子时,无法辨识哪些部分该重读,哪些部分该弱读,如误把句子"I went to a movie with my mum and dad."中的"to""a""with"或"and"读成了重读部分,教师可在诊断测试后要求学生进行句子中单词的重读和弱读的单项训练。该单项训练除了提示学生句子中哪些成分需要重读,哪些成分需要弱读之外,还为学生提供了各种句型的例句(参考示例:句子朗读专项训练)。

☆ 名词、动词(除be动词、助动词和情态动词外)、形容词、副词、数词和感叹词在句子中一般要重读。

☆ 冠词、代词、连词和介词在句子中一般不重读。

---

① [英]杰拉尔德·凯利.朗文如何教发音[M].北京:人民邮电出版社,2011.

② [英]安·贝克.剑桥国际英语语音教程(英音版第3版)[M].北京:北京语言大学出版社,2009.

示例:句子朗读专项训练

1. I 'wen(t) to 'school with my 'best 'friend.

2. I(t) was 'wonderful.

3. 'Wha(t) did you 'think of it?

4. The 'film 'began a(t) 'ten past 'eight.

5. 'What a 'modern 'city it 'is!

对于发音篇的训练内容,除了以上单词辨音(元音、辅音在单词中的朗读)、句子中单词的重读和弱读,还包括单词中不同音节的重读和弱读、句子的语调和段落的朗读。对于这些内容的安排(图1),手册研发小组成员依据英国学者杰拉尔德·凯利编著的《朗文如何教发音》一书中对发音特征的分类所涉及的所有内容,并结合我校六年级学生的发音实情和英语认知水平,编写专项训练部分的内容。

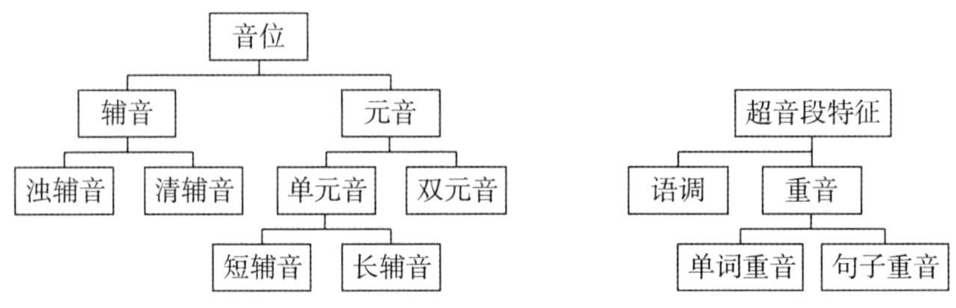

图1　发音特征[①]

2. "交流篇"

"交流篇"主要考查学生在英语口语实际应用中的表达能力,通过情景提问、看图说话和快速应答这三个板块的内容[②③],检测、分析并协助提高学生的口语表达能力。

在设计板块内容的过程中,研发小组的教师进行多方考证和研究,从原先的生生对话、快速应答、看图说话、报刊朗读并回答问题的题型中,筛选并提炼出符合六年级学生学情的板块:看图说话和快速应答。此外,教师根据学生未来英语口语学习要求,特别增设了情景提问板块,即让学生根据特定情景提出两个问题(其中一个问题必须包含特殊疑问词),力图在诊断性测试中以最简单有效的方式检测学生的口语交流表达能力。测试之后,教师可以有针对性地建议学生进行口语专项训练。此外,对于教师本人而言,了解自己的学生在口语交流中的不足之后,也可以在今后的课堂中有意识地指引学生。[④⑤] 比如,对于一个无法在情景提问中创建问题的学生,教师在具体课

① 郑时恒,蒋品圭.新编国际音标快速拼读法(修订版)[M].上海:复旦大学出版社,2016.

② 文秋芳,王立非.英语口语研究与测试[M].西安:陕西师范大学出版社,2004.

③ 徐欣幸,李永宁.高中英语口语训练和测试[M].上海:上海外语教育出版社,2015.

④ 蔡敏.美国《学生评价标准》评析[J].外国中小学教育,2003(11):35-39.

⑤ 文秋芳,王立非.英语口语研究与测试[M].西安:陕西师范大学出版社,2004.

堂中可以多为其创设情境，鼓励该学生多在情境中提问，甚至可以为其搭建提问的框架，或提供可供参考利用的单词或短语，帮助学生攻克提问关。再如，对于一个不善于看图说话的学生，教师在发现问题后可以通过鼓励其课后多进行看图说话类训练，并可通过对该类学生进行发散性思维训练、优秀范文引导等方式，提高学生的看图说话能力。在快速应答这个板块，研发小组的教师除了用传统的疑问句提问，让学生根据问题回答之外，还设计了陈述句式的上文，例如，“I didn't pass the math test yesterday.”。选择这种句式，是为了更全方位地检测学生的英语口语应变和交流能力。此外，研发小组的教师也希望当学生意识到这样的句式也属于检测范围之后，在实际口语课堂中会更加注意改善和提高自己的表达和应变能力。

“交流篇”的三个板块所涉及的语料等内容，基本选自六年级学生第一、第二学期的课本，话题范围也主要来自我校六年级学生口语课堂的几大主题：学校生活、家庭生活、兴趣爱好、休闲娱乐和人际交往。

此外，因为手册的使用者以12岁左右的六年级学生为主，手册的设计结合了其年龄特点，无论是文字的编写，还是图片的使用，都有意识地加强了趣味性。

（三）手册的应用和实施

本次手册实验试用的对象由我校70位六年级学生组成，由另外180名未使用本手册的六年级学生作为横向参考。通过使用本手册，从学生层面来看，参与实验的学生班级普遍在英语课堂发音和朗读上表现出较高的准确性和流利性，学生个体有较强的音标解读能力，在朗读单词时十分注意重音部分的朗读，在朗读句子时基本能分清重读和弱读部分，在整句朗读中，能基本使用正确的语调，并且十分注意区分句子中的重读和弱读。从语言交流方面来看，由于参与实验的学生在口语交流目标测试这块始终都有比较明确的方向，因此，在课堂中更积极地与外教沟通和交流，也在检测中体现出较强的应变能力和口语表达能力。

从参与手册实验的教师反馈来看，使用手册的教师普遍感受到了手册对检测学生发音的有效性，使得教师能十分有针对性地对学生进行分层发音教学，课堂中发音教学时间的利用率提高了，教师减少了部分学生已掌握的知识内容，把时间用在了学生最需要改进的部分。从外教的反馈来看，明确了口语考核内容和范围，在课堂上针对考核内容作了相应的教学调整，口语检测变得更公平、有效，教学也更有指向性。

四、研究的成果

（一）对于教师

参与研发的教师在对本手册为期一年多的使用过程中，明显感觉对于学生的口语问题有了明确的意识，对自己的口语课堂也有了更准确的针对性和目的性，在对口语课堂的备课和设计过程中有了更清晰的目标。因此，这些教师所达成的口语课堂效果也要高于以往按课本顺序依次完成教学任务的传统口语课堂。此外，参与研发的教师通过使用手册中全面、系统的专项训练，根据不同班级、不同层次学生的需求，在自己的课堂教学中拓展补充了分层专项训练，使得班级中的每个学生都在不同程度上提高了口语表达能力。另外，根据对参与研发的教师的调查，教师虽然在口语教学过程中多使用了一本手册，却并未增加口语教学的额外负担，反而使得口语课堂更加具有科学性、前瞻性和实效性。

（二）对于学生

对于参与研发的 70 名学生来说，他们原本的英语课本为新世纪六年级英语课本和学生英语口语校本读本，这两套英语课本在学生的口语能力界定上并没有明确的参考标准。通过使用本手册，参与研发的学生知道了自己确切的英语口语表达水平，经过教师的进一步指导，对自己不足部分的口语发展有了可操作的学习内容，明确了自己前进的方向。此外，学生普遍认为此手册简单易懂、简便有效，为其口语发展提供了捷径。

五、新的展望

在研发初期，参与研发的教师就有一个共同的梦想，即设计一本能有效提高我校六年级学生口语发展水平的手册——一切的设计都是为了提高。因此，无论是诊断性测验，还是专项训练，整套手册的设计都不以分数为主体，而是以学生个性化的口语发展为目标，因人而异地对学生的口语发展进行指导。此外，在整套手册的设计理念中，参与研发的教师还有一个梦想，即帮助教师优化口语课堂，而不要加重教师本已沉重的负担。因此，在本手册研制期间，参与研发的教师参考了大量题型和相关口语内容，力求找出一条最适合我校六年级学生及教师教学的口语发展之路，在大量的斟酌和删减之后，形成了手册中所有的章节和内容。然而，因为时间的限制，本手册中的部分内容仍然亟待完善，比如，对于“语音篇”句子中单词的连读检测和专项训练的补充；对于专项训练整体内容更进一步的补充和细分；对于第三部分模拟试题及解答的创设；对于新高考口语考试的风向标的进一步研究；等等。因此，这本手册的第一版既是一次创举，也是一次开端，它迫切需要我们不断地改革和更新。然而，我们所有参与研发的教师都会记住研发手册的初衷——基于学情，展望口语发展未来，优化课堂效率，切实提高学生的口语发展水平。

詹玲英语工作室

工作室主持人寄语

把一件事做好是态度；把一件和别人相关的事做好是责任。教师的责任便在于此。为师者，淡淡地生活，静静地思考，执着地进取，直进到智慧高地，自由地驾驭规律，永葆一种永恒的美丽。

工作室代表性研究成果

英语学科核心素养背景下高中英语深度阅读教学策略探析

构建整体思维，突破读写瓶颈
——渗透思维品质培养的概要写作教学实践初探

新课标下多元激发高中生学习英语兴趣的实践与探索

工作室概况

格致教育集团詹玲英语工作室成立于 2017 年 12 月，由上海市格致中学詹玲老师担任主持人。工作室学员共 12 人，分别是褚朝慧、万鹏程、徐佳卿、胡婵娟、任云、陈依瑾、封灵、刘冰如、张潇、李依蓉、丁祯辰、周斯杨，他们都任职于格致中学黄浦、奉贤两个校区。其中，任云、徐佳卿为中学高级教师。

工作室的主要培养目标：

格致教育集团旨在促进教师的专业化发展，帮助学员明确发展方向，确立努力目标，加快教师平台和团队的建设，从而对集团校产生辐射效应。具体来说，作为英语工作室导师，要研究学员发展需求，确定学习培养计划重点，带领学员聚焦课堂教学实践，提升学科在集团区域内的辐射力；引领学员抓住课堂教学问题，培养学员教学研究意识和能力；激发学员的内驱力，引导他们通过学习、实践和反思，主动发展。发挥他们在各项活动中的主动性和积极性，通过完成不同任务，增加学员间相互了解和学习的机会，推动学员间的互学、互研、互助，促进他们专业发展的自觉，激发优秀学员脱颖而出，影响和带领整个团队共同提高。作为导师，需要不断学习，提升自身的内涵和修养。工作室的三年，是导师与学员同步发展的三年。

工作室主持人介绍

詹玲，上海市格致教育集团詹玲英语工作室主持人，教育硕士，正高级教师，特级教师，黄浦区英语学科带头人。专注英语活力课堂实践与探索，形成激发思维活力，彰显人文气息的教学风格，教育教学成绩突出；参编非统编高中英语教材（上教版）第二、三册学生用书、教师用书及练习册；独立撰写专著 2 本，参编专著 8 本；主持高中英语阅读、词汇、写作 3 项课题；获全国、上海市、黄浦区英语教学大奖赛一等奖；执教 20 多节国家、省（市）、区级公开课；担任华东师范大学英语师范生导师；参与上海市“空中课堂”录制及上海市高考口试组卷和审题工作等。

学问是铸器的工具

——詹玲英语工作室工作回顾

一、研究学员发展需求，确定学习培养计划重点

詹玲英语工作室成立于 2017 年 12 月，工作室共有 12 名学员，皆任教高中，个人英语学科素养较好。如何推动学员不断学习，与时俱进，内外兼修，理解并实践“选择了教师就选择了高尚”，从而打造格致集团优秀的英语教师团队？如何带领年轻的教师，让他们从踏实勤奋的教学中积累经验，不断提升对自己的要求，把自己锻造成学习型、反思型和研究型的高端教师？为了达成这一目标，我们工作室坚持“教师的根基在课堂，教师的培养在课堂，教师的舞台在课堂，教师的效应在课堂”的培养理念，确定了“课题引领、聚焦课堂、实践研讨、专家引领、专业提升”的培训方针，从英语教学前沿理论的学习入手，注重理论联系实际，坚持在课堂教学的实践探索研究中聆听专家的指导，反思自己的教学，推动学员的专业发展。

在带领学员进行近三年的共同学习和学员培养过程中，我们将理论学习和实践研究作为工作室学习培养计划的重点。通过读书学习，帮助学员了解学科发展趋势，提升教育教学理论素养和英语学科素养；引导他们理论联系实际，不仅知道做什么、如何做，而且明白为什么做，这样才能不盲从、不跟风。工作室为学员购买了学习资料，根据教学实践探索和研究需求，确定必读书目。工作室采取个人自学、团队交流等不同形式，重点研读了英语新课标，梅德明、王蔷老师所写的《改什么？如何教？怎样考？——高中英语新课标解析》以及有关阅读、写作教学的英语教学理论原著，引导学员带着问题读书，内化所学理论，提升教学理念，指导教学实践。

二、聚焦课堂教学实践，提升学科领导力和辐射力

本工作室所承载的任务就是培养乐于并善于教学的英语教师，让年轻的教师具有教学自信，形成自己个性化的教学风格，享受教学所带来的学生的认可和自我成就感。为了达到这一目标，我们坚持聚焦课堂，引导学员在课堂教学的磨砺中提高教育教学能力，在教学实践中互相切磋交流，增强学科自信。

我们通过以下渠道组织课堂教学实践研究活动:“主题式的课堂教学研究”围绕工作室研究重点“基于深度阅读的阶梯写作教学”以及“利用多模态语篇挖掘单元主题”,以课题研究引领教学实践,在教学实践中推进研究;通过工作室主持人与学员“同课异构”的方式,鼓励学员利用个人优势,彰显个性,形成个人教学特色。通过备课、磨课、试讲、课堂实施、反思交流等多个环节,分享教学思考与教学智慧,共同提高教学设计水平,以及因材施教,创造性地驾驭教材的能力。徐佳卿老师的深度阅读课及读写结合课,万鹏程老师的综合技能课,封灵老师的高三写作教学课,任云老师的读后续写课都让大家耳目一新。

除了课堂教学实践,工作室还请来了上海外语界的大咖,如何亚男、吴小瑛、魏孟勋、汤青、陆跃勤等十多位特级教师,就如何进行单元教学设计等专题为学员作专题讲座和听课点评。工作室主持人和学员还跟随华东师范大学邹为诚教授学习,聆听其在非统编教材编写期间开设的题为《课堂教学策略》的讲座。邹教授的讲座推动学员站在更高的视角解读课标、思考问题。之后,学员在备课和上课时,以理论指导自己的课堂教学。学员的理论学习、实践探索以及课题研究都得到了进一步的提升。此外,工作室主持人还带领学员走出自己的学校,去普陀区、虹口区以及浦东新区听课观课,开阔眼界。

三、抓住课堂教学问题,培养教学研究意识和能力

课题研究是解决教育教学问题的有效途径,是将理论学习与实践研究相结合的载体,也是培养学习型、反思型、研究型教师的平台。教学研究只有符合教师专业发展的需求,才有利于教学的改进,这样教师才有可能积极参与。

我们基于高中阶段英语教学中存在的问题和困惑,根据新课标的要求以及英语教学改革发展的趋势,针对高中英语阅读和写作中的浅读、浅思、读写分离、写作低效等问题,确定了课题“基于深度阅读的高中英语阶梯写作教学”,让读写结合得更加紧密、自然。课题旨在通过研究,创建生态学习环境,让学生的学习、思考更有动力,让写作在循序渐进中提高,从而把落实核心素养融入教学过程和教学内容。工作室采取“理论学习—教学实践—专题研究—撰稿成文”的方式,稳步推进研究。课题已于 2019 年 11 月结题。课题成果包括课题报告以及“格致中学高一深度阅读教学案例”“格致中学高二深度阅读教学案例”“格致中学高中英语阶梯写作教学案例”三本校本课程教程。此课题也获得了黄浦区教科研成果一等奖,并以视频的形式参与了教学成果汇报,为一线教师的教学工作提供了一定的借鉴。

除了课题之外,工作室还参与了非统编高中英语教材(上教版)的编写工作。工作室主持人参与了新教材第二册、第三册的学生用书、教师用书及练习册的编写,徐佳卿

老师为新教材提供了最初的审读意见，万鹏程老师参与录制了10多节新教材试教课，为新教材的培训和推广提供了自己的思考和实践。

通过这些研究活动，学员们切实体会到：英语教学是科学、是艺术，教学研究的天地无限广阔；终身学习是教师应坚持的信念。正如胡适先生在《永不放弃学问》一文中所写：你的最大责任就是把你这块材料铸成器。学问便是铸器的工具。抛弃学问便是毁了你自己。所以，在工作室三年的学习中，我们始终坚持谦卑若愚、求知若饥地学习和实践。

四、激发学员主体意识，强化团队合作凝聚效应

左焕琪教授在《英语课堂教学的新发展》一书中指出："反思性外语教学的兴起，向传统的教师教育原则与方法提出了挑战。它视教师为教师教育的主人，认为他们已有的知识与经验是宝贵的资源，参加教师教育是一个自觉学习新理论与结合自己的经验和知识进行反思与提高的过程。只有这样，才能使英语教师从教师教育中主动得到专业发展。"工作室始终激发学员的内驱力，引导他们通过学习、实践和反思，主动发展。在本期教师工作室中，我们始终把学员视为培训的主体，发挥他们在各项活动中的主动性和积极性。

（一）巧借"同伴压力"，撬动专业发展自觉的杠杆

每个学员有各自的优势和特点，通过完成不同任务，学员增加相互了解学习的机会，将"同伴压力"转化为积极的推动力，从而促进了专业发展的自觉。在这个过程中，优秀学员脱颖而出，影响和带领了整个团队共同提高。例如，徐佳卿老师将育人与育分结合在一起，詹玲老师利用外刊资源拓展学生的词汇，褚朝慧老师的概要写作教学策略以及周斯杨老师的培优经验等，都促进工作室学员不断突破自我的内驱力。

（二）年轻学员挑大梁，承担学习研究任务的主要责任

在各种活动的策划、设计、准备和实施中，都是由学员"唱主角"。每次研讨课，都是年轻学员率先领任务；在请专家开设讲座时，年轻学员积极提问，和专家互动，并对专家的讲座进行概括总结，撰写个人反思。工作室成立至今，年轻学员，如万鹏程、封灵、徐佳卿、任云等，都先后进行市（区）级公开教学展示。在这些活动的过程中，学员的积极性得到发挥、智慧得以共享、能力得到提高，也有效地促进了自主学习、对于问题的思考和专业发展。

结语：

格致教育集团旨在培养教师的专业化发展，从而对集团校产生辐射效应。作为英

语工作室主持人,要负责目标的确定和计划的制订,过程的策划和活动的组织;学习的引领和课堂的研究;平台的创设和团队的建设。因此,主持人更需要不断学习,提升自身的内涵和修养。工作室的三年,就是主持人与学员同步发展的三年。对于学员来说,他们明确了发展方向,确定了努力目标,今后还需继续努力。相信他们在未来的专业发展道路上能淡淡地生活,静静地思考,执着地进取,直进到智慧高地,自由地驾驭规律,而永葆一种永恒的美丽。

英语学科核心素养背景下高中英语深度阅读教学策略探析

◎ 上海市格致中学　詹　玲

摘　要　深度阅读是学生在教师的引导下,为内容而读、为思维而读、为语言而读的三位一体的过程。深度阅读的过程是对阅读文本进行解构、重构和创构,是读、思、言的过程,即输入—内化—再输出的过程,体现了整合与关联的学习方式以及主题意义引领下的英语学习活动观。只有在深度阅读过程中,词汇、语法、结构、逻辑的学习才有生命力,学生才能提升语言能力、学习能力、思维品质和文化品格,让英语学科素养落地生根。本文结合具体案例着力介绍了高中英语深度阅读教学中的一些策略。

关键词　高中英语;深度阅读

一、引言

《普通高中英语课程标准(2017 年版)》(以下简称《课标》)指出,落实核心素养必须改变课程内容和教学方式,丰富课程内容,要带领学生进行语言的深度学习,促进文化理解,提高思维品质和学习能力,把育人目标融入教学的过程和内容中去。[①] 学科核心素养的提出无疑为高中英语教师提供了教学的新方向和要求。

二、英语深度阅读的概念及内涵

托尼·巴赞认为,阅读是读者个人与符号信息之间发生联系的过程,包含辨识、吸收、内部融合、外部融合、保持、回忆和交流七个心理过程。[②] 整个阅读过程是读者对所阅读文字信息的分层加工,分为浅层阅读和深度阅读两类。浅层阅读仅辨识文字的

① 中华人民共和国教育部.普通高中英语课程标准(2017 版)[M].北京:人民教育出版社,2018.
② 托尼·巴赞.开动人脑[M].北京:世界图书出版公司,2004.

字面意义，捕捉文章的基本信息，等同于托尼·巴赞的前三个心理过程，而深度阅读则聚焦文字背后的意义①，是读者统观全局，以个人知识为基础，与所学新知识建立联系的过程。浅层阅读是深度阅读的基础，深度阅读则是浅层阅读的延伸。深度阅读，就是要使用各个级别的思维技能，在互动交际过程中用恰当的语言表达其思想。总之，学生通过思维活动加工文字的底层意义，包括文化信息，并在交际过程中运用语言知识和技能表达思维的结果。从该角度上看，深度阅读与《课标》倡导的核心素养不谋而合。

三、深度阅读的教学策略

《课标》把深度研读语篇列为重要的英语教学策略，建议教师把握教学核心内容。② 根据这一精神，笔者在教学实践中融合深度阅读策略，运用如下教学活动引导学生深度阅读。

（一）巧设"问题链"，推进语篇深入理解

"问题链"是指根据学生已有的知识或经验，针对学生学习过程中可能产生的困惑，将语篇知识转换为一连串层次鲜明的系统性教学问题。它以问题为纽带，以知识的形成、发展和培养思维能力为主线，以师生、生生互动为基本形式。设计问题链可使文本问题化、问题思维化、思维活动化，促进"问题探究"课堂教学模式的生成，引导学生通过分享、对话、交流、辩论、静思等过程，实现语言的输入和输出，促进语言学习，发展思维能力。教师不能忽略学生的回答，强行将学生带入教师的预设，这样会使师生互动失去有效性。深度学习不仅关注积极的学习行为，也关注行为之后的反馈和评价。有深度的评价和反馈能激活课堂的自然生成。

【案例 1】《牛津英语》(上海版)S2A Unit 3 Reading — Fashion

1. 文本分析

本单元的主阅读语篇为一篇题为"fashion"的演讲。演讲者通过实物展示和故事演绎来诠释时尚的内涵，人们对时尚的态度和时尚对社会的影响。全文共六个段落，每个段落都涉及"fashion"这个大主题下的一个小主题。通过语篇的学习，作者希望学生能够形成正确的时尚观。

2. 问题链设计意图

根据语篇的标题和演讲者的思路，问题链围绕"definition of fashion, teenagers'

---

① Wolf M, Barzillai M. The Importance of Deep Reading[J]. Educational leadership: journal of the Department of Supervision and Curriculum Development, N.E.A, 2009, 66(6):32 - 37.

② 梅德明，王蔷.改什么？如何教？怎样考？——高中英语新课标解析[M].北京：外语教育与研究出版社，2018.

common attitude towards fashion, extreme attitude towards fashion, influence of fashion on the society, correct view towards fashion"几方面展开。

3. 问题链设计

(1) How do you understand fashion? When it comes to fashion, what will you think of?

(2) How would you feel if you did not have the latest fashion product? What would you do?

(3) What do you think of Gary's going to London just to buy a pair of trainee instead of going sightseeing? What do you want to say to Gary?

(4) What do you think of Mother Teresa's attending the award ceremony in old clothes? What do you think caused her to do so? Will you applaud her behavior? Why or why not?

以上问题,从学生的现有知识出发,过渡到文本内容的描写和评价,在评价过程中引导学生理解目标语言的文化,再次联系自身,重新审视自己的价值观。

从案例中不难发现,问题链就像一个支架和思维启动器,激发学生从表达自我,到分析文本,再到评价他人,最后形成自己的观点,使阅读从"独白式"走向"对话式"和"协商式",在外语课堂中创设了真实的、供学生使用语言表达思维的空间。

(二)借力思维导图,理清语篇结构

思维导图能使语篇内容图示化、形象化、系统化,能组织整理语篇中最重要的信息,使概念之间形成体系和层次。教师可引导学生通过获取暗示语篇结构特征的信号词,识别语篇宏观结构形式;借助思维导图模型,以可视化的方式呈现语篇层次以及信息间的逻辑关系。利用学生自己理解、归纳的思维导图,作为后续语言表达使用的支架,帮助学生有逻辑地呈现自己的观点,提高语言表达的质量,并能在新的语境中迁移创新出新的语篇。

【案例2】《牛津英语》(上海版)S2A Unit 5 Virtual reality

1. 文本分析

语篇类型为说明文。全文共八个段落四个部分,介绍了"虚拟现实"这一技术现象及其在商业、教育、娱乐方面的运用,分析了虚拟现实的优劣之处,最后表达了作者对待新科技的态度。

2. 思维导图设计意图

使用思维导图,帮助学生明确阐释性说明文的语篇结构,为解决新问题"设计你生活中所需要的 VR 产品”做铺垫。

3. 思维导图活动设计

(1) Complete the concept map and summarize the main idea for each part, showing how the writer presents a vivid picture of virtual reality to us.

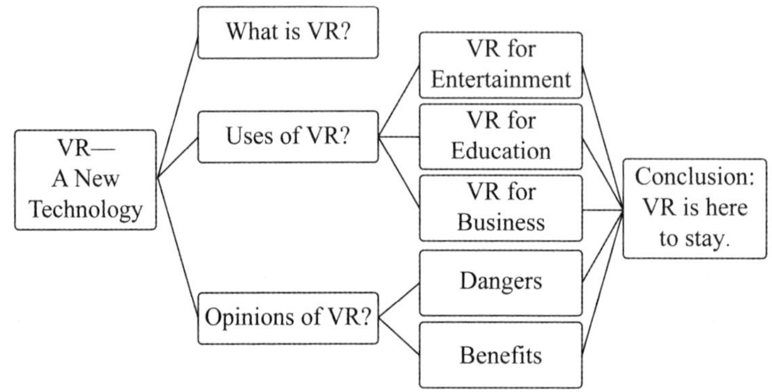

图 1　Virtual reality 文本结构思维导图

(2) Design your own VR product, presenting it with a new concept map.

通过以下学生设计可以看出，思维导图能帮助学生分析课文内容，归纳课文结构，加深对主题意义的理解；帮助学生将其作为支架，在新的语境中迁移创新。

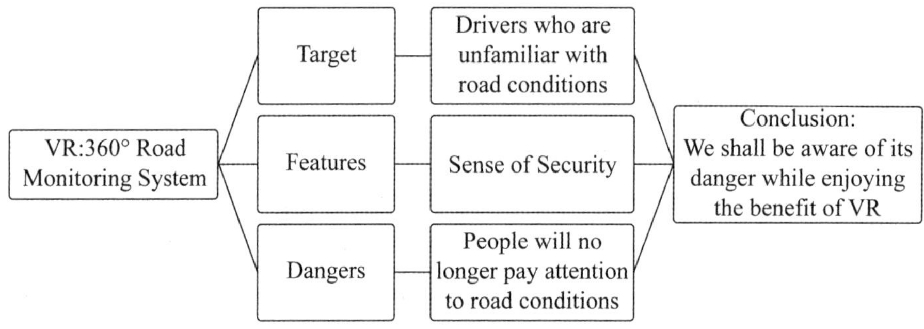

图 2　学生基于文本结构思维导图构思的作文框架

(三) 设计语言分析活动，培养学生思辨能力

作为语言教材的语篇，都有其独特的语言特点，即文本所使用的字、词、句及其组织方式都是其表达特定目的的需要。因此，教师做教学设计时，要细心揣摩、关注语篇中的语言现象，提炼聚焦文眼的字、词、句，将其作为语言分析的切入点。通过引导性的问题，使学生深入探寻语言的意义，培养他们的思辨能力。

【案例3】《牛津英语》(上海版)S1A Unit 5 Very Vegetarian

1. 文本分析

该语篇是一个电视节目剧本。主人公Sally和Sam就“吃素还是吃肉”发生争执。两人列出各种理由,试图说服对方改变选择。

2. 聚焦语言设计意图

引导学生关注、品味对话中双方对于“being vegetarian”和“being eater”的态度,推断双方说话时的情感。

3. 聚焦语言活动设计

Read some of the sentences in the conversation. Work in pairs and share how you understand the feelings of Sally. E.g.

Sentence 1: (Sally) You are always influenced by the TV program. Last month, you saw a program on space and so you want to become an astronaut. What did you see this time? Guided question: What does Sally think of Sam's being a vegetarian? In her mind, what kind of person is Sam? Trustworthy or changeable?	
My understanding	
Sentence 2: (Sally) Poor animals! Oh, here is my mixed grill! Guided question: Is Sally impressed by what Sam said? How does she feel about the animals?	
My understanding	

从案例中可以发现,教师以这些关键字词句为载体,引导学生与文本、学生与学生、学生与教师之间产生互动交流,为学生创设学习语言最重要的三个条件:focus, rehearsal, automaticity(FRA)。

(四)创设真实情境,促进语言表达

阅读能力的提升是理解性技能和表达性技能共同发展的过程。基于主题,结合学生的生活实际,创设真实的语境和学习任务,激发学生联系自己的生活实际有逻辑地表达个人对相关话题的看法,帮助学生将静态的语言知识和现实的交际任务有机整合,是深度阅读的语言加工结果向语言应用能力的迁移。这种“读—思—言”教学模式,体现了“输入—内化—输出”的第二语言学习过程,推动了知识的整合与关联,迁移和创新,体现了主题意义引领下的六要素整合的英语学习活动观。

【案例4】《牛津英语》(上海版)S1B Unit 3 Reading — The interesting world of plants

1. 文本分析

本文是一篇说明文,从生长环境、特性、功能三方面介绍了四种植物。

2. 活动设计

Plants have life and features, just as people do. If you were a plant, which plant do you think you would be? Why?

3. 设计意图

让学生思考自己的个性特征、生活习惯、生活环境,将自己和某一种熟悉的植物做比较,赋予通过语篇学习所掌握的语言知识以生命。

If I were a plant, I think I would be a lotus.

Lotus blooms in the early summer, the season which my birthday falls on. Lotus grows in the mud but remains clear and smell of mild fragrance in the distance. Like lotus, I was not born in a distinguished family, but I have been working hard and trying to be a girl who is self-disciplined and makes people feel comfortable. Lotus are useful, with its fruit served in meals. I am always extending a helping hand to people around me as well.

通过学生的语篇学习成果发现,学生能够运用前期所学的语言及语篇结构表达自己的观点。教师必须在教学中搭建平台,鼓励学生进行知识的迁移,实现“用英语做事”。

四、结语

深度阅读的过程是对文本进行解构、重构和创构,是在浸润中进行的有温度、有高度、有深度的阅读。只有在深度阅读过程中,学生词汇、语法、结构、逻辑的学习才有生命力,教师才能帮助学生完成从低阶思维到高阶思维的过渡和进化,实现学习过程中语言、文化和思维的融合,促进学生全面而有个性的发展,为学生的终身发展奠定基础。

在聚焦语言、剖析内涵时,教师是思维活动的组织者,通过引导性问题来启发学生联系文章的主题进行思考、比较和讨论,感悟作者的情感态度,领悟语篇的主题意义。这种教学策略改变了以往“教师+教材”为中心的学习模式,打造“学生+学习”为中心的学习方式,变“注重结果”为“注重过程”。这是真正的以学习为中心的教学方式。

构建整体思维，突破读写瓶颈

——渗透思维品质培养的概要写作教学实践初探

◎ 上海市格致中学　徐佳卿

摘　要　本文针对目前概要写作教学中存在的问题，指出了思维品质培养在概要写作中的重要作用，并以《牛津英语》(上海版)为例，阐述了如何在概要写作中渗透思维品质培养，以期为学生概要写作能力的提高提供一种新的思路和方法。

关键词　思维品质；概要写作；教学实践

一、引言：概要写作和思维品质

2017年开始，上海英语高考卷增加概要写作(summary writing)的新题型。这是一种“阅读＋写作”的复合型任务，学生首先要准确理解原文，然后通过自身的分析、概括、归纳、总结等思维活动，提炼出原文的核心内容、基本事实或文本观点，删除次要信息和辅助细节，最后用自己简洁、精练的语言，概括出文本主旨大意和重要内容。① 这一过程体现了学生的阅读能力、逻辑分析能力、概括表达能力等多方面的语言应用能力和思维能力，也呼应了课程标准对于英语学科核心素养培育的要求。

《普通高中英语课程标准(2017年版)》指出：“英语课程的学习，既是学生通过英语学习和实践活动，逐步掌握英语知识和技能，提高语言实际运用能力的过程；也是他们磨砺意志、陶冶情操、拓展视野、丰富生活经历、开发思维能力、发展个性和提高人文素养的过程。”②课程标准更关注学科的育人价值，改变了原来只注重语言知识和技能，忽视学科人文素养，把培育英语学科核心素养(包括语言能力、学习能力、文化品格和思维品质)作为英语教学的目标。其中，思维品质是个人思维的心智特征，体现了个体智力或思维水平的差异，主要包括五个方面的特征：深刻性、灵活性、批判性、敏捷性和独创性。③ 认知心理学认为，语言学习是思维和语言相互作用的过程，语言水平是

① 金怡.中学概要写作研究：问题与对策[J].外语测试与教学，2016(4)：38－42.
② 中华人民共和国教育部.普通高中英语课程标准(2017年版)[M].北京：人民教育出版社，2018.
③ 费良喜.高中英语阅读教学要关注学生思维品质的培养[J].中学英语园地(教学指导)，2012(8)：78－80.

提高思维能力的必要条件，而思维能力的发展又能促进语言水平的提高。因此，在概要写作教学中渗透对思维品质的培养，既能体现概要写作题型的设计初衷，锻炼学生综合阅读能力以及语言表达能力，又能改变目前阅读教学重认知、重技巧的现状，转向重能力、重思维，从而达到培育学科素养的目的。

二、现状：读写教学中的思维缺位

概要写作题型一出，师生都叫苦不迭。阅读和写作本来就是高中英语教学中的两大难点。而对概要写作来说，阅读的水平尤其重要，在较短时间内，理解文本含义，准确梳理文本结构，归纳文本主题，才谈得上随后的表达。没有阅读理解能力作保障，要做好概要写作根本就无法实现。

（一）学生层面

1. 结构不清

阅读文本时，不知道理解文本内容需要做的几个思维步骤，如判断体裁、梳理结构、提炼主题句，等等。往往从头读到尾，对文本只有大致的肤浅认识，对结构和主题的梳理无从谈起。

2. 主次不分

大概了解主要内容后，却抓不住文本主要脉络和线索，分不清主次，不能提炼出文本最核心的信息。

3. “见木不见林”

阅读过程中只关注难词、难句，以为这就是阅读的核心，而忽视了对文本整体理解和把握，因而容易出现对文本寓意、作者观点和态度等判断的偏差。

（二）教师层面

1. 偏重阅读任务的形式

设计阅读任务时偏重形式，较少考虑内容，导致任务缺乏思维的深度和广度，课堂呈现似乎很热闹，但实质缺乏思维含量。机械性的回忆、模仿、重复等低阶思维的培养较多，而缺少了篇章逻辑分析、主题归纳概括、观点分析评判等深层语言能力训练，忽视了分析、推理、评价、创造等高阶思维能力的培养，显现出所谓的“思辨缺席症”。①

2. 忽视应用价值的体现

仅仅为了考试而写作，使写作任务变得愈加乏味无聊。从写作任务的布置到最后完成批改讲评，都是教师单向输出，学生被动接受，师生间缺乏良性互动与信息反馈，

---

① 陈琼.基于高中生高阶思维发展的概要写作教学研究——以《牛津英语（上海版）》中议论文为例[J].上海课程教学研究，2016(12)：35－42.

写作过程缺乏思维和情感投入。作为语言能力体现的写作最终沦为机械性的结构模仿和句式堆砌。

以上问题的出现，根本原因都是忽视了读写过程中思维习惯的培养。思维的提高能有效促进语言能力的提高，而日常教学中思维的缺位，极大制约了学生英语读写能力的发展。因此，只有在教学活动中把思维品质的培养和概要写作教学有机结合起来，在教学过程中渗透思维训练，而不是单纯认知型、记忆型的教学，才能促进概要写作水平的提高。

三、策略：渗透思维品质的教学实践

广大英语教师已对概要写作题型做了不少探索，如张骁纯的“借助‘五步概要法’初探记叙文写作教学”，赵奔奔、金小微的“‘U形三步法’在高中英语概要写作中的尝试”，等等。但这些大多是对方法和解题技能的探讨，作为英语教师，应该站在更高的立足点和出发点，从学科和人的发展的角度，探索总结一些读写结合训练中基本的规律性的东西，以帮助学生更有效地提高阅读和写作能力。

笔者经过一定的教学实践、思考和总结，发现思维品质的提升能有效促进学生阅读和写作的水平提高，可以成为解决概要写作这一难题的“金钥匙”。在概要写作教学中渗透思维训练，就是要构建读写全过程的“整体思维”。这个“整体”，渗透在读和写两个阶段中：一是阅读理解阶段的思维训练，文本理解要“见林见木”，就是既注重宏观的文本主旨和整体结构的把握，也不忽视微观的语言的含义理解；二是写作阶段的思维训练，有自己结合“写作清单”的评价，也有学生互评以及教师评价。在多层次、多角度的评价过程中让学生体验并理解概要写作的特点，提高写作能力。

值得一提的是，现有上教版牛津教材，尽管有的篇目不是很新，但仍然具有题材广泛、体裁多样、语言丰富、表达规范、贴近学生生活等特点，是英语教学不可或缺的“语料库”和资源高地。作为英语教师，必须开拓教学思路，不断开发教材的使用潜力，达到预期的教学效果。利用教材文本进行概要写作训练，既能培养阅读和写作所需的各种能力，又能不过多增加教师备课负担，从而使教师在设计任务时更好地关注学生思维品质的训练，提高训练效果。这套教材自高一年级第二学期开始，每个单元主阅读的文本往往都要达到30行以上，如能有效利用，对促进学生阅读思维的敏捷性和灵活性都有很大帮助。

下面就结合概要写作过程中读写的三个阶段、四个步骤、思维品质五个特性，谈谈思维品质在教学中的渗透。

（一）阅读阶段

整体把握文本主旨和结构，培养思维的深刻性和敏捷性。

概要写作的基础和前提是阅读。阅读的目的是找到文本的主旨或主题,而要找到主旨或主题,对文本体裁的基本判断就必不可少。确定文本的体裁后,才能准确把握文本的基本结构,为下一步提炼信息打好基础。

高中阶段常见的行文结构有:议论类,往往开头提出问题,运用论据做推论分析,最后对论点进行概括;说明类,开头概说,引出现象或问题,再逐步阐述,最后总结说明;叙事类,以叙述为主的表达方式。开头是事件的发生,随后叙述其变化、发展、推进,结尾常是内容的引申或情感深化。①

以《牛津英语》(上海版)S1A Unit5 Very vegetarian 为例,本文以对话形式出现,主人公 Sam 和 Sally 就素食主义展开讨论,各抒己见。而且据文本副标题介绍,本文是电视节目的文字稿,似乎不属于记叙、议论或说明文的任何一种体裁。但如果能排除文本表面形式的干扰,让学生寻找 Sam 每一段话中的关键词,就可以发现 Sam 已很明确地列出了自己的观点和论据,结构如下:

论点:vegetarian。

论据:crowded life; dangerous drugs; occupying land。

这样,不难发现这是一篇隐藏在讲话稿形式下的议论文体裁。而通过阅读文本末尾处 Sally 的语言,也能归纳出她的观点和论据。

论点:meat-eater。

论据:full of vitamins and minerals; vegetables containing pesticides → people ill。

值得一提的是,利用标题、副标题或文本提示迅速确定文本功能是重要阅读手段之一,也是培养学生的重要阅读能力之一。

(二) 阅读阶段

精确提炼文本核心信息,培养思维的敏捷性和灵活性。

在理清文本的结构特点后,教师就可以开始引导学生提炼文本的核心信息。不同体裁的文本所关注的核心信息也各有不同。议论文的核心在于论点和论据;说明文的核心在于说明对象的本质/实质和特征;记叙文的核心在于人物、环境和情节,以及文本蕴含的思想哲理或人物情感特征。

如《牛津英语》(上海版)S1A Unit4 Surprises,根据文本提示,本文是小说的节选,学生不难确定本文是记叙文体裁。但这似乎无助于问题的解决:文本很长,近 40 行,如何把握其中的人物、环境、情节要素呢?核心内容又是哪些?很多学生会一头雾水,不知从何概括。

教师可以引导学生从标题“Surprises at the studio”入手,“surprises”为什么是复数呢?原来这里包含了两个“惊讶”:一是 Angela 从观众变成了参赛选手;二是 Angela

① 金怡.中学生英语概要写作研究:问题与对策[J].外语测试与教学,2016(4):38-42.

临时参赛结果还得了大奖。而文章的主角就是 Angela,因为两个“惊讶”都发生在她身上。围绕 Angela 的两个“惊讶”发生的过程进行要素提炼,核心就不难把握了:

Mandy and Angela sat among the audience. → One of the contestants fainted. → Angela became one of the contestants. → Game began. → Angela won the big prize.

(三) 写作阶段

流畅的变式表达,培养思维的独创性。

这一步,就是教师指导学生用自己的语言重新建构已知的核心信息并表达出来。这里需要一定的语言材料的积累和训练,比如,主动化被动,从句简化为非谓语、倒装、强调、There be 等特殊句式的运用,等等。这就和日常英语学习中词汇句型等表达积累密切相关了。

1. 主动化被动

In the second experiment, Baker told the subjects that they would be stared at from time to time from behind a two way mirror in a laboratory setting.

可简化为:

In the second experiment, the subjects were told that they would be observed sometimes.

2. 从句变为非谓语或介词结构

Virtual reality is a computer system which has a special device. It enables people to enter the artificial world that appears to be real.

可变化为:

Virtual reality is a computer system with a special device enabling people to enter the artificial world that appears to be real.

3. It 句型结构

Life is a series of choices, and we cannot always foresee the consequences.

可改写为:

It is hard to know the consequences of a person's choice.

这种“变式表达”体现了学生对文本的理解和再创造,每人接触的原文都是一样的,但基于个体差异所呈现的“概要”却是丰富多彩的,如能注意多种“变式”表达的训练,则能有效培养学生的语言输出能力,锻炼创造性思维。

(四) 修改阶段

重要的互动评价,培养思维的批判性。

写作的评价环节往往被人们所忽视,认为写好了交给教师批改就完成了。这样恰恰忽略了过程性写作的重要环节之一:批改和编辑。在初步形成概要写作的语段后,教师可以让学生结合写作“评价清单”(checklist),先自我修改,然后学生相互评价对方作品的优点和缺点,这样取长补短,既可以弥补自身因思维定式而造成的不足,提高写作质量,又能提高学生参与的积极性。

自评和互评的过程其实是一种独立思考、分析、评价和判断事物的过程,能帮助学生体验概要写作的真正目的和实际应用价值,培养独立分析、善于质疑的思维习惯及批判性思维的品质。

值得注意的是,思维本身就是人体的一种复杂活动,具有多角度、多层次、多侧面,重叠和反复发生等特点,因此,思维品质的训练与概要写作的步骤并不是一一对应的关系,一个步骤往往牵涉多个思维品质特性,只是在某些环节更有利于某些思维特性的培养和训练。

四、思考:思维渗透的可行性与必要性

笔者所进行的教学实践表明,在概要写作教学中渗透思维品质培养是切实可行的。学生进一步明确了概要写作的要求,积累了文本阅读中的整体把握、信息提炼和自我表达、评价修改等方面的经验,养成一定的阅读思维习惯,掌握了一定的阅读方法,对一些长难文的阅读概括任务不像以前那样害怕了。

在概要写作中渗透思维品质培养,有助于促进学生读写综合能力的提高,但同时对教师提出了挑战:在概要写作教学设计中,既要考虑知识与技能层面的习得,又要考虑思维习惯和能力的养成。教师必须从单纯的解题能力的训练转向在题型训练中体现思维的学习和能力的培养;让学生从被迫的答题训练转向主动的思考与建构。一旦学生的思维品质被培养起来,学生自己具备了较强的学习品质之后,其前进的动力不可估量,会远远超过教师片面追求教学任务的效果。[①]

概要写作出现在高考试卷中并不是偶然的,这体现了新时期对于英语教学的要求:从单纯的语言知识和技能学习转向语言能力的提高和学科素养的培育;从以教师为主体的教学方式转向以自主探究和合作学习为代表的新的学习方式。作为教师,只有不断强化学习,深入思考,理解时代对于我们的要求,才能从容应对,给时代,给学生,也给自己交一份满意的答卷。

---

① 李杰.在英语阅读教学中培养思维品质的策略[J].基础教育研究,2013(24):41－43.

新课标下多元激发高中生学习英语兴趣的实践与探索

◎ 上海市格致中学　任　云

摘　要　英语在我们的学习生活中有着举足轻重的作用。然而，很多学生因为高考，一直被动学习英语，效果不尽如人意。兴趣是最好的老师。作为教师，我们应多角度提供学习渠道，激发学生学习英语的兴趣。本文将立足新课标，从现代学生对英语这门高考学科的认识，到教师的教学教法设计，以及建立融洽的师生关系等方面入手，探索帮助学生带着兴趣学习英语的有效方法。

关键词　高中生；英语学习；兴趣；培养；新课标

一、引言

英语作为一种世界语言，在我们的学习生活中有着举足轻重的作用。学习的乐趣应来自内心的体验，学习英语也不例外。《普通高中英语课程标准(2017 年版)》指出，高中英语课程的具体目标是培养和发展学生在接受高中英语教育后应具备的语言能力、文化品格、思维品质、学习能力等学科核心素养。

基于新课标及英语学科核心素养的英语教育背景，学生对英语学习有更多、更高的需求。因此，传统的缺少互动式的英语教学模式必将受到极大的挑战。为保持当代学生对英语学习的兴趣，教师需要在英语教学过程中多角度提供更丰富的学习内容，提高课堂教学的效率。但是由于英语作为高考的必考科目，很多教师带领学生一味刷题，以提高考试成绩为目的，忽略语言教学应该是 of communication, by communication and for communication，使学生处于被动学习的状态，没有在互动式交际式的学习中获得乐趣，渐渐失去学习兴趣。

本文正是在新的教育背景下通过不断实践、积累、改进、反思，试图多角度提升现代高中生学习英语的兴趣的一种尝试。

二、高中英语教学中存在的问题

（一）教师教学存在的问题

1. 教学目的不明确

新课程标准的教学目标为培育英语学科核心素养，即学生在接受相应学段英语课程教育的过程中，逐步形成并提升的适应个人终身发展和社会发展需要的必备品格与关键能力，综合表现为四大素养，由语言能力、文化品格、思维品质和学习能力组成。简单地说，英语教学的最终目的应该是帮助学生树立正确的英语学习观，保持对英语学习的兴趣，具有明确的目标意识；帮助学生从多渠道获取学习资源，有效规划学习时间和学习任务，逐步提高使用英语学习其他学科知识的意识和能力。然而，大多数教师在日常教学中往往忽略学科核心素养，被应试考试所束缚，在不知不觉中将提高考试分数作为自己的教学目标。

2. 教材使用不当

上海现行英语教材都是以主题单元为单位选取相关主题文章，并配备培养学生四大学科核心素养的针对性练习，旨在让学生学会用英语表达的同时，培养学生正确做事的能力，比如，文化交流、解决问题。然而，在现实的教学中，许多教师没有遵循教材中的练习，较为死板地逐字逐句地翻译课本，没有将深度学习和激发学生高阶思维融入教材处理的过程，在课堂教学中没从多角度帮助学生对英语进行体验、感知、观察、分析、认识和使用，违背了布鲁姆由低至高六个层次的教育目标——识记、领会、应用、分析、评价及创造。这样一来，学生会对英语学习产生狭隘的理解，并渐渐失去学习的兴趣和动力。

3. 忽略听说能力培养

语言能力是英语学科核心素养之一，是指在社会情境中，以听、说、读、看、写等方式理解和表达的能力。传统的语言教学往往忽略听说训练，降低了学生学习语言的参与度和用语言交际的机会。教学内容和模式少了一半，学习英语的乐趣也自然少了一半。

（二）学生学习存在的问题

1. 学习目的不正确

有些学生是“为了升学，英语是高考必考学科”而学习英语，他们的学习处于被动接受的状态，限制了学习的主动性，影响了学习英语的兴趣和学习持续性。他们不愿意主动投入时间，长此以往难以充分发挥学习英语的潜力。

2. 学习方法死板

学生常采取背词汇手册、背诵词组搭配、刷题等手段。这些手段恰恰违背语言获得的规律，使得许多学生事倍功半。

3. 学习成就感不强

良好的语言环境是学好一门外语的必要条件。然而，现在大多数的高中教学节奏快、应试性强，使得语言的学习脱离了语言的运用。学生在课后很少或没有机会运用它，体会不到学习英语的用处和乐趣，没有获得感和成就感。

三、激发学生学习英语兴趣的重要性

（一）兴趣对学习的重要性

瑞士著名教育家皮亚杰指出："所有智力方面的活动都要依赖于兴趣。"兴趣是人们力求认识某种事物或爱好某种活动并伴有积极情绪色彩的心理倾向，是推动人们进行活动的最现实、最活跃的内部动机。一个人只有对一件事感兴趣时才会对它产生特别的注意力，对它感知敏锐、记忆牢固、思想活跃、意志坚定，才会尽力去了解它、观察它、研究它。学习兴趣是学习动机的重要心理成分，是学习积极性和主动性中最现实、最活跃的部分，是学生积极获取知识、形成技能的重要能力。浓厚的兴趣可以培养学生的求知欲，激发学生强大的学习动力，促使他们顽强拼搏，努力学习。对学生来说，学到多少知识并不是最重要的，重要的是良好的学习习惯和浓厚的学习乐趣，这才是决定其终身事业的关键。

（二）兴趣对英语学习的重要性

兴趣，对于学习英语也是一样。它应该贯穿于整个英语学习过程的始终，是学习成功与否的关键。梅德明教授在题为《英语学科的育人价值与路径》的报告中指出，实现课程育人目标的重要路径，就是实践指向学科核心素养发展的英语学习活动观。英语教学要基于对主题的探究和主题意义的深度学习，以解读、建构和交流为目的，将特定主题与学生生活建立密切关联，培养学生的语言理解和表达能力。而将教学与学生生活建立密切关联，就是要让学生对所学提起兴趣。以笔者所教《牛津英语》（上海版）S2B Unit 5 Technology all around us — Virtual reality 为例，课文是一篇科技类文章，围绕一项前沿科技——"虚拟现实"展开。学生起初不熟悉该科技并对枯燥的科技类文章提不起兴趣。于是，我利用一段在学生中很火的虚拟现实游戏"Pokémon"广告视频作为课前引入，课堂一下子就热闹了起来。我趁热打铁提问"What technology makes this game so popular?"，有些学生能用英语答出课文的主题"Virtual Reality"。

实践证明，学生对所学内容越感兴趣，他们的学习主动性和积极性就越高。因此，激发学生学习英语的兴趣，是实践以主题意义为引领的六要素整合的英语学习互动观的前提和保证。

四、多角度提升学生学习英语的兴趣的教学实践

鉴于兴趣对于实施英语学科核心素养的重要性,以及当前高中英语教学中存在的问题,笔者认为可以从以下多个角度提高学生学习英语的积极性,提升学生学习英语的兴趣。

(一) 运用建构主义创设语言学习的情境,激活学生学习兴趣

1. 建构主义定义

建构主义最早的提出者可追溯至瑞士的皮亚杰。建构主义是一种关于知识和学习的理论,强调学习者的主动性,认为学习是学习者基于原有的知识经验生成意义、建构理解的过程,而这一过程常常是在社会文化互动中完成的。情境教学是建构主义理论不可缺少的一部分,即教师创造一个特定的,能使学生产生共鸣的学习环境,让学生在特定的情境下学习特定的语言。当学生置身于教师为其创设的、真实的语言环境中,便会有身临其境的感觉,因而会更容易理解教师所要传达的信息,同时注意力高度集中,产生强烈的参与学习的欲望,从而激发其学习兴趣。

2. 建构主义在激发学生学习英语兴趣的运用

王蔷教授在题为《新课标实施的关键要素分析》的报告中,为我们重点解读了主题意义引领下六要素整合的英语学习活动观,强调以主题意义为引领,以语篇为依托,整合性地学习语言知识和文化知识,运用听、说、读、看、写等方式,理解和表达意义,发展逻辑思维、批判思维和创新思维,学会学习。语篇是语言学习的主要载体,利用教材中的语篇创设情境,让学生在真实且相对完整的语篇中接触、理解、学习和使用语言。笔者结合语篇教学和建构主义的情境教学,深入理解文本主题,使语篇与学生生活建立密切关联,让学生带着兴趣进入课本。英语课程领域方面的专家 Brian Tomlinson 说过:"Affective engagement is essential. Positive attitudes towards the learning experience, self-esteem, and emotional involvement are important determiners of successful learning."①因此,借助现代科技,通过设计几个现实生活中学生熟悉的课堂活动,能在短短几分钟内激发学生兴趣,使他们有学习的冲动和欲望,从被动到主动,是课文教学成功的良好开端。然后,创设情境来帮助学生运用文本提供的语料和信息。一个好的语言情境应该具备以下特点:(1)与课文主题紧密相连,且具有一定的真实性和开放性;(2)学生必须能够运用本课堂所获取的信息来解决问题;(3)学生必须能够运用本课堂所学的语料。

---

① [英]汤姆林森,[日]增原仁美.语言教材的开发、利用与评价[M].北京:人民教育出版社,2007.

（二）进行深度学习，激发学生学习兴趣，培养学生高阶思维

1. 深度学习定义

深度学习是指学生在教师引领下，围绕具有挑战性的学习主题，全身心投入、体验成功、获得发展的有意义的学习过程。通过了解背景信息、推理及类比、归纳与演绎、个人理解视角、评价性分析等活动，聚焦文字背后的意义。学生基于教师预设的专业方案，经历有指导、有挑战、高投入、高认知的学习过程，获得感兴趣并有意义的学习结果。

2. 深度学习在激发学生学习英语兴趣中的运用

深度学习首先聚焦教材文本的内容，以共性问题为引导；训练文本重点语言形式并进行互动反馈。然后，引导学生结合教材文本的内容和学生个人经验表达个人观点；根据学生个人的语言资源，在小组互动中反复使用某项语言。深度学习一般有四条设计原则：(1)基于某个主题意义探讨语言学习方式；(2)以语言形式学习和语言技能发展为目的；(3)以小组和配对活动为活动结构；(4)融合思维发展训练。

（三）丰富更新学生语料库，拓展英语学习范围

1. 现有学生语料库分析

上海现行的牛津和新世纪教材是学生主要的课堂语料库来源，大致在2000年开始试点并推广。从时代发展的角度来看，教材内容渐渐远离现在的学生生活，不能满足“00后”获取信息的需求。

2. 丰富学生语料库

充分利用各种学习资源：一是英文歌曲，它是伴随着优美音乐的语言学习材料，是学生非常感兴趣的语料。教师可以利用英语歌曲对学生进行听、说、读、写各项技能的训练。比如，选取一首难度、速度适中的歌曲，把歌词作为听力填空材料，选取一些重点词汇；就歌词内容作为话题让学生展开讨论。二是课本剧，它是另一种能激发学生学习英语兴趣的语言资源，具有形象直观、贴近生活、喜闻乐见等多种特征，以轻松愉悦的语言环境为背景，以特定的主题为框架，通过生动形象的语言和动作，向学生呈现知识的同时，又能充分锻炼学生的自信心、创造力和表现力，进一步培养学生的语感和良好的语音、语调。三是“互联网＋”的英语教学。借助网络资源与渠道，使学生接触生活中的方方面面。它有四个优势：快捷、精确、数量优势和实效性。比如，笔者推荐学生使用的App英语流利说和TED演讲。这些App上的语言材料紧跟时事，来自广泛的权威外刊媒体，内容涉及政治、经济、文化和社会生活等方面。通过使用这些App，学生可以拓宽文化视野，丰富思维方式，进行跨文化交流，提高学习英语的兴趣。

五、实践反思

兴趣是最好的老师。注重培养学生学习英语的兴趣应该是每位教师备好每节课，设计各种教学活动的前提。反观当今的英语教学现状，教师仍然重视语言能力的培养，注重词汇、语法教学和知识点的讲解等，而学生文化品格培养严重缺失。因此，英语教学中如何进行文化教学，激发学生对英语语言文化的兴趣，培养学生的文化品格，是亟须解决的问题。教学活动中对学生文化品格培养的缺失，主要表现在以下几方面：

1. 课堂教学活动注重知识技能，忽略对活动内容深层含义的探讨。

2. 情感交流过于简单，没有触动学生内心。

3. 教学中没有很好地渗透中国的优秀传统文化。

近年来，人们热衷于消除跨文化交际中的文化障碍，尤其对英美文化的介绍津津乐道。然而，在现实交际，在国际交往中屡屡出现“中国文化失语症”。中国本土文化需要通过英语实现“全球化”，而大多数课堂上，师生谈起节日文化，往往就是万圣节、圣诞节等，谈起饮食，往往就是三明治、沙拉等，对中国优秀的传统文化以及深厚的文化内涵却知之甚少。作为教师，我们有责任和义务将祖国优秀的传统文化传承下去，我们的课堂教学就不应偏废了本土文化的培养。

黄薇物理工作室

工作室主持人寄语

教师是崇高的职业，传递的是人的真情，只有在无私奉献中才有魅力无限。

教学是复杂的艺术，塑造的是人的灵性，只有在实践反思中才能高歌凯旋。

希望学员们始终以“学习、研究、创新、超越”作为自我发展的宗旨，成为一名“师德厚、站位高、理念新、功底实、教学优、个性强、创劲足”的教师。

工作室代表性研究成果

基于学科基本要求　构建课堂微测评“实验室”

提高初三物理文本作业设计有效性的研究

线密度的形成及应用

工作室概况

格致教育集团黄薇物理工作室，由上海市格致中学黄薇老师担任主持人，工作室共有学员11人，分别是：格致中学（黄浦校区）教师陈宇佳、陈洪涛，格致中学（奉贤校区）教师侯晓灿、李怀龙，同济黄浦设计创意中学教师魏娜，格致初级中学教师陆祁锋、王非、周伊佳，民办明珠中学教师吴筱燕、陈献亚，原应昌其围棋学校教师冯哲原。

来自不同学段、不同学校的11位学员，其工作经历各不相同，工作室除了提供一些个性化的指导外，还设定了团队的整体培养目标。

第一，初高中物理教学的思想统一。

各学段教师由于缺乏交流和互相学习的机会，在教学中着眼于本学段的教学内容，容易忽略物理学科本身对学生认知带来的问题。通过工作室这个平台，初高中教师全面了解中学阶段物理学科的教学内容、教学目标、教学策略，使得中学物理教学在提高学生素养方面更具科学性。

第二，探索优质课堂，提升教学效能。

教师的职责——教书育人。在移动教学、碎片化学习的同时，我们依然要充分利用课堂资源，利用自己对教材的理解，将知识内化后引导学生学习，设计教学环节、有效提问、实验演示……通过各种教学策略，根据学生实际学情进行教学，实现效率最大化。

第三，完成职初教师向经验教师、经验教师向成熟教师的初步转型。

工作室教师的个人成长经历差异较大，有职初教师，也有经历多年教学的青年教师。在教学的过程中，我们需要同行之间的交流、研讨，通过磨课、专题研讨等方式进行头脑风暴，更有效地提升教师自身的教学能力。教师需要积累教学经验，需要反思教学过程，需要突破自我。

工作室主持人介绍

黄薇，上海市格致教育集团黄薇物理工作室主持人，上海市格致中学物理教研组组长，黄浦区物理学科带头人。著有《翻转课堂的高中物理实验教学》(第二作者)、《特级教师公开课(高二第二学期)》(第二作者)。曾获"黄浦区优秀园丁"荣誉称号，荣获"上海市中小学优秀作业、试卷案例"评选活动二等奖、全国第二十一届全国教育教学信息化大奖赛基础教育组微课一等奖。

携手共进、格物悟理

——黄薇物理工作室工作回顾

近 3 年的工作室学习即将结束，学员们从初识时的陌生，到现在各自畅谈对教学的疑惑、理解、展望，在实践中彼此分享经验。我们不仅在教室里指引学生学习，也在我们自己的学习园地中头脑风暴、格物悟理。

一、形式多样的活动

（一）学员间的交流课

我们的学员都来自教学第一线，我们的舞台就是课堂，要在教学上有所提高，首先就要了解自己的教学。学员们在 3 年中开设了近 20 节交流课，即使初高中的教学内容和对象有比较大的差别，但为了更好地进行初高中教学的衔接，学员都积极参与开课、评课活动。

（二）优秀的展示课

一节优秀的物理课究竟应该是怎样的？我们通过观摩各种类型的展示课，更全面地了解、分析一节好课的标准，思考如何在实验演示、有效提问、学生互动、思维引导等方面落到实处。其中《气体实验定律的应用》《直线运动的测量与研究》两节课都是在利用学生已储备知识的前提下，辅以信息技术，利用 DIS、Tracker 软件及手机 Phyphox 软件等多种新技术手段探究物理规律。“梦之桥——多元视角下的思维创新”项目的展示课《中国桥中国造》，则是通过情景式问题探究，让学生体验感性认识—形态逻辑—结构分析—模型制作的全过程，从而发展自身的认知能力、合作能力、创新能力、社会责任意识等核心素养。这些课让学员们有了更多的角度去学习。

（三）专家讲座、论坛

为了更好地提升自身的教学素养，学员们在实践的同时也需要更多的理论支持、专家指导。特级教师方梦非老师为学员做了关于论文撰写的专题讲座。江苏太仓肖建华物理工作室、黄浦区方梦非物理工作室和我们一起进行了主题交流，就新高考形式下的物理教学进行探讨。学员们还参加了“课堂＋互联网：新时代活力课堂探索与实践系列研讨”“聚焦课堂的项目实践研究”“基于核心素养培养的初中物理学习评价的实践研究”等多个微论坛。

（四）交流活动、分享收获

工作室和来访的贵阳百名学科带头人开展了关于“牛顿定律的应用——超重与失重”同课异构的教学研讨活动；联合北京物理特级教师张国物理工作室的教师们，开展了一场基于中、高考改革背景下，如何适应和改进物理教学的联合教研活动。在疫情期间，学员们也通过“云会议”分享线上教学的心得和新技术在教学中的应用。

二、用理论武装自己

要让自己成为一个“高站位、有创新”的教师，首先要充实自己，工作室除了安排专家讲座、各种微论坛外，还组织学员开展读书活动。学员们根据自己的实际情况选择了各种教育、教学方面的书籍，如《翻转课堂：云环境下中学物理环境流程再造》《中学物理思维型课堂教学研究》《跟着佐藤学做教育》等，并做好读书笔记，开阔眼界，增加了对物理教学的理解。

三、在实践中走向成熟

学员们将自己在学习过程中的感悟渗透在教学中。例如，魏娜老师尝试把 PBL 课程与基础物理课相结合，开发了校本课程 PBL 项目“梦之桥”，负责项目的设计、沟通、实施，和政治教师联合开展了一堂区级公开展示课。陆祁锋老师制作了杠杆力臂相关的演示器材，以情景为依托，利用自制教具，将学生生活的经验与实验现象形成强烈的对比与冲突，激发了学生的学习热情与兴趣。疫情期间，线上教学对物理这门实验学科带来了很多教学上的局限性，教师们纷纷尝试各种新技术，如企业微信、sewoo 白板、nobook 物理模拟实验中的电学板块、问卷星、umu 平台、zoom 软件、EV 录屏等进行辅助教学和教学评价。多位教师也在各种比赛和活动中获得荣誉。

四、深化研究、辐射智慧

钟伟长说过：“你不上课，就不是个教师；你不搞科研，就不是好教师。……教学没有科研做底子，就是一个没有观点的教育，没有灵魂的教育。”学员们在学习、实践的同时思考“教学”，素材就是我们工作的点点滴滴。工作室的学员们通过撰写论文、研究课题、参与书籍撰写等，让自己的教学更有“深度”。

五、学习、实践、分享——携手共进

格致教育集团物理工作室是一个团结合作、乐于学习的团队，在这样一个团队中能时时感受到热切的学习氛围、学习思辨的快乐，因为值得学习的对象就在身边。

基于学科基本要求　构建课堂微测评“实验室”

◎ 上海市格致中学　侯晓灿

摘　要　高考新政下的物理教学应该更加着眼于物理学科的基础知识和基本方法，注重培养学生物理学科的基本素养，教学内容做到不拔高、不超纲，课堂练习和课后作业更要基于学科基本要求进行合理编制。本课题旨在通过研读《上海市高中物理学科教学基本要求(试验本)》，深入把握高考新政下物理学科考查的基础知识，以高一上物理学习内容为例，编制合理有效的、标准化的课堂检测练习。同时，“门口学习网”提供的测评数据可以帮助教师了解学生对课堂基础知识的掌握程度，及时调整与改善自己的教学，对学生开展有针对性的个别辅导，从而提高物理课堂教学的质量。

关键词　学科基本要求；微测评

一、课题研究的背景与意义

(一) 课题研究的背景

2017 年，上海作为全国第一批试点城市，开始正式实施高考新政。上海高考模式由“3＋1”转为“3＋3”。“3＋1”高考模式下，学生是从物理、化学、生物、历史、政治、地理六门中选择一门作为“3＋1”的“1”，而在“3＋3”高考模式下，不再有文理之分。学生可从物理、化学、生物、历史、政治、地理六门中任选三科。新型高考模式给物理学科带来的影响是巨大的。

1. 选择物理学科的人数有所下降

在“3＋1”时代，市重点高中的学生选择物理的人数比较多，以格致中学为例，在“3＋1”高考模式下，有将近 80％的学生会选择物理作为高考科目。而如今我校选择物理作为等级考科目的人数比例逐年下降，2019 届选修物理的学生约占年级总人数的 50％。

2. 物理学科的“地位”下降

从考试级别上看，物理学科从原来的高考科目改为学业水平考试科目(含合格性考试与等级性考试)。物理不再是“高考科目”，而叫做“等级考试科目”。分值从满分 150

分降为等级折算后的满分70分；考试时间从两个小时减为一个小时。这些变化都使得在新的高考模式下，原来同语数外三门学科一样“地位”的物理学科，渐渐受到“冷落”。

3. 物理学科教学要求的难度有所下降

根据上海市教委公布的近两年物理学业水平合格性考试和学业水平等级性考试的命题要求，不难发现物理学科在试题难度、考试内容方面以及教学要求的层级上也发生了变化。物理学业水平合格性考试试题难度控制在0.85左右，而物理学业水平等级性考试试题难度控制在0.75左右，相比原来的“3＋1”模式下物理高考试题，等级考试题的难度有较大幅度的降低。另外，考试内容也有所删减，如力矩平衡、逻辑电路、法拉第电磁感应定律等难度较深的知识都被删除。即使保留的考试内容，在教学要求的层级上也有所降低。

（二）课题研究的意义

1. 研究的理论意义

高考新政对物理学科提出的最根本的要求，是在减轻学生学业负担的同时让学生掌握基本的物理学科素养。本课题的研究对于高考新政下物理教学要求的贯彻与实施具有一定的理论价值：(1)有利于教师学习和领会高考新政，以及高考新政下物理学科教学的基本要求；(2)有利于教师围绕物理学科基本要求设定有效的课堂教学设计，提高自身的教学质量，对本校的物理课堂教学改革有一定的促进作用。

2. 研究的实践意义

高考新政下的物理教学应该更加着眼于物理学科的基础知识和基本方法，注重培养学生物理学科的基本素养，教学内容做到不拔高、不超纲，课堂练习和课后作业更要基于学科基本要求进行合理编制。本课题旨在通过研读《上海市高中物理学科教学基本要求(试验本)》(以下简称《教学基本要求》)，深入把握高考新政下物理学科考查的基础知识，以高一上物理学习内容为例，编制合理有效的、标准化的课堂检测练习，这对于促进教师有效贯彻高考新政下的物理教学要求有一定的实践意义。

同时，利用“门口学习网”的“易测”功能对学生的课堂检测练习结果进行统计分析，大大节省了教师批改作业的时间，提高了工作效率。更有利的是，“门口学习网”提供的测评数据可以帮助教师定量分析试题的正答率、学生的正确率、所教班级的平均答对率、错题量，每个学生的错题量、错题号、平均答对率和每题答题情况，有利于教师了解学生对课堂基础知识的掌握程度，及时调整与改善自己的教学，对学生开展有针对性的个别辅导。

二、课题研究的方法与过程

（一）研究方法

本课题的研究方法主要是文本分析法、访谈法、测验法。

1. 文本分析法：通过文本分析法对《教学基本要求》进行内容梳理，重新把握物理学科要考查的基础知识，形成章节的知识点目标体系。

2. 访谈法：通过对华东师范大学物理系教授、上海市物理学科相关专家及一线教师进行访谈，及时把握上海高考新政对物理学科和课堂教学的影响，修正章节知识点目标体系和微测评试题的难度及分布。

3. 测验法：将编制的微测评试题用于所教班级，借助“门口学习网”的“易测”功能对学生的测验进行分析，形成课堂微测评数据反馈报告。

（二）研究过程

1. 准备阶段

（1）研读《教学基本要求》；

（2）熟悉“易测”功能，包括创建教室、导入学生名单、生成测验、扫描答题卡、分析测验的数据等；

（3）访谈华东师范大学物理系教授等专家和一线教师。

2. 实施阶段

（1）编制以课时为单位的标准化课堂微测评练习；

（2）对所教班级的学生进行测验研究；

（3）根据学生测验反馈的结果设定每道题目的实际难度等级，对比分析最初设定的题目难度等级和实际难度等级，反思自身教学和编制的测验题目的合理性；

（4）收集和分析个别学生每课时的测验数据，对其进行有针对性的个别辅导。

3. 总结阶段

（1）通过整合对专家的访谈结果和学生的测验反馈结果的分析，确定高一第一学期《直线运动》《力与物体的平衡》《牛顿运动定律》三章的知识点分级目标体系；

（2）不断修正与完善测验试题，形成一套可在本校推广使用的课堂微测评练习；

（3）撰写课题报告。

三、研究的内容

（一）研读《教学基本要求》，初步形成章节知识点目标体系

通过文本分析法对《教学基本要求》进行内容梳理和深入研读，全面把握物理学科考查的基础知识，形成《直线运动》《力与物体的平衡》《牛顿运动定律》三章节的知识点目标体系。同时，对华东师范大学物理系教授、上海市物理学科相关专家及一线教师进行访谈，及时把握上海高考新政对物理学科和课堂教学的影响，修正章节知识点目标体系。

（二）熟悉“门口学习网”的“易测”功能，为微测评提供技术层面的保障

教师可以利用“门口学习网”App 扫描学生的答题卡，轻松批改，省时省力，提升效

率。扫描答题卡之后,它提供的微测评数据可以帮助教师定量分析试题的正答率、学生的正确率以及所教班级的平均答对率、错题量,每个学生的错题量、错题号、平均答对率和每题答题情况,有利于教师了解学生对课堂基础知识的掌握程度,及时调整与改善自己的教学,对学生开展有针对性的个别辅导。教师还可以根据实际情况和学生测验反馈的结果,对教学进度、课堂教学、测验试题进行及时的调整与完善;根据学生测验反馈的结果,对比分析最初设定的题目难度等级和实际难度等级,反思自身教学和作业题目设置的合理性。

四、研究的结果与分析

(一) 课时标准化练习的设计原则与结构确立

物理学科的教学要帮助学生认识物理的本原。新高考要求学生脱离一味地刷题,真正掌握物理学科的基本知识和基本方法。因此,在新课教学时,尤其要关注到这一点。教师要作为课堂的引导者,引导学生探究物理的基本概念和基本规律,应用基本概念和基本规律来解决实际的问题。[①] 因此,回归到物理概念本身和物理规律本身的教学和针对性练习才是值得推崇的。本研究根据教学基本要求,联系学生的学情,编制以课时为单位的课堂练习题,每课时 6 道练习题,每题有明确的学习目标指向和对应的知识点,题型以单选题或多选题为主。每题均设定难度等级。

(二) 标准化练习的样式(具体成果略)

为了使得每道练习题目有理可循、有据可依,需要明确教学目标、教学重点与难点。另外,需要明确每道试题在教学基本要求中对应的具体知识点,这样才能做到有的放矢。习题的难度及考查点需合理分布,因此也需要对每道试题进行能力层级及难度等级赋值。

表 1　标准化练习的模块设置

<table>
<tr><td>教学目标</td><td colspan="4">1. 知识与技能
2. 过程与方法</td></tr>
<tr><td>教学重点</td><td colspan="2"></td><td>教学难点</td><td></td></tr>
<tr><td rowspan="2">试题</td><td>试题编号</td><td></td><td>考查知识点</td><td>对应的学科基本要求</td></tr>
<tr><td>能力层级</td><td>用 A、B、C、D 表示</td><td>难度等级</td><td>用易、中、难表示</td></tr>
</table>

① 上海市教育委员会教学研究室.上海市高中物理学科教学基本要求(试验本)[M].上海:华东师范大学出版社,2017.

五、研究的启示

（一）正确把握《教学基本要求》——有效教学的前提

《教学基本要求》是在物理学科课程标准的基础上，对物理学科提出的具体的物理知识和物理方法上的要求。教师对教学基本要求的把握情况会在一定程度上影响其设定的教学目标的合理性。而教学目标又是一切教学活动的出发点和归宿，它支配着教学的全过程，决定着教与学的方向，把握教学目标是实现有效教学的前提与关键。① 只有正确地把握物理学科教学基本要求，才能确立正确、合理的教学目标，在课时紧张的情况下，才能为实现有效教学提供保障。

（二）编制合理的课时标准化练习——课堂评价的有效手段

有效的课堂教学必须有一个有效的评价系统来配合与支持。在物理新授课上，有效的课堂练习可以成为检验课堂教学有效性的工具。对学生而言，课堂练习是本节课学习内容的巩固和运用，体现了学习的过程，充分对应教学重点和难点的课堂练习，能够即时地显现教学目标的落实程度，也能帮助学生即时强化和巩固课堂所学知识和技能，培养和提高实际运用能力的目的；对教师而言，课堂练习是检验课堂教学效果的手段，是有效调整和改善教学内容、教学方法的基本依据之一。而基于教学基本要求，编制课时标准化练习，会使课堂练习更系统化、更专业化。

（三）借助巧妙的现代教育技术——提高教学效率的方式

现代社会已全面进入信息化时代，在当下互联网的信息浪潮之下，网络已经是人们学习、生活中必不可少的重要组成部分。② 依托于网络快速发展的现代教育技术越来越受到教育工作者的推崇和教育服务行业的青睐。比如，教师利用“门口学习网”的“易测”功能，可以快速批改作业，并且能够得到学生作业的大数据，使得评价结果的分析变得轻松且有效。因此，在教学中，教师要注重现代教育技术与物理教学的整合，提高物理教学的高效性。③

---

① 陈刚.物理教学设计[M].上海：华东师范大学出版社，2019.

② 石善友.信息技术与高中物理教学整合的优势[J].中学数理化（教与学），2016(3)：51.

③ 郑明清.现代教育技术在高中物理教学中的辅助作用[J].教育观察（下半月），2016(5)：143－144.

提高初三物理文本作业设计有效性的研究

◎ 上海市格致初级中学　周伊佳

摘　要　本文根据初三物理文本作业练习效果不佳、无法习得学习方法,造成学生缺少思路、学习压力过大等问题,通过查阅文献、设计和优化作业案例,探讨提高初三物理文本作业设计有效性的策略和练习模式,对物理问题的解决,培养学生严谨求实的学习态度,具有重要的研究意义。

本文首先进行了理论探讨,包括:对物理文本作业所需满足原则的分析、结合有效练习的法则阐述设计物理文本作业时的实施要点。

其次,根据以往初三物理文本作业的局限性,制订研究计划:分别从压力、压强、电学、情景分析等方面挑选典型案例,进行作业的重构设计;采取观察法对作业完成情况和学生的答题状态进行观察。采取问卷调查法对练习的有效性进行反馈统计,由此分析得出相应的结论和存在的问题,并再次优化作业设计。优化目标为:第一,在初三新课教学的作业和中考复习的作业中寻找共性,按照单元设计的思想对初中力学相关知识点进行统筹规划;第二,结合问卷、观察后整合的情况分析以及学生的建议,再次优化作业设计,提高练习有效性。

关键词　文本作业;初三;物理;练习有效性

一、文本作业的设计原则及设计策略

(一) 文本作业设计的原则

在学校教育中,希望可以得到的结果是:学生能够习得单独或者以小组形式高效地解决问题的能力。对于物理学科来说,学生有效地解决问题的学力,由他们习得的物理知识、解决问题的技能和科学态度所共同决定。所以,仅传授知识本身是不够的,要教会学生如何将所学知识作为工具,以此解决问题,这种能力属于科学素养的范畴。国际经济合作组织(OECD)对科学素养的定义是:能够通过对科学知识的使用,明确问题并结合获得的证据,给出有说服力的结论,以便对自然世界和通过人类活动对自然世界的改变进行理解和作出决定的能力。① 在设计初三物理文本作业时，为了能够体现学生的科学素养，帮助他们更好地解决问题，需要遵循以下原则。

1. 分层性原则

分层性原则，就是要根据学生的学习情况，设计有梯度的作业，以满足不同学生的学习需求。一道作业可以设计多个小问题，根据教学目标和学情，由简到难地设计作业。对于学习能力较强的学生来说，作业有一定的难度，具有挑战性，激发学习热情；对于学习能力较弱的学生来说，他们可以通过努力完成部分练习，提高自信心。

2. 适度性原则

在初中阶段，初三学生的学习压力较大，各门学科作业应接不暇。在设计文本作业的过程中，考虑全面的同时也要兼顾作业总量。作业不宜过多，过多的练习会导致学生疲于应对，甚至出现抄袭、随意填涂的现象，完成的效果大打折扣；作业也不宜过少，过少的练习无法检测学生的学习水平。

3. 全面性原则

作业设计的题型需要全面且多样，可以有单选、多选、辨析、填空、简答、计算、作图等。教师要根据教学目标和学生对知识点的把握情况合理安排题型，以达到检测的目的。②

（二）文本作业设计策略

1. 利用图像法化抽象为具体的文本作业设计

图像法是物理学习中不可或缺的好方法，比如，利用函数图像表现物理量之间的关系，利用图像生动地展现语言很难表达的内容。结合图像法解决物理问题有诸多好处，比如，将复杂的情境直观化，让题目变得更简单，用图代替繁杂的计算过程，等等，对学习物理知识有很大的帮助。③

而图像法一直被学生忽略。主要原因：第一，初中阶段，作图题和其他类型的题目一般是割裂的，在作图题中画图是因为题目需求，而其他题型中不作画图要求，学生对图像法缺少足够的重视。第二，学生下意识地认为画图是多余的，会浪费时间，也意识不到作图的好处。事实上，图像法对于学生来说，已经远远不止是一种辅助学习的道具，它能大幅度提升解题效率，为了画图而“浪费”的时间也就微不足道。④ 应用图像法解析物理问题时，思路会变得更加顺畅，可以节省大量的解题时间。⑤

(1) 函数图像法

函数图像是数学中的重要工具，它可以用来表示自变量和因变量之间的函数关

① 梁炳钊.培养初中学生受力分析的良好思维习惯[J].物理教学探讨，2016，34(6)：15－18.

② 陈孟良.浅谈物理课后作业的设计原则[J].学周刊：下旬，2015(27)：130.

③④ 林梅英.物理练习在高中物理学习中的功能及形式初探[J].考试周刊，2019，(27)：172.

⑤ 张万武.高中物理“图像法”解题技巧总结[J].北方文学(中旬刊)，2018(10)：126－130.

系。在物理学中巧妙地利用函数图像,可以直观地展现抽象、复杂的物理规律。抽象问题一直是学生的软肋,除了通过实验证明外,学生若要提高对抽象过程的理解,就需要借助图像实现最直观的感知;可以通过函数图像呈现定性和定量的关系,深入理解分析物理问题的意义。函数图像有着广泛的应用,例如,在探究质量与体积的关系、导体电流与电压的关系时,都可运用函数图像法。本文关注的是如何借助函数图像法对初三压强定性问题进行分析。

(2) 受力分析图像法

初中物理力学学习的成功与否,很大程度上受到受力分析图的影响。受力分析图不仅在初中力学上有高频率应用,还衔接高中物理力学的部分,可以说受力分析如一条绳索将物理力学知识串联在一起。很多学生觉得受力分析图太简单,且画图浪费时间,对它的作用极其不重视,因此屡次出现一些可以通过画图避免的小错误。而学习困难的学生如果不画受力分析图,甚至会对力学相关问题一头雾水,不知如何落笔。对物体进行受力分析,实际上涉及力的概念、力的成因、力的作用效果、力的三要素这些较为基础的知识。同时,初中阶段也涉及同一直线上力的平衡、相互作用、牛顿第一定律等综合问题。受力分析要求学生对每一个力有正确的认识,包括大小、方向、作用点及施力物体、受力物体等。因此,强调受力分析图,实际上也是强调对于力学知识点的综合运用能力。

(3) 电路图图像法

初三物理电学内容中的"测小灯泡电功率"是学生较难解决的问题,一般出现在整张试卷的最后一题,综合考查了学生对实验的理解和对电功率相关概念的认识。处理这样的问题时,在题目不要求的情况下学生很少会想到绘制电路图,整个实验过程全凭想象,一旦涉及动态变化的问题就会出现混乱。对电路图的忽视还源于学生觉得在绘图时,随着电路变化需要修修改改,比如,滑动变阻器的阻值、通过电路的电流等,很容易出现差错。在作业中,特别是对于电路问题不仅需要强化电路图的运用,更要优化电路图使用方法。

2. 体现思维逻辑的文本作业设计

在初中物理的考试中会出现一些特殊的题目:文本较长,配合多张图片或者大量表格数据,让学生在理解题目的前提下,分析图像或者数据,得出研究的结论。不管出现在填空题还是实验题中,学生都对这类问题无从下手,写结论的时候顾此失彼,很难面面俱到。批改的时候教师能发现学生遗漏的部分,但是学生在自行校对时面对题干的长文本以及较长的结论很难发现自己的问题。解决的关键在于教师要为学生设立台阶,将题目进行拆分,将解题的逻辑过程显性化。①

3. 体现生活参与感的文本作业设计

物理是与实际生活联系十分紧密的学科,在学生没有意识到的时候物理已经渗透

① 周光明.借助练习设计提升初中物理教学有效性[J].求知导刊,2019(31):40-41.

在生活中的每一个角落，比如，照镜子、升国旗等都和物理有关，所以物理学习不应该局限在教科书中，物理作业也不该游离于生活之外。教师在布置物理作业时，可以与现实生活充分联系，一方面通过日常现象激发学生解决问题的兴趣，另一方面让他们认识到学习物理可以服务于真实的生活。① 倘若学习的内容脱离了日常生活，学习者就会认为这样的问题有距离感。如果距离感太强烈，就会缺少解决问题的热情和动力。②

4. 体现基本概念与原理理解程度的文本作业设计

考试时出现在填空和选择题型的前几道题一般难度较低。根据《上海市初中物理学科教学基本要求》，原子的概念属于“物质”一章，学习要求为“知道”；大气压的应用和连通器应用等属于“压强”一章，学习要求为“知道”；改变压强的方法属于“压强”一章，学习要求为“知道”；压力的三要素属于“压强”一章，学习要求为“知道”；电流电压电阻计算学习要求为“能用公式进行计算”，并“知道”电阻是导体的一种性质。以上几个知识点的考查题型主要为选择题和填空题。在考试中，针对学习要求较低的问题设计简单的单选和填空可以缓解学生的压力，也能快速检测学习水平。但是作业是为了发现问题，过于简单的问法会导致学生采取死记硬背和惯性思维直接解决。教师设计的题型应该能将学生的思维过程显性化，由此反映对基本知识的理解。比如，将选择题、填空题换成多选题、论述题。

二、作业设计案例二次优化与分析

根据问卷调查的结果分析，再次编辑文本作业。主要修正的是问卷中学生普遍认为最有意义的几种作业设计：函数图像法、受力分析法、一线图法、情景实验分析类。另外，受力分析图法是几种作业设计中学生认为最有意义的。但是考虑到在复习初二力学时很多学生对力学知识点出现了遗忘、概念不清等问题，笔者计划根据单元设计思想优化初三中考力学复习作业，将受力分析图作为贯穿该单元的索引，让学生深刻感受受力分析图法在力学知识中的作用。

（一）作业二次优化

1. 函数图像法：在原有题目基础上进行设计后的再优化

如图1所示，甲、乙两个体积相同的实心圆柱体放在水平面上，甲对地面的压强等

---

① 黄清山.活化初中物理练习提高学生综合素养——初中物理练习指导[J].考试周刊，2019(86)：128-129.

② 钟启泉.学校的变革[M].上海：华东师范大学出版社，2019.

于乙对地面的压强。沿水平方向在它们上部分别切去一定高度，使甲、乙剩余部分对地面的压强 $p_{甲}$ 小于 $p_{乙}$。

(1) 请用切去高度 Δh 表示剩余压强 p'，并判断 p' 和 Δh 满足的函数关系。

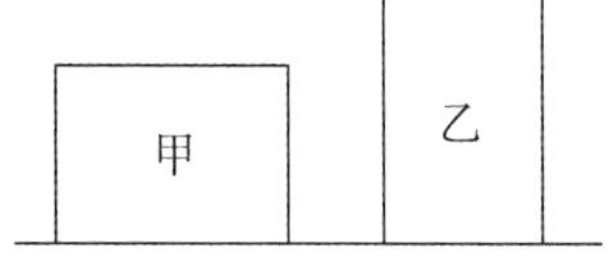

图 1　压强定性分析

(2) 判断当 Δh 达到最小值(即为 0)和 Δh 达到最大值，即 $h_{甲}$ 时，$p_{甲}$ 和 $p_{乙}$ 的大小关系。

(3) 画出 $p_{甲}$ 和 $p_{乙}$ 关于 Δh 的函数图像。

(4) 当两物块上切去的高度 Δh 相同时，在图中作出辅助线，并判断此时 $p_{甲}$ 和 $p_{乙}$ 的关系。

(5) 在图中分别找出满足 $\Delta h_{甲}<\Delta h_{乙}$、$\Delta h_{甲}>\Delta h_{乙}$ 时，$p_{甲}$ 小于 $p_{乙}$ 的坐标点。

【设计思路】

其实函数图像法只要抓住两个极限位置，即未切割，和其中一个切割完时压强的关系，问题就能得到解决。笔者在批改作业时发现部分学生在课外辅导班中学习了类似的方法，如图 2 是判断当切去质量相同时，剩余压强的大小关系。这样的方法仅仅用来解决压强问题是非常高效的，但是学生知其然却不知其所以然。笔者之所以把函数图像法进行细化，没有直接让学生找初末状态，就是希望授之以渔，方法的每一步都有理可循。只有这样才能跳出以解题为目的的狭隘思想，帮助学生习得解题方法，养成图像思维的好习惯。

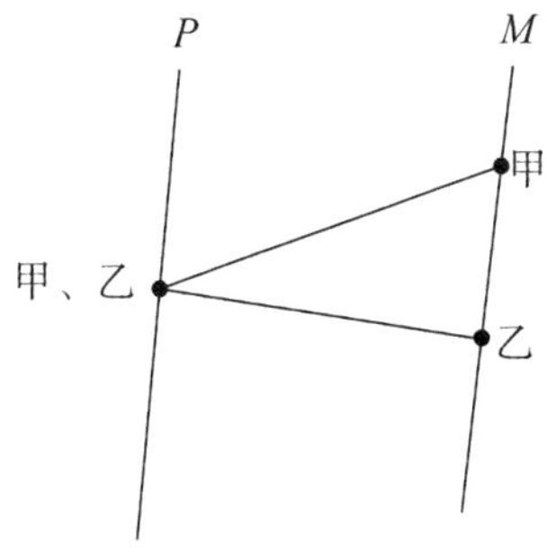

图 2　解决压强定性问题的特殊方法

因此，笔者再次修正时于画出函数图像前设立了多级台阶，分别为：利用物理知识写出关系式；利用数学知识判断函数关系；利用物理知识找出极限点。这里要说明的是，在数学中写出函数关系式后按理就能画出图像，但是需要知道比例系数以及截距等，在物理问题中过于麻烦。所以，可直接根据题目中的信息，标出函数坐标轴上的点，通过两点确定直线。问卷调查显示，如何分析图像是很多学生困惑的地方。但是在数学函数图像中根据自变量的关系寻找因变量关系对学生来说会简单很多。① 所以在此笔者又划分出两级台阶，从最简单的切去高度相同入手，引导学生添加辅助线，判断剩余压强的关系，再加深难度。补充说明一点：对于学习困难的学生，如果最后一问仍有难度，可以完成除最后一问以外的其他题目。虽然没有坚持到最后，但是通过以上完整的解题引导和思路梳理，比起选择题中随意选择一个选项的答题方式显然更

① 李飞跃，范亚颖.物理图像法的妙用[J].物理之友，2014，30(4)：32－33.

能让学生获益。①

2. 受力分析图法:对中考复习时使用的力学作业进行优化

小王将放在水平桌面上重为 3 牛的物理课本,沿直线匀速拉动 0.5 米。所用的水平拉力为 1 牛,则物体________(选填"处于"或"不处于")平衡状态,物体所受合力________(选填"为 0"或"不为 0")。画出物体的受力分析图,并分析物体受到了________个力的作用。

【设计思路】

原题直接提问物体受到几个力的作用,学生很容易只看题干填写 2 个力或者 3 个力,最容易忽略的是支持力。所以需要结合运动状态先强化此时处于平衡状态所受合力为 0 的意识,再结合受力分析图,自然就会发现物体受到了 4 个力的作用,隐藏的支持力也浮出水面。在订正时很多学生还是不理解,但是一旦画出图像后便豁然开朗。由此可以发现受力分析图在力学上具有巨大优势,需强化它在解决力学问题中的巨大作用。②

3. 一线图法:在原题基础上,进行设计后的再优化

小华做"测定小灯泡的电功率"实验,现有电源两个(电压分别为 4 伏、6 伏)、待测小灯(标有"2.5 V"字样)、电流表、滑动变阻器(标有"10 Ω 2 A"字样)、电键及导线若干。实验中,他连接电路后,移动滑片使变阻器连入电路的电阻最大。闭合电键时,发现小灯发光很亮,电流表的示数如图 3(b)所示。

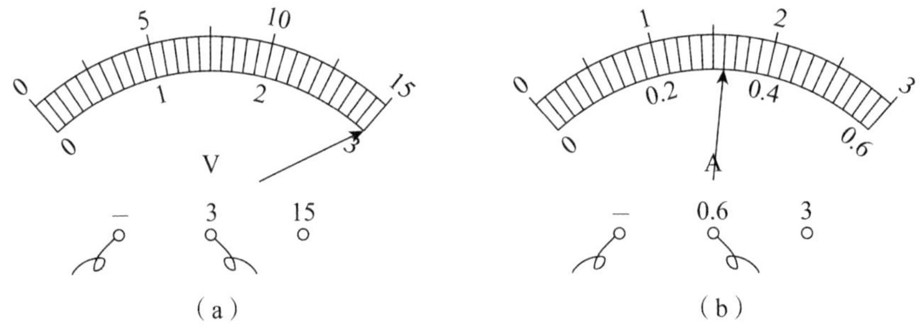

图 3　测定小灯泡电功率

(1) 画出电路图。

(2) 画出对应的一线图,并标记已知的所有数据。判断电源电压的值。

(3) 再在电路当中并联一个电压表,并联后它的示数如图 3(a)所示。判断电压表

---

① 孟祥姝.巧用高中物理图像法处理问题[J].科学大众:科学教育,2009(4):64.

② 张进奇.从受力分析入手巧解初中力学习题[J].考试周刊,2019(21):176.

连接位置。

(4) 小华更换了电源,闭合电键前使变阻器连入电路的电阻最大。闭合电键后,他移动滑片,发现电压表示数变小。请判断电压表的连接位置,并说明理由。

(5) 小华移动滑片,当电流表示数为0.3 A时,小灯正常发光。画出一线图,标出所有已知数据。此时电压表示数为________伏,变阻器连入电路的阻值为________欧,小灯的额定功率为________瓦。

【设计思路】

第一步要建立起电路图和一线图之间的关系。一线图是电路图的衍生,为了防止学生对新内容的排斥,笔者设立台阶并帮助学生认识到一线图在解决问题时比电路图更简便。在一线图上标记所有已知数据可以快速得知电源电压的值。

笔者在本题中还改动题干,将电压表放在下一问同样是为了给学生减少负担,让他们获得逐个击破问题的成就感。

此外,关于电压表位置单独成题的原因还有:本题考查的是学生动态电路的掌握情况,也是问卷中大多数学生有疑问的部分。设计成简答题可以重点关注对动态电路变化情况的掌握程度,以此进行针对性讲评。

原题的最后两问合并为一问是为了一次性提供给学生更多的信息。数据越多,离最终答案也就越接近。在前几问的铺垫下,此时再要求直接画出一线图,难度大幅降低,学生更容易获得成功。

4. 情景实验分析题

某同学研究容器对水平地面压力的变化情况。他在盛有水的薄壁柱形容器中放入不同的实心物体,物体浸没在水中且沉底,实验过程均如图4所示,并用传感器测出容器对水平地面的压力变化量ΔF,相关的数据记录在表中(表1)。

图4

表1　情景实验分析题

实验序号	1	2	3	4	5	6
$\rho_{物}$(千克/米^3)	1.2×10^3	1.2×10^3	1.5×10^3	1.5×10^3	1.8×10^3	1.8×10^3
$V_{物}$(米^3)	2.0×10^{-4}	2.5×10^{-4}	2.0×10^{-4}	3.0×10^{-4}	2.0×10^{-4}	2.5×10^{-4}
ΔF(牛)	2.4	3.0	3.0	4.5	3.6	4.5

(1) 在题干和表格中圈画前提、研究对象和影响因素。

(2) 若分析比较实验序号 2 与 6,能否得出:在盛有水的薄壁柱形容器中放入不同的实心物体,物体浸没在水中且沉底,当 $V_{物}$ 相同时,ΔF 与 $\rho_{物}$ 成正比? 为什么?

____

(3) 若分析比较实验序号 1 与 3 与 5,能否得出:在盛有水的薄壁柱形容器中放入不同的实心物体,物体浸没在水中且沉底,当 $V_{物}$ 相同时,ΔF 与 $\rho_{物}$ 成正比? 为什么?

____

(4) 若分析比较实验序号 1 与 2(或 3 与 4,5 与 6),能否得出:在盛有水的薄壁柱形容器中放入不同的实心物体,物体浸没在水中且沉底,当 $\rho_{物}$ 相同时,ΔF 与 $V_{物}$ 成正比? 为什么?

____

【设计思路】

问卷调查中很多学生认可了分步走策略,但是最后答题的效果不尽如人意,主要源于找不到前提、研究对象和影响因素。这时候需要教师指引方法,比如,使用语文阅读理解时经常用到的圈画方法。圈画的好处在于:第一,保证了答案来源的准确性,不自编自创一些物理量;第二,一边读题一边圈画,潜意识里提高了对文本的认识。但是即使找到了以上三个要素,最后书写结论环节仍是大部分学生的软肋,这是因为不清楚物理量之间满足的关系所导致的。特别是什么时候可以写物理量之间成正比? 什么时候可以写自变量越大,因变量越大? 归根结底,学生没有区分定性分析和定量分析的本质。

这里笔者采用了判断题和简答题,同时让学生将 3 道题进行对比研究。对比的好处是可以发现(2)(3)两道题明显的区别仅在于实验量的不同。由此引发学生的思考:定量分析需要大量数据为基础。此时比较(3)(4)两道题,加强学生对定量分析的认识:大量数据指的是在满足题目前提和控制变量的基础上,一个自变量改变多次(在题目中一般体现为 3 次及以上),因此最后一问不能写成正比。将一道题目拆分成两个大的部分,先明确"写谁",再明确"如何写",深度剖析"如何写"才能发现学生的问题。

(二) 优化初三中考力学复习作业

笔者结合《上海市初中物理学科教学基本要求》,将初中阶段和力相关、可利用受力分析图实现有效练习的部分进行了整体的规划。具体内容为:第二单元——2.2.1 理解力,理解力的图示;2.2.3 理解重力;2.2.4 理解摩擦力;2.2.5 理解同一直线上的二力合成(知道合力,能计算同一直线上二力的合力大小,并能判断合力的方向);2.2.7 理解二力平衡的条件(知道物体的平衡状态,知道二力平衡条件,能用二力平衡的条件分析简单问题)。第六单元——6.1.1 理解压力,知道压力的概念;6.4.1 知道浮力(知道浮力产生原因);6.4.2 理解阿基米德原理。

规划思路按照金字塔结构(图 5),最下方为受力分析的基础:会画力的标准表示方法,即图示法;分析问题时的简化画法,即力的示意图法;一些基本的力的大小计算。中间层为难度稍高的平衡力、合力概念,要求学生在会画单个力的基础上,能分析同一直线上两个力共同作用的情况。金字塔顶端是要求最高的部分,需要综合运用,可能会涉及同一直线上多个力的问题,也需要结合运动状态进行综合分析。

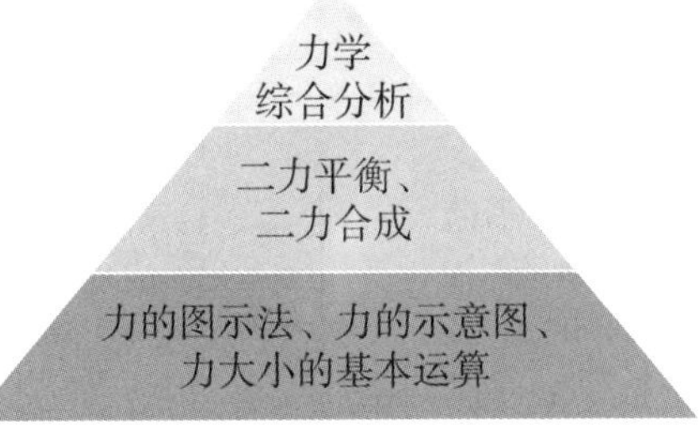

图 5　力学相关知识结构

表 2　围绕受力分析图的力学知识框架

总体框架	作业案例	作用
力的图示法、力的示意图	物块质量为 1 kg,计算物块的重力,并用力的图示法画出物块受到的重力、对地面的压力	复习力的图示法,复习重力的大小计算、重力和压力的概念,并复习二者区别
	物块置于水平地面,受到水平向右 2 牛的拉力,用力的示意图画出该力	复习示意图法,为复杂的受力分析图做铺垫
	物块水平向右运动时,受到 2 牛的摩擦力,用力的示意图画出摩擦力	复习摩擦力的概念,明确其方向
	体积为 0.4×10^{-3} 米^3 的金属球浸没在水中,计算它受到的浮力,并用力的示意图画出浮力 增大物体在水中的深度,它受到的浮力将________(选填“变大”“不变”或“变小”) 图 6　浮力	复习浮力的计算公式、浮力的大小及浮力的方向

（续表）

<table>
<tr><th>总体框架</th><th>作业案例</th><th>作用</th></tr>
<tr><td rowspan="2">二力平衡与二力合成</td><td>把一个重为 2 牛的苹果竖直向上抛出，苹果在空中受到重力和空气阻力的作用，画出苹果在上升和下降过程中的受力分析图，并判断所受合力 $F_{上升}$ 和 $F_{下降}$ 的大小关系</td><td>复习二力合成的大小和方向</td></tr>
<tr><td>用 20 牛的水平推力，使一个重 100 牛的木箱在水平地面上做匀速直线运动，画出木箱的受力分析图并判断木箱受到的滑动摩擦力为________牛</td><td>复习平衡状态和二力平衡</td></tr>
<tr><td rowspan="2">力学综合分析</td><td>如图所示，重力为 20 牛、体积为 0.4×10^{-3} 米^3 的金属球一半浸入水中，画出小球的受力分析图，并判断此时该球受到重力与容器底支持力的合力大小为________牛 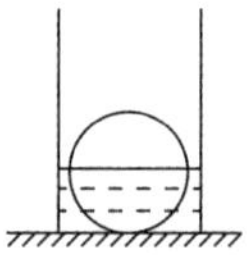
图 7　综合分析 1</td><td rowspan="2">物体受到多个力作用时的受力分析</td></tr>
<tr><td>重为 2.45 牛的木块，用细线悬着浸没在装有水的柱形容器中，细线对木块的拉力为 1.2 牛，画出木块的受力分析图，并判断此时木块所受浮力为________牛 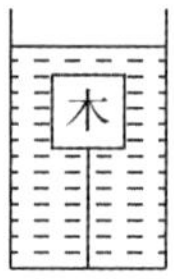
木
图 8　综合分析 2</td></tr>
</table>

线密度的形成及应用

◎ 上海市民办明珠中学　陈献亚

摘　要　以密度概念为例，阐述如何在教学实践中达成物理学科核心素养，即物理观念、科学思维、科学探究、科学态度与责任。对密度概念的初步认识，利用实验将物理观念落实到学生的生活中；在概念推进阶段，于情境创造之中达成科学思维；在概念深化理解阶段，将科学探究以及科学态度与责任提升至课堂外对概念的理解。将物理学科核心素养深入到物理教学课堂之中。

关键词　密度；线密度；探究；核心素养

心理学家皮亚杰认为，“个体与环境交互作用中逐渐建构的结果，学习的结果，不只是知道对某种特定刺激作出某种特定反应，而是头脑中认识的重建”。[①] 知识发生过程指的是教师引导学生揭示或感受知识发生的前提或原因、知识概括或扩充的经过以及向前拓展的方向，简而言之，就是再现知识的来龙去脉，揭示知识的本质与联系。[②] 目前我国的基础教育教学中，普遍重视知识的传授，轻视知识发生过程的教学，无法体现物理教学核心素养。如何形成、理解并掌握物理概念，进而总结得出物理规律，是物理学习的核心。为此，教师应掌握物理概念的教学方法和技巧，以提高学生学习物理的积极性和主动性。

一、物理核心素养

物理核心素养包括四个方面：物理观念、科学思维、科学探究、科学态度与责任，这四个方面相互联系、共同发展。学科核心素养是学科育人价值的集中体现，是学生通过学科学习而形成的正确价值观念、必备品格和关键能力。

---

① 刘芳霞，熊志权.基于知识发生过程的初中物理概念教学——以“密度”一节为例[J].课程教学研究，2016(7)：71－74.

② 熊志权.基于知识发生过程的物理概念教学——以《运动的快慢》教学为例[J].中学物理教学参考，2014(6)：26－28.

（一）物理观念

物理观念是从物理学视角形成的关于物质、运动与相互作用、能量等的基本认识；是物理概念和规律等在头脑中的提炼与升华；是从物理学视角解释自然现象和解决实际问题的基础。物理观念主要包括物质观念、运动与相互作用观念、能量观念等要素。具体到实践教学中，要经历从具体到抽象、从简单到复杂、从感性到理性的过程。例如，建立力的概念，就要从人推桌子、脚踢球、马拉车等的具体实例开始。

（二）科学思维

科学思维是从物理学视角对客观事物的本质属性、内在规律及相互关系的认识方式；是基于经验事实构建物理模型的抽象概括过程，是分析综合、推理、论证等方法在科学领域的具体运用；是基于事实证据与科学推理对不同观点和结论提出质疑和批判，进行检验和修正，进而提出创造性见解的能力和品质。17 世纪，伽利略、牛顿开创了近代物理学的新篇章，他们采用的实验（事实）＋逻辑推理的方法，奠定了科学探究的坚实基础，发展了科学思维的逻辑体系，达成了提供证据的思想共识，并成为人类思想史上最伟大的成就之一。教师在教学中要使学生逐步感悟、理解和掌握物理学研究方法，坚定逻辑推理的前提，按照科学理论中的因果关系，尊重逻辑推理的结果。在进行科学论证的过程中，要强化基于事实证据的科学推理，要敢于对不同观点和结论提出质疑。例如，教师在阐述观点时，要有接受学生质疑的胸襟，要鼓励学生敢于提出自己的见解和主张，要给每一名学生插上想象的翅膀。

（三）科学探究

科学探究是指基于观察和实验提出物理问题、形成猜想和假设、设计实验与制订方案、获取和处理信息、基于证据得出结论并作出解释，以及对科学探究过程和结果进行交流、评估、反思的能力。科学探究主要包括问题、证据、解释、交流等要素。其中各要素可描述为：

1. 问题

爱因斯坦曾说：“提出一个问题往往比解决一个问题更有意义。”探究活动中首要的是形成探究问题，而问题的形成可以有不同的方法。笔者认为，为学生创设合理的问题情境，通过对问题情境的观察、思考，加之“道而弗牵”的启发，引导学生提出有价值的问题，逐步使学生养成提出问题的意识，这应该是教师努力实践的形成探究问题的方式，也正符合课程标准中提出的对“科学探究”的界定——基于观察和实验提出物理问题。例如，课上，教师演示一根手指断钢丝的实验，引发学生兴趣和思考：小力变大力，是如何实现的呢？实验装置中两块木板的角度比较大，一个力产生两个效果，原理是什么？进而提出研究一个力与两个分力关系的课题。

2. 证据

科学探究中的“证据”必须是客观真实的，经得起检验的，并且要与假设相关。例如，在探究单摆的振动周期与摆长的关系中，通过改变摆长，测出相应的周期；通过多次测量，进行数据处理并得到周期的平方与摆长成正比的结论。实验也是为了获取证据，实验结果就是一种客观证据。在科学精神中不可或缺的是实证精神。如果具有实证精神和证据意识，物理学习的过程会变得有趣，学习生活会更充实，学习效果会更好。因为有了实证精神，有了证据意识的时候，就会去追寻、去探究，探究的效果自然会好。教学中“证据”可以通过实验获得，可以从自然界中的客观事实得到，也可以从现实生活、生产、科学技术中得到。例如，可以通过观察雨后彩虹，了解光的折射这个客观事实；行驶中的汽车突然刹车，人会向前倾倒，可为惯性概念提供事实证据；阳光下人会留下影子，可为光在空气中沿直线传播提供事实证据；飞机连续投下炮弹后，炮弹在空中排布在一条竖直方向的直线上，可为说明做平抛运动的物体水平方向做的是匀速直线运动提供事实证据。

3. 解释

科学探究中的“解释”不同于日常生活中的“解释”。日常生活中的“解释”，往往是为了消除人们之间由于某种原因产生的误解。科学探究中的“解释”是建立在观察、实验基础上，用实验得到的结论对之前所做的假设作出分析和说明。在“解释”的过程中，要根据已有知识，进行逻辑推理。

4. 交流

交流是探究活动中的一项内容。探究活动中同伴之间要进行沟通和交流，这是做好探究的重要基础。交流中要能够清晰地表达探究结果，能够对探究过程作出客观的分析和评价，要具有分享成果的意识，有愿意接受他人质疑的心理状态。展示与交流，可以培养学生的合作意识与合作能力，培养学生的表达能力，使学生获得成功的体验。科学探究中的交流，是在独立思考、探索的实践基础上进行的自由的表达。从四大类、14 条的描述中，我们不难发现，核心素养的建构，尽管落脚点是学生“身心发生积极、健康的变化”，却是建立在物理学科的基础上或以物理学科为载体来实现的。

（四）科学态度与责任

一名诺贝尔奖获得者说道：“推动科学进步的不是天才，而是兴趣，是对世界的好奇心！”教师不仅要让学生学习科学知识、掌握科学方法、提高科学思维能力，而且要在这个过程中激发学生的好奇心、求知欲和探索自然的内在动力，培养实事求是的科学态度，形成正确的价值观。要让学生觉得物理就在身边，不仅有用，而且有趣。而科技工作者在建构科学概念、创建科学方法，揭示自然规律，进行科学实践的过程中体现出的那种执着的精神，那种追求真、善、美的情操和境界，都应该成为学生学习的内容。

二、物理教学的课程目标

由物理概念、物理规律构成的有机整体统称为物理学理论。① 近代物理学的发展经历了物理现象—物理概念—物理实验—物理规律—物理学理论—物理学应用的过程，教师要对此有一个整体性认识。物理概念是物理学的基石，物理概念的教学具有举足轻重的意义。物理概念的教学应尽量从现象入手，要给学生自主建构概念的时间，既需要理解概念的物理意义，又需要掌握概念的定义。例如，加速度的物理意义是描述质点速度变化快慢；定义是速度的变化量与所用时间之比。

中学物理课程应在义务教育的基础上，进一步促进学生物理学科核心素养的养成和发展。通过中学物理课程的学习，学生应达到如下目标：

1. 形成物质观念、运动与相互作用观念、能量观念等，能用其解释自然现象和解决实际问题。

2. 具有建构模型的意识和能力；能运用科学思维方法，从定性和定量两个方面对相关问题进行科学推理、找出规律、形成结论；具有使用科学证据的意识和评估科学证据的能力，能运用证据对研究的问题进行描述、解释和预测；具有批判性思维的意识，能基于证据大胆质疑，从不同角度思考问题，追求科技创新。

3. 具有科学探究意识，能在观察和实验中发现问题、提出合理猜想与假设；具有设计探究方案和获取证据的能力，能正确实施探究方案，使用不同方法和手段分析、处理信息，描述并解释探究结果和变化趋势；具有交流的意愿与能力，能准确表述，评估和反思探究过程与结果。

4. 能正确认识科学的本质；具有学习和研究物理的好奇心与求知欲，能主动与他人合作，尊重他人，能基于证据和逻辑发表自己的见解，实事求是，不迷信权威；关心国内外科技发展现状与趋势，了解物理研究和物理成果的应用应遵循道德规范，认识科学与技术、社会、环境的关系，具有保护环境、节约资源、促进可持续发展的责任感。

三、初识密度概念

现行苏科版初中物理教材关于密度概念的建构思路是：讨论交流——怎样区分表面被涂成相同颜色的铁块和塑料块？提出问题——物体的质量与体积之间有什么关系？猜想假设——同种物质的物体，体积越大，质量越大，其质量与体积很有可能成正比，即质量与体积的比值应该为定值。实验验证——分组实验，每组选择两种不同的

---

① 中华人民共和国教育部.普通高中物理课程标准(2017 年版)[M].北京：人民教育出版社，2018.

物质(如铁和塑料,或铜和铝等),每种物质选 3 个体积不等的物体。分别测出质量和体积并记录,计算出质量与体积的比值。得出结论——同种物质的物体,质量与体积的比值相同;不同种物质的物体,质量与体积的比值不同。由此可见,某种物质的质量与体积的比值反映了这种物质特有的性质。在物理领域,我们就把单位体积的某种物质的质量定义为密度。知识应用——通过比较质量与体积的比值(即密度)区分表面被涂成相同颜色的铁块和塑料块。

(一) 不同物质的质量与体积之间的关系

教师让学生感受外形、颜色相同的铁块和塑料块的质量,根据质量区分铁块和塑料块。可以借助托盘测量出物块的质量,用更为精准的定量方式来取代主观感受,从而得出相同体积的不同物质的质量不同,以此鉴别不同物质。

让学生感受体积相同的不同物质的质量是不同的,为引导学生探索质量和体积之间的关系做了充分的铺垫。学生利用桌上的器材(其中铜块、铁块、铝块的体积都是 10 cm^3),研究相同体积的不同物质的质量是否相同,将实验数据填入表 1。

表 1　探究相同体积的不同物质的质量与体积之间的关系

物质	质量/g	体积/cm^3	质量/体积/$g \cdot cm^{-3}$
铜块		10	
铁块		10	
铝块		10	

根据实验数据可得出结论:相同体积的不同物质质量不同,不同物质的质量与体积的比值不同。

(二) 同种物质的质量与体积之间的关系

学生通过小组实验测量不同体积的圆柱体铁块的质量,记录数据在表 2 中,然后在坐标纸中绘制出“质量—体积”图像,分析同种物质的质量与对应体积的比值特征。

表 2　探究同种物质质量与体积之间的关系

物质	质量/g	体积/cm^3	质量/体积/$g \cdot cm^{-3}$
铁块 1		10	
铁块 2		20	
铁块 3		30	

根据实验数据得出结论:同种物质的质量与它的体积成正比,即质量与体积的比值相同。

由上述两个实验可知，不同物质的质量与体积的比值不同，相同物质质量与体积的比值相同，物质的种类与这个比值息息相关，可见，这个比值能够反映出物质的特性，在物理学中，我们把质量和体积的比值这个特征叫做这种物质的密度。

（三）密度的物理概念

物理概念教学常常采用“一个定义，几项注意”来明示公式的意义和各种注意事项，穷举菜单式的注意事项。

公式：$\rho=\dfrac{m}{V}$

注：ρ 为密度；m 为质量；V 为体积。

（四）线密度的形成

问题引入：如图 1 所示，质量相等 A、B 两个均匀规则的柱体放在水平地面上。若沿水平方向切去相同高度，则剩余部分质量的大小关系如何？

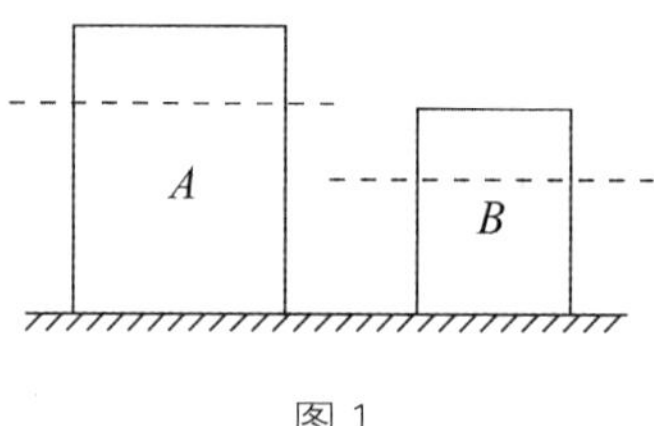

图 1

切割问题是上海中考物理的一大特色。该类问题涉及多个衡量与变量，量与量之间错综复杂，对于初次学习的新生有一定难度。为此，笔者特地引入线密度帮助学生解决此类问题。在解决前述问题时，首先了解密度、高度、体积、质量和压力各物理量之间的关联性(表 3)。

表 3　各物理量之间的关系对比

物理量	原来的	变化的	后来的	三者关系
密度	ρ	ρ	ρ	ρ
高度	h	Δh	h'	$h'=h\pm\Delta h$
体积	V	ΔV	V'	$V'=V\pm\Delta V$
质量	m	Δm	m'	$m'=m\pm\Delta m$
压力	F	ΔF	F'	$F'=F\pm\Delta F$

由表 3 可以看出，密度 ρ 是个不变的量，它不会随着切割或者增加导致密度上的

变化,而高度、体积、质量和压力会随着外在的切割或增加导致实质的变化,变化呈现出单纯的线性加减变化。结合前面两个问题,可将问题一般化。

对于一个底面积为 S,高为 h 的柱体,切去一定高度后,剩余质量的表示可作如下推导:

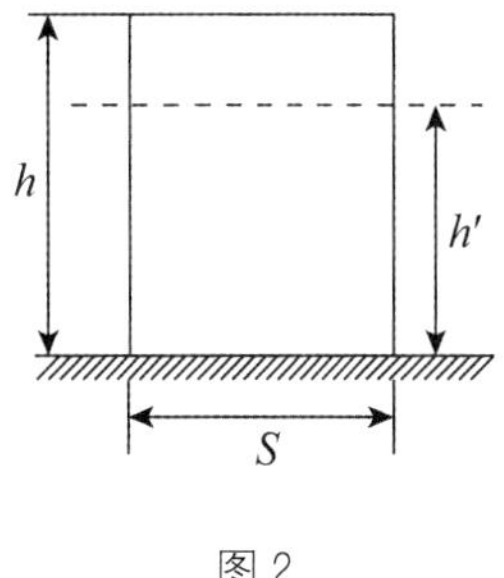

图 2

$$m'=\rho V'=\frac{m}{V}V'=\frac{m}{Sh}\cdot Sh'=\frac{m}{h}\cdot h'$$

由上式可以看出:

1. $\frac{m}{h}$中,m 表示物块初始质量、h 表示物块初始高度,因此$\frac{m}{h}$是一个常量。

2. $\frac{m}{h}$表示一个常量时,由 $m'=\frac{m}{h}h'$可知:m'与h'成正比;反之,h'与m'与成正比。

由此,我们可以从高度看出质量,也可以从质量看高度。当然,后续学习中会涉及压力,而对于水平放置的柱体,物块的压力与质量成正比,因此,可以将压力一类的问题划归为质量问题。

3. 类比 $v=\frac{s}{t}$、$\rho=\frac{m}{v}$的定义,可以得出$\frac{m}{h}$的物理意义表示单位高度的质量,称之为线性密度,它的单位是“千克/米”,可以用 $l_\rho=\frac{m}{h}$表示。

4. 引入线密度后,最大的边界之处在于不需要考虑物块的横截面积。此外,还可以得出如下关系:

$$m'=l_\rho h' \quad \Delta m=l_\rho \Delta h \quad m'=-l_\rho \Delta h+m$$

5. 对于 $m'=-l_\rho \Delta h+m$ 的进一步理解:m'与 Δh 成一次函数,且函数图像如图 3 所示。其中,图像与横轴的交点表示物块的初始高度;图像与纵轴的交点表示物块的初始质量。

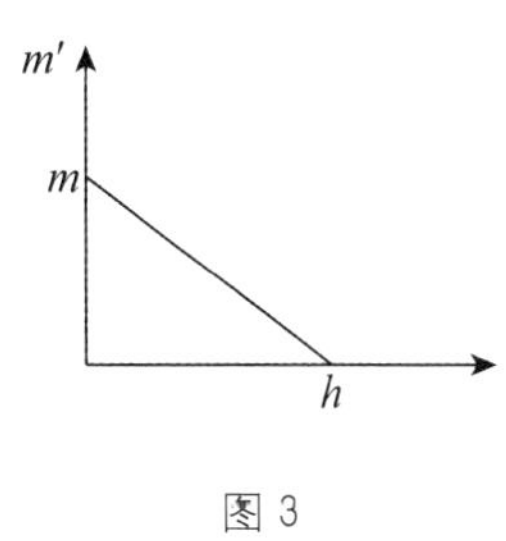

图 3

(五)线密度的应用

如图 4 所示,质量相等 A、B 两个均匀规则的柱体放在水平地面上。若沿水平方向切去相同高度,则剩余部分质量的大小关系如何?

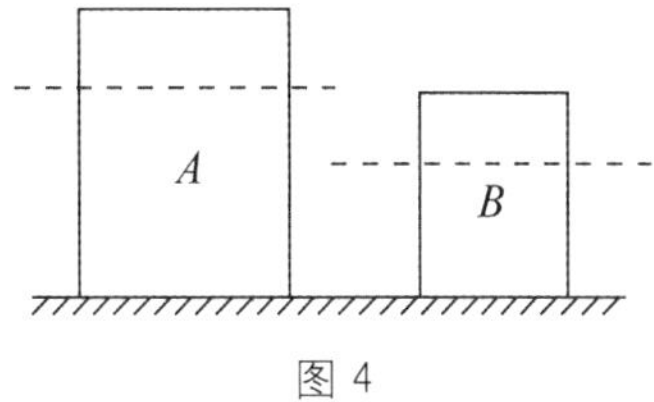

图 4

策略 1:根据线密度定义直接运算

$$m'_A=\frac{m_A}{h_A}\cdot h'_A=m_A\frac{h_A-\Delta h}{h_A}=m_A\left(1-\frac{\Delta h}{h_A}\right)$$
$$m'_B=\frac{m_B}{h_B}\cdot h'_B=m_B\frac{h_B-\Delta h}{h_B}=m_B\left(1-\frac{\Delta h}{h_B}\right)$$
$$\xrightarrow[h_A>h_B]{m_A=m_B} m'_A>m'_B$$

策略 2:初始质量相同,要比较剩余质量,只需要比较变化质量

$$\Delta m_A=\frac{m_A}{h_A}\Delta h=\frac{m}{h_A}\Delta h$$
$$\Delta m_B=\frac{m_B}{h_B}\Delta h=\frac{m}{h_B}\Delta h$$
$$\xrightarrow{h_A>h_B}\Delta m_A<\Delta m_B\longrightarrow m'_A>m'_B$$

策略 3:m'与 Δh 图像

如图 5 所示,图像法使得结果显得更加一目了然。

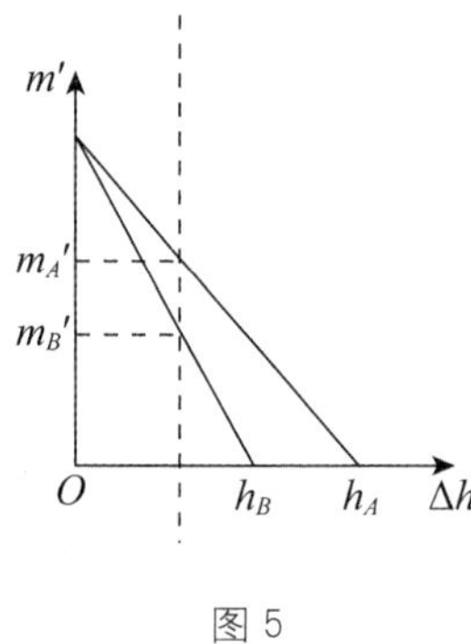

图 5

四、总结

奥苏贝尔认为,有意义的学习就是符号代表的新知识与学习者认知结构中已有的适当观念建立了非任意的和实质性的联系。① 对于密度概念的认识,从最基础的概念认识,到对概念的理解,再到对概念的使用并变化。不仅是密度概念,整个知识体系的知识亦如此,从认识到理解再到使用,需要学生对知识有足够深刻的认识,然后通过自己的理解解决问题。总之,核心素养在物理概念教学的有效达成,首先体现在物理观念的引导上,再借助情境创建中科学思维的展现,引导学生自主科学探究,促进其对概念的深刻理解,有效内化,最终在实践应用中达成科学态度与责任意识的自然形成。

① 吴华芳.以“物质的密度”教学为例谈物理概念的教学策略[J].中学物理教学参考,2018,47(12):21-22.

娄华化学工作室

工作室主持人寄语

化学，格万物之化，致精微之学。

工作室代表性研究成果

依托单元作业设计，发展学生核心素养
——以“无机化工生产”单元为例

在活动中发展化学核心素养的实验教学
——以氢氧化钠与二氧化碳反应的实验创新为例

“氨气与水反应”创新实验设计

工作室概况

格致教育集团娄华化学工作室由上海市格致中学娄华老师担任主持人，普陀区教育学院叶佩玉老师担任特聘导师。工作室学员共16名，分别是上海市格致中学教师孙卫中、闻昊、王昆、徐云、周全、胡健、余秀娟、李燕云，同济黄浦创意设计中学教师徐琤雅，民办明珠中学教师陈磊、吴莲莲、王丹，格致初级中学教师王玮丽，原应昌期围棋学校教师戈凯怿、陶雅婷，曾任职于上海市格致中学的教师李国罡。

工作室的主要培养目标：

第一，"带好一支团队"。

秉承科学发展观，从先进理论的学习应用入手，以现代学科教育理论为基础，打造通识教育、课题研究、实践探索、自主发展四个模块的多维培养系统，进行立体研修。通过导师、专家领跑和超越，激发创新思维，集团队优势，共生协作，有效推动工作室学员的专业成长，形成市、区内有一定影响的，具有引领和辐射作用的骨干教师群体。

第二，"出好一批成果"。

以课题研究为载体，以提高课堂教学设计和执教能力为基本宗旨，抓住课堂教学中的重点和难点问题，确定一个具有研究价值的研修专题，确立研究方向，探寻教改的新思路、新方法，在聚焦课堂教学实践的有效主题研修活动中，推出教改成果。

第三，"打造示范窗口"。

精心策划教学研究的展示活动，以教改实践研讨、名师论坛、实验创新等多种形式，促进个人课堂教学特色的形成，展示科研成果和教学智慧，为学员的成长搭建舞台，提升能力与知名度，助力学员卓越发展。

工作室主持人介绍

娄华，上海市格致教育集团娄华化学工作室主持人，上海市特级教师，现任上海市格致中学化学教师，兼任上海市第四期“双名工程”“攻关计划”主持人，连续四届黄浦区教育系统学科带头人、骨干教师，上海市教育学会化学专业委员会中学化学实验研究中心核心成员，上海市业余化学学校高级教练。指导学生以总分第一斩获第30届国际化学奥林匹克竞赛金牌，6次获得中国化学会嘉奖。主持市攻关课题、区级课题及中国化学学会教育专业委员课题，获省市教科研成果一等奖2项。参与基础教育教材修订，多次参加上海市普通高中化学等级考命题和审题工作，于核心期刊等发表论文19篇，参编书籍12本。先后获得“全国高中化学教学改革实践优秀教师”等荣誉称号。

模块立体修炼，科学引领发展

——娄华化学工作室工作回顾

格致教育集团化学工作室的16位学员来自集团内5所初、高中学校，平均年龄32岁。按照既定的方案，瞄准青年教师的成长需求，遵循教师专业化成长的规律，以努力培养学员成为全区乃至全市具备引领能力的学科名师、学科骨干为目标，设计了通识教育、课题研究、实践探索、自主发展四个模块的多维培养系统，进行立体研修。经过两年来的实践探索，学员们的教育理念、教学行为有了明显的转变，学科素养得到了及时的补充和提高，教学智慧有了较大的进步，取得了较为满意的研修成果。

一、开展通识教育，夯实发展基础

名师是综合性的教育人才，应具备丰厚的教育理论基础、良好的道德品格和心理素质、扎实的学科知识和技能、明睿的教学实践智慧、鲜明的专业发展特色。依托上海市第四期"双名工程"的资源，瞄准名师的专业素养要求，并不断地缩小差距，打造化学学科优秀教师团队，是工作室努力的方向。

我们和"双名工程""攻关计划"团队一起，联合邀请上海市著名教育专家叶佩玉、吴俊明、王祖浩、秦浩正和李子明等作专题报告，开展通识教育，使学员明白了教师不仅要用高尚的人格感染学生，更要用精湛的艺术吸引学生，要树立正确的教育理念，具有崇高的师德修养、丰富的专业知识、相当的教育研究能力等。

二、进行课题研究，提升学识水平

开展教育科研是当代教师学习、工作的方式，课题驱动、行动研究是教师自我发展、自我提高的基本方法。解决在教育、教学中发现的问题及遇到的困惑，做科研型教师是新时代教师职业化的要求。正如当代教育家林崇德教授所说："教师参加教育科学研究，是提高自身素质的重要途径。"

本模块立足中学化学课程改革的要求，完成立德树人的根本任务。在化学教育教学实践中培养学生化学思维和关键能力，探索培养和发展化学学科核心素养的路径和策略，工作室以项目研究为抓手，从实际出发，聚焦中学化学教学中的关键问题，完成了黄浦区教育科学研究项目“建构基于化学学科核心素养培养的教学单元的策略研究”。学员闻昊、李国罡、戈凯怿还积极参与市攻关团队的“新时代课程改革背景下高中化学混合式学习实践研究”，分享攻关团队的研究成果。学员们聆听了学科专家华东师范大学王祖浩教授、上海师范大学吴俊明教授、黄浦区教育学院教研室主任夏向东老师对课题的指导和点评，导师们严谨的治学态度、条理清晰的表达、思维敏捷的应对，给学员们留下了深刻的印象；教学深层次体会、对化学学科核心问题的认识，拓宽了学员的视野，使学员的教学理念紧跟时代步伐。

两年多来，学员们已经能自觉地用课题引领教学。其中 1 项立为市青年研究课题，9 项立为区级课题。为了提高教学的有效性，工作室主持人与学员格致中学孙卫中、闻昊、李国罡、余秀娟组成团队，参加市教委教研室主办的中小学单元优秀作业、试卷案例征集活动并获得一等奖(全市化学学科共 6 例)，学员格致初级中学的王玮丽参加了初中组的作业设计比赛获二等奖。

课题研究对学员改进化学教学具有非常重要的指导意义，为学员提升学识、共享学科智慧提供了一个非常有效的平台。

三、探索常态课堂，提高教学实效

实践既是教师专业发展的目的，也是促进教师专业发展的有效途径。教师真实的实践主要在课堂教学，学员成长的土壤主要就是课堂。为此，我们联合黄浦区教育学院、市化学学科青年教师研修班和市“攻关计划”、黄浦区“种子计划”团队，共同开展常态课教学研究，努力提高教学的时效性。学员陈磊、闻昊还在市“空中课堂”分别完成了 10 节和 3 节的录像课教学。每次研究课，执教学员都把自己的教案印发给大家，并且全程拍摄，便于日后反思研究。特别是原应昌期围棋学校戈凯怿老师的《认识溶液的酸碱性》，这是工作室联合市“攻关计划”、黄浦区“种子计划”和区教育学院共同推出的研究课，反响很好。该课是混合式学习方式在化学教学中的具体实践，为课题的深入开展提供了鲜活的实践案例，使工作室骨干学员在一定区域内发挥引领示范作用。

四、主体磨砺成长，开通名师之路

2019 年 5 月，工作室开启了学员为主角的“创新微论坛”，创建了学术研究的氛围。敦促大家从研究者的角度回顾自己或他人的教学历程，站在较高的层面重新审视、反思、对照自己的教学行为，让更多的教师表达自己的思想，在思维的碰撞“风暴”中更加准确地把握研究的精髓，达到提升全体学员化学研究视野与素养的双赢效果。徐琤雅“我的学校　我的课”、陈磊“2017 年广州之行的一些感悟”、闻昊“化学实验中新技术应用点窥”、胡健“关于学生课题指导的一些做法”均在“创新微论坛”作了交流分享。

在实战中成长是工作室学员各种专业发展的催化剂，两年来，工作室积极鼓励学员参加各级各类的教学、实验创新、实验说课比赛，在大赛磨砺中快速成长，取得了优异的成绩。学员王玮丽、闻昊分别获评“一师一优课　一课一名师”部级优课、市级优课。

闻昊老师在教学实践、化学实验创新方面连续获得 7 个国家级和市级一等奖，成绩骄人，在黄浦区、全市具有一定的知名度。日前，闻昊老师入选新教材化学实验手册编辑小组。

五、丰富培养资源，体验科创实践

学员的有效培养需要优质的培训资源的支持。我们除了利用格致校史陈列室格致书院“富矿”之外，还与“双名工程”的“攻关”团队结盟，走访名校：在复旦大学附属中学感受沪上名校的激情，在敬业中学体验名校悠久的历史积淀，走进晋元中学体验现代教育技术与教学实践深度融合的成果，更加坚定了专业发展的方向，增强了达成更高专业发展目标的自信心。

为了让学生适应未来发展的多样化需求，学员们还尝试开发跨学科的学习项目。格致中学的闻昊老师特别注重信息技术与生活的结合运用，他利用计算机编程技术，带领学生共同制作“自动滴定装置”“自动过滤系统”，为学生的特长发展创设更大的空间。此项目获得上海市创新化学实验作品一等奖，并在 2019 年的全国中小学实验创新交流大会上代表上海作展示交流，获得了专家和同行的高度赞誉。

格致中学的胡健老师负责工作室科创活动策划和组织。在他的引领下，工作室学员近三年指导学生在科创比赛中成绩辉煌，累计获得一等奖 8 项、二等奖 11 项、三等奖 16 项。

两年多来，学员们的专业发展有了长足的进步：格致的胡健、明珠的陈磊成功晋升高级职称，明珠的王丹和格致(奉贤校区)的余秀娟、李国罡晋升中学一级教师。格致的孙卫中还获评新一轮区骨干教师，格致(奉贤校区)的周全获评奉贤区名师。学员们在工作室这个优越的平台中，学习、体验研修的魅力。从模仿蹒跚到视角创新，从关注教法到学科研究，从自我发展到区域辐射。

两年多来，学员们从工作室这个新起点开始远航，感谢格致教育集团提供的平台，感谢集团学校的大力支持和帮助，我们在感到责任的同时又享受到一份别样的幸福！

依托单元作业设计，发展学生核心素养

——以“无机化工生产”单元为例

◎ 上海市格致中学　闻　昊

摘　要　本文关注高中化学中“无机化工生产”的内容及其特点；“无机化工生产”作业的意义、功能与分类；“无机化工生产”作业发挥功能的内、外条件；“无机化工生产”作业设计的工作内容及程序、“作业点”及其确定、作业的层次、作业设计的原则、作业的项目评价和教学实效评价；对“无机化工生产”流程题的讨论。

关键词　高中化学；无机化工生产作业；作业设计；作业设计评价；无机化工生产流程题

人类的存在和发展离不开物质。人类对各种实物材料(化学物质)的需要，促使化学科学从无到有、从低浅到高深、从贫乏到浩瀚博大，在近220年内愈来愈快地发展；也使重化工时期成为人类社会发展的重要阶段。化学化工不但已经改变了整个世界的面貌，而且将促进整个世界向更美好的方向发展。如今，我国社会处于重化工时期，化学工业正在向绿色化、循环化、精细化、高效化、规模化、集约化、经济化方向发展。化学工业的新发展需要大量的高水平人才。在当前这个关键的转型期，必须使未来社会公民——广大青少年对化学工业有初步了解，而不论他们将来是否直接从事与化学化工有关的工作，这个社会责任都不容推辞地、光荣地落到了中学化学教育工作者的肩上。

“无机化工生产”是中学化学教育(主要是高中化学教育)的重要题材，是中学化学中化工教育的起步阶段，对于巩固和深化、完善有关化学知识的教学，进一步开展有机化工生产的教学，对于全面培养学生的关键能力和优良品质，提升学生核心素养等，都有着不可小觑的积极意义。

要有效开展“无机化工生产”教学，需要重视“无机化工生产”作业的教学。本文拟就“无机化工生产”作业的设计作一些粗浅的讨论。

一、高中化学中“无机化工生产”的内容及其特点

目前,我国高中化学中“无机化工生产”主要有合成氨工业、硫酸工业、纯碱工业以及氯碱化工、海洋化工(包括海盐化工、海水化工、海藻化工,不含海洋石油化工)等题材,不再有硝酸工业内容。钢铁工业有无机化工的特点,在中学化学中也可以作为“无机化工生产”的一个专题,组织复习等教学活动。

一般而言,化工知识大体上应包括化工原理和化工工艺两大部分。目前高中化学中的化工原理以化学原理和工艺流程为主,不涉及与传热、传质、流动、混合有关的场、相以及过程稳定与重现等化工理论问题;化工工艺以某些重要的操作为主,较少涉及设备。而且,化工原理和化工工艺一般不设专门章节,主要结合有关的化工生产来简介。例如,在某版本教科书中,化工生产的基本原理是在“氯碱工业和联合制碱工业”之后接着介绍的,具体内容包括充分利用原料、充分利用能量以及保护环境三项,篇幅只有大约五百字。

总的看来,目前我国高中化学中“无机化工生产”内容不多,深度较浅,在课本中的安排似有一点“碎片化”,有关文字似以叙述为主,思考性、探究性、操作性不太强,似有一点低龄化。

二、“无机化工生产”作业的意义与功能

(一)作业的一般意义

早在战国至秦汉时期,我国古籍《管子・轻重丁》中的“菁茅谋”就出现了“作业”一词:“……行令半岁,万民闻之,舍其作业……者过半”(行令半年,万民听说以后,有半数以上的人都放弃了他们的正经工作……)。此外,成书于公元前 90 年的《史记・高祖本纪》中有“常有大度,不事家人生产作业”;司马光的《与吴丞相书》中有“人无贫富,咸失作业”,其中的“作业”指的都是工作、业务。

现代汉语辞书对“作业”的解释与此基本相似:

《辞海》(2009 版)中关于“作业”的解释是:“为完成某种生产或者学习等方面的指定任务而进行的一系列活动”。

《实用教育大辞典》对“作业”的解释是:“一种使学生有效理解和应用知识的必要学习活动,可分为课外作业和课内作业。”①

《中国教育大百科全书》对“作业”的解释是:“学生为完成既定的学习任务而进行

① 王焕勋.实用教育大词典[M].北京:北京师范大学出版社,1995.

的一种活动，分为课内与课外两种。”①

《中国大百科全书》则指出：“作业限指课外作业，也称家庭作业，是学生根据教师的要求，在上课以外的时间独立进行的学习活动”。②

据陈桂生教授考证，教育教学领域中的“作业”是个外来词。经历了漫长的发展阶段。在20世纪，“作业”一词在我国逐渐应用于生产劳务领域和教育教学领域，其义接近于Activity。在生产劳务领域，“作业”一般用于指称企业或组织为了某种生产劳务目的、按照一定方案和要求进行并发生一定消耗的活动。在教育教学领域，我国旧时的书院、私塾本无“作业”一说。20世纪初我国开始设立“学堂”实行现代教育制度后，“作业”开始在学校中出现。不过，在较长一段时期内“作业”广被称为“做功课”，由于旧式教育的影响，当时的作业仍以记忆、背诵、复述居多。到了20世纪50年代，我国开始全面学习苏联，“作业”在各级各类学校迅速推行。当时，一般人理解、指称的“作业”多是“家庭作业”，即“课后作业”。这种情况一直延续至今。③

（二）作业的一般功能

通常认为，作业能够促进学生理解、消化和吸收课堂所学内容，延续和深化课堂学习，为学生提供继续学习的机会。具体地说，其功能主要是：

1. 巩固功能，能强化学生对课堂所学内容的记忆、理解。

2. 应用功能，促进学生学会在一定情境中运用课堂所学内容解决问题，形成相应体验。

3. 拓展功能，通过适当增减、变换作业提供的已知条件或者任务，改变学生对所学内容的认识，拓展教学成果。

4. 发展功能，使学生通过作业活动体验并掌握学习规律，促进学习迁移，增强学习信心，完善知识体系，形成多种能力，发展学习兴趣，养成良好习惯，进一步打好学习的基础。

5. 评定、反馈及激励，等等。

实际上，作业还有一个比较隐蔽的功能，即师生展现自我和了解对方的功能。不过，这个功能是有条件的。例如，作业不能太难或者太过容易，还需要师生具有相应的识人经验。

（三）“无机化工生产”作业的特殊意义与教育教学功能

由于目前我国高中化学中“化工生产”内容不多，深度较浅，课本安排“碎片化”，思

---

① 张念宏.中国教育百科全书[M].北京：海洋出版社，1991.

② 中国大百科全书总编辑委员会《教育》编辑委员会.中国大百科全书·教育[M].北京：中国大百科全书出版社，1985.

③ 陈桂生.“作业”辨析[J].上海教育科研，2009(12)：59-61.

考性、探究性、操作性不太强，再加上学校的作业大多蜕变为重记忆、理解的书面作业，使“无机化工生产”作业在教育教学方面承担着特别任务，具有了特殊的意义与功能：

1. 增长见识，丰富认知化学工业的素材。

2. 引导思考，深化对化学工业及其有关问题的认知。

3. 提供动手、动脚等实践机会，恢复作业的实践性，引导学生走向实践、走向社会，恢复作业的本来意义、积极意义、“进步教育”意义。为学生主动学习增加可能，促进教育教学改革。

4. 落实学生核心素养的养育。核心素养包括基本观念、关键能力和必备品格三个方面，它们只能在主体的活动中形成，而且依赖于主体的主动性，不能通过灌输实现。被动的书面作业是无助于学生核心素养培育的。“化工生产”作业的完成必定伴随着主体的活动和主动精神，否则就无法完成。因此，“化工生产”作业有利于落实学生核心素养的培育，“无机化工生产”作业自然不会例外。

（四）“无机化工生产”作业的功能性分类

从期望作业达到的功能看，“无机化工生产”作业主要有下列类型：

1. 巩固性作业，旨在强化学生对所学“无机化工生产”知识的记忆、理解。

2. 应用性作业，旨在促进学生学会在一定情境中应用课堂所学“无机化工生产”知识技能解决问题，形成相应体验。

3. 导思性作业，引导学生对特定的某个问题或某类问题展开思维活动，深化对化学工业及其有关问题的认知。

4. 拓展性作业，通过适当增减、变换作业提供的已知条件或者任务，丰富学生认知化学工业的素材，增长学生见识，深化已有认识，掌握新的方法，拓展教学成果。

5. 实践性作业，要求学生通过自主探究活动、参观考察活动、科技实践活动或者社会实践活动完成一定的任务，从特定角度了解“无机化工生产”或其局部问题，了解无机化工生产与社会的联系或相互作用，等等。

6. 发展性作业，旨在使学生通过作业活动，体验并掌握“无机化工生产”学习规律，促进“无机化工生产”学习迁移，增强学好“无机化工生产”的信心，完善“无机化工生产”知识体系，形成和增强解决“无机化工生产”基本问题的能力(包括收集、提取有关信息的能力，对已有信息进行评价和加工的能力，综合运用有关信息解决问题的能力，迁移、转化所学知识的能力，等等)和其他能力，发展学习“无机化工生产”的兴趣，形成、巩固和发展绿色化学观，养成良好习惯，打好进一步学习“无机化工生产”的基础，提升思想境界。

（五）“无机化工生产”作业发挥功能的内部条件

“无机化工生产”总是在一定的时空中发生、实现，总是与一定的历史、社会相联系，只有在适宜的文化氛围中才能最大限度地发挥其教育教学功能。“无机化工生产”知识形成、发展和存在的自然及文化的历史场景，即“无机化工生产”的背景知识，反映着“无机化工生产”在空间和时间维度上广泛的内、外联系。在“无机化工生产”作业教学中，注意挖掘、展现和利用其背景知识所蕴含的文化因素，能更好地发挥其教育教学功能。

“无机化工生产”是在实验基础上发展、形成的：通常经历实验室实验、实验室小试、实验室中试、工厂试生产等步骤，全流程逐级设计并试验，直至最后“放大”为工业化生产。因此，以原始的实验室实验为基础，与实验联系起来，“无机化工生产”作业就能较好地发挥其教育教学功能。

“无机化工生产”与资源和环境问题有天然的联系，结合资源利用和环境避害、环境治理问题可以生动地开展“无机化工生产”作业活动，发挥其积极功能。“寻求新的化学原料”“探索新的反应条件与合成路线”和“设计绿色产品”是满足“无机化工生产”绿色化需求的三个基本途径，它们都可以作为“无机化工生产”作业的题材。

（六）“无机化工生产”作业发挥功能的外部条件

根据中国产业信息网等机构 2014 年—2018 年公布的数据，我国合成氨产能分布较广，除北京、上海、青海、西藏等地没有生产厂外，其他省市均有多家合成氨生产厂。我国硫酸年产量超过 8000 万吨，全国共有 28 个省份生产硫酸。我国也是全球最大的纯碱生产国，纯碱年产能约 3000 万吨，约占全球 45%。国内纯碱企业分布在 22 个省级行政区，纯碱生产装置有 50 多套，占世界纯碱企业总数的一半以上(其中氨碱企业 12 家，联碱企业 31 家，天然碱企业 1 家)。此外，目前我国还有上万家无机化工企业生产各种精细化学品。[①] 其中，无机盐工业经历了一个由小到大、由弱变强的转变时期。全行业从生产规模小、企业分布散、技术装备落后，发展到具备相当产业规模和基础，形成了门类比较齐全、品种大体配套、基本可满足国民经济发展和人民生活水平提高的工业体系，使我国成为世界最大的无机盐产品生产国、出口国和消费国[②]……无疑，我国无机化工企业很多，可以为企业所在地高中化学课程开展有关的工厂考察、环境调查和社会调查等活动作业提供有利的外部条件。

即使学校所在地附近没有“无机化工生产”企业，由于网络信息技术迅速发展、网络信息条件普遍改善，也可以因地制宜地开展“无机化工生产”活动作业，如观看有关企业生产的视频，等等。

---

① 刘方斌.无机盐行业生产技术稳步提高[J].化工管理，2012(11)：25－26.

② 叶佩玉，余方喜，张琳龄.上海新高考·等级考·化学总复习[M].上海：华东师范大学出版社，2018.

三、"无机化工生产"作业的设计

（一）"无机化工生产"作业设计的工作内容及程序

"无机化工生产"作业设计前期工作的主要内容：

1. 确定作业目标。由于作业目标取决于上位的教学目标，因此，这项工作应该在把握上位教学目标的基础上进行。

2. 确定作业点。"无机化工生产"作业必须具有一定的系统性，为此，先要认真研究、分析"无机化工生产"系统。否则，就会出现作业点不明确，或者没有重点、过多、过少、偏差等问题。

3. 确定作业的认知层次。为此，需要摸清、探明学生的认知发展需要。

编制"无机化工生产"的课时作业时，要注意课上作业与课下作业、个人作业与小组作业的不同特点与要求。

为了保证"无机化工生产"作业有较高的质量，需要进行作业评价。作业评价有项目评价和教学效果评价之分，前者属于工具评价，后者兼有学习评价与工具评价性质。

"无机化工生产"作业设计的全部工作内容及程序如图 1 所示。

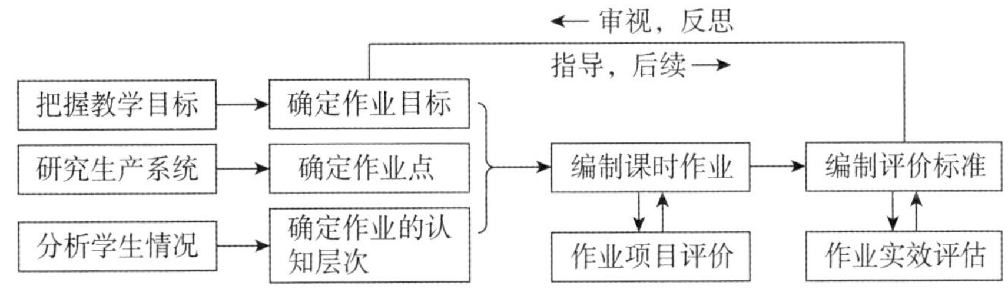

图 1 "无机化工生产"作业设计工作内容及程序

（二）"无机化工生产"作业设计的几个重要问题

1."作业点"及其确定

所谓"作业点"，即作业题材。"无机化工生产"作业的"作业点"主要是："无机化工生产"的化学原理；"无机化工生产"的实验基础或模拟；"无机化工生产"的原料选择及预处理（前期处理）；"无机化工生产"的工艺条件；"无机化工生产"的流程及主要设备；"无机化工生产"的产物及其分离提纯、后处理等；"无机化工生产"方案的设计、评价、筛选和改进；"无机化工生产"方案的绿色化；"无机化工生产"方案的环保问题及其解决方案；"无机化工生产"方案的环保问题及其解决方案；"无机化工生产"方案的社会背景（社会贡献、负面影响与决策）等方面，它们的相互联系详见图 2。

在设计作业时，不必面面俱到，应该每次有重点，安排有计划，整体全覆盖。

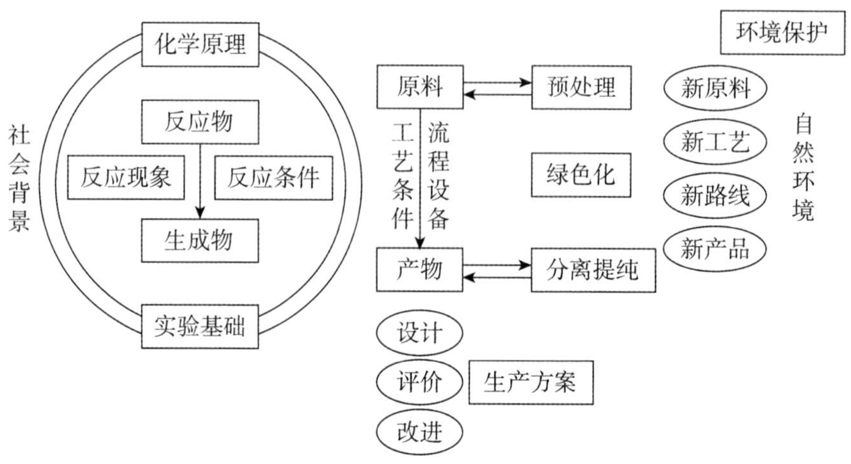

图 2 “无机化工生产”作业点及其相互联系图示

2.“无机化工生产”作业的层次

为了适应不同地区、不同学校、不同学生、不同时段的教学需要，应该分层设计“无机化工生产”作业。“无机化工生产”作业的层次可以参照布卢姆认知领域教育目标分类法设置为六个层次：

(1) 知道。要求知道并记住“无机化工生产”项目的化学原理、工艺条件和主要设备、主要原料及其预处理过程、产物及其分离提纯过程、与社会的关系、对环境的影响及绿色化途径等，能够回答有关的问题。

(2) 领会。要求理解“无机化工生产”项目的化学原理、工艺条件，理解主要原料预处理方法、产物分离提纯方法、与社会的关系以及如何影响环境、如何进行预防与治理等，能够解释有关的问题，能与有关实验相联系。

(3) 应用。要求能够把已知的化学原理和工艺方法等用于新的“无机化工生产”项目，解决类似的问题。

(4) 分析。要求能够把复杂的“无机化工生产”原理(或过程、工艺等)合理地分解为若干组成部分并确定各部分之间的相互联系，找出“无机化工生产”中某些事物的构成要素、问题所在、影响因素、异常原因，等等。

(5) 综合。要求能够在新的情境或条件下，把学到的“无机化工生产”各部分知识组合成一个整体，形成新的“无机化工生产”方案，或者解决新的问题、满足新的需要。

(6) 评价。要求能够对“无机化工生产”方案或其构成要素进行比较，合理地、恰当地进行优劣判断或价值判断，以利完善、选择“无机化工生产”方案，或者确定改进方向、采取改进措施。

3.“无机化工生产”作业设计的原则

“无机化工生产”作业设计应该遵从下列原则：

(1) 把握正确的方向，有利于社会的发展和人的发展、利国利民，而不是造成危害。

(2) 与“纯粹化学”的教学相互密切配合，有利于进一步开展高中化学教学。

(3) 内容科学、先进，难度适当，适宜于高中学生。

(4) 注重思考性与探究性、实践性与安全性、情境性与启发性、开放性与发展性、多样性与趣味性，注重它们的统一。

4.“无机化工生产”作业的项目评价

所谓“无机化工生产”作业的项目，粗略地说，就是指“无机化工生产”作业中的“题目”。实际上，把构成“无机化工生产”作业的项目都称为“题目”有时不那么贴切，这才有了“项目”之谓。

通常，“无机化工生产”作业可能由多个项目构成，也可能就只有一个项目。要评价“无机化工生产”作业中的项目设计得怎么样，就需要对构成“无机化工生产”作业的所有项目分别进行评价。

为了使“无机化工生产”作业的项目评价是规范的、对评价结果没有什么分歧，必须制订规范的评价指标体系，还要制订规范的评价工作程序和操作方法。鉴于目前还没有相关的规范文件，笔者在此只尝试作一些初步的讨论。

(1) 目标一致性：项目的作业点与整体的教学目标和作业目标的一致程度如何？是不是有利于实现既定的目标？

(2) 内容合理性：项目的内容是不是符合科学精神和技术理性？有没有科学性错误或者技术非理性？

(3) 形式活泼性：项目的形式是不是千篇一律、死板枯燥？完成项目的活动方式受学生喜爱的程度如何？

(4) 难度恰当性：学生是不是需要作一番思考和努力才能完成作业，即“跳起来摘到果子”？

(5) 耗时适宜性：学生完成作业所需时间是不是在合理的范围之内？会不会造成过重的学习负担？

(6) 效益最大性：是不是有利于引导学生深入实际、重视实践，有利于消除脱离实践的旧教学体制的弊端？是不是符合学生发展需要，有利于学生扬长补短、更好更快地发展？

5.“无机化工生产”作业的教学实效评价

对“无机化工生产”作业教学实效的评价应该从过程、结果和反响三个方面展开：

(1) 作业结果方面：学生是否形成了应有的认知？有哪些进步？学生的关键能力情况如何？进步情况如何？学生是否展现了应有的重要品格？

(2) 作业过程方面：规范或合理程度；完整程度；熟练、快捷程度(所用时间)。

（3）溢出效应：来自同学的反映；来自教师和学校管理部门的反映；来自社会的反映。

最后，在上述分项评价的基础上作出综合评价。

现在，许多学校开展了在线教学和在线作业活动。为了适应和开展这些活动，不妨尝试进行在线作业评价，在不断的试验和探索中逐步形成作业在线评价的规范。

四、对"无机化工生产"流程题的一些讨论

前已述及，目前高中化学中的化工原理以化学原理和工艺流程为主。有关化学原理的作业题型，除了与其他化学理论知识的题型相似，可以采用选择、问答、论述等题型之外，还可以与工艺流程相结合；化工工艺操作内容不多，也可以与工艺流程相结合。这样，工艺流程题就成为"无机化工生产"作业的主要题型，值得关注。

化工生产流程图主要有 3 种类型[①]：

1. 突出物质变化过程的物料流程。

2. 突出操作内容（隐含原理）的操作流程。

3. 突出装置设备的装置流程。

高中化学中的"无机化工生产"流程题以第 1 类和第 2 类居多，这符合我们之前对高中化学中"无机化工生产"的内容及其特点的分析。

"无机化工生产"流程题容易做到情境比较新颖，隐含的信息较多，综合性较强，解题难度较大，要求具有较强的解决问题能力，故而常常成为多种试卷的压阵题型，必须重视。

能够读懂化工生产流程图，关注重要细节，从中提取足够的信息，明确作业要求，注意从物质变化、反应过程、条件、操作四方面寻求突破点，善于调动脑中储存的有关知识，开展联想、判断、推理、假设和论证等思维活动，就能完成作业提出的任务。然而，这并非易事，在日常教学中，教师应该重视结合各种具体的"无机化工生产"，对学生进行"无机化工生产"流程题的解题训练，特别是解题思维训练。

---

① 叶佩玉，余方喜，张琳龄.上海新高考·等级考·化学总复习[M].上海：华东师范大学出版社，2018.

在活动中发展化学核心素养的实验教学

——以氢氧化钠与二氧化碳反应的实验创新为例

◎ 上海市格致初级中学　王玮丽

摘　要　氢氧化钠和二氧化碳的反应没有明显的现象，本研究通过设计活动，引导学生创新设计实验装置，在实验探究中证据推理，深入理解反应原理。

关键词　氢氧化钠；二氧化碳；核心素养；实验创新

一、研究背景和研究价值

（一）研究背景

2018 年 1 月，中华人民共和国教育部制定的《普通高中化学课程标准(2017 年版)》正式颁布，标准基于学科本质凝练了化学学科的核心素养，明确了学生应达成的正确价值观念、必备品格和关键能力，对知识与技能、过程与方法、情感态度与价值观三维目标进行了整合。其中，化学实验探究与创新意识是学生化学核心素养的重要组成部分。在化学学科的教学实践中，学生的实践和体验是提升学生学科核心素养的重要抓手，但是在教学调研中也发现，如何为学生创设实践和体验的机会、丰富学生学习经历，是教学中亟待引起重视和深入研究的问题。① 然而，对于初中学生来说，化学实验素养、逻辑思维素养、科学态度素养是初中化学核心素养的三个方面。② 实验教学不仅能渗透上述三方面内容，而且能增强化学课堂的趣味性与探究性，使得学生通过化学课程学习形成关键能力和必备品格，让化学实验有效地服务于教学，贴合现代化学教学的需求。

（二）研究价值

氢氧化钠与二氧化碳反应是上教版《化学》九年级第五章第二节“酸和碱的性质研

---

① 徐睿.中学化学：在活动中发展学生核心素养[J].上海课程教学研究，2019(6)：66－68.

② 陈灶阳.如何在初中化学教学中培养学生的核心素养[J].西部素质教育，2017，3(20)：59－60.

究”中《碱的性质研究》的重要内容，是继学习稀硫酸、盐酸的性质之后，探究有关氢氧化钠的化学性质，为后续研究盐的相关性质作铺垫。在酸碱盐的性质研究中，主要是通过分析物质之间反应产生的现象来推测反应是否发生，并总结归纳反应的规律，然而氢氧化钠和二氧化碳的反应如果在试管或者烧杯中进行，就观察不到明显的现象，导致学生不易判断反应是否发生。于是，笔者通过开展课堂实验教学让学生知道氢氧化钠能和二氧化碳反应，通过实验探究的过程不断引导启发学生改进自己的方案和装置，在装置改进和实验方案设计的过程中培养学生实验探究和创新意识，总结证明化学反应发生的一般方法，提高化学学科核心素养。

二、探究“氢氧化钠和二氧化碳反应”实验设计的文献综述

（一）研究现状

“氢氧化钠和二氧化碳反应”是初中化学教学中的重要内容，一线教师从多个角度和不同的方法来证明反应的发生，主要有以下四种类型：

1. 压强变化法

学生在学习空气中氧气体积分数测定实验时就运用过压强减小证明反应物被消耗的方法。压强变化法就是利用在密闭容器内压强减小进行实验设计，装置图如图1所示。

实验方法	液面上升法	瓶子变瘪法	气球法	喷泉法	U形管法	瓶“吞”鸡蛋法
实验装置	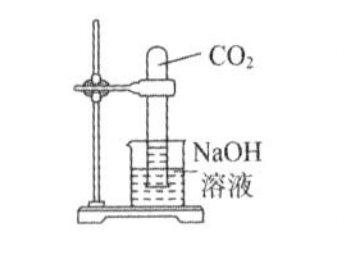 CO_2 NaOH溶液	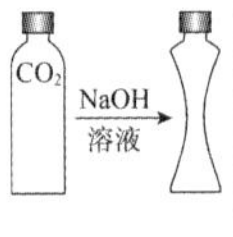 CO_2 NaOH溶液	 气球 CO_2 NaOH溶液	 CO_2 止水夹 NaOH溶液 滴有酚酞的NaOH溶液	 CO_2 NaOH溶液	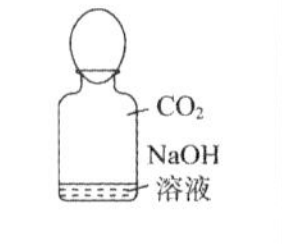 CO_2 NaOH溶液
实验现象	试管内液面上升	瓶子变瘪	气球变大	形成从下往上的红色“喷泉”	U形管左边液面上升，右边液面下降	去壳熟鸡蛋被“吞”入瓶中
变式装置	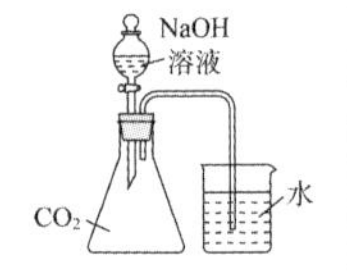 NaOH溶液 CO_2 水	 浓NaOH溶液 CO_2	 NaOH溶液 气球	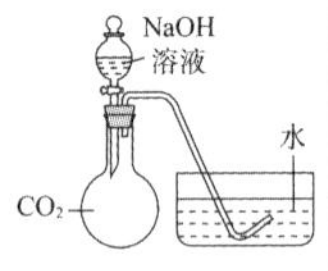 NaOH溶液 水 CO_2	 NaOH溶液 CO_2	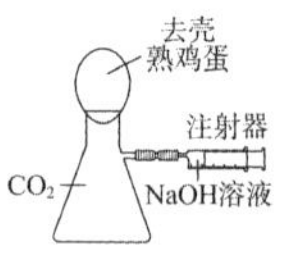 去壳熟鸡蛋 注射器 CO_2 NaOH溶液
实验现象	导管内上升一段水柱或水倒吸入锥形瓶中	瓶子变瘪	气球变大	形成从上往下的“喷泉”	U形管左边液面上升，右边液面下降	去壳熟鸡蛋被“吞”入瓶中

图1　利用压强变化证明反应发生装置图①

① 赵永胜，朱莉.验证二氧化碳与氢氧化钠反应的实验方案[J].化学教与学，2013(12)：85－88.

2. 酸碱性变化法

酸碱性的变化是利用反应后溶液酸碱性的改变证明反应发生的方法。例如,学生在学习二氧化碳和水的反应时,利用酸碱指示剂证明反应后溶液呈酸性,从而证明有新物质产生。酸碱中和的过程中,氢氧化钠中直接滴加盐酸也没有明显现象,但是借助酚酞可以观察到酸碱性的变化证明反应发生。氢氧化钠和二氧化碳的反应生成的碳酸钠和氢氧化钠都是碱性的,可以通过精度更高的酸碱指示剂,如紫甘蓝汁、pH 计或 pH 传感器,通过观察 pH 值的变化可以判断反应的发生。

表 1 紫甘蓝稀释液体在不同酸碱度溶液中显示的颜色

(紫甘蓝和蒸馏水按 1∶25 体积比混合均匀)

颜色	红色	紫色	蓝色	深绿
pH	≤3.0	4.0—7.0	7.5—8.5	8.5—10.5
颜色	浅绿	黄绿	深黄	黄色
pH	11.0	11.5—12.0	12.0	>12.5

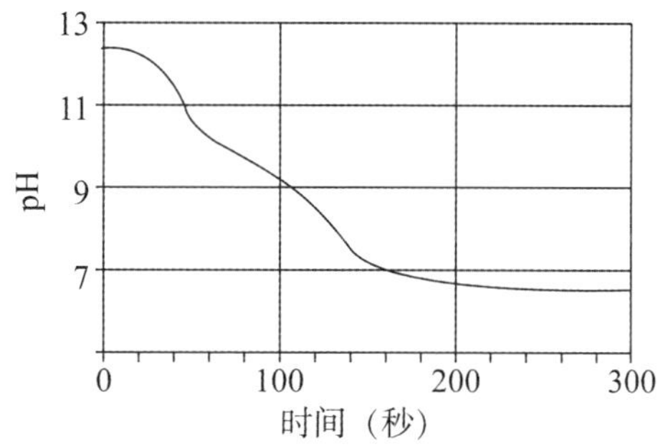

图 2 pH 数字传感器采集到的反应过程中溶液酸碱度的变化曲线①

通过酸碱性证明反应发生不仅直观,而且充满趣味性,但是当改用 pH 传感器,反应后的溶液呈酸性,而生成物碳酸钠是碱性的,打破了初中学生的已有认知,又会生成新的问题。这个现象说明过量的二氧化碳和水反应生成了碳酸,碳酸溶液呈酸性,而致使反应后的混合溶液整体上呈现为酸性。

3. 产物检验法

产物检验法就是依据产物的性质,通过实验检验是否有碳酸钠的生成,从而获得

① 夏琴,杨砚宁,毛明.利用紫甘蓝汁和 pH 传感器探究二氧化碳与氢氧化钠溶液的反应[J].化学教学,2016(10):39-41.

证据证明氢氧化钠和二氧化碳可以发生反应。可以利用碳酸钠的物理性质或化学性质来证明。

表2 从产物角度证明氢氧化钠和二氧化碳反应的方法

实验方法	操作	现象	原理
物理方法	向饱和 NaOH 的乙醇溶液中通入 CO_2	有白色沉淀产生	氢氧化钠在乙醇中的溶解度大于碳酸钠
化学方法	向 NaOH 溶液中通入 CO_2，再加 HCl 或稀 H_2SO_4	有气泡产生	$Na_2CO_3+2HCl=2NaCl+H_2O+CO_2\uparrow$
	向 NaOH 溶液中通入 CO_2，再加 $BaCl_2$（可溶性钡盐）	有白色沉淀产生	$Na_2CO_3+BaCl_2=2NaCl+BaCO_3\downarrow$
	向 NaOH 溶液中通入 CO_2，再加 $Ba(OH)_2$ 或 $Ca(OH)_2$	有白色沉淀产生	$Na_2CO_3+Ba(OH)_2=2NaOH+BaCO_3\downarrow$

4. 定量检验法

利用数字化实验仪器定量研究反应过程中压强的变化情况，数字化实验主要由传感器、数据采集器、电脑及相关应用软件构成。压强传感器、二氧化碳传感器、温度传感器、pH 传感器分别用于检测密闭体系内的气压、CO_2 浓度、温度、溶液的 pH 变化，并以数字、曲线等多种形式形象地显示出来。

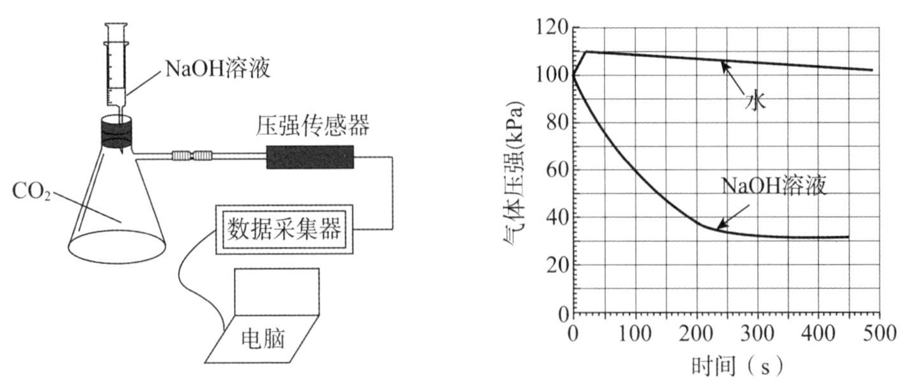

图3 利用压强传感器探究 CO_2 与 NaOH 溶液反应装置和实验结果

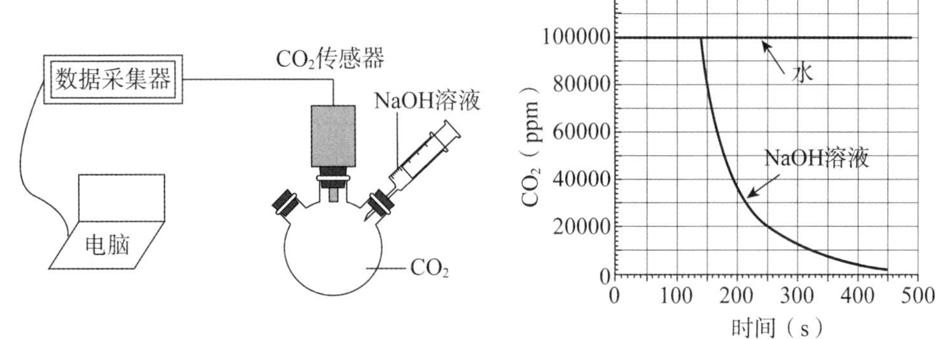

图 4　利用 CO_2 传感器探究 CO_2 与 NaOH 溶液反应装置和实验结果①

用数字化信息技术将整个反应过程中压强的变化和二氧化碳浓度的变化的情况都呈现出来，从而证明反应的发生。实验严谨、现象直观，便于理解，不仅考察实验分析能力，而且培养了图像分析能力。唯一的缺点是装置复杂，作为上课演示或者学生动手实验操作不够简便，容易出现实验误差，如果拍摄成实验视频进行科学佐证效果更佳。

三、在活动中发展核心素养的实验教学的实践和探索

（一）实验教学中活动的定义

活动是课堂教学的重要环节，这里的“活动”是指以学生为主体的实践性、体验性活动，一般具有一定的时间跨度，能够促进学生的深度学习。活动关注调动学生的多种感官，通过动手、观察、思考、表达等多种形式，获取直接经验。活动可以是学生个体的独立活动，也可以是小组活动或全体学生共同的活动。通过有序的活动将氢氧化钠和二氧化碳是否发生了反应这个问题层层推进，通过实验探究和改进找到反应的证据。

（二）实验教学的活动设计

1. 实验教学的活动设计思路

氢氧化钠和二氧化碳反应是初中化学中《碱的性质研究》的重要内容，在学习本课内容之前，学生已经知道氢氧化钙溶液能与二氧化碳发生反应，根据之前学习酸的经验，进行知识的迁移，一部分学生认为氢氧化钠溶液同样是碱，应该也能和二氧化碳发生反应，可是反应不明显，学生无法判断是否发生了化学变化。因此，要通过真实问题情境的铺垫，通过学生讨论等活动的串联完成从“提出问题—作出猜想—设计方案—完成实验—收集证据—得出结论—反思评价—拓展提升”完整的实验探究过程，用简

① 周文荣.“二氧化碳与氢氧化钠反应”的数字化实验设计[J].化学教学，2017(10)，58－63.

单的实验仪器和操作步骤让学生完成实验，将实验探究和创新意识有机地融入课堂学习的过程中。

2. 实验教学的活动设计方案

表3 实验教学活动设计

教学环节	活动形式	活动内容	设计意图	核心素养
提出问题	学生演示实验	两瓶无色透明的溶液分别是氢氧化钠溶液和氢氧化钙溶液，设计方法找出氢氧化钙溶液	引入真实的问题情境引出问题：氢氧化钠是否与二氧化碳发生反应	在实验中发现问题，体现了严谨的科学态度
作出猜想	学生思考	讨论猜想情况并说出猜想依据 猜想一：氢氧化钠和二氧化碳不反应；猜想二：氢氧化钠和二氧化碳反应但没有明显现象	激发学习兴趣，培养小组合作意识，引出探究课题	变化观念：认识物质是变化的，知道化学变化需要一定的条件
设计实验	小组讨论	思考：如何设计实验证明氢氧化钠和二氧化碳发生了反应；画出装置图，并说出设计的原理和依据	从已有的知识和经验出发，根据二氧化碳和水的反应、氢氧化钠和盐酸中和得到酸碱性的变化法判断反应发生；从测定空气中氧气体积分数可以通过压强变化法证明反应物的消耗	实验探究和创新意识，能进行知识的迁移
完成实验	小组实验	利用提供的药品和仪器完成实验，证明氢氧化钠和二氧化碳发生了反应	通过小组合作完成实验，寻找证据，得出结论	实验探究和创新意识，严谨求实的科学态度
问题深入	小组讨论	思考：究竟是水还是氢氧化钠，是导致二氧化碳减少的主要原因	通过小组讨论进一步发现问题，展开深入研究	科学态度与社会责任：具有严谨求实的科学态度
实验改进	小组讨论（猜想、设计、实验）	改进装置，完成实验，证明氢氧化钠才是导致二氧化碳减少的主要原因	通过小组合作的形式完成猜想、设计、实验的过程，了解实验探究的一般步骤，进一步寻找证据	实验探究和创新意识，严谨求实的科学态度

（续表）

教学环节	活动形式	活动内容	设计意图	核心素养
问题再深入	小组讨论	思考：还有没有其他的角度证明反应发生	运用酸碱盐的反应原理，归纳证明反应发生的角度	对于实验探究原理的总结和归纳
实验再改进	小组讨论（猜想、设计、实验）	从生成物碳酸钠的角度证明氢氧化钠和二氧化碳能发生反应的实验方法	通过小组合作完成进一步的实验探究，再一次从新的角度证明反应发生	实验探究和创新意识，严谨求实的科学态度
拓展提升	小组讨论	思考：瓶内压强变小，手套在瓶内变大，怎样让手套在瓶外变大	利用装置，结合已学知识，进一步思考问题、拓展思维	

（三）创新实验设计

创新实验体现了实验器材的极简化，操作简单，用十分简单的仪器和药品完成现象明显的实验。

1. 实验仪器和药品

橡胶手套、塑料瓶（充满二氧化碳）、氢氧化钠溶液、氢氧化钠固体、稀硫酸等。

2. 实验教学步骤

结合上述活动的设计，教学的步骤分为以下三个层次：

（1）证明氢氧化钠与二氧化碳发生反应

在塑料瓶中充满二氧化碳气体，在手套内装有氢氧化钠溶液，将氢氧化钠放入瓶内轻轻震荡，看到手套在瓶内迅速变大（图5）。

图5　氢氧化钠溶液加入充满二氧化碳的容器中发生反应

（2）证明氢氧化钠的存在是二氧化碳减少的主要原因

刚才的实验成功后，学生经过讨论认为加入的氢氧化钠溶液中还含有水，无法排除水的存在对二氧化碳减少的影响。于是，笔者让学生依旧利用这套装置展开讨论。有学生发现，橡胶手套有五个手指，可以在其中一只手指内加水，拇指处加氢氧化钠固体，用止水夹夹紧(图 6)。学生先在充满二氧化碳的瓶内加水，观察到手套没有明显变化。学生查阅常温下二氧化碳的溶解度可知，在大量二氧化碳中加入少量水，这些水所能溶解的二氧化碳的量很少，说明水的存在并不是气球迅速变大的主要原因。接下来，打开止水夹，放入氢氧化钠固体，轻轻震荡后发现手套在瓶内迅速变大，现象与图 5 一致。利用一组对照实验，通过加入氢氧化钠固体前后，手套膨胀程度的对比，说明氢氧化钠的存在才是二氧化碳减少的主要原因。

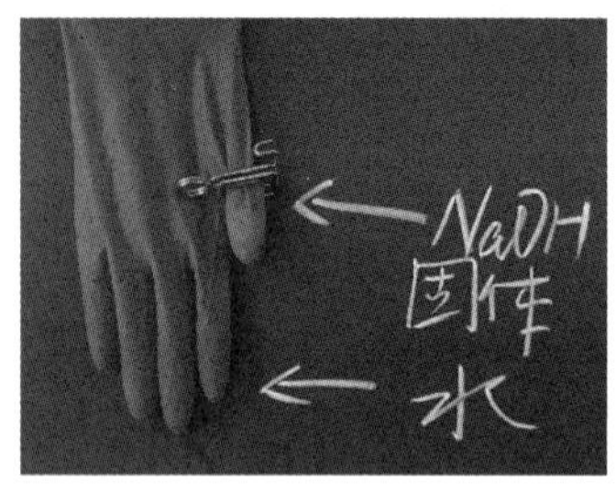

图 6　将氢氧化钠固体和水分别放入手套中

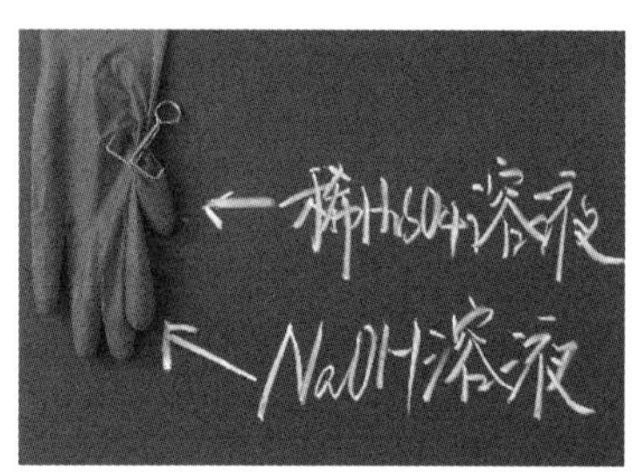

图 7　将稀硫酸和氢氧化钠溶液分别放入手套中

(3) 从生成物的角度证明反应的发生

前面的实验都是从反应物二氧化碳的减少这一角度来证明反应发生的，在实际课堂教学中可以继续启发学生思考还有没有其他的角度。学生经过讨论，认为可以依旧利用这套装置，在手套的另一只手指内加少量稀硫酸溶液，用棉线扎紧(图 7)。在氢氧化钠与二氧化碳反应后的溶液中加入稀硫酸，通过瓶内产生气泡与手套变瘪的现象说明之前有新物质碳酸钠生成，从而证明氢氧化钠能与二氧化碳发生反应。当学生后续掌握碱和盐的性质，还能利用碱和盐的性质，如加入氢氧化钡或者氯化钡，通过观察是否有白色沉淀产生，从生成物的角度进一步证明氢氧化钠和二氧化碳发生了反应(表 2)，培养学生的发散思维和收敛思维。

3. 创新实验装置优点

首先，相对于课本上的装置图(图 8)，创新实验装置解决了课本装置的问题：由于胶头滴管所能滴加的氢氧化钠溶液有限，较难在短时间内观察到明显现象。

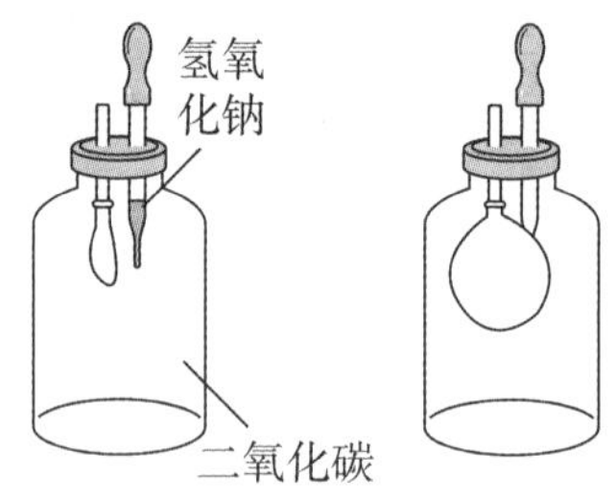

图 8　上教版化学教材中的实验装置图

其次，加入的氢氧化钠溶液中还含有水，无法通过一次实验排除水的存在对二氧化碳减少的影响。相对于其他利用压强变化进行实验的装置（图1），创新实验装置更为简单，操作更简便，现象十分明显，装置气密性的检查也更方便，学生课堂实验效果理想，且手套和塑料瓶可以反复利用，体现了绿色化学的理念。

再次，初中的氢氧化钠和二氧化碳的反应不仅是在不同问题情境下解决问题，也为高中学习氢氧化钠和二氧化硫或氯气反应等类似实验提供创新的思路和方法，有利于初高中衔接。

最后，该装置在日常教学活动中具有可操作性、可推广性。在教材中实验装置的基础上进行改进，基于教学中的问题，启发学生用身边常见的材料完成非常简单的实验，收集证据，得出相关结论，树立实证意识，解决问题。

四、实验教学的成效与反思

（一）实验教学成效

在化学课堂中通过设置有层次的活动进行实验探究，在实验中发现问题，讨论方案，解决问题。教师启发学生利用相同的装置，通过往手套中加入不同的试剂，解决三个问题，开展了三个不同层次的实验设计活动。最后从两个角度进行实验，让学生的思维由开始的发散思维进入收敛思维，总结归纳实验原理。整个实验教学活动中，学生通过自主思考、设计、实验，观察到了明显的实验现象，解决了困惑，突破了教学的重难点；学生知道了没有明显现象的实验也可能发生了化学变化，并启发思路，通过设计实验收集证据，在潜移默化中培养科学探究和创新意识，提升学科核心素养。

该实验装置相对于其他实验装置而言更加简单，操作简便，现象明显，非常适合学生实验，让学生在讨论和装置设计以及实验中感受到化学探究的意义。从课堂实验活动可以看出，教师引导学生从一个具体的验证方法迁移到一类具体的验证视角，从一种物质迁移到一类物质，从一种视角迁移到其他视角，最后由二氧化碳与氢氧化钠一个特殊反应迁移到普遍反应，促进了对其他课堂学习的深度理解，取得了较好的成效。

（二）实验教学反思

以活动链为载体，利用同一套装置证明氢氧化钠和二氧化碳的反应，可以看到手套在瓶内变大的现象，继续引导学生思考怎样能让手套在瓶外变大。通过宏观和微观两个角度引导学生思考手套变大、瓶内压强变大的根本原因。还可以让学生进行家庭实验，如在瓶内加入常见的少量小苏打粉末，在手套内放入白醋（图9），混合后可以看到产生大量气泡，手套迅速变大（图10），说明产生了新的气体，从微观的角度是由于气体分子数目的变多，导致瓶内压强变大。

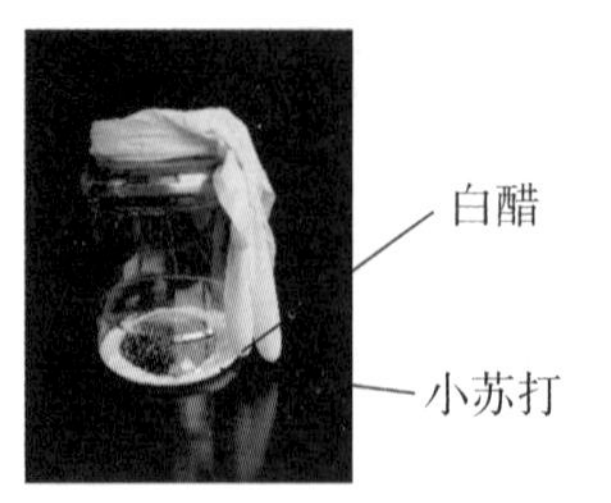

图 9　白醋、小苏打分别放在手套和容器中

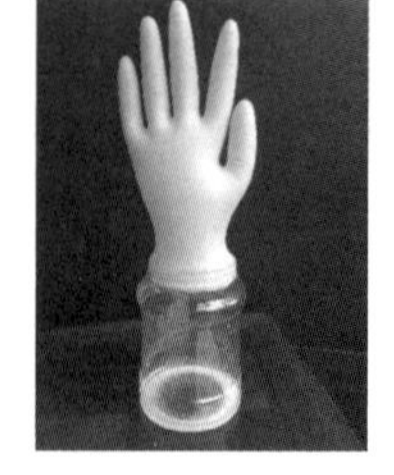

图 10　白醋、小苏打接触后的现象

在实验室内通常使用双氧水和二氧化锰、碳酸钙和稀盐酸、锌粒和稀硫酸等，产生新的气体使手套变大，可以继续引导学生思考是否有其他的试剂能使手套膨胀，还有没有其他的角度？学生还能想到氧化钙和水、浓硫酸和水等，这些反应都会放出大量热，很适合在这样密闭的装置内完成，十分安全。将课堂上的实验延伸到课后、课外、家庭实验，简单的装置更有利于学生发散思维，激发科学探究和创新意识，培养化学学科核心素养。

“氨气与水反应”创新实验设计[①]

◎ 上海市格致中学　余秀娟

摘　要　本文改进了传统喷泉实验装置，集制备氨气及引发倒吸现象为一体，药品微量，操作简单，现象明显，凸显实验设计的综合化、微型化、封闭化、探究化。

关键词　氨气与水反应；实验创新；实验教学

氨气的喷泉实验是高中化学重要的实验之一。[②] 传统喷泉实验装置利用氨气极易溶于水的性质，通过减小烧瓶内压强形成了喷泉，易造成学生对原理的理解不够透彻。且一般需提前制备氨气于圆底烧瓶中，待到课堂教学中常由于制备及储存不当造成实验失败，这无疑会影响教师的教学进度及学生的学习兴趣。[③] 故笔者通过改进氨气与水反应的实验装置，达到快速制氨并引发倒吸现象，从而产生别样喷泉。

一、仪器和药品

试剂：浓氨水、氢氧化钠固体、酚酞溶液、水。

仪器：试管 2 根、试管夹 1 个、单孔橡胶塞 1 个、双孔橡胶塞 1 个、长导管 2 根、弯曲导管 1 根、水槽 1 个、酒精灯 1 个、干燥管 1 个、胶头滴管 1 个、细铁丝、锥形瓶 1 只。

二、实验步骤及现象

实验 1：加热浓氨水引发喷泉

(1) 搭建如图 1 的实验装置。

(2) 取 1 根大试管，寻合适大小的单孔橡胶塞。

(3) 插入长导管，使长导管一端穿出橡胶塞 3 cm。

---

① 本文发表于《实验教学与仪器》2019 年第 9 期。

② 宋心琦.普通高中课程标准实验教科书：化学 1(必修)第 3 版[M].北京：人民教育出版社，2007.

③ 王晓瑜，冉鸣.氨气喷泉实验的一体化设计[J].化学教学(中英文)，2018(19)：52 - 53.

(4) 向大试管中加少许浓氨水,并迅速塞紧橡胶塞。

(5) 将试管于酒精灯上加热至沸腾。

(6) 迅速倒置试管于滴加少许酚酞的水槽中。

现象:迅速发生倒吸现象,形成红色小喷泉,试管内充满红色溶液。

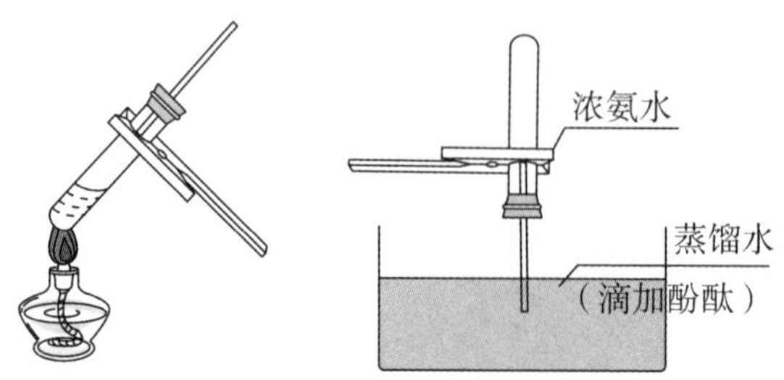

图 1 实验装置

实验 2:氢氧化钠固体和浓氨水混合引发喷泉

(1) 搭建如图 2 的实验装置。

(2) 向小试管中加入少许氢氧化钠固体,用镊子小心放置于干燥管中的棉花球上。

(3) 用胶头滴管吸取一滴管浓氨水,塞紧橡胶塞。

(4) 挤压胶头滴管,使浓氨水与固体氢氧化钠接触。

(5) 轻轻晃动整个装置。

现象:氢氧化钠接触浓氨水迅速产生大量气体,锥形瓶中导管口有大量气泡逸出,溶液变红。等待几秒钟,轻晃整个装置,迅速引发倒吸现象,形成红色小喷泉,干燥管内充满红色溶液。

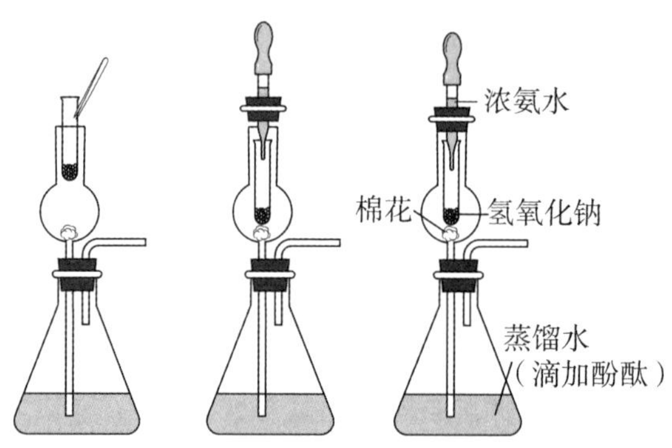

图 2 实验装置

三、注意事项

1. 加热浓氨水引发喷泉实验中,需要注意浓氨水的量不宜过多,倒置后不能淹没长导管口，否则氨气无法通过导管进入水槽，引发倒吸现象。

2. 氢氧化钠固体和浓氨水混合引发喷泉实验中，棉花是为了支撑小试管，保证干燥管与长导管中气体流通，可以用小铁丝圈替代。若氨气大量产生后没有立刻引起倒吸，可轻轻晃动装置，或再次挤压空的胶头滴管，促进倒吸现象的发生。

四、实验创新点

1. 实验综合化。改进后实验装置可以集制备氨气及引发倒吸现象为一体，不需要提前制备并储存氨气，避免由于氨气泄露导致实验失败。

2. 实验微型化。实验所用药品微量，装置简单容易操作，产生现象迅速、明显，适用于教师课堂展示或学生的分组探究实验。

3. 实验封闭化。氨气作为一种具有明显刺激性气味的气体，采用以上实验装置，可以较好地将气体密闭于体系内，没有气味逸出。

4. 实验探究化。经典的喷泉实验可反映出氨气极易溶于水，且所得溶液呈碱性的性质，却不能以宏观的现象展示 $NH_3+H_2O \rightleftharpoons NH_3 \cdot H_2O \rightleftharpoons NH_4^+ + OH^-$ 这两个重要的可逆过程，学生对此表示难以理解。[①] 笔者设计浓氨水受热分解产生氨气，以及向氢氧化钠固体中滴加浓氨水有氨气逸出的实验，可以借此一步步引导学生探究并理解这两个可逆过程，从而突破教学难点，为进一步学习化学平衡积累素材。

① 顾春燕."喷泉"实验教学功能的挖掘[J].化学教与学，2017(1)：11－14.

鲍晓云生物工作室

工作室主持人寄语

“知之者不如好之者，好之者不如乐之者”。让我们运用集体的智慧去影响学生，启发学生，陪他们一起思考，一起找到学习的方法，开启他们的想象力和创造力，更好地迎接未来。

工作室代表性研究成果

2018年上海市优秀作业、试卷案例编制说明

浅谈数字化技术在完中生命科学教学中的应用

放射性同位素标记法揭示的生命科学重大发现

工作室概况

格致教育集团生物名师工作室主持人为上海市格致中学高级教师、生物教研组组长鲍晓云,8位工作室学员分别是上海市格致中学教师柯文汇、刘佳余,格致中学(奉贤校区)教师邢胜杰、李其利、姚鹏程,上海理工大学附属储能中学教师牟云玲,同济黄浦设计创意中学教师瞿萍,民办明珠中学教师杜昆。

工作室主要培养目标:

1. 掌握学员特点,探寻发展方向,共建互助式、成长式工作室

本工作室的学员来自四个不同层次的学校,平均年龄34岁,大家都本着在工作室里能多一些互相交流、互相学习、共同进步的平台和环境,积极开设公开课,学员相互听课、评课,同课异构,点评、反思、借鉴,总结自己的教学特点,形成自己的教学风格。为年轻教师的成长铺路,提供专家指导、同伴互助,共建互助式、成长式的工作室。

2. 聚焦专题研究,任务驱动目标,解决教学科研中的实际问题

积极参与区级、市级层面的教学展示、实验设计比赛、单元测试评比、学生课题辅导、学生竞赛辅导、新教材编写及试读试教工作等活动,聚焦不同类型的专题研究。以任务驱动目标,推动教师专业发展,以工作室为单位,助推教师成长,帮助教师提高教科研能力,树立信心,找到切实可行的方法,从而解决教学实践中的实际问题,让每一位学员有所收获。

3. 围绕新课标,开展新课改理念学习,迎接新课程、新教材的实施

伴随着全国新一轮课标和教材的改革,每一位教师都要积极改变原有的教学理念。工作室要针对新课标教材改革带来的教师专业发展的变化思考对策,找专家,找名师,进行详细解读,用心解读新课标,运用新课标理念改变原有教学模式,寻求更有效的教学策略和方法,强化发展学生核心素养的育人价值目标,迎接新课程、新教材的实施。

4. 导师专家领跑,开展头脑风暴,学习新技术,改变未来教学模式

“阅读使人充实,交谈使人机智,写作使人精确”,如今迅猛发展的数字化技术正在深刻改变教育教学环境及教育教学生态。年轻教师就是运用信息化技术改变未来的代言人。因此,工作室聘请专家、学者,开展头脑风暴,激发创新思维IDEA,学习数字化、信息化技术,期待开启重构未来教学的新模式。

工作室主持人介绍

鲍晓云，上海市格致教育集团鲍晓云生物工作室主持人，上海市格致中学生物教研组组长，高级教师。获“黄浦区园丁奖”，黄浦区生物学科骨干教师、黄浦区教育系统生物学科带头人、“2019年度全国中小学实验教学能手”等荣誉称号，多次获得全国教学设计、实验教学活动、教学比赛一、二等奖，指导学生多次获得生物奥赛奖牌。

曾获2018年上海市高中实验教学说课活动一等奖；教育部2018年度“一师一优课，一课一名师”活动“优课”；“互联网＋课堂：新时代活力课堂探索与实践系列研讨活动(2018柳州)”一等奖。

主持黄浦区2018年区级课题“高中生物模型构建实验在课堂教学中的实践研究”。参与上海市新一轮教材《生物学必修第一册》《生物学选择性必修第三册》及配套教参和实验手册内容的编写。

培育适应新课程改革的生物骨干教师团队

——鲍晓云生物工作室工作回顾

一、活动概括

自2018年格致教育集团生物工作室成立以来，聘请上海市专家针对新高考改革、未来学习及新课标研读作专题报告共6次；2次组织工作室学员与其他工作室开展联合教研活动，举行了松江佘山植物多样性考察、崇明东滩自然保护区观察鸟类活动；工作室学员每学期推出1—2节课进行公开展示交流，面向学校、全区、全市及外省市教师，全组研讨，头脑风暴评课，打磨精品课；积极参与上海市中小学优秀单元作业、试卷案例征集评选活动，参加市(区)级各类教师教学设计、实验技能比赛；群策群力完成黄浦区市督导的各项工作，助推教师的专业化发展。

二、理论学习

2018年，上海市黄浦区教育学院邢至晖副院长带来《面向未来的学习》专题讲座，通过对中美教材、教学方式、学习方式等方面进行比较，提出提升学生的主体地位、重视个性化学习是解决现今教育发展瓶颈的重要途径。随着新课标、新教材的推进，邀请上海市生物新教材主编周忠良教授开设讲座《结合探究性实验，培养学生核心素养》并交流。通过解读新课标，对学生养成科学思维的习惯、形成积极的科学态度、发展终身学习的能力提出新的要求，指出要高度关注生物学核心素养的养成，组织以探究为特点的主动学习是落实生物学学科核心素养的关键。每年工作室还组织高考命题专家就“新高考改革以来的生物等级考出题变化、考察方向和答题技巧”进行专题讲座活动。通过理论学习，潜移默化地接受新课标理念，以生命科学的核心素养指导教学，力求做到至臻完善，并继续追踪最新教学理念和最新科研成果，付之于教学行动。

三、教学实践

工作室9人共开设市级公开展示课1节，区级公开展示课9节，校级公开展示课5

节，参加区级青年教师大奖赛2人，市级实验说课大赛2人。对外省市展示公开课2节，对外报告1次。

鲍晓云、姚鹏程获得上海市实验说课大赛一等奖；鲍晓云在“互联网＋课堂：新时代活力课堂探索与实践系列研讨活动(2018柳州)”中荣获一等奖，并于第七届全国中小学实验教学评选活动中被评为“2019年度全国中小学实验教学能手”；瞿萍获2018学年上海市黄浦区中小学教师教学活动评选中学生命科学学科三等奖。

2018年工作室学员组团参加“2018年上海市中小学优秀作业、试卷案例评选”活动，获二等奖。2019年黄浦区接受市课程与教学调研期间，工作室学员共参与完成了听课任务3节，获得较高评价。

工作室学员积极指导学生参加各类大赛，取得优异成绩。姚鹏程老师指导张施杰同学代表上海队参加第28届生物奥赛，取得铜牌。工作室学员近三年共指导学生参加生物奥赛，荣获一等奖3人、二等奖21人、三等奖34人；指导学生参加科技创新大赛，荣获一等奖8人、二等奖23人、三等奖45人，成绩显赫。

四、教育科研

苏霍姆林斯基指出，“如果你想让教师的劳动能给教师带来乐趣，使天天上课不至于变成一种单调乏味的义务，那你就应该引导每一位教师走上从事研究的这条幸福的道路上来”。在工作室成立的三年内，工作室学员获课题立项7项，已发表论文8篇，参与编写专著1本，参与新教材及配套教参及实验手册内容的编写2人。

近三年内工作室学员人人有课题，努力提高自身的教育科研水平。比如，瞿萍主持黄浦区重点课题“基于项目式学习的高中跨学科课程开发与实践”，鲍晓云主持课题“高中生物模型构建实验在课堂教学中的实践研究”，牟云玲主持课题“基于‘互联网＋’的初中生命科学实验教学的实践研究”，邢胜杰主持市级青年教师课题“基于微信公众平台的高中生物微课程开发的探索与实践”，姚鹏程主持课题“基于学生科技创新能力培养的植物学拓展课程开发”获2019华东师范大学基础教育与教育实习开放基金立项，柯文汇主持课题“基于单元教学的高中生物单元作业设计实践研究”，牟云玲和杜昆老师参与“基于课程标准的初中生命科学单元活动设计与实施的研究”等。

邢胜杰、李其利、姚鹏程参与编写的《生动植微——中学生命科学综合素质提升拓展实验》于2019年8月由上海教育出版社出版。鲍晓云和柯文汇参与《生物学必修第一册》新教材及实验手册和教参的编写工作。

邢胜杰主持的课题“基于微信工作平台的高中生物微课程开发的探索与实践”获上海市青年教师教育教学研究课题评选三等奖；李其利《基于双新项目孵化学生自主研究课题——以“酸奶制作”为例》在上海市中小学新科学新技术创新课程平台第三届

教师教学经验交流研讨会征文中获得三等奖;鲍晓云在黄浦区理科教师教育教学成果评比与表彰评选活动中获得二等奖。

五、工作室特色

生物学科是一门与大自然、生活经验最密切相关的学科,然而大多数教师对生物学知识的传授只是停留在书本上。颜元说过,“心中醒,口中说,纸上作,不从身上习过,皆无用也”。社会实践对于教师专业发展有着不可替代的作用,因此,本工作室抓住机遇,和地理工作室一起开展了“松江佘山植物多样性考察”和“崇明东滩自然保护区观察鸟类活动”两次考察活动。

这两次活动分别邀请了天文专家和鸟类专家,考察不同的生态环境,使我们产生对宇宙和生命的敬畏,对自然界生物多样性、生态系统稳定和谐的认识,痛心于人类活动对自然造成的干扰。考察活动使我们深刻感受到大自然才是最好的老师,生活即教育、自然即教育。唯有不断拓展课堂的边界,将其与生活和自然融合,才会产生真正的教育、令人身心愉悦的教育、促进师生不断成长的教育。生物和地理的跨学科研讨是教师思维碰撞、开阔视野、增长见识的机会。

格致教育集团工作室成立三年来,大家一起从理论到实践广撒网,多敛鱼,择优而从之。感悟到“知之愈明,则行之愈笃;行之愈笃,则知之益明”。未来的教育道路会越走越宽,越走越精彩。

2018年上海市优秀作业、试卷案例编制说明

◎ 上海市格致中学　鲍晓云　柯文汇　李其利　邢胜杰　刘佳余　姚鹏程　夏诗慧

摘　要　本文以《生命科学》第二册第6章的作业试卷案例编写为载体，基于学科教学基本要求和新课标，聚焦核心概念，集思广益，利用图形建模，构建作业骨架；介绍生物史实，渗透科学思维；联系生活实践，案例贯穿教学，打造优质作业评价。

关键词　作业；试卷；评价；遗传信息传递和表达

本团队选择《生命科学》(沪科版)第二册第6章"遗传信息的传递和表达"为本次作业和试卷案例设计大赛的参赛内容。以下是本编写组成员在案例设计过程中所作的一些思考。

一、基于基本要求和新课标，确定作业目标

本章节内容对应《上海市高中生命科学学科教学基本要求》第四单元"生命的信息"中的第二个内容"4.2 遗传信息的传递和表达"，分三节内容，共8课时。对应《普通高中生物学课程标准(2017版)》课程内容必修课程模块2"遗传与进化"下的概念3"遗传信息控制生物性状，并代代相传"，以及选修性必修课程模块3"生物技术与工程"下的概念5"基因工程赋予生物新的遗传特性"。①

在对其中的重要概念和次位概念进行梳理后，我们以遗传信息为主线，节选了其中6个课时设计作业、试卷案例。课时教学目标分析如下：

1. DNA分子的双螺旋结构(课时1)。通过实验搭建DNA分子模型，进行DNA分子结构理论的学习，理解DNA分子双螺旋结构的特点。在掌握DNA分子结构的基础上，从DNA与基因、基因与生物性状的关系中体现出DNA分子作为遗传信息载体的功能，形成亲代传递给子代的遗传信息主要是编码在DNA分子上的重要概念，形成结构与功能相适应的生命观念。教学基本要求为B级。

① 上海市教育委员会教学研究室.上海市高中生命科学学科教学基本要求(试验本)[M].上海：华东师范大学出版社，2017.

2. 遗传信息的传递和表达。包括 DNA 复制(课时 2)、遗传信息的转录和翻译(课时 3),以及中心法则及其发展(课时 4)。知道 DNA 复制、遗传信息的转录和翻译的过程,会使用遗传密码子表,最终总结出中心法则的内容及其发展。该部分内容能构建遗传信息控制生物性状的重要概念。教学基本要求为 A 级。

3. 基因工程与转基因生物(课时 5 和 6)。基因工程是以前几课时的理论知识为基础的实际应用,概述基因工程诞生的科学背景、基因工程操作的三种工具及基因工程的基本操作步骤,构建基因工程是一种重组 DNA 技术的重要概念。进一步举例说明基因工程和转基因技术在动物、植物和微生物上的广泛应用和经济价值,并分析转基因生物产品的安全性问题,辩证地看待和使用现代生物技术。教学基本要求为 B 级。

根据我校学生的具体学情,用准确的行为动词叙写学习目标,最终形成本章节作业、试卷的目标。

二、聚焦学科核心素养,凸显检测方向

新课标指出评价内容应以生物学大概念、重要概念等主干知识为依托,注重检测学生生物学学科核心素养的发展水平。生物学核心素养的检测包括:是否形成了认识生命的基本观念;是否逐步养成科学思维习惯;是否具备了科学探究的能力;是否具有关注社会重要议题的意识和社会责任感,以及开展生物学实践活动的意愿和能力等。① 以往的作业设计更多地关注知识点是否落实,本次作业和试卷设计强调四个核心素养发展水平的检测。

(一) 知识检测逐步形成生命观念

作业承担的功能不仅仅是巩固知识,更强调学生自主学习内化的过程,形成观念的过程。因此,编写组考虑课时作业以综合分析题的形式为主,通过引入一个个具体情境,或利用一张生物图表、一段实验材料,使学生不机械重复知识,而是更关注概念的内涵和外延,更好地理解概念。结合每节课的作业目标,将所有概念均与题目中的每一个填空或选项一一对应,既能清楚地检测学生是否达成本节课的必要知识和技能要求,也能将一些分散的次位概念进行整合,便于检测学生是否形成重要概念、大概念,是否形成生命观念。

(二) 能力检测强调多样与创新

科学思维方法包括归纳与概括、演绎与推理、模型与建模、批判性思维、创造性思

---

① 刘恩山,曹保义.普通高中生物学课程标准(2017 年版 2020 年修订)解读[M].北京:高等教育出版社,2020.

维等，本章节作业设计都以考查学生是否形成科学思维方法作为重点。例如，通过给出重要概念的内涵和外延，让学生进行归纳总结；通过重现经典实验，检测学生的演绎与推理能力；通过模型搭建实验使学生能够对微观世界有更具象的认识；通过关注社会热点，培养学生的批判性思维和创新性思维。

多种题型设计检测能力。如设计填图（遗传信息的传递和表达过程图、中心法则发展示意图）、填表（复制、转录、翻译的比较）、动手构建生物模型（DNA 分子模型的搭建、转录翻译过程的模拟和基因工程过程的模拟）、辩论赛（基因工程的利与弊）等新的作业形式。学生开展“基因工程的利与弊”辩论，从问题提出、设计调查问卷、数据和资料搜集、整理归纳己方观点，到批驳对方观点的方案实施以及最终完成辩论活动，是一次非常完整和特别的科学探究活动的体验。多种作业形式也使得学生更关注于自身兴趣的发展，培养长期的学习兴趣，促进学生的自主学习和自我改进，也有利于培养和激发学生的科学思维能力、科学探究能力和创新能力。

（三）实践检测做到关注并参与

作业练习应当紧密联系人们的生产和生活，使学生能基于生物学的认知，作出理性思考和判断，从而具有解决实际问题的担当和能力。在课时作业中尽可能地融入对生物前沿科技发展内容的介绍，如 2018 年 8 月中国科学家完成酵母菌染色体的人工合成、2017 年中国科学家转基因瘦肉型家猪的成功，以及转基因技术在医学上的最新应用——利用腺病毒进行转基因治疗、转基因食品安全性的讨论等，开拓了学生的视野，引导学生关注科学发展和社会热点，利用所学知识辩证地看待新技术，并形成合理利用生物技术造福人类的态度和价值观。学生在关注社会、主动参与、自主学习、合作交流中，也能够更有自信、更有社会责任感。

三、集思广益深入讨论，形成鲜明特色

（一）图形建模　构建作业基本骨架

本单元从分子水平揭示生命的本质。DNA、中心法则、基因重组技术这些重要概念都非常微观、抽象，学生难以与已有实践经验相结合。而生物图像是直观呈现这些复杂、微观、抽象知识的良好载体，本团队设计了大量的图表题目，涵盖了本章所有的重要概念，如 DNA 组成结构图、DNA、染色体和基因的关系图、DNA 复制过程图、DNA 转录过程图、翻译过程图、中心法则及其发展示意图、限制酶切图、基因工程过程图等。而针对这些图形的题目，我们也设计了多种多样的考查方式，如通过读图认识分子结构、通过识图填写组成部分（DNA 结构）、通过识图认识生理过程（复制、转录以及基因工程）、补充完成图中缺少部分（遗传信息的传递和表达）、绘制完善中心法则、

完成实验结果的填写等。这些以不同方式呈现的图表，用具象的形式展现抽象知识，能让学生从多维度感知本章的主要内容，有助于学生更好地形成生命的结构与功能观。

除了利用图像以外，课后作业中的生物模型制作也能通过模拟与建模使学生更深入地认识本章内容。生物建模属于非书面作业，也是学生喜欢的一类动手动脑类型的作业。本章节的第一课时《DNA 分子双螺旋结构》的内容本身是有一节实验课的，在课时作业中，给学生更开放和想象的空间，让学生在回顾课堂实验的基础上，自己寻找材料，再演绎出来，这样能够更加深入地认识到DNA双螺旋结构的奥妙。学生反馈非常喜欢这样的动手活动，因此，我们在章节的其他内容中也试着让学生在搭建的DNA模型基础上进一步完成转录和翻译的过程建模，理解核酸语言是如何转化为蛋白质语言的，随后模拟基因工程的三个工具，完成重组质粒的构建。这三个生物模型的构建贯穿了整个章节的内容，构成了本章节一个重要的长作业。学生在动手过程中不仅增加了学习兴趣，锻炼了生物建模的科学思维方法，而且能够更充分地认识到DNA结构与功能的关系，更好地理解转基因技术的核心原理。实现在玩中学，学中乐，乐有所得。

（二）生物史实　渗透科学思维方法

从1953年DNA分子双螺旋结构的提出距今才60多年，分子学领域已经取得了非常大的突破，获得了许多诺贝尔奖。每一项重大进展的背后，都有若干经典实验的支持。因此，在本次作业设计中，对于许多概念的引出，编写组成员都运用了一段史实材料作为背景，让学生更多地接触经典实验，培养其科学思维方式。

例如，1953年，沃森和克里克提出DNA分子结构模型；1957年，梅尔森的DNA半保留复制实验；1961年，美国生物化学家尼伦伯格发现密码子实验；1970年，Temin发现RNA致瘤病毒的逆转录；1976年，美国的H.Boyer教授的第一个转基因大肠杆菌的成功等。

整个章节每一个课时作业中都有经典实验，使学生进一步了解科学家对DNA分子、遗传信息的传递和表达及基因工程的研究发展历程，了解分子生物学领域发展的规律，同时能够基于这些生物学事实和证据，更好地建立科学思维方式和科学探究精神。

（三）经典案例　前后贯穿整章内容

学习理论知识是为了更好地解决生活生产中的实际问题，因此，我们从基因的概念开始，将一种单基因遗传病作为理论联系实际的线索，在整章节的多个课时作业中以不同方式呈现，引导学生思考如何认识并解决人类的基因遗传病。

这个病例是先天性黑蒙症(LCA)。在DNA结构部分出现，引导学生认识基因的本质；在中心法则部分出现，引导学生了解基因与性状之间的关系；在基因工程部分，则引导学生关注 Luxturna 基因疗法如何利用转基因技术治疗该病。在反复出现同一案例的背景下，能有效引导学生不仅仅是从理论上，更多的是从生活实践中、从人类的健康角度，关注本章节内容之间的联系。激发学生对生物前沿科技的兴趣，展望基因治疗的美好前景，并体会到基因工程在促进经济与社会发展、增进人类健康等方面的价值。

（四）开放问题　引导学生积极思考

并不是每一个问题都要有完美答案的。设置开放的问题，让学生自己寻找答案，能让学生在寻找答案的过程中培养独立思考的能力，学会学习的方法，找到解决问题的途径，而不是仅仅得到答案。

开放性的问题包括："DNA 结构的稳定性和多样性体现在哪里？""DNA 半保留复制的意义？""尝试描述'核酸的语言'是如何传递并表达为'蛋白质的语言'的。""请结合中心法则阐述先天性黑蒙症的发病机制，从哪些方面可缓解先天性黑蒙症。""请搜集相关资料，结合中心法则，阐述类病毒和朊病毒遗传信息的传递及表达方式。""当你掌握基因工程的工具和基本步骤后，你想利用基因重组技术做哪些事情呢？""查找和整理有关转基因食品利或弊的资料，为下节课开展题为是否应当推广转基因食品的辩论赛做准备。"等等。

这些开放性的问题，有些是对本节课学习内容的概括与提升，有些是引导学生通过搜集信息自主学习，还有一些则是让学生积极地去思考、去想象，培养其创造力，而准备辩论赛更是考查学生的综合能力。

（五）作业分层　满足不同学生需求

参照学业质量标准提出的等级划分，在作业设计中也要针对参加生物等级考和只参加合格考的学生进行作业分层，学业质量水平中的生物建模、基因工程内容以及综合利用科学、技术、工程学、数学等知识和能力，解决特定问题的题目类型属于等级考要求，在这类作业和试卷中加入（选做）标记，其他内容属于必做内容。学生可根据自身学习和选科的要求，分层次完成作业，实现减负的目的。

（六）反馈修订　完善作业试卷设计

学生是作业和试卷的重要使用者，仅靠教师的主观设计，编写的结果难以达到设计目的。因此，本次案例均经过了设计、讨论、编写、修改，学生实际使用后的反馈，是本案例修改与调整过程中的重要依据。比如，根据对学生实际练习时间和正确率的统计，聆听学生的主观感受，我们调整选择题顺序，让学生完成整套练习的解题过程更加顺畅，更有利于本节知识脉络的形成。又如，在最初的编制过程中，我们以简要文字要求学生根据材料画出中心法则及其发展的图解。看上去难度不高的题目，却有一部分学生并不能理解题目要求，完全没有头绪。因此将题目改成了："根据材料一，用文字和箭头画一张图解，表示乙肝病毒的遗传信息传递和表达方向。结合材料二、三，用虚线和文字补充说明 RNA 病毒的遗传信息的传递和表达方向。"通过两个步骤分解难点，同时用具体的说明文字表述题目要求，让学生能更加准确地理解题干含义。再进一步引导学生结合材料分析得出答案，能更好地提升学生分析材料、获取信息的能力。

综上所述，本编写组教师通过集体研讨，在对新课标和学科教学基本要求进行认真学习的基础上，融入自己的独立思考，完成了这套体现以培养学生核心素养为目标的"遗传信息传递和表达"章节作业及测试案例编写，最后的成果体现了多样、灵活、开放、减负的特点，是全组教师提升课改理念、课程意识、评价意识、学科知识和专业能力的一次难得机会。在参赛过程中，全组成员齐心协力，共同学习，共同进步，共同收获。

浅谈数字化技术在完中生命科学教学中的应用

◎ 上海理工大学附属储能中学　牟云玲

摘　要　数字化技术正在影响和改变着世界,教师也要学会将数字化技术与课堂教学进行整合。本文总结了笔者在日常的课堂教学中,如何利用基于数字化技术的互动网络教学平台进行生命科学课堂教学,从而增强学生的学习主动性,提高生命科学课堂教学效率。

关键词　数字化技术;网络互动教学平台;微课视频

随着时代的发展,数字化技术正在慢慢地影响和改变着我们的世界。数字化技术一般包括数字编码、数字压缩、数字传输、数字调制与解调等,是实现信息数字化的技术手段。数字化技术是计算机技术、多媒体技术以及互联网技术的基础,它可以将数字、文字、图像、语音,包括虚拟现实,及可视世界的各种信息等,用多媒体形式呈现出来。因此,借助数字化技术就可以更好地描述多姿多彩的现实世界。在数字化时代,人与人的交互是以 Internet 媒体为介质的。人的学习、生活、工作可以大量地利用互联网,从最早的邮箱、论坛、新闻,到搜索、游戏、电商、社交和通信等,互联网技术推动和催生出来的新产品和新业态,加速刷新着我们的行为和生活。

数字化时代也向教师提出很多的挑战,要求教师在教学上不能墨守成规,不能依赖传统的教学方法和教学手段,而应不断努力、不断探索、不断尝试将数字化技术与课堂教学进行有效整合,充分利用各种优质资源以适应现代教育发展的需要。对于普通完中的一线教师来说,我们关注的不可能是数字化技术的根本原理和核心技术的发展,而是如何基于数字化技术的教学手段更好地为基础教育服务;如何利用数字化技术在生命科学的课堂教学中广泛应用教学资源,改变传统教学模式中的课堂教学结构,提高学生的学习兴趣和学习效率,增强他们学习的主动性,为他们创设最佳的教学情境,提高生命科学课堂教学效率。

我校在 2004 年就自行研建了数字化的校园网络管理平台。2006 年,我校开展了 moodle 平台应用于教学的实践研究,并实现了 moodle 平台与校园网络的整合。2012 年,我校申报上海市教育信息技术应用项目“基于网络互动教学平台的数字化教学模式的实践研究”，在项目实施过程中，我校利用自行开发的网络互动教学平台，在实验班级开展了基于网络互动教学平台的数字化教学实践。笔者自2012年开始就积极参加学校的数字化课题研究，尝试将数字化技术运用于为构建富有校本特色的完中生命科学教学的新途径和新方法，进而促进教师的“教”与学生“学”的方式的变革，从而达到培养学生创新精神与实践能力的目标。

在参与课题探究的第一阶段，我们研究的重点是如何将利用数字化技术制作的微课用于生命科学的日常教学，培养学生学科的能力，促进学科素养的提高。

在日常的教学实践中，我们发现每个学生的学习能力和接受能力是不一样的。在课堂教学中，教师需统一教学进度与要求，所以有时候不能兼顾学生的个性化需求。利用数字化技术，教师可以通过数码录课笔、录屏大师等工具制作微课，可以将学生在学习中多发的学习难点和学习重点进行拆分，满足学生进行个性化学习的需求。

在制作微课时，内容的选择一定要遵循短小精悍、重点突出的原则，这就要求教师对学情有充分的了解和掌握；微课视频的时间长度要控制在学生注意力能比较集中的时间范围内，一般只有几分钟，比较长的也只有十分钟左右，符合学生身心发展特征。每一个微课视频都要解决一个特定的问题，要有较强的针对性，这样不同的学生可以根据自己的学习情况自主选择，有利于学生的个性化学习。教师将制作好的微课发布在学校的网络互动教学平台上，学生利用自己的账号可以在校园网登录观看微课，进行学习；特别是放学回家后，在没有机会面对面和教师进行交流的时候，通过观看微课视频可以及时释疑答惑。而且，学生还可以利用移动设备学习教学互动平台上的微课资源。随着数字化技术的迅猛发展，这种移动学习已逐渐成为新型的学习方式，悄然改变着我们的生活，彰显信息时代学习的智慧。[①] 这种移动学习让学生的学习方式也变得现代化和时尚化，让学生逐渐成为学习的主角，增强了学生学习的主动性。

生命科学是以实验为基础的自然科学，现代生命科学的发展尤其需要通过实验的方法来认识生命科学的奇妙世界，实验也是目前中学生获取生命科学知识的最有效手段之一。实验可以帮助学生将抽象的知识形象化，复杂的知识简单化。生命科学实验既是学生构建生命科学核心概念的主要手段，也是培养学生科学素养、提升创新精神和实践能力的重要载体；加强生命科学实验教学既能创设生动活泼的教学情境，激发学生学习探索的欲望和创新的意识，丰富学生的学习经历，也能培养学生的研究技能，使学生体验合作学习和动手操作的乐趣，改善学习方式，培养良好的情感态度与价值观。

但是多年以来，面对生命科学的各种考试，学生在学习的过程中过于注重理论知识的学习，对生命科学的实验课却不够重视。第一，实验课前能认真预习的学生寥寥无几，因此课堂上教师要花一半的时间来讲解实验的步骤、实验操作的注意事项等，留

---

① 凌巍.移动学习环境下的微视频资源研发及编创策略探微[J].中小学电教：上，2012(11)：70－72.

给学生进行实验操作的时间就少了。第二,在走进实验室后,看到了实验的仪器和用品,学生很容易兴奋、活跃,容易忽视教师的讲解,在自己实验操作的时候不知该从哪里入手,而且实验操作有时也不规范。第三,在有限的实验操作时间内,教师只能指导小部分学生的实验,经常有大部分学生还没真正观察到实验的现象,下课的铃声就响了。第四,原有的实验模式是教师布置实验任务,学生按照教师的要求去做,缺乏一种积极主动的学习态度,甚至有一部分学生在实验课上玩的时间比学的时间多;对实验中出现的现象就更没有时间和兴趣去交流与讨论,导致实验的效果大打折扣。一节实验课下来,学生的学习效率较低,教师也倍感疲倦。

怎样做才能改善日常的实验教学呢?用什么方法才能提高学生对实验课的关注度和积极性呢?

2014年,我校成为上海市数字化重点课题的首批实验学校之一,参与了市教委组织的数字化环境下课堂教学变革与创新项目的研究。课题研究的重点是关注学生的体验过程,创建学生喜欢的课堂,满足学生个性化学习需求和促进教师专业化发展的需要。

笔者作为生命科学的教师代表参与了学校的数字化课题研究,探索利用数字化技术——网络互动教学平台来加强高中生命科学的实验教学。高中生命科学的知识体系中,许多现象只有通过实验才能得到解释,各种生物体的微观的形态结构和生命活动必须通过显微镜的实验才能观察清楚。基于数字化技术的网络教学平台恰好能够满足师生对改进实验方式的要求。将数字化技术用于生命科学实验教学,对学生来说开创了一种全新的学习模式,有助于激发学生的实验兴趣,可以发挥他们学习的主动性和积极性;在改善学生的课堂学习感受与促进教师教学方式的多样化方面开创更为广阔的空间,使学生的创新能力和实践能力有效地得到统一和发展。

下面就以实验——“探究植物细胞的质壁分离与外界溶液浓度的关系”为例介绍基于数字化的网络互动教学平台进行的实验教学。这个实验是《上海市中学生命科学课程标准》高中阶段主题二“生命的基础”中“细胞的结构”部分的内容,是学生的必做实验,学习水平要求为B级。① 通过本次试验,学生可以初步学会观察植物细胞质壁分离和复原的方法,理解植物细胞发生质壁分离和复原的原理,有助于对细胞结构和功能的科学概念建构。

基于数字化技术的网络互动教学平台的实验课教学共分三个阶段。

1. 课前预习:网络化学习,自主学习

实验课前,教师通过学校的网络互动教学平台将实验的预习内容推送给学生,学生可以通过移动设备,如在自己的智能手机、Pad等设备的微信端进入学习;也可以在

① 上海市中小学(幼儿园)课程改革委员会.中学生命科学实验手册 高中(试验本)[M].上海:上海教育出版社,2015.

电脑上从校园网的网络课程进入学习(图 1)。

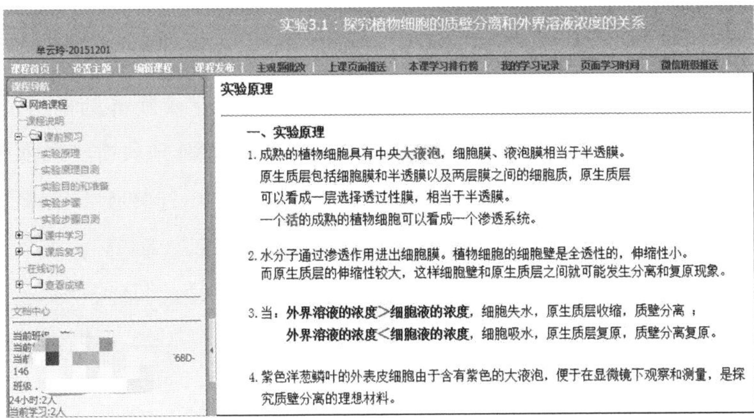

图 1　互动教学平台上的实验原理

学生好奇心强、思维活跃,但注意力时间短,所以,我们对“实验原理、实验目的”等板块进行了概括、总结,做到陈述清晰、重点突出。有了数字化技术,学生可以灵活地选择时间预习相关的实验内容;学生在实验课前可以重复多次进行预习;如果不能一次性地看完,还可以利用自己的“碎片时间”实现一种便捷、高效的学习。通过这种方式,教师将学习的主动权交还给了学生,学生初步实现了个性化的自主学习。

“实验步骤”板块是预习内容的重点,既要清楚地说明实验应该如何做、不应该怎么做,也要吸引学生,激发学生探索的欲望。怎样实现这个目标呢?笔者采用了如下的方法:

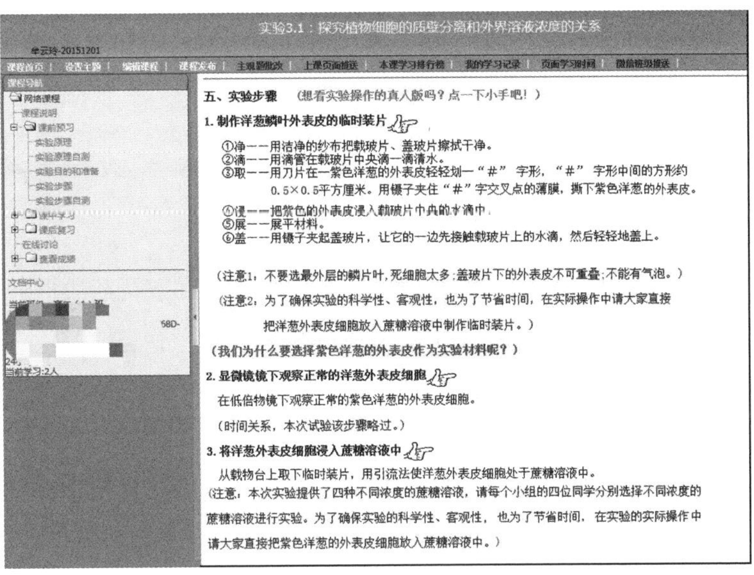

图 2　互动教学平台上的实验步骤

(1) 适当地归纳总结实验步骤的核心内容，突出重点，突破难点，使学生能做到一学就会。

(2) 将一个完整且规范的实验操作视频分割成四个实验步骤的片段，用一个卡通图形将实验操作的视频和文字连接到一起，为学生创造了一个新鲜的学习情境，吸引他们去学习。学生可以根据自己的需要反复观看、反复揣摩，来获得实验操作的具体印象。现代高中生的成长伴随着数字化技术的大发展，学生对这种建立在数字化技术上的学习形式一点就通，他们将“实验步骤”板块称为实验的“说明书”。在后来的实验课上，当教师说开始实验时，他们都说要先打开“说明书”。由此可见，学生还是挺喜欢这个设计的。而且，当学生在实验操作过程中有疑问时，可马上通过网络互动教学平台即时回看相关内容，让学生的学习主动性得到充分发挥。

(3) 实验预习部分中还有 2 个自测题板块。这 6 道自测题都设计了自动判分功能，便于学生自检，了解预习的效果。而教师通过网络互动教学平台的后台，能随时查看学生的在线学习时间和自测题的完成情况，可以看出学生对知识点的理解情况；在实验课上再针对相关的知识点设计讨论问题。

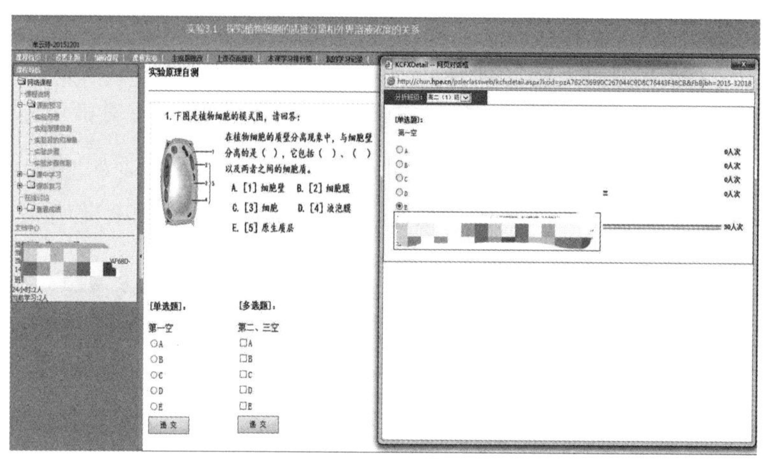

图 3　互动教学平台上的学习反馈情况

在对实验进行了充分的预习后，上课时教师首先对学生在预习阶段中出现的问题给予纠正和提醒，然后学生就可以直接进入实验操作了。

2. 课堂教学：网络教学平台展示，合作学习

生命科学的实验教学中，显微镜是常用的仪器，这个实验就是要求学生选择一定浓度的蔗糖溶液进行实验后，利用显微镜观察洋葱外表皮细胞的质壁分离现象。在传统的实验课上，学生只能看到自己显微镜中的物像，看不到其他同学的实验结果；在短暂的课堂时间内，教师也很难了解到每个学生的实验完成情况。因此，师生对实验现象和实验结果的交流与讨论就会受到较大的限制，实验教学的效率比较低。

有了数字化的网络互动教学平台，这个情况就可以得到明显的改善。全班学生分成4人一组的实验小组；小组内分工合作，各选择一种浓度的蔗糖溶液进行实验；在显微镜下看到清楚的图像后用智能手机拍照，将实验结果上传至网络互动教学平台；教师利用电脑逐一展示学生的实验结果，实现了实验图像全班共享(图4)。如果觉得哪位同学的实验做得好，还可以用手机在互动教学平台上为该同学点赞。本次实验最终的实验结论需要比较植物细胞在4种不同浓度的蔗糖溶液下质壁分离的情况，所以，数字化技术将以前学生之间无法直接观察的实验现象变得可以观察、可以展示，使学生真正做到了合作学习。

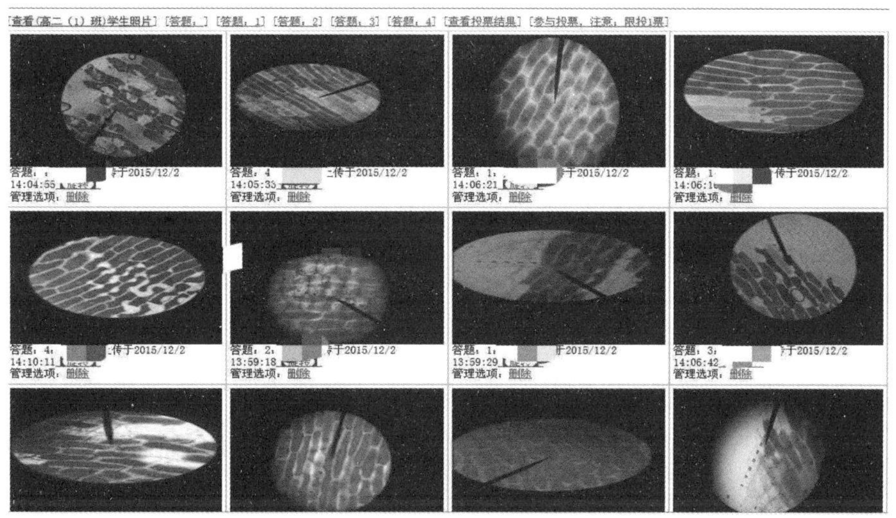

图4　互动教学平台上的实验现象展示

生命科学实验中用到了智能手机，大大激发了学生的学习兴趣和参与热情，拉近了学生和实验内容的距离；通过数字化技术，显微镜下微观的实验图像得以展示，等于将全体学生的实验进行了“现场直播”。这样既可以让学生体会到成功的喜悦，又可以让学生在短时间内看到更多的实验样本，体会到实验的科学性和客观性。有了一定数量的实验样本，教师就可以设计问题串来引导学生对观察到的实验现象进行分析、讨论，发现植物细胞的质壁分离与蔗糖溶液的浓度的关系。

利用数字化技术，实验课的整个过程在网络互动教学平台都得以呈现，学生可以通过移动设备进行自主学习；学生可以通过智能手机客观地记录自己的实验结果；全体学生的实验结果也可以在网络互动教学平台得以展示。这种方式很受学生的欢迎，变“被动实验”为“主动实验”。

3. 课后思考：尝试探究式学习

科学探究的过程通常是完成了对一个问题的探究，又会引出一个新的问题。一节实验课的时间毕竟有限，不能解决所有的问题。课后的探究活动是课堂实验教学的有效补充和延伸，其作用不容忽视。本次实验课探究的是不同浓度的蔗糖溶液对植物细胞质壁分离的影响，那换成其他溶液，如 Nacl 溶液、KNO_3 溶液、酒精溶液等又会怎样呢？教师可以引导学生在课后以小组为单位设计一个探究实验的方案，上传到网络互动教学平台进行展示，培养学生的探究意识和创新意识。

综上所述，利用数字化技术来加强高中生命科学的实验教学，既可以创设生动活泼的教学情境，激发学生的学习兴趣，丰富学生的学习经历；也可以培养学生的研究技能，增加学生的实践体验。运用数字化技术的实验课教学已经走进了学生日常的学习生活中，为高中生命科学的课堂教学注入了新的生机和活力。它将课本上一些生硬的、抽象的东西具体化、形象化，用数据、图像直观地表达出来，使复杂枯燥的认知活动变成探究思考的操作过程，增强了对学生的吸引力。数字化技术的运用可以大大增加实验课的课容量；数字化技术的运用既有对学生实验技能的训练，也能培养他们对实验结果的再探究意识；数字化技术为高中生命科学的实验教学探索出一条新路。基于数字化技术的多媒体技术和网络技术已促使教育思想、观念、方式、方法等发生了变化。在这种新的教学方式中，教师的角色也无疑发生了巨大的转变：教师由单纯的知识传授者，转变为学生学习活动的促进者、指导者和协助者，以及学生学习能力的培养者。在以数字化技术为载体的现代教学中，教师还是课件的设计者、教学信息的组织者，平台上的教学资源都是由教师根据学生的实际情况制作加工的，实验课上的资源制作、设备应用等都遵循了实用性和便捷性原则，可按教学的实际需要及时修改调整。这样一个转变过程，对每个教师而言都是非常艰巨的挑战，需要教师不断提高专业知识和素养，积极探索教学方式方法的变革。而且数字化技术的选择与运用必须考虑教学策略。教学策略是为了达到预期的教学目标而制订的教学的程序与方法、媒体的选择与优化组合等。教师在运用数字化技术时，要考虑如何尽可能地发挥数字化技术的优势，并与传统教学媒体有机地结合，在规定的时间取得最佳的教学效果。① 在接下来的时间内，希望通过我们的不断积累，能形成运用数字化技术进行的生命科学实验教学系列课程，充分发挥数字化技术在完中学生的生命科学学习中的重要作用。

中、高考教育考试的改革方案都强调要加强对学生的全面发展和创新实践能力的培养。但是，探究意识和创新意识的培养是需要一个过程的，而目前中学生的学习任务依旧很繁重。在有限的时间内运用好数字化技术，我们教师要始终把数字化学习的实用性、可推广性和可持续性放在研究的首要地位。将数字化技术与日常生命科学教学深度融合，提高教与学的有效性，全面提升学生的学科素养，需要教师进一步的思考和行动。

---

① 高亚红.电化教学在生物课堂教学设计中的巧妙运用[J].中国现代教育装备，2010(8)：41－42.

放射性同位素标记法揭示的生命科学重大发现①

◎ 上海市格致中学 姚鹏程

摘 要 放射性同位素标记法在生命科学研究中应用广泛，大量生命科学理论成果通过放射性同位素标记法得出。本文归纳整理了生命科学研究中应用放射性同位素标记技术所揭示的光合作用过程、DNA及遗传信息表达研究中的重大发现，为中学生物学教学提供素材。

关键词 生命科学；重大发现；同位素标记法

放射性同位素标记法也称放射性同位素示踪法，是指应用放射性同位素原子追踪物质的运行和变化规律，研究有机反应历程的方法。其依据的原理为放射性元素及它们的化合物与自然界存在的相应普通元素及其化合物之间的化学性质和生物学性质相同。因此，可用同位素作为一种标记代替相应的非标记化合物。利用放射性同位素不断地放出特征射线的核物理性质，即可用核探测器随时追踪它在体内或体外的位置、数量及其转变等。高中生物学教材中光合作用中氧气的来源、卡尔文循环中碳的同化、T_2 噬菌体侵染细菌证明 DNA 是遗传物质、DNA 的半保留复制以及分泌蛋白的合成与分泌途径的证实均运用到同位素标记法。而同位素标记法在生命科学理论研究中的应用远不止于此，本文将光合作用、遗传信息表达相关的、利用放射性同位素标记法进行的理论研究进行了梳理。

一、光合作用研究中同位素标记法的应用

18 世纪后期，伴随着拉瓦锡新化学体系的建立，人类开始了对光合作用的认识。继 1771 年英国化学家普利斯特利通过把薄荷枝条和老鼠一同放入玻璃罩内生长的简单实验，首先发现植物可“净化”空气的现象，在短短 35 年内，“净化”空气所必需的几个重要因素——植物绿色物质、光、二氧化碳和水便分别为荷兰人英格豪斯、瑞士牧师塞尼比尔及瑞士化学家索热尔所发现。19 世纪 30 年代末，一系列关于动物细胞可固

① 本文系作者与浙江省绍兴市元培中学屠秀强合作，发表于《生物学教学》2018 年（第 43 卷）第 9 期。

定二氧化碳的发现等种种事实表明:二氧化碳同化并非仅发生在自养生物中的一种特殊的光解反应,而很可能为一种酶促的暗反应。

随着放射性同位素示踪技术的应用,二氧化碳同化的过程也逐渐明朗,1937 年,美国加州大学伯克利分校的鲁宾和卡门首先用放射性^{11}C为示踪原子证明光合作用中二氧化碳固定是暗的酶促反应,只是由于^{11}C半衰期太短且无合适方法分析二氧化碳受体而难以鉴定。而在前人已经探明光合作用反应物和生成物的前提下,鲁宾和卡门根据质量守恒定律,生成物中的原子来自反应物,光合作用产生的氧气必然来自反应物(水或二氧化碳)设计了实验。将^{18}O分别标记 H_2O 和 CO_2,使它们分别成为 $H_2^{18}O$ 和 $C^{18}O_2$。进行两组实验:第一组向小球藻提供 $H_2^{18}O$ 和 CO_2,结果释放的氧气全部是$^{18}O_2$;第二组向植物提供 H_2O 和 $C^{18}O_2$,结果释放的氧气全部是 O_2。得出光合作用中产生的氧气来自水。但这并没有解决二氧化碳同化的机制问题。

第二次世界大战后,长寿命的示踪原子已可投入实验室使用,为生物学工作者带来了福音。在伯克利分校著名物理学家劳伦斯的建议下,一向对光合作用感兴趣的化学家卡尔文组建了一个新的生物—有机化学研究小组继续鲁宾等人的工作,用^{14}C研究碳同化机制。卡尔文将培养出来的多组小球藻置于含未标记 CO_2 的密闭容器中,将^{14}C标记的$^{14}CO_2$ 注入容器,分别培养 3s、5s、6s、7s、30s,将小球藻浸入热乙醇中杀死,使细胞中的酶变性失活,提取溶液里的含碳化合物分子。采取有机分析方法提取并鉴定全部含^{14}C的标记物,卡尔文获得了有关碳循环的部分信息。在引入双相纸层析和放射性自显影等新方法后,使分析速度和精度大为提高,很快便分离、鉴定了一批在同化早期出现的糖磷酸。经不断分析、比较、修改与完善,卡尔文小组最终排列出了从第一个稳定产物——磷酸甘油酸到所有早期产物的相对位置,从而建立了最重要的生物合成反应——光合作用碳同化途径。不久,有关酶类也全被一一分离、纯化和证实,为后来对光合作用调节控制的探讨开辟了道路。

同时,1904 年,植物学家哈伯兰特用光学显微镜观察一些草本植物时发现禾本科黍亚科的叶具有特殊的花环结构。1927 年,尚茨和皮尔梅塞发现,具有花环结构的植物合成单位干物质的耗水量只有其他植物的 1/2 左右。1944 年,罗迪斯和卡瓦略在显微镜下观察到这类植物的淀粉仅集中在维管束鞘细胞里,而不像其他植物那样散布在叶肉细胞中。1962 年,研究人员发现,具有花环结构的植物具有较低的 CO_2 补偿点。1963 年,研究人员发现具有花环结构的植物具有潜在的高生长效率。

1952 年,美国夏威夷食糖种植协会的科学家科思谢克出于好奇,想了解 C_3 途径是否也适合于甘蔗一类的植物。用^{14}C标记二氧化碳,同样用双相纸层析和放射自显影技术进行检测,发现首先出现的放射性化合物并不是 3 -磷酸甘油酸。1956—1957 年,科思谢克发表文章指出,甘蔗叶中最早被标记的 3 种化合物中,首先是苹果酸和天冬氨酸，其次才是磷酸甘油酸。① 同时，有学者在高粱中也发现了这种现象，这些植物都属于生活在热带的禾本科黍亚科植物。无独有偶，1960 年，苏联科学家卡贝洛夫研究玉米叶片光合作用时，也发现 CO_2 同化的最初产物为苹果酸和天冬氨酸，为之后 C_4 途径的发现奠定了基础。

二、DNA 及遗传信息表达研究中同位素标记法的应用

在格里菲斯肺炎双球菌转化实验提出转化因子后，埃弗里从 III 型 s 型肺炎双球菌中分离得到了活性的转化因子，但当时由于许多科学家始终抱着在核酸中的少量污染物也许就是遗传物质这样一种希望，因此大量的工作都用于提纯这些转化因子。直到 1952 年，人们对 DNA 的作用问题仍然保持着谨慎态度。甚至当高纯度的 DNA 制备物只含有少于 0.02%的蛋白质都被证明为对转化作用有效。直到赫尔希和蔡斯进行的实验，为 DNA 是遗传物质提供了令人信服的证据。赫尔希开始进行这些实验时，对核酸进入细菌细胞的可能性是相当怀疑的。安德森记得，在冷泉港实验室的某一天，他和赫尔希讨论了一种“极其滑稽”的可能性，即只有病毒的 DNA 进入寄主细胞，并像转化因子一样改变了细胞的合成过程。赫尔希和蔡斯用分别被 ^{35}S 或 ^{32}P 标记的 T_2 噬菌体侵染未被放射性同位素标记的宿主菌，分离宿主菌和噬菌体，离心后测定宿主菌细胞的放射性。被 ^{35}S 标记的噬菌体，其放射性出现在宿主菌细胞的外面，被 ^{32}P 标记的噬菌体的放射性，主要集中在宿主菌细胞内。

与别的科学家不同的是，早在 1951 年沃森就对 DNA 是遗传物质深信不疑，即想证明 DNA 是遗传物质。随后，沃森遇到了克里克并利用富兰克林 X 衍射的资料，结合自己的猜想提出 DNA 反向平行的双螺旋结构模型。在沃森—克里克结构模型中，科学家可以推测到 DNA“怎样在每一个细胞世代中自我复制”。而当时具有三种猜想：全保留复制，半保留复制以及弥散复制。直到 1958 年梅塞尔森和斯塔尔设计了 DNA 复制的放射性同位素标记实验，才明确 DNA 的复制方式为半保留复制。

他们利用 ^{15}N 标记的大肠杆菌作为实验材料，提取其中的 DNA，进行密度梯度离心，得到的条带表明：被标记的 DNA $^{15}N/^{15}N$ 密度较大，位于离心管的下部，即重带。取被 ^{15}N 标记的大肠杆菌放入 $^{14}NH_4Cl$ 为唯一氮源的培养液中，大肠杆菌分裂一次(20min)，DNA 复制一次后取出，提取 DNA 进行密度梯度离心，得到的条带表明：只有一种密度的 DNA($^{15}N/^{14}N$)，且其密度较两条链均被 ^{15}N 标记的 DNA 小，位于离心管的中部，即中带。待大肠杆菌再分裂一代，即 DNA 再复制一次，进行相同的操作，得到的条带表明：此时有两种密度的 DNA 出现，其中一条带的 DNA 密度和复制一次的密

① NICKELL LG. A tribute to Hugo P. Kortschak: The man, the scientist and the discoverer of C4 photosynthesis [J]. Photosynthesis Research, 1993, 35(2): 201 - 204.

度相同($^{15}N/^{14}N$),另一新条带,密度最小($^{14}N/^{14}N$),位于离心管的上部,即轻带。实验按照上述程序持续进行,在以后各代 DNA 中,密度梯度离心的结果均显示:有两种密度的 DNA 分子出现,且其密度和复制两次时的情形相同。

1955 年,布拉切特用洋葱根尖和变形虫进行实验,发现如加入 RNA 酶,分解掉细胞内的 RNA,蛋白质的合成即停止;如果再加入从酵母中提取出来的 RNA,则会又重新合成一定数量的蛋白质。这表明蛋白质的合成与 RNA 直接相关。同年,戈尔茨坦和普劳特等用放射性同位素标记变形虫细胞核内的 RNA,观察到标记的 RNA 从细胞核相继进入细胞质。因此,猜测 RNA 很可能是 DNA 和蛋白质合成之间的信使。

同年,利特菲尔德用^{14}C标记的亮氨酸饲喂小鼠。不久将小鼠杀死,取出肝细胞并分离其组成成分。发现大部分^{14}C标记的亮氨酸已掺入蛋白质,并且与核糖体有联系,为此,他首先提出了核糖体是合成蛋白质的场所。至此,放射性同位素标记法已将中心法则的核心内容一一证实。随即又有科学家以 T_2 噬菌体 DNA 为模板制成用^{32}P标记的 RNA,取一定量 T_2-DNA 和其他种类的 DNA 加入此^{32}P 的 RNA 中,经加热使 DNA 双链打开并温育,用密度梯度离心或微孔膜分离出 DNA-^{32}P RNA 复合体测其放射性,实验结果只有 T_2 噬菌体的 DNA 能与该^{32}P 标记的 RNA 形成放射性复合体。从而证实了 RNA 与 DNA 模板的碱基呈特殊互补配对关系。① 科学家又对鸟嘌呤核糖核苷酸(GMP)的碱基和核糖上分别都标记上^{14}C,在离体系统中使之参入鸟嘌呤脱氧核苷酸(dGMP),然后将原标记物和产物分别进行酸水解和层析分离后,测定它们各自的碱基和戊糖的放射性,结果发现它们两部分的放射性比值基本相等。证明了脱氧核糖核苷酸是由核糖核苷酸直接转化而来的,并不是从头合成的。②

此外,如确定动物原肠胚三胚层的发育过程、确定动物体内甲状腺的作用、确定胆固醇的体内合成途径实验、确定植物体内矿质元素运输的途径、确定植物体内吲哚乙酸的运输等生命科学实验,均利用了放射性同位素标记法。

三、小结

放射性同位素标记法的使用贯穿整个生命科学史,教师可将与同位素标记法有关的生物科学史有意识地引入到光合作用、遗传信息表达的教学中,将间接知识经验转化为具体的探究历程,从而调动学生思维的积极性,从多方面培养学生学习生物学的兴趣,促使学生勇于探索生命的规律,培养科学精神和创新意识。

---

① BERNARD HR.Methods in Molecular Biology: DNA Methylation Protocols[M].Totowa: Humana Press, 2002.

② MICHAL G.Biochemical Pathways [M]. Heidelberg: Boehringer Mannheim Press,1982.

黄玉霞政治工作室

工作室主持人寄语

和其他学科相比，思想政治课有着更重要的育人使命，思想政治教师有着更高的责任和要求。作为对自身专业发展有追求的青年教师，需要有这份担当，需要始终坚持用开阔包容的胸襟，不断吸纳新的理念和知识。在此过程中，唯有学习，才是深入探究和实践的基础，而有了这样的基础，才会让我们建立理性的思维方式，才会让我们得以成长。期待工作室真正成为我们专业发展的归属地，让我们彼此携手并肩前行，实现共同的目标和追求。

工作室代表性研究成果

学科核心素养与跨班级管理
——模拟人大之“班级代表大会”

思想政治活动型课堂培育高中生政治认同素养的策略探究

小学低年段《道德与法治》课程中落实法治教育的实践研究

工作室概况

格致教育集团黄玉霞政治工作室由上海理工大学附属储能中学黄玉霞老师担任主持人。工作室学员共有10名，分别是上海市格致中学教师李美玲、刘柳，上海理工大学附属储能中学教师徐倍伟、丁春艳，同济黄浦创意设计中学教师朱春英，格致初级中学教师庄颖、沈毅、陆志燕，原应昌期围棋学校教师吴迪、韩惠莉。

工作室的主要培养目标：

1. 工作室发展目标

打造一支专业技能过硬、在区域内有一定影响力的工作团队。以研究项目为载体，构建学习型、研究型、实践型团队，形成“团队发展与个人发展并进”的团队文化，通过工作室学员间的合作研究，提升全体学员的专业素养、研究能力和教学能力；通过区域展示，增强团队的辐射力和影响力。

形成工作室与区域教研联动发展的模式。充分利用上海市优秀政治教育资源，与本区、外区开展研究互动，以工作室研究项目成果推进教学改革。

2. 工作室学员发展目标

提高个人专业技能，提升个人的专业底蕴和学识魅力，促进专业进步。以研究项目作为载体，加强教育理论知识学习，关注教育改革动态，提升教育教学理念，积极借鉴和吸收思想政治课堂教学中的先进经验，并在课程建设中积极实践，促进个人的专业发展，努力向专业型、专家型教师目标靠近。

工作室主持人介绍

黄玉霞，上海市格致教育集团黄玉霞政治工作室主持人，中学高级教师，上海理工大学附属储能中学工会主席。曾被评为区骨干教师、区学科带头人，承担并主持市级课题4项，区级课题多项，参与教育部重点课题及市区等各类课题多项。在区级以上刊物发表论文30余篇，著作有《混龄合作与互动教育》《数字化课程环境与个性化学习》。先后获得"上海市园丁奖""上海市教育系统三八红旗手""黄浦区教育系统优秀共产党员""黄浦区教育科研先进个人"等称号。

同行，向教育智慧的深处

——黄玉霞政治工作室工作回顾

2017 年 12 月，正值教育部刚刚制订《普通高中思想政治课程标准》并提炼出学科核心素养，许多一线教师倍感困惑、迷茫之时，格致教育集团召集成立了政治工作室，于是 11 名伙伴有幸走到了一起。我们坚持“理念重渗透，思维求创新，课堂讲实效，研修促改进”工作室活动原则，积极探索“思想政治学科核心素养向教育实践渗透”的工作室研究与实践运作方式，形成了以课堂教学改革创新为目的的“研修共同体”。学员们在工作室的引领下接受、汲取、调整、改变、提升，一起感受到了同行中走向教育智慧深处的快乐……

一、同行即互助，注重博采众长，开放培训提升专业眼界

政治名师工作室的学员来自 5 所学校，涵盖了高中、初中、小学三个学段。学员们大部分是“80 后”“90 后”青年教师，处在教师专业成长的最关键时期，都有着不断向上发展的意愿和内驱力。两年多的相处，学员间携手共进，互帮互助，形成了“团队发展与个人发展并进”的团队氛围。为了开阔视野，工作室构建了“走出去”的开放式培训模式。近三年来，工作室共举办或参加各类培训活动 31 次，其中观课 24 次，外出观摩市、区级专家报告或专题活动 12 次。工作室学员的足迹遍布虹口区、徐汇区、静安区、嘉定区、浦东新区等，虚心取经学习。在更高平台的交流学习中，在对课程理念、课堂教学、课程目标、教师发展等更深层思考中，工作室学员们不断追寻着思想政治课德性与理性的交融之美。

二、学习即改变，注重理论学习，专家引领提升理论水平

学习的过程就是让自己发生改变的过程。工作室主持人鼓励学员们把学习作为一种职业状态，进而改变自己的生活态度。为了加强学员们对思想政治学科核心素养的理解，主持人黄玉霞在工作室刚成立的第一场讲座就是围绕学科核心素养的解读和学习，她还为学员们开设专题讲座《思想政治课堂教学改革趋势探究》，就如何更新新课程理念，如何进行有效教学设计等内容与学员们一起分享交流。工作室还依托上海市师资培训中心和上海市政治教师骨干班资源，为学员们提供了许多向专家学习的机

会。学员们曾聆听了人民教育出版社课程教材研究所编审、高中政治课标制订召集人朱明光教授的讲座《修订课标整体解读》,高中课标修订组成员、北京师范大学李晓东教授先后开设的讲座《面向核心素养培育的统编道德与法治教材》《核心素养时代的教学评》,外交学院李红勃的专题讲座《通过宪法,走向法治》,以及国家教材委员会委员、大中小德育一体化专家委员会主任韩震,市教研室教研员庄坚佷、何宁等众多专家精彩的讲座。主持人黄玉霞还为学员们购买、推荐了一些课改专著,要求学员认真阅读。学员们通过聆听讲座、自学专著,通过学习专家高瞻的理论境界,拓宽了思维视野,丰富了个人的知识底蕴,对新课程、新教材改革理念有了更深入的理解,教育教学理论水平也有了进一步的提高。

三、教学即研究,注重教学实践,课例研修探究课堂改革

教学的过程应当且必须成为研究的过程。教师只有钻研教学的艺术,在不断改进行为中积累,才能脚踏实地地提高。经过学习,许多学员对思想政治学科核心素养的内涵都耳熟能详,但是理念的渗透和落实仍是最大的困惑与障碍。基于这种情况,我们工作室确立了"剖析课例"的方法,集体诊断、总结课堂教学中的问题或经验,探究"有效落实政治核心素养"的政治课堂改革。我们以"课堂教学"为主阵地,以"集体反思"为主要手段,以"行为跟进"为主要策略,以"头脑风暴式"评课研讨来提升和拓展课堂教学改革的智慧和深度。工作室在主持人的指导下,每人都开设了一节教学公开课。每位学员开课时,主持人和学员一起备课,研究教学设计的每一个环节。每次开课结束,都会安排上课学员进行说课,一位学员作为评课的主评人,其他学员补充评课意见,在学员评课的基础上,主持人都会结合教学实践的具体内容为学员做进一步的评课讲解。主持人的每一次点评,都让学员有茅塞顿开之感,而学员们在一次次备课、上课、评课中,教学实践能力也得到进一步提高。学员庄颖开设的《决胜全面建成小康社会》被选送到上海市参加十九大精神进课堂的教学评选;学员李美玲开设的《慈善法的诞生——高三政治常识综合复习》,学员韩惠莉开设的《小水滴的诉说》,在面向全区政治教师授课时均受到一致好评。学员丁春艳开设的《使市场在资源配置中起决定性作用》参与了市级社科课题课例研究,也受到了上海市师资培训中心专家的充分肯定。同时,工作室学员先后有 11 篇法治教育教案在市、区级以上评比中获奖。

四、困惑即生长,注重教育科研,课题研究推动专业积淀

学员们在名师工作室会接受一些新东西,由此也产生了许多新的思考与困惑。比如,如何记录、跟踪并反馈,促进工作室的学习;如何抓住名师工作室学习的契机,将自

己的困惑付诸实践，让自己的课堂以及个人的专业发展实现新的生长点？主持人鼓励学员们通过课题的方式，将问题转化成课题，从教育科研的专业视角开展扎实研究，为自己解惑，给自己增加动力，不断促进个人成长。通过课题研究，学员们的教育科研意识增强了，科研能力也得到长足的进步。两年多以来，工作室中先后有 1 项市级课题立项，5 项区级课题立项或结题，1 项专著出版，8 篇科研论文在市、区级以上刊物发表，9 篇科研论文在市、区各类科研论文或科研成果评比中获奖。

五、发展即追寻，注重团队文化，任务驱动凝聚学科信仰

在提倡立德树人、五育并举的教改新时代，要用新时代中国特色社会主义思想铸魂育人，思想政治课作用不可替代，思想政治教师队伍责任重大。习主席对思想政治教师提出的六方面要求——政治要强、情怀要深、思维要新、视野要广、自律要严、人格要正，也是每一名学员作为思想政治教师的追求。提高专业素质，坚定学科信仰，是我们工作室始终的坚持。我们把团队建设作为工作室的亮点与特色，围绕“思想政治教师应该培养什么样的人，怎样发挥思想政治教师的作用”，以工作室为单位，通过任务驱动，进一步加强内部合作，承担并发挥思想政治教师的作用。我们曾以工作室名义集体参与上海市师资培训中心主持的市社科课题“课例研究视角下教师学科育德能力的现状与提升策略研究”并参加系列实践探索；我们曾以工作室名义集体参与上海市教研室组织的《初中道德与法治和思想政治学科劳动教育内容与实施建议》部分编写，进一步研究劳动教育在思想政治学科的渗透。

为了发挥格致教育集团各学校所在地南京东路社区历史、文化资源的作用，坚定四个“自信”，开展“四史”教育，工作室历时一年开发了区域校本课程《上海城市之心与百年中国》，工作室学员分工合作，分别完成“城市之心的变迁”“近代商业重镇”“百年民居与石库门文化”“红色文化遗迹”“百年街区与百年中国”“中国特色社会主义现代化建设新实践”“城市之心定向赛”等内容板块，并形成了校本教程，2019 年 9 月在储能中学高一年级正式投入使用，计划今后在条件成熟后向其余成员校推广。工作室学员们用自己的实际行动开发利用身边的资源，彰显了在弘扬和培育社会主义核心价值观任务下的思想政治教师的担当。

“嘤其鸣矣，求其友声。”因为有了一些志同道合的伙伴，也就有了我们的成长。名师工作室的学习经历不是终点，它将是我们每一个学员不断前行的基石，是宝贵的经验财富，将伴着我们每个人走向教育智慧的更深处……

学科核心素养与跨班级管理

——模拟人大之“班级代表大会”

◎ 上海市格致中学　李美玲

摘　要　上海市高考新政以来，我校开始了应对“3＋3”高考模式的尝试，其中一个创新就是在高一年级推行“＋3”学科“试选制度”。在维持原先行政班不变的情况下，让学生在语数外三门学科以外，试选三门学科“＋3”，但试选学生与其他非选科学生仍然在同一个班内授课。这既不是正式的“走班制”，也意味着不再可能出现原先“＋1”学科时期的单科行政班，任课教师要在课时不变的情况下，教好分散在各班的选科学生，进行跨班级的学生管理。本文根据思想政治学科的核心素养体系，设计了基于学生自我管理和合作关系的模拟人大之“班级代表大会”的跨班级管理模式。

关键词　学科核心素养；跨班级管理；班级代表大会

一、“班级代表大会”的实施背景

党的十八届三中全会审议通过了《中共中央关于全面深化改革若干重大问题的决定》，提出推进考试招生制度改革，从根本上解决一考定终身的弊端。上海作为高考改革的前沿重镇，进行了大刀阔斧的尝试。其中最为明显的变化就是由“3＋X”变为“3＋3”，即除语数外以外，由选考一门变为选考三门，三门采用等第折算计分法。面对这种变革，高中开始推行“走班制”，这既是一个迎接挑战的过渡时期，又是一个进行探索的好机遇。

我校虽然较早地进行了选科的尝试，但是并没有急于立即开始实行“走班制”，而是给了学生一次试选的机会，即让学生在语数外三门学科以外，试选三门“＋3”学科，但试选学生与其他非选科学生仍然在同一个班内授课。这就面临一个跨班级管理和分层教育的问题。“班级代表大会”设计的目标是构建学生自我管理的跨班级管理机制，培养学生的政治认同、科学精神、法治意识和公共参与的学科核心素养，推进社会主义核心价值观渗透到学校教育教学全过程。

二、"班级代表大会"的实践操作

（一）"班级代表大会"的建立

我校选修思想政治的学生人数不多，较为分散。这就必须协调好两个问题，一是正常课时内选科学生与不选科学生的分层教学，二是如何在不加课时的情况下做好选科学生的跨班级管理工作。面对这种情况我不由得想到了我国的人民代表大会制度。我给试选修思想政治的学生布置的第一个任务就是自学高中思想政治课本上有关人民代表大会的相关内容，为我们的"班级代表大会"定个规则。

我们很快建立了"班级代表大会""班级代表大会常委会"的两级框架。所有选修思想政治的学生作为"班级代表"拥有选举权和被选举权。全体代表选取七名"班级代表大会常委"。各级职能都参照人大框架和思想政治教育实际加以明确。

（二）学科核心素养与跨班级管理

思想政治学科的核心素养的培养是一个渗透性的过程，需要贯穿跨班级管理的始终，使学生在制订跨班级管理制度、践行跨班级管理制度的过程中不断地感悟、反思和进步。

1. 规则制定与法治意识

学生在建设"班级代表大会"的过程中，通过自学课本和网络检索学习了大量人民代表大会制度的相关知识，在实践中体验了选举与被选举，这种自我管理机制的运作让学生自己研究制度，自己制订规则，培育了学生的法治意识。契约精神是法治意识的重要一环，在共同制订规则中认同规则并自觉遵守规则。卢梭在《社会契约论》中强调，人们之所以守法，是因为法来自他们的公共意志。① 因此在制订规则时，让学生参与进来，既可以提高规则的认可度，也可以锻炼学生公共参与的能力。

2. 民主集中制与政治认同

在确定了基本的两级框架之后，具体的规则设计和实践工作正式拉开了帷幕。学生的参与积极性很高，在第一次会议之后就组建了"班级代表大会"的 QQ 群，方便组织与联系。

第二次会议上，我们坚持"民主集中制原则"，由学生自主主持会议，公示了"常委"集体制订的"班级代表大会共同纲领(草案)"。各代表参与讨论和修订。

班级代表大会共同纲领(草案)

第一，本群实名制，群名片改为"姓名班级学号"。

---

① 卢梭.社会契约论[M].何兆武，译.北京：商务印书馆，2003.

第二，本群共有“班级常委”7人。

第三，每位班级常委加4位代表组成一个学习小组。常委负责经常性检查组内代表学习情况。

第四，抽查不合格学习小组须参加集体自学活动。

与会“代表”进行了激烈的讨论，对草案进行了补充和完善。尤其是在与自身切实相关的第三点和第四点上进行了反复的激烈讨论，明确了每周检查的具体内容和抽查是否合格的具体标准，使小组合作更加具有可操作性。① “常委会”听取了各代表的意见，完善了“班级代表大会共同纲领(草案)”，会议最终通过了“班级代表大会共同纲领”。

政治认同是指人们对一定社会制度和意识形态的认可和赞同。党的十八大报告概括了社会主义核心价值观：“倡导富强、民主、文明、和谐，倡导自由、平等、公正、法治，倡导爱国、敬业、诚信、友善，积极培育社会主义核心价值观。”在这次会议中学生充分感受到了“民主”“平等”“公正”等社会主义核心价值观的深切内涵。会后一位学生对我说，“老师，我终于明白为什么要实行‘民主集中制’了，没有民主大家的意愿就不能表达，没有集中就没有效率”，他深刻地体会到了我国“民主集中制原则”的优越性。

3. 冷漠与参与的交锋

会后不久就有学生表示不愿意参加小组学习，尤其是不能适应跨班级分组的情况。有的学生问：“老师，我为什么不能和自己班的同学一组?”有的同学问：“老师，为什么她来检查我，我不能直接让你来检查吗?”还有的学生默默地开始了消极抵抗。

“沉默的大多数是公共参与中遇到的最大的问题。”②如何激发学生的参与热情呢？这就要求我们必须调查清楚冷漠的根源。班级委员和我都进行了一些走访，发现主要存在以下问题：一是沟通渠道问题，有的学生认为不能与老师进行面对面的沟通，中间隔了一层“班级常委”，自己好像低人一等的样子。二是选科设置问题，有的学生还在各门学科之间犹豫，不能确定自己最终会选择哪一门。三是跨班级的问题，有些学生觉得彼此之间不是很熟悉，不好意思去找对方。

这三个问题中沟通渠道问题最为关键。一般认为公共参与不足的一个显著理由是参与成本太高，因此，如何降低参与成本是一个政治学热门问题。网络为我们提供了便利，网络参与是沟通的新模式。这里的“新”体现在三个层面：首先，它是技术发展的体现。其次，它的“新”是相对于传统沟通模式而言的，能够补充传统沟通形式单一的不足。最后，它促进多元参与，使每一个人都可以成为议题的发起者。因此，为保证

---

① 央泉，王箐.小组自主学习法的探索与实践[J].湖南师范大学教育科学学报，2006，5(4)：63－65.

② [美]曼瑟·奥尔森.集体行动的逻辑[M].陈郁，等，译.上海：上海人民出版社，1995.

渠道畅通,所有的班级"常委会"会议记录都上传网络,保证每一个人都知道最新的学习进展,鼓励学生参与组织管理和监督,极大激发了学生小组的学习热情。

我国的公共参与,就是有序参与公共事务,承担社会责任,积极行使人民当家做主的政治权利。班级层面的参与无疑是为将来更好地参与社会公共生活打下基础,也使学生认识到只要善于利用各类渠道,公共参与并不是那么遥远。例如,时下流行的网络问政、微博问政、微信公众号等,都是技术拉近距离的鲜活例子,极大地便利了公共参与。

4. 跨班级管理与科学精神

通过调整之后,整个团队蒸蒸日上,跨班级管理的机制得到了有效实践。一位"班级常委"激动地跑过来说隔壁班的同学主动要求接受她的检查;一位"代表"高兴地表示他们组已经提前完成了这周的任务;组员之间、组与组之间展开了激烈的竞争,打破了传统的班级间的竞争方式。QQ群的共享文件里出现了不少学习资料,有的是"班级常委"们总结的问题集,有的是学生自己整理的资料,还有的是各种难题的解析讨论。整个团队洋溢着竞争与合作的和谐气息。

制度不是僵化死板的,在某种程度上制度是有生命的,好的制度不仅有助于实现目标,还可以随着实际状况不断自我调整。而制度的领导力就体现在制度自我实现的过程之中。本方案的总体思路就是让学生打破传统班级制度,跨越班级,进行自我管理、自我学习、自我负责。教师则充当一种"桥梁"的作用。在这种学生自主的过程中,充分培育学生的科学精神。我国公民的科学精神,就是在认识和改造世界过程中表现出来的一种精神取向,即坚持马克思主义的科学世界观和方法论。[①] 学生在自我管理中不断自我反思、自我纠正,就是坚持马克思主义的科学世界观和方法论的重要体现,在实践中坚持用联系的、发展的、矛盾的观点看问题。学生在学习生活中经常会遇到各种问题,用科学精神去处理这些问题是学生的必备素养。

三、"班级代表大会"的价值思考

今天在学校努力做一名"好学生",就是为了能够成为一名社会的好公民。什么是"好"呢? 成绩好就是好吗? 新一轮高考改革的初衷就是打破传统的以分数定终身的弊端,综合评价学生的素质。《教育部关于全面深化课程改革落实立德树人根本任务的意见》指出,教育的目的在于立德树人,即大力弘扬中华优秀传统文化,把培育和践行社会主义核心价值观融入国民教育全过程。"班级代表大会"这个学生自我管理、自我学习机制的建立,就是为了培育学生的政治认同、科学精神、法治意识、公共参与等

---

① 中华人民共和国教育部.普通高中思想政治课程标准(2017年版)[M].北京:人民教育出版社,2018.

核心素养,从而树立现代公民意识,做社会的好公民。公民意识强调的是人在社会生活中的责任意识、公德意识、民主意识等基本道德意识。[①] 学校是个小社会,学习团体是小社会中的小社会,学生通过模拟与实践更加深切地认识到自己的权利与义务,自己的责任和担当。

本管理模式主要强调学生的自我管理和规则的自我实现,学生自己制订规则,互相监督、相互规范学习行为,实现跨班级管理的良性循环。值得注意的是,这一模式摆脱了传统的教师一言堂,实现了学生、教师间的多维互助。该模式有两个核心内容,一是强调治理,强调对学习小组的管理应由学生发挥重要作用;二是强调合作、伙伴关系,确立良性互动的管理过程。只要满足这两个条件,都可以进行更多的跨班级管理创新。当然,这也对我们广大教师提出了更高的要求,在教学过程中教师必须与时俱进,不断自我学习,丰富和完善知识体系,开阔视野,与学生共成长。相信只要我们坚持下去,今日的好学生,一定能够成为社会的好公民,真正做到立德树人。

---

① 章秀英.公民意识评价与培育机制[M].北京:中国社会科学出版社,2012.

思想政治活动型课堂
培育高中生政治认同素养的策略探究

◎ 上海理工大学附属储能中学　徐倍伟

摘　要　在新的课程背景下，构建思想政治活动型课堂，关注学生的成长体验，引导学生正确认识思想政治问题，以核心素养培育为目标，已经成为思想政治教师共同关心的话题。政治认同作为思想政治学科的首要核心素养，不仅是思想政治课程本质的集中体现，也是关系学生成长方向和理想信念的关键政治素养。

关键词　思想政治活动型课堂；高中生政治认同素养；议题式教学；情感体验式教学和社会实践教学

根据党的十九大精神，全面贯彻党的教育方针，落实立德树人的根本任务，教育部颁布了新修订的普通高中课程方案和语文等学科课程标准(2017年版)，新课程标准以学科核心素养培养为导向指导学科教学。思想政治新课程标准将思想政治学科核心素养凝练为政治认同、科学精神、法治意识和公共参与。其中，政治认同作为思想政治学科核心素养的首要素养，不仅是思想政治课程本质的集中体现，也是关系学生成长方向和理想信念的关键政治素养。因此，如何定义活动型课堂和政治认同素养，如何在活动型课堂中实现学生政治认同素养的培育，直接关系到思想政治课程目标和教学效果的实现。

一、关于思想政治活动型课堂的内涵

教育部高中思想政治课程标准修订组组长朱明光指出，活动型学科课程的内涵是：学科课程采取包括社会活动在内的活动设计的构建方式，即课程内容活动化；或者说学科内容的课程方式就是一系列活动设计的系统安排，即活动设计内容化。高中思想政治活动型学科课程不同于活动课程和学科课程，但也不是二者的简单相加，它是将思想政治学科和活动有机结合。因此，思想政治活动型课堂和社会活动实践课有很大区别。高中思想政治活动型课堂是在活动型课程理念指导下的课堂教学形式，在活动型课堂的实施中，它侧重以议题式、情感体验式和社会实践等形式展开教学，帮助学生整合思想政治学科内容，引导价值判断或选择。在立足真实情境的同时也要走出课堂，走进社会，贴近学生生活，培养学生知识分析和解决实际问题的能力，提升政治认同、科学精神、法治意识和公共参与素养。①

二、关于高中生政治认同素养的界定

高中生政治认同素养的内涵研究是教学研究的起点和基础，这不仅关系到政治认同素养的进一步理论探究，而且对教育工作者更好地理解核心素养导向下的思想政治课堂教学改革有着重要的基础意义。

对高中生政治认同素养的内涵界定要包含以下两个基本点：首先，要突出学生的政治认同素养是心理、价值观、行为三方面的统一。心理层面表现为赞同、认可等积极正向的政治情感与心理表现，价值观层面体现为学生个体政治价值观与社会主导政治价值观的契合，行为层面表现为通过个体行为外化为学生的坚定政治信念以及对政治体系的支持、服从和参与。其次，要突出思想政治课教学与政治生活实践对高中生政治认同素养形成的重要作用。核心素养指导下的思想政治课堂教学和政治生活互动是高中生政治认同素养形成的主要载体，是学生政治认知、政治情感、政治态度以及政治行为转化的重要场所。政治认同素养的形成既是学生与课堂教学积极互动、双向交流的结果，又在政治生活实践的过程中实现行为外化和政治参与，在真实的教学情境和政治生活情境中，学生通过运用政治知识和相关能力解决实际问题，进而逐渐养成政治思维能力、坚定的政治立场、积极的政治态度以及政治参与行为。综上所述，高中生政治认同素养是指通过思想政治课程的系统学习后，学生在真实的政治生活互动情境中所体现出来的对政治价值理念、政治制度规范、政治实体以及公民身份的认可、服从、支持与参与，体现为主体在心理、价值观、行为三方面的综合性认同，是关键能力和必备品格的统一。

三、高中生政治认同素养的形成机制

高中生政治认同素养的形成机制包括动力发生机制、过程形成机制和反馈调节机制。其中，动力发生机制是高中生政治认同素养形成的起点和动力，过程形成机制体现了政治认同素养形成的不同阶段以及过程诸要素之间的联系，反馈调节机制体现了内在心理和外在评价对政治认同素养形成的调节与反馈作用。因此，结合高中生政治

① 朱明光.关于活动型思想政治课程的思考[J].思想政治课教学，2016(4)：4－7.

认同心理与行为的发展过程及思想政治活动型课堂的教学过程,以下将着重探讨由动力发生、过程形成、反馈调节这三个环节构成的高中生政治认同素养形成机制。[①]

(一) 动力发生机制

高中生政治认同素养的动力发生机制是政治认同素养的起点,为政治认同素养的形成与发展提供动力。其中,高中生的自身需要与思想政治课堂教学目标构成了政治认同素养形成的内在动力与外在激励的双重动力机制。

首先,认同主体的需要是政治认同产生的动力来源,高中阶段的学生处于抽象思维能力、观察力及独立思考能力逐渐形成的关键时期,在这个阶段他们会自觉或不自觉地对身边的政治事件和政治生活进行感知与思考,同时表现出对政治生活的兴趣与敏感,这种对政治生活的内在认识为政治认同素养的培养提供动力支持。

其次,除了学生主体的内在动机之外,思想政治课程目标与课堂教学目标为高中生政治认同素养的产生和形成提供目标导向与外在激励机制。在课堂教学中,教学目标不仅是教师行动的指南,也在一定程度上指导着学生的学习过程。教学目标的传达一方面促使学生了解教学活动的目的所在,为教学活动的顺利开展奠定心理和思想基础,另一方面促使学生自觉对照教学目标中预期的教学效果与自身实际思想行为的差距,激发学生的自觉性和主动性,变被动学习者为主动学习者。

(二) 过程形成机制

高中生政治认同素养的过程形成机制主要是将政治认同素养的内在构成要素与思想政治课堂教学过程相结合,在符合高中生认知规律的基础上,探讨政治认同素养从认知、内化、认同,再到外化的环环相扣、层层深入的转化过程,具体来说包含政治认知、理性判断、整合内化和行为转化。政治认知是高中生对政治生活的初步感知、了解与认识的过程,是政治认同素养形成的基础。理性判断是培育学生政治认同素养的关键环节,学生能否真正实现积极肯定的心理认同,关键就在于能否在辨析、选择的过程中达成对政治体系的理性认可。整合内化是通过引导学生综合利用所学习的政治知识思考并解决政治生活中的现实问题,同时通过融入情感式教学和榜样教育激发学生的主体性和正向的政治情感。行为转化是学生政治认同素养的外在行为表现,体现为学生基于政治知识及相关能力和品格内化基础之上的,个体积极的课堂行为表现和政治服从、支持、参与等行为外化。

(三) 反馈调节机制

高中生政治认同素养的形成具有过程性、发展性的特征,是学生主体在与教学过程、政治生活及社会成员之间相互作用、互相影响基础之上逐渐养成的。其中,政治情

① 高畅.高中生政治认同素养的教学培育路径探究[D].东北师范大学,2019.

感及教学评价对高中生政治认同素养的养成起着重要的反馈调节作用。

高中生的政治情感是指高中生在与政治生活的互动中产生的直接主观感受，体现为亲近、关心或者冷漠、厌恶等情感，带有一定的倾向性和选择性。其情感的反馈作用体现在学生的政治情感能够外化为个体言语和行为表现，并在课堂教学过程中体现出来，教师可以根据学生正向或负面政治情感的反馈进行教学评价，进而调整教学目标或内容，达到提升教学效果和学生素养发展的目的。

四、在活动型课堂中培育高中生政治认同素养的具体策略

普通高中课程方案和语文等学科课程标准(2017 年版)提出要将活动型学科课程的建设作为思想政治课程聚焦核心素养的关键抓手，其中，既包含了以议题、体验等方法为核心的课内教学活动，也包含了作为课堂教学内容延伸的社会实践活动，体现为多样化教学方法的综合。因此，根据新课程标准和学生政治认同素养培育的内在要求，课堂教学要采用多样化的教学方法构建活动课堂，具体体现为以议题式教学为主导，实现学生政治认同相关知识和能力的培养，以情感体验式教学为补充，激发学生的认同情感，以社会实践教学为拓展，实现学生政治认同素养的整合内化。①

(一) 议题式教学为主导

议题式教学，是指以学生真实生活情境中具有开放性、指向性、思辨性、综合性、系列性的探究话题为抓手，以结构化的学科知识为支撑和主线，以提高学科核心素养为核心，通过学生课上合作探究等方式进行的一种教学方法。议题式教学强调根据教学目标、教学内容和生活情境设计教学议题，并围绕议题组织学生开展自主思考和探究性学习，以议题式教学为主导既是构建活动型课程的内在要求，又是培育学生政治认同素养的必备手段。一方面，议题式教学集中体现了活动型思想政治课程的构建要求，将教学过程设计为一个个围绕议题开展的教学活动，能够促使学生在开放、探究式的学习活动中转变学习方式，激发学生的主动性和积极性。另一方面，议题式教学契合了学生政治认同素养培养的目标要求，围绕议题开展的探究活动内含学生自主进行知识建构、能力锻炼、价值判断和品格塑造的学习过程，是实现价值认同、促进内化整合的必备手段。

根据新课程标准和构建思想政治活动型课程的要求，议题式教学的展开和应用重点强调两个方面的内容：议题的选择和确定以及围绕议题开展的序列化教学活动，其中，正确处理教师引导和学生活动之间的张力关系是顺利开展议题式教学的关键。学生活动的随意性和自主建构知识的非系统性要求教师具有较高的课堂管理能力和教

① 王媛媛.基于核心素养的高中思想政治活动型课堂构建探究[D].集美大学，2019.

学能力，能够将其主导作用的发挥贯穿整个学生活动过程，促进学生的知识理解和价值引领。同时，通过精心设计教学活动给予学生充分自主探究和展示言说的空间，尊重学生的主体性地位，构建师生共生共建的活动型课堂。因此，教师要结合学生政治认同素养的形成机制及议题式教学的开展，围绕课程内容，通过序列化的活动设计达成师生之间的良性互动，其具体包括议题呈现、引导启发、活动探究、总结展示等环节。

例如，在高一年级第八课《对外开放合作共赢》第三框的内容“构建开放型经济新体制”的教学中围绕议题构建活动型课堂。活动议题为：中国该如何应对越来越多的国际经贸摩擦与经贸纠纷？选择议题的思路：让学生通过阅读学案材料，归纳出美国引发针对中国的经贸摩擦的主要原因；在对外开放中我国应重视提升加工贸易附加值，加强自主创新，提升制造业开放层次等，坚持多元平衡的教学知识点。落实如何应对国际贸易摩擦与经济纠纷的措施。课前将学生分为四组，第一组负责查阅资料、搜集素材；第二组负责问卷调查、统计归纳数据；第三组负责实地调查访问并记录。在活动过程中通过实际案例展示，课堂讨论得出要坚持发展经济，努力增强国家的经济实力，发展是硬道理，发展也是维护国家经济安全的根本(增强经济实力)；通过一系列数据展示、对比和分析，得出维护国家经济安全，要提高抗击国际经济冲击的免疫力(提高抗击免疫力)；研读相关法案、规则和条例，得出要增强防范经济全球化负面影响的能力，这是保障国家经济安全的根本所在，要充分利用反倾销、反补贴等世贸组织规则的结论(利用国际规则)。

通过“议题—课堂—生活”的形式，将所学到的知识运用到生活中，既是活动型课堂的特点也是优点，不仅如此，围绕议题式开展的活动型课堂，还应根据学生在活动中的具体表现设计评价表，既评价学习情况，又引导活动过程。

（二）情感体验式教学为补充

情感体验式教学是指在思想政治课堂教学中，教师通过创设生活化的虚拟情境或参与式情境，让学生在亲身体验的活动过程中产生学习兴趣和情感共鸣的一种教学方法。“体验”是指学生作为主体进入情境进而体会对象的价值和意义，既包含了学生亲身参与的外在活动形式，也内含学生内在的心理感悟。“情感”规定了体验式教学的出发点和目的指向，强调将学生情感的激发作为情境创设和活动体验的出发点，并将积极情感和态度的生成作为方法运用的目的指向。因此，相比于议题式教学中强调学生的分析、判断、综合等理性政治认同培育，情感体验式教学作为议题式教学的补充，指向学生政治情感和态度的激发与引导。

情感体验式教学的意义在于它既契合了政治认同的内在要求，也顺应了学生政治认同素养的形成过程。一方面，政治认同是学生主体基于自身利益和需要，在与政治生活的互动中形成的亲近、认可、赞同的情感和态度，情感体验式教学通过营造学生熟悉的生活情境，为学生与政治生活的互动提供情境载体，并在活动体验的过程中激发学生的政治情感，进而实现政治认同。另一方面，政治情感对高中生政治认同的形成起着反馈调节作用，积极正向的情感体验能推动认知，促进价值判断，而情感体验式教学指向学生情感和态度的激发，是将政治认知和理性认同升华为政治情感、政治信仰的有效补充。

情感体验式教学的开展包含了情境创设、情感体验、反馈引导这三个过程。首先，情境创设是教师根据本节课的教学内容和学情，创设能够激发学生情感和兴趣的政治生活教学情境，其呈现包括多媒体情境、活动情境、语言情境等多样化的呈现方式。其次，情感体验是学生在教师的引导和启发下，通过亲历和体验情境达成与教学情境的情感交融，进而形成个体对政治生活现实意义的独特理解与感悟。最后，反馈引导环节，基于学生自主发言和交流的反馈信息，教师对学生政治情感和政治态度进行随堂评价和有针对性的引导，进而提升学生的精神境界和政治认同度。

（三）社会实践教学为拓展延伸

如果说基于议题式教学和情感体验式教学为基本方法的课堂教学是学生政治认同素养培养的主渠道，那么以学生参与真实政治生活实践为基础的社会实践教学则是课内教学活动的拓展和延伸。作为学生政治认同素养培育所必不可少的教学方法，社会实践教学是指学生在教师的引导下，通过参与、调查、体验、探究等活动深入真实生活，进而开展有目的、有主题、有计划的课外社会实践活动的教学方法。社会实践教学作为课内教学活动的延伸，能够促使学生通过利用课内所学的学科知识、思维方法，在与真实政治生活的互动和交流的过程中，进一步提升学生参与政治生活的能力并强化学生积极的政治情感、态度和正确的价值观，从而实现综合性政治认同素养的养成。

社会实践教学的开展既是构建思想政治活动型课程的要求，也是学生政治认同素养形成的必经过程。一方面，在《普通高中思想政治课程标准(2017 年版)》中，教学提示部分增加了社会实践活动的建议，包括围绕课程内容和教学议题开展问卷调查、访谈、调研、参观等社会实践活动。并且，社会实践活动的引入为课堂教学和真实生活之间的互动提供了载体和平台，契合了思想政治活动型课程的构建要求，能够为理论知识教学的讲授型课程转化成活动型学科课程提供契机和动力。另一方面，学生的情感认同和理性认同只有通过行为转化，并在与政治生活的互动过程中得到强化和升华，进而转变为具有较高稳定性的政治信仰、政治价值观，才能最终实现政治认同在知、信、行层面的统一。学生只有在与真实政治生活的互动过程中，才能进一步体会理论旨趣、锻炼相关能力，在践行内化的同时养成个体政治认同素养。社会实践教学的实施包括三个环节：活动设计和指导、活动开展和记录、活动总结和评价。社会实践活动的环境与课堂教学环境相比具有较高的复杂性和随意性，因此，在活动开展前教师要精心设计社会实践教学活动，通过制订详细的教学目标、具体的活动内容、程序化的活动流程、明晰的活动要求等条目，完成本节课的教学设计。①

活动型课堂和政治认同素养的相关研究不仅需要建筑在厚实的理论基础之上，更需要在实践中实施、适应和更新，因笔者本身知识能力与教学经验有限，对于活动型课堂和高中生政治认同素养的理论挖掘和教学培育路径的研究可能存在众多不足之处，对于政治认同、科学精神、法治意识、公共参与四大思想政治学科核心素养要素之间的关系，各自的理论内涵及教学培育策略等层面的内容有待进一步深化和完善。

---

① 杨孟.高中思想政治课案例教学存在的问题及对策研究[D].华中师范大学，2015.

小学低年段《道德与法治》课程中落实法治教育的实践研究

◎ 上海市黄浦区北京东路小学　韩惠莉

摘　要　法治素养已成为中国学生发展的核心素养之一，作为思想政治教师，必须发挥积极性、主动性、创造性，在学生心里埋下真善美的种子，引导学生扣好人生第一粒扣子。立足课程教学，转变认识观念，明晰法治教育内涵，关注课堂教学实践，增进教师的法治知能，提升学生的法治素养，有效回应小学《道德与法治》课程的深化实施。

关键词　小学低年段；道德与法治；法治教育

一、研究背景

法治兴则国家兴，法治衰则国家乱。全面依法治国是坚持和发展中国特色社会主义的本质要求和重要保障，社会主义法治是中国特色社会主义的制度基石。从改革开放新时期到中国特色社会主义新时代，与法相关的概念经历了从法制到法治的变化过程，法的教育也从培养法制观念转变为培育法治理念。

小学《思想品德》课程经过了几次课改，从《思想品德》到《品德与社会》，再到《道德与法治》，其主旨是不变的——立德树人。培育学生法治素养已成为中国学生发展的核心素养之一，作为思想政治教师，我们必须发挥积极性、主动性、创造性，在学生心里埋下真善美的种子，引导学生扣好人生第一粒扣子。

教师如何让“法”接童气，让学生感受到“法”就在身边？如何准确认识法治教育融入综合性课程的独特作用，如何处理教材中的法治教育内容，如何实施课程教学中的相关环节，是推动法治教育在小学落地生根亟须解决的问题。为此，我们需立足课程教学，转变认识观念，明晰法治教育内涵，关注课堂教学实践，增进教师的法治知能，提升学生的法治素养，有效回应小学《道德与法治》课程的深化实施。

二、概念界定

（一）小学低阶段的法治教育

法治教育在小学《道德与法治》课程中的实施具体可以分为三个阶段，本课题研究的是第一阶段(一至二年级)，侧重对学生规则意识的养成，称之为“前法治教育阶段”。小学《道德与法治》课程中的法治教育，重在启蒙和初步认知。课程不仅强调对法律基本知识的掌握，而且内嵌法治价值、制度与方法。在教育逻辑和法律逻辑之下，课程特别关注培养学生法治素养以及法治意识的动态过程。

（二）道德教育与法治教育的关系

“道德”与“法治”，法治教育被提到了与道德教育并列的地位，突出了法治教育在小学《道德与法治》课程中的重要性。课程理念逐渐向道德与法治并重的局面转变，道德与法治教育要双向渗透，道德与法治并驾齐驱，两者相辅相成、互相作用，才能共同落实立德树人的根本任务。同时，课程将法治教育与道德教育相结合，使法律知识与道德教化有机结合，用道德支撑法律，以法律规约失德行为。由此，法治教育的“他律”与道德教育的“自律”充分融合，达到促进学生守法纪、知荣辱的教育目的。

三、研究目标

基于《义务教育品德与社会课程标准(2011 年版)》《青少年法治教育大纲》和学生发展核心素养的要求，关注学生的学习和成长体验，了解当前小学生道德观念和法治意识的实际水平，以及学校道德与法治教育的现状；梳理小学低年级《道德与法治》课程中具体可落实的道德点与法治点；探索渗透法治教育的课程学习活动的设计方法和实施途径；建立跟踪课程学习活动实施效果的评价机制。

四、研究方法

此次研究主要采用行动研究法，辅以文献研究法、调查研究法、案例研究法。

（一）行动研究法

运用行动研究法，创设培育学生法治素养的小学低年段《道德与法治》课程的课堂学习环境，通过对以学生为主体的课程学习活动的设计、实施与评价，不断总结经验，反思调整，提炼有效设计与组织小学低年段《道德与法治》课程中落实法治教育的方法和策略。

（二）文献研究法

搜集资料、研究文献，了解当前国内外相关小学道德与法治教育的研究与实践情报；解读文件，准确理解《道德与法治》课程中涉及的相关法律法规；为研究过程中可能出现疑义或模糊的问题提供理论依据并进行澄清。

（三）调查研究法

主要以校内一、二年级学生及任课教师为调查对象，针对不同对象，采用问卷调查、访谈、座谈等不同的调查形式，全面了解学生和教师的情况与发展状态。

（四）案例研究法

对学生的学习、教师的活动设计与实施过程中的典型经验和案例进行分析及研究，为课程中落实法治教育学习活动设计的针对性、科学性和有效性提供实证素材。

五、研究实施与收获

（一）小学道德与法治教育的现状调研

1. 道德与法治教育实施现状调查分析

从小学《道德与法治》统编教材的整体结构、单元主题设置以及每一课的架构看，法治意识的六个要素贯穿在相应单元和课题中，并以不同的形式呈现。许多实践研究课“游戏活动”占很大比例和优势，课堂氛围也非常好，这些游戏活动大多有规则意识的培养，即前道德与法治教育阶段。教师有这样的教学新理念，是道德与法治教育一个很好的开端。

2. 道德与法治教育教师的现状调查分析

通过问卷调查和座谈，形成当前区内小学《道德与法治》课程教师队伍的基本结构分析(图1)。教师的任教年龄跨度很大，老、中、青都有，从年龄、教龄、学历、专兼职的数据统计情况来看，目前我区46岁及以上教师273人，占51.62%；21年以上教龄的教师366人，占69.19%；超过99%以上的任课教师拥有大专及大专以上学历，其中本科及以上学历占82.61%；专职教师22人，占4.16%；法律专业几乎为零。任课教师大多

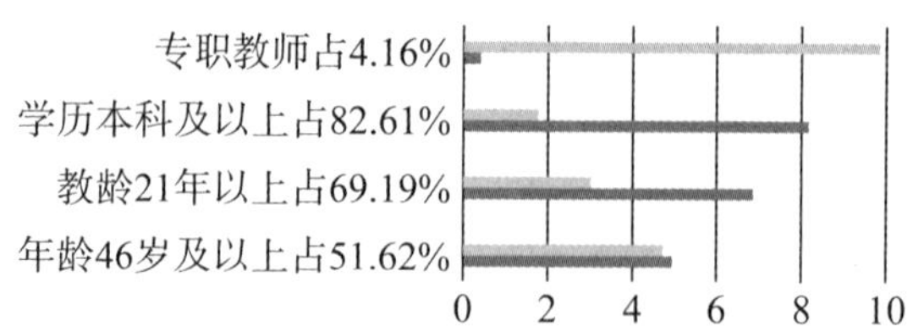

图1　区小学思政教师基本情况分析

是班主任(语文教师),这对于本学科的德育教育的实施有帮助,能在第一时间给予学生启发和引导,而不足之处是教师很感兴趣的一些人文、地理、历史、法治等方面的内容,没有更多的时间和精力去探究。

3. 低年段学生道德观念和法治意识的实际水平调查分析

通过个别访谈和小组座谈,了解学生对《道德与法治》课程的兴趣与期待,并通过课堂观察,分析小学一、二年级学生在道德观念、法治意识、行为习惯等方面的发展水平,形成的以下分析结果,为《道德与法治》课程学习活动的设计提供现实依据。

(1) 低年段小学生都很喜欢《道德与法治》课,但对于具体的法治内容就有些不清楚了。

(2) 由于家庭教育的不同,低年段学生对于法治知晓程度相差较大,在行为规范上,不同文化层次家长对于孩子"规矩"的培养也是千差万别的。

(3) 低年段学生知道乱穿马路、乱扔垃圾都是不好的行为,并不明确这些是违法行为,因此情感态度上的(喜欢、憎恶)表现也不清晰。

《道德与法治》统编教材实施一学年后,我们设计了低年段学生道德观念和法治意识问卷并进行调查研究(问卷对象为一、二年级学生,随机抽取问卷样本 80 份),发现学生取得了不少收获:①从《道德与法治》课上获取相关的法律常识,如"红灯停,绿灯行"是遵守交通规则的行为;12 周岁前不能骑自行车,是《中华人民共和国道路交通安全法》规定的;等等。②对于一些违法行为感到厌恶、羞耻,如垃圾要分类投放扔弃,否则违反了垃圾分类相关法律条例,抵制不遵守法治的行为。③在《道德与法治》课上能积极参与各项学习活动,愿意与同学分享自己的所感所悟;时常与家人谈论相关法治的话题,并能提出自己的见解,逐渐形成正确的法治理念。

(二) 小学低年段《道德与法治》课程中法治教育要点的梳理与整合

在大中小德育一体化的背景下,明确小学低年级道德与法治教育在小学思想政治教育中的定位,厘清适合在小学低年段进行法治教育的相关法律法规和道德规范的基本范围。

在一年级《我和我的家》教学中,为落实法治教育点"初步建立家庭关系的法律认知",通过设计学习活动"婴儿的有效法律凭证出生医学证明和居民户口簿",引导学生了解自己与家人的血缘关系和法律关系。通过"家庭的结构"这一学习环节,学生知晓了自己出生就是中国公民,有身份证号码,出生医学证明是法律给予的有效证明;居民户口簿是表明家庭亲属关系和户籍所在地的法律证明,"法治"一直就在身边。开放型的学习方式,与家长情境回忆、与同学分享自己的出生给家人带来的喜悦,体会存在的价值,感悟家人间血脉相连的意义,自觉成为温馨家庭生活的构建者。课堂呈现都源于学生的生活,在润物无声中播下法治素养的种子。

（三）小学低年段《道德与法治》课程中法治教育的设计与实施

基于课程学习活动的细分目标，研究渗透法治教育的学习活动的设计原则，形成小学低年段《道德与法治》课程学习活动的设计方案。拟通过情境体验、绘本演绎、讨论辨析、合作探究等形式的课程学习活动，反思活动与内容之间的结合度与实施效果，进一步完善活动方案，形成实施策略。

二年级《小水滴的诉说》一课的教学难点是引导学生了解"目前人类利用的淡水资源主要是江河湖泊和浅层地下水，仅占全球淡水资源的 0.3%"。教师设计了动手试验探究环节"剪一剪"(图 2)。拿出一张蓝色圆形纸，示范剪出 2.5%的淡水，再请两位学生在这个小扇形上剪出一个小红点(相当于小扇形的 1%)。

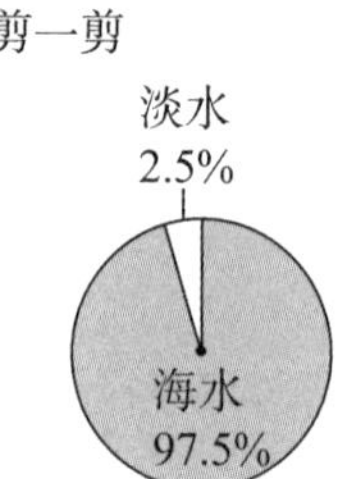

图 2　指导学生通过学习活动"剪一剪"感悟小水滴的珍贵

因为小红点非常小，以至于一个学生小心翼翼地剪着小红点，而另一个学生更是紧张地手心朝上并拢手指，接着小红点，生怕一不小心掉了！"这个小得可怜的小红点就是我们全球人类所能用的淡水资源，它只占了全球水资源的 0.3%"，学生一下子惊呼："啊，这么少！"这时让手捧"淡水"的学生向每组展示，"原来我们用的水就这么少！""这也太少了吧！我们要好好珍惜水，可不能浪费了！"……教室里感叹水资源稀少的声音此起彼伏。教师适时地引导学生关注手捧"淡水"的那位同学，"是不是很像节水标志的手势？"此刻，"保护水资源，珍惜每一滴水"的学习目标就水到渠成了。

通过小组合作、互相探讨、试验探究等活动让学生直观地感受生活中的法律，不仅课堂与实际生活得到了联系和延伸，更让法治教育落了地，学生通过已有的经验，发现法治就在日常生活中，不同门类的法律其实离自己很近。通过动手动脑的具体操作改变了学生认知的局限性，初步理解法律的作用是保护人们的生活，法律的存在是让人和人之间和谐相处，让生活更美好；在认同法律的同时逐步形成守法意识。体验式学习活动，是学生认知维度提高的过程，学生身心"动"起来了，才能真真切切地感受到身边的"法治"，法治素养就能在学生的心田中生根发芽。

（四）小学低年段学生法治教育实践效果跟踪与测评

基于法治素养认知目标，设计学习活动任务单、课堂互评、课后自评等学习和评价工具，反馈学生法治素养认知目标的达成度。

例如,在二年级《小水滴的诉说》一课中,教师设计了任务单(表 1),将法制教育落实在学习活动中。

表 1 《小水滴的诉说》任务单

活动一:热心助人——阅读资料,解决问题 ★ 小强的家乡在海岛上,四面都是海,他的家乡还缺水吗? 为什么? ____ 资料:地球上的水,97%是海水,可是海水不能直接饮用,而人类所需的淡水资源仅占全球水量的 2.5%。如果把地球水比作一桶水的话,那么我们能够利用的淡水资源仅相当于这桶水中的一小勺。
活动二:法治小卫士——记录一个有关水的法律法规 ★ ____
活动三:游戏辨析(用"√"和"×"选项进行辨析) ★★ 1. 地球上的水很多,怎么用都用不完。(　　) 2. 淘米水还可以用来浇花。(　　) 3. 我们国家水资源很丰富,没有地方缺水。(　　) 4. 现在用水很方便,但我们要节约用水。(　　)
活动四:创意金点子——设计一条节水标语 ★
活动五:课后自我评价 我一共获得了(　　　　　　)★ 说一说:我知道了:____________________ 我做到了:____________________ 我还想了解:____________________

通过这次以任务单为引导的学习活动,学生能通过查询相关资料,了解水资源的稀少,收集、查找、提炼文本资料的能力得到了提升;体会了分工合作与他人分享学习的快乐;学会了在观察中发现问题并做出相应的反应,从交流、讨论、辨析中获得解决问题的方法。学生能对一堂课的知识进行梳理,归纳自己的收获,并能做出相应的思考,提出有待解决的问题,激发了对自然、科学、环保、法治等领域的兴趣。

统编教材《道德与法治》中呈现了新颖的绘本式故事设计,开展多姿多彩的"绘本"学习活动,培育学生的规则意识。例如,一年级下册第 4 课中的绘本《马虎危害大》,教师通过"情境导入—学生演绎—换位体验—情感激发—意识产生",将故事情节贯穿学习活动,生活中马虎的真实性让学生的心灵受到启迪,深刻地体会到马虎真的会给他人和社会造成巨大的伤害，从而激发学习动机，下决心改掉马虎这个坏习惯。学生的规则意识在潜移默化中慢慢形成，收到了很好的课堂效果。

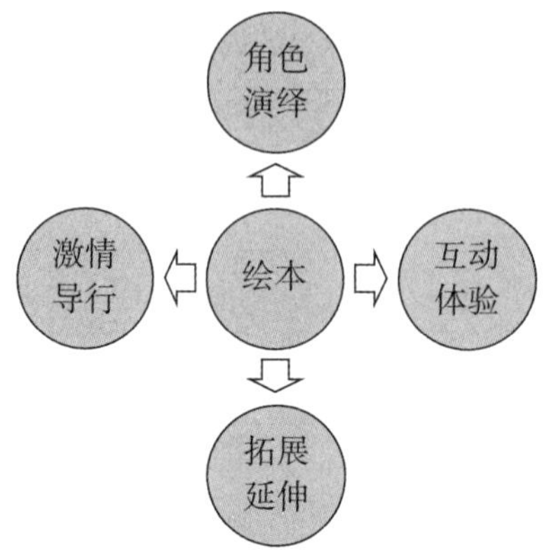

图 3　绘本学习活动设计架构

学生对于绘本的理解，都是根据自己已有的生活经验进行分析判断，通过讨论交流表达自己的所感所悟。学生一起阅读—分析—思考—推理—辨析—理解—创造，一系列的学习活动有理性认知，有经验反思，有情感体验，有意志决断，有行为体验，有想象扩展，这就是领悟式学习活动，是认知维度提高的过程，也是综合能力培养的过程，规则意识在潜移默化中逐渐形成。

整合家庭和社会资源进行法治培育，开展多元化的法治教育。教研组教师积极创新，充分开发社会资源，邀请消防队员一起结合教材内容备课、上课，《消防安全伴我行》让学生"零距离接触"消防安全知识和逃生技巧。班主任老师通过春游主题教育课《文明出行》，结合社会实践、参观考察等多样化的学习活动，从德育角度渗透法治教育。学校开放日，思想政治教师向家长展示了《吃饭有讲究》一课，让学生知晓中国从古到今都是礼仪之邦，用餐礼仪也是文明的体现，这堂课还荣获上海市法治微课二等奖。从生活实际层面到精神道德层面、再到法律责任层面，一步步由浅入深、由易到难，领悟式的学习活动过程中教师适时地渗透落实法治教育，学生就能更好地学习理解，体会感悟。

图 4　黄浦区消防支队指导员与学生互动演示如何正确拨打"119"报警电话

法治教育在课程中的落实，不仅让家长了解了《道德与法治》的课程内容和教学方式，其教育目标更是得到家长的认可，为孩子能从小接受道德品质和法治素养的培育而点赞！充分激活社会、学校、家长等教育资源，让法治素养的培育进一步延伸辐射，让学生认知、接触、感受法治，法治素养在学生心田中茁壮成长。

六、结束语

“法安天下，德润人心。”在全面依法治国、建设法治中国的进程中，青少年肩负着重要责任，关系到中国特色社会主义法治建设的未来和希望。法治教育不能仅仅是书面的静态学习，还要努力引导学生深层次体验感悟，让学习活动融入学生的生活，在体验中内化，在实践中升华，指引学生精神世界的成长，从而提升道德素养。小学《道德与法治》课程无疑是滋养小学生法治素养最好的沃土，落实法治教育，让法治的种子在学生心中生根发芽、茁壮成长！法治教育任重而道远，我们思想政治教师必须守初心、担使命，坚持用新时代中国特色社会主义思想武装学生头脑，用中华优秀传统文化和革命传统教育为学生打好底色，厚植红色基因，培养学生从小爱党爱国爱人民的深厚情感。积极探索开展形式多样的法治教育学习活动，突出中国特色、民族文化、传统美德，整合学校、家庭与社会资源，使学生具有社会主义核心价值观的法治素养，让每个学生都能成为遵纪守法的新时代小公民。

闵红历史工作室

工作室主持人寄语

求真致知是史学的初心

明理至善是教育的追求

工作室代表性研究成果

加强史学阅读，提升专业素养

学术引领与深入浅出
——例谈高三主题复习课设计的基本路径

历史教学中的时间叙事
——以《绥靖政策与“集体安全”的失败》一课为例

工作室概况

格致教育集团闵红历史工作室主持人由上海市格致中学闵红老师担任。历史特级教师李惠军老师、钱君端老师以及华东师范大学历史系博士生导师张耕华教授担任特聘导师。学员包括:上海市格致中学教师党霞、王镇宇、李千钧、虞云飞、王晴薇,上海市民办明珠中学教师王俊青(后因工作调动而离开)。

工作室成立于2018年,正是历史新课标落地和新教材试行的开局之年。工作室以“专家引领、同伴互助”为研修模式,以“任务驱动”为抓手、以“专业成长”为目标,具体培养目标为:“学员能拥有渊博的专业知识、扎实的教学功底、深厚的理论修养,敬业爱岗,师德高尚,成为一名学生喜爱的历史老师。”工作室开展的历次主题教研、教学展示、课题研究、史学阅读、专家讲座、外出观摩等活动都聚焦在新课程、新教材“双新”实施,历史学科核心素养的达成以及教学变革等前沿问题,显示出工作室研修在新时期助推学员专业成长的初心和使命。

在三年工作室研修期间,在主持人闵红老师的言传身教下,学员们严格执行履职要求,在名师的示范引领和学习共同体的促进下,以教学实践和课题研究为重点,学员们每学期都制订个人研修计划,认真参加历次研修活动,积极参与并出色完成各项研修任务,及时撰写和发布工作室活动简讯,并做好阶段性小结和交流,从而形成了一个互动共信、互助共享的学习研修共同体。大家携手共进、勤奋共勉、努力实践、追求卓越,每个人的专业发展都得到了明显提升,也为区域内历史学科的建设与发展以及历史教学改革作出了贡献。

工作室主持人介绍

闵红，上海市格致教育集团闵红历史工作室主持人，史学硕士，中学历史正高级教师，黄浦区历史学科带头人，黄浦区历史学科中心组成员。上海市第二期名师培养基地历史学科组学员，上海市历史教学研究会会员，上海市中学教师高级专业技术职务任职资格评审委员会历史学科评议组成员。

编著《格风致韵》一书，参编华东师大版《高中历史》（第六分册）教学参考资料、华东师大版《高中历史》（第七分册）学生练习册，《初中历史图解》《深学笃行》《沪港双城汇》等。先后获得“上海市园丁奖”“上海市优秀教师君远奖”、上海市“志愿者之星”、区“三八红旗手”等荣誉称号，在市、区各类教学评比活动中多次获奖。

专家引领　同伴互助　任务驱动　专业成长

——闵红历史工作室工作回顾

格致教育集团历史工作室是一个“精干、实干、能干”的学习研修团队。“精干”是指人员组成“少而精”，连同主持人在内一共只有6人。“实干”是指工作室自成立以来，以学期为单位，每阶段都有活动计划和小结，学员们都有明确的研修目标和研修重点，并且定期交流研修成果。“能干”是指这三年中，工作室以任务为驱动，以教师专业发展为目标，大家在公开教学、论文撰写、课题研究、专著研读等方面均有长足进步，成果颇丰。

一、专家引领

三年来，工作室学员多次聆听专家报告。例如，历史特级教师李惠军老师的专题讲座《例谈核心素养与教学设计》、华东师范大学历史系张耕华教授的专题讲座《关于历史教学核心素养的若干思考》、资深海派文人马尚龙先生的文史讲座《大上海大在哪里》，或磅礴激扬、鞭辟入里，或充盈学术理性，或气韵悠长、别开生面，每每沉浸其中，折服于专家学者的深厚学养和深切的教育情怀，名师的示范引领有效促进个人的专业成长。

三年来，工作室学员观摩了各类主题研讨活动。例如，黄浦区第四期历史名师工作室结业展示活动，市“双名工程”“攻关基地”主办的“聚焦史料实证、关注学习方式”教学研讨活动，“贺祖国七十华诞、研共和国史教学”主题教研活动，市高中历史学科德育实训基地主办的“旧邦新造七十年：共和国的记忆”——《中外历史纲要》说课比赛，“读史与教史——吕著《中国通史》读书会”等，每次观摩活动后大家都撰写心得感想，有效汲取教育教学智慧。

二、同伴互助

工作室主持人闵红老师是黄浦区历史学科带头人，学员们从到格致实习开始就师从于她，可谓情感深厚，亦师亦友。学员都毕业于华东师范大学，年纪相近，交流顺畅，相互信赖。三年来，工作室学员的历次教学展示课，都经过了集体备课、研课、磨课和主持人的精细指导，从而成就了一节节优质课。工作室还开展经典阅读活动，主持人指引学员阅读方向，明确阅读的重点以及与教学的结合点，大家撰写读书心得，并进行交流与分享。正是这一次次头脑风暴，使大家的思维在交流中碰撞，真知灼见在交流中产生，提升自我的同时携手共建一个同心共进的研修团队。

三、任务驱动

三年来，工作室以具体任务为驱动，有效展开工作。令人欣喜的是，这三年中除了日常的学习和工作之外，工作室每年都能实现一个团队共同目标，拥有一份共同的研究成果。2018年，在主持人的带领下，学员们分工合作，完成了校本历史习题册的编撰，大家从确定单元主题、落实内容分工、到题目取舍以及格式规范的修订，最终完成定稿。2019年，整整一个暑假，团队成员都投入上海市中小学优秀单元作业、试卷案例征集评选活动，最终成果获得了上海市一等奖。2020年，全员投入由主持人闵红老师主持的区级重点课题“高中历史教学中培养学生‘时空观念’核心素养的实践研究”，从课题申报到正式立项，目前已完成开题论证，并完成了有关“时空观念”达成情况的教师问卷和学生问卷的设计，以及问卷的投放和资料的收集与汇总等。此外，大家围绕统编新教材，分工编制涵养“时空观念”的课堂教学实施方案。可以说是“一年一个目标，一步一个脚印”，不断提升团队的专业素养，有效促进个人的专业发展。

四、专业成长

在教育教学方面，工作室学员都能勇挑重担，大家都完整任教过高中三个年级，都能胜任高三毕业班的历史教学。不少学员还担任班主任，或是跨两头教学，抑或是兼任学校的行政工作。

三年来，学员开设了多级教学公开课和研讨课。例如，主持人闵红老师开设的《中国古代文化对世界的影响》一课入选上海市德育精品课程；党霞老师开设的区级公开课《隋唐政治新格局》、校级展示课《中国走向世界》；王镇宇老师的《绥靖政策和集体安全的失败》获得区教学评比一等奖；李千钧老师的区级公开课《三国至隋唐的文化》；王晴薇老师的校级展示课《近现代外交史专题复习》；虞云飞老师在市教育督政中开设的《鸦片战争的冲击与因应》；等等。

教学之余，大家积极投入教育科研，共同完成了闵老师主持的区级课题“提升高中学生史学阅读素养的实践研究”，目前又投入到新的区重点课题研究中。党霞、虞云飞老师参与编写《格致校史稿》第二卷(1949—2019)，已由上海社会科学院出版社出版。党霞老师在《上海教育》增刊《格致学刊·教师专业发展研究专刊》发表文章《百年格致校史资源在历史教学中的整合与研究述评》，在核心期刊《历史教学》上发表论文《学术引领与深入浅出——例谈教学立意统摄下高三主题复习课内容设计的基本路径》。学员们的多篇文章，如《两次世界大战后的国际体系和国际政治格局专题复习》《不平等条约体系对近代中国的影响》《如何进行史学方法理论的复习》等发表于《高招周刊》。主持人闵红老师和陶世华老师合作，在长期开设校本拓展课《格致学》的基础上编著出版了《格风致韵》一书。

三年的历史工作室研修活动，形式多样，内容充实，学术氛围浓厚。在主持人的引领下，形成了一个互动共信、互助共享的学习研修共同体，实现了共同成长与不断发展的理想目标。

加强史学阅读，提升专业素养①

◎ 上海市格致中学　闵　红

摘　要　新课程、新教材的不断推进和广泛实施，对高中历史教学带来了巨大冲击与挑战，对历史教师则提出了更高、更新的要求，加强史学阅读，提升专业素养便成为历史教师的当务之急。

关键词　史学阅读；史学素养

新课程、新教材的不断推进和广泛实施，对高中历史教学带来了巨大的冲击与挑战，对历史教师则提出了更高、更新的要求，教师需要不断追求自身专业发展，提升史学素养。与此同时，高考新政下的走班教学与传统教学相比，不仅是形式上的变化，更是本质上的改变，其实质是"学生可以选择教师"，教师实际处于一种被动地位，这就需要教师拥有足够的学科素养和人格魅力，要有更强的责任感和进取心，才能把学生真正吸引到自己的课堂中来。

在今天这个飞速发展的信息时代，知识本身就日新月异，获取知识的途径更是变得开放而平等。教师已不再拥有知识的霸权地位和优势地位，教师与学生有时是以相同的"学习者"身份存在的。因此，对于历史教师来说，史学素养的提升、教学技能的改进、本体知识的更新、学术视野的拓展，显得尤为迫切和重要。首都师范大学历史学院赵亚夫教授曾指出："历史有效教学的原动力不是教育学和心理学，而是历史学；凡是把历史讲得不熟不透的教师，都是因为学科功底不扎实；很多人认为，教育理论可以帮助中学教师有效开展学科教学，事实证明并非如此。"②历史特级教师、中国人民大学附属中学李晓风老师也表达过同样的意思，他认为大部分青年教师成长过程中的最大问题是，在大学毕业以后就中断了系统的专业学习和知识更新，随着教龄的增长，知识日益陈旧，知识面日益狭窄。这种情况不仅严重制约了中学历史教学水平的提高，也制约了素质教育目标的落实。由此可见，要培养学生的历史学科核心素养，其前提条件是历史教师应具备相当水准的史学素养。对于历史教师而言，不断提高自身的史学

---

① 本文发表于《黄浦教育研究》，详见：闵红.加强史学阅读，提升专业素养[J].黄江教育研究，2018(6).

② 赵亚夫.历史课堂的有效教学[M].北京：北京师范大学出版社，2007.

素养，是一个永远没有终点、永远在路上的学术追求。

那么，如何提高自身的史学素养呢？在目前的形势下，笔者认为主要可以依靠高质量的史学阅读来实现。对于历史教师而言，阅读的途径有很多，广泛阅读史学专著或是综合性的书籍是极为必要的。

一、史学著作

教师只有广泛阅读本学科专业的经典作品和学术前沿，才能掌握最准确、最透彻、最新颖的学科知识，教学才会有底气。当然，教师通过史学阅读所获得的“主要史学认识”并非都要进入中学历史课堂，这就需要教师发挥自己的专业判断力，根据教学目标对其加以消化、吸收和理解，形成基本教学认识。之后再来设计教学立意，课堂教学就水到渠成了。可以说，脱离了高质量的史学阅读，教师就难以深度把握历史教学内容，更难以形成有深度的教学立意。

笔者认为以下书目比较适合中学历史教师，经常阅读可以有效促进课堂教学：王家范、张耕华、陈江教授主编的《大学中国史》，樊树志先生的《国史概要》，陈旭麓先生的《近代中国社会的新陈代谢》，钱穆先生的《国史大纲》，唐德刚先生的《晚清七十年》，茅海建的《天朝的崩溃》，南怀瑾的《历史的经验》，黄仁宇的《万历十五年》，斯塔夫里阿诺斯的《全球通史》（上下），霍布斯鲍姆的“年代四部曲系列”《革命的年代》《资本的年代》《帝国的年代》《极端的年代》，以及费正清、崔瑞德主编的《剑桥中国史》，等等。

通过史学阅读，教师可以在纷繁复杂的史料资源中准确建立起不同关键史料之间的内在逻辑联系；在特定的历史语境中准确把握史料的含义与指向；在探究历史问题的实质时，可以有效选取反映不同立场、不同视角的最有价值、最有证据力的史料，从而更好地为课堂教学服务。教育部基础教育课程教材发展中心何成刚博士的论文《开展史学阅读、提高史学素养》中举到的例子很能说明问题：关于“秦的兴盛”这一现象，教科书主要是从商鞅变法的角度进行解释的。这种历史解释虽有其合理性，但有些狭窄、片面。根据常识，秦的兴盛应是多种因素综合作用的结果。经过阅读相关的论文论著，我们不难发现，秦治国理念的开放性、务实性、进取性是秦兴盛的关键因素。秦治国理念的开放性主要体现在：由于宗法观念和等级观念淡薄，秦先后从各国引进一大批才华出众而社会地位很低的非秦籍人士，并使其进入重要决策机构。务实性主要体现在：从秦建国到始皇统一天下，秦人谈论的多是农战、攻伐、垦荒、开塞、徕民、重本、抑末等对国计民生有直接利害关系的事。进取性主要体现在：秦人始终受到“以武立国”“以武强国”的文化熏陶，渴望通过英勇作战建立军功，这使秦军始终保持旺盛的战斗力。据此，在开展“秦的兴盛”教学时，我们就可以将教学立意确定为：通过史料分析与史实讲授，引导学生认识到，治国理念的开放性、务实性、进取性是秦走向强大并实现统一六国的关键因素。坚持开放、追求务实、积极进取是一个国家、一个民族不断发展的重要动力。① 这样一来，不仅凸显了这节课的课堂主旨，更提升了教学的高度与广度。

众所周知，史料是历史教学中不可或缺的重要载体，那么如何有效选择经典史料，使之更好地为教学服务？这就要求历史教师在整体理解把握历史，获得主要史学认识并充分积累相关史料。在史学阅读中，大家都有一个深刻的感受，那就是史料的极大丰富和无限扩充，可以说是达到了浩如烟海的程度。而教学时间的有限性必然决定了史料使用的有限性，由此导致教师在课堂上呈现给学生的史料只能是个别的、碎片化的。如何通过个别的、碎片化的史料分析，引导学生全面、深刻地理解历史问题的实质，是史料教学中的难点。这就要求历史教师通过广泛的史学阅读，整体把握史学界的主要研究成果，形成主要史学认识，积累起与主要史学认识相呼应的关键史料，然后依据课程标准，结合教科书，并根据教学目标以及学生的认知能力等，从中选取有价值的典型史料用于课堂教学。这样可以有效减少片面的、有缺陷的、带有偏见的史料，从而避免将学生引向错误分析的歧路。

总之，高质量的史学阅读，可以为中学历史教师理解史料含义、评判史料价值提供有益参考，可以有效解决历史教学中“巧妇”与“米”之间的突出矛盾，更能确保史料选取的典型性、史料解读的科学性、史料运用的有效性。此外，教师若能阅读一些自己学科外的综合性书籍，则更有助于拓宽视野，以达到触类旁通的效果。

二、专业杂志

除了广泛阅读史学专著或综合性书籍之外，专业杂志是历史教师不可或缺的好帮手。中学教师的日常工作比较繁忙，阅读时间相对比较有限，因此选择阅读高质量的专业杂志，往往可以起到事半功倍的效果。

中学历史学科教学方面有不少专业期刊，比如，华东师范大学主办的中国人文社会科学核心期刊《历史教学问题》、陕西师范大学主办的国家学术期刊《中学历史教学参考》、天津古籍出版社主办的全国中文核心期刊《历史教学》、中国人民大学主办的《中学历史、地理教与学》、华南师范大学主办的《中学历史教学》以及人民日报社主办的《国家人文历史》等。这些刊物不仅质量高、学术性强，而且针对性强，杂志的不少作者都是中学历史教师，无论是教学论文或是教学案例，读来都让人觉得通俗易懂，文章篇幅也比较短小精悍，便于中学历史教师阅读与学习。从中可以取其精华，有效服务于自己的历史教学。

① 何成刚，沈为慧.史学阅读与史料教学[J].历史教学，2016(11)：3－11.

三、资源平台

当今社会，网络是一个巨大的资源宝库，也是时代赋予我们的特殊力量。就教师而言，每天可以检索到的教学资源多到无法穷尽。当然，这也需要教师自己作出有效的判断和取舍，笔者认为目前最强大的免费资源库首推“国家基础教育资源平台”，其中的“一师一优课、一课一名师”栏目，尤其是里面的部级、省市级优课非常值得一看，可以有效激发教师自身的教学灵感。另外，中国微课网、华师大慕课网、湖南微课网、中学历史教学园地、网易云课堂等平台，均有众多的优质教学资源供教师借鉴或选择使用。

四、媒体素材

随着信息化时代的来临，多媒体辅助教学已成为教学常态，对于教师而言，阅读资源不仅来自纸质媒体，还有许多视频、影像资料。比如，文字资料可以来自搜索引擎、文库、知乎等公众知识平台；影像资料可以来自专题纪录片，诸如《中国通史》《世界通史》《大国崛起》《复兴之路》等。总之，信息化时代的史学阅读资源极其丰富，其内涵和外延都有了很大的延伸。

五、其他途径

除此以外，还有不少途径可以让教师有效获得阅读资源，如各种博物馆、陈列馆、专业培训、学术讲座、学术研讨会等，以及与教育教学有关的论坛、微信公众号、微信群、QQ群等，都是各种资源流通的集散地，教师可以随时随地进行阅读，可以利用各种碎片化时间进行泛读，从而使阅读的时间、空间得以无限延伸。教师需要做一个有心人，及时收藏可为历史教学服务的相关资料，留待日后所用。

总之，史学阅读的途径很多，阅读的方法也可以因人而异，其目的在于提高教师的史学素养。只有教师自身的素养提升了，才能提高历史教学能力，从而有效培养学生的历史学科核心素养，达成教书育人的理想目标。

学术引领与深入浅出

——例谈高三主题复习课设计的基本路径[①]

◎ 上海市格致中学　党　霞

摘　要　先行确定教学立意，凝练内容主旨，预设教学目标，之后在教学立意的统摄之下、在内容主旨和教学目标的引导之下，将史学阅读成果转化为内容设计，基于课型、学情，以典型且适切的材料创设新历史情境，辅以合理有效且富有思维含量的问题设计诠释立意，以清晰又凝练的语言表述和精心设计的学生活动启达立意，做到深入浅出。

关键词　史学阅读；内容设计；高三主题复习课

笔者于 2017 年 9 月执教了一节高三主题复习公开课《20 世纪资本主义经济体制创新和调整》，内容设计和课堂呈现得到上课学生和观课教师的一致认同。经年之后，将基于史学阅读和教学立意统摄之下高三主题复习内容设计的基本路径——“学术引领与深入浅出”之思考诉诸笔端，遂成此篇，以期见教于同行。

一、学术引领：基于史学阅读的立意确定

其时预设的同课异构课题为岳麓版必修Ⅱ“经济成长历程”模块第三单元“各国经济体制的创新和调整”第 16 课《大萧条与罗斯福新政》和第 17 课《战后资本主义新变化》，定位是高三复习课。

传统的高三复习课一般讲练结合，通过归纳、概括与比较，合理而周密地将史实及其特征等主干知识结构化、条理化，配合习题训练以重现、再认和巩固、提高。笔者最初的教学设计也准备梳理知识结构。此“新课”非一般意义的新授课，而是基于学生已有的知识基础，以新的“主题”立意整合教学内容，是“以旧翻新”的主题复习课。此课

① 本文发表于全国中文核心期刊、社会科学核心期刊《历史教学》，详见：党霞.学术引领与深入浅出——例谈高三主题复习课设计的基本路径[J].历史教学(上半月刊)，2019(1)：45－50.

型重视历史解释，关注历史学科核心素养的培育，契合全国卷能力立意的高考命题导向。①

岳麓版必修Ⅱ《经济成长历程》的主线为：从传统农业社会向现代工业社会转型，在20世纪工业化进程中，面对危机和挑战，资本主义和社会主义主要两种经济体制自我创新和调整，90年代苏东剧变和中国改革开放深入，多数国家接受市场经济，市场经济普世化使得两种现代化道路在市场调节与国家干预方面出现趋同之势，推动了90年代经济全球化的加速发展。基于以上课程的核心观点和内容主旨，我将第16课和第17课的内容结构适当重组和拓展，补充19世纪中期确立的自由放任经济体制，统整为主题复习课《20世纪资本主义经济体制创新和调整》。

主题立意要契合课程内容的核心观点，不仅要统摄单课，且能超越单课，贯通历史发展的前后阶段，解释其内在历史逻辑和本质，激活隐含在历史线索和脉络中的历史认知。② 确定教学立意的基本路径是穷尽相关主题的学术成果。

我在一个月时间里静心沉浸，以"古典自由主义、凯恩斯主义、新自由主义""罗斯福新政""现代化失误和修正""福利国家"等为主题，涉猎近百万字资料。边泛读边查找，恰如富兰克林谈论他大部分知识获得的路径：在寻找某个资料时意外地发现了另一个资料；边取舍，边做电子卡片，避免淹没溺毙在层叠堆砌、良莠交错的海量历史资料中。

带着寻新的心态和主题立意的问题意识，我在精读钱乘旦《寰球透视：现代化的迷途》《不平衡的发展：20世纪的历史与现代化》《从历史学视角透视世界现代化进程》、许平《自由与平等的博弈：解读20世纪资本主义的三次调整》、卜广庆《自由与平等的张力运动在资本语境下的历史演进》等论著和论文后，教学立意从模糊到明晰，最终聚焦于20世纪资本主义经济体制运行过程中出现的现代化失误及其修正的历史轨迹的内在逻辑和价值取向：个人自由和社会平等的博弈。

之所以能够较为敏锐地捕捉到此立意，与个人对华东师大版第四分册"工业革命时期的工业化失误"、第七分册"现代化的世界进程"专题有较为深入的理解颇有关系；也与个人之前关注的2014年江苏卷第16题深有联系，该题依托罗斯福新政的知识点，以《美国自由的故事》创设情境，考察对自由概念的阐释和理解。③ 由此，学者的研究成果、两个版本教材、高考命题导向三者互为印证，使得这一教学立意具备较强的解

① 王生.教学内容应由教材知识转向学科知识——以2012年高考全国课标卷第24题为例[J].历史教学(上半月刊)，2013(5)：3－6.

② 於以传.中学历史课堂教学把握内容主旨的基本途径与方法[J].历史教学问题，2012(4)：120－124.

③ 此题本身存在可商榷之处，我个人认同沛县中学苗颖老师的解析，详参：苗颖.时代阐释与历史理解[J].历史教学(上半月刊)，2015(7)：43－47.

释力和原创性。而且同期鲜有教师从类似的教学立意进行教学设计，也从侧面证实这一点。①

“自由与平等博弈”的立意初步确立后，我就该主题查找翻阅了近百万文字，加深对这一主题的理解。教学立意是基于史学阅读成果的提炼，而不是照搬某篇文章或某位学者的观点，事实上也很少能够幸运地找到哪一篇文章能一揽子解决问题。需要具备一定的学术敏感，善于捕捉，并能够下苦功，穷尽与此立意相关的论著，从而整合形成契合主题立意的历史认识。

从自由和平等的张力角度理解20世纪资本主义国家经济体制创新和调整的历史轨迹与内在逻辑，并从情感态度和价值观的角度做提升：认同发达资本主义国家在修正现代化失误、社会平等取向的改革和调整的努力与借鉴价值；理会美国的社会精英价值取向和人民大众的理想诉求，实现共振，转危为机的政治智慧和历史教训；认同自由和平等是人类社会的共同文明成果。

综上，本课的教学设计以现代化史观作为解读历史的视角，以“市场调节和国家干预相互协调、个人自由与社会平等的双向博弈”为教学立意，统摄四个教学环节，明暗交织，连接20世纪发达资本主义国家进入工业社会后经济体制调整和创新的教学流程：

自由吞噬平等：20世纪初自由放任经济体制；平等注入自由：20世纪30年代国家调控经济体制；强化平等取向：20世纪50—60年代战后经济调整；适度回归自由：20世纪70—80年代滞涨后经济调整。

二、深入浅出：教学立意统摄下的内容设计

史学阅读的所谓“穷尽”是相对的，边阅读边整合成观点、材料、时序为类别的电子卡片，即诉诸笔端；就流程而言，先行确定教学立意，先行凝练内容主旨，先行预设教学目标，之后在教学立意的统摄之下、在内容主旨和教学目标的引导之下进行内容设计，有的放矢，防止教学内容和教学立意的脱节。进入史学阅读成果转化为内容设计的备课阶段，基于课型、学情，以典型且适切的材料创设新历史情境，辅助合理有效且富有思维含量的问题设计诠释立意，以清晰而凝练的语言表述和精心设计的学生活动启达立意，做到深入浅出。

① 截至交稿，笔者文献检索到的公开资料中，广东省惠州市实验中学胡文根老师发表于《历史教学》(2017年12月)的文章《提升课堂立意　培养家国情怀——以〈罗斯福新政〉为例》，以古典自由到现代自由的转变来解读罗斯福新政，以“危机降临：古典自由的困境；危机应对：两种自由的较量；化危为机：自由理念的拓展”三个教学环节阐释自由的内涵的发展变化。

该课课型定位是高三主题复习课，异地借班齐齐哈尔实验中学文科 A 班，据我预先了解和短时接触，班级学生质朴正气、富有热情，基础知识扎实。由此，基于学情，揣摩和推演师生互动、学生活动的场景和情态，预设集体回应、实时互动、个别提问、讨论活动等不同的问题模式，课件呈现已有知识结构进而拓展分析的处理方式。其间，邀请四位学生讲述故事和模拟演讲，增强学生课堂参与的仪式感，作为节奏紧张的高三学习生活的一种调节。以下选择部分教学片段加以说明。

（一）运用新材料，创设新情境，激活旧知识

在古典自由主义和凯恩斯主义的传统教学中，一般选用和出示亚当·斯密的《国富论》和凯恩斯的《就业、货币和利息通论》中的原文材料，从中概括该经济理论的主要观点。此种做法一般在非高三的新授课中是可行且必要的，但在高三大量习题训练中相遇材料原文数次之后，在复习课中再次解读材料原文则未免有"炒冷饭"之嫌，也难以激发学生的学习兴趣。在关于经济学理论的史学阅读中，我发现对亚当·斯密和凯恩斯都有影响的一本著作《蜜蜂的寓言》，由此以两个版本的"蜜蜂的故事"，引入环节1"古典自由主义"和环节 4"凯恩斯主义"的主要观点的讲述。

图 1

【片段一】

在环节 1 以邀请学生讲述 18 世纪英国曼德维尔《蜜蜂的寓言》中的有趣故事(图1)作为开场，借用著作的副标题"私人恶德即公共利益　主观利己客观利他"引出故事内涵的悖论：个人追逐私利的"恶之花"结出的是公共利益的"善果"，简言之主观利己客观利他。指出亚当·斯密曾受到这个寓言的启示，并认为引导主观利己实现客观利他的是一只看不见的手，由此引出古典自由主义经济学的第一个重要观点：主张由市场调节私人经济活动。之后继续引导学生思考主观利己客观利他的重要的前提：在这个蜜蜂的国度里，每一只蜜蜂可以自由、平等地采花酿蜜，蜂王没有把采蜜权出卖给一小撮贵族特权蜜蜂。由此引出古典自由主义经济学的第二个重要观点：主张国家不干预经济自由。管得最少的政府才是最好的政府，政府背上了守夜人的偶像包袱。继而落脚到《国富论》标题："国家财富增长的秘密在于：市场可以自由竞争、政府能做到自

由放任”，出示印证这一观点的财富增长的数据：从旧石器时代到公元 2000 年共 250 万年，人类 97％的财富是 1750 年到 2000 年的 250 年，也就是 0.01％的时间里创造的。提问：造就空前增长的社会财富的原因是什么？学生判断材料的时间段，联系旧有知识，自然可以回答出两次工业革命和自由放任政策。最后总结：在 19 世纪工业革命的洪流中，自由主义在大西洋两岸大行其道，确立起主流经济学的地位，形成了自由放任的资本主义经济体制。顺势转承到环节 2“19 世纪末美国垄断集团和大萧条”。

【片段二】

环节 4 上承环节 3“罗斯福新政”，转接为：在罗斯福这个实干家对抗大萧条的同时代，在古典经济学的故乡英国，一位打破经济学传统的思想者凯恩斯也在反思大危机的根源，向以亚当·斯密为代表的主流经济学发起了猛烈攻击。再次邀请学生讲述也曾带给凯恩斯启示的另一个版本“蜜蜂的故事”（图 2）。在新的情境创设下，以同样的问答式互动，印证、强化凯恩斯对经济危机的根源的判断及其主张：财政政策和货币政策等国家干预的方式刺激有效需求，调控供需关系。继而提出主张社会福利政策，向富人征税转移给穷人，提高大众购买力，扩大消费，刺激生产。最后总结，凯恩斯给出的药方和罗斯福新政的措施基本一致，不谋而合，共同构筑了二战后资本主义世界的普遍政策取向，自然转承到环节 5“二战后的资本主义新变化”。

以上两个教学环节，两则“一石二鸟，前后关照”新材料的运用，之于新授课，设计意图应该是面对艰涩抽象的经济学理论，学生获取简约而不失灵动的学习体验，化解经济学理论的理解难度；而之于复习课，不仅让复习课陡然生趣，更重要的是新情境的创设，激活旧有知识，学生体验到调动、运用和迁移、印证旧有知识的欣喜。

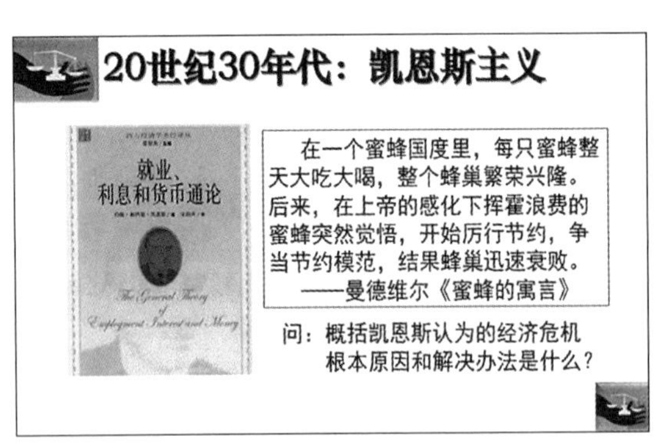

图 2

（二）运用新材料，盘活旧知识，启达新认知

20 世纪祸福相依，发达资本主义国家进入工业社会后，贫富差距加剧的现代化失误相伴相生。两次世界大战和 30 年代的经济大危机等巨大的历史灾难之后，西方发达国家凭借对资本主义现代化模式的反思精神和政治智慧，始终在寻求探索市场调节

和国家干预相互协调的契合点，在经济体制的创新和调整中自我修正，将危机转化为改革的契机，焕发出新的生命力，最终以历史的进步作为补偿。倘若再深入一步，我们会发现不同历史时期的经济调整有一条内在价值取向的逻辑贯穿始终，自由和平等的双向博弈，在动态中寻找平衡，才能保障经济自由繁荣与社会公正和谐。

本课的内容设计难点在于，如何能将自由和平等的张力的内在逻辑贯穿于 20 世纪资本主义国家经济体制创新和调整历史轨迹的历史叙事中，作为历史叙事的主轴、主线和无形纽带。突破这一难点则在于，在深度史学阅读中发现典型而适切的材料，并能够在课堂的铺陈和讲述的过程中运用得当，阐释到位，教学立意层层汇聚，万流归宗，启达新认知。

【片段三】

如果进入深度史学阅读会发现，大萧条的深层原因应该是自由放任体制的衍生物垄断组织的副作用，进而分析工业化进程中经济不平等现象的后果，理顺历史发展的逻辑，而非简单罗列和重复 1929—1933 年大萧条的诸多原因。

思路确定后，关键在于材料的运筹和解读，始终围绕预设的教学立意进行选择和阐释。由此，环节 2 上承环节 1：亚当 · 斯密出版《国富论》的 1776 年，北美新大陆上诞生了一个新国家——美国。在一个以自由之名争取民族独立的国家里，亚当 · 斯密的学说漂洋过海，找到了合适的土壤。在之后的 19 世纪一百年里，美国工业社会在自由放任经济体制下野蛮成长。自由竞争把全社会最富有奋斗热情的人筛选了出来。19 世纪末诞生了一批大企业，大家熟悉的“石油大王”洛克菲勒、“钢铁大王”卡耐基、“汽车大王”福特是其中的佼佼者。这些“大王”身后是从贫民窟站起来一大批百万富翁，“Millionaire”一词进入美国人的词汇。很多人，如“钢铁大王”卡耐基甚至是第一代苏格兰移民，在自由平等的竞争中，通过个人奋斗成就了美国梦。这些“大王”之所以被称为“King”，是因为他们代表着一个个庞大的垄断组织，Trust 托拉斯。同样，邀请学生讲述纪录片《公司的力量》中的“洛克菲勒成长为‘石油大王’的故事”(图 3)，学生敏锐地意识到垄断企业占据绝对优势会阻碍良性的竞争，造成竞争机会的不平等，而机

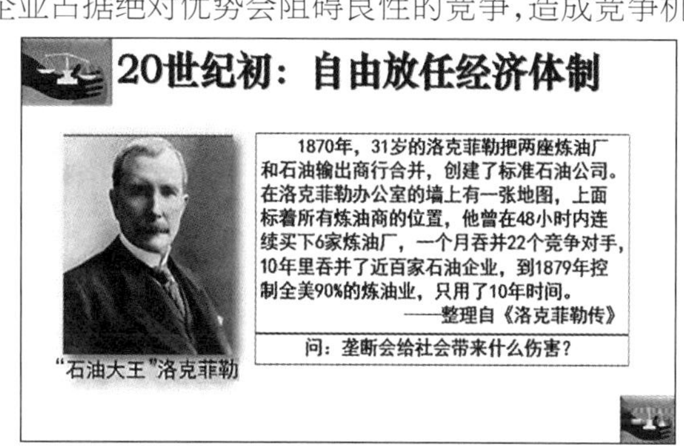

图 3

会平等曾经是这些“大王”们辉煌人生的起点。继而用简明而不失感性的教学语言勾勒追溯贯穿美国历史的自由和平等的理想。自由和平等的基本原则成为美国的立国精神，独立战争时期的“不自由毋宁死”是为自由而战，“无代表不纳税”是为平等而战。自由女神象征着美国自由精神，平等的理想也贯穿美国的历史。但是19世纪末个人自由过了火，吞噬了社会平等，造成结果不平等。

由此，出示两份数据材料(图4)，分析垄断组织创造的巨大生产力和空前增长的社会财富，但经济增长的成果并没有得到社会的共享，财富分配不公造成贫富差距加剧。反映到市场上，造成大众的购买力不足，供需关系严重失衡，产品相对过剩。供需关系失衡，着急的是美国的企业；贫富差距加剧，难熬的是被遗忘的金字塔底层的民众。但是20世纪20年代的美国银行创新了暂时遮蔽问题实质为饮鸩止渴的一种新的消费方式：分期付款。提前透支未来的市场，虚假繁荣却刺激企业不断扩大再生产，进一步恶化了供需关系。信贷消费导致美国家庭债务翻了一番，可以说金字塔的顶层是百万富翁，金字塔的底层是“百万负翁”。但是当市场泡沫和股市泡沫来到临界点破灭时，财富化为乌有，无人能够幸免。金字塔顶层的百万富翁跌落深渊，金字塔底层的普通民众则沉沦地狱。1929年10月24日“黑色星期四”，股市崩盘，成为压死骆驼的最后一根稻草。随之播放纪录片《大国崛起·危局新政》片段，回顾这场至今让人谈虎色变的经济大危机。这部分内容应该是新授课已经完成的教学任务，经过习题训练已经部分巩固其逻辑条件，在复习课则用更为简明的示意图进行复盘，完成历史叙事即可。

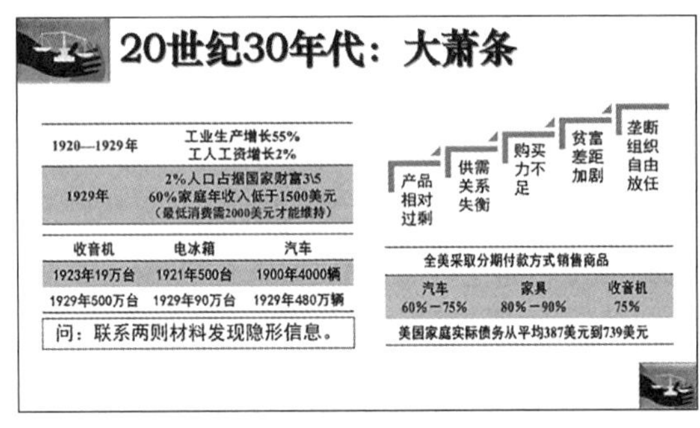

图4

【片段四】

环节3对罗斯福新政的内容设计，基于教学立意的确定，曾舍弃“谢克特案与三权分立体制的调整”“罗斯福萧条与对新政的质疑”等近年来罗斯福新政的教学设计的新材料和新视角，大可不必有断臂之痛的遗憾，因为虽新鲜却不适切。北京大学许平教授的文章《自由与平等的博弈：解读20世纪资本主义的三次调整》对于本课的立意确定至关重要，尤其是利用罗斯福提出的“新四大自由”，认为“这就在自由之中加入了社会平等和经济正义的元素，这是对 19 世纪末 20 世纪初在欧洲和美国盛行的自由放任的自由主义、弱肉强食的社会达尔文主义的重要修正”。但是限于篇幅作者在阐释时并没有足够的文字铺垫，难免有理解的障碍。也就是说对待学者的观点和阐释很少能够直接“拿来主义”，需要依据课程标准、高考导向、本课内容主旨和内容结构等多方面考量，进行创造性的改造和合乎情理的阐释。

由此，环节 3 的内容设计由罗斯福的演讲和美国人对大萧条根源的反思入手(图5)，市场这只看不见的手，并非万能之手，调节供需关系失灵，并非公正之手，无力解决贫富差距。美国人的解决思路是利用政府这只看得见手，保持对供需关系的调节和财富分配的干预。1933 年美国人民用选票抛弃固守自由放任的总统胡佛，选择罗斯福的新政 New Deal。

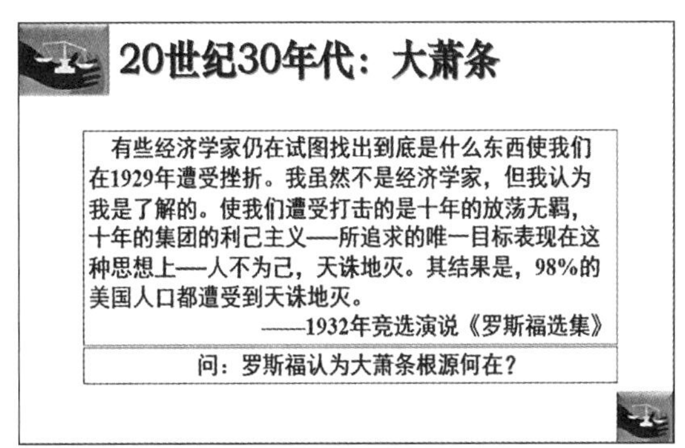

图 5

基于学生牢固掌握罗斯福新政两个阶段措施等基础知识的预设，以表格形式呈现新政举措(图 6)，将阐释的重心放在第二个阶段更为温和的社会改革，即社会保险制度的建立，运用材料设置富人对社会保险制度的批判和罗斯福对保险制度的坚守这一冲突性历史情境。提出：让人们认同社会保险制度的最好的办法是从价值观念的高级层面赋予社会保障制度合法性，由此引入本环节的核心材料，即 1941 年罗斯福提出的“新四大自由”。

20世纪30年代：罗斯福新政

分期	措施	立法	目的
1933—1935（应急措施）	整顿金融 稳定银行	《紧急银行法》	平衡供需矛盾
	以工代赈 解决失业		
	计划指导 复兴工业	《全国工业复兴法》（1935年违宪废除）	
	减耕毁耕 调整农业	《农业经济调整法》（1935年违宪废除）	
1935—1941（深远改革）	建立社会保障制度 推行累进所得税制度	《社会保障法》	解决贫富差距 协调劳资关系

图 6

笔者当时能查阅到的关于“新四大自由”的阐释“只鳞片爪”，后尝试从生而平等的原初价值、从卢梭的主张等角度贯通地给出阐释。19 世纪以来，在自由放任模式之下，加之社会达尔文主义的加持，贫困被看作个人的事，是自由竞争优胜劣汰的必然结果，是合理的。但是我们回到原初的价值，人人生而平等，经济不平等甚至贫困是由于现实社会中的残酷竞争造成的，虽然存在，但并不合理，是违背原初价值的。早在 18 世纪，启蒙思想家卢梭就已论断：财富的不平等占有是人类不平等的起源。但是英国政府在 19 世纪中期通过的一系列社会立法，出发点是“给茅屋以面包，给宫廷以和平”，出发点是维护统治，出发点不是认识到经济平等。所以从 18 世纪 60 年代工业革命兴起，直到 20 世纪 30 年代，罗斯福主张实行社会保险制度，主张免于贫困是自由权利，国家有责任和义务保障这项自由权利，真正认识到经济的相对平等是人的基本权利，花了近 200 年的时间。这样，回归了人人生而平等，将平等元素注入到了自由之中。这是一个很大的观念革命。我们说，不平等是一个顺流而下的过程，而实现平等却始终要逆流而上。中国著名学者钱乘旦教授把贫富差距加剧、经济不平等称为人文纽带的断裂和现代化的失误。

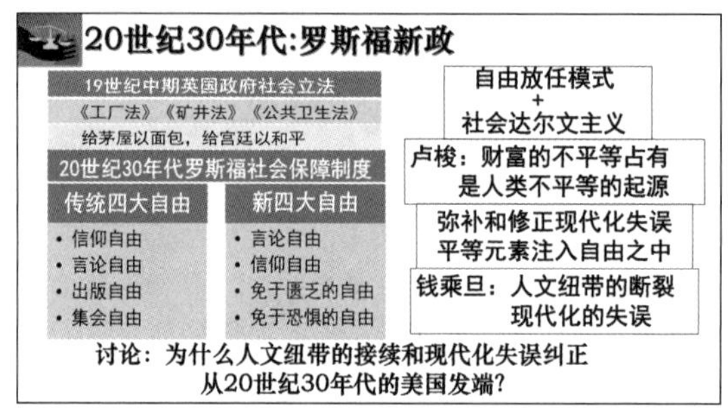

图 7

由此，顺势设置了一个讨论环节：为什么人文纽带的接续和现代化的失误的纠正由 20 世纪 30 年代的美国发端？（图 7）这个问题的设置实质旨在感受和涵养基于时空观念的历史解释的学科核心素养。学生讨论并派代表回答，经由之前的铺垫，学生基本能够围绕美国人自由和平等基本价值取向、个人自由和社会平等的博弈与互动等角度回答，之后笔者对学生的思考做一总结：在美国平等的思想并非时时占据主导地位，但是它永久融入于国民意识。当不平等突破了社会所能容纳的限度，多数人不愿意再忍受当时社会的不平等，尤其是在面临社会动荡或经济危机的时候，平等思想作为一股始终保持活力的潜流就会突破社会的表面，重塑社会。经济不平等的加剧最终让美国人遭受史无前例的大危机，唤起了人们对平等理想的初心。美国的社会精英的价值取向和人民大众的理想诉求在追求经济平等上实现了共振，把危机转化为反思传统的历史契机，这是美国人的政治智慧，也是美国人的历史教训。我们称之为转危为机，从而造就了国家调控的资本主义经济体制。

选用切合主题立意“自由和平等博弈”的新材料的做法，在环节 5、6、7 也如法炮制，且考虑到课堂容量，选用了易于理解的 1%最高收入的比重的图表材料，与旧有知识形成相互印证，意在诠释教学立意，形成有力的历史解释。如环节 5：出示著名学者钱乘旦“修补资本主义”名家史论，梳理并印证战后资本主义以社会福利为核心的经济调整。环节 6：出示战后欧洲国家的 1%最高收入的比重持续大幅度下降的趋势图表，分析战后以社会福利政策为核心的经济政策的平等取向的强化。环节 7：出示美国 1958—1982 年 GDP、通胀率图表材料，引出滞涨型经济危机和 20 世纪 70 年代资本主义国家减少国家干预，适度向自由回归的经济调整；出示美国 1910—2010 年 1%最高收入的比重在 80 年代后不断攀升的图表材料，预见新一轮的调整，以此生成平等和自由双向博弈、动态平衡这一历史认知(图 8)。

20 世纪资本主义国家经济体制的调整与改革

20 世纪调整与改革		20 世纪初自由放任经济体制	20 世纪 30 年代国家调控经济体制	20 世纪 50—60 年代战后经济调整	20 世纪 70—80 年代滞涨后经济调整
危机		新的社会矛盾	1929—1933 年大萧条	战后修补资本主义	70 年代滞涨型危机
应对	理论	古典自由主义	凯恩斯主义	凯恩斯主义	新自由主义
	实践	英法美现代化	罗斯福新政	西欧经济改革	里根经济学
				约翰逊伟大社会	撒切尔主义
政策特征		自由放任	开始干预	扩大干预	减少干预
内在逻辑		自由吞噬平等	平等注入自由	强化平等取向	适度回归自由
总体趋势		市场调节和国家干预相互协调＋自由与平等双向博弈动态平衡			

图 8

三、余论

在史学阅读中学术引领下生成教学立意，在教学立意统摄下进行内容设计，务求做到深入浅出。这种顶层设计和内容设计整合能力的磨砺对教师的专业成长是根本性的。此外，课堂语言的凝练和精粹、课堂讨论的组织和管理，也是内容设计的一部分，决定最终的课堂呈现效果。“心之所向，素履以往”，只要坚守自己认同的教学探索方向，不断磨砺、反思、成长，尽管有时候略显青涩，但是，终会炉火纯青。

历史教学中的时间叙事[①]

——以《绥靖政策与“集体安全”的失败》一课为例

◎ 上海市格致中学 王镇宇

摘 要 本次教学使用是华东师范大学版高中历史第五分册第九单元的《绥靖政策与“集体安全”的失败》。借鉴电影《敦刻尔克》中“海岸一周”“英国一天”和“海上一小时”的时间叙事概念，通过这种强调时间的叙事方式与史学核心素养中的时空观念进行综合，丰富教学过程，形成本课的基本构思。

关键词 时间叙事；时空观念；唯物史观

一、教学任务分析

1. 教材分析

本次教学使用是华东师范大学版高中历史第五分册第九单元的《绥靖政策与“集体安全”的失败》。本课的教学任务是知晓法西斯扩张、《慕尼黑协定》和“集体安全”失败等史实，从时间与空间、原因和结果等方面分析、归纳和思考绥靖政策与二战爆发的关系，思考战争与和平的辩证关系对今天的启示。

2. 学情分析

本次教学是全新授课，但学生基础较好，具有一定的思维能力，对于之前学习的凡尔赛体系、法西斯兴起等内容掌握到位，部分学生在课外了解了许多二战史实。所以通过时间轴的方式梳理并落实知识点，将教学重点放在培养学生阅读史料的能力、从史料中提取信息的能力、思考迁移的能力。

3. 内容主旨

20 世纪 30 年代，英法等国在面对法西斯势力突破凡尔赛-华盛顿体系时，采取了维护自身利益却忽视国际责任的绥靖政策。其妥协退让、避战求和的行为纵容了法西斯不断侵略扩张的野心，致使构建“集体安全”体系最终失败。绥靖政策隐含的民族利

---

① 本课例获 2019 年上海市黄浦区中小学教师教学评比活动一等奖。

己主义阻碍了世界整体化进程,人类社会再次滑向世界大战的深渊,留下深刻而惨痛的历史教训。

二、教学目标

以时间轴构建时空意识,知晓法西斯扩张和绥靖政策等重要史实及其因果关系。

从多种类型的史料中分析并归纳绥靖政策与集体安全政策的内涵与实质,从多种视角探讨绥靖政策产生的原因及其危害。

辨析名家史论,理解不同立场对于历史评价的影响,感悟国际秩序中国家利益与国际责任的辩证关系,体会构建人类命运共同体的重要意义。

三、教学重点与难点

重点:分析绥靖政策的实质,探讨并认识到它在处理危机时产生的危害。

难点:辨析和平愿望、绥靖政策动机与结果的悖论,进一步从特定历史条件下的绥靖政策迁移并上升到应对全球治理等问题时具有普遍意义的历史经验教训。

四、教学技术与学习资源的运用

主要使用 PPT 技术,并且设计课程学案。在课程中,展示视频片段、图像史料、文献史料等,让学生结合时间轴梳理线索,阅读史料补充细节,引导学生对绥靖政策的危害展开讨论与思考,并且“以史为鉴”,延伸到对当今世界全球治理问题的反思。

五、教学设计思路

受到《敦刻尔克》与《至暗时刻》两部电影的启发,以五幕戏剧的形式整合教学内容。从第一幕“慕尼黑 · 十五天”引入课程,回溯到第二幕“凡尔赛 · 六个月”讲述不平衡的体系导致国际局势的变化,以第三幕“抉择 · 三十年代”讲述英法等国通过绥靖政策助长法西斯的侵略扩张、破坏集体安全的过程,以第四幕“至暗 · 1938”分析绥靖政策的本质,以第五幕“不是结局 · 1939”展开讨论。课后作业由学生撰写并表演课本剧,深化学生对于课程的理解。

六、教学流程

环节1:以马克思“伟大的悲剧、卑劣的笑剧”名言,导入新课。

设计意图:以名家史论创设学习情境,以“卑劣的笑剧”隐喻绥靖政策加速二战爆发的伏笔。

环节2:第一幕“慕尼黑·十五天”,以视频资料引入“慕尼黑阴谋”的历史情境,由学生从视频中提炼关键词“错误”,设问“哪场战争?什么错误?”引导学生运用已学知识回顾凡尔赛体系。

设计意图:通过倒叙方式和视频资料对绥靖政策形成直观的感知,再对史料进行提炼分析,从现象回溯原因,培养学生追根溯源的历史思维方式。

环节3:第二幕“凡尔赛·六个月”,引入《巴黎和约》的史料,以领土纠纷为例,分析在处置德国问题上强权政治的色彩,重点讲述苏台德地区的历史渊源,学生结合时人评价与漫画史料,总结得出凡尔赛体系严惩德国埋下隐患。①

设计意图:通过史料,将学生已经学习过的凡尔赛体系相关内容深化整合,梳理出凡尔赛体系与法西斯兴起和绥靖政策相关国际局势的历史脉络。

环节4:第三幕“抉择·三十年代”,以经济危机展开对欧洲的影响,以时间轴的方式引出法西斯势力的兴起和扩张的重要史实。设问“如何应对法西斯的挑战”②,学生结合课本描述、示意地图和文献史料分析国际联盟提倡的“集体安全”体系。然后出示国际联盟应对法西斯扩张和绥靖政策的史料,学生从外交传统、国家利益、意识形态、社会心理等角度分析绥靖政策产生的原因。③ 通过时人言论和漫画点明绥靖政策逐渐成为英法等国应对危机的主流观念。

设计意图:在掌握“论从史出”的史学方法的基础上,引导学生从当时的历史条件出发,多角度分析绥靖政策形成的原因和危害,理解绥靖的本质是维护自身利益而忽视国际责任的妥协求和。

环节5:第四幕“至暗·1938”,以德国并吞奥地利引入,出示苏联要求考虑“集体安全”被英法驳回的史实以及英法对苏台德问题的言论,引导学生得出绥靖政策逐渐演变为无视国际准则,牺牲他国利益保全自身的结论,导致了“慕尼黑阴谋”这一绥靖政策的顶峰。最后以德国撕毁《慕尼黑协定》说明绥靖政策无法换来和平。④

设计意图:通过历史史实的梳理,学生在历史情境中感知绥靖政策的演变过程,体

---

① [英]E.H.卡尔.两次世界大战之间的国际关系1919—1939[M].徐蓝,译.北京:商务印书馆,2010.
② 李钜廉.希特勒的战争谋略[M].北京:当代中国出版社,2015.
③ 朱忠武,等.德国现代史:1918—1945[M].济南:山东大学出版社,1986.
④ [英]伊恩·克肖.企鹅欧洲史·地狱之行1914—1949[M].林华,译.北京:中信出版社,2019.

会绥靖政策无视尊重国家主权、领土完整这一基本国际准则，丧失国际互信，对于世界整体化进程的破坏，最终导致“谋求和平却引发战争”的动机与效果形成悖论。

环节 6：第五幕“不是结局・1939”，以《苏德互不侵犯条约》引入，表明苏联选择中立自保，集体安全体系最终失败，世界大战已不可避免。出示泰勒对于二战起源的经典论述，设问“泰勒的观点是否合理”①，进一步出示丘吉尔的言论，设问“欧战是否在某一时刻可以避免”，组织学生讨论。

设计意图：学生对泰勒的观点进行辨析，通过辩驳泰勒的论断培养学生正确的价值取向。谴责法西斯侵略的非正义性和通过讨论欧战是否有机会避免，进一步让学生领悟绥靖政策加速欧战爆发的后果，深入思考维护本国利益和承担国际责任之间的辩证关系。

环节 7：引导学生以史为鉴，认识到绥靖政策的危害，体会承担责任、合作协调的人类命运共同体的重要意义。

设计意图：使学生由了解绥靖政策的本质及其后果，进一步从二战爆发前的绥靖政策这一特定的历史事件，迁移并上升到面对全球化挑战具有普遍意义的历史经验教训。

七、教学反思

本次课程主要内容涉及一战到二战期间的国际秩序和国际关系的变动，知识点较多且相对分散，对学生的知识积累要求相对较高。在备课过程中，笔者将思考的重点总结为两点：1.如何将分散的知识有机整合，同时激发学生探究兴趣；2.在整合知识后，如何引导学生思考追求和平与加速战争之间的辩证关系，从而理解绥靖政策的本质与危害。

在处理整合知识方面，笔者对电影《敦刻尔克》中的“海岸一周”“英国一天”和“海上一小时”叙事概念印象深刻，这种强调时间的叙事方式与史学核心素养中的时空观念具有共通性质。于是笔者以此为灵感，经过不断打磨形成了“慕尼黑・十五天”“凡尔赛・六个月”“抉择・三十年代”等标题，最终以五幕戏剧的方式串联起相关的知识。为了强化学生的时空观念，在课堂上多次使用时间轴，将涉及不同国家、不同线索的事件形成联系，而历史事件的因果关系也蕴含在时空之中。

在深化核心内容方面，笔者不满足于书本上“避战求和、妥协退让、祸水东引”等总结绥靖政策的经典关键词。在同组教师不断磨课的帮助下，笔者结合全球治理问题分析：在苏台德问题上，绥靖政策已经演变为无视国家主权与国际准则，丧失国际互信，

① ［英］泰勒.第二次世界大战的起源［M］.潘人杰，等，译.上海：上海辞书出版社，2013.

对于世界整体化进程的破坏,而过分追求自身利益而放弃国际责任才最终引发了绥靖妥协却反而加速战争的悖论。最后也引导学生不要把绥靖看作战争时期的特殊选择——如果今天面对全球化问题时,只考虑自身而罔顾国际利益,最终也会导致严重的后果。

在试讲过程中,笔者也发现了学生在课程中可能存在的思维陷阱:当针对泰勒"没有英雄也没有恶棍"的言论时,学生可能由于《凡尔赛和约》严惩德国和 20 世纪 30 年代国际外交的复杂性,对希特勒的评价出现偏差或无视"恶棍"二字,所以在最后的课程中,笔者引导学生思考评价人物的标准:是否有利于人类社会的发展,由此树立正确的价值观。

本课教学中也尝试挖掘更多新史料,诸如纪录片、漫画等,对史料的甄选以学生"跳一跳,够得着"为标准,让学生能够从中提取相关历史信息,锻炼史料实证能力。

本次教学也有一些不尽如人意之处,比如,因为突出主线考虑,没有涉及国际联盟制度上的失误(这是导致集体安全政策失败的重要原因)。也有为了预留相应的思考讨论时间,讲课中存在语速过快、过急的情况等。总体而言,本次的展示课达到了预期,经过这次教学锻炼对笔者未来的教学水平与心理的提升具有很大的帮助。

张跃军地理工作室

工作室主持人寄语

小溪汇聚成河，终归大海；岩石隆起为丘，以致高原。让我们一起翻越高原、跨过大海，奔向理想的教学彼岸。

工作室代表性研究成果

基于天文软件实境模拟的地理教学实践研究

2019 年上海市中小学优秀作业、试卷案例征集评选　地理学科参评案例

校本课程研修机制的实践研究

工作室概况

格致教育集团张跃军地理名师工作室主持人为上海市格致中学张跃军老师，副主持人为上海理工大学附属储能中学苏慧老师。工作室共有顾宏帅、姜惠敏、周逢春、许逸群、冯萍5位学员。

结合主持人的经验特长和学科特色，本工作室的培养目标如下：

1. 理论学习，专家引领

邀请地理学科专家开设最新学科教学理论讲座。首先，从基础课程角度，深入挖掘初中地理学科如何以中国地理为载体的国情意识、民族自尊心、自信心、自豪感教育；以上海市乡土地理为载体的市情意识、乡土情结教育，以世界地理为在载体的文化认同、全球意识、国际视野教育；梳理高中地理学科育德素材，探究如何帮助学生形成科学的宇宙观、人口观、种族观、资源观、环境观、发展观等人地观念，并进一步培养忧患意识、责任意识。其次，从地理科学前沿技术的发展、地理特色拓展课程的开发与实践、中学地理实验教学的探索与实践、地理学科创新实验室的建设等方面不断拓展学员的视野。再次，目前高考体制改革、挖掘学科特色和发展方向的专题指导。

2. 蹲点助教，追求实效

赴每位学员所在学校蹲点，诊断与自我诊断该校地理教学和学生地理学习情况，提出改进意见，为该校的地理学科建设提供建议及对策；主持人和每位学员都要推进地理课堂教学实效，发挥引领示范作用，提高每所集团校的地理教学水平。

3. 微课制作，教学打磨

每位学员采用微课制作的方式，记录自己平时的教学活动。集中活动时进行微课课堂观察，共同分析各位教师地理教学中的优点特色和问题改进点。学段内，初定每位学员制作微课至少2个课例内容，并共同完成教学打磨。

4. 命题论坛，课题研究

结合主持人多年市级命题经验，指导学员进行地理学业水平考真题的解题思路探讨和命题构架分析。通过模仿命题，提高学员的地理知识构架和教学组织能力。酝酿在教学中有推广价值的研究课题，搜集资料情报并进行分析交流，力争每位学员在学段内都有区级课题立项。

5. 地理拓展，天文科普

地理学科拓展方面，借助主持人近 20 年的天文拓展课和天文活动指导经验，带领学员将格致的天文特色推广至整个格致教育集团学校。以格致中学天文教育课程体系为样板，由点带面，尝试建立完整的天文教育学校体系案例。

工作室主持人介绍

张跃军，上海市格致教育集团张跃军地理工作室主持人，上海市格致中学地理教研组组长，中学高级教师，黄浦区教育系统地理学科骨干教师。

从教24年来，倾心地理教学和天文科普，一贯注重学生的科学素养和个性发展。兼任中国自然博物馆协会天文馆专业委员会理事、上海市天文学会理事。曾获“全国优秀科技辅导员”称号、上海市青少年科普促进奖、上海市校园科普奖。曾多次参加上海市高考地理命题工作。指导学生获全国天文奥赛一等奖第一名、国际铜牌等奖项，指导的天文社团被评为“上海市明星社团”。

苏慧，上海市格致教育集团张跃军地理工作室副主持人，上海理工大学附属储能中学史地教研组组长，中学高级教师，“黄浦区园丁奖”获得者；连续两届被评为黄浦区教育系统中学地理学科带头人，黄浦区教育学院兼职教师，黄浦区教育学院兼职课程研究员；承担多项各级科研课题，发表论文十余篇，多篇论文获各级各类奖项；率领地理团队编撰上海市中小学网络课程。

培育适应新课程改革的地理骨干教师团队

——张跃军地理工作室工作回顾

一、活动概括

格致教育集团地理工作室自 2018 年成立以来，针对高考新政策、新课标研读以及新教材教学，聘请各路专家做专题报告共 3 次。组织工作室学员外出考察活动 2 次。赴佘山天文科普工作站参观考察，参观了时光馆、天文摄影展馆、上海历史最悠久的大望远镜，对地处佘山之巅的"全国科普教育基地"上海天文博物馆有了充分了解，并对佘山的生态环境进行了深入探索。到崇明东滩自然保护区考查东滩湿地，并观察鸟类活动。工作室学员每学期推出 2 节以上公开课，共同研讨，提高教学水平，面向全区、全市甚至外省市教师展示交流。工作室学员积极参与上海市中小学优秀单元作业、试卷案例征集评选活动，为此还专门前往杨树浦水厂参观考察。参加区级、市级各类教师教学设计等竞赛；部分学员还参加了上海市"空中课堂"的录制，获得评审专家好评。

二、理论学习

组织学员研习《普通高中地理课程标准(2017 年版)》，不断提升教育教学技能和地理学科素养。为确保工作室扎实而又有效地发展，工作室制订相关的工作计划，要求每位学员按照工作室的要求，结合自己的工作实际，通过自学、集中学习、网上学习交流等多种形式努力提高对地理学科核心素养的认知、理解和应用。工作室学员还订阅教育教学核心杂志，并讨论交流，撰写读书笔记和读书感悟。在集中活动中交流体会与心得，积极撰写经验总结、教学反思，每位学员都在专业刊物上发表文章、主持或参与区级课题。认真学习聆听华东师范大学专家讲座，更新教育教学理念；聆听特级教师向学禹的教育思想和实践经验。

通过潜移默化的理论学习，学员理解并将新课标的理念应用于教学实践，以地理学科的核心素养指导教学，力求紧跟最新教学理念和最新科研成果的步伐，迅速付诸日常教学行为。

三、教学实践

工作室学员张跃军、姜惠敏、周逢春、冯萍录制了上海市高中名校慕课系统课程《天文学基础》《二十四节气》《四季星空》。

姜惠敏老师参与市级项目“基于大中小德育一体化的教师专业发展”，进行市级范围课例研究交流展示、公开课教学；顾宏帅老师开设区级公开课《产业区位分析》；周逢春老师录制了4节上海市“空中课堂”课例，在银川第五届“聚焦课堂，同课异构”全国普通高中教学研讨会上开设展示课《热力环流》，还完成上海市地理学科研究德育实训基地公开课《农业区位条件》；许逸群老师开设区级公开课《气温分布》；冯萍老师开设校级公开课《中国地域文化——以民居文化为例》，在黄浦区见习教师规范化培训“萌芽杯”模拟课堂比赛中获奖，还开设了区级公开课《全球变暖——未来喝得起咖啡吗?》。

学员参加教学评比活动获区级三等奖、区级二等奖2人次；获区级一等奖或市级三等奖及以上6人次。2019年，工作室6位学员组团参加“上海市中小学优秀作业、试卷案例评选”，获二等奖。

四、教育科研

在工作室成立的三年内，工作室学员主持或参与区级课题6项(含立项)，已发表论文8篇，参与编写专著1本，参与编写新教材及配套教参、实验手册1人。人人积极投入，不断努力提高自身的教育科研水平。

张跃军老师主持区级课题“基于天文软件实境模拟的地理教学实践研究”结题；苏慧老师主持区级课题“校本课程研修机制的实践研究”结题；许逸群老师“基于黄浦区乡土地理资源的地理研究实践探究”区级青年课题立项。

张跃军老师参与“基于交互便捷云端共享的高中地理电子书制作及实践应用研究”，获上海市级教学成果奖一等奖，获黄浦区教师教科研成果评比三等奖；参与的论文《新时代背景下的青少年科学创新实践研究——上海天文台天文学青少年科创站的三学年》入选中国科普作家协会2018年会。

顾宏帅老师的论文《培养地理核心素养的课堂教学与思考——以人口规模曲线为例》发表于《黄浦教育》；参与编写《数字化课程环境建设学生个性化学习》。

五、工作室特色

“纸上得来终觉浅，绝知此事要躬行”，地理工作室的活动重点为实地考察，学员用地理的眼睛来重新观察世界。地理学科是在人类实践活动的基础上发生并发展的，对地理环境的正确认识来自实践、验证于实践，并通过实践得以应用。佘山天文科普工作站参观考察、佘山生态环境探索、崇明东滩自然保护区考察、鸟类观测活动、杨树浦水厂参观考察等，为学员提供了难得的机会。作为地理教师，我们只有自己拥有更多的实地经验，才能更好地在课堂中带学生用地理的眼睛去看世界，从地理的角度和学生一起探寻相关的自然现象和人文现象，感知这些现象背后的地理意义，并提炼出这些现象背后的地理作用。先于学生领悟到学地理就是要用“地理的眼睛”去看周围的世界，只有不断实际观察身边的地理现象，用所学的相关原理去解释、分析才能学好地理。

考察活动还使我们深刻感受到大自然才是最好的老师，唯有不断拓展课堂的边界，将其与生活和自然结合，才会产生真正令人身心愉悦的教育、促进每个人不断成长的教育。再加上考察活动中与生物工作室的跨学科研讨，使学员思维碰撞、开阔视野、增长见识，更体会到了地理学科综合性强大的学科特点。

格致教育集团地理名师工作室活动开展的三年里，所有学员一起从理论到实践、从实践到感悟、从感悟到归纳、从归纳到提升……在共同学习、共同奋斗中，不断提升自我。相信在未来的日子里，我们依然将站立在三尺讲台，不断完善自我，做一名受学生爱戴的教师，在格致大家庭未来的教育教学之路上会越走越精彩！

基于天文软件实境模拟的地理教学实践研究

◎ 上海市格致中学　张跃军

摘　要　地理课堂应该注重学生在地理学习过程中的兴趣激发，通过创设更加生动的地理课堂情境，充分表现学科现象的感性实境，直观地反应相关地理知识理论的本源，以便学生从中探索相关地理原理。

月球和地球运动的知识一向是高中地理教学的难点。结合目前的学情，尝试利用天文软件在普通教室或天文馆环境中，创设与日常生活实境相同的模拟情境，使学生能够直观感受相关现象的发生过程，由“亲身”体验总结相关原理和规律。

通过本课题的研究，使部分地理课堂的学习从普通教室走入移动终端模拟的课堂，乃至走进天文馆。通过这样的环境创建，把学生难以想象的地理空间学习难点，在实境模拟演示中简化。这种实境模拟的教学方式，能够帮助学生在头脑中建构起虚拟的空间概念，从而化难为易，突破学习障碍。

关键词　高中地理教学；天文软件；实境模拟

一、课题的提出和意义

（一）课题研究的依据

《国家中长期教育改革和发展规划纲要(2010—2020 年)》中提出：“通过教育信息化，为学生提供更加开放、便捷的学习环境”。上海市现行中学地理课程标准中有“关注贴近学生生活的地理”“关注与现代信息技术整合的地理的课程”等理念。[①] 这些都为地理课堂改革和发展指明了方向。地理课堂应该注重学生在地理学习过程中的兴趣激发，通过创设更加生动的地理课堂情境，充分表现学科现象的感性实境，直观地反映相关地理知识理论的本源，以便学生从中探索相关地理原理。

《普通高中地理课程标准(2017 年版)》中提出，现代公民必备的地理核心素养包

① 陈昌文.上海市中学地理课程标准解读[M].上海：上海教育出版社，2007.

括综合思维、地理实践力等方面。综合思维是指人们运用综合的观点和方法认识地理环境的思维品质和能力。① 人类生存的地理环境是一个综合体,在不同时空组合条件下,自然和人文要素相互作用,综合决定着地理环境的形成和发展。综合思维有助于人们从整体的角度,全面、系统、动态地分析和认识地理环境,以及它与人类活动的关系。地理实践力是指人们在考察、调查和模拟实验等地理实践活动中所具备的意志品质和行动能力。户外考察、实验、社会调查等是地理学重要的研究方法,也是地理课程重要的学习方式。地理实践力有助于提升人们的行动意识和行动能力,更好地在真实情境中观察、感悟、理解地理环境及其与人类活动的关系,增强社会责任感。本课题尝试通过改变现有地理课堂教学环境,促进学生地理核心素养的提高。

(二)课题研究的缘起

1. 地理教学的一个现状

本课题的缘起,是笔者在长期教育一线工作中感受到的一个地理教学现状,受到了极大的触动。许多教师由于教学手段的局限、教育理念的落后、教学技术的匮乏,在教学过程中平面演示无法清楚、形象地将地球运动、月相等的实际现象准确表达,以致难以讲透彻、说明白。造成的结果是一大批学生学得不扎实、理解不透彻,甚至逐渐缺乏兴趣。然后,倒逼教师将教学练习题设计得越来越简单,甚至该部分内容在正式的考试中也越来越少见,难度控制、题量减少。最终,考试指挥棒又使得教学时间和难度被压缩,以致形成恶性循环。这种现状违背了地理学科的基本知识体系建构,削弱了地理学科对学生空间想象能力、逻辑思维能力的提升。地理知识体系中,极具空间思维能力和逻辑推理能力之美的最高峰,就这样被逐渐边缘化了。

2. 天象模拟教学的突出优势

作为一名在地理教学一线工作了 24 年的资深教师,笔者对于这种现状非常不认可。而在基本地理教学工作外,笔者还从事了 20 年的天文拓展教学工作,对天文教学中的天象模拟教学有着较为丰富的经验。针对这种不合理的现状,笔者一直想通过教学技术的跨界,利用天文教学中的实境模拟手段,尝试地理教学状态的突破。天文教学中的模拟实境是在一定的环境中,创造一个全新的虚拟世界。师生可借助必要的设备和软件沉浸于假想环境,模拟身临其境的感受和体验;通过简单的操作与展示,在"现实"时空中,模拟其他时空中的天体和星空运动。将人类不可重现的真实世界投影在半球天幕,或用移动设备屏幕模拟其相对方位。模拟的方式较灵活,可将其他时空的真实世界生动形象地展现在师生面前,如天体事物的特征、状态、运动形式等,有利于学生探索事物的本质和规律。

---

① 中华人民共和国教育部.普通高中地理课程标准(2017 年版)[M].北京:人民教育出版社,2017.

3. 天文教学技术的地理运用

基于以上情况,笔者考虑在地理教学中应用天文拓展教学的特有软件和技术,尝试对地理教学环境进行创设和改变。期望利用适宜的教学技术手段,基于天文软件进行实境模拟。尝试经过比较,选择最有效的天文软件来改变地理教学环境。通过为学生创设接近真实状态的模拟实境,化解学生在学习相应地理知识过程中的空间想象难题,从本质上解决问题产生的根源。

(三) 课题研究的意义

1. 尝试突破高中地理的教学难点

在高中地理课程中,月球和地球运动这两个专题的知识属于地球概论,一直是高中地理教学中的难点。由于高一学生从未接触立体几何,空间想象能力弱,抽象思维能力不强,对于空间球体的认知水平较低,再加上物理课程中对物体运动的速度的讲解还未开始,涉及球体的有关知识和概念更是难以理解。通过对该部分内容进行反复思考和研究,结合目前的学情,尝试利用天文软件,创设与日常生活实境相同的模拟情境。将时间压缩,使学生能够直观感受相关现象的发生过程,从“亲身”体验中总结相关原理和规律。

2. 尝试构建新型的地理教学环境

通过本课题的研究,将使部分地理课堂的学习空间发生变化。利用手持设备,把普通教室转化为可实境模拟的环境;直接走进身边的天文馆,实际感受模拟环境。此举能让学生难以想象的地理空间学习难点,在实景模拟中化难为易。这种实境模拟的教学环境和软件,能够帮助学生在头脑中建构起自己的虚拟空间概念,突破相应专题的学习障碍。

在实境模拟环境中,光学天象仪等设备能模拟全世界任何地点、任意时间动态的日月星辰,又能显示天球上的各种坐标,还有日(月)食、彗星、流星雨等附属仪器,所以大球、星座、昼夜更替、太阳直射点和正午太阳高度的变化、昼夜长短、极昼极夜、月相等知识,都能形象地再现出来。由于学校没有配套的教学资料,这一实境模拟环境一般仅在天文教学中使用,基本没有在地理课中使用的教学经验。因此,本课题的尝试具有领先地位,将为地理教学开拓一个新的教学环境选项。

3. 天文软件和天文馆设备的应用领域拓展

近年来,随着数码天象仪在中学天文馆中的兴起和大规模普及,使用天文软件编制适合地理课程的虚拟实境地理教学应用成为可能。但由于地理教师中能够熟识天文馆设施的非常少,曾经在地理课堂中使用天象仪的更少。再者,数码天象仪在校园的普及年限较短,至今没有地理教师利用天文开发地理实境模拟教学软件的案例。所以,本课题是将天文软件使用和编译与地理教学活动相结合的一次有益的创新尝试。

二、实现实境模拟的天文软件选择

（一）天文软件现状

目前市场上可见的天文软件虽然有限，但也不下十几种。比如，Stellarium(虚拟天文馆)、Skymap(天图)、Google Earth(谷歌地球)、Star walk(星空漫步)、Star calc(星空精算)、Sky Guide(星象指南)、Star Chart(星图)、Celestia(天境)、Starry Night(星夜)、World Wide Telescope(世界望远镜)。

（二）各天文软件的优劣势比较

各天文软件的功能各异，比较各软件的应用情况如表1所示：

表1 常见天文软件可用操作系统及硬件平台表

主要天文软件名称	常用操作系统				常用硬件平台		
	Windows操作系统	Linux操作系统	ios操作系统	Android操作系统	台式电脑	手机、平板电脑	数码天象仪
Stellarium(虚拟天文馆)	可用	可用	可用	可用	可用	可用	可用
Skymap(天图)	可用	未见	未见	可用	可用	可用	未见
Google Earth(谷歌地球)	可用	未见	未见	可用	可用	可用	未见
Star walk(星空漫步)	未见	未见	可用	未见	可用	可用	未见
Star calc(星空精算)	可用	未见	未见	未见	可用	可用	未见
Sky Guide(星象指南)	可用	未见	未见	可用	可用	可用	未见
Star Chart(星图)	可用	未见	未见	可用	可用	可用	未见
Celestia(天境)	可用	未见	未见	可用	可用	可用	未见
Starry Night(星夜)	可用	未见	未见	可用	可用	可用	未见
World Wide Telescope(世界望远镜)	可用	未见	未见	未见	可用	可用	未见

综合比较各款天文软件，Stellarium 功能最全面，而且画质较好。作为一款免费的开源天象模拟软件，Stellarium 被移植到了所有常用系统上，便于使用者根据自己的需求进行选择。

目前采用 Stellarium 软件为基础的数码天象仪在许多天文馆项目，特别是普教系统小型天文馆中被广泛应用。除电脑端可用外，手机等移动设备亦可使用，系统兼容性好，Stellarium 是本课题最终主要选择的天文软件。

（三）Stellarium 软件的特征与编辑研究

Stellarium 软件作为一款开源的可编译软件，不但本身已有了强大的模拟演示功能和大量数据，而且能用于编制天文节目和课件。Stellarium 软件命令在此不作赘述。

熟悉软件和命令语句，掌握 Stellarium 软件的应用；初步尝试利用 Stellarium 软件编制节目。

三、天文软件实境模拟在高中地理教学中的应用

（一）地理教学中利用天文软件实境模拟的现状

国内关于天文软件的教学利用方法，近年来有不少研究。但未见在地理教学中利用天文软件实境模拟改变现有学习环境实践的研究，对其应用于教学的探讨也还基本处于萌芽阶段。① 其中原因有以下两个方面：

第一，现有的实境模拟技术主要存在于天文馆等特定设备环境，需要价格高昂的硬件和基础设施支持，所以客观上造成大多数一线地理教师对天文软件实境模拟的特点缺乏深入了解，对其用于教和学的认识也仅限于文献，而没有机会和条件体验实境模拟环境中的教学，无法深入研究。

第二，从各类文献来看，目前在地理教学中天文软件实境模拟的应用研究大多属于 Stellarium 软件的初步介绍和个人经验性使用方法研究，缺乏实践类案例。特别是建立在具体教学案例中的实践，包括具体教学活动的组织、实行以及学习效果测试等研究。

（二）高中地理教学对天文软件实境模拟的需求

寻找适用天文软件实境模拟的高中地理课程专题知识是本课题的主要工作之一。高中地理课程的教学体系完整，基本包含了系统地理的大部分知识点，综合性很强。鉴于实境模拟教学的特性，适合利用天文软件进行实境模拟的知识专题仅占其中的一部分。通过研究地理课程标准和各地教材，笔者初步决定选择以下专题进行尝试。

---

① 王琴.天文软件在地理课内课外的应用策略研究[J].中学地理教学参考，2015(24)：51－53.

1. 地球在宇宙中的位置

本专题中，天体系统的层次反映地球在宇宙中的位置，其空间浩渺到学生用生活常识难以想象，用天文软件进行实境模拟大有可为，是最能突破学生空间想象桎梏的良方。太阳系八大行星运动的共面性、近圆性、同向性的空间想象，亦可由天文软件来模拟演示。

2. 地球的伙伴——月球

本专题中，朝向地球的月面始终不变的原因；新月、上弦月、满月、下弦月依次出现的规律；日食与月食发生时，日、地、月三者之间的相对位置；大潮、小潮出现时对应的月相，这些需要对三维空间想象的地理事物及演化规律的理解，有利用的必要。

3. 地球运动

这是所有专题中，大多数学生感觉最难学的部分，因而也是天文软件应用价值很大的一个专题。恒星日和太阳日的区别、一年中太阳直射点的移动、某地正午太阳高度的季节变化、二分二至日正午太阳高度的纬度分布、某地昼夜长短的季节变化、二分二至日全球昼夜长短的状况、极昼极夜等教学的难点，都可以利用天文软件一一模拟实境。普通教室中教学由于缺乏体验，加上不同学生的空间想象能力差异，很难达成预期的教学效果。

而利用天文软件进行实境模拟教学，逼真的演示压缩了时间，使学生能够直观地感受到相关现象的发生过程，从“亲身”体验中总结规律，预期效果明显。这些地理课中的难点以往讲一节课，总有一部分学生还是不太懂，而利用天文软件只需十几分钟就基本演示清楚了。

（三）地理教学中利用天文软件实境模拟的实践环境

地理教学中利用天文软件实境模拟的环境要求，相对于平时教学要求高。在普通教室和多媒体教室中的实境模拟，通常可利用手机或手持平板电脑加装相应天文软件后进行。通过网络设备的地理位置定位和手持设备的重力感应，实现了教学过程中对天空环境的局部实境模拟。

如果有条件的话，可进一步充实硬件设施，在天文馆的环境中利用天象仪进行地理教学。这样的环境利用天文软件实境模拟全世界任何地点、任意时间动态的日月星辰，又能显示天球上的各种坐标，还有星座形象、日月食、彗星、流星雨等附属天象模拟。让学生更加身临其境地直接感知，用较短时间模拟平时通过长期观测才能见到的天体运动现象。

四、天文软件实境模拟在高中地理教学中的实践

（一）高中地理教学中的天文软件实境模拟尝试

1. 在多媒体教室中利用现有天文软件实境模拟课案例

为了实践天文软件实境模拟在高中地理教学中的使用，笔者应用 Stellarium 软件加以实践，开设了一节教学实验课《仰望星空》。

（案例略）

在多媒体教室中进行实境模拟教学，主要是利用平板电脑设备的重力感应和定位系统，使用 Stellarium 天文软件的即时星空功能，逼真地演示局部真实星空。学生手持平板电脑对向任意方向，就能演示此时该处的实际天空现象。实现局部的实境模拟，让学生能够直观地感受到相关现象的发生过程，从“亲身”体验中总结规律，效果明显。但这种多媒体教室中的实境模拟受场地条件限制，是局部区域的片断展示，与直观感受的真实星空还是有较大区别。且课堂教学中，通过软件学习地理知识虽然节省了地理知识的学习时间，但学生对软件的操作需要事先培训，增加了新的技能要求学习时间。因此，这种 Stellarium 天文软件模拟实境的教学方式应用虽不够完美，然而胜在对教室要求不高，且手持设备易得、易操作，常规教学中该方式实现的可能性大大提高了。

2. 在通用天文馆中利用现有天文软件实境模拟案例

为了实践天文软件实境模拟在高中地理教学中的使用，在通用天文馆中将 Stellarium 软件的应用加以实践，开了专题教学实验“正午太阳高度角模拟及日出日落方位模拟观测”。① Stellarium 软件在地球运动专题部分的使用价值，通过在天文馆的模拟应用得以更充分的展现。

（案例略）

在天文馆中利用 Stellarium 天文软件进行实境模拟教学，主要是使用数码天象仪将天空现象投影在半球幕上，展现地球上任意位置、任意时间的天空景象，全方位地模拟实际天空状况。这种模拟实现了全部的实境，与直观感受的真实星空基本相同，能够让学生直观地感受到相关现象的发生过程，从“亲身”体验中总结规律，还能够大大缩短“观测”时间。模拟的教学环境既符合皮亚杰“把实验室搬到课堂中去”的设想与实践，又符合建构主义学习理论关于“学习是一种真实情境的体验”的观点。

但这种天文馆中的实境模拟受各个学校的条件限制，在没有天文馆的普通学校是无法实现的。且课堂教学中，利用软件学习地理知识虽然节省了地理知识的学习时

---

① 贺志康.巧用虚拟天文馆软件 Stellarium 演示太阳周日视运动轨迹[J].地理教学，2013(20)：58－59.

间，但教师操控天象仪和操作 Stellarium 天文软件需要事先培训，增加了这种模拟教学的实现难度。

五、结论与思考

（一）研究结论

1. Stellarium 天文软件实境模拟在地理教学中应用的效果理想

以往地球在宇宙中的位置、月球、地球运动等专题学习过程中，由于条件限制，教师口述原理，学生直接关注结论；或利用电脑多媒体演示软件，从虚拟想象到规律建构。然而在特定情境中获得的知识，比一般书面习得的知识更有力、更有用，但要求在真实的环境下呈现知识。利用 Stellarium 天文软件编制相应地理课程的虚拟实境教学，较好地解决了大部分学生学习过程中的空间想象问题。通过课堂实践，验证这种教学环境的变化有明显效果。

基于现实世界，由 Stellarium 天文软件模拟的实境，能够在最贴近自然的环境下为学生搭建一个自主探索的空间，这对于地理课中此类抽象内容的教学是很有启发意义的。正是由于 Stellarium 天文软件实境模拟的这个特点，使得它在地理教学中具有巨大的发展潜力。

2. Stellarium 天文软件实境模拟拓展了地理教学的形式和内容

常规地理教学一般位于普通教室或地理教室。Stellarium 天文软件实境模拟引入地理教学，为学生创设了更加生动的课堂情境。通过 Stellarium 天文软件实境模拟，充分表现学科现象的感性实境。用更加接近真实状态的实境模拟激发了学生在地理学习过程中的兴趣。Stellarium 天文软件实境模拟不但开拓了地理教学的形式，也用海量的天文数据和图片，使得教学内容变得更加丰富多彩。

3. 学校天文馆的教育资源可在地理课堂中得到拓展

根据调查，上海各区有 20 多所中学有天文馆，而且其利用状况不尽如人意，有些学校的天文馆，学生在校数年都未曾光顾，相信在其他地区也存在相似情况。利用 Stellarium 天文软件实境模拟的环境优势，天文馆参与地理必修和选修课程，服务课堂教学，使得这一教学资源的应用领域得以拓展，大额投资的硬件设备的使用效益也大幅提高。

（二）思考

其一，当教学环境由于 Stellarium 天文软件实境模拟发生改变，我们应该如何重新规划和拓展教学内容及教学活动？

当教师和学生面对的不是平面或者想象空间，而是面对利用 Stellarium 等天文软件虚拟实境,融合虚拟对象和现实场景的学习环境时,传统的师生交流无法适应。不过这种变化也提供了更大的可探究空间。例如,如何在这种虚拟的环境中开展学习活动,依据情境认知地理理论;设定课程内容,确定合适的教学目标;师生间、学生间如何更有效地交流。这些问题都有待后续研究去进一步发掘。

其二,Stellarium 天文软件实境模拟的应用受硬件条件的限制和软件操作要求,我们应该如何最大限度地开发其应用空间?

Stellarium 天文软件实境模拟,如果利用手持设备在普通教室或多媒体教室进行,是局部区域的片段演示,与直观感受的真实星空还是有较大区别的;如果这种演示放在天文馆中则受各个学校的条件限制,在没有天文馆的普通学校是无法实现的。此外,利用 Stellarium 天文软件实境模拟学习地理知识虽然节省了地理知识的学习时间,但对教师的天象仪操控能力或师生的 Stellarium 天文软件操作要求较高,增加了这种模拟教学的实现难度。

在高中地理教学中,引入 Stellarium 天文软件虚拟实境教学有其无可比拟的突出优势,也面临不少问题,希望本课题能为以后的相关研究提供参考。本课题的研究也将继续,为学生提供更多、更好的教学环境和素材。

2019年上海市中小学优秀作业、试卷案例征集评选地理学科参评案例

◎ 上海市格致教育集团　张跃军　顾宏帅　姜惠敏　周逢春　许逸群　冯　萍

单元情况	单元名称	地理学科　高一年级　第一学期　第四章　第13节至第14节 单元名称:我们是否正在浪费水?——水循环和水资源
	各课时名称	课时1:最后一滴水?——水资源概况 课时2:上海自来水来自海上?——水循环及河流补给 课时3:缺水是否等于少水?——水资源分布 课时4:如何应对水资源危机?——水资源危机的成因及措施
	作业设计方式	☑ 每课时均设计作业

依据《普通高中地理课程标准(2017年版)》要求,地理课程的宗旨是使学生具备地理学科核心素养,让学生在生活中具备看待问题的地理视角,懂得运用“人地和谐”的思维方式来应对当代人口、资源、环境和发展问题。我们以“水循环与水资源”为主题,紧扣国家安全重点领域之一的资源安全。我们生活在江南水乡,却忽略了水质型缺水的现实。通过自省“我们是否正在浪费水”,启发反思人与人之间、人与水之间的相互关系,传承中华文化中“由家及国而天下”的价值内涵,将个体本源“我”融入“家人”“国人”和“天下人”,形成人类命运共同体“我们”的世界意识,树立“人水和谐”的观念,唤醒学生对水资源的忧患意识,增强学生保护水资源的社会责任感。

本案例的编制适用上海普通高中地理学业水平考的高一学段。依据本校学生地理认知基础和课堂教学需求,我们对相应地理知识体系进行修改,并重新改编设计了单元目标,从启智引趣入手,引导学生不仅在作业中复习,更是在作业中发现新问题,并应用地理的方法、技能解决问题,在过程中建立起正确的价值观。

一、单元设计方向的整体思考

(一) 基于地理学科核心素养的命题框架

在深入研读《普通高中地理课程标准(2017年版)》和《上海市高中地理学科教学基本要求》的基础上,本案例以“水循环与水资源”主题单元为载体,坚持以学生为本,

围绕地理学科核心素养，设置“双线并行”的基本框架，从学科知识本位走出来，突出具有地理学科特性的思维逻辑和思想品格，回归有利于学生终身学习的能力本位。在作业设计中以地理实践力为助力，在行为体验和真实的生活情境中学以致用，在感悟、分析、理解复杂人地系统状况的过程中，将综合思维和区域认知内化为自身长期的学习能力，最终形成人地协调发展的核心价值观。

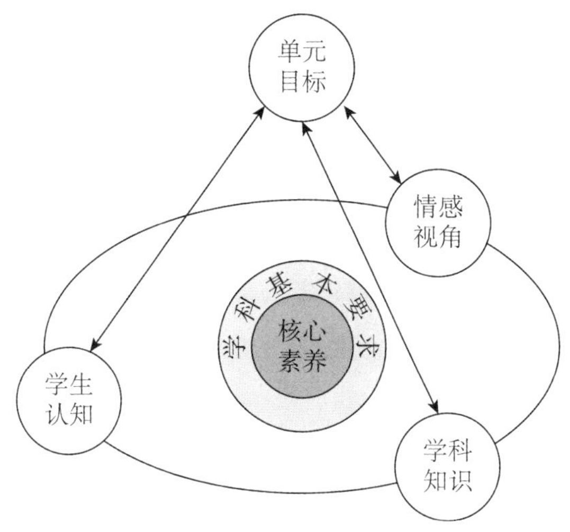

图 1　单元设计命题框架

（二）基于双线索逻辑顺序的内容重构和目标解构

在单元思路线索设计中，除了知识线索这一明线外，我们以学生的第一视角，铺垫了一条从个体的微观现实到人类命运共同体的宏观愿景的情感线索(图 2)：

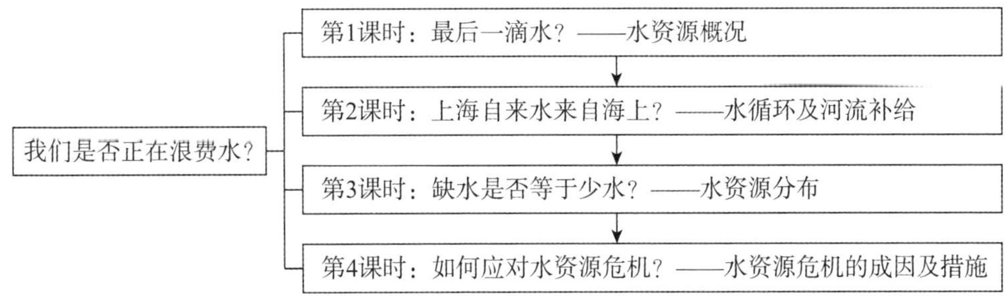

图 2　分课时教学内容重构示意图

在秉承双线索同步推进的过程中，将地理情境和社会实际问题相融合，第 1 课时加强学生对个人行为和家庭行为的观察，偏重于行为体验的获得；第 2 课时侧重知识的操练和理解，并在课后试图通过“上海自来水”这一个现实案例引导学生关注城市用水；第 3 课时以世界与某个给定区域为研究对象，旨在加强区域认知能力的培养；第 4 课时引入了很多复杂问题，将重点落实在综合应用上，认识水资源问题的复杂性。最终确立了16个单元目标，其中前13个目标为单元知识目标，而后3个目标为单元能力和情感目标。

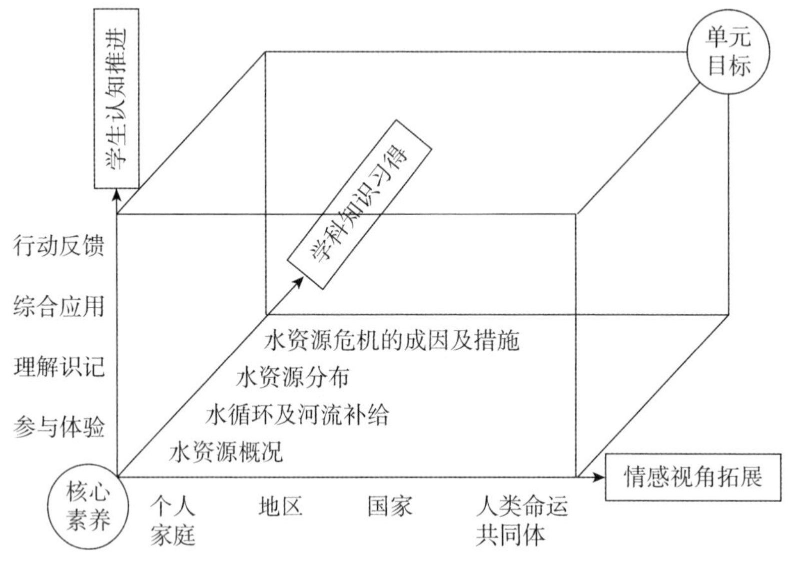

图3　单元目标三维建构示意图

二、单元作业、测验的设计特色

始终坚持以学科核心素养为导向，关注与时俱进的学科前沿，落实具体区域解决实际问题，倡导地理实践力。在形式丰富多样的作业设计中运用过程性评价，从“现实意义”和“长远发展”两个层次带领学生从生活中发现，在辩证中思考，发挥学科立德树人的育人价值，形成人地协调的价值观。

（一）以单元总体设计为纲，凸显作业链的连贯性和层次性

建构主义认为学生在建构知识时，是在原有知识结构的基础上逐渐融合新的知识的过程。因此，我们在设计作业的过程中，应明确单元整体设计的逻辑框架，在各课时之间、作业与测验之间形成前后呼应的知识衔接，还原知识形成过程的发生发展，体现知识结构的连贯性与层次性(图4—图7)。

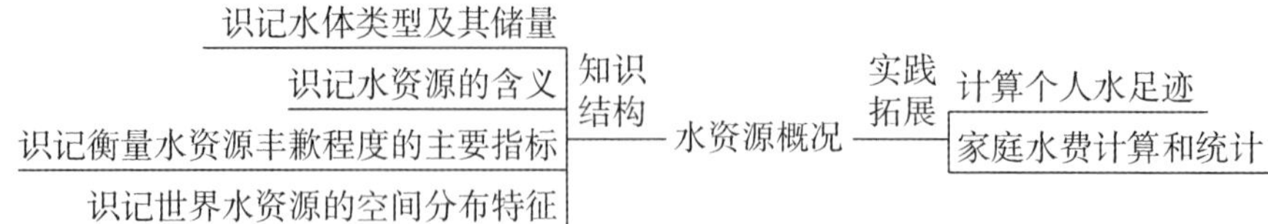

图4　第1课时设计框架

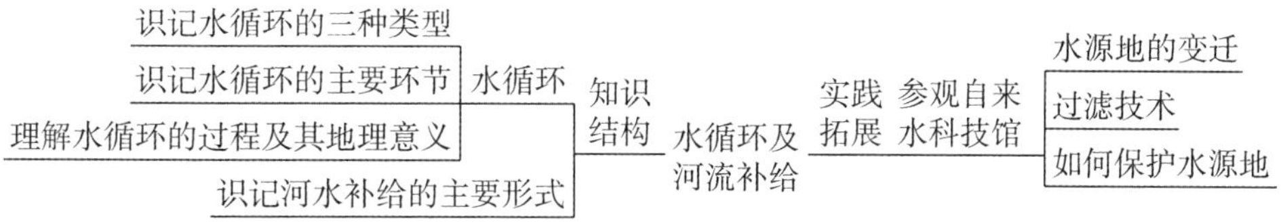

识记水循环的三种类型
识记水循环的主要环节
理解水循环的过程及其地理意义
识记河水补给的主要形式
水循环
知识结构
水循环及河流补给
实践拓展
参观自来水科技馆
水源地的变迁
过滤技术
如何保护水源地

图 5　第 2 课时设计框架

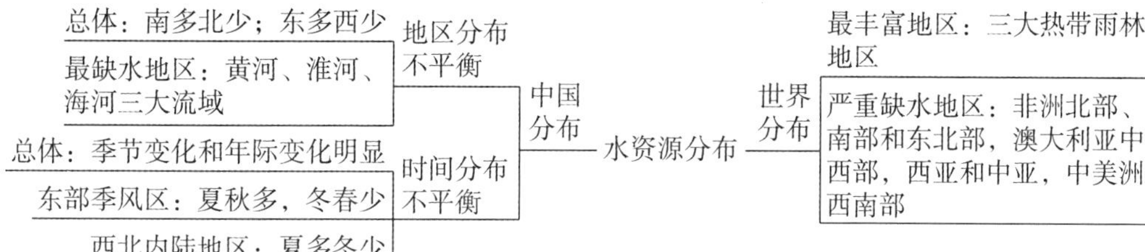

图 6　第 3 课时设计框架

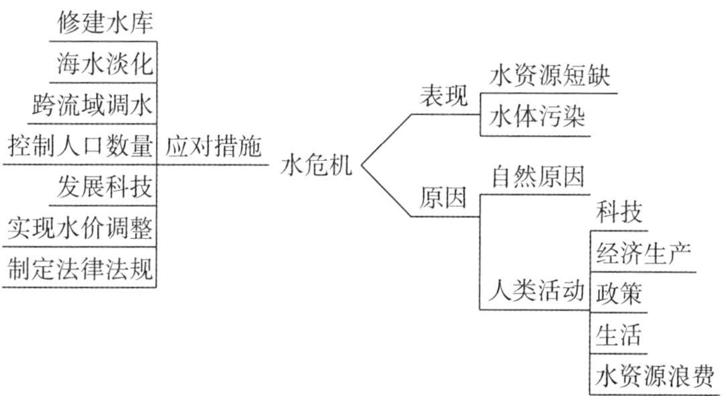

图 7　第 4 课时设计框架

从单元预习作业行为体验干渴“喝水”这件小事出发，启发学生深入思考，家国同构，以小见大，引出“全球水危机”这一大问题。从模拟体验到真实发生的危机应对，首尾呼应，具有较强的承接性，有助于学生加深对知识的理解，建构自己的知识框架。

结构化分课时作业旨在培养学生建立“关联”的能力。前一课时的作业作为课堂的延伸，引导学生“用手用眼”从生活中获得知识，在学生已获得的知识的基础上，进行挖掘与拓展，引申出更多的问题，成为后续课时的作业设计，鼓励学生进一步“用脑”去思考复杂的现实问题，“用心”去体会人地问题的复杂性。在这一设计思路下，学生很容易以生活为体验，以知识为工具，以问题为导向，产生学习的动力，进而强化或者改变对于生活的态度和行为。

Z1003：干渴的短时体验反映了水危机在饮水保障方面的影响，但生活中还有其他的用水需要，请根据最近的水费缴费通知单，记录以下信息：

<table>
<tr><td>贵户常住人口</td><td colspan="2">______人</td><td colspan="2">本次抄表日期：______</td><td colspan="2">下次抄表日期：______</td></tr>
<tr><td>抄表读数</td><td colspan="2">上次抄表读数：______</td><td colspan="2">本次抄表读数：______</td><td colspan="2">用水量：____（m^3）</td></tr>
<tr><td rowspan="2">供水费</td><td colspan="2">年累计用水量（m^3）</td><td>本次用水量（m^3）</td><td colspan="2">单价（元/m^3）</td><td>金额（元）</td></tr>
<tr><td colspan="2">贵户2019年累计水量已达______ m^3
第一阶段
可用水量：______ m^3
还剩水量：______ m^3
第二阶段
可用水量：______ m^3
还剩水量：______ m^3</td><td>第一阶段：
______ m^3
第二阶段：
______ m^3
第三阶段：
______ m^3</td><td colspan="2">______ 元/m^3
______ 元/m^3
______ 元/m^3</td><td>______ 元</td></tr>
<tr><td rowspan="2">代征污水处理费</td><td>用水量（m^3）</td><td>单价（元/m^3）</td><td colspan="3">计算方式：
用水量 × 0.9 × 污水处理费</td><td>金额（元）</td></tr>
<tr><td>______</td><td>______</td><td colspan="3">______ × 0.9 × ______</td><td>______</td></tr>
<tr><td>应缴金额</td><td colspan="6"></td></tr>
<tr><td>反思：</td><td colspan="6"></td></tr>
</table>

Z4007：试分析为什么北京的水费很贵？

Z4008：从全球十大最不可承受水费账单的城市图中可以看到，北京市的水费负担率排名全球第四，每个家庭的水费支出占平均收入的1.08%。针对这一现象，你认为北京的水价是否需要调整？请说明观点并阐述理由。

设计说明：

Z1003的作业任务是结合家庭真实水单了解水费计算过程，在这个过程中学生可以了解到上海目前施行的阶梯水价，为Z4007、Z4008简述题中的水费埋下了伏笔，同时引申出经济杠杆在水资源保护中的作用，并且实现了难度的递增。

图 8　作业设计案例 1

为培养学生适应个体差异的发展性学习能力，我们设置了分梯度作业题型，从基础题、提升题到拓展题，层层递进。在课时目标达成过程中，引导学生作为学习主体的身份认同个人、家庭、地区、国家以致人类命运共同体，认知路径从感性到理性、从抽象到具象、从模拟到现实、从思考到行动，逐步形成认识世界、理解世界和改造世界的哲学视野。

（二）纸上得来终觉浅，丰富作业形式，增加沉浸式体验

多样化的作业和试题可以使学生的个性和能力得到充分发挥，本案例在编制过程中，除了常规的书面作业，更是引入了多样化的地理作业形式，如 Z1000 单元预习作业的行为体验、Z1003 家庭水费账单分析、Z1004 个人水足迹调查、Z2009 的博物馆参观、Z4009 的展板设计等，都更侧重过程性感知而非结果性评价，既是知识的巩固，也有能力的提升，更有价值观的感悟。同时，这种体验开放式作业的结果由于结论的开放性，更是能充分展现学生的特长，锻炼学生的发散性思维，提高学生的综合能力。

（三）严选案例素材，紧扣前沿热点，激发学习内驱力

学生学习的外在驱动力很难形成惯性，而提高作业素材对学生的吸引力是提升学生内驱力的重要方式，也是引导学生自主学习的重要途径。

在作业和试题的素材选择上我们尽可能选择科学、热点、真实、吸睛的素材，力求能够提高学生主动完成作业和测试的热情，确保更好地延续课堂教学。

Z1000：“最后一滴水”公益实践行为体验

准备阶段Ⅰ	策划分工	以学生骨干为核心组建团队，查阅文献，确定实施细则和具体分工
准备阶段Ⅱ	组织动员	海报设计并印发、邀请函 联系各班团支部提高执行力和影响力 各班组织签署“承诺书”进行健康教育，强调水的重要性，征集回执，统计人数 通过班主任实现家校联动，师生合作 邀请相关教师参与结果测量和过程监督
准备阶段Ⅲ	奖品筹备	联系高校，赴华东师范大学河口海岸研究所，在实验员协助下完成超纯水配置收集

材料一：

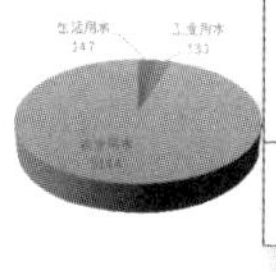

单位：亿立方米

图 3-2 浙江、河北、新疆三地水资源使用情况图

材料二：　表 3-3 浙江、河北、新疆三地水资源使用情况表

省区	水资源总量（亿立方米）	总人口（万人）	总面积（万平方千米）	人均水资源（立方米/人）	单位面积水资源（万立方米/平方千米）
浙江	895.3	5657	10.2	1582.6	87.8
河北	138.3	7520	19		
新疆	1018.6	2445	166.5		

Z3004：根据材料一回答三大类用水中占比最高的是哪种用水？分析造成这种结果的可能原因。

Z3005：分析三省中河北省水资源最缺乏的原因，并给出治理对策。

设计说明：

Z1000“最后一滴水”以行为体验的方式模拟全球水危机，Z3004、Z3005的内容呈现了中国不同区域缺水的原因，第4课时整个章节都以水危机的应对措施为脉络，单元测验的最后一大题S0024、S0025让学生以“如何解决华北地区和西北地区的缺水问题”为主题提出建议。从体验模拟到认知再到实践，层层递进，紧扣主题。

图 9　作业设计案例 2

Z4009：思考与实践

· 形式：以小组合作的形式开展课后作业。一个小组5-6人，每组需确定组长和组员分工。

· 内容：配合全国节能宣传周的活动，请根据本单元所学内容，设计一个展板，向全校学生宣传当前水资源的现状、原因及缓解水危机的措施，内容自选，题目自拟。展板要求：

主题：标题醒目，突出主题，能反映实际内容。

内容：水资源的现状、原因及缓解水危机的措施等相关内容，可着重突出某一方面，也可综合。

版面：美观简洁；视觉效果强；与主题相符；文字清晰。

创意：独具一格，突出个性，新颖别致。

· 作业成果提交：以word文档的形式提交小组活动成果，文档内容包括：宣传展板的照片、小组的分工说明、自我评价、对其他组员的评价。（每人满分10分）

设计说明：

1. 培养地理实践力：鼓励学生在日常生活中实践所学知识并将所学知识反馈到生活中、在完成作业的过程中，可以增加学生的体验和反思，提升学生的行动能力，从而培养学生的地理实践能力。

2. 提升信息收集能力和信息表达能力：活动设计通过整合单元学习资源、有意识地引导学生思考信息的有效性，并通过展板展出的形式，引导学生思考信息的重要性和有趣性。

3. 考查学生合作学习的能力：本题基于构建学习共同体的原则、活动以小组合作的形式展开，以便促进学生的交流和思维碰撞。通过分工说明、组内自评和互评的形式，保证小组内所、有成员的参与率，提升小组合作的有效性。

图 10　作业设计案例 3

（四）注重过程性评价指标，促使评价方式多样化

《普通高中地理课程标准(2017 年版)》在评价中倾向于“过程”与“发展”的价值取向，要求不仅关注学习的效果，还关注学习的情态动机和方式过程，促进学生反思地理

Z4004：详细阅读以下材料，完成以下水资源承载力影响因素图的填空。

随着人口的增长、工业化城市化的进程不断推进，水危机等问题日益突出，关于水资源承载力的研究就应运而生。

水资源承载力：在未来不同的时间尺度上，以预期的经济和科技发展水平为依据，在人口、资源与环境三者协调发展的前提下，某一区域内水资源所能持续支持的人口数量和经济规模的最大能力。

Z2003：中国世界文化遗产项目“良渚古城遗址”正式“申遗”成功，通过RS（遥感）和GIS分析确认在良渚古城外围的北面和西面，存在着一个由秋坞、石坞、蜜蜂弄等十条堤坝以及长约5km的塘山长堤，共计11条坝体共同构成的古代水利系统。该水利工程对水循环环节的影响最有可能是：

A. 减少雨水下渗　B. 改变地表径流　C. 减少地表蒸发　D. 增加水汽输送

材料二：　表 3–3 浙江、河北、新疆三地水资源使用情况表

省区	水资源总量（亿立方米）	总人口（万人）	总面积（万平方千米）	人均水资源（立方米/人）	单位面积水资源（万立方米/平方千米）
浙江	895.3	5657	10.2	1582.6	87.8
河北	138.3	7520	19		
新疆	1018.6	2445	166.5		

Z3003：在上表的空格处补全表格。（小数点后保留1位小数）

设计说明：

Z4004引入“水资源承载力”的概念，关注地理学科的前沿科学研究，由此引发学生关注科研。

Z2003以热点新闻“良渚古城遗址申遗成功”为题目背景，引导学生以地理的视角分析社会热点问题。

Z3003数据源自中国2017年统计年鉴的数据，让学生意识到作业的素材具有极高的真实性，可以在完成作业的同时，增长见识。

图 11　作业设计案例 4

学习过程。我们在作业设计中引入了部分多元评价体系的题目和拓展实践题，生成的结果不唯一，包含了学生的学习能力、活动能力以及学习的主动性，因此适用过程性评价。学生的反馈是检验案例试题目标达成度的重要依据。相对于选择题和填空题，开放性的简答题具有表现学生的知识、表达、思维逻辑等作用。

表2-2 Z3002评价标准

	水平1（0分）	水平2（1分）	水平3（2分）
维度1：论据材料	没有引用材料，或者曲解材料，在叙述过程中缺少立脚点	简单引用材料信息，对于材 浅，阐 的引用	能够整合材料信息，
维度2：思维结构	逻辑结构混乱，不能提炼出自己的观点或者观点不符合实情	形成具 的文字 间的联	
维度3：语言表达	语言表达不通畅，存在字词句的语病，地理语言使用不规范	语言表 准确性 理术语	

表3-2 Z3002评价标准

	水平1（0分）	水平2（1分）	水平3（2分）
维度1：思维结构	仅单一角度分析成为最缺水大洲的原因	在径流总量、单位面积 径 选 缺	分别从径流总量、单位
维度2：论据材料	引用错误的数据，无法证明自身观点	只 或 误 系	
维度3：语言表达	逻辑结构混乱，观点不明确，观点和理由之间缺乏匹配度	语 清 规	

表4-2 Z4009评价标准

指标	水平1（0分）	水平2（1分）	水平3（2分）
维度1：论据材料	没有引用材料，只根据自己所知，提供了一些片面观点；或者歪曲材料，进行一些不合理的解读	简单阅读了材料，但无对比分析，仅利用某一方面的材料，并简单结合所学知识阐述自己的观点	详细阅读两个材料，并进行对比分析，且能利用图中信息（北京的水费负担率比较高），结合所学知识阐述自己的观点
维度2：思维结构	存在一定的结构，逻辑性不强，明确表达自己的观点；能说明北京需要或不需要提高水价的原因	存在一定的结构，逻辑性不强，明确表达自己的观点；能说明北京需要或不需要提高水价的原因	逻辑结构清晰，观点鲜明，能够将支持观点的信息进行综合，辨析材料和现状这一矛盾，至少从两个角度和层次解释北京需要或不需要提高水价的原因
维度3：表达语言	语言表达混乱，地理语言使用不规范	语言表达较为简单，能够使用地理术语，但不够准确规范	语言表达清晰流畅，能以段落的形式和完整的句子阐述，地理用语准确专业

设计说明：

以Z2009、Z3002、Z4009三道书面开放题为载体，从思维结构、论据材料、语言表达三个维度展开评价，把每个维度细化为三个水平，水平1、2、3分别对应0分、1分、2分。将这种等级结构评价引入地理开放性试题，可以有效推断学生的地理学习水平和学习能力，从而达到提高学生高阶思维能力的目的。

图 12　作业设计案例 5

根据单元预习作业 Z1000“最后一滴水”体验活动反馈，共吸引了约 350 名学生和包括副校长、年级组长、教研组长和班主任等在内近 20 位教师共同参与体验。无论从参与面和影响力角度均达到预计效果，学生在活动中采取的节水方式不一，有学生受胶头滴管启发就地取材自制滴管、用牙签蘸取。更有父母在活动期间，特地送来西瓜等含水量高的水果，缓解“旱情”以示支持。大部分学生认为本次体验作业于自己的行为习惯有很大的改变，更加牢固地树立了尊重自然、顺应自然、保护自然的生态文明理念，更加认同人与自然都是生命共同体，发展必须是遵循自然规律的可持续发展，树立节约使用和循环利用的资源观。部分学生还组成研究小组，主动进行水质的净化和检验，培养了对环境科学的学习兴趣。

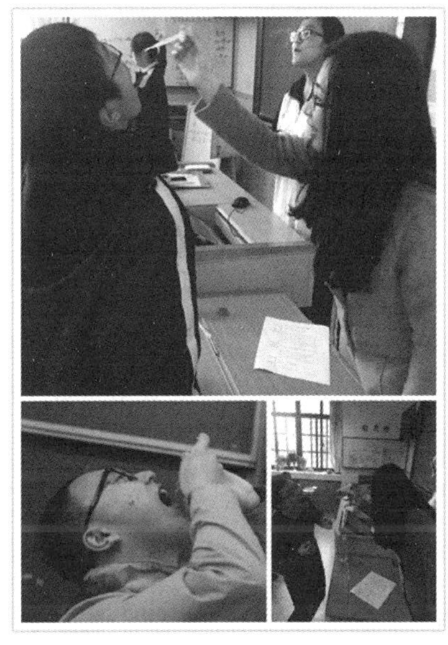

图 13 “最后一滴水”行为体验活动反馈

（五）夯实学科基础知识，培养地理核心素养

构建以地理核心素养为主导的地理课程，创新培育地理核心素养的学习方式，建立基于地理核心素养发展的作业体系。

1. 综合思维的系统化

地理学科是一门综合性学科，是自然和人文要素的综合体。在作业设计的过程中，我们尝试引入多要素叠加，获得复杂问题的解决途径。从时空综合的角度，把握自然地理环境的整体性，全面、系统、动态地对各要素进行综合分析。

2. 区域认知的具体化

结合实际案例，在静态空间分析的基础上，运用动态的观念进行区域分析。在作业和测试设计的过程中，从学生较为熟悉的具体区域出发，再选取一些典型区域为案例。由单一到多个区域综合比较，由国内到国外，有利于学生更好地认识到区域认知的复杂性，形成区域、国家的认同感和一定的全球视野。

3. 地理实践力的生活化

从行为体验到社会考察，从调查到活动设计，这一系列基于活动形式的作业，既将课堂检验的过程延续到了课后，也尝试着通过地理实践力的有效实行，帮助学生打开课堂视野，搭建地理知识与实际生活的桥梁。在材料的选取中，更多地取自生活、来源于生活，并结合主题形成了一条有脉络的任务链，将学生的关注点从知识本身解放出来，从而更多地关注生活，增加了社会体验。

4. 人地协调观的潜移默化

人地协调观是本单元也是本课时的核心观念，水危机问题本身也属人地关系的范畴。从个人、家庭、城市、国家到世界，学生可以感受到水危机自下而上层层堆积的紧迫感，认识到水资源问题不仅仅是个人问题，更是人类所面临的共同问题。人类社会要更好地发展，必须尊重自然规律，协调人类活动与地理环境的关系。这是一种价值观的建设。

（六）关注学科育人价值，落实全人融合发展

地理学科强调关注学生的生活，鼓励学生做生活的有心人，在日常生活中有目的、有计划地利用自己的感官认识和描述各种自然现象，获取经验知识。

1. 引入自然辩证法，探索科学哲学观

第2课时“上海自来水来自海上？”围绕中心词“水”，行文从左往右和从右往左文字顺序完全相同。结合课堂教学内容和自来水厂参观，学生或许会根据水资源定义和生活中实际水源地给出否定的答案，但如果从海陆间循环对陆地淡水的补充和更新的长远角度，也确实间接来自海上。作业设计鼓励学生在否定之否定中，发展科学哲学观。

2. 跨学科整合资源，实现学生全面综合发展

学科是科学的分支，不同学科之间应求同存异，我们尝试用不同学科的知识来延伸学生思维的广度，变孤立的知识点为通达的知识网，让学生在地理学科中感受到各学科的融合。

Z1001:“瀚海阑干百丈冰，愁云惨淡万里凝”，诗句中的“海”“冰”和“云”分别代表了液态、固态和气态三种水在自然界的存在形式，请判断以下哪一种属于在目前的技术条件下人类可以利用的水资源为主。

A. 河　　B. 海　　C. 冰　　D. 云

Z2002：唐代是人元稹《秋堂夕》中写道：“炎凉正回互，金火郁相乘。云雷时交构，川泽方蒸腾。清风一朝胜，白露忽已凝。草木凡气尽，始见天地澄。”字词间描绘了水循环的过程，其中“川泽方蒸腾”提及的水循环的环节包括。

A. 水汽输送和地标径流　　B. 水汽输送和下渗

C. 地下径流和蒸发　　D. 蒸发和地表径流

设计说明：

Z1001和Z2002都以古诗词为题干，前者是通过文字认识不同类型的水，后者是通过词句理解水循环的过程。尝试用地理的眼光品鉴哲理诗的科学美、实现“情”“景”和“理”三者浑然交融的意境美，引发对水的思考和感悟，实现跨学科的深度学习。借诗弘扬君子比德的中华传统文化，在对自然美的欣赏之上，领会先哲以水为喻阐述人生哲理，初步感悟“上善若水”的精神内涵。

图 14　试题设计案例

三、案例编制中的几点体会和感悟

我们的作业设计团队由 6 位成员构成，青年教师占了主体。历时两个多月的作业案例编制过程，磨炼意志，促进了团队的专业成长。团队成员都说这是一段“痛苦”的经历，但感觉痛并快乐着！

（一）万物生水，积水成渊，日夜不竭

我们认为，好的作业和试题要有利于学生对学科整体知识的建构。编写之初，我们结合课程标准精读教材，推敲学科基本要求，将课时目标分解细化，反复推敲、数易其稿，最终达成共识。讨论过程充满了纠结和争议，但思路逐渐清晰。相信对于每位参与者而言，不但在单元设计中实现了“既见树木，也见森林”的目标，而且进一步提升了自身的学科认知，促进了整个团队的专业发展。

同时，在编制案例的过程中，为了保证材料的真实、准确，保证结论的合理科学，团队查阅了相关的国内外专业网站以及学术论文。这个过程中，团队深刻感受到了水资源问题的区域差异，也体会到城市中节水问题的迫切性。在面对资源问题时，不仅仅是停留在课本上，建设教学与社会发展的关联，跳脱个人视角，能够具有家国情怀和共建人类命运共同体的担当。由此，我们也深切感受到在案例的编制中，我们自身的专业素养也在不断提升。

（二）以柔克刚，锲而不舍，滴水穿石

我们的单元作业设计就像是一条溪流，虽然前进的道路曲折，但是要追求大海，始终不改目标和方向。整个设计过程中，我们仅集中讨论就有 11 次，有成员赴外地参加

网络会议，共同审题4晚。虽然每个人的能力优势不同，但每位成员都把水的绵延、汇聚精神用在设计工作中，积极投入思考，不断推进单元作业设计的进程。

地图是地理学科的第二语言，而在我们的作业设计过程中，它却是一块块拦路石。在本单元的试题中图表比例超过80%，改编类题目大多原图不清，或无效信息过多；原创类题目没有现成的地图，需重新设计。因此，本单元的试题中共重绘了各类图表23张。重绘地图就像是对房间进行精装修，反复改编和取舍信息，一遍、两遍甚至数遍，才能达到最佳的效果。我们以严谨加上耐心，一次次地突破障碍。

（三）水深无声，润物无痕，上善若水

知识在学生的成长过程中是会被遗忘的，但观念和意识的树立与养成会影响学生的价值取向。对学生关注灾害，心系社会的大爱胸怀、悲天悯人的人文情怀的培养，地理学科具有不可替代性。情感态度和价值观的学科德育价值，不可测亦不可见，但贵在可悟。

通过“我们是否正在浪费水”的启发自省，引导学生树立系统、辩证的资源观以及因地制宜的区域发展观。学科德育“小题大做”，从单元作业行为体验干渴“喝水”这件小事出发，启发学生深入思考，家国同构，以小见大，将微观个人融入宏观的人类命运共同体，引出“全球水危机”这一大问题。让学生在作业中学会认知、学会思考，最终学会行动。

两个多月的辛劳结晶如上，我们有些疲惫却有更多欣喜，有点忐忑却充满无限希望！

校本课程研修机制的实践研究

◎ 上海理工大学附属储能中学　苏　慧

摘　要　随着基础教育课程改革的不断深入，校本课程的研发和建设对学校办学特色的形成，学生个性的发展以及教师的专业成长，都起着日趋重要的作用。因此，对校本课程研修机制实施研究的需求就更加迫切。

关键词　校本课程；研修共同体

一、课题概述

（一）课题的提出及研究价值

由于之前很多教师所学的教育学缺少课程论的部分，加之“校本课程”这一概念在我国正式使用的时间并不长，因此，教师对校本课程的认识难免存在一些偏差。此外，学校、教师及学生过分依赖和迷信统编的教科书，这种传统思想上的习惯势力，与校本课程的现实需求之间存在的强大反差和深刻矛盾，将对校本课程的开发带来观念、制度层面上的阻力。

同时，在校本课程的开发中，不仅课程体系的规划、理论的指导和实践性的研究都十分缺乏，而且关于校本课程研修机制的研究更少，甚至几乎还是空白。因此，本课题旨在通过对校本课程建设中各个阶段展开具体研修内容的探索、教师开展多元化校本课程研修形式的探索、校本课程研修机制模型的构建及其试验、校本课程的学生需求和教师的跟踪调研与分析、校本课程研修机制构建的保障条件及其建议报告的研究，以达到构建校本课程研修机制的目的。

校本课程的开发和建设，无论对于学生个性的发展、教师专业化的成长，还是学校特色的形成都有较深远的现实意义。其中，学生的个性发展是校本课程开发的终极追求。教师通过校本课程开发和实践，将能够使自己的专业水准得到一定程度的成长和提升。而且，学校对三类课程的管理策略以及校本课程的本质追求和开发形式等，都为学校特色的形成提供了一个现实背景。但由于校本课程开发的实践和研究在我国尚处于起步阶段，无论学校还是教师都还处于摸着石头过河的阶段，尚无成熟经验可以借鉴，因此，对校本课程研修机制的实践研究就显得极其重要，其研究价值也就不言而喻。

（二）研究目标

1. 教师开展校本课程跨学科研修活动的形式和内容。

2. 校本课程研究制度的构建及其在实践中的应用效果。

3. 校本课程研修机制的保障条件及主观需求分析。

（三）研究内容

1. 围绕校本课程建设的各个阶段展开具体研修内容的探索

校本课程建设包括多个阶段，主要有学校校本课程开发及其实施方案的制订、校本课程的科目设计、校本课程教学资源的编制、校本课程体验式教学设计、校本课程学习评价等项内容。校本课程的育人价值定位在发展学生的兴趣爱好、提高学生的选择能力、丰富他们的生活经历以及拓展视野、健康身心等方面，围绕这些内容，可以选择校本课程研修的主题，对研修内容进行结构化设计。

2. 围绕校本课程教师状况开展多元化研修形式的探索

教师日常教育教学工作比较繁重，研修活动的形式很重要，本课题研究基于教师对校本研修的实际需求，在参与者头脑风暴的基础上选择和尝试多元化、多维度的研修形式，结合跨学科教师的学科背景、教师的个人特长以及校本课程发展的客观现实，尝试多种形式的研修活动。

3. 校本课程研修机制模型的构建及其实践

在对校本课程研修内容和形式逐步清晰的基础上，尝试构建体现储能中学特点的校本课程研修机制模型，从人员组织、制度建设、物质保障，以及教师对课程建设的权利、责任和义务等方面的模型设计，力争体现研修机制的科学合理、实际可行，并做到教师能够接受和喜欢。

4. 校本课程中的学生评价和教师发展的跟踪调研与分析

一个好的机制，其目的就是既能满足学生的需求，又能促进教师潜能的进一步发挥，加快学校校本课程建设的进程，为学生提供更加丰富的学习和生活经历。然而，在校本课程建设的不同阶段，学生和教师的需求都有不同，所以，跟踪收集和分析教师对校本课程建设的意见和建议及其主观需求就显得尤为重要。为此，我们在本课题研究中，为每一位参与的教师建设一份课程发展档案，其中有一项就是教师的实际需求，让教师通过多种途径表达个人诉求，并对这些信息进行分析和加工，作为构建校本课程研修机制的依据。

二、研究成果

（一）对核心概念的界定

1. 校本课程(school—based curriculum):即以学校为本位、由学校自己确定的课程,它与国家课程、地方课程相对应。

按照现代课程分类理论,校本课程并不是一种课程类型,而是属于课程管理方面的一个范畴,是正在形成之中的与我国三级课程管理体制相适应的基础教育新课程体系中一个组成部分,即中小学新课程计划中不可缺少的一部分。

校本课程开发是一种课程开发活动,它涉及课程目标的制订、课程内容的选择、课程实施、课程评价等课程开发的基本要素。

2. 研修:《辞源》上说,研,学习、遵循,著作、撰写;修,磨、碾,研究、探讨。针对学校教育工作而言,是想通过学校管理者、学校教育科学研究、教师的研究,提高教师教育的能力、解决问题的能力,以及解决教育教学中遇到的具体问题和困难,熟练应用已有的知识,服务于教育教学,又在教学和管理中提高自己,不断地更新自己,逐步构造自己的教学风格,提高教育教学质量,是一种融教研、培训、科研于一体的教师继续教育。

3. 研修共同体:是指在教师继续教育中,承担研修任务的组织、个人相互合作、交流协作的一种研修方式。它强调共同信念和愿景,是各个成员分享各自的见解与信息,相互协作、承担责任等多方面的合作性活动。

4. 机制:“机制”一词最早源于希腊文,原指机器的构造、功能、相互关系及其工作原理。理解“机制”这个概念,最主要的是要把握两点:一是事物各个部分的存在是机制存在的前提,因为事物有各个部分的存在,就有一个如何协调各个部分之间的关系问题,二是协调各个部分之间的关系,一定是一种具体的运行方式。所以,机制是以一定的运作方式,把事物的各个部分联系起来,使它们协调运行而发挥作用。

（二）围绕校本课程建设的各个阶段展开具体研修内容的探索

校本课程建设包括多个阶段,主要有学校校本课程开发及其实施方案的制订、校本课程的科目设计、校本课程教学资源的编制、校本课程体验式教学设计、校本课程学习评价等内容。校本课程的育人价值定位在发展学生的兴趣爱好、提高学生的选择能力、丰富他们的生活经历以及拓展视野、健康身心等方面,围绕这些内容,可以选择校本课程研修的主题,对研修内容进行结构化设计。

1. 对校本课程科目设计的运用实施

校本课程即以学校为本位、由学校自行确定的课程,也是与国家课程、地方课程相对应的课程。但任何一门校本课程的实施,首先都要进行科目的设计,因此,我们设计了储能中学校本课程科目设计表。

每个学期初期，任课教师通过填报科目设计申报校本课程，经学校管理部门审核通过后，学生可以在校园网上自主报名。但这个科目设计也不是一成不变的，教师对于科目设计也有自己的思考，他们会根据自己的所长和兴趣所在，确定课程目标，编撰课程资源，设计单元模块，制订教学实施方案和策略，并完成相应的教学评价，由此也可以看出校本课程较大的灵活性。

2. 对校本课程教学资源的编制

在校本课程的建设中，校本课程教学资源的编制也是非常重要的一个部分。我们要求教师关注以下几个方面：

• 开发课程的框架要整体设计——要把每一个个体教材的开发有机纳入“课程模块与门类、课程的标准与内容、课程的实施与管理”三位一体的校本课程体系之内；

• 开发课程的内容要两头兼顾——既确保国家课程不受削弱，又体现学校自身教育特色；

• 开发过程的管理要统一协调——要在学校层面成立相应机构，对整个开发过程加以管理；

• 开发课程的成果要付诸实践——开发的课程在学校能够得以推行和使用；

• 开发课程的评价要及时回馈——学校跟踪考核所开发课程的使用情况，并及时将考核结果回馈给开发者；

• 开发课程的调整要迅速到位——开发者应根据实践情况对课程进行不断修改和补充。

经过多年校本课程的实施和建设，我校校本课程教师根据自己所长和学生的需求，分别编制了市级、区级和校级共享的校本课程教学资源。

教师根据学生的需求和自身所长，编纂教学资源，利于各级各类学校共享，成为全校、全区乃至全市的共享课程。这丰富了校本课程的课程资源，起到了引领和提高的作用，同时，教师通过这种继续学习，对其自身的提升和发展也起到了极其重要的促进作用。

（三）围绕校本课程开展多元化研修形式的探索

本课题研究结合跨学科教师的学科背景、教师的个人特长以及校本课程发展的客观现实，分别对“主题研修式”“课程沙龙式”“话题论坛式”“课程实验式”“问卷调查式”“经验分享式”等形式进行实践和探索。

1. “主题研修式”

我校的校本课程建设起步较早，实施的时间较长，参加的人数也很多，十多年来已经积累了比较丰富的实践经验，对校本课程实施过程中遇到的问题，教师都有着自己的认识和思考。

课题实施中，我们曾以校本课程的课程资源为例进行主题研修，教师结合自己的教学实践，分别从环境资源、学生资源、场馆资源、网络资源、学校资源等方面对此进行了多角度的思想碰撞。

2.“课程沙龙式”

“沙龙”一词最早源于意大利语单词“Salotto”，是法语“Salon”一字的译音，原指法国上层人物住宅中的豪华会客厅。从17世纪起，巴黎的名人(多半是名媛贵妇)常把客厅变成社交场所，进出者多为戏剧家、小说家、诗人、音乐家、画家、评论家、哲学家和政治家等。他们志趣相投，会聚一堂，欣赏典雅的音乐，抱膝长谈，无拘无束。后来人们便把这种形式的聚会叫做“沙龙”，并风靡欧美各国文化界，19世纪是它的鼎盛时期。

而课程沙龙主要是针对校本课程建设所展开的沙龙式活动，我们主要针对大家比较关心的问题，进行沙龙式的思想碰撞和头脑风暴。

3.“话题论坛式”

所谓论坛：简单理解为发帖、回帖讨论的平台，是互联网上的一种电子信息服务系统。它是一种交互性强，内容丰富而及时的电子信息服务系统，用户在论坛上可以获得各种信息服务、发布信息、展开讨论等。

为此，我们利用现今极其发达的网络平台，经常在课题组成员的微信群中针对某一主题或话题发表自己的观点，也经常利用网络平台进行讨论、聊天、对话、信息共享等。这种交流方式更加方便、直接、快捷，不失为一种较为实用的研修形式。

4.“课程实验式”

多年来，我校共开设了几十门拓展课，但有些问题一直困扰着我们。比如，校本课程的讲义如何能够成为共享的校本课程资源；校本课程的特色如何体现；等等。针对这些问题，我们多次开展专题研究，请市、区的相关专家亲临学校为教师们辅导上课，并与大家进行面对面的沟通和交流。

教师们也多人次进行公开教学，并结合自己的教学实践谈体会、说问题，进步很快。目前，我校已有两门课程《十二次行走》和《印象上博》被评为黄浦区特色课程，《十二次行走》的课程资源已经正式出版并投入使用。《Scratch创意课程设计》的课程资源，已由复旦大学出版社公开出版发行，多门校本课程正在努力实践完善中。

5.“问卷调查式”

为了更好地了解学生对校本课程的实际需求，切实开设学生喜欢的课程，我们对所有参加拓展课的学生进行了问卷调查，同时，为了让我们的调查更加具有说服力，我们还对部分学生家长进行了调查问卷。

学校向学生和家长共分发试卷686份，收回有效试卷636份，通过对其归纳总结，课题组得出以下结论：在对学生喜欢的课程进行问卷调查时，有66%的学生喜欢能够对自己的学业有所帮助的课程；有38%的学生喜欢能够展示自己才能的课程；有53%的学生喜欢能够提高个人修养的课程；也有学生喜欢动手操作类、游戏类课程。

在对家长的问卷调查中，我们发现，家长们最担心的就是拓展课是否会影响基础课的学习，甚至影响升学。

由此可见，学生和家长对拓展课的认识还是有很大差距的，打消家长的顾虑，开设学生喜欢的课程，并对学生的综合发展有益，这是教师需要认真思考的问题，也是留给我们课题组继续研究的课题。

6. “经验分享式”

有句话说得好，火车跑得快，全靠车头带，因此，榜样的力量是无穷的。在校本课程的研修中，我们在学习、研究、讨论、实践的基础上，不忘分享经验，以点带面，联动式学习、成长。

（四）校本课程教师的发展与学生评价的跟踪调研

一个好的机制，其目的就是以一定的运作方式把事物的各个部分联系起来，使其协调运行且发挥作用。校本课程的研修机制，就应该能够促使教师更好地了解学生的兴趣和需求，从而开设学生喜欢的课程，真正为学生的全面发展服务，同时要对学生的评价进行跟踪调研。

另外，校本课程也将促进教师的进一步学习，促进教师潜能的进一步发挥，加快学校校本课程建设的进程，建设更多、更有特色的校本课程，为学生提供更加丰富的学习和生活经历。

然而，学生对校本课程的需求是什么，如何评价校本课程，教师在校本课程建设的不同阶段又有着怎样的变化和需求，这些都是需要我们研究的。因此，跟踪收集和分析师生对校本课程建设的意见和建议及其主观需求就显得尤为重要，为此，在本课题研究中，我们为每一位学生进行了学习情况的评价，也为参与的教师建立了一份课程发展档案，这样，不仅能够较为及时和全面地掌握学生的学习情况，而且可以让教师通过多种途径表达个人诉求。课题组对这些信息进行分析和加工，作为研究校本课程研修机制的依据，更为学校的课程建设和综合发展献计献策。

1. 对校本课程学生学习情况的评价

如何对学生在校本课程中的学习情况做出评价？它与基础性学科的评价有何不同？我们认为，校本课程的学习主要应该对学生的综合发展作出评价：即学生在学习过程中的表现，如情感态度、价值观、积极性、参与状况等。此外，对于学生的学习成果，可通过实践操作、作品鉴定、竞赛、评比、汇报演出等形式展示，成绩优秀者可将其成果记入学生学籍档案。

通过以上评价细则，我们可以较好地掌握学生校本课程的学习情况，了解学生的真实需求，完善评价体系，调整科目设置，真正开设学生喜欢的校本课程。

2. 建立教师专业发展档案袋

学校的发展，主要看教师的发展，而教师发展得如何，直接关系到学生的成长，也直接关系到国家、社会的前途和命运。

根据马斯洛的理论，人的成就心理是一种高级的自我实现的强烈心理需要。这种成就心理，能够使教师产生一种积极的行动动机，全身心地投入教育教学。

在促进教师专业发展的管理过程中，特别是在校本课程的建设中，由于大多数课程都没有现成的教材，教师课程开发的自主性较强，所以经过一段时间的开发和积累，比较容易看到成果。因此，建立教师专业发展档案袋是一项很好的措施，这个档案袋就是一段教师个人成长历程的缩影，是对自我成长的一种真实反映。在专业发展档案袋中，教师收集了一系列自己的作品样本，向学校和同事提供自己进步的信息，展示自己的成就。教师在回顾自己的工作历程、体验成功的同时，会产生自豪感，激发继续努力的斗志，挖掘自己的潜能，向高层次的方向发展。

常言道：自省催人奋进，反思使人成功。叶澜教授也说过："一个教师写一辈子教案不一定成为名师，如果一个教师写三年反思却很有可能成为名师。"可见，培养反思意识与反思自觉，提高自我反思能力，是教师专业成长的必经之路。如果我们能持之以恒，坚持"每日三省吾身"，就会在自己的教育实践中始终保持清醒的头脑，不断提升自我、超越自我、实现自我。从教师专业成长的角度来说，反思是一种隐性的教育资源，教师学会了反思，就会站在新的高度审视自己的教学行为，增长教育智慧，提高教学能力，从而成就自我反思的课堂文化。

因此，建立教师专业发展档案袋，可以让教师在不断反思、取得成绩的过程和方法中，找到成功的经验和失败的教训，回顾自己的教育教学行为，思考改进的措施。在品读其他教师档案袋的同时，发现别人的长处和自己的优势，同时找出与别人的差距，从而正确评价自我，寻找自己新的发展区。教师只有不断经历这样的过程，才会逐渐形成自己的教学风格，为自己的终身发展做好铺垫。

（五）校本课程研修机制的构建及保障

经过本课题的实践研究，我们对校本课程的研修机制有了初步的设计和思考，主要表现为学校有规划、管理有制度、课程有体系、实施有方法、落实有保障。

1. 学校规划

依据《上海市普通中小学课程方案》及学校自身基础和发展需要，制订《上海市储能中学课程方案》。

课程方案以"教育要面向现代化，面向世界，面向未来"和"教育必须为社会主义现代化建设服务，必须与生产劳动相结合，培养德智体等方面全面发展的社会主义事业的建设者和接班人”为指导思想。

课程方案旨在构建以德育为核心、以培养学生的创新精神和实践能力为重点、以完善学习方式为特征、以应用现代信息技术为标志，关注学生学习经历和促进每一位学生发展的校本课程体系。

2. 课程管理

在课程管理上，我们采取三方联动的课程管理体制(图 1)。

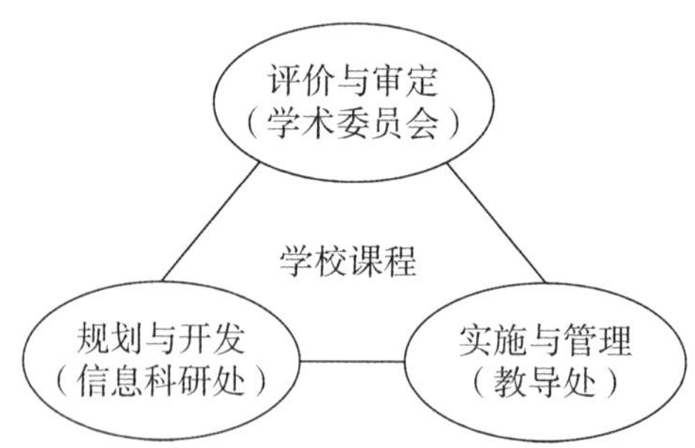

图 1　三方联动的课程管理架构

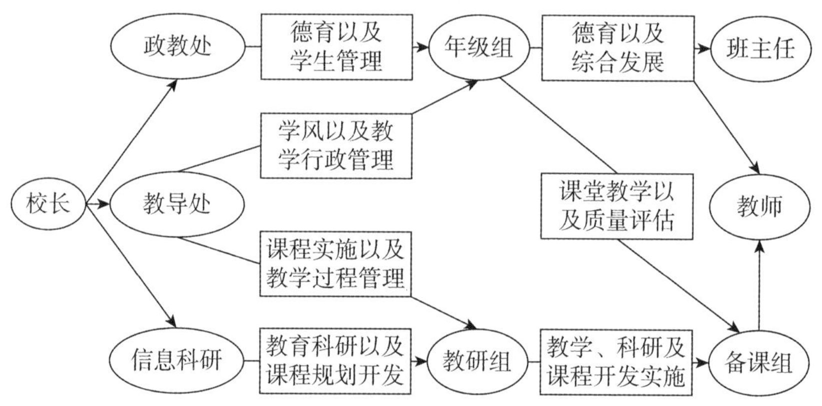

图 2　职能部门领导下的年级组和教研组双通道管理网络

由此，我们规划了储能中学的课程科目菜单(图 3)。

语文	英语	数学	物理	化学	生命科学	思想政治	历史	地理	信息科技	艺术	体育	心理	同伴教育	学生社团	储能文化	国际教育	劳动技术

图 3　储能中学基本的课程科目菜单

3. 实施方法

实施方法,就是将课程计划付诸实践的过程,是落实课程目标的基本途径,也是课程建设的重要环节。

首先,加强课程开发,实施课程计划。

充分利用学校的课程自主权,加强课程的研究和开发,尤其要加强拓展型课程和研究型课程的研究与开发,为学生提供丰富的、可供选择的高质量学校课程。课程开发应有利于加强学校对课程的领导,教师对课程的执行。

其次,课程的开发与实施应注重整体性。

我们在课程的实施中,整体建构了三维一体化的校本课程体系:第一维度,课程模块与门类——涵盖国家课程(校本化的)、地方课程(校本化的)、自主开发课程。第二维度:课程研发与设计——指课程框架设计、课程标准或教学标准、教材、教学设计、配套训练系统研制。第三维度:课程实施与管理——包括实施方案设计、实施与管理过程、课程目标评价等。

再次,在课程的开发与实施过程中,我们还制订了工作程序和时间节点,用以督促各部门工作的完成。

4. 落实保障

在落实保障方面,组建“校本课程的整体构建及实施对学与教的有效性研究”课题组,校长任组长,带领并推进学校课程的系统建设。其中包括加强教师培训,并建立以校为本的教研制度,倡导并鼓励教师依据课程标准和教材,对课堂教学进行积极探索和创新。

同时,要根据课程特点和学校教师的不同需求,采用多种模式的培训方式,以促进教师形成先进的课程理念,提高教师的课程开发与实施能力。

最后,学校要给予政策上的大力支持,并提供一定的经费保障。

三、研究效果

(一) 团队师生共同成长

多年来,教师们不断地学习、思考和实践,进步很快,有多门课程的教学资源已公开出版发行,也涌现了全市、全区,乃至全国的共享课程。其中有一门课程《十二次课程》被评为黄浦区中小学特色课程,其课程资源教材已经正式出版并投入使用。在校本课程的教学实践中,教师和学生都有了长足的进步。

(二) 增加了多元的个性化课程,为学生提供更丰富的资源

经过多年的教学实践,储能中学逐步形成了一批深受学生喜爱的多元的个性化课

程，由此也奠定了我校的校本课程体系。

四、问题、思考与展望

（一）教师在课程开发中遇到的问题

在本课题的研究过程中，我们感到，对于大多数教师而言，校本课程的开发并非易事，有时甚至相当困难，从某种程度上讲，它虽是难得的机遇，但更是严峻的挑战，让教师产生了危机感和紧迫感。

这中间存在以下几方面的原因：

1. 校本课程的开发和学业检测没有直接关系。家长、社会都以学生检测成绩来衡量和评价学校，开设校本课程影响学习成绩怎么办？

2. 校本课程开发属于工作量以外的额外负担。目前很多学校尚未有校本课程的专职教师。但对这部分工作量的计算，尤其是对探索阶段教师付出大量劳动后的工作量计算没有明确的说法，影响了教师的积极性。

3. 有些教师已经习惯于国家课程和本学科的教学，而对于这种跨学科的校本课程的开发并不擅长，很难对学生进行有效的指导。多数教师已习惯于以知识的传授为主，而较少有对校本课程的思考和实施，因此部分教师深感力不从心。

（二）教师参与校本研修的文化自觉性尚需进一步提高

"文化自觉"是借用中国人类学家、社会学教授费孝通先生 1997 年提出的概念。

何谓文化自觉？自觉乃是自主自发、自觉强调，是自我对某件事情的觉醒。教师的文化自觉即强调教师内在的精神使命在认识上的转变，从教师自身职业的生存之道，到所承担的责任与义务，再到"教书育人"的使命感，以及教师作为一种职业，在长期的教育教学实践活动中形成的稳定方式和生活样式。

因此，教师的文化自觉，就是教师专业发展的价值取向和深层动因，它能唤醒教师的专业自觉性和生命发展意识，提升职业幸福感，并自觉地把社会赋予的外部目标转变成内在需要，激发自身的创造力，把教育活动看作实现自我价值、体现人生意义的过程，并以其所领悟与感受的道德文化、智慧与力量，去启迪学习者的心智，从而产生强烈的文化使命感与责任感。在教师专业成长的过程中，团队互助和专家引领不可缺少，但真正而持久性的动力应来自教师本身的觉醒及其对课程文化的感悟。

但由于校本课程的开发在我国的实施时间并不长，各校的水平也参差不齐，最主要的是中高考的指挥棒效应，使得很多教师不愿意进行这方面的思考与尝试，加之教师固有的以传授式为主的教学方式，使得教师对这种以学生为主体的教学方式很不适应。

然而，教育创新很重要的一点就是教育者思维方式的转变。教师唯有与时俱进，不断提升自己的教育观念和思维方式，培养良好的文化自觉性，才能使日常的教育教学工作上升到一定的高度。所以，特别需要学校以其先进的办学理念，千方百计地激发教师的专业发展动力，搭建多种平台，促进教师实现自主成长和多元发展，形成专业发展的文化自觉。这不仅是教师自主学习、自我完善、自我超越的过程，也是实现自我价值、体现人生意义的过程。教师只有具备了这种文化自觉，才能积极主动地提高自身的专业素质，不断自我更新、自主发展。

当然，在现有的评价机制下，“学生的成绩”经常被等同于“教师的能力”，但我们不能被成绩束缚，而要用敬业和博学作为自己的支柱，不断涵养自身的文化自觉，唯有如此，才能打造更全面、丰厚的课堂文化。而且，也只有提高教师的文化自觉，才能成就学校的文化内涵，所以说，学校文化的形成，关键在教师。

随着新课程标准的实施，校本课程的开设将是学校事业第二次跨越式发展的大好时机。本课题组从教师开发并实施校本课程的过程中意识到，教师和学生的潜力都是无穷的，而且教师始终是校本课程实施的关键。没有教师的指导，再好的课程也难以达到预期的效果，因此，教师对于落实课程、提高课程质量起着至关重要的作用。

综上所述，本课题旨在对当前教育改革背景下的校本课程研修机制进行初步的实践研究，其目的主要是提高教师校本课程的开发能力和文化自觉性，创造良好的校本研修生态环境，让教师在专家引领、同伴互助、个体反思的实践中实现专业的提升和发展。但由于课题组教师的理论水平和实践能力有限，部分设计思路尚未实现，我们将在今后的学习实践中不断补充完善。

李芳芳体育工作室

工作室主持人寄语

一颗初心，教书育人；一份使命，为人师表；
一种责任，立德树人；一份坚守，身心健康。
每走一步，都是一种成功！
每做一件，都是一份收获！
让我们共思考，同成长，沿着体育教学改革之路携手前行！

工作室代表性研究成果

基于体质测试数据改进小学生坐位体前屈教学的研究

基于大数据背景下学生个性化体育锻炼的实践研究

学校体育线上线下融合教学模式研究

工作室概况

工作室主持人:李芳芳,中学高级教师。

工作室副主持人:徐玉麟,中学高级教师。

工作室特聘导师:徐燕平,上海市特级教师。

工作室学员:

上海市曹光彪小学教师赵夏悦,上海市黄浦区卢湾一中心小学教师陆倍倍、曹成斐,上海市格致初级中学教师邵志哲、孙思伟,上海市民办明珠中学教师丁露露、胡金光,上海市储能中学教师武冠军,上海市同济黄浦设计创意中学教师陈洁、汪盛盛,上海市格致中学教师沈超、朱佳敏、王枝娟、李奉娟、蒋祥红。

工作室培养目标:

通过三年的工作室学习与研修,提高每一位工作室学员的职业素养、业务能力和学术水平,具有坚定的体育教师信念,先进的体育教育观念,精湛的体育教学艺术,踏实的工作作风,强烈的创新意识,成为黄浦区体育学科建设和发展的带头人,在体育教师队伍中产生一定的影响力,在体育教学领域有引领辐射作用,为黄浦区基础教育输送优秀人才。

工作室主持人介绍

李芳芳，上海市格致教育集团体育名师工作室主持人，中学高级教师，上海市格致中学学生发展指导中心副主任，上海交通大学体育系兼职硕士生导师。主持市级青年课题、一般课题、区级青年课题 3 项；参与市级课题 9 项、区级课题 3 项。发表论文 17 篇，获全国学生运动会科学论文评比一、二等奖，市、区级论文评比一、二等奖。先后获上海市“德育实训基地优秀学员”、黄浦区人民政府“先进工作者”和黄浦区教育局“体育先进工作者”“优秀信息员”“青年岗位能手”“新长征突击手”等荣誉称号。

徐玉麟，上海市格致教育集团体育名师工作室副主持人，中学高级教师，上海市格致初级中学工会主席，黄浦区教育系统骨干教师，黄浦区初中体育学科中心组学员，黄浦区见习教师规范化培训优秀指导教师。曾获黄浦区“新长征突击手”荣誉称号、“黄浦区园丁奖”等。

携手共进同成长

——李芳芳体育工作室工作回顾

眼前，是一串串深深浅浅的教学实践足迹；耳畔，是一场场余音绕梁的教学研讨交流。回顾上海市格致教育集团体育名师工作室三年来的学习和工作，主持人与学员共思考、同成长，沿着体育教学改革之路携手前行。

一、活动概况

自工作室成立以来，两位主持人致力于提高15位工作室学员的专业技能和教学水平。为了让学员接受先进的教育理念、增长见识、开阔视野、引领专业发展，工作室坚持“走出去，引进来”，鼓励并创造条件让学员参与学术交流、听课教研，邀请专家指导教学、科研等活动。比如，2018年、2019年长三角中小学体育特级教师教学研讨活动；2019年“凝智攻坚课题聚力强校工程”工作展示研讨活动；“以体载德”——《上海市中小学体育与健康学科德育教学指导意见》实践展示与教学研讨；高中体育与健身“空中课堂”在线教学视频课教学研讨活动等。学员们在此期间“吸风引露，吐故纳新”，对接课堂，践行教学，使学习成果第一时间发挥价值。三年内工作室组织专家讲座5次，研讨活动15次，观摩学习17次，区级公开课6次，校级公开课15次，携手每一位工作室学员同学习、共研讨，学习新课标新理念，尝试线上线下融合教学，提升专业技能、教学能力和学术水平。

二、理论学习

工作室注重用理论积淀来提升学员素养，多方面营造成长环境，开发多种培养途径，提高工作室学员的学科理论水平。心中有课标，是一个教师上好体育课的前提，工作室组织学员学习《普通高中体育与健康课程标准(2017版)》，并对课程性质与基本理念、学科核心素养与课程目标、课程结构、课程内容、学业质量与学习评价、实施建议等进行全面和深入的分析讨论，强调把培养学生的学科核心素养作为《体育与健康》课程的出发点和落脚点，明确在教授学生运动知识和技能的同时要为学生的终身体育发展着想。

三年来，工作室通过格致集团体育工作室公众号提供多种学习资源，多专题帮助学员拓展提升体育理论知识，如解读小学兴趣化、初中多样化、高中专项化专题及单元教学设计指南、体育课题申报专题等，引领学员理论思辨，提升素养。

三、教学实践

工作室引领学员在教学过程中通过创设复杂的情境、学练结构化的知识和技能、保证适宜的运动负荷、进行多样化的体能练习等，促进学科核心素养的形成。引导学员通过螺旋式上升的教学过程，指导学生学习运动技能，明确一项运动技能从开始学习到掌握运用需要“千锤百炼”，只有激发学生的学练兴趣和爱好，才能使学生真正掌握和运用这项运动，并为终身体育服务。

通过研讨会、报告会、名师论坛、公开教学、现场指导、模拟教学、学员共研等多种方式，有主题、有计划地开展教学研究与实践展示活动，帮助学员解决教与学过程中遇到的问题，共同研讨教育理念和教学方法，并借助腾讯会议、微信公众号等实现优质教育资源共享，促进学员教学能力的提升。

四、教育科研

教而不研则浅，研而不教则空，教科研与教学紧密相连才有助于提升教育教学质量。为此，工作室鼓励和引导学员在教学实践中总结教育教学经验，探寻教学改革的新思路、新方法，找到并确定一项具有实用价值的科研课题，以此为研究方向，在实践探索中破解学科教学难题。三年间，工作室学员共申请立项市级课题 1 项、区级课题 1 项，发表论文 4 篇，参编教材及其他出版物 4 册，在课题引领下，工作室学术研讨氛围浓厚，学员围绕课题研究在课堂教学实践中积极探索，不断反思改进教学，积累经验撰写论文，提升了科研能力。

五、工作室特色

工作室遵循“服务、研究、指导”的研训理念，从共同学习到协作探究，从教学反思到专题研讨，从课堂教学到课题研究，引领全体学员沿着体育教学改革之路携手前行。

上海市格致教育集团体育名师工作室的每一位学员，也将始终保持教书育人的初心，牢记为人师表的使命，担起立德树人的责任，坚守体育教师岗位，服务学生身心健康！

基于体质测试数据改进小学生坐位体前屈教学的研究

◎ 上海市黄浦区曹光彪小学　赵夏悦

摘　要　坐位体前屈是依据《国家学生体质健康标准》设置的测试项目之一，其目的是测量在静止状态下的躯干、腰、髋等关节可能达到的活动幅度，主要反映这些部位的关节、韧带和肌肉的伸展性和弹性及身体柔韧素质的发展水平。如何能够更快、更高效地让学生在有限的课堂练习中学会并掌握坐位体前屈的练习方法，提高坐位体前屈的成绩，是一线体育教师一直在思考的问题。本研究基于体质测试数据改进小学生坐位体前屈教学，改变传统的教学方法，将信息技术与体育课堂相融合，利用现代信息技术的演示与分析，及时调整教学手段，体现了教学的先进性；尝试了多种形式的练习方式，增强了训练的多样性；设计了趣味游戏，增强训练的趣味性。不仅提高了课堂教学效率，而且激发了学生学练兴趣，提高了学生学习效率，增强了学生身体素质。研究成果具有可操作性，为体育教学提供了参考依据。

关键词　体质测试；坐位体前屈；教学改进

一、问题的提出

体质测试，指《国家学生体质健康标准》（以下简称《标准》）测试，每年进行一次。坐位体前屈是依据《标准》设置的测试项目之一，旨在测量在静止状态下的躯干、腰、髋等关节可能达到的活动幅度，主要反映这些部位的关节、韧带和肌肉的伸展性和弹性及身体柔韧素质的发展水平。坐位体前屈动作的练习，对全身的关节、韧带、肌肉的灵活性、柔韧性、协调性，以及培养顽强的意志品质等方面都有良好的促进作用。坐位体前屈成绩的提高既是考试的需要，也是对学生身体机能、素质的检测。①

① 周仕怡，车音欣，陈佩杰.兴趣导向性柔韧游戏对儿童青少年柔韧性素质的影响[J].沈阳体育学院学报，2011(3)：100－102.

儿童时期柔韧性最好，可塑性强，关节韧带的伸展度大。到 11 岁左右，柔韧性素质发展减慢，到 18—20 岁左右趋于停止。肩关节灵活性在 12—13 岁以前提高较快，髋关节灵活性在 7—10 岁提高幅度最大，以后的柔韧性提高缓慢，13—14 岁接近成人的水平。因此，柔韧性训练越早越好。

近几年来，我校坐位体前屈成绩与本区比较，学生优秀率低于本区水平。笔者从事一线体育教学工作近 4 年，在教学实践中发现，坐位体前屈的练习时间占比以及师生的思想重视程度不高。在练习柔韧性的过程中，有些学生会感到害怕、排斥，究其原因正是因为在练习过程中会有疼痛感。因此，在学练中如何能够激发学生兴趣，更快、更高效地让学生在有限的课堂练习中学会并掌握坐位体前屈的练习方法，提高坐位体前屈的成绩，是教师一直在思考的问题。①

二、解决问题的过程与方法

（一）文献研究，拓展研究思路

2018 年 5 月至 6 月，进行文献研究。通过书籍、网络等相关渠道，查阅关于改进坐位体前屈教学的文献资料，学习相关研究的论文、期刊等文献，整理参考资料，完成文献综述。打开了研究思路，完成了研究方案的设计。

（二）行动研究，基于数据改进教学

1. 2018 年 9 月，开始行动研究。首先，通过坐位体前屈第一次测试，获得本校四年级学生的坐位体前屈成绩，测试成绩并不理想。其次，经过对课堂测试数据的分析比较，了解学生练习的现状，同时对测试数据做好资料规整。最后，分析查找学生在坐位体前屈学习中存在的主要问题与困惑。

2. 安排每月一次坐位体前屈测试，从 2018 年 9 月起至 2019 年 5 月为止共 8 次（除去 2019 年 2 月寒假），加强对学生学练效果的跟踪研究，及时获得反馈。教师基于测试数据改进教学。在操作实践中，有效融入信息技术，运用多样的练习方法，设计游戏，增强趣味，不断地反思、反馈，研究各种提高学生柔韧性方法的效果，并及时进行调整。②

（三）经验总结，提炼出改进教学的有效方法

通过课题的研究过程，不断总结经验，使教学策略更具有针对性、可操作性，有利于提高学生的身体柔韧性。根据课题研究的目的，对研究成果进行总结归类，不断完

① 曹占良.坐位体前屈测试避免猛力前推游标的方法[J].中国学校体育，2010(3)：57.
② 王军利.关于学生体质健康测试中存在问题的思考[J].体育学刊，2015(1)：70 - 74.

善，改进课题研究的策略和方法。在研究的基础之上，形成案例、结题报告等相关的研究成果。

三、研究的主要成果

本研究探索了基于体质测试数据改进小学生坐位体前屈教学的策略，建立了学生测试的数据包，确立了教学原则以保障课堂教学的有效实施。

（一）形成教学改进策略，提高课堂教学效率

基于体质测试数据改进小学生坐位体前屈教学，提高学生柔韧性，主要形成了以下三个策略：

1. 引入信息技术，体现教学的先进性

随着信息技术迅猛发展，巧用信息技术呈现教学内容已经成为一种新兴教学手段。小学生对于动作的理解能力比较差，传统的教师示范、学生模仿的教学方法不利于学生的记忆。利用多媒体设备，如手机、平板电脑、希沃软件等设备进行反复示范，则能让学生更加直观、方便地理解动作。

课堂练习前，提前录制一段教学示范视频。视频中涵盖教学重点、难点，以及动作要领、分解动作、完整配合动作。

课堂练习时，运用希沃软件的播放与投屏功能，反复播放教学示范视频与学生课堂实时练习视频。一方面，解放了教师在课堂中的反复讲解及示范，教师有更充裕的时间巡视指导学生动作中的不足之处，提高了课堂教学效率。另一方面，满足了不同层次学生学习的需求，更加直观、方便地理解动作，让学生在大屏幕上看到自己练习的动作，与教师示范进行对比，更有利于学生改正动作。

课堂练习后，教师把示范视频传到家长群，布置课后作业，引导学生科学地进行课后练习。

2. 创新练习方式，增加训练的多样性

依据小学生的年龄特征和心理特点，他们对单一方式的练习容易产生厌倦感。这就要求教师改进教学方法与教学手段，练习方法的多样性也是一种活跃课堂气氛、调动学生积极性、激发学生学练兴趣的有效途径。

(1) 根据徒手练习设计，分为以单人练习为主的主动拉伸和以双人练习为主的被动拉伸。

单人练习：主要让学生通过站位体前屈、横叉、正踢腿、盘腿体前屈等方式训练。如正踢腿：直立，两臂平举，左脚向前迈出一小步，右腿绷脚面伸直，迅速有力地向上踢腿，高度要高，落腿要稳。两腿交替练习。

双人练习:学生可以在同伴的配合下进行多种训练。如双人拉锯:两个人面对面坐在垫子上,脚对脚,两腿并排伸直,上体前屈,手拉手,互相拉动。

(2) 根据器械辅助练习,可利用肋木架(或是有一定高度的器械)、体操垫、弹力带等。如正压腿:一腿直立,另一腿举起放于肋木架上,身体正对高腿,上体向前,尽量用胸部贴腿,双膝不得弯曲。

(3) 根据拉伸部位设计,分成下肢肌群、臀部肌群和腰背部肌群。

下肢肌群可参考徒手练习与器械辅助练习方法。

臀部肌群训练可采用鸽式、仰卧抱腿等方法。如鸽式:单腿屈膝屈髋 90 度位于身前,后腿向后延伸自然伸直。躯干保持直立,向前俯身,当臀肌有被拉伸的感觉时,停留 15—20 秒。

腰背部肌群的训练可以采用婴儿式、猫式、悬垂拉伸等方法。如悬垂拉伸:悬垂在单杠上,脚尖可以适当点地。利用自身重力纵向拉伸腰部肌肉,悬垂 15—20 秒。

3. 设计游戏,增强训练的趣味性

近几年来,市教委发布了《上海市小学体育兴趣化、初中体育多样化课程改革指导意见(试行)》,积极推进小班化教学,实施多形式协同教学、个别化教学等。小学体育课程教学要根据《上海市中小学体育与健身课程标准(试行稿)》教材内容的安排要求,对教材进行教育性、健身性、兴趣性、游戏性改造。

坐位体前屈强调学生的身体柔韧素质,在研究中一改传统韧带拉伸方法的枯燥乏味,将游戏融入教学,采用竞赛形式,既体现了小学体育兴趣化的特点,又激发了学生的学练兴趣与积极性,在快乐的游戏过程中,身体柔韧性得到了锻炼,身体素质得到了提升。

如最长的“绳子”:全班分为人数均等的四组。每位学生挨个劈叉,脚与脚相抵,连成一根“绳”,比比距离最长的是哪个小组。学生可以采用“一字开”“八字开”等方式进行比赛,对于大腿内侧韧带有很好的拉伸效果。每位学生参与时都有很强烈的积极性,甚至有些柔韧性较差的学生,在放学回家后,会带着父母一起练习。由此可见,游戏教学能充分激发学生的兴趣。

(二) 建立了数据分析包,在分析中改进教学

本研究是基于体质测试数据改进小学生坐位体前屈教学的研究,除了通过对全区坐位体前屈测试数据的分析比较之外,从 2018 年 9 月起至 2019 年 5 月(除去 2019 年 2 月寒假),教师每月还对学生进行一次坐位体前屈的测试,并记录测试数据,建立数据分析包,以便跟踪改进后的教学方法、手段对小学生坐位体前屈成绩的影响,做到及时调整教学策略。①

---

① 陈昌福.坐位体前屈“坐位”练习法[J].中国学校体育,2011(1):57.

1. 学生基本情况

2018 年，上海市黄浦区曹光彪小学按《国家学生体质健康标准》测试上报数据，列入本次统计的样本量为 159 人，其中男生 84 人，女生 75 人(表 1)。由于教育部组织对现行《国家学生体质健康标准》进行了修订，本成果中的数据统计参照《国家学生体质健康标准(2014 年修订)》。

表 1　四年级各班学生人数统计(人)

班级	男生	女生	小计
四(1)班	17	14	31
四(2)班	16	16	32
四(3)班	17	15	32
四(4)班	17	15	32
四(5)班	17	15	32
全年级	84	75	159

2. 数据分析，把控学生状态

(1) 以年级为例

表 2　四年级坐位体前屈指标评价(%)

测试次数	优秀率			良好率			合格率		
	男生	女生	合计	男生	女生	合计	男生	女生	合计
1	10.71	16	13.21	22.62	30.67	26.42	92.86	96	94.34
8	27.38	28	27.67	25	29.33	27.04	100	100	100
我校	9.35	15.37	12.29	17.27	22.42	19.78	97.6	98.49	98.04
黄浦区	14.52	21.08	17.6	16.71	21.88	19.14	94.73	96.25	95.44

如表 2 所示，第一次测试，我校四年级学生坐位体前屈评价的优秀率为 13.21%(男生 9 人、女生 12 人)，良好率为 26.42%(男生 19 人、女生 23 人)，合格率为 94.34%(男生 78 人、女生 72 人)。

与本校比较：学生优秀率基本与本校持平，良好率高于我校平均水平，合格率低于我校平均水平。

与本区比较：优秀率、合格率低于本区平均水平，良好率高于平均水平。

第八次测试(最后一次)，我校四年级学生坐位体前屈评价的优秀率为 27.67%(男生 23 人、女生 21 人)，良好率为 27.04%(男生 21 人、女生 22 人)，合格率为 100%(男生 84 人、女生 75 人)。

由此可见,我校四年级坐位体前屈第一次测试成绩并不理想,总体低于区平均水平。但通过教学改进之后,可以很明显地看出,优秀率、良好率、合格率都有很大程度的提升,并且远高于本校与本区的平均水平。

(2) 以班级为例

表 3　四(1)班坐位体前屈指标评价(cm)

	男生	女生
第一次平均数	+3.4	+9.6
第八次平均数	+9.5	+15.1
最高进步	16.1	11.2
最低进步	0.8	1.1
平均进步	6.1	5.5

表 3 的数据显示,经过一年的研究,班级平均成绩都有不同程度的提高,效果显著。女生的柔韧性明显高于男生,而男生成绩的上升空间高于女生。

相关研究表明,儿童时期柔韧性最好,可塑性强,关节韧带的伸展度大。到 11 岁左右,柔韧性素质发展减慢,到 18—20 岁左右趋于停止。肩关节灵活性在 12—13 岁以前提高较快,髋关节灵活性在 7—10 岁提高幅度最大,以后的柔韧性提高缓慢,13—14 岁接近成人的水平。

四年级学生正处于柔韧性素质发展减慢的阶段,因此,我们更应该提早练习,发展学生柔韧性素质,以便取得最大成效。

(3) 以个别学生为例

表 4　男生 A 坐位体前屈指标评价(cm)

次数	1	2	3	4	5	6	7	8
成绩	−11.2	−8.6	−4.3	−0.3	+1.1	+2.5	+3.8	+4.9
分值	0	0	30	62	64	66	70	70
等第	不合格	不合格	不合格	合格	合格	合格	合格	合格

表 4 是对男生 A 坐位体前屈的数据记录,他是我校四(1)班的学生,从表 4 可以看出,通过教学方法手段的干预,男生 A 的坐位体前屈成绩从第二次测试开始呈快速增长阶段,单次最大提高 4.3 厘米。并且从第四次测试开始,增长速度减缓。结合教学改进方案可知,第一、第二次测试为过渡期,学生需要适应新的练习方法,因此成绩提升不明显。随后进入适应期,快速提高,最后增长速度趋于平稳。

坐位体前屈成绩的提高不是一时可以完成的,它需要我们循序渐进,从易到难,持之以恒，通过自己的努力逐步提高。

（三）确立了教学原则，保障教学有效实施

为了使基于体质测试数据改进小学生坐位体前屈教学达到预期效果，在确保安全训练的基础上，我们制订了三项教学原则，以确保教学的有效实施与落实。

1. 循序渐进原则

(1)教师应在课前备好教案，安排教学内容和教法时，要由易到难，使学生有一定的时间适应，有利于学生接受。比如，任何技术动作都应先进行单人徒手模仿练习，后进行多人合作练习。(2)运动负荷应逐步提高。学生刚开始练习时容易紧张，肌肉容易疲劳，故拉伸程度不能太大。待技术提高之后，可适当加强负荷。

2. 因材施教原则

不同的学生有不同的特点，在教学过程中，教师应根据不同学生的个体差异，将集体教学与个别对待相结合。如在大多数学生达到目标要求的基础上，个别指导另一些基础较差的学生。

3. 巩固提高原则

在教学过程中，初步掌握技术动作后，要不断组织学生进行反复的练习。也可在教学过程中适当安排随堂小测验，以此提高学生的学习兴趣，增强其练习的积极性。

四、研究的成效与反思

（一）初显成效

1. 利用信息技术赋予了体育课堂时代活力

改变了传统的教学方法，利用信息技术激发学生训练兴趣。在课前、课中、课后的练习中，都反复使用希沃软件，使教师减少了示范动作要领的时间，大大增加了巡视指导的时间。在学生练习时，能关注到更多学生的练习情况，并指出他们练习动作的不足之处，对于表现优秀的学生，能及时给予鼓励，增强他们的学练信心。在课后也能随时随地地跟踪学生回家练习情况，让学生真正做到自主练习，做学习的主人。

2. 学生学习兴趣明显提高

利用希沃软件的投屏功能，播放锻炼视频进行练习，使学生对坐位体前屈的学习变得更加专注和投入。学生从被迫的懒散练习到拥有自主锻炼的意识，尤其在每月一次的测试刺激下，课堂练习效果变得高效；在柔韧性拉伸能力方面有所增强，从以前的呆板、模仿转变为成熟、敢于创新；在课后创造不同的拉伸动作，并能在课堂中进行展示交流，学习态度变得更加积极。

3. 提升了教师的专业素养，带动了课堂教学的优化

在研究实践中，教师努力将先进的教育思想内化为自己的教育教学理念，转变为

自己的教育行为。运用现代信息技术收集数据,改变传统的体育教学模式,从而形成了自己的教育教学特色。在促进学生发展的同时,教师自身的素养也得到了发展。

(二) 反思

1. 课后练习需要评价跟进落实到位

韧带完全拉开至少需要 10—15 分钟的柔韧性练习,每天至少一次。这种方式也是紧张运动后的一种很好的放松。肌肉也会由于这些简单的拉伸练习而变得更富有弹性。柔韧练习必须学会轻柔,否则极易拉伤。课堂练习时间远远达不到规定要求时间,所以课后练习非常重要。但是,脱离教师监督的练习质量不能保证。因此,教师可以通过课后布置一些回家小练习,学生与家长相互监督,加强评价管理,以保证课后练习的时间与质量落实到位。

2. 仍需加强对韧带较紧的学生的关注度

测试成绩是教师了解学生学习情况、检查课后练习情况、及时调整教学计划、改进教学方法的一个有效依据。在练习及测试过程中,我们能发现一些柔韧性较差的学生容易产生害怕、抗拒等情绪。教师要用爱心、耐心、恒心对待这些学生,及时了解学生的学习情况,点评学生的点滴进步,这样才能使师生保持互动,达到教学相长。

基于大数据背景下学生个性化体育锻炼的实践研究

◎ 上海理工大学附属储能中学　武冠军

摘　要　随着校园数字化网络技术的发展，数字化学习是一种学习趋势，大数据为每个学生个性化体育锻炼提供科学分析依据。学生把课内、外体育锻炼的数据上传到数字化学习平台，经过大数据平台可视化分析、建议与指导，调整个性化的学练方案，提高身体素质。

关键词　大数据；个性化锻炼；数字化学习

一、研究背景及意义

学科核心素养是我国新课程标准的一个新概念，《体育与健康》学科核心素养是《普通高中体育与健康课程标准(2017 年版)》(以下简称《体育与健康课程标准》)中重要的概念，也是《体育与健康》课程改革与发展的灵魂，贯穿到整个课程标准当中，引领课程目标、教学内容、教学方法、教学评价等环节。自主健身是《体育与健康》学科核心素养的直接体现，自主健身既是素养也是能力。自主健身的核心能力由认知能力、健身实践能力、社会适应能力构成，要使每个学生充分发展自主学习能力，必然要形成每个学生自己的个性化体育锻炼方式，发挥每个学生自主健身能力，使学生整合知识、技能、方法、评价等运动能力，从而提高每个学生的身体素质和自主健身的能力。如何提升学生《体育与健康》学科核心素养，激发学生自主学习的锻炼能力，关注每位学生的学习过程，成为教师教学实践和探讨的问题。①

目前我国体育课堂教学还是教师“以一对多”，近年来小班化教学日趋增多，倡导分层教学，但教师仍然无法全面考虑到每一个学生个性化锻炼情况，每个学生身体素质存有差异，相同教学任务呈现不同教学效果，缺乏分层、分组、分个体的分析，缺乏针对不同个体设置不同的教学目标和任务。由于课堂教学时间有限，教师个性化指导时

① 中华人民共和国教育部.普通高中体育与健身课程标准(2017 年版)[M].北京：人民教育出版社，2018.

间不够，一些学习困难和肥胖等特殊学生没有及时得到关注，课堂锻炼没有信心，甚至受到同学的嘲笑，这就需要教师更多地关注个体差异，帮助锻炼困难的学生。体育锻炼是实践性很强的学科，所以个性化教学指导与学练尤为重要。

开发和利用数字化教学平台，构建大数据个性化数据模型，分析个性化体质报告及建议，指导体育锻炼，记录体育锻炼学习过程，结合家庭附近的健身环境，构建体育课内、外一体化锻炼，提高中学生的身体素质，为终身体育锻炼打下良好的基础。[①]

二、研究目标、研究对象和研究方法

（一）研究目标

利用大数据统计分析功能，借助数字化学习平台，构建“线上学习与线下锻炼”和“课内与课外结合”的一体化锻炼的学习指导体系，指导学生开展个性化体育锻炼的学习方式，进一步培养学生自主学习的能力，实现每个学生都有个性化体育锻炼学习方案，探索《体育与健康》课程内容与网络技术的整合，提高课堂教学的有效性及课外锻炼的辅助性，形成相关的实践和理论成果，为一线体育教师教学探索提供借鉴。

（二）研究对象和研究方法

(1) 研究对象：我校 2018 年初二年级学生共 58 人(男生 28，女生 30 人)。

(2) 研究方法：文献研究法，即搜集相关大数据和个性化体育锻炼的文献资料。调查问卷法，即针对学生个性化锻炼需求等方面开展问卷调查。行动研究法，即帮助学生解决困难，参与个性化体育锻炼方案的制订。

三、实施过程

（一）开展问卷调查，了解学生对体育锻炼的认知情况及个性需求

对学生的问卷调查发现，教师在课堂上统一布置的教学目标、任务、运动量、练习次数，受到大部分学生的质疑，大部分学生希望教师根据学生体育成绩的不同，布置不同的教学任务。这种个性化的需求与本人的个性化体育锻炼有机结合，才能更好地为开展个性化体育锻炼提供良好的基础和开端。

（二）研读课程标准，确定“个性化体育锻炼”的构架纬度

1. 分析初中、高中学校体育教学体系，确定课题实施对象

上海市初中、高中体育“两化”课程改革指导意见：建立科学的“初中多样化、高中专项

---

① 中华人民共和国教育部.普通高中体育与健康课程标准(2017 年版)[M].北京：人民教育出版社，2018.

化”学校体育改革教学体系。从指导意见可以看出高中是建立在初中基础上专项技能的延伸学习，这就需要初中阶段的学习为高中体育锻炼打下坚实的基础。初中体育中考受到各级学校教学管理部门的高度重视，综合考虑课题实践，选择初二年级的学生。

2. 分析《体育与健康》课程教学内容，确定个性化体育锻炼项目的切入口

上海市《体育与健康》学科经过一期、二期课程改革，无论是初中教材还是高中教材，都是以田径项目中的跑、跳、投作为最重要和最基本的必备身体素质。以学科核心素养为背景的改革，明确了必修必学中的体能是全体学生必须修习的内容。而体能素质的提高是通过跑、跳、投等基本田径项目来实现的，再次体现出体能素质的重要性和基础性。

3. 按照《体育与健康课程标准》，确定个性化体育锻炼框架，提供学习指导

依据《体育与健康课程标准》，将体质健康的测试项目和个性化体育锻炼内容相结合，确定了“身体素质、身体机能、身体形态”三大板块进行框架设计。

（三）开发数字化学习平台，构建“基于大数据背景下个性化锻炼”学习环境

1. 利用大数据统计分析功能，为个性化体育锻炼奠定导航作用

设计大数据功能模型(图 1)，为学生个性化体育锻炼发挥承上启下的导航作用。数据模型的构成分三个部分：

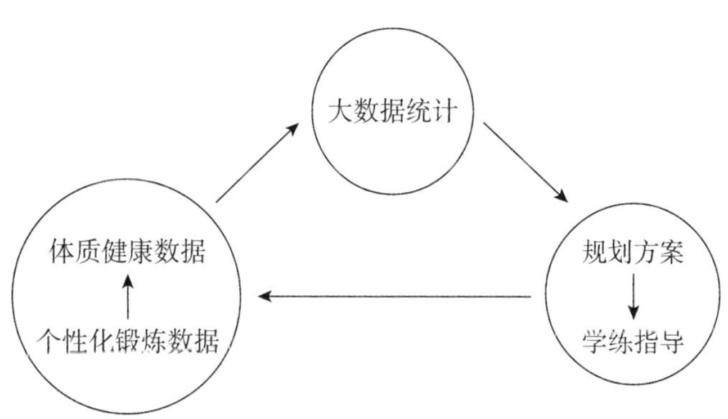

图 1　大数据功能模型

第一部分：大数据的海量数据存储功能可以容纳大量的体育锻炼数据。搜集《国家学生体质健康标准》测试上报数据，作为学生体质健康测试原始参照数据。搜集学生开展个性化体育锻炼的数据，随着个性化体育锻炼的不断深入，推动体质健康数据的提升和积累。

第二部分：大数据统计平台具有数据记录、数据评分、数据前后对比等功能。以《国家学生体质健康标准》评价指标和得分标准统计出每个学生的各项分数，划分成绩的等第。随着个性化体育锻炼数据不断的积累，可以看到每个学生的锻炼轨迹，还可以对比前后的锻炼效果，具有实际的指导意义。

第三部分：大数据模型兼具教师学练指导、学情分析、确定学习目标、推送个性化体育锻炼方案等功能。学生首先看到自己的体育成绩，了解自己薄弱的体育项目，然后规划体育锻炼的内容，思考如何完成锻炼目标。教师给出个性化体育锻炼方案制订原则，供学生选择。

2. 根据个性化体育锻炼的学习流程，设计个性化体育锻炼环节和任务

根据学生问卷调查的内容，依托数字化平台设置了六个个性化体育锻炼模块(图 2)。

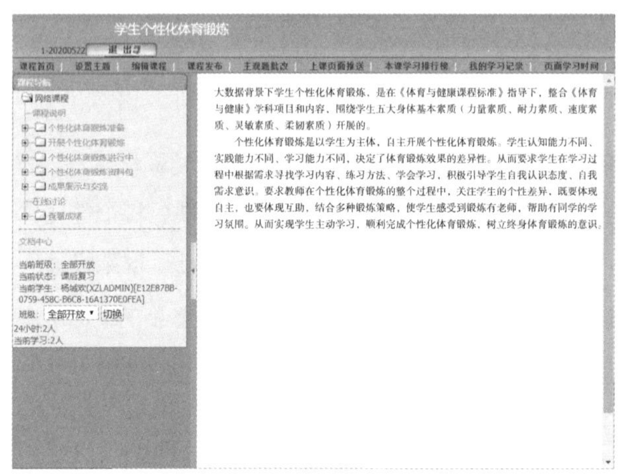

图 2　个性化体育锻炼的主要模块

设计三个环节和六个模块的主要任务和作用(表 1)。

表 1　个性化体育锻炼的主要模块与任务

环节	模块名称	主要任务及作用
实施前	个性化体育锻炼的准备	让学生通过网页了解开展本课题的意义及流程，了解自己的体育成绩，查找自己的薄弱项目，制订学习内容、目标任务，选用锻炼方案。
实施中	开展个性化体育锻炼	掌握学习内容及基本技术要领，尝试锻炼方法，完成学习任务，自觉有余力主动增加运动量。介绍有效学习方法，分享交流。 数据录入大数据平台→体质健康分析报告 ↑　↓ 个性化体育锻炼数据→个性化体育锻炼
	个性化体育锻炼进行中	未能掌握学习内容及基本技术要领，尚未全部完成学习任务，感觉身体状态欠佳，减少运动量，调整学练方案，循序渐进。
	个性化体育锻炼学习资料包	通过资料包的学习，掌握锻炼的内容、方法、练习强度、次数等。上传学习包并分享交流，借鉴他人的学习经验，完善和丰富学习资料包的内容。

（续表）

环节	模块名称	主要任务及作用
实施后	成果展示与交流	学生展示锻炼效果，上传锻炼方法，分享交流，获得学习的自信心和喜悦感。
	查看成绩	了解个性化体育锻炼效果，评价学生的锻炼成绩。

3. 构建学习环境，开展“个性化体育锻炼”实践与研究

让每个学生了解到自己的体育成绩（表 2）。根据成绩划分等第（表 4），分别为优秀、良好、合格、不合格，每个等第都对应动作技术要领，学生根据动作技术要领进行技术优化，教师关注和帮助学生进行分析。

表 2　大数据模型对成绩统计与评定

性别	身高	体重	重评	体重等级	肺活量	肺活量评	肺活量等级	50 米跑	50 米跑等级	坐位体前屈	坐位体前屈评分	坐位体前屈等级	立定跳远	立定跳远评分	立定跳远等级	仰卧起坐	仰卧起坐评分	仰卧起坐等级	1000 米跑	1000 米跑评分	1000 米跑等级	标准分	总分	总分等级
女	164.7	56.3	100	正常	3288	100	优秀	8.70	良好	8.0	68	合格	148.00	64	合格	25	64	合格	5′13	40	不合格	73.60	73.60	合格
女	155.6	39.8	100	正常	2560	90	优秀	9.20	合格	7.7	68	合格	150.00	66	合格	29	68	合格	4′20	74	合格	78.70	78.70	合格
女	152.3	41.5	100	正常	2851	100	优秀	8.30	优秀	12.0	74	合格	160.00	72	合格	34	74	合格	4′10	78	合格	85.60	85.60	良好
女	155.6	43.8	100	正常	2094	74	合格	8.70	良好	8.9	70	合格	175.00	80	良好	33	72	合格	4′49	62	合格	76.70	76.70	合格
女	155.7	77.0	60	肥胖	1920	70	合格	10.20	合格	9.0	70	合格	120.00	20	不合格	25	64	合格	4′50	62	合格	60.50	60.50	合格
女	151.8	37.2	100	正常	2578	90	优秀	8.60	良好	16.0	80	良好	160.00	72	合格	31	70	合格	4′23	72	合格	82.10	82.10	良好
女	161.8	56.3	100	正常	2541	85	良好	9.80	合格	7.8	68	合格	150.00	66	合格	27	66	合格	4′47	62	合格	74.20	74.20	合格
女	160.0	46.5	100	正常	2333	78	合格	8.70	良好	17.0	85	良好	180.00	85	良好	42	80	良好	4′8	78	合格	83.30	83.30	良好

表 3　动作技术等级评定

	适用年级	等级	等级名称	设置锻炼建议
1	初二年级	不合格	后脚掌着地，身体稍微后仰，抬头塌腰，手臂摆动方向欠佳，脚步拖拉，呼吸急促、步伐较乱，体力分配时快时慢。	点击设置
2	初二年级	合格	全脚掌着地，身体稍微前仰，抬头塌腰，手臂前后摆动配合脚步运动，呼吸与步伐配合欠佳。	点击设置
3	初二年级	良好	全脚掌着地，身体稍微前倾，抬头收腹，手臂前后积极摆动配合脚步运动，深呼吸与步伐配合，体力欠缺。	点击设置
4	初二年级	优秀	全脚掌着地，身体稍微前倾，抬头收腹，手臂前后积极摆动配合脚上运动，深呼吸与轻盈步伐配合，体力分配科学合理。	点击设置

根据体育锻炼成绩和动作技术的等第评定，给出体育锻炼学练初步指导建议，帮助学生分析自身学情，线上推送个性化体育锻炼建议和体质健康数据分析报告（表 4），最后给出科学的学练方案（表 5）。

表 4　学生体质健康数据分析报告

姓名:××		评分	等第	体质健康数据分析
身体形态类	身高体重 BMI	60	肥胖	引起各种疾病,应重视。
身体素质类	50 米	56	合格	快速跑较慢,需努力。
	800 米	62	合格	耐力跑尚可,加强锻炼。
	立定跳远	20	不合格	加强下肢力量锻炼,需努力。
	坐位体前屈	70	合格	柔韧素质尚可,保持。
	仰卧起坐	64	合格	腰腹力量尚可,加强。
身体机能类	肺活量	70	良好	继续保持。
总体自评	下肢力量较差,跑步速度较慢,身体肥胖影响成绩。			
教师评语	根据你的健康数据分析,成绩都在合格附近,老师建议你控制体重,体重到正常范围后,积极参加锻炼,一定会取得好成绩。			

如何制订体育锻炼学练方案？确定锻炼内容和项目;制订锻炼目标;采用多种锻炼手段和方法;每项锻炼强调时间、次数、强度三个因素;定期评价效果。还要学会控制靶心率和运动量,使学生在科学合理的生理范围内锻炼,使体育锻炼更加有针对性和实效性。

表 5　肥胖学生体育锻炼的学练方案

健身走				
时间	周次	练习强度	每周/次	建议
第一阶段(起始期)	第一周	慢走 5 分钟,中速走 1500 米	3	练习强度和距离不要大,感到疲劳即可。
	第三周	中速走 2000 米,不考虑时间	3	
	第六周	中速走 3000 米,不考虑时间	3	分 2 次完成,体育课完成 1500 米,晚上回家完成 1500 米。如身体适应进入第二阶段。
第二阶段(初练期)	第七周	中速走 3000 米,靶心率低	3	控制在靶心率下限强度。
	第八周	走 3000 米,靶心率中	3	控制在靶心率下限强度。
	第九周	走 3000 米,靶心率高	3	控制在靶心率下限强度。如身体适应进入第三阶段。

（续表）

健身走				
第三阶段（适应期）	第十周	中速走 3000 米	3	30—45 分钟完成练习目标。
	第十一周	走 3000 米	3	40 分钟内缩短完成时间。
	第十二周	走 3000 米	3	30 分钟内完成练习目标。

4. 开发学习资料包，丰富学生个性化体育锻炼的方法

借助“学习资料包”模块展示功能，以锻炼的“内容和项目”相同、“方法”不同为原则设计、开发“学习资料包”（图 3）。采用“菜单式”的锻炼内容，既有图片、文字等介绍说明，又有视频示范、音乐伴奏，这些资料帮助学生更好、更快地掌握技能，提高身体素质。

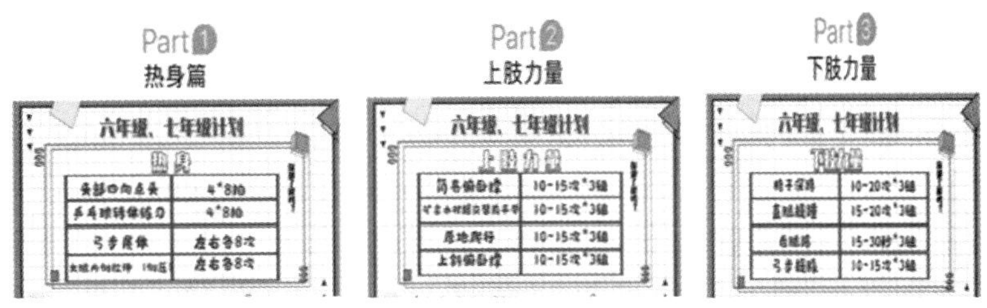

图 3　体育锻炼“学习资料包”

5. 优化学习方法和体验锻炼过程，建立相互学习的环境

在“成果展示与交流”模块中设置“在线讨论”模块，了解锻炼实施前、中、后的学习情况，搜集有效的锻炼方法（图 4），学生之间介绍学习体会和心得，相互学习、共同促进。

	名称
	[根目录]
	[上一级]
☐	800米练习.docx
☐	仰卧起坐练习.mp4
☐	腰腹力量练习.jpg

图 4　学生的练习方法

（四）研究个性化体育锻炼操作运行，关注学生个性化体育锻炼的过程

整个学习和实践中，学生“线上学习线下锻炼，课上锻炼课外拓展”，教师的线上线下、课内课外指导始终贯穿其中，使学生的个性化体育锻炼更加有针对性、帮助性、有效性。

（五）发挥学生主体作用，提高大数据背景下个性化锻炼的自主学习能力

1. 学生自主锻炼，上传资料，丰富学习资料包

在实施前、中、后等环节都可以交流分享，学生上传自己锻炼的数据、视频、图片，

保留体育锻炼过程性材料(图5、图6)。

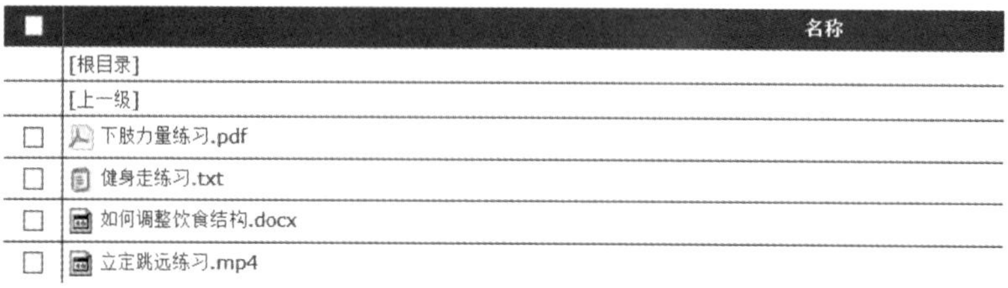

	名称
	[根目录]
	[上一级]
□	下肢力量练习.pdf
□	健身走练习.txt
□	如何调整饮食结构.docx
□	立定跳远练习.mp4

图5　上传学习资料包

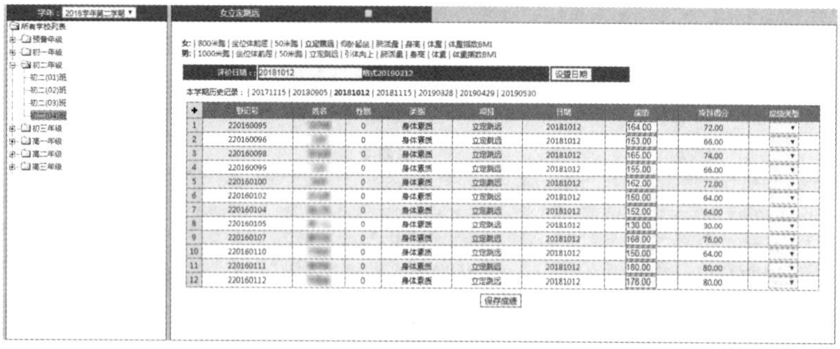

图6　上传体育锻炼的数据

2. 平台学习提问与互助解答,提高学生的学习能力

在实施过程中教师只有体会动作技术要领,才能发现问题和困难,才能把锻炼的感受和技巧分享给学生(图7),推动学生反思、帮助他人,以相互学习方式提高学生的学习能力。

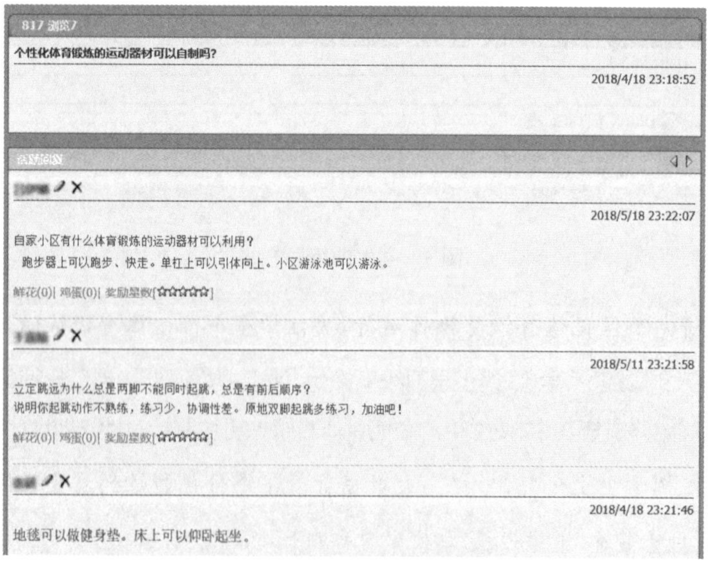

图7　学生提问、互助回答

3. 个性化体育锻炼实效互评，使学生获得学习的自信心

个性化学习平台在线交流中有“成果展示与交流”环节，让学生展示锻炼成果，附有教师点评和同学的认可(图 8)，让学生获得锻炼的自信心。

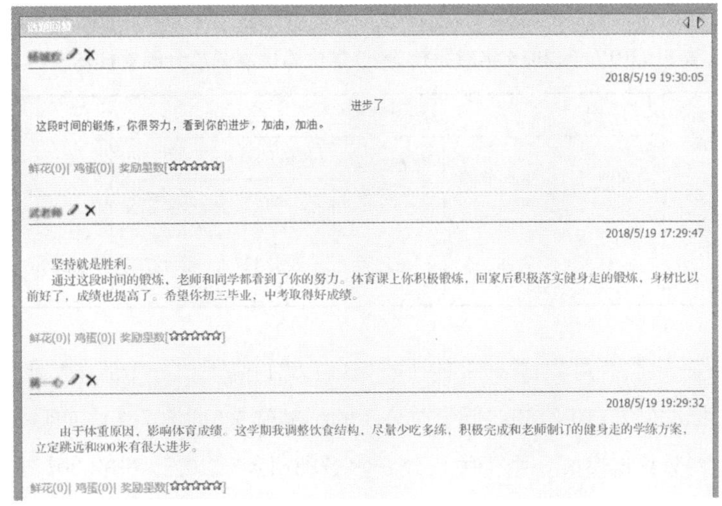

图 8　学生锻炼效果的评价

四、基于大数据背景下个性化体育锻炼的实践效果

以《国家学生体质健康标准》为评分依据，以 2017 年初一年级学生体质测试数据作为实验前对照样本。选取升入 2018 年初二年级 65 名学生(男生 30 人，女生 35 人)进行 1 年课题实践，剔除实验前和实验后学生 7 名，实际参加课题研究一共 58 名学生(男生 28 人，女生 30 人)，经大数据平台的收集、统计、分析得出以下结果。

(一) 统计分析学生体质健康测试综合数据，配对样本 T 检验呈显著性差异

2017 年学生体质健康测试为前测，2018 年学生体质健康测试为后测。经过测试，2018 年总数据有 65 对，剔除了不包含前测和后测的数据 7 对，余下 58 对数据代表 58 位学生均接受 2017 年和 2018 年体质测试统计，总分 1 为 2017 年体质测试所获得的分数，总分 2 为 2018 年体质测试所获得的分数。对这 58 对数据进行配对样本 T 检验，结果如表 6：

表 6　2017 年、2018 年对我校初二 58 位学生体质测试总分配对样本统计

		平均值(E)	数字	标准偏差	标准误差平均值
配对 1	总分 1	73.3948	58	11.20707	1.47156
	总分 2	77.8241	58	10.21552	1.34136

表 7　2017 年、2018 年对我校初二 58 位学生体质测试总分配对样本相关性

		数字	相关系数	显著性
配对 1	总分 1& 总分 2	58	.725	.000

表 8　2017 年、2018 年对我校 58 位学生体质测试总分配对样本检验

		配对差值					t	自由度	显著性（双尾）
		平均值(E)	标准偏差	标准误差平均值	差值的 95%置信区间				
					下限	上限			
配对 1	总分 1—2	−4.42931	7.99305	1.04954	−6.53097	−2.32765	−4.220	57	.000

由表 6、表 7、表 8 可知，总分 2 的平均值(77.824)高于总分 1 的平均值(73.3948)，且总分 2 的标准偏差(10.21552)低于总分 1 的标准偏差(11.20707)，说明 2018 年学生体质测试的得分普遍良好。由相关系数 $r=0.725(1>r>0.7)$ 可知，2017 年体质测试得分与 2018 年体质测试得分之间有很强的相关性，并且显著性 P 值<0.05，说明总分 1 与总分 2 有显著性差异。由表 9 中平均值 $E=-4.42931$，且显著性 P 值<0.05，说明总分 1 和总分 2 的均值呈显著性差异，实际意义为 2018 年体质测试得分明显高于 2017 年体质测试得分。说明大数据背景下个性化体育锻炼的实践研究有效性显著。

（二）分析学生体质健康综合测试数据，良好率和合格率高于本区水平

表 9　初二 58 位学生前测和后测数据(%)对比

	2017 年 12 月(前测)			2018 年 12 月(后测)		
	前测成绩	本校初中	本区初中	后测成绩	本校初中	本区初中
优秀率	6.89	5.3	9.01	12.06	11.11	12.09
良好率	31.03	30.39	32.57	41.37	29.63	33.7
合格率	94.83	96.47	93.85	96.55	95.93	94.83
不合格率	5.17	3.53	6.15	3.45	4.07	5.17

如表 9 所示：2018 年 12 月后测成绩，优秀率为 12.06%，良好率为 41.37%，合格率为 96.55%，不合格率为 3.45%。

1. 与 2017 年 12 月前测相比，初二 58 位学生优秀、良好、合格率都高于前测。

2. 与本校初中部比较：初二 58 位学生优秀、良好、合格率都高于本校初中部。

3. 与本区初中部比较：初二 58 位学生良好率高于本区 7.67%，合格率高于本区 1.72%。

（三）统计学生身体机能类项目的数据，优秀率和合格率高于本区水平

表 10　2018 年初二 58 位学生肺活量指标评价(%)对比

2018 学年	优秀率	良好率	合格率
本校初中阶段	48.52	16.67	97.41
本区初中阶段	44.09	21.19	98
初二 58 位学生	63.79	17.24	100

初二 58 位学生肺活量优秀、良好、合格率均高于本校平均水平。学生肺活量优秀率高于本区平均分 19.7%，合格率也高于本区。

五、结语

大数据背景下创建的个性化体育锻炼的学习环境，为每个学生的自主学习和锻炼提供了一个学习平台，将体育学科的教学目标与个性化体育锻炼紧密结合，不仅缓解体育课堂教学中教师“以一对多”的困境，而且通过线上线下的学习方式、课内和课外锻炼形式，构建了学生个性化体育锻炼的学习环境，培养学生自主学习的能力，提高学生体育锻炼的实效性和多元性。

学校体育线上线下融合教学模式研究

◎ 上海市格致中学　沈　超

摘　要　本文遵循将现代信息技术与传统课堂教学相融合的理念，设计并分析学校体育线上线下融合的教学模式，期望拓展学生学练的时间和空间，提高学校体育的教学成效。

关键词　信息技术；学校体育；融合教学

一、前言

随着我国大数据、人工智能等新兴技术的迅猛发展，在疫情大考下，我国率先开启了全国性大规模的居家体育线上教学。这不仅是一次全国性的教育信息化运动，更是一次史无前例的体育线上教学演习。它有效解决了疫情期间学生"有体育课上"的迫切需求，掀起了利用现代信息技术改革体育课程教学的时代浪潮。疫情之后，学校体育教学短时间内不会完全回到往日的模式，肯定会更多地利用信息技术手段来增加师生互动、增强授课效果。但学校也不会完全用在线教学替代线下体育课堂教学。面对面的线下体育课堂教学是不可替代的，在整个体育教学中一直占有绝对的主导地位，师生之间的距离越短，体育教育才越有效。因此，为使在线教育更好地发挥作用，为解决学生"上好体育课"的问题，如何推动学校体育线上线下教学模式走向融合，达到优势互补，值得深究。①

二、学校体育线上线下融合教学的诉求

《体育与健身》课程是一门以身体练习为主要手段的课程，强调运动能力、体育品德、健康行为，线上教学在运动技术习得之前能起到快速建立正确的动作表象之用，在运动技术学习之初起到促进运动技术规范性之用，在运动技术掌握之后起到进一步分

① 唐觅.新时代广播体育栏目线上线下互动性研究[D].武汉体育学院，2020.

析其运动机理之用。但若要真正掌握和运用体育运动技术动作,仅仅依靠线上教学无法促成学生的深度学习,仍须在线下教学的实践中不断学练、积累和纠正才能最终形成肌肉记忆,实现运动技能泛化—分化—自动化的过程,在教学比赛和教学互动中锤炼意志、端正品德,养成体育健康的行为。① 因此,线上线下融合教学模式在运动技术形成的各个阶段都有着积极的作用,而且能在刺激体育兴趣、形成体育习惯、树立体育观念、布置家庭作业等方面起到正迁移的作用。所以设计学校体育线上线下融合教学模式,明确学校体育线上教学与线下教学之间的相佐关系,形成深度融合的教育生态关系尤为重要。

三、学校体育线上线下融合教学模式的设计

学校体育融合教学模式是依托现代信息技术,抓住线上和线下教学的主要矛盾,实现教学目标、教学内容、教学过程、教学方法、教学评价的双向融合,帮助学生在创新中实践、在实践中创新的教学活动结构框架和活动程序(图 1)。它的最终目的是将学生培养成德智体美劳全面发展的人,分为两个主要环节:

(一) 线上教学环节

教学重心应落在体育文化、健康知识、赛事规则、家庭作业等方面,关注学生的个性发展,重点发展学生自主学练的能力,预先帮助学生建立动作的表象。

(二) 线下教学环节

教学重心应落在技战术学练、教学比赛、体能练习等方面,贯彻因材施教的原则,重点发展学生团结合作的能力,确保学生掌握运动的技能。

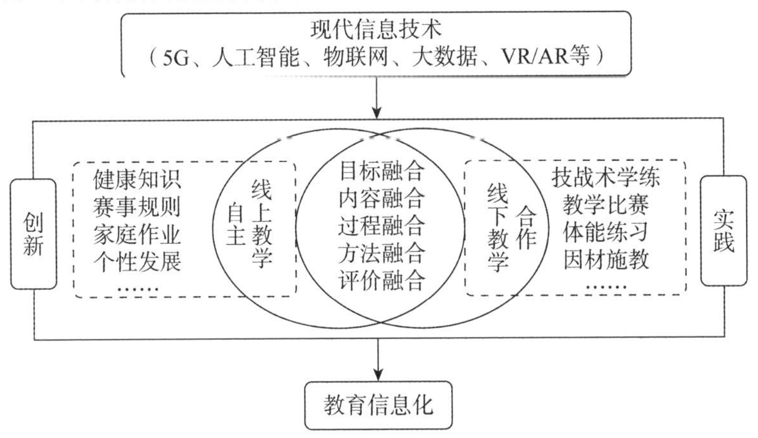

图 1　学校体育线上线下融合教学模式设计示意图

① 郭玮.线上线下混合教学模式在高校《体育心理学》课程中的应用[J].当代体育科技,2019,9(35):117-118.

四、融合教学模式分析

（一）线上教学环节分析

1. 出于线下课堂教学环节要精讲多练的缘故，体育文化、健康知识、赛事规则等内容在学校体育教学中经常是一笔带过或略过，没能得到应有的重视，导致学生体育价值观缺失、健康知识薄弱、对赛事规则一知半解。本研究尝试在线上教学环节中，将线下教学环节的目标、内容等有机融合，整理视频资料、赛事信息、健康知识等内容，借助微信 App 建立班级群，在相应时间内发布教学资源来解决这个问题。通过设置问题、微信交流的方式，督促、保证每一个学生都能参与学习、互动，调动学生学习的积极性和主动性，锻炼学生的自学能力，保障线上教学环节的质与量。

2.《体育与健身》课程是一门技战术要求超高的课程，学生学习掌握运动项目技战术能力是一个长期的过程，仅靠线下课堂教学中教师讲解示范来传授动作技巧、进行有限的练习远远不够，需要指导学生充分利用课余碎片化时间，自主预习，反复强化。如在学习“篮球：掩护配合”教材内容时，课前教师通过微信平台发布自制的多媒体课件、教学重难点视频、完整视频、分解视频、慢动作视频等，借助暂停、慢放、反复观看的功能，帮助学生初步建立正确的动作表象和了解战术配合的方法技巧，激发学生学习的内驱力。

3. 教育部体育卫生与艺术教育司司长王登峰指出，将来体育课也必须布置作业以确保学生掌握运动的技能，这为学校体育线上教学指了方向。比如，针对家庭作业内容的问题，教师宜将线下课堂教学中的体能练习部分制成带有动作解析的 GIF 图(图 2)并发布到公众平台，指导帮助学生进行快速而有效的锻炼。又如，针对学生家庭作业如何监测和评价的问题，可以让学生自录视频进行作业打卡、自评与他评。

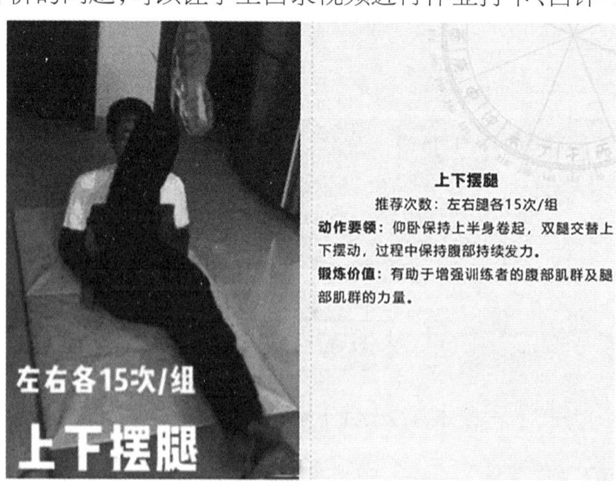

图 2　体能练习 GIF 实例图

（二）线下教学环节分析

1. 实现目标、内容融合。教师根据线上教学环节过程中学生遇到的问题与预习情况的反馈，结合学情查漏补缺，及时调整线下教学目标与内容。如学生在线上教学环节中本应该学会羽毛球正手击打高远球的分解动作，但是教师通过学生的作业反馈发现学生对于动作细节的掌握并不理想。这样一来，在线下教学环节中学生能完整做出正手击打高远球的学习目标和进一步学习完整的正手击打高远球的教学内容就显得不太实际。因此，为保障教学目标的达成和教学内容的适切性，教师需及时做出改变，以便在课程讲授中做到有的放矢。

2. 实现过程、方法融合。借助电子设备，引入线上教学环节的视频资源，调整线下教学环节的流程。例如，首先对学生线上教学过程中遇到的共性问题进行集中讨论，直击课堂教学重难点。随后，通过播放线上教学环节呈现的视频进一步刺激学生记忆；通过教师讲解示范和分组学练，强化学生记忆，掌握技术动作。接着，通过小组合作的方式录制各自学练的动作，找不足，分层学练，规范完善技术动作。此外，线下教学环节应紧扣三个核心关键点（运动技能、运动负荷、体能练习）展开教学，挖掘教材德育内涵，在教学比赛中灵活运用技战术，培养互助信任、遵守规则的体育品格和积极进取的精神。

3. 实现评价融合。要充分发挥线上线下融合教学模式的优势，就必须将线上教学和线下教学同时纳入学习效果评价。线上教学评价应以学生锻炼的习惯、态度、过程为主。线下教学评价应以学生参与学练的情况、技战术能力、结果为主。例如，教师可以根据学生的访问次数、留言提问、互动讨论、作业打卡情况，以及微信后台监控的学习和使用数据等，对学生线上教学的成绩进行评分；教师根据学生课堂出勤、课堂表象、技能掌握、战术运用、合作表象等，对线下教学的成绩进行评分。最后将二者的评分等比例划分，融合到一起，形成学生最后的成绩评定。

五、结语

在《体育与健身》课程的教学过程中，尽可能多地使用线上线下教学融合模式，能够拓展学生体育学练的时间和空间，有利于提高学生自主学习能力和学校体育的教学成效。当然，将此模式应用于《体育与健身》课程的教学中，有成功的经验，也有进一步改良的空间。在今后学校体育教学过程中，教师应该投入更多的心血和精力，依照体育教育改革的趋势和学生的人格特质，立足学科核心素养，合理地设计有创新性和前沿性的课堂,进一步完善和丰富线上线下融合教学模式,最大限度地激发学生体育学习的内在动力。学生应改变传统的学习方式和学习观念,从被动接受的学习方式转变为自主探究的学习方式,锻炼自学创新能力,使“教”与“学”朝和谐统一的方向发展。

夏星艺术工作室

工作室主持人寄语

坚持“立德树人”的育人宗旨，以普及促提高，以提高带普及，努力培养青少年健康的审美情趣和良好的艺术修养，展示向真、向美、向上的校园文化，弘扬中华优秀文化，树立文化自信，打造艺术精品团队，推动格致教育集团艺术教育一体化建设！

让我们共勉！用艺术照亮学生的生活！

工作室代表性研究成果

以经典民族音乐丰富音乐课堂的实践研究

高中“越剧进校园”之教学实践与德育渗透的研究

高中与高等院校共建油画创作基地　提升高中生艺术素养的实践研究

工作室概况

格致教育集团夏星艺术工作室由上海市格致中学夏星老师担任主持人，上海市黄浦区曹光彪小学魏静老师担任副主持人。工作室共有8位学员，分别是上海市格致中学教师吴燕、杨敏、赵羽茜、张晨艳，上海市民办明珠中学教师陈博，上海市黄浦区曹光彪小学教师岑妍捷，上海市黄浦区卢湾一中心小学教师刘佳雯、宋立芸。工作室学员平均年龄35岁，5位学员具有中级职称。主持人夏星老师是黄浦区教育系统艺术学科带头人，副主持人魏静老师曾被评为黄浦区教育系统艺术学科带头人、黄浦区教育系统艺术学科骨干教师。

工作室始终坚持“让艺术点亮学生”的初心，本着提升格致教育集团学生艺术素养、发展格致教育集团艺术教师专业特长的宗旨，积极拓展学员的艺术才能，广泛组织开展学生艺术活动和教学研讨活动，旨在让格致教育集团的学生更好地体验艺术之美，帮助格致教育集团的艺术教师提升专业发展水平。

主持人夏星老师结合每一位学员的艺术专长，与学员逐一商定个性化的教师专业发展三年规划。组织开展艺术鉴赏、艺术体验、艺术创作、教学展示、读书交流、课题研究等形式多样的工作室活动。

工作室还积极整合各类资源，推荐学员参加“空中课堂”录制、课题申报、教学评比、艺术展示等活动，为学员搭建专业发展的平台。

工作室学员在承担学校艺术课程教学工作之余，大都兼任艺术团队的指导工作。夏星担任上海市学生艺术团格致中学弦乐团指挥；赵羽茜担任上海市格致中学与上海师范大学美术学院联合创办的“格致油画艺术创作基地”负责人。每年岁末，工作室学员指导的学生团队都亮相格致教育集团新年音乐会，汇报一年来的教学工作成果，为集团师生献上一台又一台艺术盛宴。

工作室主持人介绍

夏星，上海市格致教育集团夏星艺术工作室主持人，中国民主促进会成员，艺术高级教师，黄浦区艺术学科带头人、区高中艺术学科中心组成员。现任上海市格致中学艺术教研组组长、艺术总辅导员，上海市学生艺术团格致中学弦乐团指挥。

曾获“黄浦区园丁奖”、教育部艺术教育委员会“优秀园丁奖”，指导格致中学弦乐团多次获得上海市学生艺术展演活动优秀指导奖。参与上海市音乐教师资格证、区中级教师评委工作，参与上海市中小学(幼儿园)课程教材改革第二期工程高中艺术教材修改征集工作，所写论文发表于《上海教育》等刊物。

魏静，上海市格致教育集团夏星艺术工作室副主持人，上海市黄浦区曹光彪小学音乐教师、艺术总辅导员，黄浦区小学音乐学科中心组成员。在二十多年的音乐教育实践中，积极探索音乐课堂教学规律，加强低年级音乐课常规训练，培养中高年级学生音乐学习能力。积极探索器乐教学进课堂，将经典曲目和书本知识相融合，编写校本教程《大家来吹口风琴》，完成区级课题“‘同伴互助’模式在小学口风琴教学中运用的研究”。

2015 年至今，有 10 余篇论文在市、区级教学著作以及全国音乐教学刊物上发表。2020 年，设计、录制了 6 节上海市“空中课堂”音乐课。

用艺术架起沟通的桥梁

——夏星艺术工作室工作回顾

夏星艺术工作室成立三年来，依托格致教育集团，积极开展各项活动，多方位开展组员间的交流与合作，取得了累累硕果，达到工作室预期目标。

一、举办丰富多样的艺术活动，在活动中锻炼工作室学员的艺术才能

夏星艺术工作室注重工作学员的艺术协作，三年来工作室学员完成了一系列大型的活动，宣传格致教育集团形象，推动格致教育集团整体艺术氛围。工作室学员合作举办格致教育集团新年音乐会，音乐会上既有各集团校的精品节目，也有集团校之间的合作演出，奉献了一个个佳作，形成了格致教育集团高品质、高水准的艺术特色。工作室还结合当今热点时事，紧跟时代步伐，协同各校资源，通过自主录音、乐队现场演奏、无人机拍摄等完成快闪《我和我的祖国》，并录制成视频，在校园掀起了一股爱国的凝聚力。在庆祝中华人民共和国成立70周年之际，工作室配合“逐梦新时代　黄浦新荣光”主题活动，在外滩源举办格致师生油画作品展，历时一个月的画展，展现了工作室学员的水准和艺术思想高度。

二、制订学员个人发展规划，推动年轻学员的成长

艺术工作室学员比较年轻，工作室根据学员的艺术特长和学校艺术发展特色，为学员制订切实可行的发展规划，让新一批年轻的艺术教学人才能够有施展的空间。

工作室组织学员一起参加黄浦区赵其坤名师工作室的公开教学活动，学习其他优秀艺术教师的课堂教学特色，聆听名师的艺术讲座，学员吴燕作为代表上台发言。工作室一起去格致奉贤校区参加上海师范大学周朝晖绘画作品展，感受大师的艺术魅力，提升工作室学员艺术鉴赏力。工作室学员赵羽茜作为上海师范大学美术学院格致油画创作基地负责人，油画作品多次入选中国美协和上海美协主办的各类画展。赵羽茜、吴燕的油画作品入围“逐梦新时代　黄浦新荣光”主题画展，在外滩源展出。工作室组织公开教学活动，刚进入格致的青年教师张晨艳开课《源远流长　品韵寻味》，作为带教师傅，夏星老师协同工作室学员一起评课，为其出谋划策，帮助年轻教师成长，

张晨艳老师最终获得黄浦区见习教师“萌芽杯”教学大赛一等奖。

三、彰显教师个人特色，“空中课堂”展风采

工作室副主持人魏静，学员杨敏、岑妍捷以扎实的课堂教学能力，作为上海市“空中课堂”执教教师，在2020年先后完成了9节音乐网课的设计与录制工作。魏静老师担任了小学音乐四年级欣赏课的执教教师，其间一共拍摄了6节欣赏课，分别为《苗岭的早晨》《检阅进行曲》《鸟投林》《少年中国梦》《欢乐的火把节》以及著名的《采茶舞曲》。

杨敏老师2020年暑假担任高中《艺术》高一年级第一学期第七单元《用话剧语汇叙述故事》和《将戏曲舞台融入时代》两节课的拍摄，从“艺术与文化”与“戏剧创编与表演”的角度出发，引导学生通过欣赏与表演经典戏剧、戏曲，体会中国戏曲所特有的古风雅韵，树立文化自信，形成文化理解。

岑妍捷老师参与了四年级《牧童短笛》一课的“空中课堂”拍摄。面对摄像镜头，在没有学生的情境下上课，第一次把各种技术资源穿插到课堂中并且录制下来。

四、关注艺术教师的科研能力，有机结合教学与理论

加强科研论文、艺术课题的培训和指导，聘请专家进行定期辅导，为艺术教师的教科研提供开阔的新思路，共同完成有质量的课题研究，每学期撰写有质量的艺术论文一至两篇。三年来，工作室学员参与全国课题1项(担任第二作者)，参与市级课题6项、区级课题3项。发表教育教学论文、教学设计等19余篇，代表学校参加外省市交流课3次、市级展示课7节、区级公开课15节，担任区级专题研讨主讲人7次。

五、加强艺术联合，打造格致教育集团艺术一条龙的梯队建设

艺术工作室充分发挥带头作用，主持人夏星是上海市学生艺术团格致中学弦乐团的领队兼指挥，拥有24年带乐团的成功经验，也有一批优秀的艺术专家资源。三年来，她带领集团艺术团队做强做大，形成一系列有效的小学—初中—高中一体化的团队建设链，工作室学员在艺术团队建设中指导学生获得全国金奖1个、上海市金奖20多个，其他市级获奖36个，极大提升了集团各个学校的艺术团队品质。集团校之间的艺术团队也保持紧密的联系，从而形成良性的培养梯队建设模式，也确保了艺术人才的一体化培养新思路。

以经典民族音乐丰富音乐课堂的实践研究

◎ 上海市黄浦区曹光彪小学　魏　静

摘　要　中华民族文化的传承和熏陶必须从小抓起，从音乐课堂抓起。现在的小学生出生于21世纪初，他们身处繁华的大城市，对当代音乐作品比较熟悉且倍感兴趣，对我国传统民族音乐却知之甚少。音乐教学负有传承中华民族音乐、扩大学生音乐审美视野的使命，音乐教师要运用多种教学手段，结合多种教学方法，在引导学生接触当代音乐的同时，逐渐接受、欣赏和喜爱古代、近代、现代的优秀民族音乐作品，为将来的音乐学习奠定良好的基础。

新课程改革已将一些民族优秀传统音乐列入音乐课的教学内容之中。《上海市中小学音乐课程标准》中明确指出："音乐课旨在让学生传承我国优秀的民族文化和民族精神，从而开拓艺术视野，培养多元文化意识。"《上海市学生民族精神教育指导纲要》中也提出，在小学音乐教学中要充分利用学生身边的音乐资源，欣赏、学唱歌颂祖国的音乐；学习少数民族舞蹈动作；了解音乐家的故事以及相关的音乐作品。本课题以四年级学生为研究对象，以求在音乐教学中弘扬优秀民族音乐，让学生在音乐学习过程中产生民族认同感，激发对民族文化的兴趣。

关键词　民族音乐；民族文化；音乐教学

本研究旨在运用中国各民族的经典音乐文化来丰富、补充小学四年级音乐教学内容；根据小学生的心理、年龄特点，探索在唱游教学中欣赏民族音乐的方法和途径，使学生初步了解我国的传统音乐文化，热爱民族音乐艺术，逐渐形成文化认同，从而增强民族自豪感。

一、理解经典民族音乐的含义，补充音乐教学教材内容

（一）挖掘教材中有关民族音乐的内容进行教学设计，确定教学方案

首先，学习与理解经典民族音乐，选择能代表一个地区音乐风格，且具有鲜明特色的音乐作品补充教学，让学生感受强烈的民族意味。其次，在进行音乐教学

时，重点让学生熟悉部分地区的民歌特点，并尽可能有步骤地欣赏本民族乐曲，有"味道"地演唱本民族歌曲。比如，歌曲《叶儿船》是一首甜美柔和的民族小调式歌曲，描写了"叶儿船"在水中荡漾的情景，抒发对美好生活的向往。先请学生聆听该曲，了解小调的特点，分辨乐曲的情绪主题、速度、力度等。再通过主题诗的朗读承上启下。最后，运用多种形式的范唱、模唱、指挥图示等来帮助学生熟悉歌曲旋律，解决歌曲难点。

（二）了解小学生音乐心理发展特点，补充现有音乐教材内容

如今，城市生活日趋多样，民族音乐作为中国传统文化的一部分，要学生接受并喜欢存在一定难度。在进行教学引导时，我从教材本身入手，从不同角度对教材内容进行补充，先进行音乐的情境导入，再进行民族文化教育意识的传输，遵循由简到繁的原则，先选择比较简单、花音稍少、富有趣味的民歌，再选择一些稍有难度、意义深刻的民歌进行欣赏。先以学生熟悉、亲近的形式，再从民族意识、民族文化等具有人文历史和思想深度的角度入手。比如，结合教材《采茶舞曲》，事先设计穿插具有浙江风味的同名民歌，请学生了解浙江方言的含义，体验方言特征。

表 1　四年级第一学期音乐教材及补充教学内容

单元	教材内容	补充内容
第一单元	听:《郊外去》《捉迷藏》 唱:《唱京戏》《火车快跑》 学:钢琴	1. 学习中国民族五声调式 2. 欣赏福建民歌《躲猫猫》
第二单元	听:《小步舞曲》《苗岭的早晨》 唱:《我们大家跳起来》《我和提琴》 学:反复记号、小提琴	1. 学习民族拉弦乐器(上) 2. 介绍二胡大师刘天华 3. 欣赏二胡曲《良宵》等
第三单元	听:《天鹅》《保尔的母鸡》 唱:《老爷爷赶鹅》《我的家园》 学:大提琴	1. 介绍山歌、号子和小调 2. 学习民歌《好一朵茉莉花》
第四单元	听:《宜兰童谣》《牧童短笛》 唱:《童年多美好》《旋转的童年》 学:贺绿汀	1. 介绍中国音乐家贺绿汀 2. 介绍中国近代摇篮曲
第五单元	听:《赛马》《幸福年》 唱:《鸿雁》《丰收的节日》 学:二胡	1. 中国民族拉弦乐器(下) 2. 蒙古族音乐文化介绍 3. 欣赏山东民歌《沂蒙山好风光》

表 2　四年级第二学期音乐教材及补充教学内容

单元	教材内容	补充内容
第一单元	听:《洞庭新歌》《欢乐的火把节》 唱:《箫》《吹起我的小竹笛》 学:古筝、扬琴	1. 学习民族吹奏乐器(上) 2. 欣赏《唱歌的白云》
第二单元	听:《鸟投林》《花儿与少年》 唱:《小奶牛》《小老鼠找朋友》 学:高胡	1. 介绍西部歌王王洛宾 2. 欣赏青海民歌《四季调》
第三单元	听:《少年中国梦》《梦幻曲》 唱:《叶儿船》《愉快的梦》 学:简谱	1. 学习民族吹奏乐器(下) 2. 学习民族弹拨乐器(上)
第四单元	听:《采茶舞曲》《天山之春》 唱:《春雨》《我们像快乐的小鸟》 学:琵琶	1. 学唱《采茶舞曲》 2. 欣赏新疆民歌《达坂城的姑娘》 3. 维吾尔族音乐文化介绍
第五单元	听:《检阅进行曲》《土耳其进行曲》 唱:《行进到普勒多利亚》《小小少年》 学:弱起小节	1. 学习民族弹拨乐器(下) 2. 欣赏四川民歌《太阳出来喜洋洋》

二、经典民歌以多种形式丰富音乐课堂的研究

在流行音乐盛行的今天,民歌距离学生的生活较远,教授学生民歌的首要任务是采用和音乐教材相整合的方法,选择经典民歌作品提升学生人文素养。

(一) 选择具有地方风格的民歌

只有让当代小学生感受到强烈的民族意味,才能吸引他们的注意力,刺激他们不断学习音乐的欲望。要强调歌(乐)曲的人文历史背景,选择能够代表该地区音乐风格,且具有明显音乐和民族特色的民歌。比如,青海民歌有很多种,但"花儿"体裁的民歌因感情细腻、韵调柔美而深受人们喜爱。选择颇具代表性的《四季调》作为拓展内容,使学生在熟悉歌曲的基础上,加深对音乐家王洛宾的了解。

(二) 选择具有趣味内容的民歌

经过漫长的历史变革,民歌中积淀、流传了许多民俗和文化的历史内容。比如,颇具意味的生活场景,生动活泼地表现人们劳动情景,浓墨重彩地表现历史故事。这些诙谐、幽默,富有人文、历史、民俗性的民歌,必能受到学生喜爱。接触到这类具有时空、距离感的音乐,学生自然而然就形成了一种遥望美。比如,学唱《达坂城的姑娘》一

歌时，我戴上新疆帽，手执大手鼓，幽默、风趣的民歌内容一下子激发起学生的兴趣。

（三）选择衬词具有特点的民歌

衬词作为民歌的一大特色，也是引发学生学习民歌的直观方式。民歌中大量的衬词能给人留下深刻的印象，让学生产生一种新奇感，进而激发起他们学习的欲望。如《唱歌的白云》具有浓烈的广西风味，曲调优美，衬词丰富。我先出示风光怡人的桂林山水，请学生讲述在当地旅游的体会，介绍广西壮族自治区的风土人情，再深情范唱歌曲。随后，通过熟悉歌曲衬词、旋律走向等指导学生演唱，引发学生共鸣。

三、民族音乐以多种途径丰富音乐课堂的研究

（一）欣赏教学中民族音乐文化的渗透

在欣赏教学中，将深厚的民族文化背景与当今科技手段相结合；利用现代技术与传统方法等，能进一步引导学生感受民族音乐的魅力。比如，欣赏《路边童谣》，我先以幻灯片形式，引导学生了解一些新上海方言名词，如“珍珠奶茶”“上海大剧院”等；再穿插《路边童谣》中一些老上海方言名词，如“小八腊子”“酱油蘸鸡”等，帮助学生解决本课学习的重点和难点。接着，引导学生聆听具有海派人文特色的音乐。学生欣赏着制作精良的课件，仿佛回到20世纪。他们“品味”着喷香流涎的上海小菜，聆听着小巷深处原汁原味的叫卖声，学习热情不断高涨。

（二）音乐教学常规环节中民族音乐文化的渗透

音乐课常规环节通常有律动、游戏、练声等，要善于抓住每个机会加强民族音乐文化的渗透。首先，在律动中深入对民族舞蹈动作的挖掘。比如，欣赏《采茶舞曲》，先介绍中国茶，再请学生模仿采茶姑娘劳动时的动作；又如，欣赏《赛马》，学习蒙古族的音乐舞蹈语汇。其次，设计、演唱以民族五声音阶组成的师生问好及练声曲，如用名曲《茉莉花》旋律作哼鸣练声。再次，将民族乐曲作为背景音乐巧妙融合，如彝族民歌《快乐的啰嗦》、青海民歌《四季调》等。此外，结合音乐教材“活动与创造”内容，适当选择一部分民歌进行教唱，同时进行歌词、旋律等音乐创造活动。

（三）音乐教学其他环节中民族音乐文化的渗透

1. 请有艺术特长的学生演奏经典民乐作品并作相关人文历史背景的介绍。
2. 了解中国民族乐器(吹奏、拉弦、弹拨、打击乐器)的起源及发展。
3. 有关民族音乐产生的时代背景及相关文化的历史故事等。
4. 结合口风琴校本教材，制作有关民族音乐的小报等。

表 3　音乐小百科

中国民族五声调式  图 1　中国民族乐器古琴 五声调式就是由五个音构成的调式,它广泛存在于中国古代的民间音乐中,并且在这个基础上形成了中国民族调式的种种变化和完整的音乐理论体系,常被称为“中国调式”。五声调式是以纯五度的音程关系来排列的,由五个音所构成,这五个音的名称分别是:宫(do)、商(re)、角(mi)、徵(sol)、羽(la)。比较著名的中国古代音乐有《广陵散》《高山流水》《梅花三弄》等。
中国最古老的吹奏乐器——埙  图 2　中国民族乐器埙 中国古代乐器存在一个漫长的历史时期。除骨笛外,还发现了骨哨、埙、陶钟、磬、鼓等。这些乐器分布于中国广袤的土地上,时间跨度很大。其中埙是一种很有特点的乐器,用土烧制而成,外形似蛋(或作各种变形),其大小近似人的拳头,中空,顶端开一吹孔,胸腹部开一个或数个指孔。埙是除骨笛之外,已发现的原始时期乐器中唯一能确定地发一个以上乐音的乐器,原始时期的埙只有 1—3 个音孔,只能吹出 2—4 个音,它们在一定程度上体现了中国原始音乐发展的进程,甚至直到今天仍存活于民间。

四、研究结果与分析

经过一年多的实践,学生初步了解了我国传统音乐文化、人文历史,从而更热爱民族音乐艺术,形成了一定的文化认同感。

(一)音乐人文知识更为丰富

通过学习,学生们了解到:“越是民族的,越是世界的!”比如,在介绍弹拨乐器古琴时,利用故事《空城计》激发学生学习兴趣:司马懿 15 万强将兵临城下,生死攸关之际,诸葛亮打开城门,盘坐城头,独奏古琴。琴声时而清脆悠扬,时而雷声大作,城前将士听得如痴如醉。司马懿从琴声中听出了“十面埋伏”,听出了“四面楚歌”,赶紧下令撤军。诸葛亮用琴声和睿智守住了一座空城，护住了两千多条性命。聆听故事之后，学生了解到诸葛亮不仅是三国时的政治家、军事家，更是一位古琴演奏家。

（二）艺术人文情趣日趋高雅

中国经典戏曲在当代学生心目中所占份额很少，然而中国的京剧、越剧、昆曲和沪剧等先后登上了世界著名的维也纳金色大厅的舞台，这些都能成为我们教学的良好素材和教育的契机。如歌曲《吉祥三宝》根植于蒙古族音乐文化，那种超越语言、文化和年龄的家的温馨，使学生感受到民族音乐的超凡魅力。从介绍《美丽的草原我的家》《嘎达梅林》到《森吉德玛》，通过深入浅出的教学环节，使学生不由得对这个“马背上的民族”从心底发出赞叹。

（三）民乐学习热情不断激发

在现在的音乐学习中，民族乐器离学生的距离相对来说比较遥远，可从学生喜欢的现代乐器寻找切入点。比如，“女子十二乐坊”组合将中国传统乐器与现代流行音乐表演形式完美结合，采用全新的方式进行激情演绎，在国内外刮起了一阵中国风。从原始时期的骨笛、骨哨到竹笛、二胡、古筝、箫，再到“女子十二乐坊”，学生为民族乐器所带来的完美表演所折服。

五、结论与建议

我们在对学生进行民族精神教育的时候，需要不断地加强自身音乐人文素养和历史积淀，不断地从古今中外的优秀民族音乐作品中汲取精神养料，扩展学生的音乐审美趣味，净化他们的心灵。

（一）民族音乐中的“经典”内容选择要慎重和推敲

各民族有各自的音乐文化、民间传说和历史故事，要分清精华和糟粕，有选择性地教授。尤其是经典民歌，要选择能代表一个地区音乐风格，具明显音乐和民族特色的民歌作为补充。

（二）在体验民族音乐文化的过程中运用审美的教学手段

有些民族音乐文化因距离学生生活较远，难以激发学生共鸣。要牢牢把握音乐的情感性原则，努力使教学方法趣味化、情感化，变“要他演”为“他要演”，让学生产生持久的学习动力。

（三）民族精神教育应从小抓起并持之以恒

审美趣味的扩展是以生活经验、知识结构和情感体验的增长为基础的，民族精神教育应“盐溶于水”，常抓不懈，不断提高学生的个人涵养和艺术品位，使其终身受益。

高中"越剧进校园"之教学实践与德育渗透的研究

◎ 上海市格致中学　杨　敏

摘　要　戏曲艺术的传承与发展，离不开对青少年群体的培养。通过课程的引领与学校社团及活动的支撑，丰富戏曲教育的形式，对于戏曲艺术的普及、推广、繁荣有着极其重要的意义。我校在肯定戏曲艺术这一育人功能的同时，就如何将其融入学校基础教育活动，为学生综合素质，尤其是艺术素质的提高与发展创造平台，深入思考建设学校戏曲艺术特色文化。多年来上海市格致中学立足传承传统戏曲艺术，推广普及，专家引领，浸润实践，跨界融合，科研助力，拓展创新，成效显著。本课题组主要致力于探索将代表本土水乡文化的江南越剧引入校园之有效途径，从当前教育体系中戏曲教育内容不足的现状出发，思考越剧与高中教育的互动关系，结合学校艺术教育的实际情况，梳理我校"越剧进校园"系列活动开展情况，与专家学者共同探讨。

关键词　越剧；校园推广；学科跨界；传承创新

一、研究问题

清末，我国传统戏曲第二大剧种越剧在浙江发源，从上海繁衍，逐渐走向辉煌。越剧承载着中华民族文化渊源的基因，蕴藏着中华民族的核心价值、思维方式、想象力和文化意识，构筑着中华民族深厚的文化底蕴，2005 年被列入非物质文化遗产项目。

创办于 1874 年的上海市格致中学现为上海市实验性示范性高级中学，在校学生学业优秀、兴趣广泛，数年前本校组织的昆曲鉴赏兴趣小组曾吸引了许多学生。但总体来说，学生对传统戏曲还是缺乏激情，传承地域文化的意识比较淡薄。2019 年，课题组对高一年级 298 名学生的问卷调查中发现：90%的学生从不听戏；95%的学生一句戏也不会唱；大部分学生对戏曲持冷漠的态度，只有极个别的会哼唱几句。其实，对于中华民族戏曲艺术的学习是在学生艺术素养构建中和学生个人成长中不可或缺的一部分，而对于离自己相对较近的家乡戏越剧来说更是应该具有较为浓厚的乡音乡情。作为一名艺术教师，我们有责任引领学生走进戏曲艺术，感受它的魅力。同时作为一名拓展课教师,更应该引领学生去体验、去思考、去创新,在潜移默化中让中华民族戏曲艺术的传统得以传承与创新;作为校园里的德育工作者,可以把戏曲艺术教学作为一种载体,来潜移默化地实施美育,润泽学生的心灵,培养他们的文化自信。同时,也可以成为学校教育的一种特色,推进学校文化的繁荣。

二、研究背景

(一)“越剧进校园”推广困境

越剧是一种综合性艺术,它融歌唱、舞蹈、诗词、舞美于一炉,表演上讲究唱、念、做、打。一百多年的艺术实践所形成的意象和形象相结合的表演形式,既有非常强的表现力,又给观众以美的享受。在弘扬素质教育的今天,地方戏曲在校园中的推广与传承是必然趋势,许多优秀的剧目与唱段还是对青少年进行爱国主义教育的好教材,是进行传统道德教育的好范例。但是现在的青少年对越剧等地方戏曲却并不关注,主要有以下几个因素:

1. 艺术本身

(1) 方言问题

越剧的唱词多为韵文,带有古辞体,相对有些深奥,学生不太容易明白歌词唱的是什么。虽然越剧的咬字发音与沪语有些相近,易懂易学,但更多的学生在学校还是以普通话作为生活语言,对沪剧也是越来越陌生。

(2) 节奏问题

越剧曲目大多节奏较为缓慢,唱词音调的拖腔学唱比较难,曲目也较为冗长,这跟高中生活泼好动的性格不太合拍,因此学生们不太愿意接触,认为只有年纪很大的人才适合这种慢节奏的旋律。相比之下,语言通俗、节奏明快、贴近生活的流行音乐更易于让他们接受和喜爱。

(3) 表演问题

越剧表演程式化的动作,其一招一式要做到位、学得像,眼神、表情要符合人物特定的心理活动,这对于高中生来说学起来的确不易,加之演唱时音乐伴奏较单一,旋律变化也不多,给高中生的新鲜感较少,也使得越剧的亲和力大跌。

2. 文化的冲击

当今社会,大量的通俗音乐迅猛发展,流行歌曲等快餐式文化就像空气一样包围着高中生,刺激他们的感官。那富有动感的节奏、超时尚的旋律、简洁明了的歌词,与青春的、活泼好动的高中生很容易产生共鸣,现代通俗音乐的炫目光芒让他们无暇关注古老的传统戏曲艺术深藏的内在光辉,这也是传统戏曲面临的最大挑战。

3. 资源的不足

在上海高中艺术教材中戏曲的篇幅较少，唯有《戏剧传情，演绎人生》中小部分的内容要求，学生在课堂上学习越剧等戏曲的机会不多，也不够了解，又怎会喜欢？再就是学校的艺术教师对越剧或地方戏曲的喜好程度，直接影响到学生的喜好。或者说艺术教师本身所具备的戏曲表演能力就决定了课堂的侧重点，若教师受潮流音乐的影响对戏曲知识较缺乏，对于戏曲内容的课只是简单应付或一带而过，戏曲教学中缺乏课堂教学方法及教学内容单一，也就无法激发学生学习的兴趣。

（二）“越剧进校园”的必要性

1. 越剧本身散发美育

越剧是思想性和艺术性相结合的文化载体，可以用艺术化的方式引导学生的思想发展；越剧也是来源于生活的艺术，赋予实际内容一些传说色彩，使得美育内容更加贴近受众。它是情绪体验与逻辑思维相结合的艺术，通过逻辑严密的叙述，井井有条地展现故事情节，使学生们有较好的欣赏体验，产生一定的情感共鸣。

2. 培养集体主义观念

越剧表演本身是一种合作的艺术，在越剧的排演过程中，学生需要不断磨合，相互配合，在参与过程中可以培养合作意识，锻炼合作能力，在表演的过程中只有劲往一处使才能呈现最好的作品。其他学生在观看越剧的过程中也可以感受到合作共处的重要性和尊重演员的礼节。

3. 浸润爱国主义教育

其实有很多越剧作品反映的是中华民族的历史传统或地方名人贤士、风土人情、生活习惯等，是对学生进行爱国主义教育的好教材。如越剧《杨家将》《梁祝》《山河恋》等，剧中人物有的忠贞护国，有的坚守爱情，有的诚信待人，都闪耀着人性的光辉，展示了中华民族的传统美德，对学生思想品质和道德观点的形成具有启示和提升的作用。

4. 提高学生的文学修养

好的剧本一定是一个生动的故事，好的唱词就好像是一首诗。越剧和一般的案头文学有所不同，它既讲究词句的文学美感，又考虑音律的和谐婉转；既有生动典雅之美，又现抑扬顿挫之趣。学习演唱越剧的同时也是对学生文学修养的一种浸润。

5. 提升中学校园文化的格调和品位

越剧艺术的教学与实践活动能够营造出高雅的艺术氛围，通过传统剧目的鉴赏和传播，能形成一种高尚而充满韵味的校园艺术文化氛围。经典的戏曲作品所表现的美的意境及其对人的潜移默化的影响是不言而喻的，整个校园里洋溢着越剧的古风雅韵，从而提高校园文化的格调与品位。

三、研究过程

（一）研究目标

本课题重在尝试开发适合高中学生的越剧教学课程和社团活动，探究教学形式的多样性，研究越剧与其他学科融合的有效策略，为学校开展校本课程教学提供有效的途径。梳理课堂教学活动与学生自主活动中的德育渗透方式，并尝试将评价应用于普通高中学生综合素质评价系统。

（二）研究方法

1. 调查研究法

通过问卷、谈话、座谈等形式，了解学生对越剧的认识水平、学习态度，对课堂教学的意见和感受等，在调查的基础上实施研究、调整策略、概括规律。

2. 文献资料法和访谈法

收集、学习有关文献资料，加深对研究主体的理性思考；访谈教育专家、领导、教师、学生等，听取广泛的建议和意见，吸收成功经验，明确研究方向，为实践研究提供理论支撑。

3. 行动研究法

依托课堂教学、社团活动、学科融合、创新实践等发现问题，探讨德育渗透的方法，在实践中探索解决问题的方法、途径，促进教师和学生的共同发展。在评价实践中不断完善评价指标、评价方式、保障措施。

4. 个案研究法

对个别在校学生进行个案跟踪，了解其学习方法、学习过程及现阶段所遇困难等情况，加以指导与分析；对已毕业的学生进行个别交流与访谈，关注其自身发展和兴趣拓展情况，为研究与判断提供依据。

（三）研究成果

1. 课程引领，普及校本

将越剧引进校园，课程落实是基础。学校在高一开设了拓展型选修课《越韵悠悠》，两周一节课，在课程实施与评价之中落实中华优秀传统文化教育的核心目标，让学生在亲近越剧的参与之中，树立中国优秀文化自信心，以自己的实际行动弘扬优秀传统文化。本课程有较为成熟的配套校本教程，而且校本教程也是教师自主开发的，教程每个主题的内容及结构都保持了统一和完整，主题序列包括“经典唱段、文化在线、越剧小剧场”三个板块，第四个板块为“探究之旅”，主要以网上探究为主，以高中研究型课程的内容为蓝本，通过知识的迁移引导学生探究戏曲领域，并形成自己特有的观点，给予指导意见，抛砖引玉，打开学生的眼界。

2. 依托学科，跨界融合

越剧进校园，用传统戏曲育人，不仅仅是艺术学科的事情，学校处处都是育人的课堂，教师人人都是德育工作者。只有为学生创造一个良好的德育环境，学生才能够健康成长。除了把越剧唱腔融入艺术的课堂，还可以把越剧的身段融入体育课堂，把越剧的服饰、舞美等融入造型艺术课堂，把越剧的文化融入语文课堂，把越剧的历史故事融入历史课堂，等等，跨学科的整合，动员全校开展与越剧相关联的教学与活动。经过一年多的努力与实践，初有成效，美术、语文、历史、地理、心理、体育、劳技等学科相继推出了基于本学科视野的“越剧缘”，精心设计课堂教学与课后活动，积极探索该学科的特殊评价方式，让学生在大环境的熏陶下提高审美意识、审美情趣、审美感知和审美创造。

3. 依托社团，发展个性

我校的越剧社成立于2012年，过程中几经波折，也面临人员严重匮乏的困局，但是近两年课题组在大家的共同努力下，用新颖且富有创意的教学手段、开放自由的教学空间、平易近人的教学风格吸引了不少学生加入。学校为社团配备了充足的师资，每周越剧社可以在专用的艺术教室和固定的时间开展实践活动，在各类舞台上焕发青春的光芒。学生在展示中不断建立自信，不断提高技艺，也带动其他同学对越剧艺术的关注。同时，在周边社区与敬老院里总会有越剧社的学生乐此不疲地开展传统戏曲的推广与慰问表演，他们还走进上海越剧院进行实地采访、走进戏曲演员的生活，等等。丰富的社团活动让大家在各个方面得到了锻炼与提高，也在不断尝试中获得收获。

4. 专家把脉，指点迷津

课题的开展离不开专家的引领。我校聘请的越剧艺术顾问张宇峰老师建议应该扩大研究视野，尤其要关注当前的、动态的越剧发展态势；聘请了越剧戚派唱腔的关门弟子邹红老师为越剧指导教师，她在非物质文化保护工作中，尤其是对“戚毕”艺术的传承做了大量基础工作，她不但悉心指导学生，一招一式地用心教学，还为学生提供了丰富的活动资源与平台；在课程架构和建设的过程中得到了市艺术教研员钱熹瑗和区艺术教研员王朝红的大力支持，结合课堂问题解决，开展课程实施研究，提出了宝贵的建议和修改意见，在频繁的讨论与交流过程中也使校本课程不断完善。

5. 依托课题，专题研究

依托我校研究型课程，引导学生开展越剧课题的研究。通过提前谈话、问卷等形式了解学生对此所存有的疑惑，通过网络资源平台引导学生阅读大量相关论文与期刊，欣赏一些经典越剧作品，对越剧的现状、表演特点、名家唱段等进行解读，也为他们引荐相关越剧专家解答疑惑。学生课题择优进行校内展示，虽然有些还较为稚嫩，过程中有众多磕磕绊绊，结题也不一定完美，但是作为一种途径、一种体验、一种思考，对于师生来说都是一种收获。

6. 移花接木，融合创新

传统越剧若要走得更远，创新是必不可少的。学生尝试了将原创的流行歌曲、诗意的歌词配上越剧名段；让戏曲中的水袖与中国古典舞唯美相遇；将越剧表演与舞蹈社所演出的扇子舞相结合；尝试把越剧与茶道相结合，将泡茶的解说词融入戏曲音乐；将越剧人物塑造与古诗词表演相结合；等等。他们力求聚焦越剧元素，跨界创新，效果喜人。此外，有的学生申请开设了越剧微课程，去社区宣讲；创意设计了越剧人物布艺袋和明信片；利用3D打印技术，制作越剧表演道具；利用单片机、电阻、舵机、木条、发声模块、驱动模块等，尝试研发并推广“格致牌会唱戏的机器人”。

在造型艺术方面也开展了丰富多彩的活动，比如，在我校“工艺美术周”中学生展示的许多雕刻、剪纸、扇面画、中国画作品中都有对戏曲人物的观察、临摹与再创造。学生举一反三、迁移所学、尽情展示，这些都是传统与创新结合的体现。在校艺术周中开设“学生越剧知识竞赛”和“越剧卡拉OK比赛”；在学校宣传窗安排专门的版面定期介绍越剧知识，潜移默化中逐渐营造出热爱越剧、爱唱越剧的学习氛围。

7. 数字资源，在线学习

课题组充分利用当今网络信息时代的技术发展，为学生搭建一种基于传统文化与现代信息科技之间的学习桥梁，让学生热衷于高科技产物的使用和时尚互动体验。

(1) 开发互动教学系统

该平台是根据格致中学实践需求，由专业技术公司开发研制的互动课堂管理平台，课题组为此设计了多个互动版块，如预习、上课、提问、测试、笔记、作业、点赞(作业评价)等，可提供个性化辅导，也可将学生的艺术创想用拼贴、绘画、录音等形式加以呈现。有限地课堂学习，无限地在线学习，关注学情，跟踪反馈，分享成果，实时互动，使课堂客观生成更直观、更有效，课后师生之间更民主、更融洽。

(2) 制作校本电子书

在整合相关艺术门类后，制作iBooks校本电子书，其中设计有“画廊”“视频”“文字”“题库”等版块供教学使用，学生则通过思考合理，有效利用资料库进行学习。教师也可以通过平台，设计课前预习、课中学习交流、课后反思的“翻转式”教学模式，进行课堂创意教学探索。

(3) 丰富师生学习资源

在格致图书馆建立iPad公共学习吧，每天中午提供25台iPad供学生借阅使用，为师生提供了优质的教与学资源。课题组也将一些优质课的录像、学生的社团活动等材料整合在其中，以便学生分享与交流，从而调动他们的学习热情。

四、研究结论

优秀的地方戏曲艺术是中国传统文化的代表,推动其走进校园也是在践行中华民族伟大复兴的中国梦。“越剧进校园”是一种观众教育,陶冶学生情操、薪传中华文化,是多赢的一种传统文化推广方式,不仅能够培养青少年观众,让戏曲艺脉接地气,进入良性循环的轨道,获得传承与发展的力量,而且能够培养青少年的审美趣味,让他们成为向家庭与社会传播戏曲艺术的源点。

本课题项目在实施过程中,形成了以学校为主导的管理指导团队、以德育处为核心的统筹协调团队、以艺术组为基础的技能教学团队、以其他各学科教师为中心的课程实施团队,项目团队高效、稳定,能持续开展相关实践探索。在项目实施过程中,始终得到区教育局、区教育学院科研室等的支持和帮助,为项目顺利实施提供有效指导。

虽然说振兴戏曲艺术,学校艺术教育是责无旁贷的,但绝不能操之过急。艺术的熏陶是一个长久浸润的过程,不是一朝一夕之事。只要我们思想重视,措施实在,途径科学,戏曲的传承创新一定能代代相传。

五、反思与建议

课题组将研究中取得的成果拓展内涵,提升质量,推广运用,让课题研究既产生于教育教学实践,又真正服务于教育教学。当然,通过此课题的研究也渐渐拓宽了思路,课题组反思在今后的教育实践中可以就以下几个问题做更深入的探究。

(一)跨社团整合

本次课题研究中,实现了跨学科拓展研究,效果显著。今后还可以尝试跨社团整合。比如,将越剧社与动漫社相结合,借用时尚动漫技术,创作动漫人偶;将越剧社与音乐剧社相结合,自编曲谱,自编故事,演绎学生的戏曲小故事;将越剧社与 DIY 社相结合,创意制作各种头饰与服装;等等。这些自发的社团活动更能吸引学生的参与热情,在传承与创新中传递民族文化精粹。

(二)建立导师制

在高雅艺术进校园活动面向全国各大高校开展正兴之时,各戏曲剧团也应以此为契机,走进中小学进行专场演出,以此拉近戏曲与学生的距离,打消学生对于戏曲的某些简单的误解和偏见。同时,为中学生打开一片天地,让他们能进入戏曲院团进行观摩与学习,有自己的校外成长导师与生涯导师,请导师指导他们的戏曲课题研究,与导师进行“亲密接触”,可以通过官方微博、私人微信等突破地域限制,利用先进的通信技术传播戏曲艺术不失为一条新路,也是一剂引导青少年传承戏曲的良方。

（三）区域内中小学梯队建设

如果在初中、小学能够有更多学习越剧等戏曲的拓展课,那么到了高中则会有更多的学生在创意技艺上有个性特长,形成区域内梯队建设,共同传承经典戏曲艺术。当然,这些不是单凭几个教师就能完成的,我们愿意借助黄浦区特色课程共建共享过程,将《越韵悠悠》这门特色课程传播给有需要的学校和学生;也愿意在今后的教育教学中不断学习,进一步丰富越剧教学和活动的内容与实施方式,坚持以越剧、以中国优秀戏曲为载体,身体力行地保护和传承中华优秀传统文化。

高中与高等院校共建油画创作基地提升高中生艺术素养的实践研究

◎ 上海市格致中学　赵羽茜

摘　要　上海市格致中学和上海师范大学美术学院于2016年联合成立了“上海师范大学美术学院格致油画创作基地”。五年来高等艺术院校的名师大家为高中学生提供优质资源，搭建良好的平台，使高中生有机会与高校艺术家零距离互动交流，提高了学生的艺术素养和整体素质，繁荣了学校的校园文化。由此，在艺术教学、文化活动及专业教师的发展方面取得了丰硕的成果。高中和高校的合作模式，在上海乃至全国是一个首创。

关键词　油画创作基地；高中生艺术素养

百年名校上海市格致中学与上海师范大学美术学院的名家教授共同创办了“上海师范大学美术学院格致油画创作基地”，为高中艺术课程教育现代化提供了具有创新性的成果。根据我校的实际情况，包括格致中学的办学理念、办学目标，并从校园文化、师资、校舍设备等方面进行综合考虑，从而思考格致中学的艺术课程定位。格致油画创作基地成立的初衷正是为格致中学的艺术课程能有高校名师大家作为后盾。正是专家的引领、课程的建设、社团的延伸、跨学科的尝试、舞台的搭建，在潜移默化中让油画艺术的传统得以传承与创新，使格致中学既坚守了科学的教育，也拓展了学生的人文素养，树立了正确的审美观念。以下就格致油画创作基地成立五年以来在学校的艺术教学、校园文化、教师专业能力发展以及艺术交流和社会效应等方面相关的成果作介绍。

一、油画创作基地提升了校内艺术课程的文化内涵，丰富了艺术教育的内容形式

【成果1】

课程——《注重写实的西方绘画——戏剧化和光的〈夜巡〉》

1. 获“黄浦区见习教师‘萌芽杯’教学比赛”一等奖

2. 获“上海市体育、艺术领域教师教学专业能力展评”一等奖

3. 黄浦区中小学艺术教研活动公开课教学展示

高中艺术课程中有很多涉及古今中外的经典艺术作品，以当下从“三维目标”到“艺术核心素养”的教学理念来看，为高中学生介绍古今中外的经典艺术，既能重温千百年的文化遗产，又能在重温的过程中力求创新。荷兰巴洛克时期的著名画家伦勃朗创作的《夜巡》是世界艺术之库的经典之作，其宏伟的气势、戏剧化的场景及神奇般的油画技法，一直是专业油画家膜拜的对象。《夜巡》与同时期的画家作品相比有很多不同之处，首先，画面的戏剧化效果是其最重要的特征，而伦勃朗惯用的绘画手法又是同时期画家中最出类拔萃的，尤其是伦勃朗对画面“光”的驾驭能力，至今对艺术界仍有影响。其次，伦勃朗绘画的技法，一直是最难为学生讲解的，只有学生亲手触摸到真实油画表面高低不平的肌理效果后，才能有感性的认识。最后，“光”是伦勃朗技法中最大的亮点，将这种强烈的神秘之光的巧妙运用与现实生活相融合，创作出以“过生日”为主题的视觉艺术作品这一课堂作业，体验经典艺术的表现手法在日常生活中的具体实践，落实学科育人的目的。

【成果 2】

课程——《抒情诗意的中国绘画——散点透视》

获“黄浦区中小学教师教学评选”一等奖

以中国古代绘画名作为例，从散点透视和西方焦点透视的认识中分析了中国画散点透视的艺术性表现特征，提升学生对中国画的认识，体会中国绘画特有的散点透视(移动视点)，激发对中国绘画艺术的探究兴趣、创新意识，树立传承中华优秀艺术文化的责任心。不单纯教授学生中国绘画特有的透视原理，而是通过现代多元化艺术语言创作一幅以校园文化为主题、运用散点透视的原理创作的“格致胜境图”。在课堂的师生互动环节上更是有其创新的成分。学生创作的“格致胜境图”这一课堂作业，将“散点透视”运用于现今高中生的实际生活，是这堂课的亮点，让学生在愉悦的氛围中感受与领悟中国传统文化艺术的魅力。

【成果 3】

课程——《灰色调的魅力之二》(拓展型)

1. 上海市教育委员会教学研究室课程与教学调研“(黄浦区)推荐课”

2. 上海市教育委员会教学研究室主办的“各类资源统整下的两类课程实施——上海市格致中学拓展型、研究型课程展示研讨活动‘教学展示课’”

拓展型课程《油画基础》以上海市高中艺术(试用)教材中相应油画内容为拓展与延伸的蓝本,以“上海师范大学美术学院格致油画创作基地”为中心,构建油画创作基地的高中油画实践校本课程。在课程实施与评价之中,用工作室教学模式,摸索一套符合高中生学习油画的课程体系,培养学生对油画创作的创新意识,搭建让学生亲身体验、自由创作的平台,运用油画创作学习来提升学生创造能力和审美能力。

了解“莫兰迪色”作为当今美术界的一个热点,从一个美术现象到时尚设计现象,从油画的色彩到时尚设计的色彩再到室内家居设计的色彩。本课设计了一个以“莫兰迪色调”现代家居设计为主题的课堂作业,为提高学生的探索能力,从美术技能着手,让每位学生都能融入其中,共同探讨、设计艺术创作思路。在创作过程中,充分发挥学生的学习主观能动性,感叹艺术家传承的丰富经验创造与卓越的智慧,体会创作的乐趣,体验经典艺术的表现手法在日常生活中的具体实践,启发学生的创新能力,从而达到三维目标的要求,落实艺术核心素养。

【成果4】

教材——《基础素描》《油画基础》(拓展型课程)

1.“几何体素描写生对高中数学立体几何课程中的实践研究”立项黄浦区青年教师教育科学课题

2.《看与观察——格致中学奉贤校区艺术拓展课素描教学的感悟》在黄浦区高中艺术教研活动上作专题交流

3.《神奇的立方体》(美术与数学课程)入选“玩转线上　尽享创意”全国中学生创意节展示开课(上海市电化教育馆)

4.《油画基础》课程在“黄浦区第三轮中小学特色课程评选”中被评为“区域共享特色课程”

二、油画创作基地丰富了校园文化的艺术氛围,提升了高中生对艺术的参与热情

【成果1】

画展“纪念红军长征胜利80周年——艰苦卓绝创伟业油画作品展”

主办:上海师范大学美术学院、上海市格致中学、上海市文史馆

地点:格致油画创作基地

【成果2】

画展“纪念中国人民抗日战争暨反法西斯战争胜利70周年主题画展”

主办:上海市格致中学

地点：奉贤校区人文艺术中心

【成果 3】

画展“春艺盎然”格致学生美术作品展

主办：上海市格致中学

地点：奉贤校区人文艺术中心

【成果 4】

画展“格致油画创作基地成立 2 周年暨画室的故事——周朝晖绘画作品展”

主办：上海师范大学美术学院、上海市格致中学

地点：格致油画创作基地

【成果 5】

画展“筑梦新时代　黄浦新荣光——庆祝中华人民共和国成立 70 周年暨上海市格致中学建校 145 周年格致油画创作基地师生美术作品邀请展”

指导：中共黄浦区委宣传部

主办：上海市格致中学、上海师范大学美术学院、黄浦区美术家协会

地点：益丰·外滩源

2019 年是中华人民共和国成立 70 周年，也是格致中学校庆 145 周年，格致油画创作基地在上海师范大学美术学院和格致中学校领导以及黄浦区美术家协会的关心支持下，举办以“筑梦新时代　黄浦新荣光”为主题的师生美术作品邀请展，为此申请到了黄浦区委宣传部的艺术作品展示项目和相应的经费。以海上油画名家精品佳作和格致师生原创画作为艺术表现形式，作品内容贴合“黄浦文化、红色故事、格物致知”的创作主线，力求向前来观展的上海市民和中外宾客展现外滩百年历史建筑风貌、黄浦改革开放 40 年来的繁荣景象以及格致学子感悟时代发展抒发的爱国情怀。本次画展收录了 11 位格致师生创作的 20 幅油画，作品数量占展品总数的 36%。将基地创立三年来历届学生作品进行集中展览，既为学生搭建了作品展示的平台，也给予学校师生对于艺术创作和艺术教学的成就感与自豪感。

三、油画创作基地提升了教师的艺术创作和教学能力，开阔了教师的艺术视野和文化内涵

【成果 1】

科研项目：“高等院校与高中共建油画创作基地　提升高中生艺术素养的实践研究”立项上海市教委的学校艺术科研项目（青年课题）

本项目研究是在探索作为场馆教育的一种形式。高校知名画家的油画创作基地

在高中学校运转的机制和应用于高中美术教育的实践模式，其价值首先在于这是一项具有高度创新性的实践，其他高中几乎没有引进过名家油画创作基地，也没有基于油画创作基地开展美术教育的实践经验。因此，本项目的价值就在于形成实践经验，并将其形成有效的格致模式，为高中艺术实践和培养高中生的艺术素养提供参照。

【成果2】

1.《速写我爸之二》（油画）入选“2015年‘尺度’上海小幅油画展”

2.《速写我爸之三》（油画）入选“2016年‘悟微’上海小幅油画展”

3.《苏州河上赛龙舟》（油画）入选“2018年上海市小幅油画展”

4.《名单NO.1》《情人》（油画）入选“上海青年美术大展”（中华艺术宫）

5.《名单NO.3》（油画）入选“庆祝建国65周年第十二届全国美展选拔展暨上海美术作品展”（中华艺术宫）

6.《四行仓库》《被日机炸毁的上海北火车站》（油画）入选“民族脊梁——纪念中国人民抗日战争暨世界反法西斯战争胜利70周年战地写生美术作品展”（上海淞沪抗战纪念馆收藏）

7.《都市里的村庄》《名单NO.1》《名单NO.2》入选“上海艺术专业学位研究生教育十周年优秀作品展”

8.《都市里的村庄》（油画）入选2017年“第九届上海美术大展”（中华艺术宫）

9.《老镇街景》（油画）入选“‘艺’江南——2018上海油画写生作品展”

10.《小镇》（油画）入选“‘移动—华东师大’2018上海青年艺术家第三回邀请展”

11.《憩》（油画）入选“移动2018上海青年艺术家第二回邀请展”

12.《速写我爸之二》《名单NO.3》《情人》（油画）入选“海上80青年艺术家作品邀请展”（上海市青年美术摄影家协会）

13.《粉笔无言写春秋——黄浦区教育学院附属中山学校》（油画）入选“教研走进新时代——庆祝市教研室建室70周年”画展（上海市教委收藏）

14.《格鲁尼亚男青年》（油画）入选第二十一届中国上海国际艺术节参展项目“行进中的画展——张园项目”（静安艺术中心）

15.《义勇军进行曲》（油画）入选2020年“召唤——上海市抗击新冠肺炎疫情美术、摄影主题展”（中华艺术宫）

【成果3】

1.《〈构画想象　彩绘世界〉单元教学设计》发表于《初心树桃李》（上海教育音像出版社）

2.《抒情诗意的中国绘画——散点透视》发表于《体验中成长——2017学年黄浦区中小学教师教学评选成果集》（上海市黄浦区教育学院）

3.《重温经典，开拓创新——以拓展科目〈油画基础〉中“灰色调的魅力之二”一课

为例》发表于《黄浦教育》(2020 第三期)(上海市黄浦区教育局)

4.《创新艺术实践延伸的格致中学油画社团》获黄浦区中小学美育改革创新优秀案例评比二等奖(上海市黄浦区教育局)

【成果 4】

1. 指导学生作品《主动与被动》(综合材料)获第二届哈佛大学与麻省理工学院“科学与艺术”中国区邀请赛特等奖、国际一等奖,由哈佛大学医学院收藏

2. 指导学生获全国青少年茶文化创意绘画大赛设计创意奖

3. 指导学生获上海市学生艺术单项比赛(动漫画)金奖

4. 指导学生获上海市中小学生暑假读书系列活动艺术创作一等奖

5. 指导学生获上海市“阳光天使”杯学生艺术作品展二等奖

6. 指导学生获上海市学生动漫画大赛三等奖

通过这一依托油画基地的教师培养模式,学校艺术教师的艺术才能、课程开发能力、艺术指导能力等大幅提升,并于 2018 年成为上海市美术家协会会员,2020 年成为上海市青年文联会员、美术摄影专委会委员。所以依托于高校、依托于名师教授、依托于油画创作基地,才使我们格致中学的艺术课程慢慢走向成熟。

四、油画创作基地促进了艺术教学的教研,提升了学校的社会影响力

【成果 1】

1. 黄浦区中小学艺术教研活动讲座《艺术院校与高中艺术教育的合作模式初探》

2. 黄浦区教育学院讲座《重温经典　开拓创新——高中拓展型课程与高校合作模式的实践探索》

【成果 2】

“美术创作与美术教育”学术研讨活动(格致中学奉贤校区行政楼会议中心)

【成果 3】

画册《庆祝中华人民共和国成立 70 周年暨上海市格致中学建校 145 周年　格致油画创作基地师生美术作品邀请展》(黄浦区委宣传部扶持项目)

【成果 4】

1. 原创文章《重温经典　开拓创新——引入高校资源助力拓展型课程实施的实践探索》发布于“上海教研”公众号

2. 媒体报道《用画笔来说话,格致中学师生办画展》发布于《上海中学生报》

3. 媒体报道《高中生活不只有试卷和书本　格致学子油画展本周举行》发布于《新民晚报》

4. 媒体报道《庆祝中华人民共和国成立70周年暨上海市格致中学建校145周年——格致油画创作基地美术作品展开幕》发布于《东方网教育》

5. 媒体报道《一场与高校大师的零距离对话，〈画室的故事〉格致油画基地开幕》发布于《文汇报》

6. 媒体报道《在高中课堂跟着大咖学油画，格致中学向高校"伸出橄榄枝"》发布于《上观新闻》

7. 媒体报道《大师的油画基地开到高中校园，培养综合素质寻求对接高校》发布于《上观新闻》

8. 媒体报道《校园里建油画创作基地》发布于《新民晚报》

9. 媒体报道《上师大美术学院格致油画创作基地揭牌成立》发布于《看看新闻》

10. 媒体报道《黄浦区格致油画创作基地揭牌》发布于《东方网》

学校与上海师范大学美术学院合作创立格致油画创作基地，重点聚焦中学美术教师队伍建设、中学艺术课程建设与教学改革、学生艺术社团的构建与培养、校园文化与环境育人等方面，以此带动学校艺术教师的专业发展，推动艺术类拓展型课程的实施质量，提高学生的艺术审美和校园文化氛围。

格致油画创作基地的创新发展为理科见长的格致中学注入了新的发展活力，引入高校资源助力课程实施的实践模式也为学校建设多样性、综合性、实践性的两类课程提供了积极的实践经验。

陆幸丽信息与科创工作室

工作室主持人寄语

新时代需要勇于探索课堂教学改革、勤于开展教育科学研究、乐于探究新技术应用、善于培养资优生的全能型信息技术教师和科创教师。

工作室代表性研究成果

以学习者为中心的高中信息技术创新教学模式研究

微课在以学习者为中心的初中信息科技学科中的应用研究
——以《图形化编程侦测模块的使用》一课为例

学习分析视角下的“云课堂”个性化学习研究

工作室概况

格致教育集团陆幸丽信息与科创工作室由上海市格致中学陆幸丽老师担任工作室主持人，上海市格致中学李军老师、黄浦区教育学院居晓波老师(曾任职于上海市储能中学)联合担任工作室副主持人。工作室学员共12人，分别是上海市格致中学教师季金杰、丁燕、刘晓丹、何博，民办明珠中学教师邱晶豪，同济黄浦设计创意中学教师沈凌燕，黄浦区曹光彪小学教师骆琳、陈敏，原应昌期围棋学校教师孙蓓虹，黄浦区卢湾一中心小学教师徐旭、包滢蕾、刘红。

陆幸丽信息与科创工作室云集了格致教育集团内一批富有教育研究能力和学术发展潜质的中青年教师，从教师的学科背景来看，涵盖了高中信息技术、高中劳动技术、初中信息技术、初中劳动技术、小学自然常识、小学信息技术、小学劳动技术等学科，是一支真正意义上跨学段、跨学科的研究共同体。

陆幸丽信息与科创工作室的学员大都在各自学校担任双重角色。上海市格致中学季金杰不仅是一名勇于创新的高中信息技术教师，还服务于格致中学教科研室，承担学校教育科研重任，获得黄浦区第十三届教育科研工作先进个人；民办明珠中学邱晶豪不仅任教初中信息技术、初中劳技两门学科，还兼任学校大队辅导员、团委书记，获得"上海市优秀团干部"称号；同济黄浦设计创意中学沈凌燕在高中信息技术学科教学外，还担任高三年级班主任和年级组长，在班级管理和年级组管理工作中成绩突出，获得"黄浦区园丁奖"；曹光彪小学骆琳不仅任教劳技课程，还担任学校教导副主任，指导学校 OM 社团屡获国际大奖，荣获第二届"黄浦工匠"荣誉称号；黄浦区卢湾一中心小学徐旭不仅承担小学信息技术教学工作，还担任学校工会主席一职，获"黄浦区工会工作先进"表彰；黄浦区卢湾一中心小学包滢蕾担任学校办公室主任，兼顾学科教学与行政管理。此外，工作室副主持人李军兼任格致中学科技总辅导员，常年奋战在各类科创比赛一线，取得累累硕果；格致中学丁燕兼任格致中学电视台台长，在校园影视制作方面佳作连连；格致中学(奉贤校区)何博、刘晓丹自2018学年起身兼劳动技术、信息技术两门学科的教学工作；黄浦区卢湾一中心小学刘红在学科教学之余分管学校图书馆，将现代信息技术与学校图书管理相融合，使智能图书馆成为卢湾一中心小学的特色之一；原应昌期围棋学校孙蓓虹具有任教语文和自然两门学科的教学经历，发展潜力极大。

考虑到学员任教的学科和学段存在一定差异，工作室在学员培养和组织活动时，时而开展全体活动，时而以学科分组，由陆幸丽和李军分别带领信息技术学科教师和劳动技术学科教师开展分组活动。

三年来，工作室先后邀请上海市特级教师、特级校长、正高级教师、华东师范大学基础教育特聘教授余安敏先生，上海师范大学教育学院教育技术学系副教授、硕士生导师季隽博士，信息学奥林匹克竞赛上海地区特派员、上海市科技艺术活动中心吴申广老师为工作室学员授课，帮助学员进一步拓展学科前沿知识，了解新课程新教材改革动向。同时，工作室也积极开展内部挖潜，鼓励教师分享自己的研究心得，交流自己的研究成果，上海市格致中学季金杰、丁燕，时任上海市储能中学居晓波等在工作室活动中作课题研究成果交流汇报。

通过为期三年的工作室学习，部分学员实现了教师专业发展的飞跃和提升。居晓波被评为黄浦区骨干教师，在职攻读华东师范大学教育博士学位，调入黄浦区教育学院工作；刘红、骆琳被评为中学高级教师；丁燕、何博分别担任学校两校区信息技术教研组长。

回首工作室成立至今三年来的点滴回忆，往事并不如烟，期待更多的工作室学员在今后的工作道路上秉承“格物致知，求实求是”的格致精神，十年磨一剑，在不断的磨炼中脱颖而出，成为享誉沪上的学科领军人物。

工作室主持人介绍

陆幸丽，上海市格致教育集团陆幸丽信息与科创工作室主持人，黄浦区教育系统第二轮信息科技学科带头人，上海市格致中学信息技术教研组组长，长期从事信息学奥林匹克竞赛指导工作，成绩斐然。主持并完成2018年黄浦区基础教育信息化课题“信息化环境下以学习者为中心的中小学信息科技有效教学策略研究”。

李军，上海市格致教育集团陆幸丽信息与科创工作室副主持人，上海市格致中学劳技教研组组长，上海市格致中学科技总辅导员，格致FabLab创智空间首席导师。专注于青少年科技创新教育，长期指导学生开展OM头脑奥林匹克、DI头脑创新思维竞赛、机器人、青少年创新大赛等各类青少年科技活动并获得好成绩。参加普通高中新课程标准高中通用技术新教材和教师用书编写工作。

居晓波，上海市格致教育集团陆幸丽信息与科创工作室副主持人，上海市黄浦区教育学院科研员、综合教研员，曾任职于上海市储能中学。主持2018年度上海市教育科学研究课题“核心素养导向下STEAM项目可视化编程设计与实践研究”，出版《STEAM之创意编程思维》系列专著。

培育适应新课程改革的信息技术骨干教师团队

——陆幸丽信息与科创工作室工作回顾

格致教育集团陆幸丽信息与科创工作室成立于 2018 年 1 月 15 日，由黄浦区人民政府副区长李原、上海市格致教育集团理事长张志敏校长为工作室主持人陆幸丽授牌。2018 年 1 月 24 日，工作举行了首次研修活动，15 位工作室学员全部出席。三年来，工作室以 2018 年度黄浦区基础教育信息化研究课题"信息化环境下以学习者为中心的中小学信息科技有效教学策略研究"(课题立项号：KT2018003)为引领，在工作室主持人陆幸丽的带领下，深入探索以学习者为中心的信息技术学科教学策略，取得了一定的研究成效。现从活动概况、理论学习、教学实践、教育科研、工作室特色五个方面对工作室发展情况作简要回顾。

一、活动概况

工作室成立伊始即明确了工作室研修活动时间，信息技术学科研修活动由工作室主持人陆幸丽召集，时间为每周三下午；劳动技术学科研修活动由工作室副主持人李军召集，时间为每周一下午。

工作室活动均需撰写新闻稿、拍摄活动照片，新闻稿撰写工作由格致中学季金杰负责，照片拍摄由丁燕负责。

工作室成立以来先后开展过多次大型活动。

2018 年 4 月 25 日，工作室全体学员赴上海市格致中学(奉贤校区)开展"聚焦计算思维，提升思维品质"专题教学研讨活动，本次活动吸引了黄浦区 30 余位高中信息技术教师共同参加，由工作室学员季金杰执教区级教学展示课《如何保障邮局的利益——分支结构优化的算法验证及相关问题探讨》，特邀《上海市高中信息科技学科教学基本要求》主编、正高级教师、特级教师、特级校长、华东师范大学基础教育特聘教授余安敏先生，黄浦区教育学院高中信息技术教研员张逸敏担任评课专家，余安敏先生还以"新版学科教学基本要求背景下高中信息科技学科教学的发展趋向"为题作专题讲座。

2018 年 11 月 9 日，工作室特邀 STEM 教育专家、新课标高中信息技术教材(上科版)执行主编，上海师范大学教育学院教育技术学系研究生导师、理学博士季隽副教授为工作室作专场报告。季隽副教授上半场讲座的主题是“Python 与机器学习”，从Python 语言的发展沿革、Python 的编程环境、Python 的语法规则、Python 中的流程控制等方面循序渐进地为学员们普及用 Python 语言编程的基本方式。下半场讲座的主题是“高中信息技术新课标的教学实施”，季隽副教授从教材编写者的视角为学员们解读了信息技术学科核心素养的基本内涵，分享了新教材与课程学习平台之间的使用关联，进而解释了新教材从以知识结构为编写主线转向以项目活动为编写主线的基本缘由。季隽副教授的精彩报告让学员们对于高中信息技术新课程、新教材的理念有了更为全面的理解。

2019 年 4 月 29 日，工作室学员在主持人陆幸丽老师的带领下，赴集团成员校上海市黄浦区卢湾一中心小学开展交流研讨活动。工作室一行在徐旭老师的引导下先后走访了卢湾一中心小学彩云图书馆、云课堂、云厨房等智慧校园特色场馆，对于上海市格致教育集团如何建设上海市教育信息化应用标杆培育校(跨学段共同体)有了诸多新的思考和启示。

二、理论学习

阅读是教师专业发展的重要途径，为了鼓励工作室学员多读书、读好书，在格致教育集团的大力支持下，工作室主持人陆幸丽老师每年都会为学员精心挑选有助于教师专业发展的教育论著和信息学经典书籍。三年来，工作室先后为学员们选购了《人工智能基础(高中版)》《普通高中信息技术课程标准解读(2017 年版)》《信息学奥赛一本通提高篇》《信息学奥赛一本通教材》《计算机文化》《算法之道》等书籍。其中既有新课程解读的理论书籍，又有人工智能、算法等信息学本体知识的书籍，还不乏信息学竞赛教程。认真阅读这些著作，对于提高工作室学员的专业积累和学科素养大有裨益。

三、教学实践

三年来，不少工作室学员都在工作室内开设过教学展示课。除了前文提到的季金杰老师的区级公开课外，2019 年 4 月 29 日，徐旭老师执教教学展示课《制作表格》；2019 年 5 月 15 日，丁燕老师面向工作室部分学员和福建省泉州市教育“领航团队”执教交流课《生活中的算法——从“打擂台”说起》。此外，还有不少工作室学员开设过市级、区级、校级公开课，但由于时间冲突等原因，部分教学展示课难以集中工作室全体学员一同听评课。

四、教育科研

工作室成立伊始即充分响应集团秘书处管理要求,申报工作室龙头课题。在工作室主持人陆幸丽的顶层设计下,上海市格致中学季金杰执笔“信息化环境下以学习者为中心的中小学信息科技有效教学策略研究”课题申报书,该课题由陆幸丽老师主持,于 2018 年 9 月成功立项为 2018 年度黄浦区基础教育信息化研究课题。在这项课题的引领下,2018 年 10 月 24 日,工作室以“聚焦研究方法,交流研究成果”为主题开展研修活动暨工作室龙头课题开题报告。工作室主持人陆幸丽老师作 2018 年度黄浦区基础教育信息化课题“信息化环境下以学习者为中心的中小学信息科技有效教学策略研究”开题报告。陆幸丽老师指出,本课题不仅聚焦当前基础教育领域信息科技学科教学的核心困惑——“教与学方式的转变”,同时着眼于高中、初中、小学三个学段的纵向衔接,重点关注信息化环境下以学习者为中心的中小学信息科技项目化单元设计、教学实践案例、有效教学策略。陆幸丽老师鼓励工作室学员积极参与这项与新课程改革相呼应的课题,并将项目化学习、核心素养培育、以学习者为中心的教学理念落实到日常的学科教学之中。

三年来,在工作室课题的引领下,工作室学员共发表教学论文 17 篇,参编教材、专著多部。工作室课题于 2020 年 9 月顺利结题。

五、工作室特色

格致教育集团陆幸丽信息与科创工作室有两大特色。

其一,工作室学员普遍一专多能,能围绕信息技术学科的某一研究方向开发选修课。例如,李军、骆琳两位老师在 OM 头脑奥林匹克方面颇有建树,带队屡获辉煌战绩。丁燕老师专注学生电视台工作二十年,佳作频出。居晓波老师在少儿图形化编程方面有着深入的研究,出版了相关书籍,完成了相关课题。季金杰老师在 Python 程序设计和机器学习方面有一些积累,参编了《人工智能基础(高中版)》教材,开发的相关课程被评为区域特色课程。

其二,工作室学员普遍注重指导学生参与各类比赛。在每一年度的工作室成果统计中,几乎每一位工作室学员都有指导学生获奖的记录,这充分证明了工作室学员并不是一味地把时间花在积累个人专业成果上,而是充分发扬教师的“红烛”精神,甘为人梯,照亮学生的前程。

以学习者为中心的高中信息技术创新教学模式研究

◎ 上海市格致中学　季金杰

摘　要　教育现代化的根本是人的现代化。以学习者为中心的教育理念,其核心追求是关注学习者个性化、多样化的学习和发展需要。技术赋能下的现代教学环境,为开展以学习者为中心的教学方式变革注入了新的动力。本文结合高中信息技术学科《新技术探究与评价》一课探究式教学活动的设计与实施,阐述了以"问题引领,调查学生的认知基础""观点碰撞,激发学生的探究兴趣""方法引导,规范学生的探究过程"为脉络的高中信息技术创新教学模式。

关键词　以学习者为中心;教育现代化;教学环境

一、引言

在任何社会和任何时代,人都是现代化进程中的基本要素。教育现代化的根本是人的现代化。《中国教育现代化 2035》提出"以凝聚人心、完善人格、开发人力、培育人才、造福人民为工作目标,培养德智体美劳全面发展的社会主义建设者和接班人"。①

近年来,以立德树人、发展学生核心素养为导向的基础教育改革持续推进,变革课堂教学方式、信息技术融合成为深化课程改革的两个重要抓手。教育信息化 2.0 时代的课堂教学变革,实质是理念重建、形态重构、结构重组、模式再造、文化重塑的过程。② 因而,关注学习者个性化、多样化的学习和发展需求,探索以学习者为中心的创新教学模式理应成为新课程改革背景下转变课堂教学方式的实践和研究方向。

以学习者为中心的教育理念散见于古往今来诸多教育学者的教育思想。杜威认为,学校生活组织应该以儿童为中心,在学校生活中,儿童是起点,是中心,而且是目的。教师不仅应该为儿童提供生长的适当机会和条件,而且应当观察儿童的生长并给

① 李帆,冀晓萍,程路.教育现代化的中国方案[J].人民教育,2019(6):13－16.

② 蔡宝来.教育信息化 2.0 时代的课堂变革:实质、理念及场景[J].海南师范大学学报(社会科学版),2019(4):87－93.

予真正的引导。① 夏山学校创始人尼尔认为要“让学校去适应学生，而不是让学生适应学校”。② 20世纪中叶，以罗杰斯为代表的人本主义心理学家和教育学家认为，课堂上只有当学生提出问题后，教师通过相互讨论才能逐渐明确教学方向。③

在教育信息化2.0时代，随着新一代信息技术的教育赋能，信息化环境下以学习者为中心的教学实践研究，可尝试以课例为研究载体，进一步聚焦创建适合学习者与教师交流互动的学习环境；构建适合学习者开展问题探究的真实情境；设计适合学习者深度学习的教学组织方式，在教学实践中进一步归纳提炼以学习者为中心的创新教学模式。

二、以学习者为中心的现代教学环境建构

作为学习行为的发生地，课堂是一个“软”“硬”兼备的生态系统。有学者认为，构建以学习者为中心的课堂硬环境应着眼于环境舒适、装备先进、操控便利、互动实时等特点。在硬环境的支持下，以学习者为中心的课堂软环境建设应聚焦于创造丰富的教学资源、灵活的教学方法、人性化的教学管理。④

经济合作与发展组织（OECD）在创新学习环境国际研究项目中提出了七项创新学习环境的构建原则：学习环境要有利于学习者成为教学活动的核心参与者、有助于发展学习者在教学活动中的自我管理能力；能支持学生小组开展组织有序的合作学习；能激发学习者对专业知识的探究兴趣和乐学情感；能及时向教师反馈学生在教学活动中的学习情况差异；选用的教学系统或平台能承受全班学生同时使用的压力负荷；能支持教师课前预先准备多个教学测评环节，在课堂教学中随时开展形成性评价，以引导学生进一步学习和探究。⑤

值得注意的是，构建以学习者为中心的信息化教学环境不仅是教育现代化进程中学校课堂教学转型发展的重要基础，也是信息技术学科新课程标准对落实学生学科核心素养培育的根本要求。《普通高中信息技术课程标准（2017年版）》明确提出，具备“数字化学习与创新”学科核心素养的学生能适应数字化学习环境，认识数字化学习环境的优势与局限，养成数字化学习与创新的习惯，掌握数字化学习系统和学习工具的操作技能并用于开展自主学习、协同探究和创新创造。⑥

---

① ［美］杜威.杜威教育论著选［M］.赵祥麟，王承绪，编译.上海：华东师范大学出版社，1981.

② ［英］A.S.尼尔.夏山学校［M］.王克难，译.海口：南海出版公司，2006.

③ 韩立福.韩立福：有效教学法［M］.北京：首都师范大学出版社，2012.

④ 张际平.以学习者为中心：未来课堂的环境建设［J］.中小学管理，2018(4)：5-7.

⑤ OECD. Innovative Learning Environments, Educational Research and Innovation［EB/OL］. Paris: OECD Publishing, 2013.

⑥ 中华人民共和国教育部.普通高中信息技术课程标准(2017年版)［M］.北京：人民教育出版社，2018.

为适应新课程改革和教育信息化2.0时代的课堂教学转型，笔者在高中信息技术学科教学中，以支持学习者开展小组探究式学习、发展学生学科核心素养为导向构建教学环境。在硬环境方面，教室内覆盖可接入因特网的无线网络、讲台前装备LED大屏，为学生配备可滑动、可旋转的一体式课桌椅和移动智能终端，便于学生围拢开展小组合作探究及教学互动。在软环境方面，以支持多种操作系统的开放式教学平台Nearpod作为教学管理系统。借助该平台，教师可预先编排选择、填空、画图、教学资源传送等类型的交互式教学活动，在课堂教学中，当学生用移动智能设备上的Nearpod学生端加入教师开辟的"网上教室"后，教师能控制和管理教学流程，向学生端推送预先编排的教学活动，实时收集并可视化呈现学生小组参与教学活动的数据统计结果，即时掌握学生在教学活动中的学习情况差异，通过大屏幕集中展示各学生小组取得的探究发现和学习成果。

以学习者为中心的现代教学环境建构，实质是支持教师向学生推送教学活动，即时掌握学情，精准分析学生的学习差异；支持学生开展探究实验、小组协作和成果交流。

三、以学习者为中心的探究式教学活动设计与实施

以《新技术探究与评价》一课为例，《上海市高中信息科技学科教学基本要求》中单独设置了"第七单元　新技术探究与评价"，除了要求学生描述新技术的功能和特点、探究新技术的基本操作，还提出了分析和评价新技术的优势与不足，讨论新技术的应用给社会生活带来的双重影响的具体要求。①

笔者以一项已经渗透到人们日常生活之中的技术——二维码，作为《新技术探究与评价》一课的主要研究对象，以小组探究活动为教学组织形式，以探究二维码的基本特点、评价二维码的社会影响、制作自己专属的二维码为教学活动主线。在以学习者为中心的教学环境中，组织学生开展系列探究活动，以期学习者在探究的过程中认识和领悟二维码的基本功能与特征，掌握制作个性化二维码的基本操作技能，客观评价二维码的传播与应用可能给社会带来的双重影响。

（一）探究"二维码中心位置的图片与扫码结果的相关性"

在组织学生开展小组探究之前，教师首先借助Nearpod向学生推送预先设置的互动问题"二维码中间位置的图片与扫码后的结果是否相关"，以开展前测，了解各组学生的初步认识。在14个学生小组中，共有10组学生认为"二维码中心位置的图片的

---

① 上海市教育委员会教学研究室.上海市高中信息科技学科教学基本要求[M].上海：中华地图学社，2017.

作用仅是美观和个性化,与扫码结果无关”,4 组学生认为“二维码中心位置的图片是影响扫码结果的重要因素”。

在前测的基础上,教师建议学生将自己对于问题的初步认识作为研究假设,分步骤引导学生设计并开展探究实验以验证研究假设:

1. 明确实验目的

通过实验,研究二维码中心位置的图片与扫码结果的相关性。

2. 列举可能影响二维码扫码结果的变量

(1) 二维码中心位置的图片。

(2) 二维码中除中心位置图片以外的部分。

(3) 扫码的软硬件工具和外部环境。

(4) 实验者的操作方法。

3. 选择实验方法

由于要研究二维码中心位置的图片,即变量(1)与扫码结果之间的关系,故选用控制变量法,控制变量(2)(3)(4)。

4. 配备实验工具和材料

课前为各组学生统一提供同款移动智能终端及一枚中心位置带有图片的二维码(纸质),指导各组学生使用移动智能终端内的“相机”App 作为扫码工具,采用相同的操作方法进行实验,以确保在多次实验中,变量(2)(3)(4)得到有效控制。

5. 设计实验过程

以一枚中心位置带有图片的二维码作为实验对象,借助移动智能终端里的“相机”App 作为扫码工具,对实验对象进行扫描。第一次扫描后,初次记录扫码后得到的跳转结果。然后,通过小纸片遮挡、用笔涂改等方法改变二维码中心位置的图片,进行第二次扫描,再次记录扫码后的跳转结果。

6. 归纳实验结论

运用________(填写实验方法),研究二维码中心位置的图片与扫码结果之间的关系。以“________”作为研究假设。依据既定的研究方案开展实验,第一次扫码所得的结果为________,通过________的方式改变二维码中心位置的图片,再进行了第二次扫码,所得的结果为________。

通过比较,两次扫码结果________(选填“一致”或“不一致”),故________(选填“接受”或“不接受”)研究假设。

因此,本组归纳得出二维码的特点:________________。

学生小组借助移动智能终端开展探究实验,记录实验过程,通过 Nearpod 平台提交小组实验结果和实验结论。14个学生小组提交的实验成果反映出在实验框架的引导和信息化环境的支持下，学生能够开展自主学习和探究实验，且都能从实验中归纳得出“二维码中心位置的图片与扫码结果无相关性”这一结论。

（二）探究“二维码中心位置的图片能否作为区别二维码的标识”

在前一个探究活动的基础上，教师继续通过Nearpod平台向学生端推送预先设置的调查问题“能否以二维码中心位置的图片作为区别两个二维码的标识”，以激发学生进一步思考。

随后，教师为各个学生小组提供了预先准备的中心位置图片相同、跳转目标不同的两枚二维码作为实验对象，组织学生小组围绕研究主题，自主设计实验方案，探究实验结果，填写并上传研究结论。

从课堂巡视和各组提交的实验结论中发现，学生在控制实验环境等变量的基础上，分别扫描教师提供的两枚二维码，比较两次扫码的结果是否相同，以此验证两枚中心位置图片相同的二维码是否能得到相同的扫码结果。各组学生均从实验结果归纳得出“不能以二维码中心位置的图片作为区分二维码的主要标识”这一结论。

为了引导学生客观评价新技术的应用，在探究活动后，教师组织学生结合二维码的特点以及生活中使用二维码的实际体验，进一步探讨二维码对人们生活带来的正面和负面影响。

四、以学习者为中心的高中信息技术创新教学模式

（一）问题引领，调查学生的认知基础

杜威曾说，“只要千篇一律地对待儿童，就不可能建立一个真正科学的教育学”。[①] 有效的学科教学理应根据学习者的实际学情，确定教学的起点和方法。这里的学情既涵盖学习者的知识起点、能力起点、学习习惯、学习方法偏好、学习心理特征等基本情况，也包括学习者对于教学内容或教学主题的认知基础。

当前，我国中小学信息技术课程尚未覆盖各学段的各年级，学生在学习兴趣、生涯规划、生活方式、生长环境等方面的差异，使得当代高中学生的信息技术学习基础亦存在不同程度的差异。

在传统的教学环境中，教师要了解学生对于某项教学内容的认知基础，往往通过在课堂上与学生言语互动或课前预先组织书面调查两种途径。前者难以在较短时间内覆盖全体学生，后者难以即时产生测评结果或调查反馈。

---

① ［美］约翰·杜威.学校与社会·明日之学校［M］.赵祥麟，任钟印，吴志宏，译.北京：人民教育出版社，2005.

在信息化环境支持下，教师借助移动通信技术和教学互动平台，可快速获取全体学生对某一问题的基本认识和初步见解，掌握全体学生的认知情况，分析学生之间的认知差异。若以尊重全体学生的学习差异作为班级授课制背景下有效教学设计与实施的根本前提，技术赋能下的信息化教学环境能更好地支持教师了解学生的认知基础，有利于教师以学定教，开展精准教学。因此，教师以问题为引领，调查学生的认知基础和学情差异，既是高中信息技术学科有效教学的行动起点，也为组织开展以学习者为中心的教学活动提供了实施依据。

（二）观点碰撞，激发学生的探究兴趣

当教师抛出问题，准备调查学习者对于教学内容或教学主题的认知基础时，若对学习者的回答不作任何引导，以至于学生的回答过于发散，教学互动平台难以将同质的学生回答进行归类进而形成清晰准确的分析结果。因此，教师在调查学情时，不仅需要对问题情境作进一步解释和说明，以规避因问题描述模糊而造成的歧义或误解，还需要结合具体问题作好相应的预设，为学习者提供必要的选择。

事实上，由于学习者在知识、能力等方面的差异，对于同一个学习内容或前测问题往往会提出不尽相同的见解甚至是相对立的观点。为深入挖掘学习者对某个教学问题的认知基础和鲜明立场，教师在问题引领的基础上，可进一步为学生提供具有互斥性的选项，引导学生产生观点碰撞，调动学生对于坚定个人观点和立场的内在情感，激发学生围绕学习内容开展实践探究的学习兴趣，从而激励学习者全身心投入后续的学习和探究活动。

（三）方法引导，规范学生的探究过程

以学习者为中心的课堂教学旨在进一步凸显教师主导、学生主体的教学特征，教师的工作重心从教学内容的传授转向关注学生学习方法的习得和学习素养的提升，学生则从被动接受知识转向自主探究、归纳实验结论。

当教师以问题为引领，洞悉学生的观点，使学生在观点碰撞后产生浓厚的探究兴趣时，教师应继续为学生积极创设适合开展小组探究的行动框架，以规范而严谨的实验方法引导学生实践探究，生成学科知识。

在《新技术探究与评价》一课中，教师首先引导学生以前测问题的回答作为研究假设，在明确实验目的的基础上，发动学生的集体智慧，集思广益，列举可能影响实验结果的各个变量，再与学生共同决策，选择合适的实验方法，为学生提供用以开展实验的材料和工具。在各组学生依据实验流程开展自主探究后，教师为学生构建归纳实验结论的基本框架，以规范学生对实验结论的表达。

此外，由于现代信息技术发展的日新月异，新技术、新产品层出不穷，课堂教学难以对各项新技术逐一涉猎、一网打尽。因此，相较于学科本体知识的传授，引导学生在

探究的过程中掌握控制变量法、比较归纳法等基本研究方法的运用，合理归纳和表达研究结论，有益于学生形成辩证地分析新技术对社会生活的双重影响的思维品质，有助于实现立德树人、发展学生信息技术学科核心素养的教学目标。

五、结语

《加快推进教育现代化实施方案(2018—2022年)》指出，构建基于信息技术的新型教育教学模式，促进信息技术与教育教学深度融合，充分利用信息技术转变人才培养模式和教学方法，是推进教育现代化的重点任务之一。

在我国基础教育迈向2035的进程中，着力发展学生学科核心素养，不断提升学习者对于复杂的、不确定的现实生活问题的应对和解决能力，需要广大教育实践工作者更积极地创设与实际生活密切关联的真实问题情境，组织学生以项目为载体开展体验式的合作探究或建构式学习，引导学生在真实任务情境中提出和形成问题，发现、收集、利用信息，权衡不同方案，产生解决复杂问题的新想法或新途径，开展有效沟通及表达自己的理解和认识的能力。①

教育改革始终是顶层设计与基础探索的结合。因而，以学习者为中心探索学科教学模式的变革与创新，既是促进学习者全面而个性发展的必要途径，亦能为加快教育现代化步伐添薪助力。

---

① 杨向东.核心素养测评的十大要点[J].人民教育，2017(3)：41－46.

微课在以学习者为中心的初中信息科技学科中的应用研究

——以《图形化编程侦测模块的使用》一课为例

◎ 上海市民办明珠中学 邱晶豪

摘 要 随着信息技术的发展，微课在设计和使用上得到了广泛的发展。凭借微课内容精练、形式生动和载体灵活的特点，借助微课提高课堂效率，满足学生个性化学习、分层学习以及自主学习的需要，实现“以学习者为中心”的初中信息科技学科教学。

关键词 微课；以学习者为中心；初中信息科技

一、引言

信息技术的发展正在对传统课堂教学的模式、过程和教学方法产生巨大的影响，现在的课堂教学中教师已非一支粉笔、一块黑板教书就能满足学生需求，先进的信息技术手段更能有效提高课堂效率，让课堂以学习者为中心，满足学生个性化学习、分层学习以及自主学习的需求。在信息科技学科的课堂中，本就身处使用计算机上课的环境中，新技术的使用在信息科技学科中的教学策略研究越来越受到各方面的重视，微课在信息科技学科中的运用就是其中之一。

信息技术带来的红利使得微课在初中信息科技学科中的应用成为可能，除了网络技术，微课的蓬勃发展还得益于智能手机的普及、手机软件、视频压缩技术、众多的视频分享网站等多方面因素。2020 年初，新冠肺炎病毒爆发，波及全国。受疫情影响，大中小学进入停课状态，上海为让中小学生停学不停课，借助电视、网络等多平台推出“空中课堂”。得益于网络技术、视频网站的高速发展，网络课程在今时今日成为可能。“空中课堂”除通过电视转播外，同时通过哔哩哔哩等多个公共媒体平台播放，满足了各个家庭硬件环境差异所带来的不同需求。所有人都突然发现网络已经有能力改变我们的上课模式了。

何谓微课？对微课这个概念的界定，各界的理解不同，尤其伴随着微课程、微型课程等概念的产生。胡铁生认为微课又名微型课程，是基于学科知识点而构建、生成的新型网络课程资源。微课以“微视频”为核心,包含与教学相配套的“微教案”“微练习”“微课件”“微反思”及“微点评”等支持性和扩展性资源,从而形成一个半结构化、网页化、开放性、情景化的资源动态生成与交互教学应用环境。[①] 黎加厚认为“微课程”是指时间在 10 分钟以内,有明确的教学目标,内容短小,集中说明一个问题的小课程。[②] 苏小兵指出,微课本质是一种支持教师教和学生学的新型课程资源。[③]

从各界的概念界定可以发现,微课目标单一,内容精练,时间较短。笔者认为微课并非完整的课程,而是一种以讲解短小的知识点或者传授使用技术、技巧或经验为主要内容的课程资源。微课有其教学目标和教学过程,主要以视频等形式呈现,除在传统课堂中使用外,也支持在线学习、移动学习等网络学习环境。

二、微课在初中信息科技学科中应用的可行性

(一) 微课内容特征与初中信息科技学科教学目标契合

微课的内容特征表现为内容简单、精练,教学目标单一。这一特征与初中信息科技学科中的知识与技能目标非常契合。初中信息科技学科每一节课的知识点不多,更注重学生在学习知识点后的运用能力。微课穿插在教学过程中,作为教学环节的辅助,有助于学生对于知识点的温故和掌握。

(二) 微课形式特征与初中信息科技学科教学方法契合

微课的形式主要以视频为主。精心设计的微课可以更细致地展示软件的使用方法、操作的步骤和使用结果,这与初中信息科技上课的过程形式非常契合。

初中信息科技学科的教学过程中教师的主要演示过程并非以文字、图片或图形等形式呈现,而是动态的操作演示。初中信息科技教材(华师大版)中电子文档的设计、数据表格的处理、数码图片处理、电子演示文稿、图形化编程等多个章节都以软件的使用学习为主。因此,初中信息科技课在上课过程中比较明显的特点是需要由教师操作演示,学生通过观看,了解操作要求和步骤,最后通过一定练习掌握知识点或者操作技巧。但是在操作过程中,学生一旦分心,或者某些操作没有看明白,就无法理解后面的多个教学内容。因此,在信息科技学科中使用微课更能突出课堂中的重点与难点问题,或者借由微课来辅助演示教师在上课中较为快速的操作演示。

---

① 胡铁生,黄明燕,李民.我国微课发展的三个阶段及其启示[J].远程教育杂志,2013(4):36-42.

② 黎加厚.微课的含义与发展[J].中小学信息技术教育,2013(4):9-12.

③ 苏小兵,管珏琪,钱冬明,祝智庭.微课概念辨析及其教学应用研究[J].中国电化教育,2014(7):94-99.

现在屏幕录制、视频制作与剪辑软件众多，使用的专业性也有所降低，教师更易学习、上手。录屏软件更是能贴心地将鼠标点击的位置和状态反映在视频中，让教师的操作演示更为直观。

（三）微课载体特征与初中信息科技学科教学环境契合

在上海普通初中，普通教室中个人电脑和平板电脑并不是很普及，无法做到所有学科都可以在电脑端上课。相反，在初中信息科技学科的课堂中，学生几乎是一人一台电脑，微课的使用环境如鱼得水。不论是课前、课中，微课都可以作为学习资料包发送到学生电脑端，由学生自行观看学习。如果学校利用校园网络组成服务器，利用所有的微课资源构架自己的微课平台，即使是最简单的网页＋视频形式，都可以成为学生在校自主学习的优秀资源。但是受制于学校网络的安全性考虑，学生在校外无法享受这种福利。

每一个微课的教学目标都较小，因此微课的时长一般都在 10 分钟以内，甚至更小。较短的时长让微课的视频总容量相对较小，通过网络传播所需流量较小。因此信息科技课后，可以将微课上传至公共视频平台。尤其是现在的微信公众号，每一个推送支持加载三个视频，足以满足一堂课重点内容的讲解。笔者对上海 M 中学 115 名学生关于微课的使用情况进行调查，有 97.39％的学生拥有自己的移动终端和微信账号，73.91％的学生关注了信息课科技学科发布的公众号，80.87％的初中生愿意在放学后观看与上课内容相关的微课推送。通过移动端进行学习的软、硬件条件和学生需求，让微课得以从课堂教学延续至课后教学。

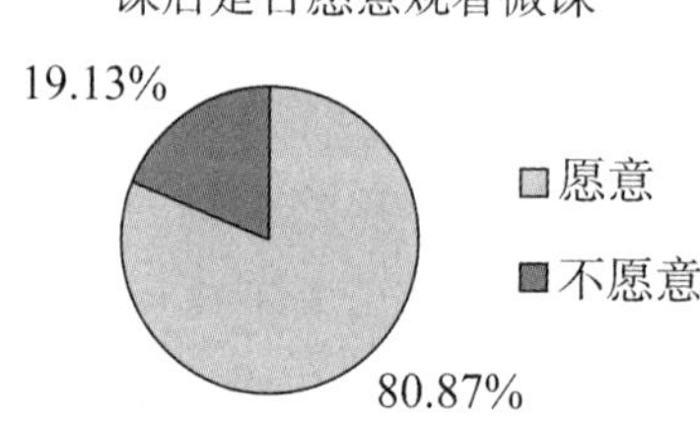

图 1　M 中学学生课后使用微课意愿调查

关于微课在公共视频平台的安全性和可靠性，2020 年的“空中课堂”在公共视频平台的稳定性是有目共睹的，而且目前大型的视频网站对于视频内容的审查机制也极为严苛。对于公共视频网站的使用，让教师有了更多自由发挥的空间。

三、微课在以学习者为中心的初中信息科技学科中的设计与实施

不论是微课还是微课程，在目前的教学环境下都不大可能改变传统的教学模式，

但可以被传统课堂模式所利用。① 用信息技术改变传统的教学模式，一直是广大学者和教学工作者的追求。不得不说，慕课等形式的在线课程已经对传统教学模式产生了巨大的冲击，但是目前，中小学的教学模式中，信息技术改变的还是教学的手段，而非教学的模式，这主要和学生年龄特征有直接关系。因此，微课在初中信息科技学科中的设计与实施必须围绕学习者这个中心，需要在传统教学模式以及微课本身的内容价值中寻找作用点与突破口。

（一）微课在初中信息科技学科教学环境中的构建

课堂是一个“软”“硬”兼备的生态系统。以学习者为中心，微课在初中信息科技课堂的使用必须时刻考虑这个核心，考虑在软件与硬件上都能符合初中生的学习习惯、个性需求以及学生的学习效率。

微课在初中信息科技学科教学中的软环境包括学生对于微课的接受度以及教师对课程内容的研究。调查发现，初中生对于在课堂中使用微课普遍表示能够接受，80.57％的学生表示在上课时如果有能辅导学习的微课内容，会主动观看教师对于上课内容的研究。教师只有准确把握教学目标，明确教学中的重点、难度，才能设计出好的微课。

微课在初中信息科技学科教学中的硬环境包括计算机教室特有的硬件条件以及信息科技教师制作微课的技术水平。笔者在初中信息科技学科教学中，构建以学习者为中心，能够自主学习和个性化学习的教学环境。学生一人一台计算机并安装电子教室控制系统，方便教师在课内向学生发送教学需要用到的微课资源等。为每一台计算机配备耳麦，方便学生在观看微课时能更好地在视觉上和听觉上同时接收信息，加深印象。设置计算机房服务器，配置 FTP 文件夹用以存放学生的个人学习资料包，学习资料包就是学生学习过程的完整记录，既方便学生自我复习，也方便教师了解学生的学习效果。

微课在课后的硬件要求较高，需要用到微信公众号发布微课内容，供学生在线学习。笔者在腾讯视频建立了专门的账号上传微课，也配置了个人公众号发布教学的微课内容。尤其是公众号，其图、文、视频的同时推送能让学生在课后复习重点、难度以及拓展知识与练习，学生能够自主学习和个性化选择学习内容。

（二）微课在以学习者为中心的课堂教学活动中的设计与实施

以华东师范大学出版社的初中信息科技（第二册）第四单元第一节“图形化编程”中的《侦测模块使用》一课为例。

1. 微课设计安排与理念

本课程在微课的设计上分成了课前、课中、课后三个部分（表 1）。课前使用贴近

---

① 王竹立.微课勿重走“课内整合”老路——对微课应用的再思考[J].远程教育杂志，2014(5)：34－40.

学生生活的案例让学生觉得侦测模块并不陌生，思考生活中还有哪些自己遇到的侦测情况，能否用侦测模块设计出有趣的程序。课中部分的微课数量较多，其中两个是完成任务必须使用的碰撞与颜色侦测模块。还为能力较强的学生提供了另外三种侦测模块的教学，供学生自主探究。课后的微课包括了对课堂学习知识的回顾、提问以及更高要求的程序的挑战。

表 1 "侦测模块使用"微课设计

序号	微课名称	微课内容
微课 1	生活中的侦测模块 (时长 4 分钟)	自动水龙头、感应门、小夜灯是如何工作的？无人驾驶汽车在道路上行驶后播放一段用图形化编程软件制作的无人驾驶小车的动画效果，用空格键能让小车暂停，碰到道路边缘会转弯，碰到墙壁会停车。
微课 2	碰撞侦测小知识 (时长 3 分钟)	小车在碰到其他角色、舞台边缘或者鼠标时停止，介绍碰撞侦测积木的使用方法。
微课 3	颜色侦测很神奇 (时长 5 分钟)	1. 小车碰到白色线条就停止。 2. 蓝色小车经过一段各种颜色的线条区域，蓝色小车碰到红色线就停止。
微课 4	键盘侦测真有用 (时长 3 分钟)	1. 当键盘按下↑↓←→键，小车会根据方向移动。 2. 小车一直前进，当按下空格键就停止。
微课 5	询问回答能听话 (时长 2 分钟)	小车会询问"是否可以发车？"当回答"发车"时，小车开始向前运动。
微课 6	侦测模块小提问 (时长 4 分钟)	1. 侦测模块"按下空格▼键"与事件"当按下空格▼键"的使用会有区别吗？ 2. 所有的侦测都是六边形或者圆角矩形吗？有没有例外呢？
微课 7	所有侦测模块大总结 (时长 8 分钟)	汇总所有侦测模块的使用方法和演示。
微课 8	无人驾驶汽车挑战 (时长 10 分钟)	无人驾驶汽车行驶在弯曲的道路上，汽车碰到道路边缘会自动修正路线。 空格键能让汽车暂停。 道路上有人的时会自动停止。 遇到红灯要停，遇到绿灯要行。

2. 课程设计

引入：上课前5分钟，由教师播放微课1，引起学生的兴趣与讨论，图形化编程中的无人驾驶小车是怎么行动的？

知识讲解：介绍图形化编程中有哪些侦测模块，在小车移动中为小车设置前方侦测感应线，当感应线碰到白色边线时，小车停止。

布置任务一：沿直线行驶的小车碰到白色边缘停车。同时下发微课2—5。学生在完成任务的过程中可以查看微课，做得较快的学生可以自行观看其他微课。

知识讲解：任务一中学生会使用碰撞侦测模块，这样的选择是正确的，同时让学生思考是否还有其他侦测。教师提出任务二：如何让小车在蜿蜒的道路上行驶。教师提示在小车的侧前方绘制两条侦测线，每当碰到边缘时小车向左或向右旋转15度，主要脚本由教师提供，其中侦测部分挖空，交给学生思考。然后让学生自己探究如何实现。

布置自主探究任务二：会沿道路转弯的小车。学生通过微课自主学习使用颜色侦测（自主学习部分），同时教师鼓励学生使用其他侦测模块，使小车的活动更加丰富（个性化学习部分）。

最后教师对任务二进行讲解，总结侦测模块的使用方法，并提醒学生侦测模块还有许多，有兴趣的话课后可以在公众号上进行拓展学习。

课后，在公众号上发布微课6—8。其中微课6是对上课内容的提问与思考，微课7是上课内容的复习与拓展，微课8是挑战练习，学生可以自行选择观看。

四、微课在以学习者为中心的初中信息科技学科中应用的策略

以学习者为中心，学情是教学的基础。教学前教师必须了解学生的情况，教学设计应站在学习者的角度，思考学习者需要什么，学习者能接受什么，怎么能让学习者接受。微课在以学习者为中心的初中信息科技学科中的教学就要充分考虑初中生的特点，因材施教。教师可以从不同层次学生的知识需求出发，为学生录制有针对性的微课教学内容。这样，学生能够从自身的知识领域分析，接受个性化发展空间。①

（一）课前微课，引起关注，引发思考

在课前，教师制作微课，可以是对以前学习内容的复习，也可以是对新内容的预习。学生可以通过微课提前熟悉课堂内容，这样在课堂中学生与教师能深入地互动和

---

① 黄凯莹.翻转课堂在初中信息技术教学中的应用——以初中课程《程序设计初步》为例[J].教育信息技术，2018，297(11)：72－75.

探讨学习中的问题。翻转课堂的模式,可以引起学生的学习兴趣,或者了解自身在知识学习上的盲区,启发学生思考,先学后教,学生对于知识的学习有更明确的目标。

在设计课前的微课时需要结合初中生的年龄特点。首先,内容方面以知识的上下衔接、新知识在身边的运用等为主,学生对即将学习的内容有体验经历,对知识的学习会更有动力。其次,表现形式方面语言幽默、画面色彩丰富,能直接吸引学生注意力。

(二) 课中微课,自主探究,个性学习

在课中,当教师讲解完课程内容,由学生开始动手练习时,教师往往无法做到对学生全覆盖的观察,针对每一个学生的问题进行一对一指导。此时,信息科技学科应用微课的优势就体现出来了。学生一人一台电脑,微课可以作为学生的学习资料包,详细讲解重点、难点问题,重现教师的操作演示,而学生则可以根据自身需求,有选择性地使用微课资源,以学习者为中心,满足分层学习的需求。

信息科技课的内容注重实践操作,以学习者为中心的角度也讲究成功体验。每一次活动或项目的设计,都希望能给所有学生带来完成任务的成就感。微课不应该是游离在任务设计外的,而应该是学生完成任务的阶梯。微课的分层设计针对不同层次的学生,可以让能力较强的学生掌握更多技能,让能力较弱的学生扎实掌握基本教学要求。课堂中,微课可以作为"帮助文件"进入学习资料包,引导学生自主学习,让学生根据自身能力迎接不同的挑战。

(三) 课后微课,拓展知识,培养兴趣

现在的网络技术发展使得微课在课后的使用成为可能。在课后,微课内容可以是课堂知识点的详解或补充,作为学生在课外复习的学习资源。通过微课,学生可以对课堂内学习的知识点进行梳理,对于没有掌握的重点内容进行再次学习,对于淡忘的知识点进行复习巩固。

课后微课内容也可以是基于课堂内容的知识拓展与新技术科普,新知识能让学生对学习更感兴趣,对每一次新的微课内容充满好奇和向往。

微课也可以作为学生碎片化学习的资源。移动智能终端的发展让碎片化学习成为可能。目前广泛使用的微信公众号平台,其文字、图片与视频搭配的排版可以弥补微课在文字阐述方面的弱点,公众号的推送可以将微课进行有机整合,成为微课程。而学生在利用微信公众号的过程中,是全面学习整个课程内容,还是挑选学习其中的微课知识点,是以学习者为中心个性化学习的体现。

(四) 微课内容,学生为本,按需设计

微课不是一节教学课的浓缩,微课应该是对教学中的重点、难点问题的解释,或是对操作方法的演示,可以是对课堂内容的拓展。微课的内容大致可以归纳为讲授类、问答类、演示类以及知识拓展。

对于微课内容，在问卷调查中69.57%的学生想要课内操作详细解说，80.87%的学生想要技能拓展，74.78%的学生选择了课外知识科普，有72.17%的学生选择分享软件使用经验。从调查中可以发现，初中生对于微课内容的需求相对比较均衡，较多的学生倾向于在微课中能学到更多软件的技能，提高自身的计算机操作能力。

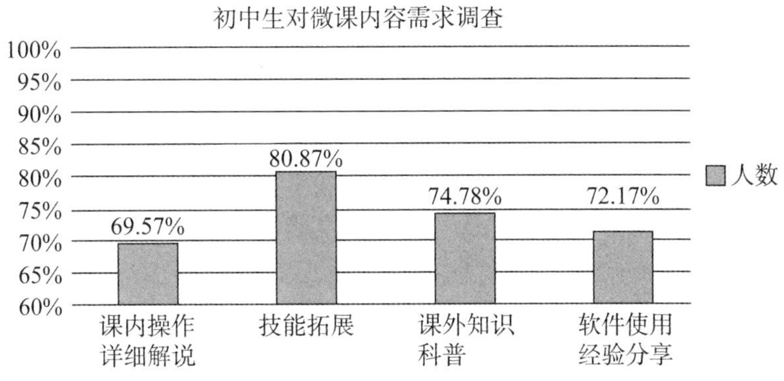

图2　M中学学生微课内容需求调查

微课在初中信息科技学科中的应用对教师的教学设计水平提出了更高的要求。微课如何穿插在课堂教学中，最大限度地为课堂教学提供帮助，这取决于教师对于课程的熟悉程度和对上课节奏的把控。此外，教师需要提高制作微课的水平，通过与学生的访谈等形式了解微课是否对学生有帮助，在实践中不断改进微课的设计。

五、结语

微课时间短、内容精、多媒体的特点非常适合作为教学中的资源应用，在以学习者为中心的教学过程中更能凸显其在个性化学习、分层学习、自主学习中的优势。但是微课不能取代课堂教学的过程，课堂教学的魅力依然在于教师与学生互动过程。

微课也不是微课程，虽然可以让学生在碎片化时间获得知识，但是这类知识并不是系统性的。这个是微课在网络端的局限性，下一步教师需要思考的就是在累积一定量的微课后将微课与“微目标”“微讲义”“微教案”结合起来，形成微课程。由微课发展到微课程，进而发展成在线课程(慕课)的形式，让微课研究和使用充满活力。

学习分析视角下的"云课堂"个性化学习研究

◎ 上海市黄浦区卢湾一中心小学　徐　旭

摘　要　本文从信息技术课、课外阅读、数学课等方面进行了"云课堂"研究实践探索,介绍了"云课堂"的特点:内容推送的精准可控、学习效果的精准反馈、个性化学习的精准指导,并对基于学习分析的"云课堂"进行了反思。

关键词　学习分析;"云课堂"

一、引言

2015 年,习近平总书记就强调要应用信息技术的发展,推动教育变革和创新,构建网络化、数字化、个性化、终身化的教育体系,建设"人人皆学、处处能学、时时可学"的学习型社会,培养大批创新人才。

目前现代教育技术在学校教学管理的应用相对还是比较容易、方便。运用学籍管理系统来进行基于大数据的教育决策;运用招生报名系统来保证教育的公平公正;运用办公系统、教研、网上学习等来提高工作效率。

因为每个教师有自身特有的教学方法,每个学生有自身的学习方法和习惯,所以现代教育技术在教学方面的应用还是难点。现代教育技术的使用必须坚持以应用为驱动,教育技术重的是"术",就是方法、谋略,在使用过程中要遵循有用、有益、有效、有力的原则。基于互联网思维的教学模式应体现如下特征:将互联网作为基础设施和创新要素纳入教学体系;强调以学生为中心的教学理念;利用信息技术促进教学流程再造;基于大数据的学习分析与评价;实现学生全面有个性的发展。[①] 互联网络以及移动学习终端的迅猛发展,使得以课堂丰富互动为特征的人手一机的新型课堂教学环境成为可能。

---

① 谢幼如,等.用互联网思维创新教学实践研究:课程视角[J].中国电化教育.2017(10):1-7.

二、基于学习分析的“云课堂”特点

卢湾一中心小学“云课堂”是基于“云计算”“学习分析”等理念和技术应用，以交融一体的信息技术支持系统和教学资源支持系统为实施平台，以向师生提供随时、随地、随需学习服务的数字空间为学习环境，以学生个性化学习进行学习分析的新型课堂。

“云课堂”首先在信息技术课、课外阅读、数学课时段进行实践探索。“云课堂”除了同样具备传统的师生、教材、桌椅等元素外，更多地融入了先进的信息处理、加工和呈现技术，搭建了一个更能满足师生互动教学需求的泛在技术环境的新型学习空间。

（一）内容推送的精准可控

信息技术课：建立信息科技教学资源平台，将机房的教师机作为 FTP 服务器，为各班设 FTP 空间，通过上传与下载，让学生的作品与素材更安全；教学过程的实施根据不同的教学内容，合理应用网络平台，通过采用多种手段激发学生自觉、主动学习，真正发挥他们的创造力。平台分为如下几个功能区：

教学资源区：集中管理和发布与信息科技课程有关的资源，学生需要大量操作实践的资源。

师生问题讨论区：学生就某一主题内容深入交流讨论的园地。

教学问题讨论区：为本校信息教师提供理论学习、教学研讨、教学反思、教材教法讨论的区域。

课外阅读：学校的彩云图书馆，是学校“云团队”研发的一个智慧型图书馆，是在信息化背景下为学生创造更好阅读环境的一个图书馆。系统能够统计每一个阶段班级、学生的阅读数量、兴趣、习惯，并在后台生成数据。系统力求将反馈数据系统化、生成数据自动化、分析数据科学化，结合一个阶段的总结数据，系统能够科学生成下一阶段的阅读学习目标，为每位学生推送个性化的书籍，调动每个学生的阅读兴趣，让每一个学生爱上阅读。

数学课：我校基于“分层练习”（即一星基础题、二星重点难点题、三星拓展题），与学校“云平台”相结合，将移动终端引入课堂，改变了传统的教学模式，实现无纸化教学。在授课之前，根据题目类型和难易程度，教师将一星、二星、三星题输入平台，根据学生的不同学习情况下发不同难度的题目，学生在做题过程中随时可以上网查找资料。以前教材是学生的整个世界，现在整个世界是学生的教材，课堂为学生提供随时、随地、随需的服务。

内容的精准推送更加关注个人的学习发展，它其实代表了一种自由、包容的学习风格，充分体现互联网以人为本的核心理念。

（二）学习效果的精准反馈

信息技术课：学生完成任务后，教师必须给予客观评价。评价是反馈学习者学习情况的一种有效途径，也是最能体现学习者掌握知识、运用知识解决问题能力的一种方法。

第一，评价量表的设计。

针对项目的目标以及学生以往学习中存在的问题，教师设计了“贺卡制作”评价量表（表1），对学生各阶段的学习进行学生自评、互评及师评。目的是对学生的学习过程给出较公正、客观的评价，并通过评价提高学生学习的积极性，改进学生存在的不足，提高学生之间的合作、协调能力。

表1 “贺卡制作”评价量表

一级指标	二级指标	具体要求	等第
解决问题的能力	用资料	能有条理地整理丰富、有用的资料（　）	A
		能整理有用的资料（　）	B
		能在同伴帮助下整理有用的资料（　）	C
		不会整理资料（　）	D
合作交流的能力	接任务	能说出合理的分工建议并主动认领各类任务（　）	A
		能乐于接受小组安排的任务（　）	B
		能接受任务但不主动（　）	C
		不愿接受小组安排的任务（　）	D
合作交流的能力	帮同伴	能主动帮助有困难的同伴（　）	A
		能在同伴要求帮助时去帮助解决困难（　）	B
		能在同伴要求帮助时提出一些建议（　）	C
		不愿帮助同伴（　）	D
学习态度和习惯	写日志	能及时做好活动记录，字迹清楚，内容详细（　）	A
		能做好活动记录并有具体内容（　）	B
		能做好活动记录但偶尔会忘记（　）	C
		不做或很少做活动记录（　）	D
信息规范和准则	用术语	能知道并正确使用更多的IT术语（　）	A
		能正确使用IT术语（　）	B
		能使用IT术语但有时会出错（　）	C
		不会或不愿使用IT术语（　）	D

第二，评价实施过程。

在项目活动的最初阶段，由教师介绍评价量规表，并解释各项指标的要求。对学生可能存在的问题进行提示与引导。让学生了解评价指标，有利于学生在学习过程中不断反思，提高自己的学习能力，改进自己的不足；也有利于提高学生的积极性。在每个阶段的学习结束后，请学生进行自评、互评，再由教师进行评价，并对每一个阶段进行小结。这样，学生的评价也会更有针对性、更客观，学生进行评价的热情也更高，体现了以评价促进学生学习、促进学生发展这一理念。

课外阅读课：彩云图书馆后台就是一个庞大的信息采集库，随时随地记录学生的阅读数据，如阅读的数量、种类及时间，生成并且进行整合，以便教师采集使用。

第一，通过“阅览数量”评估学生阅读兴趣。

每位任教老师通过系统可以调取学生每周、每月的阅览数量，平台将会自动生成一份班级、个人阅览数量的表格，通过简明的表格，教师可以对班中学生的阅读兴趣一目了然。

小王同学其余功课成绩良好，但英语成绩特别差，在平台自动生成的个别借阅统计数据中，英语老师发现他能借阅比较多的书籍，且主要看侦探类小说。英语老师分析数据后，就推荐给他一些英文侦探类书籍，请小王同学利用上课时间用英语介绍侦探类小说。因为是自己最熟悉、最喜爱的内容，而且能获得在课堂上为大家讲课的“老师”待遇，小王的精神头一下子就被激发起来，自信心也得到了极大的提高，慢慢地，他爱上了英语，对英语产生了浓厚的兴趣，英语成绩也大幅提高。

第二，通过“阅读时间”分析学生阅读习惯。

“阅读时间”能够较好地反映学生的阅读是否有效，系统平台帮助学生记录每一次阅读的时间，包括：阅读某一本书籍所花的时间；一定周期内平均每本书的阅读时间。前者可以帮助教师微观分析学生在阅读某一本或一类书时，是否存在翻阅或只是读图的情况；后者则可以宏观分析该学生的阅读习惯是否良好。

数学课：“云课堂”分析软件可及时呈现每个学生的学习情况，包括答题时间、答题准确与否等。教师需要对这些数据做实时的数据解读，及时分析，判断学生可能遇到的问题，找到产生问题的原因，实时了解学生行为表现。对于学生错误的共同点，教师共同讲解；对那些有困难的学生，由移动终端继续下发同等星级题目，让其在教师、同学的帮助下，在练习的举一反三之下找回信心，扎实、稳固、有效地一步步往上爬；对于部分特别优秀的学生，教师有针对性地引导他们解决更深层次的问题。

传统的课堂教学很难有数据保存下来，而利用“云课堂”，学生所有题目的作答情况、作品，都可以作为电子资源保存下来。通过观察这些数据，教师可以明显地看到哪些学生在学习中存在哪些问题。教师把课堂上即时生成的预设外的情况，也当作一种宝贵的课程资源来开发利用。在学习分析技术的支持下，课堂互动状态随时得以反馈和诊断，教师可快速根据当前课堂问题所在，精准调整互动主体、互动形式与互动时机，调动一切积极因素，实现有效干预，增强课堂时效。在学习分析技术的支持下，教师实现了一种基于证据的教学思维和“以学生为中心”的教学方式，通过这样的教学改进，可以更好地提高课堂效率，让学生乐于学习、勤于学习。

（三）个性化学习的精准指导

数据本身不会说话，教师可以利用数据找出意义，还原意义，有效定位学生的学习进度及状态，对学生进行诊断性评价并实现个性化学习精准指导。课后报告使学生可以对自己的学习进展与知识掌握程度一目了然，更清楚地把握自己的学习状况；教师可以筛选出多数人难以掌握的知识点，进而安排有针对性的教学活动。

“云课堂”已经从多媒体运用进入了大数据分析时代，这前所未有，也是数字化教学领域的新趋势。“云课堂”不仅改变了学生的学习方式，激发了学习兴趣，也促进教师改进教学方式，使教学更有针对性。

三、基于学习分析的“云课堂”思考

（一）现代教育技术与传统媒体的辩证关系

现代教育技术与教育教学深度融合并不是要摒弃教材和板书，而是要将传统方法与现代媒体有机融合于教学实践，利用现代教育技术提高课堂教学效益，利用传统方法突破重点、难点。①

（二）隐私与伦理问题

伴随着网络与通信技术的发展，人们可以利用各种终端设备随时随地接入网络，使得各种数据的即时、多样化收集成为可能，也促进了大数据的到来。学习分析的对象是学习者与学习相关的数据。因此，数据搜集与应用过程中必然涉及隐私与伦理问题，这些数据的利用是否应征求学生同意？应用数据进行分析或研究的实施者，是否有数据的使用权？数据的安全性如何得到保证？是否有给学生贴标签之嫌？以上问题伴随着学习分析的发展涌现出来，涉及隐私与伦理、数据使用权、数据安全等多个方面。②

教师通过“云课堂”能够更全面地了解学生的学习风格和学习效果，灵活选择教学方式。对学生而言，在学习过程中不仅能够学到知识，更重要的是，可以按照自己擅长的、喜爱的学习方式随时随地进行个性化学习。学生在教师的引导下学会思考，拓展

---

① 王轶，等.“互联网＋”时代青年教师信息素养研究[J].中国电化教育，2017(3)：109－114.

② 郭炯，郑晓俊.基于大数据的学习分析研究综述[J].中国电化教育，2017(1)：121－130.

自己的思维；在研讨的过程中学会表达自己的观点和接纳他人的意见，学会通过与他人协作完成学习，提高自己的创造能力和批判性思维。

“互联网＋教育”是当代教师无法绕过的主题，无论其作为理念还是技术，都必然会影响教师对教育世界的认知、体验和反应，学校教师应该把握这个时期教育可能发生的改变，“＋互联网”是物理变化，“互联网＋”才是化学变化。教育有自己的发展规律和目标，这一点并不会因为互联网的存在而改变，恰似汽车、飞机的出现并不会改变“回家”这个目标，也没有改变距离，却因其存在使得我们的行为方式与以往不同。我们要从学生的个性化学习需求出发，加快探索“互联网＋”时代背景下的教育转型，推动信息技术与教育教学实现深层次融合，利用信息技术支持学生全面而有个性的发展，促进教育理念、教学内容和教学方式的深层次变革。

周隽教心工作室

工作室主持人寄语

如果我能使一颗心免于哀伤，
我就不虚此生；
如果我能解除一个生命的痛苦，
平息一种酸辛，
帮助一只昏厥的知更鸟，
重新回到巢中，
我就不虚此生。
用狄金森的诗与大家共勉。

工作室代表性研究成果

小学生情绪调控能力与社会适应能力的发展研究成果

《阳光少年成长快车》中学心理校本课程的建设与实践研究

OH 卡在高中生个别心理辅导中的应用与思考

工作室概况

格致教育集团周隽教心工作室成立于 2018 年初，由上海市格致中学心理教研组组长周隽老师担任主持人，上海市黄浦区卢湾一中心小学余珏老师担任副主持人，上海学生心理健康教育中心副主任、上海市中小学心理辅导协会理事长、上海市教育科学研究院沈之菲教授担任工作室特聘导师。工作室学员包括：上海市黄浦区曹光彪小学教师王瑞安、上海市格致初级中学教师张依娜、上海市民办明珠中学教师梁云娟、上海市同济黄浦设计创意中学教师颜佳萍和上海市格致中学（奉贤校区）教师黄佳音。

周隽教心工作室旨在借助集团名师工作室这一平台，一体化构建成员校各学段心理教师“学习共同体”，通过校际研修、跨学段联动等形式，积极提高本教育集团心理教师的专业发展意识和能力，着力培养一批掌握现代教育理论和辅导理念，有锐意改革进取的创新意识，有鲜明的教学特色和风格，有较强心理健康教育工作能力的心理教师团队，促进一体化成长，助推集团心理健康教育水平整体提升。

工作室主持人介绍

周隽，上海市格致教育集团周隽教心工作室主持人，高级教师，上海市格致中学心理教研组组长，黄浦区教育系统心理学科带头人，华东师范大学社会导师，国家职业技能鉴定考评员。多次参与全国、市、区心理教材和专业书籍编写，出版专著《心理游戏》《中学生心理课　生涯发展》《心理课　怎么玩——心理教师实战进阶手册》等。近五年先后荣获“黄浦区未成年人保护先进工作个人”和“上海市家庭教育优秀指导者称号”，获“黄浦区园丁奖”。

余珏，上海市格致教育集团周隽教心工作室副主持人，黄浦区卢湾一中心小学心理高级教师，黄浦区心理骨干教师。近五年参与多项课题研究，先后获得上海市教育科学研究院第六届学校教育科研成果一等奖，黄浦区第十三届教育科研成果二等奖，“黄浦杯”长三角城市群“关键教育事件”征文评选三等奖。

心理教师队伍一体化建设实践探索

——周隽教心工作室工作回顾

一、学习共同体：一体化构建

教心工作室通过名师工作室构建“学习共同体”，加强校际研修，成为集团成员校心理教师的“娘家人”和“靠山”，积极提高心理教师的专业发展意识和能力，促进集团心理健康教育水平的整体提升。

（一）共同学习交流的微信群：你不是一个人在战斗

工作室微信群是一个学员们可以随时随地进行工作讨论和分享的安全空间，大家可以交流专业的资源和信息。在谨遵专业的保密原则前提下，大家无论遇到什么烦恼、困惑和难题，都可以在微信群里随时提问，其他教师无保留地分享自己的经验和建议。大家群策群力，在交流和讨论中获得心理和专业上的支持。这种有组织依靠、有专业支持的“集体归属感”，有助于增强心理教师尤其是年轻心理教师的自我效能和工作效果。

（二）请进来、走出去：助推专业发展

专业的发展需要专业的引领，工作室每学期都会根据学员们的一线需求，邀请市(区)心理专家开设专题讲座。小型团体的讲座更能契合学员的实际需求，专家的贴身指导和学员的体验互动也更为充分。

讲座中既有增强课程与咨询理论素养和实践水平的专业讲座，也有舒缓身心、唤醒内在生命力的减压体验，让经常吸收来访者“心理垃圾”、容易能量枯竭的心理教师们，在提升专业自信的同时，留出时间和精力关照自身的身心健康，缓解工作压力。

（三）集体磨课：突破“舒适区”，提升专业成长

无论是准备市(区)心理健康活动课大奖赛，还是各种公开课、评选课、展示课，“痛苦折磨”的磨课过程是必不可少的。教心工作室磨课的重点主要落脚在课程的设计、课堂生成性资源的把握和如何设计层层递进的“问题链”上。

备课、说课、听课、评课，从工作室学员群策群力到专家把脉指导，大家在一遍遍精

磨中集思广益，仔细斟酌，反复研讨。当“美好的理想”在“骨感的现实”中一遍遍重来，最后脱胎换骨时，无论是试讲教师还是听课教师，都深深感受到“突破‘舒适区’的磨课是痛苦的，但也是痛并成长的”。

二、跨学段联动：一体化成长

教心工作室立足教师和学生的需求，以教师的成长和学生的发展为目标，扎扎实实推进各项工作，成效显著。

（一）开拓了课堂教学的思路和方法

教心工作室经常组织各类线上线下的研讨活动，用集体的智慧来启发大家的思考，开拓课堂教学新思路和新方法。学员们感触最深的是设计思路从“我得上这节课”，转变到“学生能从课堂中收获什么”，如何提问引发学生思考，如何用追问来进一步启发学生，对于追问技巧的反复打磨让学员们大胆突破了以往放不开、不敢问的教学习惯，尝试跨出自己课堂教学的“舒适区”，用适时、灵活、启发式的追问来推进课堂教学，遇到意料之外的回答也能更沉着、有技巧地回应。

（二）提升了个案辅导能力

个案辅导是心理健康教育的一项重要工作，提升此项能力是每位学员的迫切需求，工作室开展了多项专家授课活动，学员获益良多，对于学校开展危机干预工作的流程和方法有了更全面和系统的认识，增强了信心和能力。学员们将学到的很多实操性技能运用在课堂教学、社团活动及个别辅导中，效果明显。

（三）形成共同进步的教育合力

工作室创设的氛围让学员们早已形成了这样的习惯：有任何的疑问不解都可以随时与伙伴们探讨；学员们也形成了这样的自觉，分享自己的观点，一起寻求答案。大到课程的设计，小到道具的修改，各种疑惑都在大家智慧的碰撞中得到及时的解决。

（四）促进了学生的可持续成长

教师的进步也带来了学生的成长。王瑞安老师发现，工作室一直以来的引导也转化成了学生对课堂教学内容的吸收。

以“情绪调节”这一主题为例：学生通过一年的学习，相比于2018年的三个年级，2019年的三个年级在情绪沉浸和行为冲动两个调节方法上的倾向有了大幅度的下降。经t检验，差异达到极其显著水平（$p<0.01$）。这种变化也是对教学目标达成度的一种佐证(图1)。

两年多来，教心工作室的每位学员都获得了成长。多位学员参加了市级课题“积

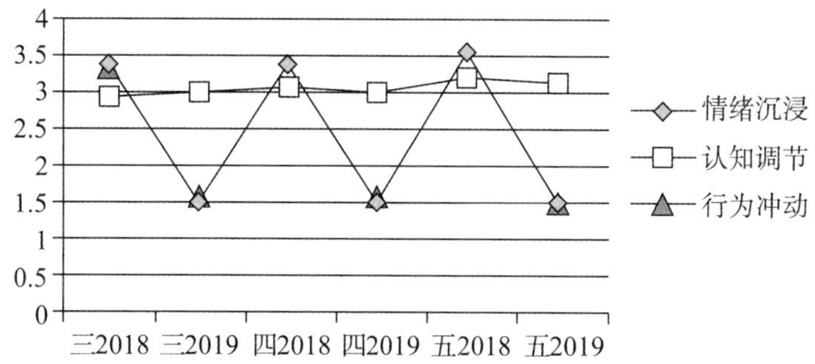

图1 不同年级在同伴交往时使用不同调节方式的情况

极成长·幸福区本课程整体架构与实施研究”;出版专著1本,参编图书3本,发表区级及以上论文案例6篇,获奖2篇;区级及以上课题立项6项,结题3项;开设区级及以上教学展示课8节;获得区级及以上教学比赛一等奖5人次,二等奖7人次,区级及以上荣誉11人次。

未来我们将继续修炼内功,以更专业化的姿态开拓前行。

小学生情绪调控能力与社会适应能力的发展研究成果[①]

◎ 上海市黄浦区曹光彪小学　王瑞安

摘　要　基于情绪调控能力在儿童社会性发展中具有重要影响，以及学校所承担的育人重任，本课题将小学生学校日常生活作为背景，借鉴国内外儿童情绪调控能力与社会适应能力的研究与干预方法，运用文献研究法、问卷法、访谈法、个案研究法、学校故事等多种心理学、教育学研究方法，了解和考察小学生情绪调控能力对其社会性发展的影响，探索小学生社会性发展的概况与核心要素，形成了包括课程建设、个体辅导、数据平台建立等方式的积极干预体系。

关键词　情绪调控；社会适应；品格培育；课程建设；干预途径

一、问题的提出

本课题研究的提出基于以下几点思考：

（一）情绪调控能力在儿童社会性发展中的价值

国内外多项研究指出，情绪调控能力是儿童社会适应能力的核心要素，具有较高情绪能力的儿童在社会适应中也多有较好的表现。在生态系统中，学校环境是儿童成长发育的微系统，对儿童身心成长所起的作用之大已属公认。我们认为，学校既是"教书"的场所，更是承担"育人"这一社会重任的核心场所。厘清小学生情绪调控能力的发展脉络，建构其在社会性发展中的完整模型，不仅对教师、对校方的日常教学起指导功能，对小学生未来发展更具有不可估量的意义。

同时，以情绪调控作为研究小学生社会性发展的重要抓手，与学生心理健康教育的意义密不可分。2001 年，世界卫生组织提出，心理健康是一种健康或幸福状态，在这种状态下，个体可以实现自我、能够应对日常的生活压力、工作富有成效和成果，以及有能力为所在社区作出贡献。这样的取向强调了人性友好的一面，关注人性的潜

① 本文系 2016 年度上海市教育科学研究一般项目"小学生情绪调控能力与社会适应能力的发展研究"（项目编号：C16012）的研究成果。

能。这样的取向也符合我校以促进社会性能力为导向的心理健康教育目标，即发展“适合每个孩子”的心理健康教育。在促进社会性发展的视角下，所有学生都是可获益的对象，都能够得到适合自己的、发展自我的机会与资源。所以，课题组认为，以情绪调控为抓手，促进学生社会性发展视角下的心理健康教育可避免“问题导向”，让更多学生获得未来有利于社会性发展的资源。

（二）情绪与社会性发展是学习基础素养中身心健康板块的重要组成部分

《上海市中长期教育改革发展规划纲要(2010—2020)》明确提出，教育要着眼于学生长远发展和社会文明进步的需要，为学生终身发展奠定良好的基础。因此，小学阶段必然要顺应社会发展规律，遵循学生身心发展规律和学习规律，紧扣学科发展规律实施教学与管理，培养学生终身学习发展所需的核心素养。市教委提出的小学生“学习基础素养”是学生发展核心素养中的核心部分，是为塑造全面发展的人不可或缺的能力。在“学习基础素养”理论框架之中，情绪与社会性就是“身心健康”板块的主要内容。目前研究者已明确儿童的学习绝不仅仅是认知的学习，其他非认知因素的参与，譬如情绪调控能力会与认知产生较大的交互，同样至关重要，同样是实现个体终身学习所必备的能力和品质。

（三）延续学校品格教育的大环境

学校从2009年开始，在首个市级课题中，就有对现代城区小学生品格教育的相关研究。2015年，“转型背景下小学阶段品格培育的实践研究”作为上一轮市级课题的后续性研究，学校新一轮市级课题，结合积极心理学的24项优势特质，确定了小学生品格培育的五个核心要素，其中就有“社会智商”“自我调适”等内容。研究发现，小学生情绪的自我调控意识和能力都很欠缺。不少班主任缺少对学生情绪调控和社会性发展之间重要性的认识，不知道该从何入手。本研究项目作为学校市级课题的纵深研究，继续深挖品格教育中所涉及的情绪调控与社会适应能力，运用多样化途径和创新方法为小学生品格培育进行补充深化的同时，开拓新眼界，树立新理念，发展新技术。

二、问题解决的过程与方法

目前我校学生在情绪与社会性发展中的主要表现有：在情绪调控方面，小学生一旦遇到问题难以在已有的认知中作出恰当的情绪调控，在某个情绪中难以自拔；小学生缺乏恰当的社交技能，大多数凭着当时的情绪状态进行应对。此外，不少班主任缺少对学生情绪调控和社会性发展之间重要性的认识，不知道该从何入手进行引导。课题组基于以上问题进行了实践研究，推进路径如图1所示：

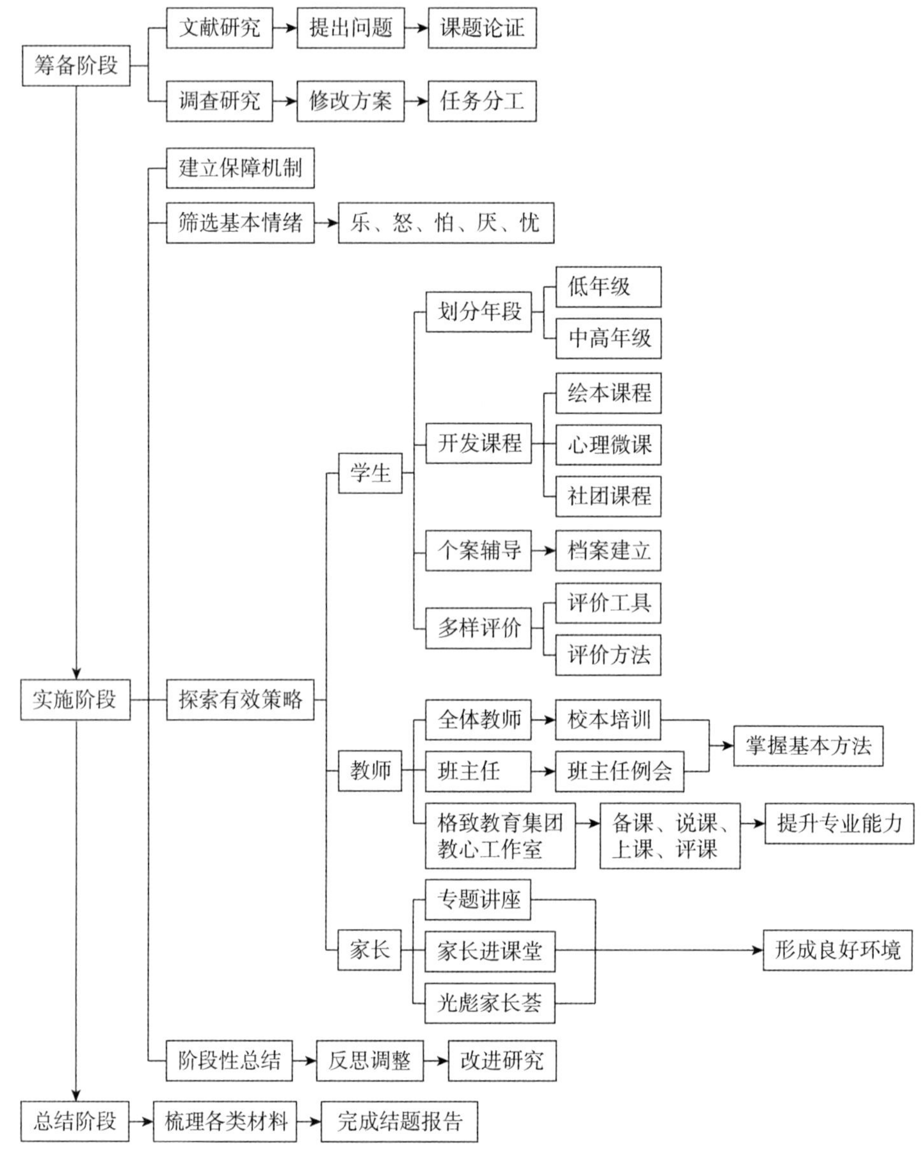

图 1　实践研究推进路径

在具体推进时,课题组制订了三个阶段的研究方案。

(一) 筹备阶段:进行调查分析,制订研究方案

我校科研工作一直以来要求以数据为研究的依据,要求定量研究尽可能贯穿课题研究始终,所以课题组针对教师和学生分别进行了调研。有关教师的调研主要采用座谈、个别访谈的形式,用以了解学生社交行为、学生情绪情况。有关学生的调研主要使用问卷调查,通过伊利诺伊孤独感量表、儿童自我觉知量表、自我调节量表等问卷调查了学生的同伴关系以及在交往中的应对方式,获得学生群体的客观数据。另有近三年

来学校依托第三方公司开展的积极心理学优势品格的问卷调查,其中所积累的学生自我调控数据也作为参考,最终确定研究方向,制订研究计划。

(二) 实施阶段:聚焦基本情绪,形成干预策略

我们基于前期的调研和小学生心理特点的分析,以及克雷奇、笛卡尔等人对人类基本情绪的划分①,选择了乐、怒、怕、厌、忧五种基本情绪为训练的切入口,已完成五种基本情绪的校本课程开发、三个心理活动月的设计、多种评价手段的尝试等。研究中运用了学校故事学理论、个案研究、案例分析等实践研究方法,帮助小学生认识情绪、了解情绪调解的作用、掌握一些有助于自己身心愉悦的情绪调控方法,促进同伴间的社会交往。形成小学生情绪干预的多个策略及可操作的实施方法。

(三) 阶段性总结:提炼实践经验,形成推广基础

在完成本研究后,课题组整理了研究中所积累的调查数据、学生个别教育的案例、心理指导的微课、绘本故事及教学案例等内容,提炼出其中操作性较强的研究成果。同时,课题组反思研究中存在的问题,寻找对策,改进研究。在整体研究中提炼最终成果,并形成可推广的经验。

三、成果的主要内容

本课题在实践过程中,既开设了适用于全体学生提升情绪调控能力与促进社会性发展的课程体系,也丰富了具有针对性的个别化干预策略。课题组根据小学生心理发展特点,运用有关的心理教育方法和手段,培养学生良好的情绪调控能力,促进学生身心和谐发展及素质的全面提高。

在课程体系方面,共创设了六个课程。简要内容如下:

第一,主题式心理健康教育课。心理健康课不同于其他学科,它具有三个鲜明的特征:注重自我探索的过程,注重体验和感悟的活动过程,注重互助、自助的人际互动过程。课题组根据课程本身的特点并结合课题研究主旨,开设了情绪主题课程,目前含有"认识情绪""理解情绪""表达情绪""学习情绪调控的策略"四个模块,每个模块有一至两个活动。

第二,微课程"小情绪的大奥秘"。我校目前开展了"小情绪的大奥秘"系列心理微课程,内容由心理辅导室制作。该课程的开发设计既是为了让学生有更易于进行自由学习的素材,也是为了便于教师的实施操作。微课程的内容可以由学生从学校公众号中获取,利用碎片化时间进行观看和学习,家长也可以参与其中;微课程也可由班主任

---

① 桑标.儿童发展心理学[M].北京:高等教育出版社,2009.

或者其他教师根据自己的教学安排与需求进行使用。我校每次微课中包含导入、测试(自评)、小任务等环节。

第三,品格培育课程。本课题即我校“转型背景下小学生品格培育的实践研究”课题的延续与深入。我校提出的学生“五大品格”中的自我调适、公民意识、社会智商与本课题中的情绪调控与社会性发展有着交错与重复,也是美国心理学家赛里格曼所创立的“积极心理学”学说中的重要组成部分。比如,积极参与学校的活动,融入所在的社会群体、体会群体中的荣誉感,能够互相沟通,等等,都能促进学生的社会性发展。在品格培育的过程中,我们引领学生自我体验、自主探究、自主发展、自我超越,倡导项目化、主题化、个性化的学习,从而提升品格素养。

第四,绘本课程。我校根据小学生的年龄特点、心理特点,运用“学校故事学理论”开展教学。我们挖掘了学生身边的一些故事,编写成绘本,通过一些具有代表性的范例故事提升学生的学习兴趣与注意力,并让学生在各种绘本故事的熏陶中,潜移默化地受到正面引导。课题组为每本绘本都设计了与心理学相关的导读、小活动和小练习,使绘本成为学生社会性发展以及品格养成的行为指导。

第五,团体辅导课程:“小小72家房客”社团。基于团体辅导式心理健康课的特点及其在我校的实际开展情况,我们发现这样的课程对于促进社会性发展也非常适用,尤其是观点采择、互助行为、同伴交往,这类需要人与人之间的碰撞才能有效激发的潜能。在此基础上,我们又将团体辅导式心理健康课进行了衍生,设立了“心理社团”,以此形成完整、长时的团体心理辅导。

第六,学校心理剧课程:心灵剧场。在学校“心语屋”中有一个专门的小舞台“心灵剧场”,是学生自编自导自演心理剧的场所。目前,校园心理剧创演作为心理健康教育实施的途径之一,引导学生加深自我觉察,利用语言、肢体的表演来表达自我,达到心理自助,乃至自我疗愈的目的。① 通过校园心理剧的活动,其实获益的远不仅仅是部分参与表演的学生,其他同学通过观察身边同龄人积极的做法,更易产生共感、共情,也更有利于他们进行模仿。

四、成效与思考

通过研究,课题组取得成效如下:

(一)明晰了小学中高年级学生社会适应能力特点

课题组运用伊利诺伊孤独感量表、儿童自我觉知量表、自我调节量表等专业工

① 陈萍,陈启刚.校园心理剧:促进学生心理自助的新视角[J].中小学心理健康教育,2018(18):35-36.

具，明晰了小学中高年级学生社会适应能力特点。随着年级的升高，学生对学校的喜好、交友情况、自我感觉、学习情况渐入佳境。每个年级中，四个维度的得分由高到低均依次为：学校喜好、交友情况、自我感觉、学习情况。而且，随着年级增长，对交友情况满意的学生增多，五年级的学生得分显著高于三、四年级。在与同伴相处时，学生普遍不喜欢使用将事件外化的策略来应对，更偏好问题导向的策略。但三年级学生的问题导向策略的使用显著低于四、五年级学生。面对需要情绪调控的情境时，认知调节都是排在最后的策略，学生更倾向于使用情绪沉浸与行为冲动。其中，三年级学生的认知调节水平极其显著低于五年级学生。由此可见，我校目前中高年级学生对同伴交往的情况总体是满意的，学生更多使用聚焦问题的方式来解决交往时发生的问题，但他们容易沉浸在情绪之中，情绪调控的能力还未发展成熟，容易冲动。

（二）初步形成了提升情绪能力与促进社会性发展课程体系

课题组挖掘校本特色课程中的内容与活动，学科活动中的特定环境与情境，对学生进行干预，帮助学生在课程学习、活动参与、合作互动中学会情绪调控，促进社会性发展。其中包括绘本课程、心理微课程、社团课程等特色课程。

（三）细化了指导学生情绪调控的策略与方法

根据小学生的年龄特点，课题组为一、二年级的低年级学生和三至五年级的中高年级学生设计了不同的干预方式。低年级学生以知晓情绪和认识、判断情绪为主，中高年级的学生则采用学习情绪调控的方法，并能在交往情景中尝试运用，使自己保持愉悦的情绪，与伙伴及他人形成良好的社会交往关系。此外，我们不仅利用学校心理辅导课和校本化的特色课程，在心理老师的专业辅助下进行团体辅导，而且特别关注改善一些特殊学生的情绪能力。在具体干预时，要求学生反复练习，从听到说，到写，到演，既防止单调，也让学生调用更多身体感官进行学习。

（四）加强了教师专业培训，促进有效指导

小学生的情绪干预，需要班主任和学科教师的共同关注。在学校市级课题品格培育的研究中，“自我调适”这一品格的研究是一个瓶颈，课题的研究恰好着力于这一难题的突破。我们通过全教会、教代会、班主任会议，让全体教师知晓课题研究内容，并告诉大家什么是情绪，怎样引导学生，以及案例的收集，鼓励教师在课堂教学、班级生活、学科活动、学校环境等方面进行实践研究，掌握一些有效的干预方法。

（五）完善了学生情绪能力与社会性发展的信息的采集，逐步建立学生行为大数据

课题组借助第三方设计开发了使用采集学生数据的程序，由班主任通过程序快速记录班级学生的日常行为，提炼关键词。通过定期(一般为三个月)数据汇总与分析，

从中更精准地发现问题,提出干预方案。由于记录是通过客观数据进行反映,所以所呈现的学生问题更具有客观性和动态性。同时,也将班主任从繁重的档案记录中抽离出来,能够有时间深入了解该领域的专业知识,以便更高效地指导学生,对于一些问题学生也更为聚焦,更有利于他们发展情绪能力,享受同伴交往的乐趣。

五、思考与展望

通过三年的研究,课题组对我校学生的情绪调控能力和社会性发展情况有了基本的了解,也得出了若干行之有效的干预手段。回顾三年中学生的整体发展情况,可以发现随着年龄的增长,我校中高年级的学生整体情绪调控能力已经有了一定的发展,但还没有达到发展的拐点。但是,一旦进入青春期,个体的情绪将发生巨大的变化,所以帮助学生在青春期之前做好充分的应对准备,将对他们未来的学业与生活意义重大。

(一)关注同伴影响力在情绪辅导中的作用

随着儿童年龄的增长,同伴的影响力也会与日俱增。[①] 目前,在有关同伴关系领域的研究中普遍发现了情绪调控的重要作用。是以,课题组在绘本教育、心理健康教育主题课、团体辅导各项课程、团体辅导等形式或内容的课程设计中都注重同伴关系的渗透。从目前施行的效果来看,大部分中高年级的学生对他们的同伴关系是满意的。

(二)注重以认知重评的方式对学生进行情绪辅导

认知重评一直被认为是更具有适应性和健康的情绪调控策略。[②] 它能够更加有效地调节负性情绪,更加有利于个体的身心健康。[③] 所以,课题组在课程设计中增加了认知重评的训练环节。通过持续训练,我校学生逐渐显露出了善用认知重评策略的趋势,他们重新思考事件中的积极资源,运用所学技能进行实践,达到适应良好的目标。

(三)善用大数据平台精准指导情绪辅导

从"曹光彪小学在线个别教育档案"程序来看,通过数据反馈,教师可以直观地了解学生的情绪变化,预测他们的需求,在对学生进行个体指导时更加有的放矢。

此外,家庭教养方式、体育运动等也在儿童的情绪调控和社会性发展中或扮演着

---

① 杨奇伟,何华敏,罗跃嘉.情绪调节策略的适应性研究进展[J].中国康复医学杂志,2013(3):271-275.

② 程利,袁加锦,何媛媛,李红.情绪调节策略:认知重评优于表达抑制[J].心理科学进展,2009,17(4):730-735.

③ 姜媛,张力为,毛志雄.体育锻炼与心理健康:情绪调节自我效能感与情绪调节策略的作用[J].心理与行为研究,2018,16(4):570-576.

重要角色，或起到正面的作用。①② 下一步，课题组不仅需要引导家长树立正确的养育观念，采取更加积极的教养方式，促进孩子的健康成长，也将考虑将体育教育与情绪调控教育相互结合，探索体育课堂全新的教学模式。

最后，儿童的心理健康现已经成为全社会共同关注和期待的焦点，而情绪调控以及社会适应能力是个体的心理健康系统中极其重要的机制。鉴于任何研究成果的关键在于应用，课题组将在集团校内扩大学校的参与和应用范围，将成熟的经验分享至更多学校，为保障更多学生的心理健康提供服务，也为教师和学校提供一种育人理念的新视角。

---

① 姜媛，张力为，毛志雄.体育锻炼与心理健康：情绪调节自我效能感与情绪调节策略的作用[J].心理与行为研究，2018，16(4)：570－576.

② 杨传利，林丽珍.家庭教养方式与学生情绪调节能力的关系——基于社会情感学习(SEL)背景下的实证研究[J].广西师范学院学报(自然科学版)，2017，38(3)：136－143.

《阳光少年成长快车》中学心理校本课程的建设与实践研究

◎ 上海市格致初级中学　张依娜

摘　要　心理健康教育由于其学科特殊性，在课程建设时有必要将其校本化，且心理健康教育在课程理念、课程实施等方面有诸多探索空间。因此，本研究呼应心理健康教育发展趋势，借鉴积极心理学相关理论，通过行动研究落实开发，建设适合本校学生特点且具有学校特色的、能有效解决学生心理健康教育中实际问题的心理校本课程及课程体系，并构建起一个较为完整的心理校本课程开发框架，以及基于积极心理学的课程开发经验，为一线教师今后开展心理校本课程开发方面的工作提供借鉴。

关键词　心理健康教育；心理健康教育课程；校本课程开发

初中阶段的学生正在经历生理与心理上的巨大变化和发展，既会遭遇许多成长问题，也处于塑造积极心理品质的关键时期。这些现实都对学校的心理健康教育工作提出了更高的要求。近年来，我校基于学情分析，在各年级以不同形式落实心理健康教育，并着重在起始年级发挥课堂主渠道作用，依据《初中生心理健康自助手册》开展心理辅导活动。

我们在实践过程中发现：心理健康教育课程有其学科特殊性，需要密切结合本校学生的心理特点，尊重学生的差异性与多样性，且心理课程建设在课程理念、课程结构、课程评价等方面有待进一步探索。因此，学校开展新一轮心理校本课程的建设，开发适合我校学生的心理校本课程，为构建我校心理健康教育体系奠基，以提高学生的心理素质。

一、分析基础，寻找课程重构的突破点

格致初级中学一直以来坚持“以人为本，关注每一位学生全面发展”的办学理念，心理健康教育一直作为学校教育的重要内容，自 2003 年起正式纳入学校常规工作。随着对心理健康教育的深刻理解，对学生实际情况的深入分析，逐步明确各年龄段学

生的主要发展任务，确立了分年级心理健康教育目标体系，形成分层递进、有效衔接的教育内容(表1)。

表1 分年级心理健康教育目标体系

年级	分年级目标
六年级	帮助学生顺利度过从小学升至初中的入学适应阶段，包括学习适应、情感适应、自我适应与人际适应四个方面，使学生平稳完成从小学生到中学生的身份转变
初一年级	学生进入青春期后，帮助他们克服正处于高峰状态的“自我中心”意识，能够正确处理好亲子关系、同伴关系和师生关系
初二年级	学生处于不断探索主观世界的“我”的阶段，帮助学生正确认识自我，包括客观地评价自我、悦纳自我，并完善自我，同时学会正确处理青春期的异性交往问题
初三年级	提高学生的抗挫能力，增强心理韧性，提高自我情绪调控能力，并指导学生掌握正确的学习方法与学习策略，以最佳心理状态迎接即将到来的挑战

依据分年级目标，在各年级通过多种途径开设心理健康教育，保障学生心理的健康发展，如心理健康教育广播、心理健康活动月以及社团心理活动等。而心理校本课程《阳光少年成长快车》以限定性拓展型课程的形式在六年级开设，作为全体学生的必修课，开展心理健康教育系统性教育，为学生今后三年心理素质的养成奠定扎实的基础。

通过梳理校本心理课程的发展历程，提炼经验，作为后续的研究基础。同时也发现：首先，学校心理课程内容缺乏系统、科学的架构，对学生关键能力培养的指向性不够明确，与学生的真实需求相脱节；其次，学校心理课程的价值取向注重学生心理问题及修复，并未呼应发展性、预防性心理辅导的发展趋势；再次，心理课程中的部分内容缺乏有效性；最后，六年级的心理校本课程与其余年级的心理健康教育缺少关联，处于彼此孤立的状态。这些都是课程开发中需要聚焦的问题，成为心理校本课程重构的突破点。

二、聚焦问题，明确课程编制的研究路径

2014年9月，学校正式启动《阳光少年成长快车》中学心理校本课程的建设与实践研究，研究过程如图1所示。

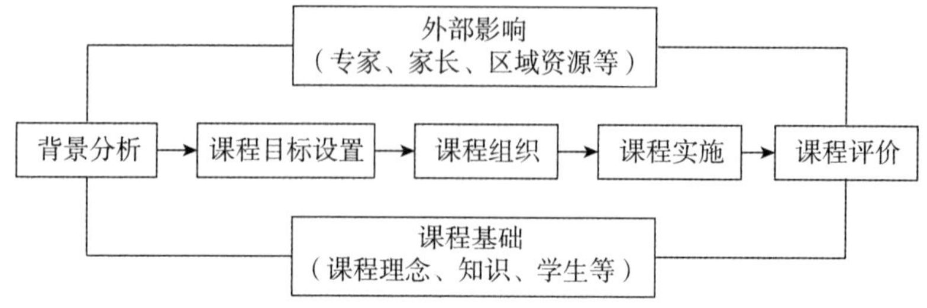

图1　心理校本课程开发的过程

（一）理论探索

对心理健康教育课程理论，包括课程价值取向、课程模式、课程发展趋势等，以及其他区域与学校的中小学心理健康教育课程的实践，开展理论探索。①

（二）成立研究与协调小组

研究与协调小组成员包括学科专家、学科教师、班主任代表、学生家长等，组员间重视交流与互启，为课程的开发与管理建立组织保证。

（三）问卷调查与访谈

在开发准备阶段，学校对自2010年建立的起始年级学生心理素质评估的基础数据库开展分析，并在各年级各班随机抽取一位学生代表，组织集体访谈，将定量分析与定性分析相结合，对学生的心理状况与需求有一个整体和全面的了解，发现学生在认知能力、情绪表达与控制能力、社交能力的培养上呈现出较高需求。

（四）课程实施与评价

在前期研究成果的基础上，将预设的心理校本课程从文本落实到实践，并通过自编问卷、半结构化访谈等方法，定期掌握学生、同伴教师、课程专家等对课程本身的感受与评价，以“行动—观察—反思—调整”四个环节开展行动研究。

三、螺旋循环，实践反思形成心理校本课程

（一）基于学情构建心理校本课程框架

1. 课程目标

以学校心育目标、学生发展需求为基础，紧扣《中小学心理健康教育指导纲要》(2012年修订)提出的教育内容，明确我校学生成长所需的能力要素，确立了以“能力本位”为主的心理校本课程目标，期望培育学生六大方面的能力，以落实发展性心理辅导。具体内容如下：

---

① 廖哲勋.关于校本课程开发的理论思考[J].课程·教材·教法，2004(8)：11－18.

(1) 培养适应环境的方法与能力：能够顺利度过入学适应阶段，平稳完成从小学生到中学生的身份转变。

(2) 提高认知能力：激发学习动力，协助发展学习能力与有效学习方法。

(3) 提升情绪管理能力：能够认知情绪、管理情绪，培养积极、健康的情感。

(4) 促进抗逆能力：能够应对挫折，并对未来建立积极的信念。

(5) 加强社交能力：能够与身边的成年人与同伴建立积极联系。

(6) 拥有积极的自我意识：建立自我效能感，明确自我身份，学会认识自我、管理自我和完善自我，提升心理素质。

2. 课程内容与结构

依据课程目标中所涉及的六大方面能力，借鉴积极心理学理论①，将心理校本课程按照六大单元进行课程结构分类，分别是："准备出发""学习也很简单""情绪的潘多拉""你能重新站稳""我的关系银行"与"独一无二的我"。通过循环式教学实践，进一步细化六大单元各专题的教学目标与内容，并明确课时安排(表2)。

表2　课程具体目标与内容

单元	积极心理学对应模块	专题	主要目标及内容	课时
准备出发	积极压力的特征，以及压力的积极管理；积极应对环境改变的心理与行为方法	走进"心"世界	对心理课的意义有初步的认识，激发参与热情	1
		与变化交朋友	认识并接纳面对新环境所产生的不同感受；培养开放、主动的态度去认识他人；调整学习习惯与学习方法以适应初中学习生活	3
学习也很简单	促进内在动机；提升专注力与记忆力；促进更好的思维能力	学习加油站	了解自己的学习动机，激发内在学习动机，认识到主动、积极学习的重要性	1
		注意我的"注意"	知晓注意力不集中的原因，并对注意力进行培养与训练	1
		我的记忆面包	明白记忆在学习过程中的重要位置，对记忆力进行培养与训练	1
情绪的潘多拉	积极情绪及其典型积极情绪，积极的情绪体验，情绪的积极管理与积极心态的塑造；增强和提升幸福感的基本因素	情绪知多少	认识情绪，以及情绪的分类与其功能，提升对情绪的自我觉察能力	2
		情绪表达方程式	掌握情绪的表现方式与表达方式，以及基本的情绪调控方法	2
		情绪遥控器	建立积极的思维模式，培养乐观的生活态度	2
		幸福寻觅	感受生活中的点滴幸福，提升主观幸福感	1

① 阳志平，等.积极心理学团体活动课操作指南[M].北京：机械工业出版社，2011.

（续表）

单元	积极心理学对应模块	专题	主要目标及内容	课时
我能重新站稳	挫折的积极效应与有效应对挫折的方法；促进消极压力转化为积极压力的方法	挫折，我来啦！	培养耐挫力与抗挫力，建立积极的心理防御机制	1
		办法总比问题多	建立面对问题的正确态度；掌握解决问题的常用方法	1
我的关系银行	构建积极人际关系的方法，在积极的亲情、师生情、友情中诠释如何表达爱和构建积极亲密关系	沟通你我他	掌握沟通的非言语表达；单向与双向的沟通，以及言语的表达	2
		交友基本法	掌握增进人际亲密度的方法，学会应对与解决人际间的冲突	2
		男生 · 女生的故事	男女生间彼此接纳、取长补短，并学会异性交往的礼仪	2
		亲子对话	认识亲子关系的现状，学会积极地与父母沟通	2
独一无二的我	积极心理学视域下的人格与心理资本；阻碍自我改变的基本因素，促进自身积极改变的方法	解密自我	意识到认识自我的重要性；知晓自我是独一无二、丰富多彩的，以及自我的组成部分；掌握客观地认识、评价自我的方法与途径	1
		气质万花筒	在了解气质类型的基础上知晓性格的形成过程；了解自身性格；扬长避短，优化性格	2
		做最好的自己	发现自己的个人优势；认识到人生需要扬长；合理利用优势，将之发挥出来；增加自我悦纳	1
		我可以更好	知晓每个人都具有潜能；掌握开发潜能的方法，挑战自我，超越自我	2

（二）依托积极心理学探索课程实施的教学策略

1. 选取“积极题材”构建教学内容

以往的心理课程倾向于问题取向，多选用“心理问题”案例、错误消极行为纠正等方面的素材，强调问题解决。为实现心理校本课程的发展性辅导目标，课程内容尽量选取“积极题材”，设置一些正向、积极的情境和事件，引导学生去看、去经历具有积极情绪体验的美好事物。比如，呈现能够体现人积极心理品质的视频、文字素材，与学生从积极的角度出发讨论和分析案例，探讨形成积极人格的途径与方法等，使学生能够用开放、欣赏的眼光看待周围的人和事，能够客观地评价环境中的人、事、物。

2. 增进课程参与者的“积极体验”

在积极心理学看来，当学生有了更多的积极体验之后，会对自己提出更高的要求，更容易形成某种人格特征。因此，增进学生的积极体验是其形成积极人格、积极行为的有效途径。在心理校本课程的实施中，尤为关注学生参与积极性、主动性等内在激情的调动。

(1) 形式设计多样化

课程根据不同的课题内容、情境，结合学生特点，采用多样的组织形式，通过游戏、表演、感悟等多种手段，引领学生满意地体会过去，快乐地感受现在，满怀希望地面对未来，培育学生固有的积极力量。课程中的特色板块详见表3。

表3 特色活动板块

板块	类别	活动举例
心动时刻	心理游戏 角色扮演	“中学大不同”“学习动机大评选”“幸福自助行”“人生曲线”“撕纸游戏”
启心故事	心理故事	“谁动了我的奶酪”“一念之差”“生气的亚瑟”“南瓜实验”
出谋划策	小组讨论	“迷茫的雪儿”“最佳劝手”
随心畅想	自由讨论	“情绪有好坏之分吗？”“男女生有共同相处的必要吗？”“性格能否改变？”
心廊回应	课堂实践	“分心挑战计划”“我的情绪地图”“生气表达式练习”“沟通红绿灯”
我诉心曲	自我反思	“亲子之间”“我的优点树”
自强行动	自我规划	“性格大揭秘”
智慧实验	趣味心理实验	“记忆实验”“默剧表演”“大家传电流”
心灵检阅	趣味心理测试	“注意力测试”“气质测试”“突破友谊关”
真人真事	名人故事	“抗挫高手”“小人物的奇迹”

(2) 环境设计互动化

教师以朋友、组织者的身份出现，创设情感性条件，师生之间的接纳、和谐、平等与尊重，同伴之间的启发、提醒与督促，增加学生积极的主观体验，使其在积极愉悦的心理氛围中自我分析、自我思考与自我完善，对教师的带领更好地进行内化。

(3) 学习时空延伸化

心理校本课程各单元结束后均设置“成长·体验”板块，学生以个人或小组形式参与课后拓展活动，将课堂延伸至学校日常生活、家庭与社区之中，在心理实践活动中获得更多的积极经验，并将经验迁移到生活的其他方面。单元拓展活动详情见表 4。

表 4　单元拓展活动明细

单元	“成长·体验”板块	设计意图
准备出发	小访问，大发现	采访身边“适应达人”的榜样人物，从他人经历中收获成长
学习也很简单	反客为主	制订学习诊断与完善方案
情绪的潘多拉	设计学习手册	以小组为单位，完成情绪学习手册，拓宽知识领域
你能重新站稳	名人启示录	2 至 3 位学生共同阅读名人传记，分析与评估名人应对挫折与困难的方式
我的关系银行	我能化解冲突	记录同伴间发生冲突的过程，列出冲突解决策略清单
独一无二的我	人生指南针	每位学生在剖析自我的基础上，规划成长的方向

（三）形成以“学生发展”为导向的课程评价

心理校本课程的评价更注重学生的主观体验，将学生的课堂互动和参与活动表现纳为评价的重要部分，从积极品质入手对学生进行评价，如勤于思考、善于倾听、敢于表达等，不断强化学生的积极情绪和品质，提高他们的成就感和自我肯定，在潜移默化中实现积极转变。

在评价学生时，既有共性评价内容，也有个性评价内容。共性的评价内容包括三个方面：掌握多少新知识与技能；学生课堂活动中的表现；学生的课堂学习态度。共性的评价结果最终以等第的形式呈现。个性的评价内容是基于学生个体差异，对学生自身个性、能力等方面的评价，引导学生不断地认识自我、发展自我。评价结果以评语为主，是一种质性描述性评价。具体操作方法见表 5。

表 5　心理健康辅导课学生评价表

项目	评分要点	自评 权重：0.3	互评 权重：0.3	师评 权重：0.4	小计
活动中的参与态度（30%）	1. 认真参加活动，对活动保持兴趣（4 分）				
	2. 按时完成活动任务（5 分）				
	3. 努力完成自己承担的任务（6 分）				
	4. 主动、积极发言（6 分）				
	5. 有求知的好奇心、探索的欲望（5 分）				
	6. 有服务同学的意识（4 分）				

（续表）

项目	评分要点	自评 权重:0.3	互评 权重:0.3	师评 权重:0.4	小计
活动中的参与表现（30%）	7. 乐于探索，大胆提出自己的设想、创意（6 分）				
	8. 能对自己进行“反思”（4 分）				
	9. 乐于合作，能与同学交流（5 分）				
	10. 尊重他人的想法（4 分）				
	11. 主动发现、提出问题，寻求解决方法（6 分）				
	12. 积极实践，发挥个性特长，施展才能（5 分）				
活动中知识与技能的掌握（40%）	13. 掌握一定的心理学知识与技能（4 分）				
	14. 能运用心理知识与技能解决实际问题（4 分）				
	15. 对自我有正确的认识与评价（8 分）				
	16. 能够掌控自己的情绪（8 分）				
	17. 遭遇挫折的自我调节能力（8 分）				
	18. 善于处理周遭人际关系（8 分）				
总评分					
教师评语					

说明：分数折合为等第，优（≥85 分）、良（71—84 分）、合格（60—70 分）、须努力（<60 分）。

四、整体构建，打造心理校本课程体系

心理健康教育课程并不是一门单一的校本课程，而应是系列化的校本课程。因此，我校突破课程结构的局限，立体架构心理健康教育课程群。

我校将心理校本课程《阳光少年成长快车》作为核心课程，是起始年级学生必须学习的，用以普及心理学知识。在此基础上，学校依据分年级心理健康教育目标，借助不同教育载体，螺旋上升式地深化核心课程，开发机动课程，包括必修拓展型课程、选修拓展型课程、必修探究型课程、选修探究型课程。机动课程的开设形式多样化，开设时间弹性化，满足了更多学生需求，适应学生的个性差异，具有明显的针对性和个别性。核心课程与机动课程共同组成学校心理校本课程体系（表 6）。

表 6　心理健康教育课程表

课程类型	拓展型课程			探究型课程	
修习方式	必修	必修	自主选修	必修	自主选修
课程名称	课程《阳光少年成长快车》	心理讲堂 班团队会	菜单式课程	心理健康活动月	“心心向阳”心理社团
组织者	心理教师	心理教师/班主任	心理教师	学生/教师	学生/教师
授课对象	预备	全校	初一至初三	全校	部分学生
时间安排	一课时/周	两次/月	机动	一次/学年	一次/周
组织形式	课堂教学	午间教育	课堂教学	课外活动	课外活动
目标	提高心理素养，激发心理潜能	普及心理健康知识	结合分年级目标开展教育	激发兴趣，宣传心理健康知识	培养兴趣，解决心理问题

备注：“菜单式课程”为心理教师基于核心课程，结合分年级心育目标所编制的课程，班主任结合班情选择课程内容，安排讲课时间（如班会、午间教育等），落实心理健康教育。

我校还将继续在实践中优化与调整心理校本课程《阳光少年成长快车》，不断充实课程内容，丰富课程形式，使心理健康教育渗透于我校学生的校园生活。

OH 卡在高中生个别心理辅导中的应用与思考①

◎ 上海市格致中学　黄佳音

摘　要　在个别心理辅导时，OH 卡作为一种潜意识的投射媒介可以帮助来访者联结内心，挖掘自己内心的真实想法，从中探究真实的心理动机，充分调动内在智慧寻找问题的解决之道，打开生命的可能性，实现自我成长与心灵疗愈。在本案例中，咨询师借助 OH 卡与来访者一同探索过往童年经历、当下成长议题与未来发展规划，当来访者被看见、被支持后，发生了令人欣喜的转变，整个心理辅导也取得了不错的成效。

关键词　个别心理辅导；高中生；OH 卡

【个案基本情况】

小 A，女，18 岁，高三学生，离异重组家庭，小 A 是父母再婚后所生。小 A 是个文静乖巧的女孩，第一次来到心理咨询室是高三第二学期初，小 A 主动找到我寻求帮助。

【咨询过程摘录(一)】

小 A：老师，我最近很痛苦，其实不止最近，这样糟糕的情绪从寒假春考成绩公布之后就开始了。春考我的英语彻底崩盘了。其实这本来没什么，这次英语考砸我有一些心理准备，也做了些调适，知道成绩后感觉也还好，毕竟英语还有一次高考机会，我想着我的英语底子并不差，只要之后再努把力，还是有机会翻盘的。但就在我刚整理好情绪时，有个同学和我讨论春考成绩，“你英语有 125 分以上吗？”“你这什么话！你满了吗？”“对”“……我不该问的”，然后她连续发了两张表情包，第一张内容是“怪我

① 本文发表于《上海中小学心理辅导》2019 年第 6 期。本研究使用了 Moritz Egetmeyer 和 ElyRaman 创作出版的 OH 卡，版权标识：© ELY RAMAN 1976，1999。

咯”，然后很快撤回了，可第二张发来的却是和第一张形式不一样的“怪我咯”。在那一瞬间，我彻底崩溃了……我是不是一下子说得太多了？

我：并没有哦。想必同学的这番话令当时的你很难过吧，甚至让原本收拾得差不多的情绪彻底崩溃了，是吗？

小A：不止如此。那天晚上我在家里号啕大哭了将近一个小时。

我：将近一个小时？当时父母在家吗？他们是如何反应的？

小A：说起我的父母，就更加讽刺了。当我妈妈听到我号啕大哭时，第一反应竟是让我不要哭，理由是被邻居听见了以为家里出了什么事情，很难堪。我一听，哭得更委屈了。

我：看来，妈妈并没有给到当时的你想要的回应，是吗？

小A：是的。哪怕她当时什么也不说，就抱抱我，也会让我好受很多，可是她却一边呵斥我不要哭、闭嘴，一边逼我说出哭的理由。

我：我似乎听到了你的诉求，你希望当时妈妈先抱抱你，处理好你当下的情绪，是吗？

小A：是的。

我：那爸爸呢？在家吗？

小A：我爸就更指望不上了，他只会跟在我妈后面，什么也没说。

我：呃，爸爸似乎不太善言辞。后来呢？

小A：后来，我哭累了，哭着、哭着就睡着了。第二天醒来，父母基本上没有再跟我讨论春考失利的事情，一切看似恢复平静。只是我妈虽然嘴上不说，但我觉得她总是揪着这事不放，无论我做了什么不合她心意的事情，她都能扯到春考失利这件事上来，“本来你爱玩，成绩好也就算了，你成绩都差成这样了还玩！”现在我的心态越来越差，我真的不知道该怎么办。我不知道怎么面对父母，怎么做才算达成他们的期待，我甚至开始怀疑我现在这么拼命学习是为了什么，我到底要怎么办才能让他们满意？我好累啊……

（小A越说越激动，情绪几乎崩溃，眼泪啪嗒、啪嗒止不住地落下，从开始的低声啜泣变成声嘶力竭地号啕大哭。我明白这些情绪她压抑得太久了，感谢她的信任，愿意在我面前卸下伪装，放声痛哭。接下来的五分钟，我什么也没说、什么也没做，就这么静静地陪着她。）

我：（看着小A的情绪逐渐恢复平静，我尝试着轻声询问）哭过之后是不是觉得舒服点了，我们可以继续吗？

小A：（小A点点头，却又面露难色）老师，但我想到的都已经说完了，其他的不知从何说起。

我：（此时，我感觉和小A的咨访关系已经基本建立，她也比较信任我，我想试着了解她更多，探索她情绪背后更深层的“症结”。于是，我尝试着征求她的意见）小 A，我这里有一套 OH 卡，你愿意让我陪你一起做一次体验吗？

小 A：好。

我向小 A 简单介绍了 OH 卡，并向她说明：“OH 卡是一种投射工具，每个人看到的将是自己内心世界的一种呈现，对于同一张卡牌，每个人看到的、想到的、感受到的都不尽相同，没有标准答案，更没有好坏、对错之分，所有的都是被允许的，是为了看见、听见最真实的自己。”

随后，我邀请小 A 洗牌，并用左手从 88 张图卡中抽取 1 张。我请她思考并回答以下问题：1.你看到了什么？ 2.你想到了什么？ 这是你生活中曾经见过的场景吗？ 跟你的生活有重合吗？ 3.你有怎样的感受？

小 A 思考片刻后，说：“我看到一个人坐在一群人的对面，那群人好像在谈论些什么。那个背对着我们的人应该就是‘我’，坐在‘我’对面的是家里的亲戚们，那些七大姑八大姨们，她们正在对我评头论足，通常是一些尖酸刻薄的言论，而我只能顺从地坐在那里。我感觉很厌烦、很压抑，想要爆发，但我只能选择沉默。”

以往的咨询中，来访者关于这张图卡提到较多的有“入学/求职面试”“课题答辩”“德育主任‘请’家长”等话题，虽然都带有一些权威色彩和阶级差异，小 A 却在第一时间联系到和家里亲戚的相处模式，并且是比较负面消极的体验。也许，在此之前连小 A 自己也没意识到与亲戚的日常相处竟带给她如此巨大的压力。

因为这个环节主要是带领小 A 示范演练 OH 卡的使用，所以我没有在这个环节就“与亲戚日常相处”这个话题与小 A 展开过多的讨论。示范演练结束，在征得小 A 同意后，我们开始了正式的 OH 卡体验。

同样，我邀请小 A 分别对图卡和字卡进行洗牌，随后抽取三张图卡和三张字卡，均按照过去、现在和未来的顺序摆放，依次翻开字卡和图卡，将图卡叠放在字卡中间空白区域。我向小 A 说明指导语：这三叠卡牌，从左往右，分别代表你的过去、现在和未来，如果你确实无法和某张图卡或字卡产生联结，或是某张图卡或字卡令你感到不适，你可以选择更换新的卡牌，或者交换现有卡牌的位置，让它达到你满意的组合方式。思考过后，小 A 没有更换新的卡牌，而是对现有卡牌的位置进行了调整。

【咨询过程摘录（二）】

我：小 A，现在在你面前的三叠卡牌分别代表你的过去、现在和未来，你想先从哪叠卡牌开始？ 或者我们就按照从过去到未来的顺序依次往下看？

小 A：就从过去先开始吧。

我：好的。你可以单独看图卡或字卡，或者一起看，你看到了什么？

小 A：我看到了一对年迈的老夫妻，他们俩并肩坐在公园的长椅上，愁容满面，似乎正在讨论着一些棘手的事情。

我：你看到了一对年迈的老夫妻正愁容满面地讨论着一些棘手的事情，是这样吗？这和你过去的生活经验是否有联结？让你想到了什么？

小 A：我想到了我的父母。老师，你知道吗？我的父母比身边同龄人的父母要年长得多。

我：（关于小 A 的父母和家庭的特殊情况我之前从班主任处已有所了解，但我并没有透露，我选择隐瞒是希望小 A 能够自己告诉我，也害怕错过一些重要的信息）关于你提到的这点，我并不太清楚，你愿意和我再多说点吗？

小 A：哦。我的父母是离异后重组家庭再生下的我，父母再婚前各有一个孩子，所以我的出生家里两边的亲戚都是不太赞成的，我妈常说的一句话就是“你可要争气啊，当年家里的亲戚都劝我和你爸年纪那么大了就别生了，是我和你爸坚持才生下了你，我们俩下半辈子可就全靠你了。”妈妈类似的话我都已经听出了老茧，刚才看到那张图卡，我就特别有感触，亲戚们对我家的指手画脚，对我的诸多挑剔，还有父母对我过高的期待，都让我厌烦、痛苦，甚至喘不上气来。我中考发挥不错，考上了格致，父母也觉得在亲戚面前扬眉吐气了，可随之而来的却是对我更高的期待。高三之前，我的成绩还算可以，父母也比较欣慰，他们没什么文化却对我寄予厚望，希望我能考上好的大学，找份好的工作。字卡呈现的是“固执”一词，好像就在说我的父母，他们固执地希望我能出人头地，固执地希望我能考上清华、北大，因为这是他们为数不多知道的好学校。他们固执地对我要求这要求那，根本不考虑我是否能够承受、我的能力是否允许。

我：我听到了你发自心底的呼喊，父母过高的期望、亲戚们的诸多挑剔都压得你喘不过气，那么，是什么力量支撑着你到现在呢？

小 A：因为，我也想要证明自己，想要达成父母的期望，清华、北大也许我考不上，但我也想考上一所理想的大学，找一份不错的工作，让那些瞧不起我的人能够对我刮目相看。

我：我感受到了你满满的能量。看得出来，你是个勇敢坚强的女孩，一直以来，你做得很好，未来请继续加油吧。接下来，你愿意聊聊代表“现在”的这叠卡牌吗？

小 A：我看到了一头骡子，背着沉重的货物。我感觉我就像这头骡子一样，背着沉重的“负担”。虽然很累，但又不敢也不能卸下“负担”，只能被驱使着前进。

我：如你所言，现在的你正在负重前行，生活中谁又不是负重前行呢？那么，你是否有前进的目标呢？

小 A：前进的目标，我好像在未来的这叠卡牌中找到了。关于未来，我首先看到的是字卡“改变”，我很欣喜，这就好比一个希望。我想要做出改变，改变现在压抑的生活状态,改变父母对我过高的期望,改变亲戚们的偏见,改变被拿来做比较的命运,我想要掌控自己的人生。

我:你想要做出改变对吗?你要怎么做?

小A:对。现在的我还有很多"负担",很多都来自对改变的无能为力,却更让我迫切想要做出改变。我能想到最直接的途径就是高考,我想要考华师大,也跟父母沟通过我的想法,得到的却是他们的一顿数落,他们觉得我没志气,他们固执地认为考华师大没什么出息,毕业不过是做个老师,我懒得和他们争辩。

我:你想考华师大,未来想要从事教育行业吗?

小A:嗯,我想要做一名高中老师。

我:有想过任教什么学科吗?

小A:英语,我的英语成绩还不错,虽然这次春考失利了,但是我对自己的英语还是很有信心的。未来的图卡,我仿佛看到了多年后,我终于实现了目标,成为一名高中英语老师,我站在讲台上给学生们上课,那该多好啊!

我:嗯,关于未来你描摹出了很美好的画面,相信现在的你即使"负重前行"也充满力量,预祝你早日实现梦想,改变自己,或者说是遇见更好的自己。

小A:谢谢老师。

与小A的第一次咨询,我借助OH卡打开了小A的心扉,引导小A直面真实的内心世界。我看到了小A从走进咨询室时的一筹莫展到离开时的云开雾散,小A的转变令我欣喜万分。也许小A未来的生活未必能一帆风顺,但是从这次会谈中汲取的能量将成为她前进的动力,一路披荆斩棘,勇敢负重前行。

【实践思考】

"一千个读者眼中就会有一千个哈姆雷特",每位来访者都有一张自己的心灵地图来诠释这个世界,即便同一张图卡,不同来访者甚至是同一来访者不同时期的解读都有可能不同。

在个别心理辅导时,兼具灵活性和开放性的OH卡在解决高中生所面临的实际问题时同样颇具实效。关于OH卡的使用,我还有几点思考。

1. 遵从内心,你的心会替你做出最正确的选择

在OH卡的使用中,相较于"选卡",我更倾向于"抽卡"。在OH卡的学习体验中,我发现"选卡"调动的是意识层面的工作,当88张图卡铺开在我面前时,认知加工会不自主地进行选择,思考后进入认知的通常是比较容易谈的话题,然后我会契合这个话题选择与之相匹配的图卡。放在真实的个案辅导过程中,可能来访者就在无意识的情

况下避开了相对痛苦、沉重的话题，转而谈一些相对轻松甚至是无关痛痒的话题，而那些被压抑的话题往往才是问题的“症结”所在。“抽卡”凭借直觉，能更好地联结潜意识，有效规避来访者选择性的自我暴露。

在辅导过程中，我会配合指导语引导来访者进入情境，“这是一次遵从内心的探索与体验，你要相信你的心会替你做出最正确的选择”，实践表明，多数来访者对自己抽到的卡牌表示满意。另外，“抽卡”还能大大缩减抽牌所花费的时间。

2. 变通形式，让生命得以充分表达

在我平时的个案辅导中，“绘画”是比较常用的表达性艺术治疗的方式，一张白纸、一套画笔，取材方便且表达灵活。绘画是把问题具象展开的过程，来访者的情绪情感透过绘画的艺术形式得以表达和梳理。但是，绘画这一外化技术也有其局限性，对于部分绘画技巧不足的来访者，他们或多或少有点抗拒绘画，我尝试在咨询中使用了OH卡，邀请来访者从88张图卡中找到那张最能契合当下的图卡，收效也不错。另外，我还尝试运用构造法，邀请来访者在现有图卡基础上补全或重塑一幅画，变通形式，让生命得以充分表达；扩宽思路，打开生命更多的可能性。

3. 尊重生命，每一位来访者都是生命的专家

OH卡作为一种媒介，旨在协助来访者进行生命的探索，开启生命内在的故事。每个生命都有获得幸福的能力，每个生命都有经营幸福的方式，每个生命都为终生幸福尽着全力。苏联教育家苏霍姆林斯基说过：“教育的终极目标，不是传授知识，不是培养能力，而是让每一个孩子都有终生幸福的能力。”由此看来，教育的本质应是生命教育，相信每一位来访者都是生命的专家，教育是要找到路径靠近他，在需要时唤醒他生命的力量。

OH卡在心理辅导中的应用与探索，我已有了一些思考，但也存在经验的欠缺。OH卡为我提供了不同的视角和可用的媒介，给予了我满满的生命力量，在自我疗愈的过程中自助与助人。

李耀华理科资优工作室

工作室主持人寄语

培养资优生就是为祖国培养优质人才，责任重大，使命非凡。而培养资优生不仅要培养他的能力、他的兴趣，还要培养他的品德修养、他的家国情怀。希望这里的每一位教师能够不断学习，提升自我，坚守教育之道，坚持立德树人，为社会培养更多优秀学子。

工作室代表性研究成果

高中数学新教材第一章“集合与逻辑”单元教学设计

落实于教学五环节的远程、可控的在线教学尝试

真实情境问题在物理课堂教学中的应用实践
——以“气体实验定律的应用”一课为例

工作室概况

格致教育集团李耀华理科资优工作室由李耀华老师担任主持人，殷琦涛老师担任副主持人，工作室学员由各集团成员校共11名各学科教师组成。李耀华老师与殷琦涛老师分别是上海市格致中学的物理和数学教师，且多年参与学科竞赛辅导，有丰富的资优生培养经验，曾带领格致中学学生在物理及数学学科奥赛中屡获佳绩，部分学生曾进入学科奥赛冬令营并斩获全国决赛奖牌。而工作室学员多为年轻教师，且均参与学科竞赛辅导、科创类课程教学等资优生培养工作，是一支热爱钻研、充满活力的教师队伍。

本工作室主要将理科资优生的培养方式作为研究重点，通过主持人带教、听课研讨、专题讲座等方式，使学员能够在各项活动中吸收资优生培养中的有用经验，为集团教师做好资优生培养工作提供强有力的支撑。工作室注重资优生的选拔方式、教学开展模式、学习兴趣激发方式以及学生心理辅导等方面，细化到资优生培养的各个环节，让年轻教师能够在资优生培养工作中尽快适应，找到适合自己的角色。工作室同时注重学科团队建设，鼓励学员在学校中创建学科竞赛教学的备课共同体，开发拿手教学项目，充分合作，全力开发学校资优生培养特色课程，为格致教育集团在理科资优生培养方面的长久发展打下基础。

年轻化的学员团队在信息技术上也具有一定的特长，因此，本工作室在活动中十分主张在资优生培养过程中深度融合教育信息技术，主持人和学员们在活动中对在线教学、网络教学资源建设及课堂信息技术应用等方面能够相互学习，导师提供教学组织经验，学员提供技术支持，并将技术应用于实际教学，使得资优生培养工作在新形势、新背景下能够跟上时代的脚步，充分利用网络资源，适应当下的教育需求。

工作室主持人介绍

李耀华，上海市格致教育集团李耀华理科资优工作室主持人，物理高级教师，全国中学生物理竞赛高级教练员。曾带领上海市格致中学学生在全国中学生物理竞赛（上海赛区）中取得团体总分第一名，任教期间培养大量学生进入清华、北大等一流名校。

殷琦涛，上海市格致教育集团理科资优工作室副主持人，数学高级教师，全国数学奥赛金牌教练。多年来从事数学竞赛辅导工作，指导大量学生在全国高中数学联赛中获得奖项。2020年承担上海市“空中课堂”高中数学课的录制工作。

聚焦时代变革，探索培优新路

——李耀华理科资优工作室工作回顾

工作室成立三年来，针对理科资优生培养，多次开展交流研讨、观课评课、专题培训等各类活动，为工作室学员提供了多方面的指导，为学员的资优生培养工作提供了很多帮助。

由于工作室学员涵盖了不同学科的教师，因此工作室在活动中往往以理科资优生培养的模式和理念进行探讨，各学科在培优过程中都有各自的特色，因此在交流中，各学科之间会相互借鉴。工作室曾开展多次培优理念交流活动，其中一次活动还与来访的广西柳州高级中学的竞赛教师，以及来自福建泉州各学校教师联合举办。在这次活动中，殷琦涛老师就资优生的表现、学校的选拔方式、日常培养方式以及做好竞赛辅导的外部条件进行了交流，让在场教师对格致中学竞赛辅导模式有了一个较为清晰的了解，而李耀华老师则以当前高招新政对竞赛的冲击为着眼点，讨论了当前形势下竞赛辅导的变化。李老师也向大家介绍了一些个别学生的培养案例，这些案例让在场教师了解到，对于资优生的培养，不仅需要给予其足够的学习资源，还要严格要求，指导学习方法，充分发挥学生学习的主观能动性。而来访教师们也针对资优生辅导交流了自己的经验和遇到的问题。另外，工作室也为学员提供了充分交流的机会，夏诗慧、刘殷华、李峥敏、吴晓君、腾晓娟、顾励耘等都在后续开展的活动中进行了关于资优生培养的发言交流。应该说，这种形式的交流对于各学科教师在资优生培养方面的帮助是非常直接的，特别是对于青年教师来说，从中能够收获非常多的经验。

工作室成立至今，学员共开设各级各类公开课六次，这些公开课也体现了学员们在工作室主持人指引下对如何在中学课程中贯彻资优生培养的深入思考。例如，在2018年5月3日的活动中，沈杨老师执教公开课《机械能守恒定律》，考虑到教学对象为理科班，学生基础较好，如果完全按照传统模式进行教学，对学生的培养意义其实并不大，因此他对课堂内容进行重构，重新设计了内容框架，增加了许多需要深入思考的问题，使学生感受到原来看似简单的物理原理之中还蕴含着非常深刻的思想，丰富了学生的思维，这也体现了教师因材施教、发掘学生潜能的教学理念。格致初级中学的金荣老师也向学员们展示了一节公开课《串联电路的动态分析》，对初中生提出了从定性分析过渡到定量计算的要求，通过一个有一定难度的问题帮助学生提高科学思维能力。曹光彪小学的陈琛老师所设计的《编码》一课，充分展现了数学知识在生活中的应用，利用知识在生活中的应用培养学生的学习兴趣，从而为学生感知数学、探索数学埋下了一颗种子。徐正一老师则设计了《气体实验定律的应用》以及《直线运动的测量与研究》两节公开课，这两节课均为知识应用课，通过创设真实问题情境，组织学生在课堂上进行探究，利用现代化测量手段在课堂上快速采集数据并进行分析，让学生真正体会了利用物理知识解决真实问题的过程，对资优生而言是一项非常有意义的锻炼。由此可见，学员们将资优生培养的理念融入日常教学，以课堂作为载体，探讨在新课标下资优生培养的方式，在设计中思考，在实践中总结。两位主持人也对这些公开课给予肯定，认为这对于年轻教师是非常好的锻炼。

也正由于工作室学员大多为年轻教师，虽然教学经验有限，但也愿意不断尝试，特别是教育信息技术方面，学员们非常乐意在其中探索。因此，李耀华老师和殷琦涛老师也尝试组织了专门针对信息技术的专题讲座，在讲座中，学员们学习了如何用电脑录制微课，如何创建微信公众号并制作、推荐各类学习资源，以及如何进行在线教学等。由于网络的飞速发展，学生获取知识的途径大幅增加，资优生辅导从线下走到线上可能也是未来发展的必然趋势，因此教师不断学习相关技术，并在日常教学中付诸实践是非常有必要的，工作室举办的这类活动为学员们搭建了一个平台，让学员们能够在新时代不断探索。

工作室成立以来，工作室学员指导学生获得各级奖项数十人次，取得了一定成效。同时，工作室学员在对外辐射方面也有较好成果，共开设各级各类公开课二十余节，其中不乏向外省市教师展示的示范课，还有两位学员参与上海市“空中课堂”的录制。由此可见，工作室学员乐于探索、乐于展示，在新课标、新教材的“双新”背景下走在了探索的前列。

高中数学新教材第一章“集合与逻辑”单元教学设计①

◎ 上海市格致中学 殷琦涛

摘 要 2020学年是上海市非统编教材实施的第一个学年，在深化数学课程改革的大背景下，要求教师基于数学课程标准，紧扣数学课程新教材体系，聚焦数学学科核心素养的培养，深入探索数学教学的途径和方法。在这过程中，单元教学设计是关键的第一步。

关键词 数学单元教学设计；集合与逻辑；新教材

数学单元教学设计是在整体思维指导下，从提升学生数学核心素养出发，通过教学团队合作，对相关教材内容进行统筹重组和优化，并将优化后的教学内容视为一个相对独立的教学单元，以突出教学内容的主线以及知识间的关联性，在此基础上，通过教学实践对教学单元整体进行反思、循环改进的动态教学设计。其操作步骤流程为：确定单元教学内容、分析教学要素、编制单元教学目标、设计单元教学流程以及评价、反思与修改。

一、教材内容和内容解析

本章内容为“集合与逻辑”，共包括“1.1 集合初步”和“1.2 常用逻辑用语”两节。“集合初步”内容包括：集合、集合的表示方法、集合之间的关系、集合的运算。“常用逻辑用语”内容包括：命题、充分条件与必要条件、反证法。重点提升数学抽象和逻辑推理素养。

“集合与逻辑”是高中数学的起始章节，它与第二章“等式与不等式”在教材中的定位是预备知识。以义务教育阶段数学课程内容为载体，结合集合、常用逻辑用语等内容的学习，为高中数学课程做好学习心理、学习方式和知识技能等方面的准备，帮助学生完成初高中数学学习的过渡。

集合是一种用来描述数学对象的重要语言，它简明、确定，是描述数学研究的对象

① 本文于2020年9月21日发表于上海市教育委员会教学研究室官方微信公众号“上海教研”。

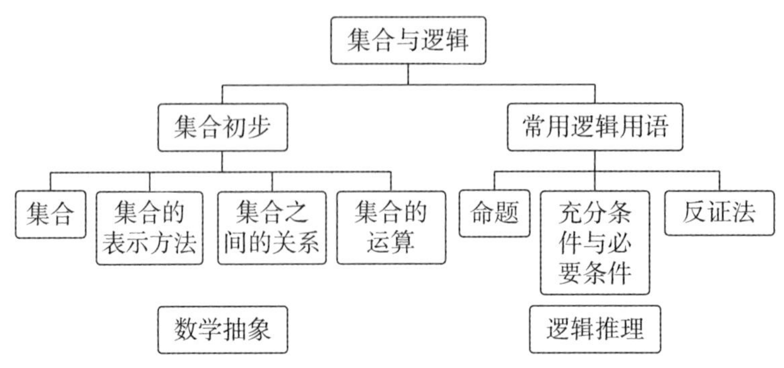

图1　本章内容图示

及其相互关系的一个非常合适的工具。通过学习集合的有关概念和表示方法,以及集合之间的关系和基本运算,初步掌握基本的集合语言,了解集合的思想方法,可以帮助学生使用集合的语言简洁、准确地表述数学的研究对象,学会用数学的语言表达和交流,积累数学抽象的经验。集合作为一种语言,将贯穿在整个高中数学教学内容中。

常用逻辑用语是数学语言的重要组成部分,是数学表达和交流的工具,是逻辑思维的基本语言。在初中学习命题的基础上,进一步学习与命题有关的一些逻辑初步知识,了解集合与命题之间的联系,借助推出关系理解充分条件、必要条件以及充分必要条件的含义,掌握反证法,可以帮助学生使用常用逻辑用语表达数学对象、进行数学推理,体会常用逻辑用语在表述数学内容和论证数学结论中的作用,提升交流的严谨性与准确性,为以后的学习奠定思维和语言的基础。就思维方法而言,推出关系的判断与反证法是今后数学学习的基础;就语言而言,充分条件与必要条件是与他人沟通的必要术语。

集合是数学的语言,而数学的内容是用逻辑的方式来组织的。联系一个个数学意义上的事实的纽带就是逻辑。学习一些最基本的逻辑,能使思考更加理性,增强思辨能力。

本章的主要目的是促使学生了解并应用朴素的集合语言与逻辑语言来准确、简洁地表述数学对象,描述所研究的数学对象之间的相互关系。在本章的教学中,应关注学生是否学会用三种语言(自然语言、符号语言、图形语言)来表达数学研究的对象,以及能否作互相之间的转换,能否用数学语言进行规范的表述。学好本章是后续章节学习的基础,也是更好地在数学领域里与他人开展交流的必要条件。

二、总体学情分析

(一) 学习背景

相对于义务教育阶段的初中学生,高中学生,尤其是市示范性高中的学生,在学习能力与素养上应该是属于中等以上。在义务教育阶段,他们已经具有了较积极的学习态度,养成了较好的学习习惯,刚进入高中阶段,这些学生在继续保持良好学习态度和改进学习习惯上都有其积极的一面。

初中阶段数学知识相对具体,高中阶段数学知识相对抽象,学生对于抽象概念的学习和运用容易一知半解。本单元中的概念较为抽象,出现较多符号术语,对逻辑思维能力要求较高,高中数学的学习方法与初中数学学习有着明显的差异,致使部分学生在初学时感到难以适应,常常因为概念理解上的偏差、表述的不规范与非逻辑的推理等原因而造成解题失误,进而影响到新知识的掌握。

(二) 学习偏好

学生更加习惯于数值运算而不适应逻辑运算和规范表达,在教学组织方式上热衷于小组学习或者合作学习,对于需要独立思考探究的学习方式普遍有为难情绪,在评价方式上注重结果而不善于从过程中寻求价值。

三、单元教学目标

1. 通过实例,了解集合的含义,理解元素与集合的属于关系。

2. 针对具体问题,能在自然语言和图形语言的基础上,用符号语言刻画集合。

3. 在具体情境中,了解全集与空集的含义。

4. 理解集合之间包含与相等的含义,能识别给定集合的子集。

5. 理解两个集合的并集与交集的含义,能求两个集合的并集与交集。

6. 理解在给定集合中一个子集的补集的含义,能求给定子集的补集。

7. 能使用 Venn 图表达集合的基本关系与基本运算,体会图形对理解抽象概念的作用。

8. 经历集合、集合的表示方法、集合之间的关系、集合的运算的学习,初步学会用三种语言(自然语言、图形语言、符号语言)表达数学研究对象,并能进行转换。感悟数形结合思想,提升直观想象、数学抽象素养。

9. 理解命题的概念,会在简单情境下判断命题的真假,并能用正确的方法说明命题为真或为假的理由。

10. 借助推出关系理解充分条件、必要条件以及充分必要条件的概念,能在简单的问题情境中判断条件的充分性、必要性或充分必要性,掌握充分条件、必要条件、充分必要条件的证明。

11. 理解反证法,会用反证法证明一些典型的命题。

12. 经历命题、充分条件与必要条件、反证法的学习,能够借助常用逻辑用语进行数学表达、论证和交流,体会常用逻辑用语在数学中的作用,提升逻辑推理素养。

达成上述目标的标志是(单元教学目标解析):

1. 通过生活、数学、科学中丰富的实例,了解集合的含义。通过对集合概念的分析、举例,理解元素的特征,体会概念学习的方法。

2. 针对具体问题,初步会用符号语言(常用数集符号、列举法、描述法、区间)表示集合;在学习用三种语言(自然语言、符号语言、图形语言)表示集合的过程中,提升用符号语言表达的能力,感悟集合的各种表示方法在不同情境中的优势。

3. 在具体的实际情境以及数学情境中,知道全集与空集的含义,能举例说明全集和空集。

4. 在实际情境及数学情境中,通过实例懂得子集、真子集的定义及其表示方法,能识别给定集合之间的子集关系。通过类比实数的运算,获得包含关系的常用结论,并运用子集的定义解释结论的正确性,感悟类比推理与演绎推理的逻辑思维方式。能写出给定集合的子集,感悟分类讨论思想。

5. 在实际情境及数学情境中,通过实例知道两个集合的并集、交集以及在给定集合中一个子集的补集的概念,能将自然语言表达的集合运算转化为用符号语言来表达。

6. 在较简单的数学情境中,能求两个集合的交集、并集,能求给定子集的补集。

7. 针对具体问题,能使用文氏图、数轴、坐标平面等图形工具表达集合的基本关系与基本运算,学会借助直观的工具来思考和集合有关的问题,体会直观的图形对理解抽象概念的作用。

8. 在实际情境及数学情境中,会用符号语言(常用数集符号、列举法、描述法、区间)表示集合,能借助文氏图、数轴、坐标平面等图形工具,理解和辨识集合的基本关系与基本运算。感悟数形结合思想,提升直观想象、数学抽象素养。

9. 通过实例,理解命题的概念,能用"若 α,则 β"的形式来表述命题。掌握判断一个命题为真或为假的方法:要判断一个命题是真命题,就必须给出证明;要判断一个命题是假命题,要会举反例。理解说明形如"若 α,则 β"的命题是真命题,和说明集合之间的包含关系的方法是一致的。

10. 通过实例,借助推出关系理解充分条件、必要条件以及充分必要条件的概念,在简单的实际情境及数学情境中,会分辨充分条件、必要条件、充要条件,并能给予证明。

11. 通过实例,了解反证法的思想,以及反证法的表达方式。掌握一些常用的否定形式。能用反证法证明一些简单的典型问题,在应用时,会准确否定结论,并经过正确的逻辑推理得出矛盾。

12. 在实际情境及数学情境中,能借助常用逻辑用语规范地表达自己的思想;能利用推出关系、反证法进行逻辑推理，在简单情境下做出准确的判断。体会常用逻辑用语在数学中的作用，提升逻辑推理素养。

四、单元教学问题诊断分析

作为高中数学的起始课，“集合与逻辑”旨在介绍一种较为严密、较少出现歧义的数学表达方式，使学生了解并应用朴素的集合语言与逻辑语言来准确、简洁地表述数学对象，并描述所研究的数学对象之间的相互关系。由于是预备知识，不应在内容上“深挖洞”。对集合性质（如有限集子集的个数）的更加深入的研究将分散到以后各个章节中。逻辑用语比较困难的部分，学生也是要经过一段较长时间的规范表达与思考的训练之后才能逐渐领会，不适合在高一年级开学之初就进行灌输。

建议将集合的关系与运算的对象集中在容易理解的实际生活中的例子、简单的数集或点集上，方便学生更快、更好地熟悉集合的语言。创设合适的教学情境，以义务教育阶段学过的数学内容为载体，引导学生用集合语言和常用逻辑用语梳理、表达学过的相应数学内容。在教学中，应当引导学生借助文氏图、数轴等工具提升直观想象的能力，并关注学生在自然语言、符号语言及图形语言三者之间进行相互转换的能力。要关注学生表达（口头与书面）的规范性、思维的严密性。

单元学习难点：

1. 集合的概念的理解，知道元素与集合之间的关系及其表示方法。

2. 会用适当的方法来表示集合，学会以规范的方式用集合来表示已经学过的数学对象。

3. 借助于文氏图及数轴等图形语言，理解和辨识集合之间的包含关系与相等关系。

4. 理解交、并、补这三种集合基本运算的意义，会在简单情形下进行有限个集合之间的交、并运算，能求给定子集的补集。

5. 会在简单情境下判断命题的真假，并能用正确的方法说明命题为真或为假的理由。

6. 借助推出关系理解充分条件、必要条件以及充要条件的含义，并能在简单情境下做出准确的判断。

7. 理解反证法，会用反证法证明一些典型的命题。

教师设计“知识建构活动”“问题探究活动”，通过问题或问题系列，引发学生主动思考。在问题解决活动中，体验知识的发生发展，实现知识的建构，提高学生数学学习的兴趣与效率，拓展学生的思维视野，增加过程体验和经验积累，提升综合运用知识的能力，从而克服这些学习难点。

单元教学支持条件分析：

在教学活动中，教师按教学目标与教学内容精心准备 PPT 演示文稿，设计学案(或学习任务单)提供学生课上使用，方便学生记笔记，提高学习效率。在课堂提问中，关注学生的口头表达，并借助投影仪把学生解题的书面过程同步到屏幕上，便于分析讲解。根据学生的实际情况，设计每一课的课后作业，并做适当的分层，使得作业更加有针对性。对于新知识的引入，可以鼓励学生课后借助互联网、文献搜索相关资料，进一步了解其发展历史。

用“集合的表示方法”中的三个活动设计来说明如何克服单元学习难点 2。

活动 1：

活动目标：通过实例，能用列举法表示集合(对应单元教学目标 2、8)。

[问题 1]如何表示方程 $x^2-3x+2=0$ 的所有解组成的集合？

方程 $x^2-3x+2=0$ 的所有解组成的集合可以表示为$\{1,2\}$，也可以表示为$\{2,1\}$。

问题 1 引出并讲解用列举法表示集合，强调书写规范及集合元素的“无序性”。

[问题 2]关于 x 的方程$(x-1)(x-a)=0$ 有几个解？它的所有解组成的集合如何表示？

问题 2 强调集合元素的互异性，渗透分类讨论的数学思想。

[问题 3]1 与$\{1\}$是否具有相同的意义？

一般的，A 与$\{A\}$是不一样的，$\{A\}$表示一个集合，它是由元素 A 组成的。

[问题 4]能否用列举法来表示无限集？

能用列举法表示的集合一般是有限集，但对于一些有规律的无限集，在不会引起歧义的前提下，也可以用列举法表示。例如，全体正偶数组成的集合，全体 2 的正整数次幂组成的集合，等等。

例 1：教材第 4 页例 3。

这个例题帮助学生熟悉用列举法表示集合。

活动 2：

活动目标：通过实例，能用描述法表示集合(对应单元教学目标 2、8)。

[问题 5]如何表示函数 $y=2x$ 图像上的所有点组成的集合？

问题 5 引出并讲解用描述法表示集合，并强调书写规范。

[问题 6]集合$\{x \mid x^2-3x+2=0\}$与集合$\{1,2\}$是否相等？

元素“可知”且元素个数“不多”的集合用列举法表示更为简洁、明了。

[问题 7]集合$\{x \mid x^2-3x+2=0\}$与集合$\{y \mid y^2-3y+2=0\}$是否相等？

问题 7 强调集合中所有元素具有的共同特征。代表元素用哪个字母并不是关键，关键是看“集合内所有元素具有的共同特征”。

例 2:教材第 5 页例 4。

这个例题旨在展示列举法和描述法各自的适用范围。

活动 3:

活动目标:通过实例,能用区间表示某些实数集合(对应单元教学目标 2、8)。

[问题 8]满足不等式 $2x-1\geqslant 0$ 的所有解组成的集合如何表示?

问题 8 引出用区间表示某些实数集合。

区间记号的引入使得表示一些实数集合的子集变得更加方便,其中无须引入一个新的符号用来表示代表元。

[问题 9]能否在数轴上表示下列区间? $[-2,3]$,$[-3,2)$,$[1,+\infty)$,$(-\infty,-1)$。

用数轴这一图形语言来表示区间,比较形象、直观。

[问题 10]区间能否表示所有由实数组成的集合?

区间只能表示某些实数集合,例如,由一个实数组成的集合就不能用区间表示。

[问题 11]符号“$+\infty$”与“$-\infty$”表示两个新的实数,前者大于已知的一切实数,后者小于已知的一切实数。这种理解是否正确?

这种理解不正确。在区间表示中,“$+\infty$”表示没有上界,“$-\infty$”表示没有下界。可以让学生搜寻相关资料做进一步了解。

这个问题旨在帮助学生理解符号“$+\infty$”与“$-\infty$”。

例 3:教材第 6 页例 5。

帮助学生初步熟悉用区间表示某些实数集合。

五、单元评价建议

(一) 单元过程性评价

本章的教学评价应以过程性评价为主。在过程性评价中,应密切关注学生口头与书面表达的规范性。例如,是否能正确区分“属于”这一元素与集合的关系与“包含于”这一集合之间的关系,并能准确使用符号语言表示这些关系。在关注学生表达规范性的同时,也要关注学生逻辑推理过程是否合乎规则。对于不规范的表达与非逻辑的推理模式应当及时指出并努力纠正,为今后的学习做好铺垫。

评价的内容应以本章的重点“集合语言”与“逻辑推理”为主,要以义务教育阶段学过的数学内容为载体。例如,用二次函数与二次方程的关系、函数的性质等作为载体,对本章所学内容进行评价。

评价方式:学生自评、课堂观察、课内外作业。

每一节课可以设计一份课堂学习情况自评表,将这节课的教学目标归结到几个任务中,让学生根据课堂学习情况完成自评。

每个教学单位完成后,可以设计单元学习活动自我评价表(表 1)。

表 1　单元学习活动自我评价表

	序	项目	内容	得分	满分
学习准备	1	学习态度	1. 对单元学习内容有浓厚的兴趣 2. 学习时间安排科学		10 分
	2	课前预习	1. 对单元学习内容进行预习 2. 对课时学习内容进行预习		10 分
课堂学习	3	认真听课	1. 上课专心听讲,思维始终与课堂教学进程同步 2. 认真做好课堂笔记		10 分
	4	积极参与	1. 积极思考老师提出的问题 2. 勇于举手发言,并能用适当的数学语言表达		10 分
	5	善于合作	1. 小组活动中勇于担当,认真完成所分配的任务 2. 同学之间互相学习,乐于助人		10 分
	6	掌握知识	1. 明确重点,理解概念,掌握方法 2. 独立完成课堂练习,及时归纳总结		10 分
	7	独立思考	1. 积极思考有挑战性的问题,有质疑精神 2. 能用不同的方法解决问题		10 分
课后学习	8	作业完成	1. 按时、独立完成作业,格式规范,准确率高 2. 及时订正做错的作业,不懂之处及时向老师、同学请教		10 分
	9	知识梳理	1. 对本单元知识进行系统梳理 2. 明确典型问题的解题策略与步骤		10 分
	10	课外阅读	1. 经常阅读课外数学书 2. 经常通过网络等途径学习相关知识		10 分
合计					100 分

(二) 单元终结性评价

本章所学内容的数学知识不是很多,终结性评价的必要性不大。在学习后续章节时,本章的内容还会被反复使用,其终结性评价可以有机地融入其他章节的评价,重点考查数学抽象、逻辑推理等方面的核心素养。

六、反思与改进

当完成某一单元教学设计后相关的材料等相对稳定,但在设计的过程中以及实施后,需要根据实施的情况进行反思与调整。数学单元教学设计实际上是一个不断改进和完善的动态发展过程。

教师对新教材要从内心接受,躬身入局,探索新的教学模式,加强合作。同时引导学生改进原来的学习方式,主动参与,积极反馈。

落实于教学五环节的远程、可控的在线教学尝试

◎ 上海市黄浦区曹光彪小学　滕晓娟

摘　要　在新冠疫情的影响下，2020 年上半年学校普遍采用在线授课方式进行教学，在线教学由课外的补充教学形式转变成为教学主导形式，必须能够覆盖教学的全过程。在小学数学教学范围内，基于对学校传统教学和在线教学两种教学方式的对比分析，我们在教学五环节中展开在线教学的实践研究，初步梳理、总结了在备课、上课、作业、辅导、测试五环节中克服远程、增强交互、及时反馈、关注个性，以确保教学效果的实践经验，为今后进一步完善在线教学方法、提炼教学原则、形成教学策略、完备教学理论提供实践参考。

关键词　在线教学；教学五环节；即时交互；即时反馈；个别化辅导

2020 年一场突如其来的疫情给各行各业带来了颠覆性的变化，尤其对人员聚集、以面对面授课为主要形式的学校教育而言，冲击更加巨大。与线上教学相比，学校集体教学十分依赖于教师在与学生的近距离接触中，观察、捕捉学生的即时反馈，及时调整教学节奏，攻坚克难地化解学习难点，确保教学效果。也就是说师生之间即时、无延误的互动和沟通是保证教学质量的前提。另外，小学阶段，学生学习目的性不强，自律性欠缺，学习任务也相对琐碎、细小，这也有赖于教师在学习态度、学习习惯、学习方法上进行近距离的指导和约束。

能够解决上述两个问题的在线教学才能基本保证教学效果，我们在数学在线教学中基于这两点开展了尝试。下面，我从教学五环节展开简单介绍。

一、在线教学设备的选择和使用

疫情期间，各种在线交流工具如雨后春笋般涌现，我们结合学校的平台，择取“钉钉”软件，在校信息组的帮助下，学习使用基本功能，组建班群，实践演练。学习的过程并非一帆风顺，尤其对于上了年纪的教师，丰富的面对面的教学经验、手段的积累而造成的对新技术的排斥，此时成了学习新技术的障碍，给他们造成了不小的心理压力。

反思学习过程,其实显现了时代发展对现代人的基本素养的要求——不断学习,与时俱进。如果平时没有主动适应科技发展的需要,主动拥抱新技术,教学信息技术相对薄弱的教师学习起来就相对困难。所以,社会发展越快,对各行各业从业者的要求就越高,作为传道、授业、解惑的师者更要在坚持学习上为学生做表率。

二、课前备课

疫情之下,市教育部门紧急召集优秀教师团队录制了直播课,每个课时 20 分钟。这些课都是经过一线教学经验丰富的专家精心设计,集体备课形成的,授课过程层次清晰、环节流畅,授课教师用语规范,总结到位。是不可多得的示范教学课程。

但是,我们依然要站在自己学生的角度,去考虑这 20 分钟的课程和学生的"贴合度"。1.直播课程目标受众是全市学生,所以教学的起点是全市同年级学生对于所教知识点的基本认知,教学的目标也是确保学生掌握基本知识点。不可否认:不同区、不同学校,甚至不同教师执教的班级,学生是存在差异的,同样的课程可能有的学生"吃太撑",有的学生"吃不饱"。2.把平时 35 分钟的课程"浓缩"成 20 分钟,其前提是:教学过程按照教师的设计毫无障碍地实施下去,回答问题的四个小伙伴也能够准确揣摩教者意图,超出预期地精准回答。这种理想的教学过程是不是学生实际的学习过程? 通常教师的教学设计在课堂实施时都会受到挑战,这也就是课堂生成,优秀的教师在处理课堂生成时通常能够贴合学生的思维进行引导。在预设与学生实际冲突之处,在难点尚未化解之前,适时等待、及时调整,哪怕语句的重复都是学习能够真正发生、发展下去的关键。3.直播课来自不同区的专家指导团队,每个团队负责一个单元,教师表述用语、分析方法,也存在不小的差异,成人能够快速辨别甲老师说的 A 跟乙老师说 B 是一回事,但学生缺乏这方面的变通能力,会给听课带来困难。最大的困难是授课教师的语言体系与学生所在学校教师的用语体系不同,而新的数学知识点都是"生长""对接"在旧的知识基础上的,学生一时找不到建构新知识的"逻辑起点",会给概念的构建和深化带来严重困难。①

基于以上分析,我们采取的在线教学模式是:20+20,即前 20 分钟观看"空中课堂",后 20 分钟教师对本班学生进行直播补充授课。为了更有效地解决上述矛盾,我们要提前一天观看"空中课堂"的授课内容,了解授课教师的教授过程和用语习惯,思考如何在第二天的直播中与自己的教学体系、用语习惯对接。与此同时,及时预测学生观看"空中课堂"可能遇到的困难,有针对性地设计预习单,发布在教学群中,促使学生事先熟悉第二天的学习内容,带着思考、疑问去听课,提高听课效率。

① 刘娟娟.小学数学教学技能[M].上海:华东师范大学出版社,2011.

三、直播授课

后20分钟如何直播授课，我们也经历了相对曲折的摸索过程，最后总结了一套能够确保教学效果的操作流程。

（一）约定线上授课规则

为保证线上直播课效率，必须事先约定线上授课纪律。比如，“空中课堂”结束后五分钟内进直播间报到，不能拖拉。教师可以根据在线人数统计，查看学生是否进入直播间。直播结束，通过自动生成的课堂数据了解学生参与直播的时间，对于明显的晚进、早退者，电话询问原因，杜绝因远程而导致的学习懈怠。

为营造逼真的课堂授课气氛，我坚持采用“露脸”模式进行直播。这种模式下，当教师目视镜头时，学生会觉得教师正注视着自己，有被关注、被期待的感觉，有助于端正学习态度。

线下课堂，师生之间的“提问—回答—理答”是最有效的互动方式，线上可以采取“连麦”回答问题，其他学生和教师都可以听到回答者的说话内容，效果与线下课堂相似，但是受网络传输条件的限制，绝大多数“连麦”都需要等待相当长的时间。为提高课堂效率，我们尽量在概念易混淆之处设置客观题，约定输入“1”表示肯定，输入“0”表示否定，这样学生可以在留言区通过简单地敲击字符表示判断结果，大大提高授课效率。

（二）改进授课方式

最初，我们直播的方式是提前梳理知识点，解析作业难点并制作PPT，第二天共享PPT，向学生逐页讲解。实行一段时间后，发现这种方式最大的缺点是忽视课堂生成的存在，无法及时根据学生反馈调整教学，而且整个过程被设定、单向输出，学生是否参与、参与度如何都无法控制，也就是本文开始提及的两点均无法兼顾。

后来，我们通过网络查询，跨区域交流学习，摸索出更加应变灵活、互动及时的授课方式：有的采用两个手机配合，一个手机录制书写过程，另一个手机监测直播实况；有的外接书写板，实时直播书写内容。我采用的方式是电脑外接便携式投影仪，一边讲解、一边书写，通过关注留言区学生的实时反馈以及适度的连麦，掌握学生的学习情况，并及时给出反馈、调整教学。无论哪一种形式，我们都在保证及时互动上下足了功夫。

（三）尝试调整，优化直播流程

“空中课堂”解决了知识新授的问题，而数学概念的建立和技能的形成离不开适量的巩固练习。起初，我们决定增加后20分钟的直播，主要是因为学生在完成配套练习册的作业时遇到了困难,希望通过提前讲解化解难度。但是,通过观察,我们发现学生的困难始于对“空中课堂”所授内容的“消化不良”。原因有上文提及的用语体系的差异,更有“空中课堂”快捷的教学节奏,有学生来不及思考、练习,或是无人督促的情况,学生拒绝思考,消极等待答案……找到症结,我们优化了后 20 分钟的教学实施流程,并使之模块化,在数学组推广。

表 1　线上教学“后 20 分钟”的实施流程

	内容	目的	用时
模块一	梳理、总结“空中课堂”的教学知识点	在学生旧有的知识框架内,用学生熟悉的语言体系重构授课内容,或是解释,或是拓展,对“空中课堂”进行“本班化”改造,加强学生对新授知识的内化巩固	8 分钟
模块二	练习讲解: 1. “空中课堂”中综合习题讲解 2. 练习册配套作业部分习题讲解 3. 适应本班学习水平的拓展补充习题讲解	“空中课堂”受时间限制,其中出现的思维量较大的综合问题,所预留的思考、练习时间往往不充分,直播时再次点击问题解决的关键之处,提炼方法,促进“消化” 练习册配套练习中综合性的问题解决,提前予以分析提示,降低作业难度 补充匹配本班学习水平的拓展题,拓展学生解决问题思路,积累解题经验	12 分钟

(四) 总结记录形成教学日志

我们对每天的授课内容进行总结,与“空中课堂”中的授课作对比,反思利弊,并以教学日志的方式留存。表 2 是五年级第二学期几何单元的“长正方体展开图”工作日志。

表 2　曹光彪小学在线教学工作日志

<table>
<tr><td>日期</td><td>学科</td><td>班级</td><td>教师</td></tr>
<tr><td>5 月 6 日</td><td>数学</td><td>五(4)</td><td>滕晓娟</td></tr>
<tr><td colspan="3">课　题</td><td>“空中课堂”授课教师</td></tr>
<tr><td colspan="3">长正方体的展开图(2)</td><td>张丽
(奉贤江海第一小学)</td></tr>
<tr><td colspan="4">课前学生预习要求</td></tr>
<tr><td colspan="4">课本第 53 页
思考:1. 为什么长方体的展开有不同的形状?
2. 与正方体的展开图相比,长方体展开图有什么相同和不同的地方?</td></tr>
<tr><td colspan="4">重点、难点及微课主要学习过程</td></tr>
</table>

（续表）

1. 剪开长方体 出示剪长方体的过程，强调不要剪散 揭示展开图定义 学生尝试剪长方体 2. 初识展开图 思考为什么剪开的形状不同 举例说明，剪的方式不同展开图不同 旋转、翻转相同的情况 在头脑中复原长方体 3. 展开图特征 长方体展开图有 6 个长方形 有三组相对的面 4. 判断展开图 有三组相对的面不一定是长方体的展开图 利用空间想象判断课本第 53 页上的平面展开图是否能合围成长方体 5. 在长方体展开图上标长、宽、高的数据 6. 根据展开图上的数据判断长、宽、高
在线师生互动主要内容
1. 课堂内容“消化” 2. 练习册第 53 页
当天作业布置(线上作业设计或教师调整后的作业设计)
1. 练习册第 52 页 2. 补充练习 19
在线教学反思
张老师在授课过程中，充分利用动画展示了折叠过程，使过程可见，衔接了平面和立体的样态，对培养学生空间想象有辅助作用，非常可取。 在解决立体问题上如果能够渗透化立体为平面的思想就更好了，即直观演示后，抽象出平面想象的方法。比如，判断类型、转化类型，找对应面均可。

四、作业布置和批改

我们采用“钉钉”平台提供的“家校本”功能，作业布置后可以直接推送给学生，教师可以实时查看学生对作业的查收情况，对于没有及时接收作业的学生，采取电话或私信提醒。

学生完成作业后拍照上传，教师就能看到学生的书面作业。借助在线批阅功能，可以像批改纸面作业一样，圈化、判定对错，定点指正。批阅后的作业又以图片形式反馈给学生。

作业评价方面，平台提供了便捷的操作功能，可以录制语音输入文字点评作业，也可以等第制评选出优秀作业，鼓励态度认真、书写端正、方法巧妙的学生。凡是被评为优秀作业，该作业就会被自动分享给所有参与提交作业的学生，营造了学生之间互相借鉴学习的氛围。作业发生严重错误的学生，教师则可以启用“作业打回”，学生需要订正后再次提交。这就发挥了线下教学中面批、订正的作用。

图 1　作业布置

图 2　作业批改

图 3　作业打回　重新提交

图 4　作业反馈

五、课外辅导

在线教学中，学习效果最受影响的是后进学生，学习基础薄弱，理解接受知识较慢，完成作业难度大。线下教学中可以通过教师面对面指导、督促等个性化辅导弥补，在线教学的远程距离使一切成为不可能，因此这部分学生学习障碍会更大。

针对这种情况，我们将全年级需要帮助的学生组建成一个线上教学班，每周固定时间给这些学生加课。年级教研组线上研讨时汇总学生的高频错题，分析原因，然后有针对性地设计补充讲义的习题，以夯实基本概念和基本技能。最后由教研组的教师轮流执教。这种有针对性的线上补课，不仅受到了学生的欢迎，也解除了家长担心学生不能完全“消化”“空中课堂”的教学内容，跟不上节奏的担忧。

图 5　课外辅导直播课

图 6　学生“连麦”回答问题

六、学业成果的检查和评定

学业测评是教学工作不可缺少的重要环节，既是诊断学生学习情况和教师教学效果的重要手段，也是教师后续调整教学的依据。除此之外，我们还有一个目标，即初步探究出确保教学五环节能够完整实施的在线教学模式。①

经过半学期的在线教学，我们尝试组织了一次线上测评。测评形式、目标内容、细节设定都通过数学组的线上教研活动商讨确定。测评过程大致如下：

（一）提前公布测评范围，引导学生自主复习

在线学习对师生而言都是全新的尝试，所以传统的卷面形式也必须做相应的改进。事先告知学生测试范围，并且在测评内容中增加了“空中课堂”中出现的综合题原题，引导学生通过回看视频进行有针对性的复习，培养自主学习能力。

为避免测评当天发生混乱，试题文件提前一天发送给家长，确保学生测评当天能够顺利拿到试题。

（二）采用“钉钉会议”的方式，实时监控

正式答题测试采用“钉钉会议”模式，约定统一测试间，学生准时进入线上会议室，打开摄像头，教师可以远程观察每个学生的答题状态。

（三）定时提交，批阅反馈

完成测评，学生拍照上传给教师，并申请退出线上会议室。教师收到学生答卷，批阅反馈给学生。

（四）线上讲评，全方位评定

在线讲评中除了对试题进行分析，还要对学生的学态度、习惯做出评价，利用网络

① 杨庆余.小学数学课程与教学[M].北京：高等教育出版社，2004.

资料留存功能，将学生平时完成作业的情况与测评成绩建立联系，促使学生直观看到学习态度、习惯对学习效果的影响。

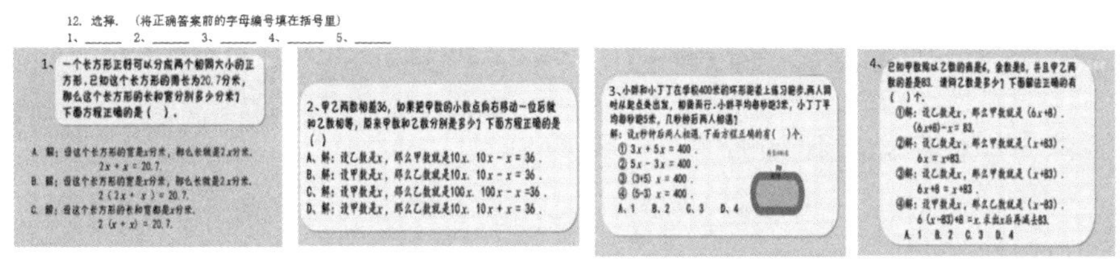

图 7　增加“空中课堂”原题，测评听课效率和自主复习

以上是我们一边摸索一边总结的点滴经验，诸多之处值得商榷、探讨。可以确定：未来已来，转型、探索、改进、完善的教学实践继续发生在学校教育中。

真实情境问题在物理课堂教学中的应用实践

——以“气体实验定律的应用”一课为例

◎ 上海市格致中学　徐正一

摘　要　真实情境问题是基于生活中实际物理现象所生成的问题，具有一定的探究价值。将这类问题融入物理课堂教学，能培养学生的科学探究素养。本文给出了一节根据2018年IYPT竞赛第3题“跳舞的硬币”所设计的知识应用课实例，并以此探讨如何在物理课堂中应用该类问题初步培养学生的科学探究能力。

关键词　真实情境问题；物理课堂；物理学术竞赛

常规物理习题往往以物理模型的形式给出，在解决该类习题时可直接选取合适的研究对象进行分析，基于物理习题的教学确实可以帮助学生提升对物理知识和方法的掌握程度，但无法有效培养学生的科学探究能力和意识。而真实情境问题是基于生活中实际发生的物理现象所设计的，在课堂中引导学生对一些特定物理现象进行解释、分析和探究等活动，将有助于切实培养学生的物理学科核心素养。①

真实情境问题需要教师在日常生活及相关资料中进行搜集。全球青年物理学家锦标赛(International Youth Physical Tournament，简称IYPT)提供了许多优质资源。IYPT主办方每年会给出17个物理问题，其中包含一些简易装置即能够实现的趣味物理现象，要求参赛者对这些现象的产生原因、现象特征及影响因素等方面进行研究。由于这些问题的答案都是未知的，学生所进行的研究往往都是真实的探究活动。② 其中，部分物理现象与高中阶段所学知识有一定相关性，如2018年IYPT赛题第3题“跳舞的硬币(Dancing Coin)”所描述的现象：将一枚硬币放在一强烈冷却的瓶子的瓶口，如图1所示，可观察到硬币发生运动，该现象就可根据查理定律进行解释。为研究如何将这一真实情境问题融入物理课堂教学，笔者设计了《气体实验定律的应用》一课进行尝试。

本节课的教学对象为已经完成气体实验定律学习的高二年级学生。考虑到学生

---

① 中华人民共和国教育部.普通高中物理课程标准(2017年版)[M].北京：人民教育出版社，2018.

② 朴晶华.基于CYPT(IYPT)的学生物理探究能力培养实践研究[D].华东师范大学，2016.

图 1 "跳舞的硬币"实验装置

可能未经历过类似科学探究，且一节课时间有限，将问题完全交给学生进行研究是有难度的，因此本节课设计以知识应用课的形式开展，即研究思路及内容由教师在课堂中给定，而学生则应用所学知识完成研究中具体的分析任务。通过本节课，学生能够感受如何从物理实验现象中挖掘值得研究的问题以及如何对这些问题进行实验研究和分析。笔者在课前进行了一些前置的研究，并将研究思路转化为一系列小问题，在课堂中利用问题引导学生对硬币跳动现象的产生原因及该现象的重要特征——跳动频率随时间如何变化进行了探究。探究过程分为以下三个环节：

1. 现象引入，激发兴趣

为激发学习兴趣，笔者首先展示了空塑料瓶、硬币及该实验现象，但未演示瓶子从冰箱拿出来的环节。学生观察现象后，笔者请学生先猜测可能的原因。此时有学生猜到了瓶子是冰冻过的，请该学生对产生现象的原因进行说明。一般来说，学生能够回答温度升高，瓶内气体压强增大，从而将硬币顶起这几点即可。通过该环节，学生能够了解产生该现象的原因，并意识到该问题需要从气体状态参量的角度进行研究。由于该现象来源于生活中的物品，能够在一定程度上激发学生的研究兴趣。

2. 建模分析，现象预测

科学探究需要经历提出问题、猜想与假设、设计实验、收集数据、分析论证、评估交流等环节。为带领学生经历这些环节，笔者针对该现象设计了一个研究问题：硬币跳动的频率随时间如何变化？

为形成有依据的猜想，先请学生尝试建立简单模型，做出合理假设，通过理论推导的方式得出结论。由于直接推导对学生而言存在一定难度，笔者给出了一些条件和问题，引导学生进行分析。该推导需要用到温度随时间变化关系，因此笔者使用加装DIS温度传感器的瓶子进行实验，并记录了瓶内气体温度变化情况，如图 2 所示。将该图像及生成过程在课堂中向学生展示，将其作为一项已知条件。除此以外，根据查理定律的适用条件之一是必须研究一定质量的气体，从而提出分析该问题所要研究的过程——从一次硬币回落到下一次跳起，并给出一项假设：每次跳动后瓶内气体压强减小为大气压强。为便于表示，此处定义硬币回落时刻初始温度为 T_0，大气压强 p_0，

硬币质量为 m，瓶口面积为 S。

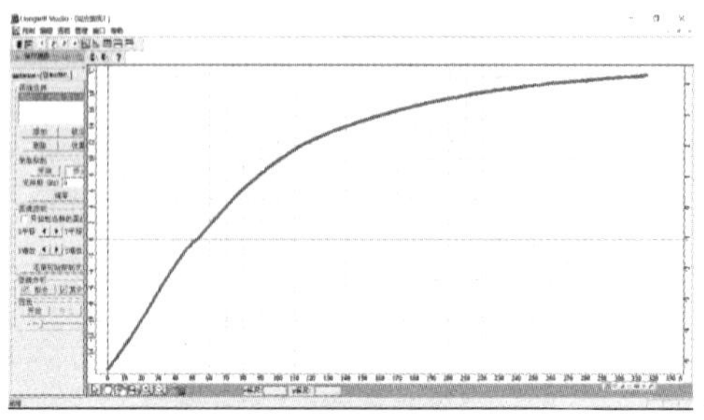

图 2　瓶内气体温度与时间变化关系实验曲线

完成上述假设与定义后，向学生提出问题：(1)压强增大到多少硬币会跳起？(2)增大这点压强所需升高的温度 ΔT 是多少？(3)根据上述计算所得表达式并结合已知条件，硬币跳动频率如何变化？在这些问题的引导下，学生能够运用受力分析提出压强需增加 mg/S 硬币可能跳起，并根据查理定律写出所需升高温度的表达式：

$$\Delta T=\frac{mgT_0}{p_0S}$$

根据上式学生可分析得出：硬币持续跳动过程中 T_0 不断增大，所需升高的温度增大，而由图 2 可知温度变化越来越慢，因此所需时间越来越长，即跳动频率越来越低。通过上述过程，学生能够经历对真实情境中的物理现象进行建模的过程，感受建模过程中抓住主要因素、忽略次要因素的思路，以及做出合理假设的必要性。

3. 实验对照，层层深入

在得到理论分析的结论后，还需通过实验进行验证。此处笔者演示了采集硬币跳动时间间隔的实验过程。由于直接使用秒表等计时工具测量该时间间隔必然会产生很大误差，因此笔者采用了拍摄视频并使用软件分析的方式。将硬币跳动过程用手机拍摄成视频，并使用视频编辑软件(Camtasia Studio 8)打开该视频。在该视频的音轨上可看到硬币跳动时撞击瓶口留下声音的声波图像，每一个波峰对应时刻即为硬币发生跳动的时刻，如图 3 所示。在软件中将各波峰对应时刻读出并记录，计算出每两次跳动的时间间隔。从数据中大致可以发现，该时间间隔的确有逐渐增大的趋势。

图 3　硬币跳动实验现象视频的音轨

为更直观地显示硬币跳动时间间隔的变化情况，根据实验数据绘制出跳动时间间隔与跳动次序的变化关系图，如图 4 所示。

从该图像可以发现，硬币跳动时间间隔总体上的确是增大的，但也发现了问题：在开始阶段，硬币跳动时间间隔几乎不变，甚至可能略微变小，这与之前所作的理论分析

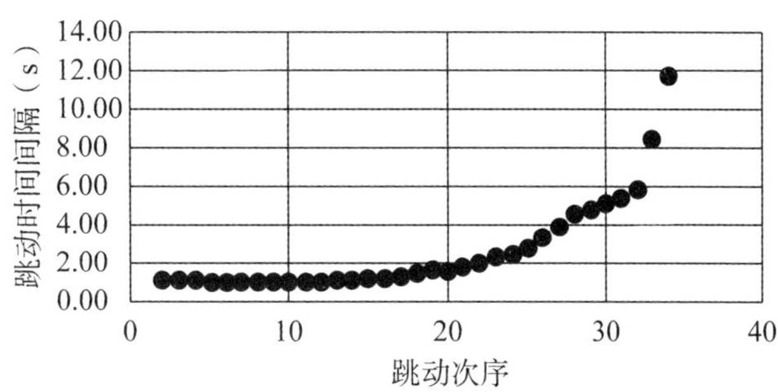

图 4　硬币跳动时间间隔变化实验图像

相矛盾,即理论分析存在一定的问题,由此继续深入,带领学生探究产生这一结果的原因。

为解决该问题,笔者向学生提出了一条研究思路。理论分析中存在问题的地方可能在所作的假设部分,即跳起时所需增加的压强并不为 mg/S,或每次跳起后瓶内压强未减小至大气压强。要进行判断,不妨研究初始压强一定为 p_0 的过程,即从放下硬币至硬币第一次跳起的时间间隔,若该时间间隔符合理论计算,则说明问题出在压强回落至大气压的假设上。因此只需尝试计算出第一次跳动的时间间隔,与实验相对照即可。

由于理论计算过程需要知道温度随时间的变化率,因此再次进行实验,拍摄实验现象视频的同时使用 DIS 温度传感器测量瓶内温度变化情况。因单次跳动时间较短,该时间内温度可看作随时间均匀变化,测得图像及相关数据如图 5 所示。

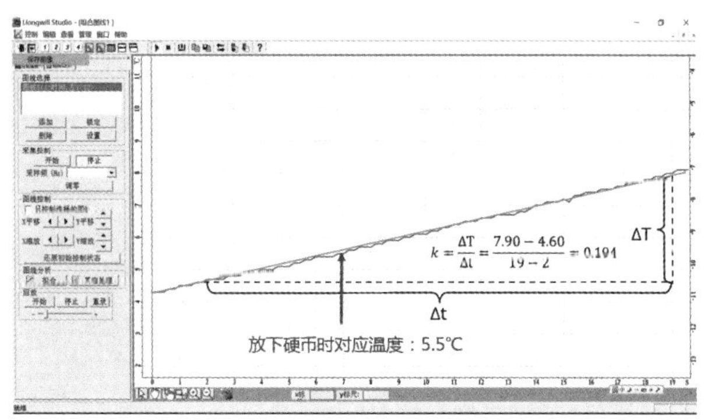

图 5　放下硬币过程中瓶内气体温度随时间变化实验曲线

在实验过程中记下放下硬币时对应的温度,并根据图像斜率计算出温度随时间的变化率。给出必要参量:1 元硬币质量 6.1 g,瓶口内直径 20.2 mm,$g=9.8\ \text{m/s}^2$,$p_0=1.01\times10^5$ pa,请学生对理论上的第一次跳动时间间隔 t_0 进行计算。由上述数据可算得该时间:

$$t_0=\frac{\Delta T_0}{k}=\frac{mgt_0}{p_0Sk}=\frac{6.1\times10^{-3}\times9.8\times278.5}{1.01\times10^5\times\pi\times(10.1\times10^{-3})^2\times0.194}\ \text{s}=2.65\ \text{s}$$

在本次实验中，实际测得时间间隔为 2.67 s，与理论计算结果相差较小，由此得出结论：硬币跳动过程中，瓶内气体会向外逸出，但逸出量可能不足以使瓶内气体压强回落至大气压强，因此导致硬币跳动时间间隔可能出现不变甚至变小的情况。

研究至此，本节课也接近尾声，显然对于该现象的研究并没有完全结束，因此笔者在最后总结阶段指出，对于一个物理现象，只要深入挖掘，将会找到许多可以研究的问题。例如，该现象中，还可以对瓶子的容积、硬币的质量等因素对硬币跳动现象的影响情况进行研究，这些都是高中生力所能及的自然科学类课题研究。同时，笔者也布置了一项作业：以小组为单位分工合作，继续对该现象进行研究，通过理论分析和实验得出结论，生成研究报告，并在下次课上进行交流。

通过本节课的研究过程，笔者希望学生能够意识到如何将猜想与假设和实验探究联系在一起，即所作猜想应具有一定的依据，该依据可以通过建模分析的方式进行理论推导，由此得到结论后再进行实验验证，这样将使实验结果发挥更大的作用，并从中寻找到更深入的问题，这也是在探究物理现象的过程中普遍的思路。由于本节课主要作为对学生科学探究真实问题的初步引导，因此课中设计及实验环节主要由教师进行演示，通过设计一系列问题来组织学生共同参与这一真实情境问题的探究，而学生活动则以知识应用和解决问题为主。当然，若对于有一定研究基础的学生，完全可以将设计和实验环节交给学生来完成，由此进一步培养学生的研究能力。

张燕班主任工作室

工作室主持人寄语

教育家苏霍姆林斯基说过："教育者的个性、思想信念及其精神生活的财富，是一种能激发每个受教育者检点自己、反省自己和控制自己的力量。"愿每一位老师都能成为学生成长的"摆渡人"。

工作室代表性研究成果

生涯课程　提升学生核心素养

明确责任边界　助力家校合作

发现美　学会爱

工作室概况

格致教育集团张燕班主任工作室，由格致中学德育主任、学生发展中心主任张燕老师担任主持人，特聘请华东师范大学教育管理学院刘竑波教授、嘉定区教育学院德研室主任陆春晔老师、黄浦区教育学院德研室李燕华老师作为工作室的指导教师，还有来自四所学校的九位学员：格致中学教师周健、陈蕾、戚欣怡、沈梦华，格致初级中学教师程菁，上海理工大学附属储能中学教师蒋嘉顺，民办明珠中学教师韩巧霞、陈俊、宋杰。

班主任作为一个班级的主要领导者、组织者和管理者，是学校教育任务得以顺利完成的重要力量，也是学生人生成长中的关键引导者。在高考改革的新形势下，班主任工作需要从权威型向对话型转换，由限制型向发展型转换，由高耗型向高效性转换，由经验型向科研型转换。成立班主任工作室，为班主任搭建学习平台，进一步提高班级管理水平、提高育人工作的艺术性和实效性，切实推进班主任的专业化发展，逐步形成一支班主任的骨干力量。

工作室也为班主任教师提供学术交流、教艺切磋、智慧分享的互动平台，引领工作室学员发挥自身优势，提升教育智慧，探索并形成班主任育人思想和班级管理特色，促进其专业化发展。每个学员做深入的自我分析，找准发展优势，获得个人成长和专业发展的信心，确定发展方向与目标，制订发展规划，每年度均有发展重点。邀请德育教育、心理及生涯方面的专家开设讲座，通过专业理论学习，掌握相关的现代教育理念及班主任技能，获得有效的方法和途径。研读德育或心理健康专著、班主任专著，撰写读书体会，并在共同学习研讨中灵活陈述、活学活用，表明自己的观点。

工作室学员通过主题班会课研讨、专题讲座、经验交流、班主任工作沙龙等形式，促进本校班主任队伍的专业成长；结合各集团校教育教学实际和自己的工作特色、亮点，开展学校德育课题研究和班主任工作课题研究。课题“新中高考背景下初高中班级管理工作一体化的实践研究”获得 2020 年度上海学校德育实践研究课题（思研会）立项，现正处于完成结题报告阶段。

工作室主持人介绍

张燕，上海市格致教育集团张燕班主任工作室主持人，上海市格致中学学生发展中心主任，化学高级教师，黄浦区教育系统化学学科带头人。上海市高中德育实训基地成员，上海市第三期化学名师基地成员，黄浦区第二期、第三期名师工作室学员。曾获“黄浦区园丁奖”和“上海市新长征突击手”等称号。

培育适应“双新”改革的骨干班主任团队

——张燕班主任工作室工作回顾

格致教育集团张燕班主任工作室由格致中学张燕老师担任主持人，工作室学员是来自集团内不同学校的九位班主任老师。工作室本着成为“德育工作研究的平台、德育工作者成长的阶梯、班级管理辐射的中心、任课教师和学生的益友”的宗旨，扩大骨干班主任效应，形成优秀班主任团队，创建学习型组织，开展多层次、多形式、有质量的班主任学习、研修、实践活动，坚持理论和实践相结合，以课题研究为统领，以示范引领为特征，在交流与碰撞中求进步，行走在班主任专业化发展的路上。回眸三年的工作室运行历程，全体学员认真学习、勇于思考、努力实践。

一、加强学习科研，提高业务素质，加快学员专业成长

（一）强化学习，提高理论素养

先进的理论是班主任工作和德育科研的先导，没有先进的理论指导，一切都将是纸上谈兵。因此，工作室加强学习，不断提高理论修养，始终占领工作室工作的“制高点”。工作室组织学员采取集中学习和分散自学相结合、自主研修和专家引领相结合的形式，以理论熏陶的方式提升专业素养。工作室主持人张燕老师向全体学员推荐阅读书目和文章，定期开展读书交流活动并撰写读书心得，每人一年上交一到两篇读后感或德育叙事案例。

此外，工作室采取“走出去、请进来”的方式，多次聆听专家学者的授课和讲座，为工作室学员的成长打下坚实的理论功底。三年里，学员聆听过多场专家讲座。如黄浦区教育学院德研室李燕华老师的讲座《主题谈话课的实践与思考》；华东师范大学教育管理学院刘竑波教授主题为“德育谈话课的课例分析”的座谈会；上海市教育科学研究院杨彦平教授的讲座《学生综合素质评价下的学生生涯教育》；上海市心理咨询与治疗中心的陈老师关于“新时代背景下家校合作”的主题报告；嘉定区教育学院的陆春烨老师的讲座《不一样的我，不一样的我们——特色班集体建设思考与实践》；等等。

（二）实践磨砺，努力形成风格

“教育理论修养”和“教育实践积累”是一个优秀班主任必须具备的两个条件。

工作室要求所有学员做到既有理论修养，又有丰富的实践积累。三年来，工作室深入学员所在的学校、班级，通过调查、听课、研讨等途径，为德育研究取得第一手资料。学员通过开课、开设课例分析等形式和活动，相互学习，提高自身育人水平。工作室帮助学员在育人风格和特色上下功夫，加强班主任基本技能，让每位学员能够按照教育规律和学生的心理规律教育学生，逐步形成自己的育人风格和育人思想。

（三）积极科研，提高自身品位

“教而不研则浅”，反思是形成教育智慧的重要方式，也是教师专业提升的有效途径，通过不断总结实践经验，提炼教育智慧，逐步从经验型教师变为科研型教师。张燕老师在积极开展班主任工作研究的同时，带动并鼓励全体学员从事研究，积极开展德育科研、撰写德育论文和案例。格致中学张燕老师发表论文《生涯课程　提升学生核心素养》；格致中学周健老师发表论文《明确责任边界　助力家校合作》；格致中学陈蕾老师获上海市第六届班主任技能大赛一等奖；格致初级中学程菁老师、格致中学戚欣怡老师获黄浦区第五届班主任技能大赛三等奖；明珠中学韩巧霞老师主编的校本教程《以物为师，去博物馆学语文》正式出版。整个工作室始终洋溢着一种研究的学术氛围，每位学员都有研究成果。此外，工作室以课题研究为抓手，完成区级课题 1 项、市级课题 2 项，1 项市级课题在进行中，可谓硕果累累。

二、加强常规活动，建立健全组织机构，扩大工作室影响

（一）常规例会，明确中心

工作室坚持每月一次业务学习的例会制度，研究工作和学习，交流经验和体会，从而实现共同发展。每次的例会上都有一个中心话题，并由一位工作室学员轮流主持、主讲，其他学员参与讨论，互相启发，在成熟的时候对工作室以外的班主任以及外省市同行开放，使工作室真正成为班主任研究教育、切磋育人本领的“家园”。

（二）学习研修，有序进行

工作室积极创造条件，为学员提供了广阔的展示与交流的舞台。让名师与名师、名师与学员互相交流、取长补短、共同进步。工作室组织学员开展系列培训研讨活动，使学员拓宽了视野、开阔了胸怀、增长了见识。

回头俯瞰，抬头仰望，在格致教育集团以及各兄弟学校领导的关心帮助下，工作室一路耕耘，一路探索，洒下辛苦和汗水的同时，也收获了一份喜悦与感动。今后我们将在各自的岗位上勤于实践，勇于探索，争取更大的成绩。

生涯课程　提升学生核心素养[①]

◎ 上海市格致中学　张　燕

摘　要　上海实施新高考改革，更关注学生的全面发展，在学校的课程设置上也有新的变化和改革。格致中学结合学生综合素质评价体系，提出并建构了格致中学独具特色的生涯课程，满足不同学生的需要，既关注格致学子的综合素质的提高，也努力实现格致学子全面而有个性的发展。

关键词　生涯；生涯课程；生涯成长导师；志愿者服务；社会实践

一、格致生涯课程的设想与建构

2017年开始的上海“新高考”改革通过增加考试科目和考试次数，极大地增加了高考的多样化和学生的选择，格致生涯课程建构是对当前教育改革的积极回应。以考试科目为例，学生在语数外之外的6门中选择3门考试，有20多种不同的科目组合可选。

在高考新政的指引下，我校提出了课程重构。从建校初期的“八目”，到“二期课改”时的“四类八群百门”，到如今高考新政下的“新四类八群百门”。新四大类：公民人格、科学认知、生涯发展类、创意技艺；八个学科群：民族历史和文化、科学知识和技能、人类自然和社会、艺术审美和体验、心智体能和意志、社会责任和实践、学科先导和竞赛、世界文化和交流；120多门拓展型、研究型课程。

公民人格类课程注重成人为先；科学认知类课程夯实成才文化基础；生涯发展类课程保障学生身心健康、关注学生综合素质提高，实现全面而有个性的发展；创意技艺类课程促进学生创新素养提升。四类课程构筑学生成长“金字塔”。

学校在高质量、同水平完成基础型课程的基础上，根据学生的兴趣、爱好、特长和潜能，在拓展型课程和研究型课程中实施个性化教学。

学校在高一年级除设置三个实验班之外，根据学生的兴趣、爱好、特长和潜能，以

① 本文发表于《中国教育报》2019年2月27日。

学生的全面成长、个性发展为出发点,满足学生多元发展的需求,在拓展型课程和研究型课程领域设计了十个“志趣最佳发展域”课程模块,供学生自主选择。

格致的课程根据不同的学生,满足不同的需求,在不断的发展和完善中,四大类课程互为联系、互相补充,形成了既注重和谐发展又注重个性特长的课程体系。以此为依托推出的生涯发展类课程,全方位关注高中生的生涯发展,帮助学生树立目标,激发潜能。

二、格致生涯课程的目标与实施

我校的学生生涯发展指导课程旨在让学生在基于认识自我、了解社会的基础上,依托学校及社会资源,通过参与社会活动,探索和思考未来的发展方向,自主规划适合自己发展的专业,明确责任担当,激发学习动机,挖掘学习潜能,提高综合素养,助力生涯成长,让每一位学生成为最好的自己、唯一的自己,让不同的学生在原有的基础上,实现全面而有个性的发展。

(一) 具体目标

1. 选择:结合课堂教学与主题实践活动,在不断的认识自我、社会理解中,思考生涯发展,明确发展方向,选择成长道路,制订奋斗目标,规划行动方案。

2. 适应:适应社会环境和新高考改革,在自我认知和社会认知的基础上,了解生涯发展对个人发展的重要性和终身性,培养积极的生涯发展态度和责任感。

3. 改变:认识生涯发展与综合素质评价,改变自我成长方式,形成与生涯发展相结合的个人发展意识,对生涯发展进行有目的、有计划、有系统的安排。

4. 认知:借助社会资源,通过对不同职业的认知与自我体验,激发个人的内在价值和潜力,培养生涯发展的自主意识和选择规划能力。

(二) 课程实施

我校的生涯发展类课程依托课内和课外相结合、课堂教学和实践、活动项目共同推进,促进学生核心素养的全面提升。

1. 建立生涯发展测评系统,帮助学生认识自我

建立学生心理水平及生涯发展测评系统,让学生在高中阶段的关键时期能够对自己有一个基本认识和分析。

学生在高中三年中可以在不同的时段进行测评,以便了解自我、认识自我。在学生进校后进行初态测试,学生通过测评形成自我认识和自我了解,学校分析整个年级的基本情况,班主任、年级组长也能有一个全面的了解,可以根据年级和班级开展有针对性的主题活动。

2. 建立生涯发展校本课程，帮助学生学会选择

编辑生涯发展校本教程《选择》，帮助学生掌握自我评估、学业管理和认识社会的方法与能力。根据学生的初态测试情况，在学校的心理课堂上开设《生涯发展》校本课程，让学生掌握自我评估、学业管理和认识社会的方法与能力。

3. 建立生涯导师制度，指导学生生涯成长

建立生涯导师制度，形成以校内生涯成长导师和校外生涯助力师内外结合的学生生涯指导。

(1) 设置分年级生涯成长导师，助力学生健康成长

高一年级：生涯成长导师帮助学生尽快适应高中生活；引导学生正确面对学习和生活中的问题(如“+3”选科问题、学习困惑等)；指导学生确定自己的课题。

高二年级：生涯成长导师对学生的生涯成长进行指导，包括学生未来职业发展的方向及生活中的各种角色(如学生、子女、朋友、公民等)的规划性指导；指导学生完成自己的课题。

高三年级：生涯成长导师帮助学生准确定位，了解其心仪的专业、大学及以后的就业动向；进一步明确个人发展方向，初步形成人生观和价值观。

(2) 设置校外生涯助力师，助力学生专业了解

依托生涯助力师等校外资源，开设生涯助力师校友专场讲座，如《数学学渣如何实现金融梦》《劝人学医，天打雷劈?》《银行人的苦与乐》《为生活选择一份职业》等。高二年级学生走班以后，通过生涯助力师讲座，由专业人士介绍学生想要了解的专业和大学，并且了解相关专业及以后择业的方向。学生对专业职业有了进一步的了解，进一步明确个人发展方向。

(3) 校友生涯讲座集市，助力学生发展选择

借助“生涯集市”，请刚入学的大学生校友和学生进行面对面的咨询，帮助学生适应高中生活，尽早规划高中每一阶段的学习生活，如“我的高中生活我做主”“高考选科不用怕，扬帆起航在今朝”等高一“生涯集市”；高二第二学期或者高三第一学期也可以依托“生涯集市”，如“2019GZer”“不见不散”“高校联合宣讲”等，让学生了解感兴趣的大学专业，为大学专业的选择及未来发展方向预设努力目标。

4. 建立志愿者实践基地，搭建职业体验平台

目前，与我校签约的基地有近40所，分别属于博物馆、医院、社区活动中心、学生社区指导站、图书馆、火车站、大世界、心智发展中心等。这些场馆为学生提供了志愿者服务、职业体验的机会，让学生在服务社会、了解社会的同时，提高处理问题、解决问题的能力，增强社会责任感。

学校还为学生开设了志愿者服务岗位以外的职业体验项目，利用暑假赴盛大游戏、建设银行、上海外服国际人才培训中心、律师事务所等单位开展职业体验，学生在

体验的过程中提升了综合能力，培养了认知能力、合作能力、创新能力、职业能力等“关键能力”。学生通过各行各业的志愿者服务，在参与中体验、在体验中感悟，实实在在地提升了自身的综合素养。

三、格致生涯课程的成效与展望

（一）教师引领

建立班主任和生涯成长导师的双导师制，帮助学生明确自己的学习能力和兴趣爱好，以及满足这些特点的生活方式类型；帮助学生了解自我并追求改善与成长。100%的学生都有生涯成长导师。

特别是2020年突发的新冠疫情，教师的授课方式和学生的学习方式发生了很大的改变。班主任和生涯成长导师在网课期间充分发挥了作用，对学生有的放矢地进行心理疏导和学习方式的指导，帮助学生在网课期间也能实现身心健康发展。

（二）学长分享

借助“生涯集市”，请大学校友和学生进行面对面的交流，帮助学生适应高中生活，了解感兴趣的大学专业。依托生涯助力师等校外资源，了解各个行业的社会价值。

后疫情时代，我们也将邀请此次参加抗疫的校友为学生分享。

（三）家长补位

家长也是学生生涯发展的引航人，通过家长委员会和家长学校，建立家长对学生生涯发展的认同。家长能给予学生职业生涯的指导，并提供走近和走进职场的机会。

（四）职业体验

学生针对自己感兴趣的职业方向，访谈相关职业人士，了解该职业的特点、要求和未来可能的发展趋势，招聘新员工的基本条件，如何才能在这个职业岗位上做出成绩等。在深入社会调查研究的基础上，进一步思考和明确自己的发展方向，并通过生涯实践，结合具体岗位，切实体验和了解该职业的职业特点与职业要求。

（五）志愿服务

鼓励学生参与志愿者活动，在志愿服务的过程中提高社会责任感，在一些志愿者服务的项目中得到职业体验。格致中学学生并不满足于60个学时的志愿者服务，人均志愿者服务学时在100学时左右，最多的学生有近300学时。

（六）社会考察

学生参与各项社会考察活动，如南京、大别山等社会考察，在考察中提高对社会的认知。每个年级参加南京、大别山考察的学生达90%—95%。

生涯规划指导是一种人格教育,是一种对人生观的教育,是一种对人生梦想的追求。最重要的目的是促进生涯发展,有助于学生树立目标,激发学习动机;有利于学生接触大学、接触社会,寻求个人发展道路等多重意义。这是学生个人成长中非常重要的一环,能够对学生日后发展起到正向作用,为学生未来的美好生活奠定基础。

明确责任边界　助力家校合作[①]

◎ 上海市格致中学　周　健

摘　要　家校合作中边界不清、责任模糊导致李老师疲于应付、受委屈，小赵母亲不满意、要投诉。本文是对案例的反思，分析了明确家庭教育和学校教育的责任边界对于落实主体教育责任、提高家校合作效率的必要性，并提出了班主任首先应该尽早用合适的方式与家长沟通，明确教师在指导家庭教育工作中的职责边界，还应该有预见性和前瞻性地指导家庭教育，助力家长了解和把握相应年龄段孩子的身心发展特点和需求，缓解家长焦虑，理性应对孩子成长变化。

关键词　责任边界；家庭教育指导

随着现代通信工具的发展和互联网的普及，班主任和家长的沟通方式越来越多样化。微信等社交软件功能的不断丰富，为家校沟通带来便利的同时也带来诸多问题。案例中，李老师和小赵母亲之所以产生“冲突”，主要在于没有厘清“班主任的工作时间和职责是有边界的”这一问题。

随着市场经济的蓬勃发展，“是否做到让顾客满意”成为许多消费者评价企业服务水平的重要标准之一。为了在激烈的市场竞争中赢得优势，许多企业将改善用户体验作为重要的工作目标，设立了 24 小时客服热线。身处这样的环境中，一些家长不自觉地将学校教师与学生家长之间的关系简单地类比为企业客服和客户之间的关系。

那么，教育行业是不是服务业，学校是不是企业，班主任是不是 24 小时在线客服呢？教育行业不是一般意义上的服务业，学校也不是企业，班主任更不是 24 小时在线客服。班主任是普通的劳动者，具有正常的休息休假权利，这是法律赋予的权利。在休息休假期间接听家长电话，处理家长提出的各种问题，这是班主任尽心尽责关心学生成长的敬业表现，但并不是法定义务。

小赵母亲经常于晚间 9 点之后打电话给李老师，并认为李老师的付出理所应当，从某种程度上说这不仅影响了李老师的休息休假权，也影响了李老师的备课工作，实

---

① 本文发表于《现代教学》2019 年第 20 期。

属不妥。李老师作为班主任,她的职责也是有边界的。要想做好班主任工作,她确实需要和家长互动,从而更好地了解、帮助与指导学生和学生家长,促进学生发展与进步。但是,这些要建立在班主任和家长之间形成协同合作关系、具有相对明确分工的基础上。要避免其中一方越俎代庖或者大包大揽,而另一方以“等靠要”的方式推卸责任或撒手不管等局面的出现。

在家庭教育和学校教育中,都会遇到各种各样的问题,有些问题需要双方合作解决,而有些问题则需要各自承担责任。无边界的家班关系,既模糊了双方各自的角色定位和职责,也会降低合作的效率,徒增双方的负担,最终也不能真正有效地解决学生在家庭与学校中遇到的具体问题。因为每个家庭都有自己独特的家庭环境和相处模式,班主任过多地参与解决家庭教育中的具体问题,既不合理也不合情,有时难以真正起效。

小赵母亲在家庭教育中遇到困难时就向李老师寻求帮助,一旦李老师没有及时反馈并提供帮助就向学校领导告状,质疑班主任的职业操守,这不禁让人产生疑问:班主任需要承担学生成长的无限责任吗?家长需要承担哪些教育职责?班主任和家长之间如何才能实现有效的互动与合作?当然,李老师也需要反省自己与小赵母亲沟通时的言行举止,及时调整自己的工作原则与工作方式,从而在开展家庭教育指导的过程中避免再陷窘境。

一、界定家庭教育指导工作的边界

学者冯婉桢在《教师专业伦理的边界:以权利为基础》一书中明确提出,教师个体应该具有边界意识与权利意识。教师职业权利和边界的清晰界定,不仅有利于规范教师的行为,保护教师的合法权利,而且从根本上来讲有利于教师身心健康,减轻职业压力和倦怠感,更有效地提高教育效果。

当前,手机、微信等现代通信方式在为我们提供便利的同时,也正在逐渐“蚕食”我们的私人空间。小赵母亲的行为其实反映了一部分家长的行为逻辑:上班时间老师在上班,我也在上班;等我休息了,老师也休息了,正好有时间发消息,老师也有时间看消息。这显然混淆了工作和生活的边界:家长完成教育子女的“工作”,这是生活的重要部分;而教师“牺牲”休息时间来完成教育学生的“工作”,这并不是教师生活的组成部分。

为此,李老师应该在班级创建之初便明确与家长沟通、参与家庭教育指导的时间与内容边界。比如,在时间上,双休日、节假日、工作日晚上 7 点至次日早上 7 点一般不接受咨询;在内容上,家庭矛盾、亲子冲突等明显属于家庭内部的问题,由家长自主解决,一般不接受咨询。但是,特殊情况除外。比如,当出现学生离家出走、放学后深夜不归、突遭意外等情况，可以随时联系班主任。与此同时，李老师在明确上述边界时要特别注意表达的方式和场合，要和家长说明做出这一安排的原因，如家庭职责、备课任务、电话等沟通方式的局限性等，还要说明自身可能会受各种客观因素制约而不能及时接听和回复信息，争取得到家长的理解与支持。明确边界以后，李老师还需有守住边界的意识，不突破边界，要经常反思自己的行为，为家长做好守住边界的榜样。

上述方法和注意要点，李老师可以在未来工作中加以借鉴。当前，李老师更迫切地需要应对来自小赵母亲的投诉。一方面，李老师需要向学校说明情况，提交相关证据，证明自己一贯以来对小赵母亲在晚间 9 点后来电认真接待的事实，最近这一次确实因为家中孩子生病就医而耽搁了，以此获得校方的体谅和支持。另一方面，李老师可以请学校相关部门出面邀请小赵母亲来学校，三方坐下来进行面对面的沟通。有些李老师不方便说的话可以请学校领导进行居间协调，在抚慰小赵母亲情绪的同时，也让小赵母亲意识到班主任一直以来的付出以及自己相关行为的不妥之处。李老师也可以当面向家长解释自己之前没能及时回复电话的原因，主动了解与关心学生面临的问题，并给予相应的分析和指导。在此基础上，李老师可以和善而坚定地向小赵母亲说明家长与班主任沟通时间与内容上的界限并说明理由，让小赵母亲既感受到教师对学生成长的关心，又能理解遵守边界是对班主任的基本尊重，也是一位真正成熟的母亲的自我要求。这有利于家长与班主任形成合力，共同助力学生成长。

二、开展家庭教育指导工作要有预见性和前瞻性

每一个学段，学生的身心发展具有不同的特点，而在每个学段的起始年级，一些学生和家长可能会面临转折期的适应问题。李老师面对小赵母亲向她求教家庭教育问题时尽心尽力，但是小赵母亲依然感到焦虑和不满。作为起始年级的班主任，李老师要善于观察和发现这一阶段学生和家长面临的困惑，主动学习相关理论，探索这些共性问题背后不同的形成原因和相应的解决策略，加强对可能出现的问题的预见性和前瞻性，及时为家长提供帮助与指导，或许能够起到事半功倍的效果。

为此，李老师在小赵母亲来学校之前，应该先捋一捋过往小赵母亲曾经向其反映过的问题，进行分类，区分哪些属于学校要进行家庭教育指导的问题，哪些超出了指导范围。对于在指导范围内的问题，要仔细分析家长、学生、教师、家庭、学校、社会等方面的原因，并准备好相关指导意见供参考。小赵母亲来校后，就可以和小赵母亲就范畴内的家庭教育问题开展高效的沟通和指导。

当然，对于李老师而言，以后要更加主动地进行家庭教育的前瞻性指导，尽可能让家长在问题发生前就有一些心理准备和思考，当问题来临时就更加从容一些。比如，李老师可以利用微信等现代社交软件在班级群内推送一些符合学生身心发展特点和

需求的好文章,也可以向家长推荐《小欢喜》这类优秀的影视剧作品,让家长汲取家庭教育方面的经验。李老师还可以开设家长沙龙,组织家长一起讨论家庭教育方面的问题,促进家长释放压力,抱团取暖,在同伴中寻找到“知音”,获得情绪上的抚慰,促使家长相互汲取经验,携手共同进步。如果李老师采取上述具有预见性的措施,一定程度上可以有效缓解小赵母亲面对孩子处于转折期时的焦虑情绪,让她能够更加理性地看待和应对孩子的变化与成长。

总之,明确家长和班主任各自的责任边界,彼此才有机会成为各司其职、相互支撑的合作者,共同助力学生更加健康、快乐地成长。

发现美 学会爱

◎ 上海市格致初级中学 程 菁

摘 要 每个学生的身上都有闪光点，教师要能挖掘学生的优点，及时发展他们的兴趣爱好。在教育过程中，教师应该为学生设定恰当的目标，通过不断激励的方式，帮助他们树立信心，激发他们的内驱力。教师要真诚欣赏每一个学生，要经营好学生的每一处亮点，让学生发现自己的美，能向身边人传递心中的爱。

关键词 发现；欣赏；传递

罗丹曾经说过：生活中不是缺少美，而是缺少发现美的眼睛。教育过程中同样不缺少美，而是缺少发现美的教育方法。班主任是学生接触最多、最亲近的人，要时刻记住把微笑送给每一个学生，把目光投向每一个学生，把机会留给每一个学生，把尊重传递给每一个学生，把爱的种子播撒在每一个学生的心田，从而使学生愉快地生活和学习，从而提高自己班级管理的艺术性和有效性。

爱的接力

冰心老人曾经说过一句话："爱是教育的基础，是老师教育的源泉，有爱便有了一切。"在校园这块净土里，我要不断地播撒爱的种子，让学生迈出爱的第一步。

小瑶同学曾是个白血病患儿，在患病期间，得到了父母单位、学校师生的关爱和帮助。小瑶同学康复了，她用更积极阳光的态度回归到了大家庭中，她乐观向上、百折不挠的精神感染了身边的每一位同学。但是我发现，小瑶慢慢消沉了下来，不再如以前一样活泼开朗。

"小瑶，是遇到什么困惑的事了吗？可以和我说一说。"一天，我在放学后独自留下了小瑶。"我生病的时候，得到了很多人的帮助，现在我恢复了，我想去帮助更多的需要帮助的人。"小瑶说出了心中所想，长长地舒了口气。"太棒了！"我不禁为她喝彩。"予人玫瑰，手有余香"，我为有这样的学生感到骄傲。"但是我不知道怎么去帮助别人,我能做些什么呢?”小瑶的疑惑久久回荡在我的耳边。是啊,怎么让这颗爱的种子播撒出去呢?

偶然一次,听闻小瑶同学心灵手巧,制作的彩陶作品经常被美术老师当成展品,为什么不让她发挥特长呢?“小瑶,儿童医院是给了你第二次生命的地方,那里还有许多和你患了同样疾病的小朋友,你可以发挥你的特长,给他们带去欢笑,这也是一种帮助啊。”小瑶同学恍然大悟,欢快地点了点头。“有什么需要老师帮助的地方,尽管和我说。”小瑶决定每到节假日就去教儿童医院身患白血病的小伙伴们制作彩陶。

小瑶毕竟是第一次做志愿者,还有许多需要指点的地方,我决定做小瑶坚定的幕后支持者。因为面对的都是白血病患儿,在选择彩陶制作材料的时候可不能马马虎虎,详细咨询了医生后,我和小瑶放弃了网上购物,决定亲力亲为。利用双休日,一家家店铺比较,功夫不负有心人,材料终于准备完毕。

紧接着马不停蹄地制订活动方案,别看小瑶自己制作彩陶得心应手,可是她完全不会教授。我决定自己充当学习者,让小瑶练习教授技巧。还是双休日,我是完全没有基础的学生,小瑶是老师。起初,小瑶只顾着自己完成作品,把“学生”完全抛在了脑后,我适时向她提出,作为教授的小老师,不能只顾自己,让自己成了表演者,却让其他小朋友成了观赏者。慢慢地,小瑶学会了讲述制作方法,开始教“学生”了。问题又出现了,小瑶讲的步骤太复杂了,我感觉小朋友肯定很难接受。“小瑶,我们要把艰深的语言简单化,让小朋友听得懂,来,你把你要说的话写下来,程老师和你一起改。”想不到,话还没修改好,小瑶同学却打起了退堂鼓,“程老师,太难了,我想还是算了吧,可能是我把事情想得太简单了。”我鼓励她:“小瑶,志愿者就是为了传递爱心,传播文明,奉献社会,这不正是你想要的吗,怎么能半途而废呢?老师和你一起坚持!”一次次修改,一次次练习,小瑶终于自信地走进了志愿者的队伍。

小瑶又恢复了往日的笑颜,做事也越来越细致主动了。2018 年还获得了“上海市优秀志愿者”的称号。

作为教师,就要及时发现学生的兴趣与特长,因材施教。在实施的过程中,更需要我们为他们设定目标,帮助他们树立信心,激发他们的内驱力,为他们的发展指路引航,引导他们奔向美好的未来。

让爱来自心里

俗话说:“无草不成药,无药不是草。”每个学生都有自己的天赋、爱好和特长,都是一座潜能巨大的“富矿山”,都渴望被挖掘,希望能得到老师的肯定与欣赏。苏联教育学家马卡连柯说:“用放大镜看学生的优点,用缩小镜看学生的缺点。”所以,班主任应该佩戴一副具有放大镜功能的眼镜,善于发现和放大学生的优点、长处、进步,发掘他们的潜能，捕捉他们的闪光点。

小韵是个性格内向的女孩子，平时在班中沉默寡言，班级有任何竞赛活动，老师和同学都不会想到她。

有一次，我带领班中的志愿者到复旦大学附属妇产科医院参加“感恩母亲节”活动，小韵也报名参加了。志愿者和自己的妈妈除了为新生儿的母亲献上节日的祝福外，还为小宝宝拓脚印。志愿者们捏住小宝宝的小脚时，都万分的激动和感慨。最后，志愿者们还为自己的母亲献上节日的祝福。就在这时，平时内敛的小韵一下子抱住自己患病的母亲，献上了甜甜的拥吻。我及时捕捉住了这一感动的瞬间。第二天，我带着激动的心情向全班学生讲述了活动的过程，并大力赞扬了小韵。我一直坚信，作为班主任，就要善于观察，要看到学生的方方面面，捕捉到很可能会被忽略的细节。

奇迹就这样发生了。在一次阅读课上，小韵为大家深情朗读了《别再等来日方长》，她推荐的理由是：“当我将手中的康乃馨送到了妈妈的手中，她脸上很平静，可我透过她握着康乃馨轻颤的手，心里不由地酸了起来。她眼睛四周微微泛红，就像是空中的云朵盛满了雨水，不一会儿，就再也绷不住，一滴滴落了下来。有时候，一句简简单单的话，一个温暖的拥抱，一枝盛开的花，一颗充满爱意的心就能使母亲心中满是感动。有些事的到来往往都让人猝不及防，但又可能转瞬即逝。父母养育我们，就很像是一场轮回。小时候，父母为我们遮风挡雨，是我们的港湾；长大后，父母也将老去，你是否还记得小时候父母为你做的一切？所以，别再等来日方长，珍惜身边你爱的，爱你的人。”说得真好，我也不禁眼圈泛红，学生们静默了一会儿，随即爆发了热烈的掌声。那次得到赞扬的活动在小韵心里刻下了深刻的烙印。我又一次肯定了小韵的表现，赞扬她认真努力。

更意想不到的是，学校艺术节有一场英语配音比赛，小韵竟然主动报名参赛了。在班级选拔中，她和搭档脱颖而出；在年级比赛中，获得了评委的一致好评。要知道，小韵在平时的英语课上可是从不发言的，英语老师居然也没有听出这是小韵的声音。小韵变得越来越自信了，除了上课能积极发言外，还在班级中“参政议政”了。

多为学生点赞，能够让学生自信、自强、自立；能够让学生发现自己的美，传递心中的爱。学生，无论他是美丽的还是丑陋的、聪慧的还是笨拙的、优秀的还是落后的、安静的还是顽皮的，班主任都要真诚欣赏、悉心呵护，经营好学生的每一处亮点，让每一个学生生活在希望之中、尊重之中。

周雯婕班主任工作室

工作室主持人寄语

人人都是德育工作者，事事皆为立德树人来。传承优良育德传统，探索百年格致在新时代的新发展，这是格致人的使命；建设德育人才梯队，打造一支专业基础扎实、育人理念先进、业务能力精湛的先行队伍，这是工作室的使命。勇担使命，砥砺前行，其道虽远，吾往不已。

工作室代表性研究成果

探索新型家长会，助力生涯发展指导

生有其涯，致知无涯
——新时期高中生涯发展主题教育活动的校本课程开发与研究

疫情下的思考
——关于主题谈话课“防疫第一课”的教学实践与思考

工作室概况

格致教育集团周雯婕班主任工作室由周雯婕老师领衔。

本工作室的特聘导师有知名德育专家、上海市班主任专业委员会主任黄静华老师，上海市中小学德育研究协会原副会长毛裕介老师、黄浦区教育学院李峻副院长和区班主任教研员李燕华老师等。

本工作室的学员是格致中学奉贤校区的班主任骨干教师。他们平均年龄不超过35岁，但都在德育园地里挥洒着自己的青春与汗水。亓祥银、陈敏、张凯华三位老师是年级组长，陈其楼、刘瑞、王璐、孙秋梅老师都是格致中学奉贤校区的优秀班主任，苏添老师是格致中学奉贤校区的团委书记，邹静娴老师是正在培养中的班主任后备力量。

本工作室的培养目标是使每位工作室学员都能够在学习与实践的过程中，成为关爱学生的先行者、热爱教育的实践者、班主任队伍的引领者以及教育科研的探索者。通过工作室的积极建设，力图帮助每位学员夯实专业功底、培养良好的政治素质和师德素养，并能够涵养勇于质疑、善于反思的钻研精神，不断开拓专业发展的动力与潜力。

工作室主持人介绍

周雯婕，上海市格致教育集团周雯婕班主任工作室主持人，上海市格致中学奉贤校区德育主任，教育学博士，德育高级教师。先后入选上海市优秀青年教师后续培养计划、上海市班主任带头人工作室、上海市班主任工作研究实训基地，担任黄浦区德育名师工作室领衔人、黄浦区德育骨干教师、奉贤区名教师、第四期上海市普教系统名师名校长培养工程“种子计划”(黄浦德育基地)领衔人。被聘为华东师范大学教育硕士校外实践导师、上海师范大学学生职业发展教育人生导师、黄浦区德育科研中心组成员、黄浦区德育专业委员会委员。曾荣获上海市“四有”好教师(教书育人楷模)提名、“上海市园丁奖”“上海市优秀班主任”“上海市育德之星”“上海市语文教学之星”，上海市“宝山杯”“卢湾杯”班主任基本功大赛一等奖等10余项市级以上荣誉称号和奖项。

恰今日春风化雨　待明朝满枝芳华

——周雯婕班主任工作室工作回顾

一、活动概况

周雯婕班主任名师工作室自成立以来，共组织并参与各类德育专业发展活动57次，内容丰富，涵盖生涯教育、劳动教育、家庭教育指导等；形式多样，包括专家指导、理论学习、课题研究、教学研讨、主题讲座等，有效促进了工作室学员的成长，推动了区域间的班主任专业交流。

二、理论学习

理论学习逐步推进。我们通过多种途径强化学员们的理论学习，关注他们的学习行为与学习成果，力图推动他们在理论层面有更多的积淀。其一，聆听名师讲座。我们邀请市级名师，如黄静华老师、毛裕介老师、王萍老师、张鲁川老师等来校作专题讲座。在讲座中，学员们与名师面对面交流探讨，在交流与讨论中，明确了自身的职业意识、树立了全新的教师角色观念，对职业生涯规划也有了全新的认识。其二，倡导自主学习。名师工作室的学员本身都是学校的骨干老师，学习积极自觉。而为了帮助大家提高学习的有效性，我们根据上海市教育委员会颁布的《上海市教育委员会关于加强中小学生涯教育的指导意见》确立了学习目标，即以学生为本、以格致德育为特色、以生涯教育与学校各类教育教学活动有机融合为导。

三、教育实践

教育实践有目共睹。三年间，工作室主持人及学员共开展区级以上公开课及展示15次、获得区级以上奖项28项，指导学生和带教班级获得区级以上奖项30余项。其中，工作室主持人周雯婕老师荣获上海市"四有"好教师（教书育人楷模）提名等多个奖项，工作室学员亓祥银老师荣获"上海市优秀班主任"、陈其楼老师荣获"上海市金爱心教师"称号，陈敏老师荣获上海市基础教育青年教师爱岗敬业教学比赛中学数学优秀奖、刘瑞老师荣获“黄浦杯”长三角城市群“我的教育观”征文评选三等奖、苏添老师荣获中华经典诵写讲大赛上海赛区一等奖、孙秋梅老师荣获黄浦区第五届班主任基本功大赛一等奖、王璐老师荣获黄浦区青年法治教育优秀教案评比活动一等奖、邹静娴老师荣获黄浦区见习教师“萌芽杯”教学比赛一等奖等多个奖项,带教学生和班级获得“上海市先进班集体”“上海市金爱心集体”“上海市三好学生”“上海市新时代好少年”“上海市金爱心十佳标兵”等多个奖项。

四、教育科研

教育科研硕果累累。10 位工作室学员累计共发表 9 篇论文,有 5 项课题结题,另有 2 项课题立项。其中,亓祥银老师的《“今天我加班”:家校协同新机制》一文在 2020 年长三角家校合作高峰论坛 400 多篇征文中脱颖而出,荣获上海赛区二等奖。周雯婕老师主持,陈其楼、亓祥银老师参与的市级课题“以新型家长会为载体,开展高中生涯辅导的家庭教育指导实践研究”立项;周雯婕老师主持,张凯华、刘瑞老师参与的市级课题“新时期高中生涯发展主题教育活动的校本课程开发与研究”立项;周雯婕老师主持的区级课题“格致中学职初教师‘成长导师项目’的实践研究”结题;周雯婕老师参与的区级课题“以主题谈话课为载体的高中班会课有效性研究”结题;周雯婕、王璐老师参与的市级课题“厚德　博雅　明礼　懿行——格致中学在国际课程平台上传承中华优秀文化的实践与思考”结题。工作室课题成果《高中生涯发展主题教育活动实践研究》一书即将由上海教育出版社出版。

五、工作室特色

本工作室的特色是专家引领、自主探索、勇于克难、合作共进。工作室在格致教育集团领导的支持下,通过日常的自主研习和集中合作研修,切实推动工作室学员提升师德修养、学习能力、专业素养,提升工作室学员的管理能力和创新精神,以求实的精神、务实的态度、扎实的工作、崭新的理念为发展目标,挖掘资源优势,构建班主任共同成长的平台。

恰今日春风化雨,待明朝满枝芳华。三年来,工作室全体学员以成为一名传承格致优秀德育传统、开创时代德育新风的人民教师为发展目标,以关注每一位学生的终身成长、奠基每一位学生的终身幸福为教育理想,努力学习,积极实践。唯时光与汗水能酝酿出醉人的芬芳,唯身体力行能带动和影响身边的同行,在未来的日子里,愿有更多的同行与团队一起努力奔跑,追寻梦想!

探索新型家长会，助力生涯发展指导

◎ 上海市格致中学　周雯婕　亓祥银　陈其楼　邹静娴　王　璐

摘　要　家长会是家校共育的重要平台。随着我国高中教育的不断发展，生涯教育逐渐成为家校共育的重要内容。如何借助家长会帮助学生在学习知识和发展个性的同时增强对未来社会的适应能力，是高中学校和家庭共同关注的重要课题。本课题通过现状分析和理论学习，转变理念，积极实践，针对传统家长会内容单一、形式老旧、反馈欠缺等现状，基于新目标、新内容、新形式，有效开展新型家长会的实践探索，助力高中生生涯发展指导。

关键词　新型家长会；生涯发展

家长会是家校共育的一种有效方式，是教师和家长相互交流的重要平台，也是班主任开展育人工作的特殊阵地。工作室学员聚焦新型家长会，通过现状分析和理论学习，转变理念，积极实践，有效提升家长会实效，助力生涯发展指导。

一、研究背景

（一）国内外家长会现状分析

我国高中传统家长会的主体由校方、班主任和任课教师构成。会上以学校领导和班主任的主讲为主，任课教师沟通为辅。先由学校领导介绍学校学生的发展情况，再由班主任主持各班小会，主要介绍全班学生的学习情况，指出班级学生存在的问题，要求家长配合学校做好工作等。家长基本上只能聆听而缺乏表达的机会。家长会成为教师的“独角戏”，家长成了听众、配角。传统的家长会一般在每学期期中或期末考试过后开设，所以也就变成了向家长汇报学生在校表现和考试成绩的“发布会”，主题和形式都比较单一。

相较而言，国外的家长会内容和形式更为多样，家长的主体性更明显。在德国，学校一般都会在新学期召开家长会，家长会实际上是家长、教师和学生交流感情的会议。教师、家长、学生一起探讨学生的兴趣爱好，以及学生长大后愿意和适合做什么样的工作，会上还会讲到新学期的课程安排，还有家长委员会的选举。在英国，家长会一年开设三次，一个年级一天，各班分别进行。英国的家长会都是一对一进行，教师对学生的评价是以夸为主，让家长感到教师将孩子“装”在心里。孩子身上的缺点，则被教师隐藏在“需要改进”的表格栏中。在日本，家长会叫“保护者会”。家长会设置在学生放学后，座位随意地围成一圈，大家坐在一起像拉家常一样，可是谈论的话题都是教育的问题，不管是教师、家长还是学生，都是平等的。①

（二）高中生涯辅导教育现状分析

高中阶段的生涯辅导教育侧重于生涯规划，主要通过生涯教育课程与活动实施，深化学生的自我认识，以高中学生综合素质评价为指导，以志愿服务（公益劳动）、研究性学习等学习实践活动为载体，增强学生的社会意识和社会参与能力。高中生涯辅导教育的内容主要包括自我发展、生涯探索、生涯管理三个方面。

生涯教育是帮助学生在正确认识自我的基础上自主规划人生的教育。高中是“承上启下”的阶段，衔接了基础教育和高等教育。高中生处于生涯发展的“探索期”，面临选课、升学、出国留学等生涯发展难题。生涯教育能把教育与社会生活联系起来，兼顾学生升学和就业两种需要。

高中学生由于以往中考和当下高考的压力，对于生涯发展尤其是职业认知水平和职业抉择能力一般，他们没有机会了解社会对人才的要求和标准、职业种类和紧缺人才等，不能很好地根据自身优势确定自己未来要从事的职业。过去，大多数国内高中学校的生涯教育较为匮乏，近年来，各地普遍提升了生涯教育意识，并通过生涯导师、生涯指导活动和课程等途径多方位落实。但是，生涯辅导的家校共育尚处于起步阶段，利用家长会平台开展生涯教育的实践也较鲜见。

（三）高中家庭教育指导现状分析

学校与家庭有着以学生为中介的特殊联系，具备其他部门和组织所不具有的优势和条件。但是我国的家庭教育缺乏系统、规范的指导，长期处于随意、片面、盲目和自发状态，从而产生了不少家庭教育误区，如重智轻德、随意体罚、溺爱等，对青少年成长十分不利。因此，对家庭教育开展科学指导已经逐渐引起社会和学校的重视，但从家长会角度切入，可供本研究借鉴的理论和经验不多。

二、研究目标与内容

（一）研究目标

1. 明确家庭教育指导在生涯教育中的作用以及家长会在学生生涯辅导中的作用。

---

① 任万杰.国外学校如何开家长会[N].现代教育报，2018-1-26.

2. 以高中生涯辅导为目的，基于新时代家长和家庭教育的特质与需求，从目标、内容、形式等多方面探索新型家长会的构建。

3. 开发高中学段以新型家长会为载体的生涯辅导家庭教育指导系列课程。

（二）研究内容

1. 探究、厘清高中生生涯辅导的理念和方法与家庭教育的契合关系。查阅教育学、心理学、社会学等相关学科原理，将生涯辅导与家庭教育的理论、方法、技术进行有机整合。

2. 构建新型家长会。(1)在教育理论探究的基础上，明确新型家长会的学生生涯辅导指导的教育目标；(2)优化传统家长会的内容，与学生生涯发展指导有机整合，确定以年级为阶段目标的高中生生涯辅导家庭教育指导内容；(3)结合信息技术，探究出新型线下结合线上、多元互动的家长会组织形式。

3. 针对不同年级学生特点，结合学校学生生涯规划课程，探索建立科学性、序列化，既顾及学生共性又尊重学生个性的有效、有力的生涯辅导家庭教育指导课程体系，并在不同时期探索、实施不同主题的生涯辅导新型家长会实践。

4. 结合新时期寄宿制学校高中生家长层次参差不齐、家庭结构相对复杂的特定因素，充分发挥家长会、家委会以及市、区、校各级家庭教育指导中心的作用，整合、形成丰富的高中生生涯辅导家庭教育指导资源。

三、研究过程

（一）转变目标理念，助力学生生涯发展

《学校教育指导纲要》提出："家庭是学校重要的合作伙伴。应本着尊重、平等、合作的原则，争取家长的理解、支持和主动参与，并积极支持、帮助家长提高教育能力。"高中学生的自主意识逐渐增强，处于人格养成的关键时期，同时，学业繁忙的他们也处在学涯规划、生涯规划的关键阶段。而对寄宿制学校的家长来说，由于学生不在身边再加上缺乏教育理论的指导，这个阶段的家庭教育往往处于退化甚至无力的阶段，如何发挥家长在学生生涯发展中的作用，所需的可能不仅仅是一种唤醒，更需要一种家校协同育人的机制保障。新型家长会，为开展高中生涯辅导的家庭教育指导提供了一个重要载体。

在学生生涯发展辅导方面，教师尽管学科领域不同，但是从职业生涯选择的角度来说还是相同的，对学生进行生涯辅导就会受到较大的限制。而学生家长来自各行各业，而且大部分都受过高等教育，有不少还是各自行业的翘楚。有效利用这部分资源开展生涯辅导，比起由教师担任生涯辅导导师，甚至比请大学教授开设讲座更具有特

殊的真实性和吸引力。因此,合理运用这部分家长资源,在家长会上给家长一次接受生涯教育的机会,如果能让学生也参与进来,将会取得更好的生涯辅导效果。

(二) 开展会前调研,分阶明确指导重点

在家长会前,各年级分别结合各自年级学生生涯发展教育特点,设计“学生生涯辅导问卷调查(学生版)”和“学生生涯辅导问卷调查(家长版)”,班主任通过问卷调查分别了解学生生涯教育的需求,以及家长的生涯辅导困惑和可提供的资源等。比如,高一开学第一次家长会前的家长问卷设置了如下问题:“您认为应当如何帮助孩子做好初高中衔接,适应高中生活?”“您对新高考政策是否了解?”“您是否对孩子进行过‘+3’科目的选科指导?”“您能够提供哪些职业体验资源?”又如,高三第一学期期中家长会前的问卷:“您参加过志愿报考咨询会或类似活动吗?”“您与孩子沟通过填报专业的问题吗?”与此同时,发放对应的学生版问卷,进一步排摸开展生涯教育家庭指导的重点,了解学生和家长在生涯辅导方面的需求、资源和问题。

根据各年级的家长和学生双向问卷,分阶安排不同阶段的家长会生涯教育主题,并开展形式多样的指导。以家长生涯辅导系列微报告为例,不同年级的家长会呈现出精彩纷呈而循序渐进的主题,如“真诚沟通——医患关系之我见”“正确面对压力——玩转市场营销”“企业规划如何诞生”“创意与创新——新媒体运营策略”等,一系列主题讲座深入浅出,深受家长和学生的欢迎,并逐渐形成序列化:高一阶段侧重职业兴趣的启迪,高二阶段侧重职业素养、敬业精神的熏陶,高三侧重心理志趣的探讨。

(三) 重塑教育主体 激活家校共育内驱

传统家长会虽然在名字中有个“会”字,但“会”上言说的往往只有教师,家长并没有发言权,班主任、教师与家长在家长会上缺乏平等对话的机会,家长会往往成为教师向家长传达、发布信息的一个平台。传统家长会的组织形式是基于家长与学校之间在学生学业信息方面的不对等性产生的,这种家长会的形式在信息的传达方面有着一对多的高效、权威等特点。比如,学校要进行高一学生的选科指导、在高三开展学生报名辅导等,通过传统的家长会,可以便捷、高效而又权威地完成对家长的辅导。

但是,固定时间、空间场所的传统家长会也面临着一个较为明显的问题——家长的教育主体地位被剥夺了。具体来说,家长会本质上来说是“会”,而开家长会的目的应当是学校和家长共同协商有关学生的教育方法策略,家长和学校应当是双主体。为此,我们通过新型家长会的实践给家长更大的言说机会和选择内容的权利,赋予家长参会的主体性。

1. 以“真问题”提升家长积极性

改变传统家长会中家长角色地位的被动,是构建新型家长会的一个重要出发点,也就是提升家长的积极性。这种积极性的激活主要通过拓展家长会的育人主题和聚

焦家长关心的突出问题来实现。

在会议开始前,新型家长会将通过多个渠道搜集家长关心的“真问题”。有的是通过班主任与家长沟通发现的,有的则是家长主动提供的难以解决的问题。例如,“孩子想专注于艺术领域的发展,以后就业前景会好吗?”“学生是按照兴趣来选科还是按照专业的需要来选科?”等问题。在众多反馈过来的问题中,我们选取的原则是找到集中普遍的、难以解决的疑难问题作为家长会上讨论的内容。这种问题不再是学校和教师单方面关心的,而是家校共同关注的“真问题”。新型家长会了解家长真正的关切,并以此提高家长参与的积极性。

2. 用“生成法”提升家长的参与度

改变传统家长会中家长参与度的低下,是构建新型家长会的一个重要的实现点,也就是提升家长的参与度。这种参与度的提升主要是通过家长会内容的共建生成来实现的。

通过前期家长会的问题调查,家长已经对会上开展的内容产生了兴趣,所以每个家长在会上都能有话可说。例如,针对家长都关注的“如何化解学生学业焦虑”等问题,家长各抒己见:有的认为应该给孩子一个空间,家长不应该额外制造压力;有的认为应该做好倾听者的角色,做孩子的树洞;还有的认为需要保持适度的焦虑,可以让孩子更快地成长起来。会上的讨论让家长都参与了家长会,一改传统的家长会“一言堂”。新型家长会关于教育孩子的问题不再是由教师单方面给出答案,而是打破了标准答案的观念,一方面教师用育人经验和科学的教育理念与家长进行交流,另一方面结合人生经历以及学生的个体情况,真正实现了因材施教的教育理念。家长既能借鉴教师的专业教育理念,也能借鉴其他家长的个性教育方式,最后形成适合自己的教育经验。这种会上的即时生成大大提高了家长的参与度。

3. 借“追踪链”提升家长会的实效

改变传统家长会后教育效果反馈的缺失,是构建新型家长会的一个重要的突破点,也就是提升家长会的实效。这种实效性的提升主要是通过家长会后的及时反馈来实现的。

在家长会后,班主任通过家长群来组织会后的即时交流和反馈。班主任负责梳理会上讨论的内容和要点,家长可以在此基础上进行补充和完善,也可以在私下交流心得体会。此外,班主任会对家长会上反馈的比较私人化且棘手的问题,予以后续的追踪观察。

(四) 构建新型平台,线下线上有机结合

传统家长会的时长在 2 个小时以内,一般由学校大会和班级小会组成,大会上往往安排统一讲座,而班级内小会则由班主任、任课教师交流班级发展总体状况以及学

科学习状况。要确立家长在家校共育中的主体性,就要给予家长发挥作用的时间,而势必会压缩学校和教师在家长会上言说的时间,这就必须扩展家长会的时间与空间,庆幸的是,随着信息技术的发展,线上线下的结合为我们提供了化解这一矛盾的有利平台。

1. 信息链接传学案

我们首先把以往在家长会上会给家长通报的信息做了梳理,经过梳理后,我们把班主任对班级状况的分析、学生的学业成绩、任课教师对考试情况的介绍、对学科学习建议等这些内容确定为可以让家长自行了解的内容并通过线上平台发送给家长。比如,学生的成绩通过格致校园网来查询,班级的整体状况、学科状况则由班主任与任课教师沟通后汇总为一份 PPT,在班级微信群中发布给家长,让家长在家长会前先了解学生在校的整体情况。这样家长会上的时间就可以节省出来,为家长提供分享交流的时间,提高家长会的效率。

2. 视频平台"云交流"

疫情期间,线上教育教学成为一种"新常态",腾讯课堂等在线教育平台的技术日益成熟,教师对平台的使用也更加熟练,这些都为我们利用在线平台交流提供了便捷。利用在线教育平台,让家长足不出户就能参与家长会,家长如果没有及时参加还可以观看回放。无疑,这种形式的家长会在一定程度上突破了传统家长会时间和空间的限制,使得家校合作更加及时、便捷、有效。比如,当我们发现网课期间亲子沟通出现问题时,当我们想在学生复课前让家长关注学生的心理健康时,班主任都可以及时召开家长会,而不必等候下发通知、收回执这样的流程限制,使家长会更有针对性和实效性。

3. 微信 QQ 群论坛

线上视频家长会改变了线下家长会对物理时空的要求,变得更加便捷,可是线上视频家长会需要约定时间、规定时长,还没有穷尽线上的优势。为此,我们探索了另外一种形式的新型家长会——微信和 QQ 群家长会。每次群家长会前,班主任把家长会的主题和召开时间段提前告知家长,并提供一些相关的案例、教育理论等作为分析的有效抓手与讨论话题,而线上交流的时间则不限于 2 个小时,比如,放在周五下午 1 点至晚上 9 点,让家长有充分的参与时间。在家长会进行过程中由班主任和指定的家委会负责人主持、引导和总结。这种类似微论坛的家长会既可以就某一阶段的生涯辅导主题开展讨论,比如,如何激发学生的志趣,怎样平稳地度过青春期等,也可以是线下家长会某一话题的拓展与延伸。这种线上微论坛式的家长会充分给予家长言说的权利与机会,给予家长疏解自己困惑与烦恼的窗口,更加多元地学习其他家长的亲子沟通经验。而对班主任来讲,通过提前的备课可以为家长提供相关的理论支持和实践支招,也可以了解家长的心声,更多地了解家长与孩子的亲子沟通状况,有利于提升以后家庭教育指导的针对性。更重要的是,线上文字的交流更加书面化、学理化,在论坛中有利于把问题思考推向深入,进而提升家长家庭教育的理论水平。

四、成果与反思

班主任工作琐细繁杂,也正因为如此,更需要优化工作环节、提升工作效益。2018年,工作室学员在交流中萌发了优化传统家长会、助力生涯教育的想法,并成功立项上海市家庭教育课题,进而开展理论学习,着手实践创新。始料未及的是,2020年初的一场疫情,使得以新技术平台为支撑的新型家长会大有用武之地。经历了疫情考验的新型家长会助力生涯辅导的家庭教育指导实践研究,基本完成了研究目标:课题组成员开展了关于家长会、生涯辅导和家庭教育指导的相关理论学习与研讨,尝试了腾讯会议、CCtalk等更多家长会新技术,关照了学生学涯发展、职涯规划等家长会新主题,明确了以家长为主体的家长会新角色关系,开拓了关注会前调研、会中生成和会后反馈的家长会新形态,构建了平等交流、智慧交融的家长会新会风。新型家长会也保障了家校共育得以在疫情期间顺利进行,有效提升了家校共育水平。

然而,一个课题的探索往往伴随着更多课题的产生,新型家长会的探索之路上尚有不少待解难题和可为之处,如生涯辅导主题的序列化与适切性还有待进一步完善,家长从关注子女学业到关注子女生涯发展的理念还有待进一步转变,等等。随着研究的深入,课题组将寻求更多建班育人的新方法、新途径。

生有其涯，致知无涯

——新时期高中生涯发展主题教育活动的校本课程开发与研究

◎ 上海市格致中学　周雯婕　张凯华　刘　瑞　苏　添　陈　敏

摘　要　本研究基于对现有“生涯教育”概念的综合剖析，借鉴已有的区位优势和教育经验，立足“三全”育人理念，在“全过程”育人过程中，尝试构建适用于上海地区的高中生涯发展教育的理论架构，并力图在科学化、系统化、常态化的生涯发展教育指导的实践过程中，科学、鲜明、多维地选取高中生涯发展教育的序列主题，进而形成实操性强且易于推广的高中生涯发展教育的学校德育课程，加强社会、学校和家长对学生生涯发展指导重要性的意识和有力支持。

关键词　高中；生涯教育；校本课程

《庄子》云：“吾生也有涯”，屈子曰：“路漫漫其修远兮”，博大精深的中华传统文化早已向我们揭示了人生的有限与追求的无限。所谓“有限”，人的一生不过匆匆数十年，似乎可为的空间有限；所谓“无限”，人能获取的知识、实现的成就和达成的境界似乎又都是没有限度且可以随着人的发展不断开拓的。如此看来，育人的目标需从个体行走人生的长远之路出发是毋庸置疑的，而育人的具体内容和方法的丰富多样需要积极探索也就是自然而然的了。所谓致远而行，正是“为了每一个学生的终身发展”(《上海市中长期教育改革和发展规划纲要(2010—2020 年)》序)，所谓“育人无涯”，正是“一辈子学做教师”(于漪先生语)。关注高中生的生涯发展，并通过主题教育活动探寻可行之径，初步形成既传承百年格致育人特色又兼具时代育人共性的德育课程，是近三年来整个工作室孜孜以求的理想目标和携手并进的实践历程，也是整个团队对全员育人、全过程育人、全方位育人的先进理念的积极探索。

一、理论依据和现状分析

1969 年，美国学者海尔最早提出“生涯教育”的概念，其意为围绕生涯发展而进行的所有正规的教育。归纳不同表述后发现,生涯教育,即主要以人的终身发展为目标,通过帮助学生进行生涯认知、生涯探索、生涯规划、生涯决策等具体步骤,使每个人熟悉以工作为定向的社会价值,把这些价值纳入个人的价值体系中并应用到生活中去,最终使人人过上适合自身特点而又有意义的幸福生活的一种教育改革理念与实践。

根据生涯发展的动态性,以及生涯发展与个体心理发展的相关性,众多心理学理论也从不同角度阐述了个体在不同生涯发展阶段面临的任务。心理学家埃里克森于20世纪50年代基于"个人成长与社会环境的互动便是人生的过程"的基础提出"心理社会阶段论",认为人类的一生可划分为八个阶段,每个发展阶段皆需解决一个危机任务,才能顺利成长。根据埃里克森的划分,高中生恰好介于青年期与成年早期。唐纳德于20世纪50年代首先提出了"生涯发展论"。他以工作职业为主轴来阐述人一生的开发与转折。唐纳德的理论也以阶段来划分人生,认为每个人在每个阶段都有其该完成的任务。唐纳德划分的生涯发展的五个阶段如下:成长阶段(出生—14岁),探索阶段(15—24岁),建立阶段(25—44岁),维持阶段(45—64岁),衰退阶段(65岁至死亡)。高中生正处第二阶段,即"探索阶段"。因此,高中时期对于整个人生而言其意义在于自我的认识、方向的引领、基础的奠定。高中学生将逐渐通过更多的社会角色,重新认识自我,发展兴趣与能力,慢慢形成自我概念和职业概念,养成应有的道德伦理观念。

以生涯教育为有力支撑的学校德育是新时期德育工作的重要创新。学校德育即教育者有目的地培养受教育者品德的活动,重在培养学生的品格道德,关注人的社会性和文化性,而生涯教育以人的终身发展为目标,以职业为定向实现其社会价值,关注人的个性和社会适应性。以生涯规划为主线的丰富多彩的德育活动,强化了德育的时代感。对于学生而言,参与生涯教育的过程,是学生了解自己、了解外部环境、了解社会的过程,是学生恢复自信、树立理想、形成动力的过程,是学生依据理想目标调整自我、提高自我、适应环境的过程,是学生为走向社会、为今后可持续发展做准备的过程。学生在此过程中对外界环境的关注增多,不断认识和发展自己的同时,与时代共发展,与社会同进步,最后更自觉地形成时代与社会所要求的品质特征。生涯教育的倡导与践行是对学校德育工作的促进。

从全国来看,生涯教育目前仍处于摸索阶段。生涯教育在我国大部分地区仍存在内容不成系统、实践未成体系的问题。常在德育课、劳技课和心理课的某些章节之中零散地安排与生涯教育相关的活动。紧张的升学指导更使得学校、教师、学生和家长对于生涯教育的关注淡薄。即便在上海这样的大城市,不少学校对生涯教育仍缺乏全面、系统的整体设计,缺乏职能明确且专业素养高的生涯发展教师队伍。因而从总体看来,我国高中生涯教育的发展不尽如人意,亟待解决。

但上海已开始了初步的探索。这为我们的课题研究提供了可借鉴的实践经验和理论指导。本地区较为常见的生涯指导形式有:平台测试、实践活动、家校合作、成长导师、校友助力。除此之外,相关政策的出台,以及我们的研究被确立为上海市学校德育实践课题,都为我们的实践研究创设了有利的大环境。《国家中长期教育改革和发展规划纲要(2010—2020年)》提出:“鼓励有条件的普通高中根据需要,适当增加职业指导的教学内容。采取多种方式,为全体学生提供职业指导。”2018年4月,《上海市教育委员会关于加强中小学生涯教育的指导意见》出台,明确指出要将职业规划与生涯教育纳入中小学生的必修课。政策的支持,使得我们的研究更有可能得到社会、学校、家长和学生多方助力。

二、本课题的研究目标和研究内容

(一) 研究目标

1. 逐步实现我校生涯发展教育指导的科学化、系统化、常态化。

2. 形成实操性强、易于推广的,适合上海地区高中生涯发展教育的学校德育课程。

3. 加强社会、学校和家长对学生生涯发展指导重要性的意识和有力支持,科学、鲜明、多维地选取高中生涯发展教育的序列主题。

(二) 研究内容

其一,基于高中生涯发展主题教育活动理论依据的架构研究。包括:适用于上海地区的高中生涯发展教育的理论架构;适用于上海地区的高中生涯发展教育主题选取。

其二,高中生涯发展教育的现状调查研究。包括:高中生涯发展指导的学生需求调查;高中生涯发展教育指导群体的现状调查;高中生涯发展教育的学校情况调查。

其三,高中生涯发展主题教育活动的实践研究。

三、研究过程

(一) 精心选题,立足“三全”育人

2018年成立来,工作室在前期探索的基础上,积极开展高中生涯发展主题教育活动的实践研究,力求推进高中学校生涯教育逐步走向科学化、序列化、常态化,并通过校本课程的开发使之具有实操性和可推广性。

选取20个主题,贯穿高中三个年级,分阶段开展生涯教育活动,并在前期课程开发、设计、实施的基础上,不断反思、总结和优化。

课程立足高中学段生涯教育的重点实施内容，遵循科学性、发展性和一体性原则，从学生成长需求和学校育人目标出发，由“个性成长”“学业指导”和“职涯规划”三大模块、共 24 个主题组成(表 1)。其中，“个性成长”模块基于高中阶段学生的身心发展特点，引领学生从“自我认知”出发，不断“自我完善”，学会“人际交往”，并逐步形成对学校优秀传统的“文化体认”；“学业指导”模块通过“初高衔接”“选科指津”等主题活动提供切合新高考学情需要的相关指导；“职涯规划”模块则从“兴趣测评”“职业体验”等主题切入，开展符合个体志、趣、能发展的职业指导，多管齐下，立体育人。

表 1　高中生涯发展主题教育活动

	个性成长				学业指导	职涯规划
	自我认知	自我完善	人际交往	文化体认		
高一上	认识自我			校史寻源	初高衔接	兴趣测评
高一下		学会独立	同学交往		选科指津	志趣升华
高二上	悦纳自我		网络交往		时间管理	实践意识
高二下		突破瓶颈		校友榜样	专才通才	职业体验
高三上		战胜挫折	亲子沟通		志愿填报	职业价值
高三下	未来的我			文化人格	综评面试	职业道德

此处以寻源类序列化教学为例，来展示本课题中选题的序列性与科学考究性。

1. 根源探究，让育人源远流长

本课题的高中生涯发展主题教育活动不但关注生涯规划，更关注人类文明发展的本源。文化是实践的产物，广义的文化是指人化，即人类改造世界的一切活动及其创造的物质成果和精神成果。我们要建设文化强国，就要有充分的文化认同和文化自信。理想教育与文化认同、文化自信密切相关，作为中国新时代的高中学生，必须承担起社会主义建设者和接班人的历史使命，必须认识到自己的个人理想是与中国梦的共同理想和共产主义的远大理想密切相关的。

2. 合理规划，适应规律，循序渐进

在高一、高二都开展相关主题教育活动，高一年级以“校史寻源”为主题，以弘扬爱国、科学的学校文化和格物致知、求实求是的优秀传统文化为目的。高二年级以“榜样教育”为主题，利用具象化的榜样人物激励学生、感染学生，开展“崇德向善　见贤思齐——‘校友榜样’主题分享会”。高三年级的主题教育活动要在高一、高二教育活动的基础上，引领学生由此及彼，在体认学校文化、榜样文化的基础上，思考自己的初心和使命，树立实现中华民族伟大复兴的中国梦的理想信念，树立共产主义的远大理想，从而实现从格致人到中国人再到世界人的飞跃，即从好学生到社会主义建设者和接班人，再到心怀天下、树立共产主义的远大理想的飞跃，开展“格致人·中国人·世界人——‘文化人格’主题分享会”。源泉混混，不舍昼夜。

3. 详细序列化设置展示

这样的序列安排，让每一位格致学子有源可循、有宗可法、有德可依、心有所向，必有所成。以下是系统的选题设置：

(1) 高一年级

第一学期：从入学起逐步开展“校史寻源”“认识自我”“初高衔接”等主题教育活动，帮助学生从文化心理角度融入学校生活，了解自我，同时提供学法指导、促进学涯发展，并通过劳动观念的培养确立职业价值观。

第二学期：以“学会独立”“选科指津”“志趣升华”为主题，帮助学生学会处理人际关系，发现自己的职业兴趣，理性面对“3+3”选科，并能深入思考“志”“趣”“能”三者的关系，从而更优效地发展自我。

(2) 高二年级

第一学期：基于暑期职业体验组织“职业体验汇报展示”，深化职业规划；利用校友资源寻找“身边榜样”，培育职业价值观；基于高二常见的学习倦怠，解惑“发展瓶颈”，在学生面对等级考和全科学习任务的关键时刻，探讨“通才与专才”的辩证关系。

第二学期：以“直面困惑”引导学生面对不完美的自己并学会宣泄情绪，以“解读期望”直击亲子沟通问题，以“跨越挫折”帮助学生培养意志品质，以“自我管理”鼓励学生从各方面学会自控，在高三即将到来的暑期前深化自控意识，探索自控方法，培养自控能力。

(3) 高三年级

第一学期：以“敬业思”引导学生将职业价值认知升华为职业道德观念，借助“成人仪式”培养感恩意识，开展责任教育。

第二学期：以“拼搏”为主题开展励志教育，引领学生直面高考，奋发进取，在高考结束后，组织“SHOW TIME”，让学生在回顾三年足迹、展望美好未来的同时，学会展现自我，并为迎接综评面试做好准备。

这些活动以便于高中班集体实施的主题谈话课为主，而兼有适合年级组开展的讲座、汇报展示和集体仪式等形式，力求与教育主题相匹配，达成育人实效。

(二) 落实实践，旨在“全过程”育人

对于每节主题教育课的设计，每位教师精心设计，尽力打磨。从理论依据起步，探究教育课的实践意义，借鉴已有经验。以活动目标为方向，充分考虑活动的可操作性、教育性和新颖性。

下面以《求最大值——高中生高效时间管理班会》为例，对本课程课例设计管窥一斑。

第一，在理论学习中，提升教师学术研究的学习能力。

教师认真研读国内外时间管理的相关理论依据。时间管理倾向是指个体所表现出来的对于时间运用方式上的心理及行为特点，其能集中反映人们看待时间的态度和价值观念，推动个体向一定的目标前行。理论依据的指导，既能使教师在活动的开展过程中从容自信，也有助于活动方案的设计。

第二，在实践调查中，加强教师问题研究的工作意识。

开展问卷调查，研究我校高中生时间效能的现状。在调查中，我们发现学生存在时间意识薄弱、时间管理欠科学、学习效率低下、学业预期难以达成等困惑。学业负担重，如何掌握科学的时间管理是学生要学习的重要一课。在教学中，我们以观察促进思考，以问题带动调研。

第三，在教育准备中，提高教师教育时机的发现能力。

活动时间的安排是重要因素。教育讲究时机，抓准时机，实现事半功倍的效果。对于即将步入高三的学生，暑假是实现学业提升的黄金时期。悠悠长假，正是高中生学习和提升自主管理的好时机。在高二结束前开展一次关于时间管理的主题班会是有必要的。此时开展时间主题的相关教育，正是应学生所需。

第四，在活动设计中，激发教师课堂设计的创新思维。

活动方案力求层层推进，以达到教育高潮。首先，开门见山，以问题打开学生对问题的思考。之后以时间利用三原则，实现学生思想上的激荡，掌握时间管理具体可行性做法，追求活动的新颖性，“舍”＝“得”——时间利用原则一，分钟≠1 分钟——时间利用原则二，“作”＊“息”——时间利用原则三，各活动名称创意十足。“光阴的脚印”活动——三张表记录我的一年，是本课沉淀物，可供学生课后使用。

第五，在反思总结中，沉淀教师实践的成果分享。

课后反思，是设计与实践之间的桥梁，旨在及时总结，纠正不足，开启未来。课程资源作为附录，便于参考借鉴。该课达成了学生思想认识上的提升，也实现了具体做法上的指导意义。从学生时间利用效率的提高、学习主动性的改善、作业完成的及时性、拖延症的克服和睡眠管理等方面，不难看出本节教育课实现了预期目标。

诚然，每所学校、每位教师都面临着一系列新的问题、新的困惑、新的挑战，而要真正解决这些问题，一味靠原有的经验是难以奏效的。但作为一种合作共享的研究方式，课例研究对教师发展具有重要作用。

四、反思与展望

本课题的研究过程科学有序。启动阶段，阅读文献，梳理理论架构，确定研究对象与研究方向，进行调查问卷。实践阶段，收集问卷数据，根据分析结果确定主题教育主题并展开实践，对教育结果进行问卷调查，以期后续改进。总结阶段，梳理主题教育活动，提炼相关经验，提出相应策略，完成校本课程的设计与开发。

本课题的研究方法恰当准确。文献研究法是指导实践的理论前提。两次运用问卷调查法，第一次收集本校各年级高中生样本，了解其在个性成长、学业指导、职涯规划等方面的现状，以便应学生需求因材施教；第二次则是在生涯发展主题教育全面展开之后，调查对象为各年级开展过主题教育的样板班级学生，区别性设计调查问卷，以便验收教育效果，理清教学漏洞，以兹今后改进。

本课题的研究成果有实用价值。所选取的 20 个主题贯穿高中三个年级，分阶段开展生涯教育活动，既关注学生的自我认知、自我完善、人际交往、文化体认，又关注学业指导和职业生涯规划。采用科学有效的教育方式，立德树人，解决高中生阶段遇到的根本问题，并结合其未来发展规划提前渗透与演练，以课堂实录的形式呈现，配以相应的上课素材，可操作性强。

但是面对拥有不同学情的学校，完全用一套生涯发展教育的德育课程不太现实，目标高校和就业选择的标准具有较大的差异性，所以未来我们期许扩大抽样范围，进一步深入了解学生需求与困惑，在同一主题之下补充更丰富的课程方案，令本课题的研究价值更大、更广泛。

疫情下的思考

——关于主题谈话课“防疫第一课”的教学实践与思考

◎ 上海市格致中学　孙秋梅

摘　要　本文是围绕主题谈话课《疫情下的思考》开展的教学实践思考与感悟。主要包括课题的选定缘由、课程目标的判断确立、课堂中以活动为载体的有效价值传递和思维构建方式，以及教学实践开展后进行的教师自我反思与总结。

关键词　疫情；反思；责任；担当

一、课题由来

（一）社会背景

2020年与时隔17年之久的2003年，成了所有国人心中那无法抹去的记忆。春节到现在，“疫情”这两个字出现的频率之高、影响之大，早已不言而喻。每一次确诊数字的波动，都稳稳地踩在了每一个中国人的神经上，让置身于这场漩涡中每一个个体都停下脚步，开启了全民驻足思考模式。

人云“痛定方思痛”。然而，在全民都处于痛仍在持续发酵的当下，“痛中思痛”似乎更会让我们对此次疫情进行更为深刻而又理性的思考。作为教育工作者，我们深知：“社会是最好的教科书。”当学生翻开这本教科书时，在“疫情”这一章节中，他们可以看到在疫情搭建起来的社会舞台上，各色人等的轮番唱作。

这里有“苟利国家生死以，岂因祸福避趋之”的逆向而行；有“挽狂澜于既倒”的英雄主义；有“我不担当与阿谁”的责任使命；也有“在其位不谋其政”的尸位素餐；更有“币厚言甘”的见利忘义。让翻开这章的所有人，不禁感叹：“好一出戏！”

（二）德育意义

在学生感叹之余，作为教育工作者的我们，更应该从理性的视角出发，启发学生客观而又正确地挖掘“好一出戏”中这个“好”字的内在价值。

换言之，教育工作者应该有意识地借助疫情这个极其特殊的教育契机，培养学生对社会事件建立深度思考的能力。

的确,也是时候该反思了,到时候该思考了。

二、课题目标

《疫情下的思考》主题教育谈话课的关键育人点,可以从以下三个维度展开:

1. 帮助学生对此次疫情建立起深度的理性思考,从而提升学生透过现象参悟本质的社会认知能力。

2. 引导学生尊重生命、感恩生活,从而激发学生尊重自然、敬畏生命。

3. 鼓励学生思考人生未来、体会责任担当,进而引发学生深度思考个体与国家之间的关系,激发责任担当意识。

三、实施过程

众所周知,好的教育活动是达成教育目的的最佳载体,也是帮助学生实现价值澄清的最佳方式。所以,为实现以上三个维度的教育目的,本堂主题谈话课教育过程也需要做到:整体上宏观把控,细节上不断推敲,过程中确保自然、顺畅,思考上力求深刻、思辨。此次《疫情下的思考》主题教育谈话课,教育活动可以分为以下四个环节,每个环节环环相扣,力求在自然而然中引发学生自由、深刻的思考。

(一) 疫情之下　心何往之

首先让学生畅所欲言,浅谈疫情对自己以及周围人的生活产生了哪些影响或者改变。

师:如果用一个高频词去给 2020 年贴标签,你会选用什么词?

师:疫情之下,想一想,我们的生活都发生了哪些显性或隐性的变化?

通过这样的交流,帮助学生在基于客观事实的基础上,发挥主观能动性,从而更深刻地理解诸如“蝴蝶效应”“人类命运共同体”等概念性词汇的现实意义,并且帮助教师大体掌握学生对疫情的基本认知,也为后续深层讨论做比较充分的背景铺垫。

(二) 尊重自然　敬畏生命

将学生分组,然后每组学生选一个代表,交流分享对疫情的源头及传播路径的基本认知。

师:疫情的传播速度之快、遍及之广,让人始料未及。所以,很多人心中都存有很多的问号,追根溯源可以帮助我们消解心中的问号。那么,疫情到底是从何而来的呢?

师:食用非人类食物链里的野生动物所造成的传染病的情况,早已有之。那么,我们是不是应该反思一下,为何我们人类会一而再、再而三地受到诸如瘟疫、极端天气的影响?

通过这样的一个信息梳理加工的过程,可以启发学生思考法国作家雨果所说:“大自然是善良的慈母,同时也是冷酷的屠夫”这句话的深层含义,帮助学生尊重自然,长存敬畏之心。

（三）痛中思痛　审视自我

在痛还持续的当下,鼓励学生痛中思痛,师生一起探讨疫情当下,学生的生活产生的变化。诸如:足不出户,全家一起宅;脱离学校,在家自己学;关注新闻,时刻系一线等。

1. 审视“家”的意义

师:这段时间在家学习,和父母沟通的时间增多、频率加大,让你们之间的感情产生了怎样的变化呢?

因为足不出户,所以父母和子女的沟通交流时间、频率明显增加,促进了感情的提升的同时,让学生体会到家是阻隔一切风雨的堡垒的真实意义,对父母应长存感恩之心。

2. 思考“学校”的价值

师:线上课堂给大家带来的便捷有哪些? 你喜欢吗? 如果可以选择,你愿意继续线上上课,还是喜欢线下学习呢?

在网络这个虚拟课堂里,学习效率、学习状态的分享,可以更好地帮助学生体会,在促进学生成为高效的终身学习者过程中,学校具有的价值是特殊而又不可替代的。

3. 理解“国家”的含义

师:我们看到,从疫情暴发的初期到现在,中国政府在疫情面前,制定有效的政策挽救每一位民众,我们看到的是大国良心,此时此刻,受国家保护的我们,是否想对国家说些什么?

通过关注新闻,学生可以直观地感受到国家在疫情面前的领导力与决策力。我国全力救助每一个生命个体,因为,每一个中国人都是国家的一分子。同时,在疫情阻击战中,全国民众所展现出来的守望相助、共克时艰的美好品质,会使学生对“国家”二字、对“国人”有更为深刻的认知。

（四）致敬英雄　体味担当

师:在这次疫情期间,那些逆向而行的人,用自己的生命撑起了患者康复的可能,你所了解的“最美逆行者”有哪些?

在那些共克时艰的民众里,更让人充满崇敬的就是那些“最美逆行者”们。鼓励学生分享他们听到的“最美逆行者”的事迹，并简要谈谈致敬的原因。然后，启发学生思考：“今后，如若需要你去‘逆行’，你愿意吗？”以期通过身边即时发生的事例，激发学生的责任担当意识。

四、教师寄语

也许，你会说，并不是每一个人都对自然心存感恩。

但，你我应当如此。

也许，你会说，并不是每一个人都有做英雄的机会。

但，你我应该且必须至少做一个有责任、有担当的人。

也许，你会说，现在的你们还小，还不能去抗“疫”第一线。

但，你认真学习、立志存志，你们的精神，就在第一线。

感恩生活，致敬每一个最美“逆行”，你们的每一次“逆行”，都深刻在国人心中，愿现世安稳、国泰民安，愿你们，成为国之栋梁。

一堂课的结尾之处，由教师给出寄语，是对此次谈话课的总结陈词，更是对学生的期待和展望。相信学生们带着这份期待，当他们站在需要做价值选择的人生路口的时候，可以平添一分坚定。那份笃定的背后，如果源于多年前某一次课上，教师的期待。那么，虽教育效果有其滞后性，但值得重视的是，它一直都在。

五、教学反思

（一）在自然而然中，求实求是

在主题谈话课的实践中，笔者比较关注的是在课堂上，学生说的是“正确的话”还是“真实的话”。我们知道，对于某种社会现象，大家的认知都会有一定的个体差异性，然而，在很多情况下，当学生知道面对的谈话对象是教师的时候，抑或是在公众场合表达自我观点的时候，学生会下意识地采取趋利避害的交流方法，通过说“正确的话”，从而避免自己卷入不必要的道德漩涡中。然而，在主题谈话课的实施过程中，当我听到“真实的话”的时候，我的内心比听到“正确的话”更为激动，因为，“真实的话”是互动的基础。所以，在学生阐述对问题的见解时，采取开放包容的心态，会帮助学生更好地、更真实地表达自我，这样，才会让我们从真正意义上走进学生的价值观内核，帮助他们做好价值澄清与理性感知。

（二）在加工素材后，用之于无形

诚然，一堂好的主题谈话课，需要教师在前期进行大量的教育素材准备工作，同时，在教育环节的设定过程中，也需要调动自身的教育机制，尽可能环环相扣、自然而然。在前期准备教育素材的时候，笔者就已经对这一话题背景知识有了较为充分的理解，而在课堂环节设置过程中，也需要对所选取的素材进行二次加工。但是，基于充分理解素材而进行的二次加工，会产生因为需要学生对背景知识有一定的了解，而引发的无法与学生产生共鸣的情况，进而造成学生的体会不够深刻，相应的教学效果也会不尽如人意。

笔者认为，教师可以在整理素材并与素材对话的过程中，写下那些引发自己思考的教育点，将这些点串联起来，就能形成一个小型的头脑风暴。当学生发现相应的话题有探讨价值的时候，他们的参与度就会大幅提升。

一言以蔽之，教师收集素材，并非单纯地呈现素材本身，而是将素材用到无形。隐蔽自己的表达欲、表现欲，做幕后推手，帮助学生在不断的思想碰撞中体会辨析，作出符合自己价值标准的判断和选择。

附　　录

上海市格致教育集团(第一期)名师工作室学员名单

序号	工作室	主持人	副主持人	学员
1	王淑英 语文工作室	王淑英	梁颖	王亚婷、王岚、任新梅、闫文治、应佳敏、张华中、陈芸、胡雨婷、施磊、黄明晶、缪婷婷
2	高翀骅 语文工作室	高翀骅	颜培颖	马颖、王婷、刘洁、孙兆春、杨宇晨、张帆、钟亚妮、徐前坤
3	朱玮 语文工作室	朱玮		陈媛媛、林俊、孟佳慧、施佳乐、顾若楠
4	朱兆和 数学工作室	朱兆和	金奕 袁秉	马丽娜、王海莲、石吉、刘燕、余光辉、陈骋、林信弓、赵佳琳、胡波、聂晓、崔萍、薛春卉
5	徐光伟 数学工作室	徐光伟	黄岳平 杨琛敏	王伟、阮行、李玲、邱思明、何惠芳、沈继平、陈文静、陈懿懿、林佳乐、周楹、顾伟军、徐友琰、徐诗韵、商小蓉
6	查传明 英语工作室	查传明	毛彬彬	丁健骅、王琳、尤文婷、毛佩珏、刘炜、刘燚、张帆、武翠、郑桂忠、金雨萌、赵宁、施莉虹、姚雯、袁茵、徐继红、徐梦碧、黄焰、盛啸炜
7	詹玲 英语工作室	詹玲		丁祯辰、万鹏程、任云、刘冰如、李依蓉、张潇、陈依瑾、周斯杨、封灵、胡婵娟、徐佳卿、褚朝慧
8	黄薇 物理工作室	黄薇		王非、冯哲原、李怀龙、吴筱燕、陆祁锋、陈宇佳、陈洪涛、陈献亚、周伊佳、侯晓灿、魏娜
9	娄华 化学工作室	娄华		王丹、王玮丽、王昆、戈凯怿、孙卫中、李国罡、李燕云、吴莲莲、余秀娟、陈磊、周全、胡健、闻昊、徐云、徐琤雅、陶雅婷
10	鲍晓云 生物工作室	鲍晓云		邢胜杰、刘佳余、牟云玲、杜昆、李其利、柯文汇、姚鹏程、瞿萍

（续表）

序号	工作室	主持人	副主持人	学员
11	黄玉霞 政治工作室	黄玉霞		丁春艳、朱春英、庄颖、刘柳、李美玲、吴迪、沈毅、陆志燕、徐倍伟、韩惠莉
12	闵红 历史工作室	闵红		王晴薇、王镇宇、李千钧、党霞、虞云飞
13	张跃军 地理工作室	张跃军	苏慧	冯萍、许逸群、周逢春、姜惠敏、顾宏帅
14	李芳芳 体育工作室	李芳芳	徐玉麟	丁露露、王枝娟、朱佳敏、孙思伟、李奉娟、汪盛盛、沈超、陆倍倍、陈洁、邵志哲、武冠军、赵夏悦、胡金光、曹成斐、蒋祥红
15	夏星 艺术工作室	夏星	魏静	刘佳雯、杨敏、吴燕、岑妍捷、宋立芸、张晨艳、赵羽茜
16	陆幸丽 信息与科创工作室	陆幸丽	李军 居晓波	季金杰、丁燕、刘晓丹、何博、沈凌燕、邱晶豪、包滢蕾、徐旭、刘红、孙蓓虹、骆琳、陈敏
17	周隽 教心工作室	周隽	余珏	王瑞安、张依娜、黄佳音、梁云娟、颜佳萍
18	李耀华 理科资优工作室	李耀华	殷琦涛	王立源、刘殷华、李峥敏、吴晓君、沈杨、陈琛、金荣、夏诗慧、顾励耘、徐正一、滕晓娟
19	张燕 班主任工作室	张燕		沈梦华、宋杰、陈俊、陈蕾、周健、戚欣怡、蒋嘉顺、韩巧霞、程菁
20	周雯婕 班主任工作室	周雯婕		王璐、亓祥银、刘瑞、孙秋梅、苏添、邹静娴、张凯华、陈其楼、陈敏

后　记

上海市格致教育集团是黄浦区为推进基础教育优质均衡发展、先行探索区域教育集团化办学而打造的首个教育集团，于 2014 年 11 月正式成立。六年来，集团规模不断发展壮大，现已形成由上海市格致中学领衔，上海市格致初级中学、上海市黄浦区曹光彪小学、上海市同济黄浦设计创意中学、上海市民办明珠中学、上海理工大学附属储能中学、上海市黄浦区卢湾一中心小学、上海市黄浦区北京东路小学、上海市实验小学、上海市黄浦区第一中心小学等十校携手的紧密型区域教育共同体。

集团成立以来，始终致力于推动高素质教育人才梯队建设，造就一批有理想信念、有道德情操、有扎实学识、有仁爱之心的新时代卓越教师。2017 年 12 月，经集团理事会集体讨论通过，“上海市格致教育集团卓越教师培养计划”正式启动。作为集团卓越教师培养的重要举措，通过自主报名、专家评审，确定了 20 个格致教育集团名师工作室，在集团各成员校中遴选 34 位具有高级职称的各学科资深教师担任工作室主持人。

格致教育集团名师工作室既是资深教师发挥“传、帮、带”作用、提升自身学科影响力的学术高地，也是中青年教师与名师同行、互学互进的理想家园。三年来，各工作室在主持人的科学引领、特聘导师的精心点拨以及工作室学员的勤奋耕耘下百花齐放，结出累累硕果。3 位工作室主持人获评正高级职称，2 位工作室主持人获上海市特级教师荣誉称号；4 位工作室主持人被遴选为上海市普教系统第四期“双名工程”“攻关计划”主持人或“种子计划”（黄浦）领衔人；46 位工作室主持人、学员被评为区教育系统学科带头人或骨干教师；一大批工作室主持人、学员或编写教育教学著述，或主持并完成区级及以上研究课题，或参加上海市“空中课堂”教学录像，实现了教师专业发展道路上的飞跃。

为进一步梳理集团各名师工作室取得的研究成果，也为集团工作室学员三年来的专业发展留下历史的见证，我们特组织编纂了《众行致远——上海市格致教育集团（第一期）名师工作室成果集》。本书由上海市格致教育集团张志敏理事长主编，集团秘书处统筹运作，20 个集团名师工作室供稿，上海市格致中学教科研室季金杰统稿。本书的编写得到了集团各成员校领导的大力支持，集团理事会部分成员主动请缨参加样稿审读并提出了诸多宝贵建议。

值此书稿付梓之际，谨向长期以来关心格致教育集团发展的各级领导、社会各界人士和集团各成员校的每一位教育工作者致以诚挚的感谢！

上海市格致教育集团理事会
《众行致远——上海市格致教育集团（第一期）名师工作室成果集》编委会
2020年10月

图书在版编目（CIP）数据

众行致远：上海市格致教育集团（第一期）名师工作室成果集 / 张志敏主编.
—上海：上海教育出版社，2021.3
ISBN 978-7-5720-0578-7

Ⅰ.①众… Ⅱ.①张… Ⅲ.①中小学教育－文集 Ⅳ.①G63-53

中国版本图书馆CIP数据核字(2021)第046638号

责任编辑　陈　群
特邀编辑　蔡丹丹
装帧设计　王　捷

众行致远——上海市格致教育集团（第一期）名师工作室成果集
张志敏　主编

出版发行　上海教育出版社有限公司
官　　网　www.seph.com.cn
地　　址　上海市永福路123号
邮　　编　200031
印　　刷　上海商务联西印刷有限公司
开　　本　787×1092　1/16　印张 34.5
字　　数　676 千字
版　　次　2021年4月第1版
印　　次　2021年4月第1次印刷
书　　号　ISBN 978-7-5720-0578-7/G·0431
定　　价　88.00 元

如发现质量问题，读者可向本社调换　电话：021-64377165